启真馆 出品

ANTON
CHEKHOV
A Life

契诃夫传

Donald Rayfield

［英］唐纳德·雷菲尔德 著　徐菡 译

ZHEJIANG UNIVERSITY PRESS
浙江大学出版社
·杭州·

图书在版编目（CIP）数据

契诃夫传 /（英）唐纳德·雷菲尔德著；徐菡译
. — 杭州：浙江大学出版社，2023.8
（启真·文学家传记）
书名原文：Anton Chekhov：A Life
ISBN 978-7-308-23869-4

Ⅰ.①契… Ⅱ.①唐… ②徐… Ⅲ.①契诃夫（
Chekhov，Anton Pavlovich 1860-1904）—传记 Ⅳ.
① K835.125.6

中国国家版本馆 CIP 数据核字（2023）第 099391 号

契诃夫传

［英］唐纳德·雷菲尔德 著　徐　菡 译

责任编辑	周红聪
责任校对	闻晓虹
装帧设计	周伟伟
出版发行	浙江大学出版社
	（杭州天目山路 148 号 邮政编码 310007）
	（网址：ttp://www.zjupress.com）
排　版	北京楠竹文化发展有限公司
印　刷	北京中科印刷有限公司
开　本	635mm×965mm 1/16
印　张	57.5
字　数	834 千
版 印 次	2023 年 8 月第 1 版　2023 年 8 月第 1 次印刷
书　号	ISBN 978-7-308-23869-4
定　价	178.00 元

全家合影，摄于 19 世纪 60 年代末

全家合影，摄于 1874 年

安东毕业，1879 年 6 月 15 日

19 世纪 70 年代的塔甘罗格

《酗酒者》，科利亚·契诃夫描画的
一个医学院学生的肖像（也许是安
东），约 1882 年

师生于 1882 年 1 月 12 日同庆莫
斯科塔季扬娜日

《婚礼季节》，塔甘罗格亲朋漫画，安东题文，科利亚绘图

安东·契诃夫，1883 年

安东与科利亚

第一排从左至右：叶夫根尼娅、帕维尔、亚历山大

第二排从左至右：万尼亚、玛莎、米沙

摄于 19 世纪 80 年代初

玛莎、安娜·戈登、娜塔利娅·戈登和科
利亚，约 1883 年

医学院学生留影，摄于 1883 年秋

弗朗兹·谢赫特尔与科利亚·契诃夫，摄于
19 世纪 80 年代早期

尼古拉·列伊金，约 1883 年

娜塔利娅·戈登，《贫穷》，科利亚·契诃夫绘

科利亚绘安东·契诃夫，1884 年

基谢廖夫家的房子

莫斯科的"五斗橱陋居",米沙·契诃夫绘

安东·契诃夫赠送给彼得·柴可夫斯基的照片

在林特瓦列夫别墅，1889 年 5 月

克列奥帕特拉·卡拉特金娜

奥尔迦·昆达索娃

帕维尔·斯沃博金、弗拉基米尔·达维多夫与安
东和苏沃林，1889 年 1 月

"文学社"集会，列宾绘，1889 年，彼得堡

安东·契诃夫，1890年1月　　　丽卡·米济诺娃，19世纪90年

代早期

安东前往萨哈林之前在科尔涅夫宅前合影

萨哈林岛上戴脚镣的囚犯

安东与日本领事官员在萨哈林野餐，1890年10月

列维坦与猎犬，19世纪
90年代早期

梅里霍沃庄园的房子，西莫夫的画作

（从左至右）玛莎、安东、万尼亚、
亚历山德拉·廖索娃、米沙、亚历
山大·斯马金，1892 年 3 月 25 日

在梅里霍沃庄园，1892 年复活节

安东与帕维尔·斯沃博　　　　亚历山大和万尼亚，摄于梅里霍沃，1892 年 7 月
金合影，摄于梅里霍沃，
1892 年 6 月

亚历山大的儿子科利亚和小安东在马厩旁，摄于梅里霍沃，1892 年 7 月

叶夫根尼娅和帕维尔，摄于梅里霍沃，1892 年 7 月

娜塔利娅·戈登－契诃娃与儿子米沙，1893 年

阅读《海鸥》剧本

塔妮娅·谢普金娜－库别尔尼克、利迪娅·亚沃尔斯卡娅和安东，1893 年末

安东、马明－西比里亚克和伊格纳季·波塔片科，1896 年 1 月 9 日

玛莎与娜塔利娅·林特瓦列娃在卢卡河边画画，画家萨哈罗夫在一旁观看，约 1894 年

玛莎在梅里霍沃庄园花园中，约 1894 年

叶连娜·沙夫罗娃，约 1894 年

索尼娅、万尼亚·契诃夫与儿子瓦洛佳，1896 年

安东与苏沃林一家在费奥多西亚，1896 年 9 月

塔列日村和梅里霍沃的学校教员，左为亚历山大·米哈伊洛夫，右为玛丽亚·捷连季耶娃

利迪娅·亚沃尔斯卡娅

海鸥折翅

安东与腊肠犬希娜，1897 年 5 月

维拉·科米萨尔热　亚历山德拉·哈加因　达丽娅·穆辛娜－普希金娜与安东·契诃
夫斯卡娅　　　　　采娃，约1898年　　　夫，1897年5月31日

与莫斯科艺术剧院成员在一起，1899年春天

弗拉基米尔·内米罗维奇－丹琴科　　　奥尔迦·克尼碧尔

雅尔塔的房子即将竣工，1899 年

安东·契诃夫在雅尔塔家中书房，1900 年

阿利特舒勒医生

安东·契诃夫和马克西姆·高尔基，
1900 年 5 月 5 日

安东·契诃夫和奥尔迦·克尼碧尔度蜜月，1901 年 6 月

安东·契诃夫与托尔斯泰家人，1901 年 9 月 12 日

叶夫根尼娅、玛莎、奥尔迦和安东　安东在雅尔塔，1901 年
在雅尔塔，1902 年 2 月

安东与家鹤在雅尔塔家中花园里，1904 年 3 月

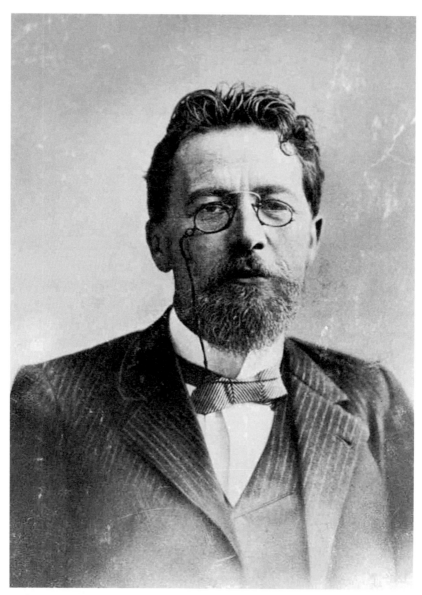

安东，1901 年

契诃夫家谱

* 本书中契诃夫家族的主要人物为

父亲　　帕维尔·契诃夫　　　母亲　　叶夫根尼娅·契诃娃

长兄　　亚历山大
二哥　　尼古拉　本书中多称为"科利亚"
安东　　亲人们常称他为"安托沙"
大弟弟　伊万　本书中多称为"万尼亚"
妹妹　　玛丽亚　本书中多称为"玛莎"
小弟弟　米哈伊尔　本书中多称为"米沙"
小妹妹　叶夫根尼娅　早夭

妻子　　奥尔迦·克尼碧尔－契诃娃

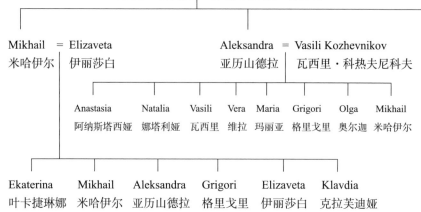

EGOR Chekhov = EFROSINIA Shimko
叶戈尔·契诃夫 | 叶夫罗西尼娅·舍姆科

Mikhail = Elizaveta
米哈伊尔 | 伊丽莎白

Aleksandra = Vasili Kozhevnikov
亚历山德拉 | 瓦西里·科热夫尼科夫

Anastasia
阿纳斯塔西娅

Natalia
娜塔利娅

Vasili
瓦西里

Vera
维拉

Maria
玛丽亚

Grigori
格里戈里

Olga
奥尔迦

Mikhail
米哈伊尔

Ekaterina
叶卡捷琳娜

Mikhail
米哈伊尔

Aleksandra
亚历山德拉

Grigori
格里戈里

Elizaveta
伊丽莎白

Klavdia
克拉芙迪娅

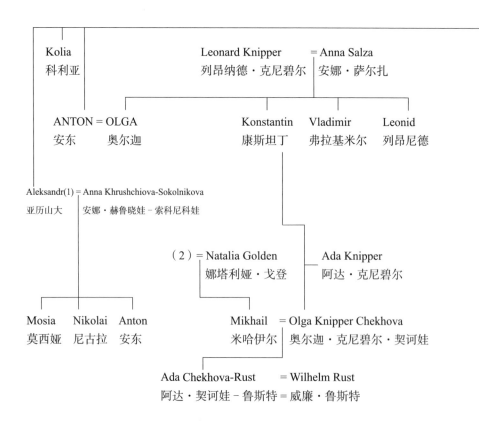

Kolia
科利亚

Leonard Knipper = Anna Salza
列昂纳德·克尼碧尔 | 安娜·萨尔扎

ANTON = OLGA
安东 | 奥尔迦

Konstantin
康斯坦丁

Vladimir
弗拉基米尔

Leonid
列昂尼德

Aleksandr(1) = Anna Khrushchiova-Sokolnikova
亚历山大 | 安娜·赫鲁晓娃－索科尼科娃

（2）= Natalia Golden
娜塔利娅·戈登

Ada Knipper
阿达·克尼碧尔

Mosia
莫西娅

Nikolai
尼古拉

Anton
安东

Mikhail = Olga Knipper Chekhova
米哈伊尔 | 奥尔迦·克尼碧尔·契诃娃

Ada Chekhova-Rust = Wilhelm Rust
阿达·契诃娃－鲁斯特 = 威廉·鲁斯特

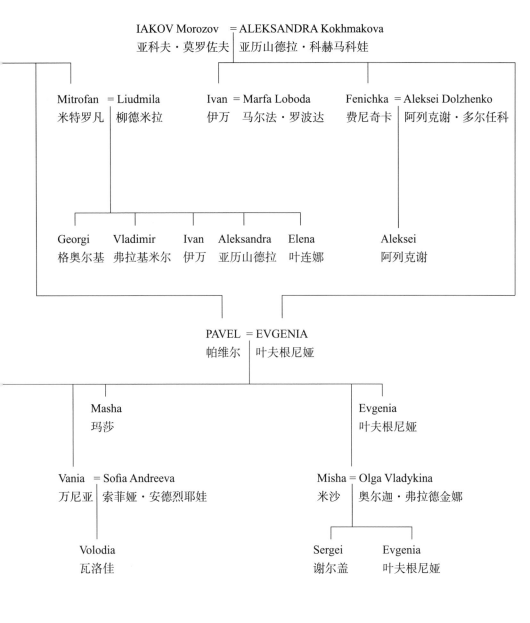

IAKOV Morozov = ALEKSANDRA Kokhmakova
亚科夫·莫罗佐夫 亚历山德拉·科赫马科娃

Mitrofan = Liudmila
米特罗凡 柳德米拉

Ivan = Marfa Loboda
伊万 马尔法·罗波达

Fenichka = Aleksei Dolzhenko
费尼奇卡 阿列克谢·多尔任科

Georgi
格奥尔基

Vladimir
弗拉基米尔

Ivan
伊万

Aleksandra
亚历山德拉

Elena
叶连娜

Aleksei
阿列克谢

PAVEL = EVGENIA
帕维尔 叶夫根尼娅

Masha
玛莎

Evgenia
叶夫根尼娅

Vania = Sofia Andreeva
万尼亚 索菲娅·安德烈耶娃

Misha = Olga Vladykina
米沙 奥尔迦·弗拉德金娜

Volodia
瓦洛佳

Sergei
谢尔盖

Evgenia
叶夫根尼娅

献给阿利娅、加利娅、玛娅与托利娅。

前　言

安东曾经告诉我："我的一切迟早要为人所知，我没有理由为自己　*xv*
的过去感到害臊。"

贝科夫致玛丽亚·契诃娃，1910 年 4 月 7 日
（《文学遗产 87》，第 356 页）

安东·契诃夫奉行的戏剧理论是作家——而非演员——为王。今
天，我们将他尊奉为现代戏剧的开创者。我们认为，作为作家，安
东·契诃夫对欧洲叙事文学的贡献不仅在于内涵多义性和外延丰富性
方面的全新探索，而且在于他赋予它的一抹淡淡诗意。在俄罗斯所有
的"经典著作"中，契诃夫的作品——无论是戏剧还是小说——是最容
易让人理解的，也是最不会令人产生距离感的，而这种感受对非俄罗斯
读者而言尤其强烈。他尊重读者和观众，允许他们依照自我意愿去解读
故事，进而得出自己的结论。他从不将哲学观点强加于人。然而，与契
诃夫浅显易懂的风格如影随形的，恰恰是其作品的难以捉摸，因为他很
少做出判断或直述观点，所以很难断言他究竟"意欲何为"。我们可以
通过阅读托尔斯泰或陀思妥耶夫斯基的小说，重建一种哲学或者再现一
种生活；阅读契诃夫的作品和诸多信件，却只能让我们对他的内心世界
和体验匆匆一瞥，而即便是这些也见仁见智。许多传记作家力图为安
东·契诃夫构建一种圣徒式的人生：他的一生饱受慢性病的折磨，寿考
不久，然而他努力奋斗，挣脱了贫困的泥沼，在高雅之路上阔步前进；

他以医生为职业，对被压迫者和穷人满怀同情；他文名显赫，堪称当时欧洲作家与戏剧家阵营的领军人物；他的妹妹对他既爱又敬，终其一生不遗余力地支持兄长；最后是虽然姗姗来迟但甜蜜的爱情，他终于得以与最懂得诠释他的女演员喜结连理。

究其根底，所有的传记作品都是小说，只是这类小说必须符合事实，有据可考。这本《契诃夫传》的创作不仅基于目前已经公开的材料，而且在更大范围内涉猎了更加丰富的资料，因而，本书呈现出的安东·契诃夫的形象更加丰满而复杂，也更加多角度地揭示了他的性格。毋庸置疑的是，即使您觉得这个人一生的行迹不那么符合圣徒式的人生，即使他没有像我们曾经以为的那样与命运不屈不挠地抗争，他仍堪称一个天才，他值得我们敬佩之处丝毫不曾逊色。安东·契诃夫的个人生活不应该被视为他文学创作的附属物，而应被理解成滋养其创作的经验之源。最重要的是，这段人生自具迷人风采。终其一生，安东·契诃夫不仅对文学艺术，而且对他的家人和朋友也肩负着不可推卸的责任。通过本书叙述的这些故事，我们可以了解到安东·契诃夫背负着的多重角色：这是一个与疾病纠缠抗争的故事，一个"约瑟夫和他的兄弟们"的现代圣经故事，甚至是一个唐璜式的悲剧；而他的生活也很可能成为托马斯·曼笔下的小说题材，因为它反映出一个人在艺术家和普通人的双重身份之间难以跨越的鸿沟。他的生活经历典型地表现出，一个敏感而才华横溢的俄罗斯知识分子在 19 世纪末——堪称俄罗斯政治与文化史上最丰富多彩也最富有争议的时期之一——所面临的困境。

很少有作家像安东·契诃夫那样，投入了如此巨大的精力来保护个人隐私，避免其公之于众；然而，也没有哪位作家像他那样精心保存下与自己或家庭相关的每一片纸屑——信件、账单以及各种证书。尽管他声称患有"自传恐惧症"，但每到圣诞节，他仍然将当年的信笺整理到纸箱中保存起来。

当今社会上流传着很多安东·契诃夫的传记。这些传记中，有的内容翔实全面，比如 E. J. 西蒙斯（E. J. Simmons）和罗纳德·欣利（Ronald Hingley）的作品；有些炫耀卖弄，比如亨利·特罗亚特（Henri

Troyat）的；有些则给予精确批评，比如米哈伊尔·格罗莫夫（Mikhail Gromov）或 V. S. 普里切特（V. S. Pritchett）的。然而，无论这些传记作者是否为俄罗斯人，他们所参考和使用的素材几乎都是同一范围内已经出版的资料。截至目前，有近五千封安东·契诃夫的亲笔信笺已获发表，但有些信件的内容遭到严重删减或窜改。（通过某些回信可以推断出，另有一千五百封信件现已遗失。）有关契诃夫的这些资料，尤其是 1973—1983 年莫斯科出版的 31 卷本《契诃夫作品与书信全集》，为契诃夫研究者们提供了极其充分而可信的学术资源。无论从研究范围还是从素材数量上看，这些资料都为契诃夫传记作家的写作提供了良好的条件。

　　然而，未获发表和公开的契诃夫研究资源同样庞大。在俄罗斯各地的档案馆，特别是俄罗斯国立图书馆手稿部（曾经的鲁缅采夫博物馆，后来称为列宁图书馆），保存有大约七千封与安东·契诃夫有关的信件。这些档案馆中约一半的信件，尤其是那些反映安东·契诃夫个人生活的信件，从未发表过。此外，在各地档案馆（特别是俄罗斯［原中央］国家文学与艺术档案馆，彼得堡和莫斯科的戏剧博物馆档案馆，塔甘罗格、梅里霍沃和苏梅等地的契诃夫博物馆），也保存有大量的文献和图片资料、时人信件，这些资料都反映出了安东·契诃夫作为一个作家和一个普通人的日常生活。档案馆记录显示，在过去三十年，曾有数位俄罗斯学者彻底梳理过这些资料，但他们的出版物——详见本书的参考书目——涉猎的这些资料只是其中很少一部分。俄罗斯和苏维埃政权所主 *xvii* 张的不能"抹黑或粗俗化"（该词引自 1968 年苏维埃中央委员会禁止出版某些文章的决议）的传统，至今仍让俄罗斯学者在全面与深度出版契诃夫档案这个问题上畏首畏尾，犹豫不决。我历时三年时间，对这些档案材料进行了系统化的检索和抄录。基于对这些材料的深入思考和研究，我越发确信，这些资料既没有抹黑安东·契诃夫，也没有令他粗俗化；恰恰相反，我们只有全面了解安东·契诃夫性格上的长处与弱点，才能更加透彻地理解他复杂的性格、无私的胸怀以及人性的深度。

　　安东·契诃夫短暂的生命虽然说不上轻松，但也绝对不枯燥。他认识数不清的人（然而真正的朋友和爱人却少之又少），社交范围广泛，他交往的人不但有教师、医生、商业巨头、商人、农民、波希米亚人、雇佣文人、知识分子、艺术家、学者、地主、官员、男女演员、神父、僧侣，而且有军官、罪犯、妓女和外国人。除了贵族和法院人士，他能与各个阶层、各种境遇的人友好相处。终其一生，契诃夫几乎一直与父母和妹妹生活在同一屋檐下，很多时候身边还有一个或多个兄弟；更不消说，他还身陷一张叔伯姨姊的大亲戚网中。他一刻不得安闲，一辈子有过无数个地址，行踪更是从中国香港到法国的比亚里茨，从库页岛到黑海西北岸的敖德萨。由此看来，要想为安东·契诃夫创作一部反映他生活所有细节的传记，需要付出的时间恐怕比他自己活的年月都要长。于是，我将本书的记叙重点放在他与家人和朋友的关系上，同时也反映出他的一生病史。可以说，肺结核病塑造了安东·契诃夫的生活，最终夺走了他的生命；而他开始时对病况不以为意，后来全力克服病痛的过程，可以作为任何契诃夫传记的经纬。目前，学术界的许多英文论著对安东·契诃夫的作品展开了批判性研究。我们之所以研究安东·契诃夫，主要缘于他是一位举足轻重的作家。任何一家品质足够好的书店或图书馆也都必然会提供一系列批判性研究书目，来丰富读者对契诃夫作品的理解。然而，在这本传记中，我将重点放在了从生活角度来剖析他的小说和戏剧，探究它们如何来源于生活，又怎样影响了他的生活。我较少从批判性分析的角度来探讨这些作品，毕竟，人物传记不是文学批评。

　　由于相关证据的缺失，安东·契诃夫生命中的许多奥秘至今仍无法揭开。例如，契诃夫写给早年的未婚妻杜尼娅·叶夫罗斯（Dunia Efros）的信，写给叶连娜·普列谢耶娃（Elena Pleshcheeva）、埃米莉·比容（Emilie Bijon）等人的信件，几乎都是西方社会的个人私藏。同样，阿列克谢·苏沃林写给契诃夫的数百封信件很可能正在贝尔格莱德的某个档案馆中发霉腐烂。试想一下，如果这些信件得以公之于众，其结果可能会使契诃夫传记和（由于苏沃林了解内幕并向安东透露而导致）俄罗斯的历史重新书写。另外，还有一些档案物品目前亦难以追

xviii

踪，例如契诃夫在莫斯科大学学习期间的学习记录。尽管有上述诸多缺憾，但目前可用的资料已然能让安东·契诃夫及其生活的时代以前所未有的丰满姿态展现在读者面前。

本传记自 1997 年首次出版以来已历多次修订与扩展，截至 2019 年，共有三种俄语版本、一种斯洛伐克语版本和一种法语版本存世。该中文版《契诃夫传》融汇了过去二十二年中对该书所进行的全部修正和新增材料，这些修订增补内容是在广大读者和各语种译者的通力协助下完成的。本传记的中文版本译者徐菡女士不辞烦劳，将对契诃夫研究的最新成果和最准确的信息全部整合进该中文版本中，我对此表示衷心的感谢。

唐纳德·雷菲尔德
英国伦敦玛丽女王大学

致　谢

　　我在此向阿列夫京娜·库济切娃（Alevtina Kuzicheva）致以最诚挚的感谢。如果没有她的帮助，我在莫斯科国立图书馆手稿部和俄罗斯档案馆的工作定会受到更多的限制和阻挠。她还向俄罗斯和乌克兰的主要的契诃夫研究学者以及各个主要博物馆引见了我。我要向俄罗斯国立图书馆及其手稿部的工作人员致以谢意，虽然他们工作条件恶劣、前景渺茫，但仍然竭尽所能为我提供了写作所需的大部分资料。俄罗斯档案馆的工作人员亦是如此。我衷心感谢莫斯科契诃夫博物馆的加林娜·晓别列娃（Galina Shchiobeleva），苏梅契诃夫博物馆的伊戈尔·斯科别列夫（Igor Skobelev），他们让我在需要时得以出入博物馆查询资料。我尤其要向塔甘罗格的丽莎·沙波奇卡（Liza Shapochka）和她的丈夫弗拉基米尔·普罗塔索夫（Vladimir Protasov）对我的款待和提供的帮助表达感激之情。沃罗涅日大学出版社的奥尔迦·马卡罗娃（Olga Makarova）为我提供了很多当地材料，让我获益匪浅。我的同事、精力充沛的罗尔夫－迪特尔·克鲁格（Rolf-Dieter Kluge）教授给予我很大的动力，他也是 1985 年和 1995 年巴登韦勒会议的组织者。我要感谢乌法的德米特里·科诺瓦洛夫（Dmitri Konovalov），他不但允许我借阅有关安德烈耶夫疗养院的手稿笔记，而且给予我盛情款待。（无论是专家还是我咨询过的任何个人，均对我的判断或研究方法不承担任何责任。）

　　我也要感谢曾在博吉莫沃村医院负责的医生，以及安德烈耶夫疗养院的工作人员。除了西伯利亚、萨哈林岛和香港以外，我差不多或多或少地叨扰过每一个曾经留下安东·契诃夫足迹的地方。契诃夫朋友的后代家人，比如帕特里斯·比容（Patrice Bijon），一直以极大的耐心容忍我去搜索资料。本书的完成受益于无数人的付出，我在此一并表示感谢。我感谢以下单位为我提供插图：莫斯科巴赫鲁申剧院博物馆，梅里霍沃、莫斯科、苏梅、塔甘罗格和雅尔塔的契诃夫博物馆，彼得堡的普希金之家[1]以及俄罗斯国立图书馆。

本书付梓很大程度上也得益于英国人文社会科学院的支持，尤其是它为期三个月的人文学科研究基金，让我得以延长学术公休假，集中精力完成此书。英国伦敦玛丽女王大学的同事们对我频繁的拖延和怠工一直抱以极大的容忍，我在此向他们致以深深的歉意。

---

[1] 俄罗斯文学研究所的别称，为俄罗斯科学院的一部分。

缩写和参考文献

　　本书的目标读者为普通读者，但也为专业学者提供了索引书目和资料来源。此处列出的参考文献多指档案馆资料和不易查询的出版物，因为契诃夫的信件和最著名的回忆录（见选择书目）都极易按图索骥，读者无需其他参考资料即可检索到这些材料。本书中，所有从俄文到英文的翻译均由我本人完成。在脚注中，我使用了很多缩写形式（除非另有说明，否则出版地均为莫斯科），现将缩写形式与全名对比陈列如下：

- 莫斯科档案馆：莫斯科艺术剧院博物馆档案馆

  MxaT: Moscow Arts Theatre Museum Archive
- 图书馆手稿部：莫斯科国立图书馆手稿部

  OR：Manuscript Department of Russian State Library (otdel rukopiset)
- 俄罗斯档案馆：俄罗斯国立文学艺术档案馆

  PGALI：Russian State Archives for Literature and Art
- 《契诃夫全集》：《A. P. 契诃夫作品与书信全集》

  PSSP：*A. P. Chekhov Polnoe sobranie sochinenii i pisem* (ПССП：*А. П. Чехов. Полное собрание сочинений и писем*)
- 吉托维奇《生平纪事》：N. I. 吉托维奇《A. P. 契诃夫生平纪事》（1955 年）

  Gitovich Letopis'：N. I. Gitovich, *Letopis' zhizni i tvorchestva A. P. Chekhova* (*Летопись жизни и творчества А. П. Чехова*), 1955
- 《书信集》（1939 年）：I. S. 叶若夫《亚历山大·巴甫洛维奇致 A. P. 契诃夫书信集》（1939 年）

  Pis'ma 1939：I. S. Ezhov, *Pis'ma A. P. Chekhovu ego brata Aleksandra*

Pavlovicha (Письма А. П. Чехову его брата Александра Чехова), 1939

• 《书信集》(1954 年): M. P. 契诃娃《致 A. P. 契诃夫书信集》(1954 年)

Pis'ma 1954: M. P. Chekhova, *Pis'ma k bratu A. P. Chekhovu (Письма к брату А. П. Чехову)*, 1954

• 《通信集》(1934 & 1936 年): A. P. 德曼《A. P. 契诃夫与 O. L. 克尼碧尔通信集》(1934 年, 1936 年)

Perepiska 1934, 1936: A. P. Derman, *Perepiska A. P. Chekhova i O. L. Knipper (Переписка А. П. Чехова и О. Л. Книппер)*, 1934,1936

• 《克尼碧尔 – 契诃娃》(1972 年): V. Ia. 维伦金《奥尔迦·列昂纳多芙娜·克尼碧尔 – 契诃娃》(1972 年)

Knipper-Chekhova 1972: V. Ia. Vilenkin, *Olga Leonardovna Knipper-Chekhova (Ольга Леонардовна Книппер-Чехова)*, 1972

• 《列维坦: 书信集 1956》: A. 费奥多罗夫 – 达维多夫, A. 夏皮罗《I. I. 列维坦: 书信, 文件与回忆》(1956 年)

Levitan Pis'ma 1956: A. Fiodorov-Davydov, A. Shapiro, *I. I. Levitan: Pis'ma, dokumenty, vospominaniia (Исаак Левитан: Письма. Документы. Воспоминания)*, 1956

• 《通信集》(2 卷本, 1984 年): M. P. 格罗莫娃等《A. P. 契诃夫通信集》(2 卷本, 1984 年, 1996 年扩展为 3 卷)

Perepiska I, II, 1984: M. P. Gromova et al., *Perepiska A. P. Chekhova (Переписка А. П. Чехова)*, 1984, 2 vols. Expanded 1996, 3 vols

• 《编年史》: A. P. 库济切娃, E. M. 萨哈罗娃《梅里霍沃编年史: P. E. 契诃夫日记》(1995 年)

Letopisets: A. P. Kuzicheva, E. M. Sakharova, *Melikhovskii letopisets: Dnevnik P. E. Chekhova (Мелиховский летописец: дневник Павла Егоровича Чехова)*, 1995

• 《家族》(1970 年): 谢尔盖·米哈伊洛维奇·契诃夫《家族》(1970 年)

O semie 1970: Sergei Mikhailovich Chekhov, *O semie (О семье*

Чеховых), 1970

• 《关于契诃夫》：E. M. 萨哈罗娃编纂《关于契诃夫》（1990 年）

Vokrug Chekhova：E. M. Sakharova compr, *Vokrug Chekhova* (*Вокруг
Чехова*), 1990

• 《同代人回忆》：《同代人回忆契诃夫》N. I. 吉托维奇编纂（1986 年）

V vospominaniiakh：N. I. Gitovich compr, *Chekhov v vospominaniiakh
sovremennikov* (*А. П. Чехов в воспоминаниях современников*), 1986

• 《文学遗产 68》：《文学遗产 68：契诃夫》V. V. 维诺格拉多夫编辑
（1960 年）

L N 68：V. V. Vinogradov ed, *Literaturnoe nasledstvo 68: Chekhov*
(*Литературное наследство 68: Чехов*), 1960

• *L N 87*：《文学遗产 87》：V. R. 谢尔比娜编辑《文学遗产 87：俄罗
斯文学史》（1977 年）

V. R. Shcherbina ed, *Literaturnoe nasledstvo 87: Iz istorii russkoi
literatury* (*Литературное наследство Из истории русской литературы*),
1977

编注：

关于本书人名的一些说明：

1. 俄罗斯人名较复杂，由名、父称和姓组成，且常常有昵称。以安
东·巴甫洛维奇·契诃夫为例，安东为名，巴甫洛维奇为父称（来自其
父的名字帕维尔），契诃夫为姓。此外，他还有昵称"安托沙"。几种叫
法都是对他的称呼。

2. 本书涉及作家作品时，书名均遵循中文世界经典译本的译法，如
契诃夫的作品遵循汝龙译本。当作品标题中出现人名时，此种人名的译
法保持不变。以男名"弗拉基米尔"为例，其昵称通常译为"瓦洛佳"，
但小说《大沃洛嘉与小沃洛嘉》保持不变。《伊凡诺夫》《伊凡雷帝》等
不译为《伊万诺夫》和《伊万雷帝》也在于此。

目　录

第一部分　父与子

我们听到餐厅传来尖叫声……知道可怜的欧内斯特又遭毒　　*1*
打了。

"我已经把他弄上床了，"西奥博尔德返回客厅时说，"现在，
克里斯蒂娜，我觉得我们该让仆人们来祈祷了。"

——塞缪尔·巴特勒《众生之路》

1. 前辈

（1762—1860）

谁能想到，从厕所里竟然走出这么一个天才啊！

一直让安东·契诃夫和他的长兄亚历山大十分好奇的是，契诃夫家是如何在两代人的时间里从农奴摇身一变跻身于城市知识分子阶层的。契诃夫家族前辈身上鲜见任何艺术潜质，找不到哪怕一点点痕迹，能够暗示安东斐然的语言天赋，二哥尼古拉的艺术才能，或者长兄亚历山大的多才多艺。但安东的个性特质——温和而顽强，雄辩而行事简洁，以及下定决心便绝不动摇的坚忍——都蕴藏在他的基因与成长经历中。

契诃夫的曾祖父叫米哈伊尔·契诃夫（Mikhail Chekhov，1762—1849），终其一生都是农奴，育有五个儿子。他管教起儿子来十分严厉，他们成人后也都称呼他为 Panochi，意思是"父亲大人"。在契诃夫家族的祖先中，我们目前有所了解的只有米哈伊尔的二儿子，也就是安东·契诃夫的祖父叶戈尔·米哈伊洛维奇·契诃夫（Egor Mikhailovich Chekhov）。孩童时代的安东曾与祖父一起度过几个暑假，他们之间并没有深厚的感情[1]，然而，是祖父叶戈尔想尽办法冲破奴役，摆脱了农奴制的束缚。叶戈尔生于 1798 年，是俄罗斯帝国沃罗涅日省（Voronezh province）奥尔霍瓦特卡村一位伯爵家的农奴。这位伯爵叫亚历山

---

[1] 有意思的是，安东·契诃夫经常给自己作品中的人物起名为叶戈尔（是"乔治"的俄语形式），这些人物多与勇士圣乔治有某种关联。

大·德米特里耶维奇·切尔科夫（Aleksandr Dmitrievich Chertkov），切尔科夫家族在此地的渊源可以追溯到 16 世纪。叶戈尔是他家里唯一能读会写的人。

叶戈尔用甜菜制糖，用叶浆养牛。他把切尔科夫伯爵的牛赶到集市上去卖，自己从中分得利润。凭着好运、严厉专横以及三十年的辛苦操劳，叶戈尔积攒下了八百七十五卢布[1]。1841 年，他从切尔科夫伯爵手里为自己赎买了自由，妻子和三个儿子也摆脱了农奴身份，成功步入俄罗斯公民中更高的一个阶层——小业主。切尔科夫伯爵动了恻隐之心，赐给叶戈尔的女儿亚历山德拉（Aleksandra）自由身份。但叶戈尔的父母和兄弟依然是农奴。

后来叶戈尔举家南迁，定居在新开垦的大草原以南将近五百公里的一个地方。这块土地曾被游牧的突厥部落占领长达几个世纪，后来土地转卖给了拿破仑战争的退伍军人和德国移民。叶戈尔定居在克里普卡（Krepkaia），此地位于亚速海边的塔甘罗格城（Taganrog）以北约六十五公里处。当地有一位普拉托夫（Platov）伯爵，叶戈尔从伯爵手中谋得了一个田庄总管的职位。叶戈尔还把三个儿子送去做学徒，力图将他们推向更高的社会阶层——商人阶层。大儿子米哈伊尔（Mikhail）生于 1821 年，前往位于莫斯科西南将近二百五十公里处的卡卢加（Kaluga），打算成为一名书籍装订工人。二儿子帕维尔（Pavel）就是安东·契诃夫的父亲，他生于 1825 年，十六岁时进入一个甜菜制糖厂工作，继而成为一名赶牛人，最后落脚在塔甘罗格城，在一个商店里当了小伙计。叶戈尔的小儿子米特罗凡（Mitrofan）在顿河河畔罗斯托夫（Rostov-on-the-Don）一家商店里当伙计。女儿亚历山德拉是叶戈尔最宠爱的孩子，她嫁给了特维尔多赫列波瓦（Tverdokhliobovo，靠近草原小镇博古恰尔）的一个叫瓦西里·科热夫尼科夫（Vasili Kozhevnikov）的人[2]。

---

[1] 大致等于今天的 2.6 万人民币。——编注
[2] 安东·契诃夫从来没有提到过他这个唯一的亲姑姑，在有关帕维尔的文件（图书馆手稿部，33I 33 Iv，54a）中，零星提到过她的孩子和女婿的名字。

1. 前辈

叶戈尔一辈子都在普拉托夫庄园工作，在八十一岁高龄去世。他心肠冷酷，性格古怪。与许多田庄总管一样，他对待农民十分苛刻，人们都暗地里叫他"蝰蛇"。然而，他也没有赢得雇主的欢心，普拉托夫伯爵夫人把他赶到了九公里外的一个农庄去做监工。在那里，叶戈尔本来可以住进农庄别墅，但他更喜欢住农民的小木屋。

安东的祖母叫叶夫罗西尼娅·叶梅利亚诺芙娜（Efrosinia Emelianovna），孙儿们见到她的机会就更少了，因为她极少离开农庄。她是乌克兰人[1]，后来安东·契诃夫笔下那些富有乌克兰风情的大笑与高歌、愤怒和喜悦，都是受到她的启发。叶夫罗西尼娅和她的丈夫一样脾气暴躁，到 1878 年她去世时，他们在一起生活了五十八年。

叶戈尔每年总有那么一两次机会，要押送伯爵夫人的小麦前往最近的港口塔甘罗格城，然后采买一些物资和装备带回来。他的古怪在当地尽人皆知。他把粗布工装裤改成正式礼服的样式，走起路来"像一座铜像"。他经常不分缘由——可能是因为摘苹果，也可能因为正在修理的屋顶塌下来了——抢起鞭子来就抽打孩子。二儿子帕维尔在遭到一次毒打后得了疝气，终生都要戴着疝带。

安东·契诃夫在去世前承认：

5

> 我确实脾气急躁等等，等等，但我已经慢慢习惯于控制情绪了，因为一个体面人不应该随心所欲……毕竟，我的祖父是一个顽固不化的农奴监工。[2]

叶戈尔的文笔不错。他曾说过："我从心底里羡慕士绅，不仅因为他们拥有自由，而且因为他们识字。"据说，他离开奥尔霍瓦特卡时带着两大箱子书，这在 1841 年对一个俄罗斯农民来讲很不寻常。（虽然三十五年后，孙子们来普拉托夫农庄探望他时，在他家里一本书也没有看到。）

---

[1] 叶夫罗西尼娅对安东·契诃夫产生过一定影响。契诃夫在 1902 年提到，他幼年时就会说乌克兰语了。

[2] 安东·契诃夫致奥尔迦·克尼碧尔（Olga Knipper）的信，1903 年 2 月 2 日。

叶戈尔为了孩子们拼命操劳，却从来没有对孩子们表示过疼爱。这么一个在生活中霸道成性的人，在家信中却常常卖弄辞藻，故弄玄虚。叶戈尔在写给儿子帕维尔和儿媳的一封信中说道：

> 亲爱的、稳重的帕维尔，因为没有闲暇，我最亲爱的孩子，我不能在这张枯燥的纸上继续浪费时间了。阳光炙烤，万物干枯，我一直忙于收获庄稼。老契诃夫呵，此时正挥洒汗水，忍受着炽热溽闷的阳光，尽管他晚上睡得还算甜美。我凌晨一点钟睡觉，但无论是否有事要做，亲爱的叶戈尔在日出前就又起床了。我需要睡眠。诚挚赐予你祝福的父母：格奥尔基与叶夫罗西尼娅·契诃夫。[1]

与契诃夫家的其他人一样，叶戈尔会庆祝每个人的命名日和各种盛大的宗教节日，只是他的程式比较简化。1859 年，帕维尔在自己的命名日（6 月 25 日）收到父亲的来信，信中写道："亲爱的、稳重的帕维尔·叶戈罗维奇，祝福你和你亲爱的家人长命百岁。再见，亲爱的儿子、儿媳和漂亮的孙子们。"

安东·契诃夫母亲家的情形颇为相似。她家祖籍坦波夫省（Tambov），那里与毗邻的沃罗涅日省都体现着典型的俄罗斯特征。这也是一个原本属于农民阶层但如今自强不息的家庭，富有才干，为自己赎身进入了商人阶层。安东的母亲叶夫根尼娅·亚科夫列芙娜·莫罗佐娃（Evgenia Iakovlevna Morozova）的祖父叫格拉西姆·莫罗佐夫（Gerasim Morozov），他用驳船装满玉米和木材，沿着伏尔加河与奥卡河运到集市上去交易。在 1817 年格拉西姆五十三岁那年，他为自己和儿子亚科夫（Iakov）赎买了自由，不用每年再给农奴主缴纳赋税。1820 年 7 月 4 日，亚科夫与亚历山德拉·伊万诺芙娜·科赫马科娃（Aleksandra Ivanovna Kokhmakova）结婚。科赫马科娃出身于一个富

---

[1] 见图书馆手稿部，331 81 1：叶戈尔致帕维尔的信，1859—1878。编注：莫斯科档案馆、图书馆手稿部、俄罗斯档案馆所存文件大体按年份分部分整理。有的文件仅有所属的时间段，如本条注解；有的文件附有更详细的年、月、日。

裕的工匠家庭，当时家庭作坊生产的精工细作的木制品和神像在市民与圣职人员中很受欢迎。然而，莫罗佐夫家族中隐藏着一个危险因素，格拉西姆·莫罗佐夫的几个孙子——安东的一个舅舅、一个姨母以及他的兄弟们——都死于结核病。

亚科夫·莫罗佐夫缺乏叶戈尔·契诃夫那样的耐力，1833 年，他的生意破产了。他向塔甘罗格的彼得·帕普科夫（Piotr Papkov）将军寻求保护，与此同时，亚历山德拉带着两个女儿——费奥多西亚（昵称费尼奇卡）和叶夫根尼娅——住在舒亚（Shuia），他们的儿子伊万·莫罗佐夫（Ivan Morozov）被安置在顿河畔罗斯托夫的一个商人家里。1847 年 8 月 2 日，一场大火席卷舒亚，烧毁了镇上八十八所房屋，亚历山德拉家的房子也毁于大火，而亚科夫·莫罗佐夫此时在诺沃切尔卡斯克（Novocherkassk）死于霍乱。亚历山德拉带上所余财物和两个女儿坐上一辆马车，风餐露宿，在草原上跋涉了近五百公里，终于抵达诺沃切尔卡斯克。但她不仅没有在那里找到丈夫的坟墓，而且发现他的货物也踪影全无。她们继续向西走了一百六十多公里，到达了港口城市塔甘罗格，请求帕普科夫将军的保护。将军收留了她们母女三人，也给叶夫根尼娅和费尼奇卡提供了最基础的教育。

当时，安东的舅舅伊万·莫罗佐夫在七十公里外的顿河畔罗斯托夫的一家商店打工，是一个年长伙计的小跟班，而这个年长的伙计就是米特罗凡·契诃夫[1]。于是，不知是米特罗凡还是伊万，介绍了帕维尔·契诃夫和叶夫根尼娅·莫罗佐娃两人相识。据说，帕维尔在二十多岁时，曾让人制作了一枚图章戒指。他在上面镌刻了三个俄语单词，意思是"对孤独者而言处处皆为沙漠"（叶戈尔读了这个铭文后说道："我们必须给帕维尔找一个老婆了。"）。帕维尔在晚年时坚持为家人记录日志，行文言简意赅，风格忧郁，而这一特征在安东信笺的坦率时刻偶有

---

[1] 帕维尔·契诃夫的第一份学徒工作跟随的就是已故的亚科夫·莫罗佐夫，也就是他未来的岳父，那是 1841 年在顿河畔罗斯托夫。六年后仍在罗斯托夫，莫罗佐夫家和契诃夫家之间的联系又进一步加深：伊万·莫罗佐夫和帕维尔·契诃夫发现，他们都有兄弟姐妹生活在塔甘罗格城。

呈现，在其成熟作品的主人公身上更是常见：

> 1830 年［他当年 5 岁。］我记得母亲从基辅（Kiev）来，我看着她。
>
> 1831 年 我记得大霍乱，他们让我喝焦油。
>
> 1832 年 我在神职学校学习阅读与写作，他们教我 ABC。
>
> 1833 年 我记得粮食歉收，饥荒，我们吃草和橡树皮。[1]

一个在教堂领唱圣歌的人曾经教过帕维尔·契诃夫认读乐谱，弹奏民间风格的小提琴；除了这些和前面提到的 ABC，他没有受过任何正规教育。帕维尔用来治愈忧郁的良药就是教堂音乐，而他也确实具有一定的音乐才能。然而，教会的实际状况和心不在焉的访客称他的音乐是"赘余辞藻"，他的创造力在这双重打击下枯竭了。1854 年，帕维尔·契诃夫和叶夫根尼娅·莫罗佐娃喜结连理。叶夫根尼娅姿容美丽但没有嫁妆，而帕维尔具有未来商人的潜力，这弥补了他长着一张长马脸的缺憾。

7 伊万·莫罗佐夫为人厚道，因为拒绝出售质量可疑的鱼子酱而被顿河畔罗斯托夫的商店解雇了。他回到了塔甘罗格城，家境殷实的城市商人罗波达家的女儿马尔法·伊万诺芙娜·罗波达（Marfa lvanovna Loboda）爱上了他。莫罗佐夫家的第三个孩子、最小的女儿费尼奇卡，嫁给了塔甘罗格当地的一名政府官员阿列克谢·多尔任科（Aleksei Dolzhenko），但她生下儿子小阿列克谢后不久就守了寡。

安东·契诃夫的母亲叶夫根尼娅一共生育了七个孩子，她一辈子生活拮据，忍受着失去三个孩子的痛苦以及丈夫帕维尔的专横跋扈。她自怨自艾，忍让退缩。对孩子们而言，除了爱，她提供不了什么其他的，因为她的文化水平只能勉强读写。在莫罗佐夫家的三个孩子里，只有儿子伊万天赋斐然：他能讲几种语言，会演奏小提琴、小号、长笛，会打鼓；他还擅长绘画、修理手表，会做酥糖、烤馅饼，也会制作帆船模型

---

[1] 见苏维埃时期历史档案杂志，《P. E. 契诃夫传》（*Zhizn'P.E.Chekhova*），1939，6。

和小雕像；他还发明过一种可以自动捕鱼的钓鱼竿。他曾经制作过一扇精美的屏风，上面描绘着一个神话中的战争场面；他用屏风把商店店面与他的住处分隔开来，他在自己的生活区给客人泡茶喝。

安东对母亲的感情是爱怜交加，对父亲则是表面顺从但心怀厌恶。然而，就是这对父子，从儿子出生到父亲离世，他们从来没有长久地分离过。帕维尔和他的父亲叶戈尔一样，行动上明明是一个无情的怪物、冷酷的伪君子，但总是试图把自己塑造成富于自我牺牲精神的慈爱家长。他一直不喜欢长子亚历山大，但对小儿子米沙却宠爱有加。外人提到他时，几乎没有人不觉得他可笑可叹又可恼。除了上帝，与他最亲密的就要数他的弟弟米特罗凡了。

米特罗凡·契诃夫算得上是一个成功的商人，性格温和，在塔甘罗格人缘很好。在契诃夫这个大家族中，他慷慨好客、待人热情，是联结各家的重要的关系纽带；他不停地收集和发布各种家庭消息，是一个家族通讯员。米特罗凡与两个哥哥——在卡卢加（Kaluga）的米哈伊尔和住在几百米之外的帕维尔——一样，是一个狂热的宗教信徒，有时也同样虚伪。他们都是塔甘罗格城的一个兄弟会的创始人，这个兄弟会附属于塔甘罗格大教堂。该组织负责募集钱款来支持阿索斯山的俄罗斯修道院，也赈济塔甘罗格的穷人。1859年夏天，帕维尔写信给米特罗凡（他们兄弟间称呼时总用正式的"您"，从不用亲密的"你"），第一次暗示出家族结核病的端倪：

> 去莫斯科给叶夫根尼娅·亚科夫列芙娜看病，情况比较麻烦，*8* 人们对这种病了解很多。她一刻不停地吐，吐得精疲力尽。她也变得挑三拣四，一丁点儿的小事都能让她生气，她没有胃口，怎么做都不对劲。有没有什么方法或药物能让她安静下来休息一会儿呢？[1]

家庭聚会的场合经常争吵不断，令人沮丧。1860年5月，米特罗

---

[1] 给米特罗凡的家信已经整理结集为一本书：图书馆手稿部，331 34 1，时间可上溯至1860年。

凡从哈尔科夫（Kharkov）写信给哥哥说：

> 这一天对我来讲真是沉重。从早晨到吃晚饭，我怎么都无法分散注意力，我不停地想到我就是孤零零一个人，这个想法压得我喘不上气来……有人带我去尼古拉·安东诺维奇的餐厅吃饭……我在那里感受到了爱和美好，这在我们身上很少见到。

叶戈尔·契诃夫的三个儿子在一个问题上是一致的：坚持做大家长。米哈伊尔有四个女儿和两个儿子，米特罗凡有三个儿子和两个女儿，而帕维尔和叶夫根尼娅育有七个孩子。帕维尔和叶夫根尼娅于1854年11月29日结婚，两年后，帕维尔勉强筹措到两千五百卢布，加入了三等商人行会。1855年8月10日，家中长子亚历山大·巴甫洛维奇·契诃夫（Aleksandr Pavlovich Chekhov）出生。这一年恰逢克里米亚战争结束，两艘英国舰船轰炸了塔甘罗格，摧毁了大教堂的圆顶、港口和许多民房。叶夫根尼娅与米特罗凡的妻子，妯娌柳德米拉（Liudmila）弃家而逃，逃跑时厨房灶火上还烧着一只鸡。他们逃进大草原，投奔了叶戈尔·契诃夫，叶夫根尼娅在当地神父家里生下了亚历山大。叶夫根尼娅返回塔甘罗格后，全家搬进了一所小房子。当初，这所房子属于她的婆婆叶夫罗西尼娅，叶戈尔把它分给了帕维尔和米特罗凡。当米特罗凡结婚时，帕维尔就在几条街之外的波利塞斯盖亚街上租了一栋有两个房间的泥砖房住了下来。1857年，帕维尔·契诃夫开始做生意。1858年5月9日，二儿子尼古拉·巴甫洛维奇·契诃夫（Nikolai Pavlovich Chekhov，昵称科利亚）出生。1859年三等商人行会被取缔，帕维尔只好筹集更多资金，加入了二等商人行会。帕维尔行事一贯循规蹈矩，因而当选为塔甘罗格警察局委员会的委员。叶夫根尼娅再次怀孕。1860年1月，帕维尔写信给弟弟米特罗凡说："上个星期六，圣迈克尔教堂被闪电击中，圆顶起火。"在帕维尔看来，这似乎是1860年1月16日安东·巴甫洛维奇·契诃夫（Anton Pavlovich Chekhov）降生的一个征兆。[1]

---

[1] 安东·契诃夫的命名日"圣安东尼日"是1月17日。

2. 塔甘罗格

（1860—1868）

在俄罗斯帝国，塔甘罗格城拥有一定的皇室地位。来自世界各地
的居民使得这里看起来更像是殖民地首府，而非一个外省城市。塔
甘罗格城位于亚欧大陆突入亚速浅海的一个岬角之下，位处显要之
地。它既是一个废弃不用的军事港口，也是一个繁荣的民用港口。城
中六条大道纵横贯通，道路两旁整齐地排列着希腊商人的房子，其间
不时点缀着一些俄罗斯政府大楼。大路在田地的尽头朝向东北，往大
草原延伸开去。如果不是塔甘罗格城郊区的那些俄罗斯风格的木棚
屋区格外扎眼，你很可能以为自己是置身于东南欧尘土飞扬的色雷
斯城。

塔甘罗格城的创建者是彼得大帝（Peter the Great）。彼得大帝的
意图是在亚速海边建立一个军事据点，以挑战奥斯曼帝国的宗主国地
位，所以，塔甘罗格与彼得堡一样，修建时并未过多地将居住因素
纳入考虑范畴：这里的沙质土壤使得房屋地基不稳，也缺乏淡水资
源；夏天炎热，冬天寒冷；海水很浅，蒸汽轮船只能在一公里以外的
地方卸货。1720年，土耳其迫使俄罗斯废弃了军港塔甘罗格。18世
纪70年代，凯瑟琳大帝下令重修塔甘罗格城，重建后的城市居民以
希腊殖民者为主。这些人与古典时期的希腊人一样，为了躲避贫困或

暴政而逃亡到黑海北部和亚速海沿岸的城镇来谋生。他们有的曾是地中海海盗，现在富甲一方；还有些人靠欺骗俄罗斯农民或者贿赂俄罗斯海关官员为生。他们通过炫富式的消费来显示财富，但也慷慨解囊，为市民的艺术活动提供捐助，创办乐团、俱乐部、学校和教堂，引进法国厨师来烹饪卢卡利安晚餐，聘请意大利雕塑家为他们雕刻墓碑等。在契诃夫的童年时代，意大利商人和俄罗斯商人，以及来自世界各地的经销商，都围着希腊商人转，这些人都希望能从塔甘罗格蒸蒸日上的腹地财富中分得一杯羹。这个城市发展得热火朝天。

10　　　沙皇亚历山大一世也在塔甘罗格城留下过印记。在统治后期，他为了寻求精神慰藉来到塔甘罗格城，下榻在一座简朴的平房"王宫"中，三个月后他驾崩于此——简言之，塔甘罗格就是俄罗斯帝国的"影子"国都。安东·契诃夫出生时，塔甘罗格依然呈现出一派欣欣向荣的景象：通往俄罗斯南方的铁路正在等待王室批复，亟待开工；来自大草原深处的小麦和肉类——大草原上无路可行，最近的大城镇哈尔科夫位于大草原以北近五百公里处——用畜力车一车一车地运到塔甘罗格城，然后装上货船运走。

　　安东·契诃夫的洗礼仪式在塔甘罗格城中的俄罗斯教堂举行，安东的教父是一位与帕维尔和米特罗凡有生意往来的希腊商人。契诃夫家雇用了一名俄罗斯保姆，她的名字叫阿加菲娅。阿加菲娅原是一名农奴，因为帮助主人家的女儿私奔而被主人卖掉。随着家庭成员的增多，帕维尔只好频繁搬家，有时还得与米特罗凡家的亲戚住在一起。1861 年 4 月 18 日，他们借住在米特罗凡的岳父帕维尔·叶夫图舍夫斯基（Pavel Evtushevsky）家时，契诃夫家的第四个儿子伊万·巴甫洛维奇·契诃夫（Ivan Pavlovich Chekhov，昵称万尼亚）出生了。1863 年 7 月 31 日，女儿玛丽亚·巴甫洛芙娜·契诃娃（Maria Pavlovna Chekhova，昵称玛莎）出生。1864 年，契诃夫家终于在一个更好的街区租下了一所更大的房子。1865 年 10 月 6 日，家里的第六个孩子米哈伊尔·巴甫洛维奇·契诃夫（Mikhail Pavlovich Chekhov，昵称米沙）

2. 塔甘罗格

出生。

对安东婴儿期的回忆主要来自他的哥哥们。二哥科利亚死于1889年，去世时只有三十岁。他在去世前留下了一些有关童年的回忆[1]。他追忆了安东婴儿时期家里住过的房子，以及安东在自己的故事中也描述过的野草和篱笆：

> 我住在一座小小的、红色木屋顶的平房里，房子周围点缀着牛蒡、荨麻、毛茛花以及各色宜人的花朵，那灰色的栅栏在这些可爱花朵的簇拥下显得格外漂亮……房子里有五个房间，迈过三级台阶，穿过厨房，就可以走到那个重要的地方，家里最重要的人物[指契诃夫家的三个大儿子]就住在这里，虽然最年长的也才将将一米高。

然后，科利亚的回忆就跳跃到了安东八岁的时候。那一年，伊万·莫罗佐夫舅舅用藤条给四岁的万尼亚雕刻了一个小骑手玩具，给它起名叫瓦西卡。那一天，四个男孩子睡在一张大床上，一束阳光直射在他们脸上：

> 先是亚历山大像驱赶苍蝇一样挥舞着手臂，想要挡住阳光，嘴里嘟囔着什么："打我？凭什么？"然后他伸着懒腰坐起来……安东从枕头下面摸出一个木头玩具……安东拿着瓦西卡先从他的膝盖上跳过，然后让它匍匐上大理石墙面。亚历山大和我一起兴致勃勃地看着瓦西卡的历险，忽然安东回头看了一眼，马上把瓦西卡藏到了自己的枕头下面。原来万尼亚醒了，尖叫起来："我的玩具呢？还我玩具！"

11

也是科利亚记录了他最后一次看到伊万舅舅的场景。伊万·莫罗佐

---

[1] 见《文学遗产68》，1960，531—537。

夫一直在粗鄙的商人世界中无法自安：

> 我们很少看到长着红胡子的万尼亚舅舅，他不喜欢来我们家，因为他不喜欢我的父亲。父亲把舅舅没有生意可做归咎于他的无能。父亲经常说："如果把伊万·亚科夫列维奇拉来好好揍上一顿，他就知道怎么做生意了。"万尼亚舅舅因为爱情而结婚，但生活并不幸福。他与妻子的娘家人住在一起，在那里也经常被训斥需要"好好揍上一顿"。人们不是向他伸以援手，而是来威胁他，而且越来越过分，这终于导致他精神崩溃，毁了他的健康。他梦想中的家庭温暖对他来讲已经荡然无存。有时，为了躲避无厘头的责骂，他干脆关了商店，也不回家，就在房子外面露水极重的栅栏下过夜，想要逃开那些没完没了的"好好揍上一顿""好好揍上一顿"。
>
> 我记得，有一次他来找我的姨母，说是想要一些醋来擦拭自己。她问为什么，他就向她挥舞双臂，眼中含着泪水，马上又跑……

科利亚·契诃夫饱受结核病的折磨，这段文字写于他临终之际，他去世前甚至没有写完"跑走了"这个句子。伊万·莫罗佐夫舅舅在那次索醋事件后不久，就因结核病去世了。

大哥亚历山大也回忆过玩具瓦西卡和大家共睡一张床的情景。亚历山大经常被指派来照管安东，他回忆过安东在幼儿时的一个场景：有一次，安东一边坐在便桶上使劲，一边对亚历山大喊"找个木棍，找个木棍"来帮他。

> 但我觉得自己根本帮不上你，脾气就越来越凶，用尽全身力气对你又掐又拧。你"号啕大哭"，妈妈闻声赶来，我脸上显出一副无辜相，反而向妈妈告状，好像一切都是你的错，和我没有丝毫关系。[1]

---

[1] 亚历山大·契诃夫给安东·契诃夫的信，1886年1月17日，见《书信集》（1939年），131—132。

2. 塔甘罗格

安东大约十岁时，家里的权力格局开始发生变化。在接下来的大约十年时间里，他一直和大哥争夺家庭的领导权，最终安东成为家里说话算数的人。亚历山大还记得自己第一次失败的情景，那次是他俩被指派去照看他家在火车站旁的杂货摊位：

> 你一直哼哼唧唧地唱着："砸你头，砸你头，砸死你！"…… *12*
> 我就用一块瓦楞铁砸你的脑袋。你跑出杂货铺去找父亲，我就在那里等着一顿暴揍。谁知几小时之后，你神气活现地从摊位前走过，故意连看也不看我一眼，杂货铺伙计加夫留沙跟在你后面，原来爸爸交给了你其他的任务。我看着你们越走越远，不知道为什么，眼泪忽然流了出来。

童年时代的安东与亲戚们共度的时间要比与自己家人在一起的时间长。他六岁时，全家搬去与米特罗凡和柳德米拉一家住在一起，而亚历山大有两三年时间与费尼奇卡姨母生活在一起。帕维尔·契诃夫和叶夫根尼娅·莫罗佐娃的结合，将契诃夫家族与莫罗佐夫家族以及塔甘罗格城的几个大家庭联系在了一起。这些人中有富人也有穷人。契诃夫家与一些俄罗斯化了的希腊家庭关系密切，比如安东的教父母家和坎布罗夫（Kamburov）家。坎布罗夫家是他们在波利塞斯盖亚街的亲密邻居，是一个富有的希腊商人家庭，但他们俄罗斯资本家的伪装十分脆弱，因为老坎布罗夫经常操着浓重的希腊口音咒骂孩子"操你妈"。这些希腊人身上融合了地中海气质与俄罗斯的自由风格，他家的女儿柳博芙和柳德米拉·坎布罗娃更是如此。在这种环境下，亚历山大和科利亚开始早恋了，亚历山大也因此掌握了市井坊间的希腊话，以及他在信中用过的塔甘罗格城市黑话。他说起这些话来流利自如，城里的希腊人因而叫他"幸运萨沙"。

安东八岁以前的生活多是以家人的命名日、宗教节日以及父亲帕维尔尤其重视的复活节为标志的。他在这一阶段的生活散漫而悠闲：在学校放假的日子里，他和科利亚就像尾巴一样跟着亚历山大在塔甘罗格城到处晃悠，在走私贩子扎堆的博古多尼（Bogudonie）湾钓鱼，在野地里逮鸟雀儿换几个戈比[1]，看罪犯团伙用钩子抓住流浪狗用闷棍打死，每晚回到家都是灰头土脸，满身是泥。

---

[1] 戈比（kopeck），货币单位，是俄罗斯卢布（ruble）的辅助单位，一卢布等于一百戈比。——译注

3. 杂货铺、教会与学校

（1868—1869）

帕维尔·契诃夫并非做生意的好材料，他把过多精力花在抄写价
目表、库存单和债主名单上。杂货店成了他没完没了地给顾客讲道的
论坛，人们来到他的商店就像进了酒吧，喝上一杯酒或茶，任意八卦闲
聊。教堂音乐是帕维尔进入塔甘罗格社区的敲门砖，他对教堂唱诗一直
抱有无与伦比的热情。尽管能力有限，训练不足，但经过多年业余爱好
的熏陶后，帕维尔终于在1864年成为塔甘罗格大教堂唱诗班的负责人。
他组织唱诗时，从不允许漏掉任何一个乐曲小节，也不删减哪怕一个礼
拜祷词，这使得每次的弥撒仪式都冗长不堪。教友和神职人员只好请求
叶夫根尼娅去说服他，希望他能把仪式缩短一些，然而帕维尔在他所追
求的"辉煌"效果上毫不妥协。1867年，他被塔甘罗格大教堂辞退。

帕维尔换到了塔甘罗格的希腊修道院。希腊修道院为了增加会众，
曾用俄语主持弥撒仪式。希腊神职人员的俄语水平有限，唱诗班需要一
个俄语领唱，于是帕维尔组织了一个以铁匠为主力的唱诗班。这些人肺
活量强大，唱起低音和男中音来洪亮而粗哑。唱诗班缺少中音和女高音
歌手，帕维尔排练过两位年轻的当地妇女，但她们因为怯场而坏了事，
铁匠们不得不替她们圆场。帕维尔只能放弃女歌手，找来自己的三个大
儿子加入唱诗班。亚历山大对此回忆说，"家庭医生抗议这种让我们过

早地过度损耗胸腔和声带的做法"[1]。接下来数年间，教会唱诗成了契诃夫家的孩子们无法逃避的酷刑。尤其在复活节寒冷的早上，为了参加凌晨祈祷，孩子们被早早拖出被窝，要在一天之内至少为两个大型礼拜唱诗。在演出前，他们还要整晚整晚地在杂货铺排练，而合唱团团长对他们动辄拳脚相加。安东成年后直至去世，几乎不曾在床上度过任何一个

14 复活节夜晚，他总是喜欢在街上漫步，倾听教堂的钟声和歌声。教堂会众对亚历山大、科利亚和安东的合唱啧啧称奇，于是，契诃夫兄弟三人就跪在冰冷的石头地面上，高唱三声部的经文歌《十字架上的盗贼》，完全没有其他歌手协唱。安东·契诃夫回忆说，他们"感觉自己就是小囚犯"，双膝着地，还要担心鞋子上的破洞被别人瞧见。他们的乐趣除了观察鸽鹰在钟楼上筑巢，听到意外的高音跑调而莞尔，也就是看到母亲叶夫根尼娅走进教堂时恶作剧地敲响洪亮的钟声。就这样，东正教的音乐——而非东正教的教义——深深地融入了安东的血液。"我能够感受到的所有的宗教，就是复活节教堂的钟声。"他对童年时期的好友，后来成为演员的亚历山大·维什涅夫斯基（Aleksandr Vishnevsky）如是说。1892 年，他在与作家伊万·谢格洛夫（Ivan Sheheglov）交流时承认："我童年时经历过宗教教育，也在宗教环境下长大……但结果呢？每每回忆起童年，我都发现它相当黯淡，我现在没有任何宗教信仰。"

1872 年，希腊修道院教堂来了一位新神父，他不再用俄语做弥撒，于是帕维尔的俄语合唱团也没有了用武之地。新塔甘罗格市场那里还有一座教堂，帕维尔及其铁匠和商人朋友们曾在那里祈祷和唱诗，但是那座教堂本身有一个付费的专业唱诗班。最后，只有沙皇亚历山大一世的"宫殿"礼拜堂才允许帕维尔展示他的家庭"三重奏"。

医生把契诃夫家三个大儿子的健康状况欠佳归咎于童年时期这段早上弥撒唱诗和晚上的排练，也许不无道理。这段经历自然有一定的积极作用，那就是安东借此充分接受了教堂斯拉夫语赞美诗的熏陶，思想上浸润着东正教自由体赞美诗的变奏曲。虽然他只会唱歌，或者只能凭记

---

[1] 见俄罗斯档案馆，2540 53 1：亚历山大回忆录（摘录自《关于契诃夫》，1990）。

忆用一个手指在钢琴上缓缓弹出一支曲子，但他对俄罗斯教堂音乐的热爱早已超越了他对上帝的信仰。科利亚经历此番训练后学会了演奏小提琴和钢琴，曾被一个专业人士评价为弹钢琴"技艺精湛"。在19世纪60年代末至70年代初，帕维尔在生意上有过一段短暂的兴隆期，他为孩子们聘请了一位音乐老师和一位法语老师。亚历山大和科利亚的法语说得都很流利，而安东的外语技能就像他的音乐才能一样，依旧没有发展起来。

上学以后，亚历山大一直是塔甘罗格文理中学的优等生。帕维尔对科利亚和安东的教育则有些举棋不定。帕维尔的希腊顾客说服他相信，所谓的大好前途，就是将来能在一个希腊贸易公司找到一份经纪人的工作，当然，未来这份年薪一千五百卢布的工作要会说当代希腊语才成。一次，帕维尔意外地收到别人偿还的一百卢布债务，于是，他决定将这笔钱投资在科利亚和安东的教育上。对当地希腊人来说，孩子必须参加圣康斯坦丁与圣海伦希腊教会（Greek Church of St Constantine and St Helen）附属的教区学校。（亚历山大在两三年前已经开始在这所学校学习希腊语。）1867年9月，两个男孩——"尼古拉斯与安东尼奥斯·切霍夫"——注册入学。其实，这所教区学校更像是查尔斯·狄更斯的小说《尼古拉斯·尼克贝》中的多特保斯寄宿学校。所谓的学校，不过就是在一个大房间中摆放着五条长木凳，希腊语老师尼古拉斯·沃兹纳斯（Nikolaos Voutzinas）一个人同时教授五个班级，每堂课通常开始时教字母拼写，结束前教语法和历史。教室的每个角落都有一个半圆形铁桌，高年级学生可以在那里测试和惩罚低年级学生，而每个低年级学生都必须购买一本破旧的启蒙识字课本。亚历山大和安东都记得老师沃兹纳斯经常挂在口头上的一句话："他们的父母会买单的。"上课期间，沃兹纳斯时不时溜进自己的私人房间，与待在里面的乌克兰女管家鬼混。据说，他连小男孩也不放过。待他从房间里出来时，便吹着红胡子，嗓门洪亮，将铁戒尺敲得啪啪响来维持纪律。沃兹纳斯还设计了一些体罚手段，比如把一个孩子绑在梯子上，让全班同学朝他吐口水。然而，这所学校收费适中，学生不需要穿校服。

希腊教区学校的学年结束了，帕维尔想让儿子们向希腊顾客显示一下他们的希腊语水平。尽管沃兹纳斯评价他们"学习努力"并"成绩优秀"，但科利亚和安东除了字母之外，一句话也说不出来，结果自然是两个孩子——而不是沃兹纳斯——受到了惩罚。1868 年 8 月，他们被塔甘罗格文理中学录取，安东进入预备班学习。

塔甘罗格文理中学不仅给安东·契诃夫的写作提供了坏老师的原型，而且这里也被描述成黑海岸边的伊顿公学。这里既是地狱，也是天堂——就像一所良好的英格兰"公立"学校，极少运动，也不乏鸡奸和杖罚。安东在校的十一年间，恰逢这所学校的蓬勃发展期。一项针对该校教员和学生的调查显示，这里堪称孕育天才的温床。这所学校如同他的家庭一样，有力地塑造了安东·契诃夫的性格，而且也将他从家庭的桎梏中解放出来。

追溯至 1809 年 9 月，塔甘罗格城的高层市民决定，在本市建立一所文理中学。1843 年，塔甘罗格文理中学迁址，新校园位于塔甘罗格城的高点，是一栋取光通透而且通风良好的古典风格的双层建筑。该校拥有一大批知名校友，例如将《荷马史诗》翻译成俄文的翻译家，诗人尼古拉·费奥多罗维奇·谢尔比纳（Nikolay Fyodorovich Shcherbina）。伴随着 1856 年的改革步伐，这所学校也步入了长达二十年的变革时期。俄罗斯帝国南部的城市扩张令该校教师流动频繁，沙皇亚历山大二世的统治带来了大批与权势阶层发生冲突的激进分子。

16   1863 年，塔甘罗格文理中学的校长被驱逐出学校，像一个癫狂的流浪汉一样在塔甘罗格城里游荡。1865 年，履新上任的校长尼古拉·帕鲁诺夫（Nikolai Parunov）彻底埋葬了旧时代。1867 年，俄罗斯教育大臣德米特里·托尔斯泰（Dimitri Tolstoy）视察该校，决定将这里建设成一个新保守主义古典文理中学的典范。于是，学校里有争议的课程都被叫停，代之以希腊文、拉丁文这些必修课；被当作异见思想发酵剂的俄罗斯文学则受到严格的授课限制，具有颠覆性思想的老师都被排挤了出去；在塔甘罗格居民家里寄宿的乡下学生发现，自己的住所都处于监控之下。德米特里·托尔斯泰认为，学校和教会应该为他组建的宪兵队提供保护作用。他的改革措施把许多教师变身为警察密探，学校的教学活动也成了鹦鹉学舌。然而，这些改革衍生出的社会架构，也给有才华的教师和学生提供了蓬勃发展的空间。如果当地的犹太人、小商人、小业主和神父的后代们，想要晋升新的社会阶层——知识分子阶层，这所学校就是他们的必经之途。这些人后来成了医生、律师、演员或作家——虽然这恰恰是政府的忧心所在：害怕这些无所事事的知识分子发展成为一股革命力量。

在任何一所俄罗斯文理中学里，所有学生都被以贵族礼遇待之。在学校里，关禁闭是唯一的惩戒措施，关禁闭的地点就是学校拱形楼梯下那个粉刷得雪白的房间。学校禁止体罚，体罚学生的老师会遭到解雇。经历过帕维尔·契诃夫的棍棒教育和希腊教区学校沃兹纳斯的拳打脚踢后，文理中学预备班对安东来说简直称得上是天堂。安东发现，他的同学们即便在家里也很少挨打。安东·契诃夫成年后的核心性格——对权威不动声色的抵抗——此时悄然萌芽了。文理中学在社会阶层上行——而不是下行——方面，人人平等。它给那些来自穷人、牧师、犹太人或商人家庭的孩子提供了跻身上层统治阶级的机会和愿景。然而，有些家长因为负担不起学费和校服费而将孩子转到技术学校，把他们培养成未来的裁缝或木匠。1872 年，安东的同学、十二岁的叶菲姆·叶菲米耶夫（Efim Efimiev）退学了，后来他成了一名钟表匠和细木工。他回忆说：

> 我们被看作是平民出身……因为我们穿廉价的布制服……我的午餐是带一小块面包和一点烤肉肥油，我经常和安东分享我的食物，因为他的午餐除了面包、一个烤土豆和一个小黄瓜之外，什么有营养的东西都没有。[1]

---

[1] 见 I. 邦达连科，《尚未完成的传记》（*Biografia eshchio ne okonchena*），见 I. M. 塞尔瓦努克，V. D. 塞德戈夫，《文章与材料汇编 3》（*Sbornik statei i materialov 3*），罗斯托夫，1963，309—330。

17   帕维尔·契诃夫对棍棒教育的热衷反映出了他的冷酷个性，他的教育方式即便在没受过教育的商人中也难寻俦类。契诃夫家年纪偏小的几个孩子，尤其是小儿子米沙，是在莫斯科长大的。幸运的是，莫斯科房东们秉持的那种城市人对外省人的偏见限制了帕维尔极度滥用父权。玛莎是家里唯一存活下来的女孩，她从小一直被打扮成玩具娃娃的模样，这个"面颊红红的小猫"留给人的印象就是穿着浆洗过的粉红裙子。契诃夫家年长的几个孩子就没有这么幸运了，他们都在儿时受到过父亲毫不留情的暴打。契诃夫家富有的亲家罗波达家也以鞭笞仆人和孩子而声名狼藉。帕维尔的孩子们都很喜欢米特罗凡叔叔，是因为他跟孩子们讲道理，而不是用鞭子抽。亚历山大更是饱受鞭笞，这给他留下了很大的心理阴影，导致他和科利亚到了十多岁还经常尿床。叶菲姆·叶菲米耶夫是安东在 1869—1872 年的同学，他回忆说："在契诃夫家……只要他父亲一露面，我们就立马安静下来，悄悄溜回家去。他打起人来下手很重。对孩子们毫无恶意的调皮举动，他惩罚起来也毫不留情，拳打脚踢。"在 1895 年的成熟作品《三年》中，安东·契诃夫成功地塑造了一个与其商人家庭背景格格不入的年轻知识分子的形象，我们从故事的很多细节中可以体会到安东对童年的痛苦回忆：

> 我记得，父亲开始"教导"我，或者说得简单点，开始打我的时候，我还不到五岁。他用树条抽我，揪我的耳朵，捶我的脑袋。我每天早上醒来，头一件事儿就开始琢磨我今天会不会挨打。

安东在二十多岁后对亚历山大回忆童年时说：

> 专制和欺骗葬送了我们的童年，一想到这些我就心生厌恶，也害怕想起。想想父亲只因为菜汤太咸了就暴跳如雷，或者咒骂母亲是个傻瓜，那些日子里，我们心里是多么恐惧与厌恶。

3. 杂货铺、教会与学校

19世纪末，亚历山大告诉他的妹妹玛莎：

> 生活完全就是鞑靼的桎梏，看不到一丝光亮……回顾童年，我
> 只有极度的痛苦。[1]

安东的朋友、记者尼古拉·叶若夫（Nikolai Ezhov）在1909年的
回忆录中证实了这种恐惧：

> 帕维尔·叶戈罗维奇打完孩子后就去教堂，让挨打的孩子坐下
> 来，朗读很多赞美诗。契诃夫……曾经告诉一个作家朋友说："您
> 知道，在我小时候，父亲经常打我，这些我到现在都无法忘记。"
> 说这些话时，他的声音颤抖着。

在塔甘罗格文理中学，教授宗教常识课的老师是当年三十多岁的费 *18*
奥多尔·波克罗夫斯基（Fiodor Pokrovsky）神父。他更喜欢去拜访的
是米特罗凡·契诃夫家，而不是帕维尔·契诃夫家。因为米特罗凡家款
待热情，不会像在帕维尔家那样时时被殴打孩子声和大声叫嚷打扰。然
而，波克罗夫斯基神父对帕维尔·契诃夫家的几个孩子的判断却说不上
准确。他曾经对叶夫根尼娅说："您的长子（亚历山大）也许能成就点
什么，但是，两个小的绝对不可能。"当时，学校有一个助教老师叫帕
维尔·菲列夫斯基，他本人就是塔甘罗格文理中学的毕业生。他如此描
述波克罗夫斯基："（他）相貌堂堂，立场明确，声音充满音乐感，富有
创造力和天分，是一个非常具有吸引力的人。然而，他缺乏诚意……
学问浅薄，他的宗教信仰来自'直觉'。"[2]然而，学生们把波克罗夫斯
基神父看成他们的保护人，因为他经常在校务会上与校长帕鲁诺夫唱反

---

[1] 见图书馆手稿部，331 82 4：亚历山大致玛莎的信，1890—1898。

[2] 有关教授过安东·契诃夫的老师的资料主要来自 P. P. 菲列夫斯基（P. P. Filevskii）的
《塔甘罗格文理中学校史》（*Ocberki iz proshlogo Taganrogskoi Gimnazii*），塔甘罗格，
1906。

调；他代表那些家里付不起学费（一年缴费十到二十卢布不等）的学生，与副校长——即督学，是俄罗斯传统的文理中学中一个至关重要的角色——据理力争，他也为契诃夫兄弟游说过。在课堂上，他常常把教义问答置之一旁，大谈自己过去如何战功卓著，或者转而谈论歌德、莎士比亚或普希金等作家。安东·契诃夫毕业后与这位神父老师一直保持着联系，直到他 1898 年去世。波克罗夫斯基在世时，也热切地阅读这位前学生的作品。米特罗凡曾经对帕维尔说过："安东在信中告诉我，他很感激这位神父老师，因为神父不仅教给他圣经知识，而且让他了解了文学，理解了文字的生动，以及要用漂亮的形式来表达。"

1868—1869 年在塔甘罗格文理中学预备班授课的教员，是一班和善友好的人。舍监老师斯特凡·蒙塔涅鲁日（Stefan Montagnerouge）虽然年迈却性格活泼，被学生亲切地称为斯塔坎（意为酒杯）·伊万诺维奇（Stakan Ivanych）。给学生们留下最深刻印象的则要首推拉丁文老师弗拉基米尔·斯塔罗夫（Vladimir Starov）。斯塔罗夫性格温和，非常受学生的爱戴，他热烈地爱上了同事安德烈·马尔采夫（Andrei Maltsev）的继女阿莉阿德娜·切列茨（Ariadna Cherets）。阿莉阿德娜容貌美丽但水性杨花，他们结了婚，她却摧毁了他的生活。在 19 世纪 80 年代后期，塔甘罗格文理中学有一个叫乌尔班的捷克人，他自封为学校的"秘密警察"。这个乌尔班向当局告发了斯塔罗夫，斯塔罗夫因而被调往大草原深处的一所偏远学校。阿莉阿德娜抛弃了他，与当时著名的俄罗斯演员尼古拉·索洛夫佐夫（Nikolai Solovtsov）私奔了，并开始了自己的演艺生涯。斯塔罗夫最终在医院死于酒精中毒。安东·契诃夫的几个作品（例如《阿莉阿德娜》和《我的一生》），都是基于斯塔罗夫和阿莉阿德娜的爱情故事。塔甘罗格文理中学的地理老师费奥多尔·斯图利（Fiodor Stulli）也曾以这段爱情故事为素材，创作了故事《我的婚姻》（"My Marriage"）。另外，教过契诃夫的一位叫别拉温（Belovin）的老师也死于酒精中毒，他是一位激进的历史学家；数学与物理老师伊波利特·奥斯特洛夫斯基（Ippolit Ostrovsky）死于结核病。

19　　在当时的俄罗斯学校，决定大多数学生命运的人是督学。在塔甘罗格文理中学，这个人就是绰号为"蜈蚣"的亚历山大·费奥多罗维奇·季亚科诺夫（Aleksandr Fiodorovich Diakonov）。学生们虽然对他那套陈词滥调的道德说教揶揄不已，却也不得不牢记在心："法律一经确立就必须遵守，立法者不是开玩笑的。"后来契诃夫创作了故事《套中人》，那个墨守成规的希腊语教员别里科夫的原型就是季亚科诺夫。在现实生活中，季亚科诺夫虽然固执地坚持原则、循规蹈矩，但他心地不坏，整日里形单影只，不苟言笑，这些都勉强为他赢得了别人的尊敬。

在学校里，希腊语是最让安东·契诃夫头疼的科目。亚历山大和科利亚的希腊语都学得不错，安东却无法达到级别"3"的要求，因而无法升入高一个年级。本地的古典希腊语教员太少了，最后，学校从雅典聘请了希腊语教员日科斯（Zikos）。日科斯是一名好老师，然而，正如菲列夫斯基所说的那样，他"在敛财方面不太严谨"。日科斯向学生索要钱财，收受贿赂，对学生嘀咕"2"的意思就是"钱"！腐败一直是俄罗斯校园特有的现象。老师们经常把学习成绩差的学生安排到家里做寄宿生，提供饮食，每年向每人收取三百五十卢布，但是饮食上——依照安东的说法——就"好像用烤肉的调汁喂狗一样"。日科斯公然盘剥学生，损害了学校的声誉，最终于19世纪80年代初被遣返。

塔甘罗格文理中学另一个值得一提的教员是捷克人扬·乌尔班（Jan Urban）。这个"学校怪魔"在来塔甘罗格之前，曾在基辅工作过（但在任期内被人打断了腿），也在辛菲罗波尔工作过（有人砸破了他的窗户）[1]，并且每次都是因为向当局告发学生或同事而被迫离职。塔甘罗格文理中学是他最后的工作机会，但他仍然恶习不改，一个学生甚至因为不堪他的侵扰而自杀。安东高年级时，有些男学生在一个沙丁鱼罐头里装满了爆炸物，扔进了乌尔班的房子，爆炸声在十个街区以外都能听得到。乌尔班要求警察逮捕那些肇事的无政府主义者，但校长和警察对这件事都不了了之了。乌尔班很难再找到一个愿意把房子租给他的房东，处境相当尴尬，就连城市宪兵也禁止自己的女儿嫁给乌尔班的儿

[1] 见俄罗斯档案馆，540 1 382：泽列年科《回忆塔甘罗格文理中学》，打字稿。

子。在 1905 年骚乱时，学校男生用石头砸乌尔班，他把那些石头捡起来装在口袋里，一直到死。

20　　另外还有一些老师，但安东·契诃夫后来从未提起过他们。人们不禁好奇，他怎么能忘了埃德蒙 - 鲁芬·捷尔任斯基（Edmund-Rufin Dzerzhinsky）这个"犯有易怒狂症的人"（菲列夫斯基语）呢？埃德蒙 - 鲁芬在塔甘罗格文理中学教数学一直教到 1875 年，他的儿子就是秘密警察组织契卡的凶残头目费利克斯·捷尔任斯基（Felix Dzerzhinsky）。安东记忆最深刻的不仅有他就读期间在校的老师，而且还有那些结局荒唐的老师。[1] 在后来的创作生涯中，这些人的离奇经历和生活悲剧被他纳入了自己的素材库。

　　安东·契诃夫在最初入学的几年，不仅学业上表现平平，而且也不是一个听话的学生。契诃夫去世后，当时学校负责纪律的教师帕维尔·武科夫（Pavel Vukov）在被问及时才说："他让我们头疼了九年。"（后来，武科夫更加委婉地表达说："同学们很喜欢他的主意和连珠妙语，他是同学们快乐和笑声的源泉。"）至于说安东与同学们的友谊，那多是后来才建立起来的。当时的契诃夫一家人很抱团，不欢迎外人加入。

　　从 1868 年起，帕维尔的收入有所增加，他能担负得起所有孩子的教育了。1868 年，安东的外祖母亚历山德拉·科赫玛科娃（Aleksandra Kokhmakova）去世，但这几乎没有引起什么反响；她一直瘫痪在床，已经有四年时间对外界毫无意识了。

　　1869 年初，契诃夫家在城边的一个街角租了一栋两层砖房，门外就是车水马龙的大道，往返于塔甘罗格港口和大草原之间的车把式和赶牛人整日里川流不息。安东既是学生，又是唱诗班男童，日子更难过了。房子的二层有一间客厅，里面摆着一架钢琴；一层是帕维尔的杂货铺，厢房的几个房间都租给了房客，或者用来堆放货物。他家杂货铺门外总是站着一个伙计或者契诃夫家的孩子，向过往路人招揽生意，旁边

[1] 很多塔甘罗格文理中学的教员回忆过安东·契诃夫。历史老师阿列克谢·马尔克维奇（Aleksei Markevich）在 19 世纪末不无自豪地宣称："我不习惯阅读契诃夫写的那种类型的故事。"

挂着一个牌子："茶，咖啡，糖和其他殖民地特产"。当时，契诃夫家除了自家人（亚历山大经常住在别处）之外，还有两个商店伙计：哈尔琴科家的安德留沙（Andriusha）和加夫留沙（Gavriusha）两兄弟，当年分别大约十一岁和十二岁。他们在帕维尔的杂货铺当伙计，前五年根本领不到一点薪水；为了防止偷东西，他们的衣服上甚至不能有口袋。他们动辄得咎，比主人家的孩子更加频繁地挨打，而他们受到的培训就是少找零钱、缺斤少两、以次充好。[1]

1869 年 10 月 12 日，契诃夫家的最后一个孩子小叶夫根尼娅在这栋租来的房子里出生了。契诃夫家总是想方设法腾出地方来，把空出来的房间转租给房客，这些房客主要是犹太商人、教会僧侣和学校教员们。契诃夫家在塔甘罗格的最后几年，有一个房客在他们的生活中扮演了重要角色。这个房客叫加夫里尔·帕尔芬季耶维奇·谢利瓦诺夫（Gavriil Parfentievich Selivanov），他白天在民事法庭工作，晚上去俱乐部参与赌博，谋得另一份薪水。这个单身汉生活讲究，帽子总是干干净净，全然不见帕维尔杂货铺周围到处飘飞的瓜子皮或草屑。加夫里尔·谢利瓦诺夫很快融入了这个家庭，俨然成为家庭的一员，他甚至也管叶夫根尼娅叫"妈妈"。契诃夫家还有一位房客叫伊万·帕夫洛夫斯基（Ivan Pavlovsky），他是塔甘罗格文理中学高年级的学生，后来成为安东·契诃夫的记者同事。帕夫洛夫斯基给同学们留下了不可磨灭的印象：1873 年，他前往彼得堡学习，因参与革命活动被捕，被发配到西伯利亚。

站在契诃夫家房子的二楼放眼望去，远远可以看到塔甘罗格的新市场广场。就在这个广场，定罪的犯人双手反绑在背后，脖子上挂着一个标注罪行的牌子，被黑色的囚车带往绞架。鼓声隆隆响起，囚犯被绑在柱子上听候宣读判决，然后被送往监狱或开始流放之旅。与许多俄罗斯外省人一样，叶夫根尼娅和米特罗凡叔叔会在家人命名日或重大节日时去监狱探望犯人。

帕维尔从来没有这样的慈悲心，他最多只能容忍两个僧侣借着收取

21

---

[1] 契诃夫家的杂货铺还曾有过一个伙计叫米沙·切列米辛（Misha Cheremisin），孩子们记得他说过一句话："我们根本不需要那么通情达理。"

阿索斯山施舍物之机躲在他的院子里喝酒，他装作没有看见这些。然而，他对儿子们可没有这么纵容，不管学校课业多么繁忙，孩子们回到家里总是要完成父亲指派的任务并接受他的惩罚。帕维尔的杂货铺经常在天亮之前就开门，一直到深夜才打烊，于是孩子们就一边做拉丁语作业，一边看管店面。亚历山大记得父亲的一些名言："我在童年时根本没有童年。""只有二流子才在街上鬼混。""棍棒之下出孝子。"

帕维尔的经营范围很广，他的杂货铺里应有尽有，比如秤、供顾客休息的一张桌子和几把椅子，房子里到处摆满了陈列架和橱柜，就连棚子和阁楼里也不例外。令人惊讶的是，帕维尔还是一个讲究饮食的人。如果食物够好的话，他甚至不介意与魔鬼一起进餐，他还要自制芥末。在杂货铺里，帕维尔储存了质地最好的咖啡和橄榄油。四十年后，亚历山大还尝试着重新列出当年的货品清单：

> 以磅或盎司为单位计量的茶，面霜，削笔刀，瓶装蓖麻油，背心扣，灯芯，药用大黄，玻璃瓶装伏特加酒或圣托里尼葡萄酒，橄榄油，"S"鲜花香水，橄榄，葡萄，用于书籍的大理石底纸，石蜡，通心粉，泻药，大米，摩卡咖啡，牛脂蜡烛，乏茶叶叶子——晾干后可重新上色［从旅店购得，供仆人饮用］，蜂蜜糖和水果软糖——紧挨着地板蜡，沙丁鱼，檀香木，鲱鱼，罐装石蜡或大麻油，面粉，肥皂，荞麦，自种烟草，氨水，金属丝捕鼠器，樟脑，月桂叶，"里奥维索"里加雪茄，桦树扫帚，硫黄火柴，葡萄干，士的宁……小豆蔻，丁香香料，摆在同一个壁龛里的克里米亚海盐和柠檬，熏鱼和皮革腰带。

帕维尔的杂货铺也出售药品。其中一种药叫作"鸟巢"，成分包含矿物油、汞、硝酸、"七兄弟血"、士的宁以及氯化汞。这种药多是由男人买给妻子，其实是一种堕胎药。安东懂了医学知识后评论说："那种'鸟巢'可能把很多人送到那个世界去了。"尽管杂货铺里出售伏特加和

爽口的圣托里尼葡萄酒[1]，但帕维尔的生意依然惨淡。繁重的体力劳动
让人精疲力尽，重新包装的茶叶末子也基本上无利可图。帕维尔对重要
主顾奴才相十足，一旦有人抱怨茶叶有鱼腥臭，或者咖啡里有蜡油，他
就不由分说，当着客人的面对伙计加夫留沙和安德留沙拳打脚踢。（帕
维尔曾因太爱打人而被传唤到塔甘罗格地方法院。）帕维尔杂货铺的卫
生和安全水平连马马虎虎的标准都达不到，他分派给小儿子米沙的工作
就是保证屋子里不要苍蝇乱飞。有一天，帕维尔在橄榄油桶里发现了一
只淹死的老鼠。如果对此事闭口不言，他觉得良心上不安，但他又吝啬
得舍不得把油倒掉，也懒得把油烧沸了重新过滤一遍。于是，他决定举
办一次教会奉献礼，并把波克罗夫斯基神父请到杂货铺来主持这次仪
式。油桶里的死老鼠足以让最不挑剔的顾客望而却步，这为帕维尔·契
诃夫的殖民地商店的倒闭埋下了伏笔。

---

[1] 尽管安东·契诃夫说过圣托里尼葡萄酒就像"劣质的马尔萨拉"葡萄酒，但他一生
的大部分时间都喝圣托里尼葡萄酒。

4. 生活、艺术与剧院

（1870—1873）

契诃夫家在城边街角租下的这栋房子在外表上呈现出一派欧式风格：井井有条的商店，洋溢着小资情调的客厅，站在二楼可以俯瞰两边绿树成荫的大道，晚上整栋房子被煤气灯照得雪亮。然而，在这一派虚假外表之下，房子内部则显示出当时的亚洲式的生活现实：卧室拥挤不堪，后面院子里搭建着棚屋，厨房没有自来水，房子里没有卫生间。这种俄罗斯外省家庭的典型氛围——房间里臭气熏天、蟑螂出没，门面上却宏伟壮观——一直萦绕在安东·契诃夫的文字中，在他最后的一个故事中仍有迹可循。因为帕维尔缺乏生意头脑，他家繁荣的欧洲外表十分脆弱。不出一年，在马路对面就出现了一个竞争对手。帕维尔赊购了一批没有销路的酒，这导致他的债务陡增，家道衰落。1871 年 9 月，安东最小的妹妹小叶夫根尼娅死去。小女儿夭折对母亲叶夫根尼娅的影响比后来三个成年儿子的死亡带给她的影响更大。十六年后，亚历山大说母亲想起小女儿的死，"还像是刚刚发生一样"。

为了生计，帕维尔延长了杂货铺的营业时间，并在新火车站旁边的广场上租了一个摊位。然而，这个货摊挣来的钱甚至抵不过每天点灯的煤油钱，他只好在新市场又租了一个货摊。最糟糕的是，他强迫儿子们——包括十二岁的安东在内——在暑假期间去看管这些摊位。孩子们从早上五点就守在摊位上，一直待到午夜才能回家，而收入寥寥无几。

暑假对童年的安东来讲是一种解脱。他下河捕鱼，在乡间游荡，这些体验成为他成年后生活与文学创作的快乐之源。大海在安东·契诃夫身上留下的印记甚至比乡村更加深刻。当时，港口还未竣工，浅河床上有许多河桩，塔甘罗格的男孩们就在那里钓鱼，有时"钓场"还继续向西延伸，直到博古多尼石滩（那里也被称为"走私港"）。有一天，安东潜水时碰破了脑袋，从此，那道疤痕就出现在他所有的身份文件上。有时，他和大哥坐在这里钓鱼，旁边就坐着塔甘罗格文理中学的督学季亚科诺夫，那情形就像猎物和猎手同时造访同一片水洼。他们能钓到可食用的小戈比乌斯鱼。钓到鱼后，他们就用一根绳子穿过鱼鳃，然后把穿成串的鱼放在水里，这样鱼到了市场上还能保持新鲜。从海滩回来的路上有一些临时开通的岔路，路上经常慢悠悠地走着从港口到城里的马拉大车，车上拉着成麻袋装的柑橘或核桃，孩子们就想方设法割破麻袋。如果车把式抓到这些小贼，少不了赏他们一顿鞭子。[1]安东从钓鱼中体验到一种宁静的享受，他被关在家时十分怀念那片宁静。荒原更是一个让他兴奋的地方，他和同学亚历山大·德罗西一起在那里捕小雀。成年之后，契诃夫兄弟中仍有人喜欢在客厅里放养小雀和会唱歌的鸟儿。孩子们还喜欢去公墓里玩耍。公墓里融会着东正教的朴素、意大利雕塑的华丽以及恒久不变的破旧，这种混合气息萦绕在安东·契诃夫后来的许多文字中。安东在这里用蜡球粘塔兰托毒蛛玩。[2]

从童年时代起，大海和米乌斯河（Mius）就在安东的思绪中催生出一脉忧郁的情绪，在他的成熟作品中，它们也成为让人联想到死亡的象征物。1886年，契诃夫在写给他的赞助人、小说家德米特里·格里戈洛维奇（Dmitri Grigorovich）的信中回忆道：

---

[1] 俄罗斯车把式的鞭子通常在焦油和鱼油中浸泡过，所以一旦粘在身上，衣服可能就毁了。有一次，安东挨了鞭子，他吓得把裤子泡在化学溶剂里去洗，却把布料烧得都是洞。一位同学的母亲见他可怜，送给他一条新裤子，这样才逃过了帕维尔的眼睛。

[2] 见 A. A. 多尔任科（A. A. Dolzhenko，安东的表弟）的回忆录，1962，14—19。

晚上睡觉时，如果毯子滑落了，那些滑溜溜的巨石、寒秋里的河水以及裸露的河岸就涌入我的梦境——一切都朦胧不清，隐在薄雾中，不见一丝蓝天……我从河边跑开，路过破败不堪的公墓大门，里面正举行着我儿时老师们的葬礼。

19 世纪 70 年代初，安东·契诃夫的生活范围扩大了，他开始探索城市周边地区，也去同窗好友家拜访他们的父母。费尼奇卡姨母家里的气氛比较自由轻松，她允许孩子们玩枕头大战，这里让安东能暂时逃开自己家里的严肃拘谨的环境，得到片刻解脱。在安东成年后持续折磨他的疾病此时已显现出一些征兆：他患有偏头痛以及腹部炎症。这些在当时被称为"胃黏膜炎"或"腹膜炎"，时人认为是用冷水洗澡所致。夏天的时候，安东经常得疟疾，但他从来没有把腹泻和不停咳嗽当成一回事儿。虽然母亲叶夫根尼娅身上已经出现结核病的咳血、发烧等症状，伊万·莫罗佐夫舅舅也已经死于结核病，费尼奇卡姨母被咳嗽折磨得一天天地虚弱下去，但从来没有人想到安东可能也感染了结核病。此时，少年安东饱满的生命活力战胜了病菌的反复感染，从外表上看他一点儿也不像是一个染病的人。我们知道饱受结核病折磨的面颊、因持久咳嗽而凹陷的胸脯是什么样子，而这个宽肩膀、方脸颊的男孩一点也不符合那种刻板印象。因为脑袋比较大，安东在学校还得了一个"炸弹头"的绰号。

1871 年 7 月，安东十一岁了。有一天，一辆牛车停在了帕维尔杂货铺的外面。来者是大草原上科列普卡镇的技师，他们的祖父叶戈尔就在那里的农庄工作，技师来塔甘罗格是为了采买一件农场机器。亚历山大和安东赶紧央求父母，允许他们搭乘牛车去探望祖父母。他们启程得太匆忙，甚至没有准备雨具。路上，暴风雨降临，牛车陷在了草原上，七十公里的路程他们跋涉了两天。暴风雨铺天盖地而来，他们在湖泊的芦苇荡里迷了路，被醉酒的车夫呼来喝去，还邂逅了一个犹太客栈老板（车夫和技师蒙骗了他）——十六年后，安东·契诃夫把这些经历都再现在杰作《草原》中。就像《草原》的故事高潮处臻于幻灭一样，亚历

32

山大和安东到达目的地后发现，他们谈了一路的话题，也就是他们以为十分神秘的祖父，实际上索然无味。他们到了祖父家才了解到，祖父长期以来被驱赶到伯爵夫人的偏远农庄，农庄上的人都恨恨地称他为"蝰蛇"。叶戈尔终于见到了孙子，但没有露出任何兴奋之色。更糟糕的是，当地农民知道这两个男孩是农庄总管契诃夫的孙子之后，纷纷转身离开，还咒骂他们是"蝰蛇"的崽子。在农庄，叶戈尔和叶夫罗西尼娅的日子过得就像地地道道的农民，亚历山大和安东则住在年轻的伯爵夫人闲置的农庄别墅。大约一个星期后，亚历山大和安东与当地铁匠交上了朋友，他们偷偷在磨坊的池塘网鱼。老叶戈尔并没有体现出一个自学成才者应有的见识，他贬低孙子们所受的学校教育，认为学校是培养"书呆子"的温床。祖母叶夫罗西尼娅的境遇更是深深地震惊了安东：且不论周遭满是农民对他们的憎恶和仇恨，单是生活的贫困和叶戈尔的拳脚相加就已经彻底击垮了她。孩子们第一次明白了父亲的性格是如何形成的，知道了他的童年比他们的还要不幸。

　　与祖父母相处的一个星期对亚历山大和安东来讲已经到了极限。亚历山大坚持步行将近十公里走到了科列普卡镇，请求安娜·普拉托娃伯爵夫人安排他们回家。几天后，两个孩子搭乘一辆大车返回了塔甘罗格。

　　1872年5月，安东未能通过三年级期末考试，无法升入四年级（有四分之一的学生与他同样遭遇），因为他没能所有科目都达到最低标准"3"，希腊语仍是他的致命弱点。1872—1873年，他面临着流放"堪察加半岛"的命运，也就是留级坐在三年级教室的后排。那年夏天，安东有一段时间暂时逃脱了这种耻辱，因为父母参加一个朝圣之旅离开了家，这让孩子们欣喜异常。帕维尔和叶夫根尼娅前往俄罗斯各地，参观了很多宏伟的修道院和圣物遗迹，去卡卢加探望了大哥米哈伊尔·契诃夫（他因结核病而奄奄一息），去莫斯科参观了理工学院展览，在返回的路上又去舒亚拜访了叶夫根尼娅的富亲戚们。玛莎·契诃娃那年九岁，在她的记忆中，她在那个夏天没有和别人争吵计较，体验了契诃夫家孩子们最快乐的一段童年。她记得几个哥哥和平相处：亚历山大制作

33

电池，科利亚画画，而万尼亚专心装订书籍。

1873 年，随着儿子们视野的扩大，帕维尔的眼界越发显得狭隘。安东有了自己的社交生活，他的两个哥哥亚历山大和科利亚都青春萌动，也许已经开始与文理中学的姑娘们谈恋爱了——女校和男校只相隔几个街区，两校经常一起组织活动。大哥亚历山大爱上了塔甘罗格钟表匠弗朗茨·法伊斯特（Franz Faist）的女儿玛丽亚（Maria），实际上，他已经向她求婚了。二哥科利亚尽管长着一副蒙古人种的面相，身材矮小，但极具魅力，追求者更是不乏其人，契诃夫家的表亲柳博芙·坎布罗娃就对他爱慕尤甚。根据后来塔甘罗格女孩们寄往莫斯科的信件来判断，当契诃夫兄弟离开塔甘罗格时，确实有几个希腊和俄罗斯商人家的女儿迷恋着他们。契诃夫家三兄弟各有特点：亚历山大头脑聪明，口齿伶俐；科利亚擅长表演，能演奏乐器；安东十分机智，举止文雅。塔甘罗格认识他们的人一直记得，安东对每个人都体贴入微——这似乎与他后来在故事中对人物总是极尽嘲弄之能事的做法不符。即使那些对安东·契诃夫的文学声誉一无所知的人，比如米特罗凡家的保姆伊琳努什卡，也被他迷得神魂颠倒。安东的魅力不仅对女性有效力，而且连旅馆服务员、政府官员、出版商和有钱人也常常拜倒于他的机智与克制之下。他对这份功力的修炼，直到临死前也没有放弃。此时，有钱人家的生活引起了安东的兴趣，他看中的倒不是家庭女教师、业余戏剧、音乐会、流利的法语、精致的茶具之类的东西，而是他们对他人尊严和隐私的尊重。

27　　　塔甘罗格剧院（Taganrog Theatre）激发了安东·契诃夫的鉴赏力，点燃了他的思想火花。塔甘罗格剧院建立于 1827 年，几十年来一直被当地学校视为对学生道德品行的一个威胁。通常，学生们去剧院只能观看经督学批准过的剧目，还要保证不影响完成家庭作业。学校教员经常前往剧院突击检查，看有没有偷偷来看剧的学生。而学生们为了看剧，有可能以头巾掩面，或者脱掉校服以免被人认出，有时他们也会趁着剧场一片漆黑时塞给看门人一点儿小钱，好让自己混进剧场。剧院"犹抱琵琶半遮面"的姿态反而对这些年轻学生产生了强大的诱惑力。塔甘罗格有一个资金雄厚的城市客户网络，他们支撑着当地剧院的运作，保证了上演的剧目与城市规模或魅力相称。一些意大利歌唱家和莫斯科演员也来到这里，与本地演员一竞高下。

帕维尔·契诃夫认为剧院是通往地狱的大门（至今没有记录表明，他看过自己儿子的戏剧），但他的弟弟米特罗凡是剧院的热心观众之一。然而，1865年发生了一件令人颇为讶异的事情：帕维尔在恳请塔甘罗格当局修建一座新剧院的请愿书上签了名，这份请愿书另有百余人签名。1873年，学校对剧院的敌视态度稍有缓解，这种变化是因为学校任命了一位年轻的督学。新督学的全名是亚历山大·沃斯克列先斯基－布里连托夫（Aleksandr Voskresensky-Brilliantov），他喜欢在教室里逗人发笑，时不时从口袋里掏出小镜子欣赏一下自己漂亮的红胡子。他在剧院里也总是很惹眼，比如用靴子破开坚果，在剧情最悲惨的时候大声咀嚼。这位俊美而自恋的督学在任内第一年就被解雇了，但安东借此契机迷恋上了戏剧。经万尼亚证实，安东观看的第一出歌剧是雅克·奥芬巴赫（Jacques Offenbach）创作的《美女海伦》（La Belle Helene），他坐的是十五戈比的座位。奥芬巴赫笔下的特洛伊的海伦，这个被软弱的墨涅拉俄斯和爱惹麻烦的帕里斯争来夺去的海伦，后来成为安东·契诃夫戏剧女主人公的原型。

19世纪70年代，塔甘罗格剧院上演的剧目达三百二十四种之多[1]，其中很多是改编或翻译的法国闹剧和杂技，有时也有轻歌剧。莎士比亚的戏剧，例如《哈姆雷特》《李尔王》《威尼斯商人》，也在这里上演过。安东对《哈姆雷特》十分痴迷，后来在创作上也采用过对这一主题的变体，这些体验都是在塔甘罗格剧院的表演中培养起来的。这里还上演过许多俄罗斯主流戏剧。亚历山大·奥斯特洛夫斯基（Alexander Ostrovsky）对商人可怖生活的"现实主义"精细描写与研究，例如《贫非罪》《大雷雨》《狼与羊》《森林》，深深地征服了安东，使他成为奥斯特洛夫斯基的追随者。然而，安东对浪漫主义戏剧，比如维克多·雨果 *28*

[1] 见M.谢马诺娃，《剧院印象》（"Teatral' nevo vpechatleniia..."），选自《资料汇编》（Sbornik materialov），罗斯托夫，1960，157—184。

和弗里德里希·席勒的作品，却持哂笑和嘲弄的态度。塔甘罗格剧院还上演过一些著名的欧洲歌剧，比如贝利尼、多尼泽蒂等人的作品，尤其值得一提的是意大利作曲家朱塞佩·威尔第（Giuseppe Verdi）的《弄臣》（*Rigoletto*）、《游唱诗人》（*Il trovatore*）和《假面舞会》（*Un ballo in maschera*）。安东对这些歌剧的反应褒贬不一，认为它们好坏参半。

塔甘罗格的观众欣赏水平高，但也喜爱捣乱，水平不高的歌唱演员常被观众的口哨嘘声赶下台。俄罗斯外省的评论家都信息灵通，当地学生们也经常佩戴特别的领带，以示支持这个或那个女高音演员。塔甘罗格文理中学的学生与当地剧院的地下联系非常紧密：舞台人员会把即将上演的剧目偷偷传递出来，学生们则蹑手蹑脚地溜出督学的视线，钻进剧院。当时有一个演员叫亚科夫列夫，他的儿子在塔甘罗格文理中学上学，所以安东和朋友们——包括未来的演员经纪人（兼花花公子）尼古拉·索洛夫佐夫——能在后台见到这些演员。

塔甘罗格人除了在剧院欣赏音乐会之外，也有其他地方可以听音乐。城市公园里就有一支交响乐团，为公众免费表演；但表演曲目需要经过督学季亚科诺夫和校长审核，学生才能获准参加。音乐是唯一可以让安东流下眼泪的力量，而科利亚更是只要听过一遍曲子，就可以把它重新弹奏出来。母亲叶夫根尼娅将剧院和音乐厅的影响视为潜移默化的毒害，对此深感沮丧。

塔甘罗格城的业余戏剧在专业人士的扶植下也蓬勃发展起来了。安东参与过其中的几个表演，后来因为生病声音沙哑而终止。值得一提的是，安东曾在果戈理的《钦差大臣》中扮演过市长这一角色。在该剧中，万尼亚扮演了非正统派主角赫列斯塔科夫，科利亚扮演仆人奥西普，而玛莎扮演了市长的女儿，她因为要当众亲吻别人而十分尴尬。

1873年，埃德蒙·鲁道福维奇·列乌特林格尔（Edmund Rudolfovich Reutlinger）取代帕鲁诺夫成为塔甘罗格文理中学的校长。列乌特林格尔长相英俊，身材高大，声音洪亮。他与督学季亚科诺夫有姻亲关系，但他们二人在学校之外来往并不多，他俩与波克罗夫斯基神父并称为塔甘罗格文理中学的"三巨头"。列乌特林格尔在管理上坚定地奉行保守主义，同时又注意让学校呈现出创新与宽容的氛围。在他的领导下，男校与女校联合举办音乐会与表演活动。这两所学校共享教师，虽然男教师在女校总是受到毫不留情的嘲弄。法语老师布萨尔接受委托，负责组织两校的联合社团的活动。布萨尔是一位优秀的大提琴家，在塔甘罗格城小有名气，深受两所学校学生的喜爱。布萨尔在任内去世，就埋葬在塔甘罗格公墓。契诃夫成年后，这些情节还时常萦绕在他的梦魇中。

与许多成功的校长一样，埃德蒙·列乌特林格尔更加注重思想而非物质。他并不是特别博学，但是他热爱学生。对契诃夫家来讲，他算得上一颗天赐福星。列乌特林格尔与帕鲁诺夫老师一样，认识到契诃夫家的大儿子亚历山大才华斐然，所以向帕维尔提出一个建议：亚历山大搬到列乌特林格尔家去住，这样，亚历山大可以有一个安静的学习环境。作为对食宿的回报，亚历山大负责给列乌特林格尔家的另一个寄宿学生辅导功课。（就如同帕维尔担任警察局委员会委员一样，这一举动也给亚历山大带来了"告密者"的名声。）亚历山大当时辅导的学生就是亚历山大·维什涅夫斯基。后来，维什涅夫斯基成为莫斯科艺术剧院苍穹中最英俊也最愚蠢的一颗明星。事实上，最早意识到安东·契诃夫非凡的文学才能的，不是校长列乌特林格尔，而是与学校毫不相干的一位当地律师，他叫伊万·斯特凡诺夫斯基（Ivan Stefanovsky）。他注意到安东的文笔超出一般的"平庸之作"，请学校考试委员会加以关注。

安东就读文理中学四年级时，已经在塔甘罗格文化人圈子中谋得了一席之地，但他的处境却不容乐观。帕维尔为了防止家境彻底没落，决定采取保险措施。（毕竟，安东已经有过一次年终考试不及格的记录，而科利亚不及格过两次。）帕维尔授意科利亚、安东和万尼亚给校长写了一封信：

> 渴望在塔甘罗格地区技术学校学习以下技艺：伊万，图书装订；尼古拉与安东，制鞋与缝纫。我们冒昧以最谦卑的态度恳请阁下您允许我们学习上述行业的知识。

1873 年 10 月 20 日

　　科利亚和万尼亚后来可能被技术学校开除了，但万尼亚成了一名合格的图书装订员。安东坚持学习了将近两年的缝纫技术，有记录表明，科利亚穿过的一条时髦的瘦腿裤子就是安东剪裁的。1874年初，安东还给自己缝制过一件针织西服背心和一条裤子，但从那以后再也没人见过安东捻起过针线——除非是出于医学目的。

　　从此，安东·契诃夫开始接受双管齐下的学校教育和技术培训。在技术培训开始前，他曾与母亲和兄弟姐妹们有过一次度假经历。父亲帕维尔留在塔甘罗格照顾商店，他们母子则坐上慢腾腾的牛车出发了。他们一路上经过犹太人墓地，沿着米乌斯河谷向北行进，走过克里尼奇卡（Krinichka）泉水处；他们在萨姆贝克（Sambek）的星空下露营，听见土拨鼠躲在洞穴里吱吱叫唤。第二天，他们又行进了四十公里，最终到达伯爵夫人的农庄，见到了祖父母叶戈尔和叶夫罗西尼娅。要说他们受到了祖父母的欢迎，那实在是太勉强了，叶戈尔把他们安置在空无一人的农庄别墅中。十五年后，安东目睹乌克兰人脱粒玉米的场景时，眼前又浮现出在那个收获季节叶戈尔指派给他工作的情形：

　　　日复一日，从黎明到黄昏，我不得不坐在蒸汽机旁边，记录下脱完粒的谷物的蒲式耳和磅重。蒸汽机全速工作时，时而呼啸鸣哨，时而蒸汽嘶嘶，时而又像狼崽子那样噘出低音。车轮子滚动发出刺耳尖声，耕牛慢慢挪动着步子，灰尘如浓云一样贴着地面飘浮翻滚，那五十多张黑黢黢、汗涔涔的面孔就像"我们的父"一样，深深镌刻进我的记忆。

5. 亲人离散

（1874—1876）

1874 年，帕维尔·契诃夫用一年前修建的一栋砖制小楼作为抵押 （也是信用），借钱购买货物。这栋坚固似堡垒的房子距离他们当时的住址只有不到一公里远。当初建房是为了出租，但无奈塔甘罗格城的商情低迷，房子建好后一直空在那里。房屋承建人米哈伊尔·米罗诺夫（Mikhail Mironov）蒙骗了帕维尔，把房墙修得过厚，产生的不必要的材料费让帕维尔欠了米罗诺夫一大笔钱。后来的事实证明，就是这笔欠款拖垮了帕维尔。为了还钱，帕维尔只好向这个人借两百卢布，向那个人借一千卢布，但这些人大多也不宽裕，为了自己的债务安全，便把他的汇票抵押给了银行。怎奈世事难料，衰相丛生，塔甘罗格的商业环境因为铁路的修建而发生了彻底的变化。铁路工程师因为没有得到足够的贿赂，未把火车站设计到塔甘罗格市中心，反而将铁路修建到港口那里。富人的生意更加红火了。大草原上开采出的成车的燃煤，产自黑土区机械化农场的谷物和羊毛，让那些希腊和俄罗斯经销商们赚得钵满盆盈。帕维尔的姻亲罗波达家通过铁路运输，从莫斯科运来了大量廉价小百货，从此发家致富。但是，那些靠给草原附近的农民和赶牛人提供补给为生的小商贩们则面临破产。同时，铁路的开通不仅将小麦运输到塔甘罗格，也给草原带来了莫斯科的便宜货。塔甘罗格城失去了它原有的小百货、铁制品和殖民地特产来源地的地位，很少再有车夫造访帕维尔的杂货铺了。

1874 年夏，帕维尔迫不得已放弃了殖民地杂货铺的租约，带领一家老小和房客们——包括精明的加夫里尔·谢利瓦诺夫——搬进了那栋仍向银行贷款的新房子。杂货铺伙计安德留沙和加夫留沙两兄弟失业了，可怜的安德留沙应召入伍，在次年的军事训练中死亡。帕维尔继续经营着市场的摊位，但是除了他，所有人对局面都洞若观火。帕维尔现在要养活更多张嘴。虽然亚历山大已经搬到校长家去住了，但寡居的费尼奇卡姨母贫病交加，带着九岁的儿子阿列克谢·多尔任科搬来与契诃夫家一起生活。透过新房子二楼的窗户可以看到开阔的海景，但房子里面挤满了人。

1874 年，安东·契诃夫首次尝试写作。这是为班级杂志所作的一首讽刺四行诗，显然针对的是督学季亚科诺夫。安东最小的弟弟米沙回忆说，契诃夫家隔壁的女学生伊赖达·萨维奇（Iraida Savich）曾经在花园栅栏上写了一首多愁善感的诗，安东也在栅栏上写了一首四行诗作为回应：

> 穿花裙子的篱笆女诗人，
> 何不先擦干嘴上的奶渍？
> 您本应该在摆弄布娃娃，
> 而不是搬弄韵脚和诗节。

夏日房间里溽热难忍时，安东就与两只黑色的看家狗一起睡在屋外的葡萄藤下，自称是"无花果树下的约伯"。有一次，他家在市场买了一只鸭子，安东坚持要把鸭子活着带回家。到家后，他就想办法让鸭子叫个不停，为的是让邻居们知道契诃夫家还买得起肉吃。至于其他的娱乐活动，安东与城里的流浪孩子没有什么区别：他到隔离区的旧墓地里翻找骷髅头，那里埋葬的是 1830 年霍乱的死难者；他在鸽舍里照顾鸽子；他也逮金翅雀或捕椋鸟，硬下心肠听受伤的鸟雀半夜在巢里吱吱尖叫，那些受了惊吓的椋鸟给安东留下了深刻的印象。

契诃夫家最年长的雏鸟准备好离巢探险了。1874 年 7 月，口袋里装着几个卢布的亚历山大乘船前往克里米亚半岛西南岸的塞瓦斯托波尔。衣冠楚楚而且还被人以绅士之礼相待的这种乐趣让亚历山大很上瘾，他还在克里米亚半岛的第一个港口费奥多西亚体验了一戈比浴场：

> 他们给了我一条毛巾和一罐水来洗脚，洗完后我感觉自己就像一位老爷。我花了一戈比，自然不能放过装腔作势、趾高气扬的机会。然后，女仆让我坐上一辆辉腾敞篷马车……带着我在城里兜风。[1]

亚历山大从克里米亚游历回来后，继续与列乌特林格尔校长一家生活在一起，刻意与自己的小商人家庭保持着距离。1875 年复活节，帕维尔写信责备他说："亚历山大，我看得出来，你不再需要我们了，我们放纵了你，你岁数还那么小，就能想怎么过就怎么过，爱干什么就干什么……你看不清楚自己，你身上有一股自高自大的派头。"

科利亚和安东这两只雏鸟也振翅欲飞。1874 年 5 月，安东通过了学年考试，8 月份时升入了五年级。安东有一个同学叫安德烈·德罗西（Andrei Drossi），安东成了他家的常客。安德烈有一个妹妹叫玛丽亚[2]，她特别喜欢安东（他们都由波克罗夫斯基神父教导）。安东给她买了二十戈比的糖果，她让他进了自己的卧室。德罗西兄妹家是富有的玉米商人，父母很开明，大家在他家可以玩哑谜猜字游戏，组织业余戏剧表演，他家的家庭女教师会给大家安排下午茶聚会。安东为他们的业余演出创作剧本，还参加表演，只是这些剧本后来都遗失了。安东在这里与一个犹太同学交上了朋友。也是在这些聚会中，从奥斯特洛夫斯基到果戈理的作品，安东的表演剧目的范围越来越广。米特罗凡叔叔偶尔拜访德罗西家，和善地表示赞许，但帕维尔从来没有露过面。帕维尔·契

33

---

[1] 见图书馆手稿部，331 31 1：亚历山大·契诃夫给父母亲的信，1874—1896。

[2] 见她的回忆录，收录于《文学遗产 68》，538—541。

诃夫和德罗西家之间彼此厌恶。玛丽亚·德罗西在临死前还记得她在帕维尔杂货铺买东西的一次经历：她给了三戈比想要买一个练习簿，但是错拿了一个价值五戈比的本子。帕维尔跟在她后面冲出来，一句话也不说，气哄哄地从她手里抢走了本子。然而，也恰恰是玛丽亚·德罗西第一个注意到，安东提到帕维尔时总是称作"我的父亲"，从来不叫他"爸爸"或"爹爹"。

帕维尔的脾气暴躁也情有可原。1875年春天，他因为无法及时缴付二等商人行会的会费而被行会开除，身份降级为单纯的小业主。这一降级剥夺了他自身的特权，更加糟糕的是，他的男性后代（如果没有大学毕业的话）没有了"刑不上大夫"的豁免权，都要服上六年兵役。那年春天，安东在学校的希腊语考试又没有通过，不得不复读五年级。

1875年夏天是契诃夫兄弟一起度过的最后一个假期。安东设计了一个特殊的移动软木浮子，兄弟们一起出去钓鱼。他们带着一口煎锅，如果帕维尔不阻拦的话，他们还会带上一瓶圣托里尼葡萄酒，在岸边就把钓上来的鱼做熟吃掉。

1875年夏天，他家的房客加夫里尔·谢利瓦诺夫第一次带上安东去拜访他的兄弟伊万·谢利瓦诺夫一家。这个伊万是臭名昭著的赌徒，他的新婚妻子是一个有钱的寡妇。在安东·契诃夫的一生中，曾经有过四五次在半开化的哥萨克牧场生活的难忘经历，这是其中的第一次。在这些地方，房子里会冷不丁地传出狂欢作乐声或者一阵枪声，把圈里的牲畜或当地乌克兰农民吓一跳。1875年安东第一次到这里时，他在冰冷的河水里洗了一次澡，然后就病倒了。他病势凶险，吓得伊万·谢利瓦诺夫以为这孩子可能会丢了命，赶紧赶车把他送到了一个犹太客栈老板那里。老板莫伊西·莫伊维奇整晚未睡，不停地把芥末药膏敷在安东的身上。在接下来的几天里，店主妻子更是非常细心地照顾他，他才慢慢恢复，可以乘坐牛车返回塔甘罗格了。（十二年后他在《草原》中描述的那对犹太客栈老板夫妇就是从莫伊西·莫伊维奇和他的妻子身上得到的灵感。）回到塔甘罗格后，校医奥斯卡·施伦普夫（Oskar Schrempf）确诊安东得的是"腹膜炎"。这位施伦普夫医生来自爱沙尼亚的多尔帕特（Dorpat），就是他激励安东立志学医的。这次病好后，安东对德语发生了兴趣，因为德语是多尔帕特各个机构的官方语言，安东表现出了不容置疑的学习动力。

1875 年夏天，亚历山大从塔甘罗格文理中学毕业，荣获一枚银质奖章。尽管家境窘迫，但帕维尔·契诃夫还是做出决定，送亚历山大和科利亚前往莫斯科学习。亚历山大决定去莫斯科大学继续深造，主修数学与科学专业；而科利亚打算去莫斯科艺术与建筑学院，这所学院只要申请人能提交作品就可以被接受，学院并不在意学生是否中学毕业了。当时，亚历山大二世和臣子们正在筹划更大规模的战争，1874 年，六年制军事征兵的范围进一步扩大：不光是农民，所有社会阶层中没有豁免权的家庭的后代都要依法服兵役。然而，假如他们能注册上大学，兵役阴影可能就会稍许远离；如果最终能够大学毕业，这个幽灵就算彻底消失了。1875 年 8 月 7 日，米特罗凡叔叔帮他们打包好行李之后，帕维尔最年长的两个儿子搭乘火车前往莫斯科。他们在莫斯科并不是举目无亲。塔甘罗格的同学高岑鲍姆很快会来与他们汇合；富有的亲戚伊万·罗波达也经常来莫斯科，可以帮忙监督他们。除了塔甘罗格的同学之外，他们还可以去找在莫斯科工作的堂兄米哈伊尔·契诃夫（Mikhail Chekhov，许多人称他的姓为 Chokhov）。米哈伊尔的昵称是米沙，来自卡卢加，当年二十四岁，是加夫里洛夫小百货批发商店的一名店员。这个加夫里洛夫商店是一家外衣与佩斯利花纹[1]衣物的代理商，是塔甘罗格的很多商人的供货商，尤其是罗波达家；帕维尔·契诃夫也曾与这家店有过交易。米哈伊尔虽然只是商店的一个伙计，也不像亲戚们那样受过教育，但是，要想让人帮忙在莫斯科找到廉价住处，他绝对是不二人选。

莫斯科对契诃夫两兄弟产生了很大的冲击，尤其是科利亚。科利亚 *35* 通常不那么能随机应变，此时他需要证明自己是适合艺术学院的那块料，所以他感到压力很大。倒是亚历山大在二十岁生日时写给家里的一

---

[1] 佩斯利花纹是一种具有印度特色的装饰性纹路，有一种说法认为这种纹路来自菩提树叶。——编注

封信，口气听起来显得相当轻松老到：[1]

> 我们安全抵达了，遇见了米沙。我们说话时，彼此之间用的是礼貌的"您"，就像爸爸和叔叔那样。我觉得我们会相处得很好……这个旅馆真是太糟糕了。桌子不知怎么总在摇摆跳舞，一条桌腿是跛的。那个茶炊看起来就像个酒鬼……请向安东阁下致以我的敬意，他现在是家里最大的孩子了……要是万尼亚知道莫斯科的女人有多丰满就好了。算了，还是别告诉他吧，免得他受诱惑……科利亚总是朝所有的地方和桌子下面吐唾沫。他这一路不停地画十字圣号。我们因为这个吵个没完没了……米沙很热心，我们还没找到公寓。如果有人来莫斯科，请把小提琴、巴拉克拉瓦头盔、我的套鞋和钢笔给我带来……

同时，科利亚也解释了他为什么不停地吐唾沫和画十字：

> ……去库尔斯克的火车摇晃得特别厉害，有一个地方，要不是一个圆环挡住了铁轨，我们的火车差一点就撞上了一列货车。所有的乘客都吓得要死……吃完晚饭后，我们去找米沙堂兄。我们［在货仓］那里问，然后他出来了。他打扮得油光水滑，和照片上看起来不太一样……我们问："您认得出我们吗？""差不多，伊万·罗波达告诉过我，如果我没有猜错的话。""我们是您的堂弟。"亚历山大这么自我介绍。[2]

两天后，兄弟二人的住处安定下来了，是"士麦那餐厅上面带家具的房间"，这个地方距离艺术学院只有两分钟的路程，距离莫斯科大学二十分钟。莫斯科的女房东大多不喜欢把房子租给学生，但这兄弟二人的魅力发挥了作用。科利亚说，女房东告诉他们："只是不许吵架，玩

---

[1] 1875年8月10日给帕维尔·契诃夫的信，见图书馆手稿部，331 31 1。
[2] 见图书馆手稿部，331 82 14：尼古拉·契诃夫致父母的信，1875—1889。

耍、唱歌和跳舞都行，我唯一害怕的就是吵架。当然，你们是年轻人，我没有权利禁止你们做任何事。"

亚历山大被莫斯科大学录取了，但科利亚遇到了种种困难，这大大消磨了他的意志。8月13日，亚历山大（他和父亲帕维尔一样热心于记账）在家信中提到了费用花销之事：

> 大学注册花了我1卢布。如果［科利亚］通过考试，他也付不 *36* 起全部费用：他必须在8月19日以前交30卢布……公寓［每人］每月5.33卢布，伙食费6.50卢布，面包早茶1.50卢布，洗衣费1卢布，水电费1.50卢布，一共15.83卢布。再俭省我们就活不下去了……科利亚不知道我写这封信，他完全就是昏头昏脑，只知道不停地画十字，用额头碰圣像。

四天后，亚历山大写来的另一封信仍然在抱怨："科利亚那该死的发油！他每天花好大功夫给头发抹油，他也用我的梳子梳头，搞得我的头发也油腻腻的。"帕维尔对儿子们的头发不感兴趣，他打算让亚历山大从莫斯科赊购一些批发商品，发回塔甘罗格。亚历山大极力反对这个计划，把堂兄米沙抬出来作为商业权威，给父亲头头是道地分析这个想法为何不可行：

> 第一，一旦罗波达家知道了，他会以低于您的价格在塔甘罗格和您竞争……第二，在莫斯科您只能用现金买东西……第三，赊购的成本比正常高出三倍以上……第四，莫斯科这边一定会向罗波达询问您的人品，而他自然会向着自己说话；第五，罗波达是这方面的专家……第六，罗波达已经占据了市场，还有自己的客户；第七，罗波达会用价格压倒我们；第八，您不可避免地要与他争吵，现在考虑一下米沙的处境吧……他会名声扫地，老板会斜着眼睛看他……还是努力经营好杂货铺吧。

至此，契诃夫家的权力格局第一次发生了扭转，帕维尔失去了说一不二的权威地位，儿子们纷纷寻求独立。亚历山大是一个银质奖章毕业生，在莫斯科总能找到家庭教师的工作来谋生。虽然与父亲的唇枪舌剑损害了他们之间的关系，但亚历山大十分同情父亲，知道父亲在塔甘罗格的商人中饱受排挤："只要一想到我们不得不忍受的那些杂种的丑恶嘴脸，我就气得想吐血。"

拮据的经济窘况困住了科利亚的手脚：他想去彼得堡，那里的艺术学院是免费的，但他付不起旅费。帕维尔向塔甘罗格最富有的商人的妻子柳博芙·阿尔费拉基（Liubov Alferaki）一再恳求，请求她替科利亚支付转学到彼得堡艺术学院的费用：

> 您的慷慨之举曾为多少人扶危救困，我恳请您赐予他一个接受艺术教育的机会……十二年来，我和我的儿子们一直在宫殿教堂中诵读和歌唱，聆听您极其虔诚地向全能的上帝祈祷。

37　　阿尔费拉基家并没有伸出援手。科利亚感到自己见弃于人，深陷绝望之中，打算与米沙堂兄一起在加夫里洛夫商店的货仓工作。叶夫根尼娅怀疑亚历山大嫌弃自己的弟弟，而帕维尔命令亚历山大去教堂。父母的冷漠态度让亚历山大很伤心，认为他们只知道责备，而不是提供帮助。亚历山大恳求他们说："看在上帝的分上，我请求您在给我们写信的时候更温情一点儿，发自您的内心写。爸爸，您只给我们讲大道理，这些东西我们在小时候就记在心里了……"

亚历山大来信结尾的几句话更是让叶夫根尼娅忧心忡忡，他说："我去过天主教堂了，那里的音乐很棒。"叶夫根尼娅回信说："亚历山大，你要好好地祈祷，你不应该去天主教堂。"她给他的命名日寄来两卢布，还有一通滔滔不绝的抱怨。她让亚历山大从铁路大亨亚科夫·波利亚科夫（Iakov Poliakov）那里给她申请一张免费车票，这样她就可以来莫斯科安顿一下科利亚了。叶夫根尼娅在塔甘罗格更是拼尽全力，为一家人筹措衣食。几个年幼的孩子的学费缴付不上，她只得去说服

5. 亲人离散

男校和女校，祈求他们允许玛莎、安东和万尼亚继续上学。两个大儿子一离开家，她马上招来谢利瓦诺夫的侄女萨莎·塞利瓦诺娃（Sasha Selivanova）做房客。当时安东在乡下，病重得无法写信，叶夫根尼娅只能把自己的苦恼一股脑地向亚历山大倾倒出来：

> 科利亚一定是病了，我能感觉得到。我们已经把厢房也都租出去了，我们现在住得就像沙丁鱼罐头一样。我从客厅走去一趟厨房都觉得累得慌，所有人都觉得房子里太挤了……

留在塔甘罗格的年幼的孩子们还在尽情地享受暑假。1875 年 8 月 16 日，万尼亚给亚历山大和科利亚写信说道：

> 一切都很好，我骑马了，昨天是妈妈的生日，我在店里待了一整天。前天在米特罗凡叔叔家吃晚饭，堂兄们也一起吃了饭，还有很多神父……我拿上了你们写来的第一封信，我读到科利亚每走一步都画十字的时候，坎布罗夫他们觉得很有意思。我很好，安东不太好……

根据亚历山大的回忆，1875 年 9 月契诃夫两兄弟在莫斯科的住所根本就是"一个下水道，鱼能从地板下面游上来"。亚历山大计划让科利亚一个人回塔甘罗格过圣诞节，他说："我不想回塔甘罗格，我现在很讨厌那里。"

两个孩子在莫斯科还干了一件让叶夫根尼娅不能接受的事情：他们 38 向犹太人求助，去拜访了鲁宾斯坦（Rubinstein）。犹太人鲁宾斯坦是杰出作曲家鲁宾斯坦的家族中的一员，在外省学生中以乐善好施而闻名。科利亚描述了他去拜见的情形："我已经了解了半个莫斯科。我去拜访了鲁宾斯坦。他是一个小个子的犹太佬，差不多和咱们的米沙一样高。他见到我们的时候相当冷淡，他几乎不会说俄语，所以我们是通过一个犹太翻译来交谈的……"科利亚想找一份家庭教师的工作，鲁宾斯坦答应提供帮助。科利亚不得不费尽口舌向母亲解释，这是因为他作为一个外来人几乎没有什么希望在莫斯科赚钱，只能花销。安东还在塔甘罗格保存着科利亚的画作。科利亚来信说："我一个人坐在家里，我受够了整天在莫斯科闲逛。"9月4号，科利亚终于通过了数学考试，被莫斯科艺术学院录取，开始学习绘画。此时的科利亚虽然早餐只能吃个半饱，鞋子也因为雨泡湿了，但他情绪高昂，往日的抑郁之气一扫而光。伊万·罗波达还从塔甘罗格给他捎来一把小提琴。科利亚安慰母亲的语气一定让安东满心羡慕：

> 独立于父母的生活，独立！要想获得这种独立，你必须耳朵灵、眼睛尖，时刻保持警惕，因为和你打交道的不再是男孩子，而是成年人……我今晚的晚餐是罗宋汤和煎蛋，昨天我吃了罗宋汤和肉排……

科利亚的高昂情绪持续了整个秋天。他在同学中找到了需要家庭教师的学生，给他们辅导书法和绘画。不过，尽管开始接受艺术和建筑的高等教育，科利亚仍然必须完成中学教育。安东把自己的奥维德《变形记》和一个考试作弊用的夹带送给了他。此时的科利亚已经在学生圈子里获得了"艺术家"的称号，经常流连于莫斯科各处的酗酒窝点。塔甘罗格家里仅如涓涓细流的财务支持也终究干涸了。亚历山大每个星期只有星期二才去大学，所以他在一所考试强化训练补习学校里工作。这所学校的负责人是两个斯堪的纳维亚人：布鲁克和格罗宁；作为报酬，他们给亚历山大和科利亚提供食宿。很快，科利亚的怪癖让他们的生活变得难以忍受：他干起活来断断续续，也不讲究个人卫生，不仅很少洗漱清洁，还经常尿床。1875年10月，亚历山大给安东写信抱怨说：

> 我正在床上给你写信，半睡半醒，现在刚过凌晨一点。科利亚先是不停地嚷"我没有时间"，然后就一直在打呼噜。这个可怜的家伙累坏了。整个房间都被他搞得待不了人。他睡觉的样子很奇怪，被子只盖着头和后背，整个腿都露在外面。他可真叫人不省

39

心，晚上他光着脚到处走，不穿袜子，靴子里都是泥……他的脚
很脏。他星期六去洗澡，到了星期天，脚又黑得像埃塞俄比亚人
了……我们的住处差不多每天晚上都发水，他那些发霉的东西都得
在我的房间里晾干。我向上帝发誓，我迟早要因为他这个混蛋丢了
工作……妈妈担心我对他不好，其实，是她在虐待他，不搭理给他
买大衣的事儿；爸爸希望发生奇迹，竟然写信告诉我们去借钱……

虽然这所补习学校的学生每年缴纳七百卢布的学费，但是负责人布
鲁克已经不再给老师们提供膳食，更不要说支付工资了。在寒冷的 11
月份，学校终于停止供热。生病的学生们都被父母接走了，格罗宁和亚
历山大只身逃走。尽管布鲁克的妻子写了一封诽谤信，但沃龙佐夫家族
的一位亲王还是给亚历山大提供了几个月的食宿，延请他来辅导自己的
孩子们。科利亚陷入窘困，写信时向父母抱怨说：

亚历山大走了，我整天在城里四处乱转，想找一个住的地方，
但到了晚上仍然一无所获，肚子空空。我从早饭后就没吃过什么东
西，回来的时候想要找点吃的，但他们告诉我什么都没有了。亚历
山大现在住在沃龙佐夫家，而我只能待在一个小房间里。这栋楼就
要出大事了，他们说是亚历山大撺掇那些父母，告诉他们这里的
情况太糟，挖走了这里的学生。布鲁克正在我隔壁的房间里大发脾
气，我就坐在这里等他进来对我说"滚出去"。

罗波达给了科利亚十卢布，解决了他 12 月份的住宿问题，但科利
亚仍然感到绝望无助："外面零下三十摄氏度，我马上只能在苏哈列夫
塔外面的市场里过夜。如果没人借我钱的话，我只能饿死了……"契
诃夫一家人脖子上的套索越收越紧。叶夫根尼娅告诉亚历山大，她实在
无计可施，更不要说买票到莫斯科来安顿他们：

安东和万尼亚已经待在家里一个星期了，学校要交钱，但我们

实在拿不出钱来啊。昨天，10 月 9 日那天，帕维尔去和校长商量，让万尼亚退学。安东还待在家里，我们一共要给他和玛莎交四十二卢布才行。让我宽心一点吧。我现在整天担惊受怕，几乎都没法儿走路了。如果身体还支持得住的话，我也许还能赚点儿钱，但是不行啊，我昨天一整天都躺在床上……我开口向谢利瓦诺夫借三十卢布，说好每年还十卢布，但是他不借……科利亚可怎么办呢？他不能睡觉前只喝茶呀。请你照顾一下他，不能让他整天内衣都不穿，衣服都烂掉。一想到我们没法儿给你们送钱来，我就忍不住地哭。爸爸不给你们钱，不是他自私，上帝知道，他真的是什么都没有啊。这个月我们必须给银行付上五十卢布的利息……万尼亚被学校赶回来了，季亚科诺夫刚刚把他赶出来，波克罗夫斯基替我们说了好话，但是季亚科诺夫根本不听……

1875 年 12 月的塔甘罗格天气十分寒冷，叶夫根尼娅的双手都冻伤了。她十分感激伊万·罗波达不仅替她在莫斯科照看儿子，还答应借给她钱，这样科利亚才能回家来过圣诞节和新年。然而，时值大雪封路，莫斯科通往塔甘罗格的铁路被切断，科利亚不得不在马特维耶夫－库尔甘村下了火车。12 月 23 日，又饿又病的科利亚身上盖着厚厚的毛皮大衣，坐着雪橇回到了家，最后的六十多公里他就是在雪橇上度过的。科利亚与家人一直待到 1876 年 2 月份，铁路终于畅通起来。他从一个朋友家筹来路费，才返回了莫斯科。

回到塔甘罗格后，科利亚忙着联系旧日情人。他混杂着蹩脚的法文、德文和俄文给亚历山大写信，安慰他说他的未婚妻玛丽亚·法伊斯特还爱着他：

我说你胖了，她说："好小子！"……我不知道怎么才能离开家，爸爸根本不给我钱。我告诉他，如果 15 号还不送我走的话，我就偷钱走。爸爸倒是给我烟草。万尼亚真是个小混蛋，让人不得

50

5. 亲人离散

安生。[1]

安东也用蹩脚的德文向亚历山大报告玛丽亚·法伊斯特的情况。1876 年 3 月 3 日写下的这封信是他保存下来的最早的一封信：

> 我在阿尔费拉基家的音乐会上，看到法伊斯特家的路易莎和玛丽亚姐妹俩。我发现，路易莎嫉妒你和玛丽亚，玛丽亚也是。她们都偷偷地向我询问你的情况。这是怎么回事？你很招女人喜欢……

家庭的拮据状况让叶夫根尼娅和帕维尔恨不得把一分钱掰成两半花。谢利瓦诺夫的侄女萨莎还拖欠着契诃夫家的房租，但谢利瓦诺夫找到了一个更暖和的住处，就把她也带走了。要把整栋房子烧热，每天至少要花上一卢布的煤钱，但叶夫根尼娅根本付不起这个钱，那些没有搬走的房客只好挤在厨房里取暖。就在这样恶劣的条件下，安东那年的宗教常识课和德语两门课程，竟然都达到了级别 5。科利亚 2 月份再次动身前往莫斯科时，弟弟和妹妹都嚷着"我也去，我也去！"，然而，目前需要去莫斯科的并不是孩子们。1876 年 4 月初复活节时，契诃夫家召开了一次大型家庭议会。老父亲叶戈尔从科列普卡赶来，瞎眼的叶夫罗西尼娅留在农庄没有来。叶戈尔读了孙子们从莫斯科寄来的信后，认为帕维尔应该到那里去碰碰运气。罗波达也想不出其他办法，因为汇票马上就要到期了。在俄罗斯，欠债人被投入监狱的情况一直到 1879 年才停止。尽管帕维尔·契诃夫是塔甘罗格警察局委员会的委员，但他仍有可能面临监禁。叶夫根尼娅告诉叶戈尔，他们已经筹措不到去莫斯科的车费了。出乎她意料的是，公公竟然给了他们车费。她写信对亚历山大说："他可怜我们，给了我们钱……我真不知道该怎么感谢他的恩情。他年纪大了，却还要为孩子们操劳。看在上帝的分上，给他写封信，感谢一下他，他已经给了科利亚十卢布。"其实，叶戈尔也对儿子们的处

41

---

[1] 见图书馆手稿部，331 33 12a：叶夫根尼娅给亚历山大和尼古拉的信中包括这张纸条（1875 年 1 月 2 日）。

境感到心灰意冷：卡卢加的大儿子米哈伊尔已经去世，而在塔甘罗格的两个儿子，米特罗凡只是勉强维持生计，帕维尔即将很不光彩地逃债去莫斯科。

他们计划着如何弃船逃生。罗波达根本不可能买下帕维尔的那些存货，所以一家人就把未售出的现货都藏在马厩里。叶夫根尼娅一会儿满心绝望，一会儿又燃起希望。4月8日，她写信给亚历山大和科利亚说："任谁见到我都会吓一大跳的，我一下子老了许多。你们再帮帮爸爸，也许我们能在莫斯科租一个小店面……"[1]

叶夫根尼娅好不容易张罗到十一卢布给科利亚作学费，她把钱和复活节彩蛋、蛋糕一起包好，托一个去莫斯科的塔甘罗格商人带给科利亚。她也悄悄地给帕维尔打点行装，把市场摊位锁了起来，钥匙托付给伊万·罗波达的弟弟奥努夫里（Onufri）。这时，帕维尔向塔甘罗格互助信贷协会偿还五百卢布的最后期限已过，担保人科斯坚科（Kostenko）替他付了这五百卢布，然后他将帕维尔告上法庭；同时，房屋承建人米哈伊尔·米罗诺夫也起诉帕维尔欠了他一千卢布。

1876年4月23日天亮之前，帕维尔·契诃夫出发了。为了避开债主安排在火车站的眼线，他是乘坐马车悄悄离开塔甘罗格的。他坐马车到了火车在大草原上的第一个停车站，从那里搭乘停靠的火车前往莫斯科。4月25日下午2点，帕维尔到达莫斯科。安东继续留在塔甘罗格，接盘了父亲的生存大战。

---

[1] 见图书馆手稿部，331 33 12a：叶夫根尼娅写给亚历山大和科利亚的信。

6. 一贫如洗

（1876）

42

1876—1879 年是安东·契诃夫生命中的创伤岁月。他在这期间写给莫斯科的父亲和哥哥们的信大多已遗失不可考，然而家人写给他的信件可以充分反映出，安东在此期间面临的挥之不去的艰辛和心惊胆战的生活。

一家之主的重担落在了十六岁的安东身上。他不但要应付债主、借债人和硬心肠的亲戚朋友，而且要安抚痛苦的母亲和惶惶不可终日的弟弟妹妹。房客加夫里尔·谢利瓦诺夫是他们的家庭朋友，但也是一个头脑精明的商人。契诃夫的剧本《樱桃园》中，诸如拍卖樱桃园、家庭朋友罗巴辛变身为掠夺者、家业风中飘散等情节，都源于契诃夫青少年时期在塔甘罗格的这段经历。对得过且过的契诃夫一家人来说，房客加夫里尔·谢利瓦诺夫就扮演了罗巴辛的角色。生活的此番苦难锻造了安东·契诃夫的意志，增加了他的阅历。他逐渐强大起来。

在债务四面催逼的地狱般的环境中，安东的学习成绩竟出人意料地提高了。在他的生活中，剧院演出和私人音乐会仍然占有一席之地，他也参加了塔甘罗格舞蹈老师叶戈尔·弗龙迪（Egor Vrondy）的舞蹈课程。[1]

---

[1] 弗龙迪晚年回忆说，安东·契诃夫舞技娴熟，是他最喜欢的学生。安东上完舞蹈课后喜欢玩一种宾戈卡牌游戏。

安东·契诃夫中学时期创办过一个班级手写杂志，杂志的名字叫《口吃者》(*The Hiccup*)。该杂志在 1875 年 9 月发表了一期，1876 年初发表了两期。亚历山大看后非常振奋，把杂志拿给堂兄米沙看。所有在莫斯科加夫里洛夫货仓工作的人，包括主人伊万·加夫里洛夫，都觉得这些杂志逗人发笑。1876 年，一个通向更广阔世界的窗口向安东敞开了：塔甘罗格公共图书馆(Taganrog Public Library)。学校当局并不希望学生使用公共图书馆，因为学校的图书馆能够更加有效地控制学生的阅读范围，将学生与激进的或煽动性的思想隔离开来。一般来说，禁止学生阅读的是一些讽刺性周刊和月刊，这些期刊通常是俄罗斯知识分子的主要思想阵地。（在塔甘罗格文理中学，只有波克罗夫斯基神父能够订阅某些"颠覆性"的期刊，比如《祖国笔记》[*Notes of the Fatherland*]。）1877 年 1 月，安东在塔甘罗格公共图书馆注册，只是他不时要索回那两卢布押金去购买食物。

莫斯科和彼得堡发行的那些讽刺周刊对塔甘罗格的年轻人产生了巨大影响。这些杂志的主要目标读者是大城市中新近扫盲的人、思想自由的学生以及新走上工作岗位的人，因此这些杂志表现出不循规蹈矩、个性突出的特点。有些杂志还鼓励读者寄来自己的创作，比如漫画素描、人物漫画或辩论文章等，如果能获发表的话就支付稿酬。于是，安东开始把自己写的趣闻轶事交给亚历山大，让他审订并通过大学的关系来投稿。

帕维尔从莫斯科寄回塔甘罗格的第一封信读来很有感染力。虽然身无分文，要靠还是学生的儿子们来养活，但帕维尔显然对这种具有讽刺意味的状况毫无察觉。刚一到达，他就口授道：

> 亲爱的叶夫根尼娅、安东、万尼亚、玛莎和米沙，我昨天下午 2 点安全抵达莫斯科。科利亚来车站接我，我们坐了一辆计程车回到公寓，亚历山大在那里等我们。他们很高兴我终于来了。我们聊了一会儿，就去城里转了转，然后去餐厅享用了一顿丰盛的晚餐。三个人的晚餐花了六十戈比，一瓶格瓦斯就要七戈比。我去看了科

6. 一贫如洗

利亚上学的学院、莫斯科大学、邮局、电报局和基督救世主主教座堂。我们走进教堂去祈祷，看见了彼尔姆的圣斯蒂芬最神圣的遗物。公寓很适合三个人住，女房东很和善。让我非常惊讶的是，他们离开时从来不锁门，说是没有必要。但是，这里雇了一个仆人打扫卫生，很有可能拿走什么东西，上帝保佑吧……莫斯科不像我们塔甘罗格那样大家没完没了地吵，人群挤来挤去，在这里，人们自己过自己的日子，什么事都很有规矩，每个人都管好自己的事儿……孩子们，我要求你们听妈妈的话，不要让她难过，不要吵架，好好做作业。万尼亚，你得努力了，马上就要考试了。再见，亲爱的，我永远和你们在一起。P. 契诃夫。[1]

帕维尔在莫斯科和两个儿子挤进了一个房间。这栋房子的主人是卡罗利娜·施瓦茨科普夫（Karolina Schwarzkopf）和她的亲戚波列瓦耶夫（Polevaev）一家，房子位于藏污纳垢的格拉乔夫卡街（意思是"秃鼻乌鸦群栖林地"，也被叫作德拉乔夫卡街，意指"冒牌货或斗殴巷子"，即今天的特鲁布尼亚街）。波列瓦耶夫一家名声不好，"生性放荡"，玛莎·契诃娃后来指责是他们带坏了亚历山大和科利亚。

刚到莫斯科，帕维尔还没有觉察到波希米亚作风对儿子们的影响，他的全部心思都在朝觐教堂上。他在莫斯科以北近五十公里的圣谢尔盖修道院度过了一天一夜，还给妻子做了布道。帕维尔并不着急在莫斯科找一份工作，他告诉叶夫根尼娅，科利亚正在博物馆里描摹画作，一家商店已经用二十五卢布买下了其中的一幅。帕维尔指示安东把家具藏起来，不要让债主和法警找到，因为他打算把家具卖掉，给家里其他人支付前来莫斯科的费用。为了转移债主的注意力，帕维尔已经把自己的货物转移到了费尼奇卡的名下。1876 年 5 月 6 日，这位洋洋自得的父亲给留在家里的年幼的儿子们写信说：

44

---

[1] 见图书馆手稿部，331 81 11：帕维尔·契诃夫给妻子和孩子的信，1876—1890。

亲爱的孩子们……如果你们想过上好日子，我就带你们来莫斯科，这里有很多学习机构、文理中学……但是你们要保密，不要告诉任何人，尽量好好考试，考出最好成绩，达到预科标准。这件事不要告诉任何人。

安东，谢谢你，是你在操持这个家，收回那些欠我们的东西……万尼亚，雨季来了，你已经把桶放在了排水管下，我很高兴。米沙一直是个好孩子，他试着给我写信，报告他的进步。玛莎可能还没忘记我来莫斯科之前让她做什么，在学校要好好学习，每天弹三次钢琴，用我的方法，不要着急，练习时看着乐谱，一个音符都不要落下。如果她弹得好，我就带她来莫斯科，买一架好钢琴和乐谱，然后她就是一个真正的艺术家，可以当众表演了。

一个星期后，帕维尔在给叶夫根尼娅的信中表达出他对挽回局面并非那么乐观，因为他既不信任那些债主，也不相信自己会有"好运"。

帕维尔到此时仍然认为，如果迫于形势，他可以卖了自己新盖的房子，还债后应该还有剩余。了解塔甘罗格形势的叶夫根尼娅给帕维尔写了回信，让他面对现实：

我亲爱的帕维尔，我们收到了你那封要卖掉房子的信。我很早之前就想卖掉它了，只有这样才能还清债务，但是，现在根本没有买主……我打发安东说，你去托奇洛夫斯基那里一趟，不管能不能还得上，他都愿意借钱给人的。所以，安东昨天去了……托奇洛夫斯基大叫说："那可是个无底洞，上帝保佑，一点儿不含糊，我可不想和塔甘罗格有什么瓜葛。"安东就空着手回来了，现在，我不知道该去找谁了……昨天，也就是13号，我们正喝茶，门铃响了，打开门，是格罗克霍尔斯基拿着文件。他一开口就问："帕维尔在家吗？"我们说不在……我问格罗克霍尔斯基，他们会不会去莫斯科找帕维尔的麻烦，他说："您还是警告一下您丈夫吧。"亲爱的，我建议你这么做，你给我们大家写一封公开信，说你要去坦波

45

6. 一贫如洗

夫省，就这么写："我正要前往坦波夫省。"或者你想写去哪里都可
以，还是写一封信吧……我成天又担心又害怕，这已经快要了我
的命了，我们家的老保姆上个星期三来了，开始哭起来……我强
撑着告诉她："奶妈，我不能把你留下来，我现在连帮忙的厨娘都
没有了，我就一个人。"……你快来把我们带走吧，否则我就要疯
了。亚历山大的名字在征兵名单里，我不知道是怎么回事儿，到
处的栅栏上都贴着……我希望我们能把房子抵押出去，还清欠科
斯坚科的钱，现在我再也想不出该怎么办了。快快回信。E. 契
诃娃。[1]

　　想在莫斯科租房就必须在警察局登记备案，所幸的是，波列瓦耶夫
家并不是那么遵纪守法的人家。帕维尔负债潜逃，对滞留在老家的家人
也提不出什么建议。安东只不过是个孩子，既不能去找人逼债，也斗不
过那些债主，尽管债主里某些人，比如格罗克霍尔斯基，是他学校朋友
的父亲。米罗诺夫和科斯坚科将契诃夫家的房子看作抵押品，怎么也不
能让自己的一千卢布打了水漂。帕维尔对大教堂兄弟会的幻想彻底破灭
了，虽然他和米特罗凡都是它的会员。1876 年 6 月 9 日，他在家信中
发牢骚说：

　　我现在实在懒得讨论我们家的糗事。我在信里和你说，把那些
值三百卢布的收条给科斯坚科抵债。但是米罗诺夫把什么都搅乱
了，他插手了这笔钱，用了非常不基督徒的手段，就算是邪恶的鞑
靼人也不会这么做……叶夫根尼娅，你怎么能典当了那个银底板的
圣像呢？……[2]

　　仅仅有一次，帕维尔对自己一手造成的窘境流露出愧疚之情，称赞

---

[1] 见图书馆手稿部，331 33 125：叶夫根尼娅给帕维尔·契诃夫的信，1876—1890。
[2] 见图书馆手稿部，331 81 12：帕维尔·契诃夫给叶夫根尼娅的信，1876，1884 和
　　1891。

妻儿应对得非常好。但帕维尔也感觉自己被亲密的家人欺骗了。房客加夫里尔·谢利瓦诺夫曾经对叶夫根尼娅信誓旦旦地说："妈妈，我会为您做任何事情。"他把侄女萨莎安排住在契诃夫家，她同样缴付房租，却与玛莎共住一个房间。谢利瓦诺夫对当地民事法庭案件审理的进展了如指掌，于是瞅准机会，适时出手了。他在契诃夫家的房子公开拍卖之前，与米罗诺夫、科斯坚科和法院达成了协议，只付了区区五百卢布就买下了这栋房子。他还答应科斯坚科，可以拍卖家具来偿付帕维尔拖欠

46　他的利息。玛莎多年后回忆说，1876 年 7 月，谢利瓦诺夫对叶夫根尼娅宣布："我已经给你们付清了汇票。妈妈，请原谅我，但是，现在这是我的房子了。"叶夫根尼娅于 1877 年 3 月 12 日写给安东的信里证实，当时谢利瓦诺夫出钱买下这栋房子，与其说是对他家的背叛，倒不如说是帮忙，这是安东期待他做的。只有这样才能避免契诃夫家遭到更加贪婪的债主的压榨。

在接下来的十八个月里，加夫里尔·谢利瓦诺夫一再表示，契诃夫家能用同样的价格——五百卢布——从他手里把房子买回去，这样，他的举动就是真正挽救了他们，而不是掠夺他们。但是，谢利瓦诺夫后来对得过且过的原房东彻底失去了耐心，态度变得强硬起来。他修理了房子，考虑在这里结婚，生活下去。契诃夫家实则希望他只是一个名义上的购买者，借他的手来保住自家的房子。时至 1876 年 10 月 1 日，只有安东和万尼亚还滞留在塔甘罗格，帕维尔仍然对谢利瓦诺夫表现出信任，写信授权谢利瓦诺夫代表他出租房屋。

加夫里尔·谢利瓦诺夫并没有欺骗契诃夫一家：他为他们赎买回了房子，只是契诃夫家再没能以相同的价格从他手里把房子买回去。科利亚和安东后来都很尊敬谢利瓦诺夫，像信任米特罗凡叔叔一样信任他。契诃夫家和谢利瓦诺夫家之间一直保持着良好的关系，他们与谢利瓦诺夫的侄女萨莎、内兄以及外甥克拉夫佐夫家之间的友好书信表明，谢利瓦诺夫虽然不讲情面，但并不是一个无赖。

恰恰是米特罗凡·契诃夫不冷不热的同情，更深地伤害了帕维尔和叶夫根尼娅。米特罗凡写了许多热情奔放的布道词（亚历山大原来称呼

6. 一贫如洗

他们夫妻俩为"神圣的父亲"），让帕维尔相信他们的境遇是上帝的旨意[1]。帕维尔开口向他借钱，米特罗凡马上开始哭穷（虽然他并没有任何债务），他还减少了对安东的资助，藏匿起叶夫根尼娅的财物，只给莫斯科的帕维尔送去两三个卢布。帕维尔的兄弟之爱动摇了。1876年9月，亚历山大写信告诉安东：

> 他过去从来不让任何人说他弟弟夫妇的坏话，但现在却不放过任何一个机会来攻击他们，这也是他们罪有应得。有一次，他骂得过分到说他们是"法利赛人，狗娘养的"……依我看，谢利瓦诺夫警告过妈妈要提防"神圣的父亲"，真是正确极了。

1876年6月3日，老父亲叶戈尔和眼盲的母亲叶夫罗西尼娅召开 *47*
了一次严肃的家庭会议，然后，米特罗凡给哥哥帕维尔写了一封信：

> 我们看得出叶夫根尼娅的心情非常不好，她瘦得厉害，安东也是。我们不知道您在莫斯科过得怎么样，在干什么，怎么填饱肚子。一次伟大的圣母往见即将降临到您身上……叶夫根尼娅今天和我们一起去看望爸爸，喝了一杯上好的葡萄酒。她说："敬那些伤心事。"我们说："敬未来的快乐。"米罗诺夫希望您能获得拯救，但您必须为他祈祷。

帕维尔并没有理会米特罗凡的来信，但在给安东的信中却表达了他的担忧：

> 安托沙！我听说你和妈妈现在都瘦得厉害，这是怎么回事？你写信给我说："爸爸，要勇敢坚强，要快乐，要祈祷。"……所以，你和你哥哥一样，是个胆小鬼，是精神上的穷光蛋……安托沙，照

---

[1] 见图书馆手稿部，331 81 38：帕维尔·契诃夫致 G. P. 谢利瓦诺夫的信。

顾好妈妈，如果发生什么事情，那就是你的责任。她应该来莫斯科和我们团聚了，或许你可以给她张罗到一百卢布的车费。这里的生活也不轻松……

帕维尔习惯把自己的一生看作伟大的自我牺牲。他教训安东说："我们这一辈子没过上一天好日子。我们照顾别人，操劳辛苦，忍痛、受苦、央求，这才尽己所能让你接受了教育，让你更聪明，让你将来的日子更容易些。"对家里的其他孩子，他也总是命令这个去清理地窖里的木桶，指派那个去打听塔甘罗格对不诚实商人的最新审判情况，或者指责他们在学校里成绩太差。在莫斯科，帕维尔、亚历山大和科利亚仍住在原来那栋房子里，但是从房费十三卢布的房间换到了一个七卢布的房间。假期时，亚历山大和科利亚陪同波列瓦耶娃夫人去了乡下，把帕维尔一个人留在莫斯科。帕维尔向安东表达了他的不满：

我们都不知道这里的牛肉、土豆、鱼或者醋是什么味道……告诉妈妈，不要放任何人进屋，不要让那些债主看到她，就说她不在家……卖了家具、镜子和床，把钱凑一凑，送妈妈来莫斯科……

安东也很不高兴自己被留在塔甘罗格，他不但要自谋生计，还要照顾衣食无着的父母，但帕维尔毫不理睬他的抗议：

48　　　安托沙……我很惊讶你和玛莎竟然这么想来莫斯科，而不是留在塔甘罗格。这里床上的虱子一个晚上就能把你们吃光，我一辈子都没见过这么大个儿的虱子，它们可比塔甘罗格的债主糟糕多了，晚上，我真的就是用手把它们从枕头上刮掉。你说，无论我是不是找到工作，你都要来莫斯科。但是你不知道，在莫斯科没有钱真的活不下去……什么都做不了，我真的要疯了，成天无所事事，我现在也没有办法。我这一辈子都没有这么痛苦过……妈妈告诉我，人家不让她离开塔甘罗格，因为她欠着债。这种说法真让我吃惊……

6. 一贫如洗

科利亚迫切地希望母亲带上最小的两个弟妹玛莎和米沙赶快来莫斯科，但他同意帕维尔的观点，认为安东和万尼亚应该留在塔甘罗格。在父亲找工作的问题上，他也和父亲站在一边，认为如果每月工钱不到五十卢布的话，那么这份工作就不值得干。然而，没有一个莫斯科人会雇用一个五十多岁的破产商人，即便只付二十五卢布。米沙堂兄的雇主加夫里洛夫直接把帕维尔拒之门外，问他："您来这儿干什么？"帕维尔是负债潜逃者，依照法律是不允许在莫斯科居住的。要不是谢利瓦诺夫或塔甘罗格兄弟会暂时替他抵挡着，任何一个债主都可能找到莫斯科来，把他带回塔甘罗格。亚历山大和科利亚都目睹过士兵押解逃债人前往车站的情形。他们敦促帕维尔直面现实，宣布自己破产，然后拿着塔甘罗格当局签发的有效证件光明正大地来莫斯科。塔甘罗格有一个警局官员叫阿尼西姆·彼得罗夫（Anisim Petrov），有人说他是当局的秘密线人而对他心怀恐惧，但他也是契诃夫家的朋友，他的话稍稍宽了帕维尔的心。科利亚让安东从谢利瓦诺夫那里打探一下，塔甘罗格当局是否有计划引渡帕维尔回去。帕维尔在科利亚 6 月 9 日写的那封忧心忡忡的信的后面附上了怒气冲冲的一笔："我一无所有，他们找我有什么用？我逃走时两手空空，这荣耀归于上帝！"

这时，希望的微光一闪。6 月中旬，加夫里洛夫借给帕维尔一百一十五卢布，让他去购买九十磅茶叶，包装成一磅一袋的小包装，每袋有九卢布的利润可赚。加夫里洛夫甚至让帕维尔带了些茶叶样品回家。帕维尔心底相信一切都会好起来的乐观情绪又复活了，6 月下旬，他在家信中给叶夫根尼娅描绘了一幅光明的美好前景：

来莫斯科吧，带上玛莎。你们只要凑齐五十卢布就行了。我们租一个公寓或者小屋住下来。莫斯科的空气很好，我的健康也恢复了。我一点都不怀念塔甘罗格，不想再回去了。谁留在家里呢？——只要安东就可以了，把他托给费尼奇卡……带上所有值钱的东西，还有那些银框。可以在这里把它们典当了，能得到一个好价钱，利息非常低，每个月 1.5 %，等我们赚了钱再赎回来。如果

49

61

米特罗凡不想给我那件狐狸毛大衣付五十卢布的话，那就把它也带来，可以在这里当掉，想当多少就能当多少。你继续待在家里很可能会饿死，但在这里我们就能有结余了，[伊万·]罗波达也在这儿，他对我很好，很尊重我。他说在他家碰到过你。我想，孩子们的衣服都破了吧？到莫斯科就什么都有了，我们可以生活得像个老爷……

现在，米特罗凡宣称自己在支持哥哥帕维尔：[1]

所有其他人都只是表示同情和怜悯，却没有人能理解您这么做的目的。格里戈里·巴索夫……说："写信告诉您哥哥，我抵押了最后一处房产，还清了债务，我再也不会借债了，但我希望帕维尔能重新开始……"

1876年6月29日，帕维尔和米特罗凡年迈的母亲、失明的叶夫罗西尼娅摔断了腿，从此卧床不起。（万尼亚和米沙因此滞留在叶戈尔那里，陪伴了一个月。）7月11日，米特罗凡的小儿子伊万死了。

靠着安东出售家庭用品和辅导学生的收入，叶夫根尼娅终于筹集到了三个人前往莫斯科的费用，万尼亚和米沙也从祖父家回来了。1876年7月23日，叶夫根尼娅带着最小的两个孩子玛莎和米沙坐上了前往莫斯科的火车。契诃夫家人去楼空。

留在塔甘罗格的万尼亚搬到了寡居的舅母马尔法·莫罗佐娃家住，尽管她的娘家罗波达家很富有，但她并没有给万尼亚付学费，让他回学校去上学。安东先在谢利瓦诺夫的乡下亲戚家住了一个月，这期间他因

---

[1] 米特罗凡一直遵从他的"精神导师"、年迈的瓦西里·班达科夫神父的教导。班达科夫神父奉行"对简单民众讲简短教义"的做法，这在俄罗斯南部的懒惰成性的神父中很流行。班达科夫曾经做过一个布道，题目就是"契诃夫家房子的构成"。1890年，安东·契诃夫应米特罗凡的要求，为班达科夫神父写了一封告讣："他抓住一切机会来宣讲教义，不管任何时间或场合……歉收，瘟疫，征兵……他满腔热情，大胆而自信，也经常挖苦人。"

为疝气而病了两个星期。回到塔甘罗格后，安东被托付给加夫里尔·谢利瓦诺夫来照顾。经过协商，谢利瓦诺夫负担安东的食宿和花销，安东要给谢利瓦诺夫的两个亲戚辅导学习：一个学生是谢利瓦诺夫的哥萨克外甥别佳·克拉夫佐夫（Petia Kravtsov），他打算去技术学校读书；另一个学生就是他那性格活泼的侄女萨莎·塞利瓦诺娃，她要就读文理中学。萨莎穿过一件红底带黑点的连衣裙，安东因此叫她"瓢虫"。这期间，安东与萨莎之间萌生出朦胧的少年情愫，两人的亲密关系维持了几十年。有一次，有人看到他俩肩并肩坐在公园的一条长凳上，长凳前一道长长的台阶一直延伸到海边。他俩"像鸽子一样轻声叽叽咕咕"，发现有人时，他们就溜进最近的一个院子。[1]

从别佳成年后写的信以及萨莎成长为一名教师来看，初恋并没有影 *50* 响安东的教学效果，他算得上是一名合格的家庭教师。安东和谢利瓦诺夫之间达成互助协定，就像四年后谢利瓦诺夫给安东写信时说的那样："我邀请您在我家住下时，我们彼此都了解对方的处境，也都意识到我需要您，您也同样需要我。"[2]

帕维尔和叶夫根尼娅就这样把安东和万尼亚留在了塔甘罗格，任其自谋生路。

---

[1] 见俄罗斯档案馆，860 1 576：M. I. 伊尔科夫，打字稿回忆录。
[2] 见图书馆手稿部，331 58 29：G. P. 谢利瓦诺夫给安东·契诃夫的信。

7. 兄弟离心

（1876—1877）

　　母亲去了莫斯科后，安东的处境更加艰辛了。他变卖家具，寻找租户，收取债务，挣钱养家。然而，最糟糕的境况已经过去了，毕竟帕维尔的债主们也不指望两个中学生能还上他们的债务。契诃夫家的这两个儿子，一个与谢利瓦诺夫住在同一屋檐下，一个在舅母家蹭饭，谁都不怕法警来敲门。1876—1879 年，他们的暑假都在令人兴奋的乡下农场里度过，这些农场有的属于加夫里尔·谢利瓦诺夫的兄弟伊万·谢利瓦诺夫，有的属于他的妹妹娜塔利娅·克拉夫佐娃。在克拉夫佐夫家（主人是另一个加夫里尔，妻子娜塔利娅和他们的四个孩子）的一个农场里，鸡和猪都是野生放养的，安东和别佳在那里做客的时候，要拿着猎枪出去打猎来准备晚饭。在农场，安东骑过不配戴马鞍的种马。多年后他承认[1]，他偷看过农家姑娘们裸浴，他还在井边吻过一个农家姑娘，但他俩互相都没有说一句话。

　　1876 年 8 月 16 日，塔甘罗格文理中学开学了，安东收回心来学习。塔甘罗格公共图书馆的借阅记录表明，此时他已经涉猎了许多经典著作，阅读范围从塞万提斯到屠格涅夫。他今年六年级了。进入六年级

---

[1]　安东·契诃夫将此事告诉过小阿列克谢·苏沃林（Aleksei Suvorin Junior）。见 331 59 71a：A. A. 苏沃林致安东·契诃夫的信，1888 年 11 月 8 日。

后，班级里最聪明的学生纷纷立志要成为医生或律师，只有这样将来才能拥有自由和金钱。安东成绩最好的科目是宗教常识课，毕竟，他的父亲和叔叔都是天主教兄弟会的成员。有人推测，安东将来可能会成为一名神职人员，因而戏称他为"道貌岸然的安托沙"。塔甘罗格文理中学的毕业生中很少有人从事神职工作。在 19 世纪 70 年代末，该中学确实培养出了一大批各个领域的优秀专业人员，其中至少有十一名医生[1]。高年级男学生在课余时间的社交生活也毫无拘束。他们聚在一个据点，玩牌、喝酒、抽烟，大搞业余戏剧，房东对这个青年俱乐部也只能睁一只眼闭一只眼。一些早熟的男孩频繁光顾塔甘罗格那家臭名昭著的妓院。（安东·契诃夫后来承认[2]，他十三岁时就失去了童贞——可能就发生在这里。）

比安东小十八个月、同样滞留在塔甘罗格的万尼亚，离开了无儿 *52* 无女的舅母马尔法·莫罗佐娃的家——那里仍然回响着鞭笞体罚的声音——搬去与性情温和的费尼奇卡姨母和她的儿子阿列克谢一起住，但他仍然得去罗波达家吃饭。1876 年 11 月 1 日，米特罗凡向帕维尔报告说："万尼亚……现在住在费尼奇卡家，他上个星期才回学校上学。他装订图书赚了一点钱。他让您不用想念他，也不必担心他。"但是两个星期以后，米特罗凡又纠正道："万尼亚还没有去上学。10 月下旬在学校礼堂举办了一场音乐会，为贫困学生募款，办得很成功。万尼亚第二天才开始去上学，他的成绩越来越好。"

米特罗凡不常见到安东，只有趁着安东来他家索要一张邮票或喝杯

---

[1] 安东·契诃夫一生都没有停止与塔甘罗格的老乡打交道。他交往的人中有医生：埃列梅耶夫（Eremeev）、萨维列夫（Saveliev）、沙姆克维奇（Shamkovich）、塔拉布林（Tarabrin）、瓦尔特（Valter）、岑布拉托夫（Zembulatov）；律师：科洛姆宁（Kolomnin）、科诺维采（Konovitser）、克拉马里奥夫（Kramariov）、沃尔金斯坦（Volkenshtein）兄弟（其中一人因为反犹事件被学校开除，安东给予他帮助）；表演艺术家维什涅维茨基（Vishnev［ets］ky）和作家谢尔盖因科（Sergeenko）。除此之外，还有学者、公务员甚至革命者。

[2] 1892 年 2 月，安东·契诃夫告诉了 V. A. 吉洪诺夫（V. A. Tikhonov）。妓院的经营者 N. 波托茨基（N. Pototsky）是塔甘罗格文理中学 1862 年的银质奖章毕业生。亚历山大·契诃夫多年后还问候波托茨基。

茶的机会才能见上一面。1876—1877 年整个冬天，帕维尔一直在安东耳边喋喋不休："我告诉过你把挂钟给米特罗凡，但是你把它卖了……妈妈原本盼着你能送来二十卢布，但是你只拿来了十二卢布，她哭得眼泪像河一样。"安东每个星期辅导学生能挣来三卢布，但这仅够支付他自己的生活花销，更何况他还要资助犹太朋友伊萨克·斯鲁列夫（Isaak Srulev）。尽管契诃夫家的房子已经在加夫里尔·谢利瓦诺夫的名下，但谢利瓦诺夫仍愿意将房客的房租收入让给帕维尔，这也是帕维尔唯一的指望了。安东还说服了租住在隔壁的寡妇奥林皮阿达·萨维奇（Olimpiada Savich）和她的女儿伊赖达，让她们换租到他家的一个房间。一个犹太拉比租房时只想付二百二十五卢布的年租，但帕维尔和谢利瓦诺夫都一口咬定要三百卢布才行。同时，帕维尔的想法变得越来越不实际。大概就是从这个时候开始，谢利瓦诺夫开始对他支吾搪塞，因为已经不再指望帕维尔能赚够钱赎回房子了。12 月中旬，谢利瓦诺夫临时去了一趟莫斯科，与帕维尔见了半小时的面，并顺道去彼得堡探望了弟弟。帕维尔和谢利瓦诺夫见面时讨论的主要是自己的债务问题，他对这位前租客仍然满腔信任，在写给安东的信中说："我们都很高兴见到他。"

帕维尔认为，这栋房子从道义上讲仍然是自己的。1876 年 12 月 21 日，他请叶夫根尼娅的亲戚奥努夫里·罗波达做了自己的代理人："适于居住的铁质屋顶砖房以及周边附属建筑——一个砖质厢房和一个由马厩改建的房屋——是我的私人财产，请租出去，您确定合适的价格，一年不少于……"

53　　三个月后，帕维尔仍然十分确定房子很容易就能找到租客。然而，加夫里尔·谢利瓦诺夫对房屋所有权含糊其词的态度让叶夫根尼娅心中总是不踏实。1877 年春天，她分别给谢利瓦诺夫和安东写了一封语气悲戚的信，试图抓住另一根救命稻草。原来，叶夫根尼娅在舒亚的富亲戚扎科柳金（Zakoriukin）一家，在一次朝圣回来的路上到莫斯科拜访了他们。他们给了玛莎十卢布，让她去买一件新衣服，还邀请叶夫根尼娅带上年幼的孩子们去舒亚度假。她对安东说：

7. 兄弟离心

　　我想恳求他们替我们把房子买回来，然后，我们再把它以三千四百卢布的价格卖给加夫里尔·谢利瓦诺夫……假如我们有机会请求扎科柳金的话，看在基督的分上，你一定要亲口问问谢利瓦诺夫，让他遵守对我的承诺，同意我们把房子买回来，也不要收我们太多的维修费。看在上帝的分上，安托沙，跟谢利瓦诺夫先生谈谈吧……我们唯一的希望就是上帝，天上的王，能让谢利瓦诺夫去做他答应过我的好事〔归还他家的房子——作者注〕。我们的一辈子不很长，如果他能给我们做这件好事，他就会长命百岁；如果不做，他今年就会死掉。我将把这件事交托给神圣的圣约翰……如果谢利瓦诺夫同意了，也不开出太高的维修费，那我就在6月底回来，然后你和我一起来莫斯科。

　　安东把这封信读给谢利瓦诺夫听后，谢利瓦诺夫只是鼻子哼了一声，说道："我还以为叶夫根尼娅能比这聪明一点儿呢。"叶夫根尼娅打算等天气暖和起来就步行五十公里去圣谢尔盖修道院，为谢利瓦诺夫的灵魂祈祷。帕维尔只是委托谢利瓦诺夫从塔甘罗格兄弟会为他家争取一笔三百卢布的补助金。

　　舒亚的富亲戚了解叶夫根尼娅的困境，但并没帮他们从谢利瓦诺夫那里买回房子。契诃夫家在莫斯科的生活困顿不堪，帕维尔仍然没有找到工作。1877年2月，他在一个教堂得到一份建筑商簿记员的工作，但两天后就被解雇了。整个秋天和冬天他都闲坐在家，无所事事，无精打采。亚历山大（当时他和科利亚一起住在一所学校里）在给安东的信中极为恼火地描述了帕维尔在莫斯科的生活：

　　我们从〔堂兄〕米沙·契诃夫那里借了十卢布，很快就花光了，我们只能坐在那儿干流眼泪。最糟糕的是，我们根本没有找到工作的希望。我们成天成天去教堂，然后像交易所里的前商人一样，一成不变地听他们讨论塞尔维亚战争，最后空着两只手回家；然而，我们都含着喜悦的泪水，听着"我苦难的审判"，感到心满意足。到家脱去外衣后，他就从口袋里掏出一份打印出来的布道文，这是从教会长老那里买来的，开始高声朗读。大家都得听着，只是艺术家［科利亚］会突然敲一下他的模特的脑袋，大喊："老天啊，米沙，你什么时候才能学会摆姿势？脸转过去四分之三。"然后响起他权威的警告："轻点儿声，你这个魔鬼！"秩序就又恢复了。朗诵完毕后，布道文就挂在一个钉子上，上面写着："价钱：一戈比。荣耀归于主！"[1]

虽然米沙·契诃夫能让生活窘困的叔叔婶婶高兴起来，甚至可以借给他们十卢布，但他忙于加夫里洛夫百货商店的工作，还要应付自己的社交生活，没有多少精力做这种慈善工作。寒冬如约而至，叶夫根尼娅更加愁苦了，这不仅因为家里缺衣少食，日子毫无希望，而且也因为安东的来信。她给安东回信说：

> 我很难过你们无法感同身受……我们收到你的两封信，里面净是些玩笑话，而我们眼下手里只有四戈比来买面包和肥油，我们在等着你送钱来。我们的日子太苦了，看得出来，你不相信我说的话，玛莎没有皮大衣，我没有暖和的鞋子，我们只好待在屋子里。我没有缝纫机，没法儿去赚点钱……看在上帝的分上，快给我们送点钱来吧……别让我愁死。你自己吃得饱饱的，吃饱喝足的人不理解饿肚子的苦。看完后就把这封信撕了吧。E.契诃娃。我们的房间冻得冰一样，我们就直接睡在地板上……还有，明天……必须张罗到十三卢布来付房租。[2]

安东对家人在莫斯科的生活状况并未给予太多同情。他在给亚历山

---

［1］见图书馆手稿部，331 32 3，亚历山大·契诃夫给安东·契诃夫的信，1876年9月27日。亦收录于《书信集》（1939年），33—35。

［2］见图书馆手稿部，331 33 126：叶夫根尼娅·契诃娃给安东·契诃夫的二十封信，1876—1904年。

大的一封信中，附寄了一个铁铰链、一个小圆面包圈、一个钩针和一张菲拉列特仁慈主教的照片。他还嘲笑母亲写信没有标点符号：她曾经指示他说，"安托沙在储藏室的搁板上"，他便在回信中说没有看到"安托沙在储藏室的搁板上"。

米特罗凡倒是给莫斯科寄过一些钱来，但是，他是让帕维尔帮他购买一件教堂长老制服寄回去。米特罗凡还托帕维尔帮其他的忙，比如在莫斯科散发他的精神导师的布道文。米特罗凡还说，他本来打算让伊万·罗波达给他们带来一点叶夫根尼娅爱喝的咖啡，但是"罗波达不愿意带容易打破的东西"。米特罗凡也没能把叶夫根尼娅的缝纫机送来，因为就在那个冬天，列车被俄土战争征用了，铁路停止运送民用货物。当时，战火在巴尔干和高加索地区迅速蔓延，科利亚为塔甘罗格亲戚画的画也滞留在火车站。米特罗凡写信给帕维尔和叶夫根尼娅说："没有缝纫机，您正好有时间写写信，告诉塔甘罗格的人你们过得怎么样……您在那里欠债了吗？我令人牵挂的哥哥啊，您写信说您没有钱了……上帝永远不会抛弃您。"

11 月底，帕维尔的父亲叶戈尔再次向莫斯科的一家人伸出了援手。 55 米特罗凡在信中说："……这位老人家，我们亲爱的父亲，又是伤心，又是同情你们，从自己可怜的收入中慷慨地拿出一百卢布送给你们，送给他心爱的儿孙，来养活您的家庭，让我们感谢主恩吧。"那年圣诞节，契诃夫家族在塔甘罗格又举行了一次家庭会议，叶戈尔把加夫里尔·谢利瓦诺夫也邀请到米特罗凡家来参加会议。谢利瓦诺夫明确表示，他愿意把帕维尔的房子以五百卢布的价格卖给米特罗凡或叶戈尔，因为他当时付给银行的就是这么多钱。然而，叶戈尔和米特罗凡都没有接受这个报价买回帕维尔的房子，至此，谢利瓦诺夫觉得自己对老房东契诃夫家已经仁至义尽。一年之内，加夫里尔·谢利瓦诺夫出资维修了房子，然后就带着外甥别佳·克拉夫佐夫、侄女萨莎和安东住了进去。安东·契诃夫看上去很开心地做了谢利瓦诺夫的房客。在这个家里，除了厨娘雅芙多卡，其他人对安东都很友善。雅芙多卡是契诃夫一生中唯一虐待过他的下人。她把安东当成一个寄人篱下、可以随便欺负的人，而不是应该尊重的主人。1877 年新年时，安东和别佳大吵大闹地欢庆新年，甚至在外面射枪娱乐。安东给莫斯科的堂兄米沙·契诃夫写信时说："房间里满是火药味，床上像雾一样蒙了一层烟灰。房间里到处是一股恶臭，这是因为我的学生在屋里放了烟花，连带他身上那股子天生的哥萨克劲头也一并释放出来了。黑麦面包、自制炸药，这些东西都融在他的骨子里。"

塔甘罗格当局准许米特罗凡替帕维尔和叶夫根尼娅购买一年期的居住证，这样他们在莫斯科就不必躲躲藏藏了，但是，契诃夫一家在莫斯科的新年仍然过得非常凄凉。十一岁的小儿子米沙·契诃夫此时显示出了进取心。大人们威胁他，说他只有去加夫里洛夫商店当伙计一条路了，于是他走遍莫斯科，亲自去敲各个学校的门，终于说服了一所学校的校长。这个校长答应，等米沙找到赞助人给他交学费就录取他入学。1876—1877 年的冬天严寒无比，连外套也没有的米沙每天自己跑着去上学。叶戈尔资助的一百卢布很快就花光了，帕维尔只好告诉安东把塔甘罗格家里的钢琴卖了。安东辅导三个学生挣来的钱也都送去了莫斯科。其实，科利亚可以卖画，亚历山大可以撰写幽默文章赚钱，但是这两个人都衣着时髦，经常自顾自喝得酩酊大醉。他们大多数时间都与父母分开住，彼此也不住在一起。自从安东不再从塔甘罗格给他们寄廉价烟草，亚历山大就自己花钱买糖果、椭圆萨奇和曼谷比香烟享用。

56　　　亚历山大给滞留在塔甘罗格的安东捎来十五卢布，让他趁着复活节假期时来莫斯科度假。1877 年 3 月 17 日，安东坐上火车，平生第一次前往莫斯科，虽然他还不知道从哪里能张罗到回程车票。亚历山大提前警告安东说，到了莫斯科后要与他住在格拉乔夫卡街，而不是和家人挤在那个小房子里：

　　　　第一，我一个人住，你不会碍我的事，你会比较受欢迎；第二，父母的住处只有两个房间，却住了五个人（原来就住在那里的杂种狗还不算）；第三，我住的地方比较方便，没有保罗·德·科克斯［指帕维尔］，没有妈妈，也没有玛莎，她为了一丁点儿小事都能哭个不停；第四，我这里没有醉醺醺的加夫里洛夫那帮人；第五，和我一起住，你想做什么就做什么，想去哪儿就去哪儿。

莫斯科的父母家里火药味十足，科利亚每天都至少发誓五次说要离开这里。学年已经过半，帕维尔和叶夫根尼娅还在徒劳地给玛莎寻找学校，心情越来越沮丧，互相高声埋怨个不停。玛莎把亚历山大叫回来调解矛盾。亚历山大回到家，看见叶夫根尼娅躲在厨房里，穿着一件蹭满灶烟的大衣瑟瑟发抖；帕维尔坐在客厅里缝补自己的皮大衣，他因为咒骂了妻子而流下眼泪，但也懒得去擦一下。科利亚想要给家里人画像——他研究模特时，习惯眯起眼睛，所以得了一个"斗鸡眼"的绰号——但是帕维尔经常把他和那些"臭油漆"赶到厨房里去。帕维尔宣布，他不想再养活这个忘恩负义的家了，嘟囔着"和那些不敬上帝的人划清界限就是有福气的人"。亚历山大单独在外面住，这让叶夫根尼娅深感忤逆。亚历山大告诉安东说：

> 我的房间漂亮舒适，有体面的床、干净的床单，最重要的是有安静与和平。在这里，你听不到打人和被打的声音，没人对你发脾气，没人打扰你、干涉你……他们从来没有问过我有没有钱，我从哪儿挣钱，怎么挣来的，或者钱够不够花，他们根本不管。他们只知道每个月定期从我这里拿走五卢布，除此之外，他们每个月至少还要向我借八次钱（想要他们还钱就等到下辈子吧）。他们看到我穿着体面、床单干净整洁，还戴着手套和高帽，就觉得我是一个百万富翁。

亚历山大还念念不忘塔甘罗格的未婚妻玛丽亚·法伊斯特，尽管他 *57* 在莫斯科把另外一个女人叫作妻子。亚历山大性欲强烈，他在性事方面的座右铭是"趁热打铁"。亚历山大的这个"妻子"也许指的就是他的女房东玛丽亚·波列瓦耶娃。1878年夏天，玛莎和玛丽亚·波列瓦耶娃一起在乡下生活了一个星期。通常，玛莎·契诃娃对哥哥们生活中的女人绝少置喙，但玛丽亚和她的姐姐卡罗利娜·施瓦茨科普芙（Karolina Schwarzkopf，被称为喀什－普什）是玛莎唯一公开给予恶评的女人。十年后，亚历山大仍然说，他的生活因为没能与玛丽亚·法伊斯特结婚而被毁了。1877年初，他们已经分开两年了，但他仍表达出娶她为妻的愿望：

> 我怎么能停止爱她，或者忘了她？爸爸和妈妈该省省心了！就是魔鬼也不能让我结婚。应该让他们知道，只有她才可能做我的妻子。但这一切只有等我自己完全稳定，也让父母吃饱喝足之后才能实现。

安东在莫斯科的两个星期，就与亚历山大一起住在玛丽亚·波列瓦耶娃的房子里，置身于格拉乔夫卡街这个贼窝与妓院的环境之中。此次莫斯科之行最让安东难忘的，除了去莫斯科的剧院，就是他加深了与二十五岁的堂兄米沙·契诃夫的友谊。深谙人情世故的米沙首先示好。1876年12月，安东也伸出友谊之手，他写给堂兄米沙的信的口吻让人想起他的父亲或叔叔：

> 我为什么还要犹豫畏缩，而不是抓住这个幸运的机会，来了解一个像您这样的人？我认为，并始终认为，我有义务尊重我最年长的堂兄，尊重一个我的家人都认为是热心肠的男人。

堂兄米沙·契诃夫带着商店的同事一起来拜访契诃夫家。他们一边喝酒一边唱歌，既唱赞美诗，也唱民间歌曲，桌子上堆着数不清的酒瓶。帕维尔站起来，指挥他们唱歌，那情形就像过去在塔甘罗格的王宫小教堂里指挥唱诗班一样。而家里的女人们——叶夫根尼娅、玛莎和米沙·契诃夫的妹妹丽莎——负责照顾大醉后睡着的男人，给他们盖上被子。

1877年复活节假期结束了，一家人凑钱给安东买了一张返回塔甘罗格的火车票，还伪造了一则医生诊断书，向督学解释他为什么延迟返校。安东恳请堂兄米沙照顾叶夫根尼娅："她已经筋疲力尽了，无论是身体上，还是精神上……我母亲有一个特点，外人在道义上的支持对她非常起作用，也非常有益……"

莫斯科之行给安东灌输了灵感。他回到学校后，创办了一份新的校园杂志《休闲》(Leisure)，发表以塔甘罗格生活场景为背景的幽默短剧。5 月份的考试占据了他的主要精力，他告诉堂兄米沙·契诃夫："我差点就要疯了。"到了夏天，安东恢复了与堂兄之间热情洋溢的书信往来，再次恳求堂兄看顾他的母亲。虽然小时候饱受体罚殴打，但安东·契诃夫对父母亲始终保有一颗赤子之心：　　*58*

> 在这广阔的世界上，唯有父母亲是我永远不会怨恨的人。我但凡能够站到高处，那都是他们的功劳。他们是荣耀高尚的人，他们对孩子无限的爱让他们受得起任何赞美，抵得了他们犯下的任何过错。

安东十分想念远在莫斯科的帕维尔和叶夫根尼娅。1877 年 6 月 18 日，万尼亚也离开塔甘罗格，去莫斯科与家人团聚了。7 月 13 日，安东收到一份邀请，请他去参加堂兄米沙·契诃夫的妹妹叶卡捷琳娜与卡卢加亚麻小贩彼得·彼得罗夫的婚礼。这个婚礼称得上是一场铺张华丽的商人娱乐活动，亚历山大、科利亚和玛莎也都参加了婚礼（但亚历山大评论说，新郎和新娘是"我见过的最愚蠢的傻瓜"）。然而，没有人愿意给安东支付往返车票，结果他没有去成。

8. 孑然一身

（1877—1879）

　　1877 年 8 月，安东·契诃夫升入七年级，也就是进入中学的倒数第二年。开学前，他先与克拉夫佐夫一家人在大草原上的拉哥齐纳（Ragozina）消磨了一个月时间，又和伊万·谢利瓦诺夫在远离人烟的牧场上盘桓了几个星期，整日骑马。回到塔甘罗格后，安东仍然与加夫里尔·谢利瓦诺夫住在他家的老房子里，同一屋檐下的还有谢利瓦诺夫-克拉夫佐夫家的孩子别佳和萨莎。安东继续写作。他通过亚历山大把幽默短剧和诗作寄给一些期刊，比如《闹钟》（*Alarm Clock*），他使用的笔名为"荨麻"。这些稿件中有的被退稿，所有的稿件后来都遗失了。

　　1877 年末至 1878 年初，安东开始尝试创作戏剧。（有记录表明，他在十四岁时曾将果戈理的历史故事《塔拉斯·布尔巴》［*Taras Bulba*］改编成剧本。）十八岁时，他创作了一出滑稽戏《镰刀打石头》（*The Scythe Strikes the Stone*）以及一出足本戏剧《没有父亲的人》（*Fatherlessness*）。《没有父亲的人》这个剧名倒是他在塔甘罗格最后几年生活的恰切写照，只是我们今天对这个剧本的宗旨已经不甚明了。[1]

---

[1] 该剧在俄罗斯曾被叫作《普拉东诺夫》（*Platonov*），列在安东·契诃夫的戏剧名录之下。然而，剧本《普拉东诺夫》在内容上与《没有父亲的人》没有任何相关之处，并且剧本中提及的人物、事件等都发生在 19 世纪 80 年代，而非 70 年代，据此可以推断《普拉东诺夫》创作于 19 世纪 80 年代早期。

8. 孑然一身

1878 年 10 月，亚历山大对安东的作品评论道：

> 《没有父亲的人》中有两幕堪称天才之作，但总体而言，它是
> 不可接受的……《镰刀打石头》的语言很精彩，非常符合人物性格
> 的发展，但是你的剧情太肤浅了。（方便起见）我假称后一个剧本
> 是我写的，把它读给朋友听……他们的评论是："写得很好，很有
> 技巧，但是缺少观察，没有生活体验。"

　　据我们所知，安东·契诃夫在 19 世纪 70 年代阅读的书主要是从塔
甘罗格图书馆和剧院借阅的。我们推测，帕维尔在 1876 年去莫斯科时，
可能带走了他收藏的那些宗教书籍。安东自己的藏书能提供的信息极其
有限。安东名下拥有的那些 19 世纪 60 年代和 70 年代的藏书可能都是
后来购买的，毕竟，他当时只是一个中学生，根本买不起什么书。《哈
姆雷特》和《麦克白》（1861—1862）的俄文译本可能是安东·契诃夫
最早拥有的两本书。《哈姆雷特》从外观上就能判断出是一个中学生的　*60*
财产：光是主人的大名就在书上出现了五次，页边空白处也有很多铅笔
字迹。安东·契诃夫的很多藏书都标有编号：一本出版于 1855 年的祈
祷书是 63 号，《哈姆雷特》是 82 号，《麦克白》是 8 号，而 85 号是一
本出版于 1881 年的医学教科书。别看安东当时还是一个中学生，他的
藏书里已经既有歌德的《浮士德》（1871 年俄译本），也有切萨雷·贝
卡里亚的探索性的《论犯罪与刑罚》（1803 年俄译本）[1]。
　　安东·契诃夫深思熟虑的大学专业是医学，而不是文学。他曾计
划从塔甘罗格毕业后直接到苏黎世大学去学习，那里堪称俄罗斯医学
生心目中的圣地。亚历山大反对这个计划，给他列出了一连串俄罗
斯的大学，从位于今爱沙尼亚的著名的图尔塔大学到位于纳希切万
（Nakhichevan）的美国学院，因为那里开设教"理发、剃须和剔除鸡
眼"的课程。亚历山大在莫斯科大学就读于科学与数学学院，他在那里

---

[1] 安东·契诃夫的藏书曾遭到家人和"朋友们"的哄抢，还有些书遗失在多次漫长旅
　　途中，有的赠送给了学校、监狱或公共图书馆。

的学习体验很愉快，他将安东的目光引向了莫斯科。

安东开始为上大学做准备。1877年6月，他对亚历山大说，自己"打发走了所有的年轻女士"。亚历山大回答说："你不是围着女人裙子转的人，但也没有必要回避女人。"安东在莫斯科的各大剧院观看过演员的精彩表演后，塔甘罗格剧院再也激不起他的兴趣了。当时，哈里特·比彻·斯托夫人的《汤姆叔叔的小屋》（*Uncle Tom's Cabin*），在塔甘罗格算得上是最成功的演出之一了，但在他看来不过是一个"催人泪下的故事"罢了。虽然当局在1878年从塔甘罗格公共图书馆撤走了大约三百本"煽动性"的图书和期刊，但图书馆已经成为安东的生命线。他现在阅读的内容很严肃，甚至建议哥哥们去读一读伊万·屠格涅夫的文章《堂吉诃德和哈姆雷特》（"Don Quixote and Hamlet"）。这篇文章讨论的是俄罗斯文学中的非正统派主人公：堂吉诃德式的"只做不想"或哈姆雷特式的"只想不做"。这篇文章对安东·契诃夫如何塑造故事主人公产生了影响。

安东要给莫斯科的家人筹钱、送钱，要给亚历山大提供烟草和卷烟纸。反过来，当安东向他们索要学习用的绘图工具时，亚历山大说送过来太贵了。他向亚历山大请教化学问题，亚历山大说太难了他不懂。他需要购买一些对数表，帕维尔却连一套都买不起。

但莫斯科的生活还是展现出一道希望的曙光。莫斯科的美术教员康斯坦丁·马卡罗夫（Konstantin Makarov）在1877年复活节时见过安东，非常喜欢他。马卡罗夫在莫斯科军官学校任教，他邀请玛莎参加了学校的一场舞会，玛莎在舞会上遇到了圣公会菲拉列特女子文理中学的一个学生。于是，玛莎学着弟弟米沙的样子，向莫斯科主教申请一个免费入学的位置，但主教告诉她"我不是百万富翁"，拒绝了她。这时，帕维尔在塔甘罗格的同僚、商人萨比宁动了恻隐之心，同意给玛莎支付学费。玛莎马上接受辅导，准备进入中学二年级学习。1877年8月，她被菲拉列特女子文理中学录取。米沙也已经找到了一个赞助人来给他付学费，这个人就是老加夫里洛夫。叶夫根尼娅典当了自己的金手镯来支付房租，帕维尔现在也有望返回南方了。米特罗凡写信告诉他，另一个

8. 孑然一身

破产商人已经返回塔甘罗格，准备从头开始，他建议帕维尔或许亦可效法行事。他们还陆续收到一些小笔的救济金：帕维尔的妹妹亚历山德拉通过米特罗凡给他送来三卢布，塔甘罗格兄弟会的会计菲拉列特神父给了他一卢布，一位老同僚也给了他两卢布。最后，塔甘罗格城的一位管理人员暗示，如果帕维尔回来的话，他可能会得到一份文书工作，年薪六百卢布。1877 年 6 月，米特罗凡鼓励帕维尔说："您要有信心，上帝不会抛弃您。很多人都在受苦受穷，但伊万·罗波达和加夫里尔·谢利瓦诺夫不会，因为这两个人永远不会变成穷光蛋。"

莫斯科某个教会慈善机构给帕维尔提供了一份文书工作，但尽管帕维尔写起悼词或布道词手到擒来，他却写不成一份备忘录，所以又被解雇了。9 月底，他在莫斯科家里的墙上贴出了一张家庭作息表：

> 莫斯科居民帕维尔·契诃夫之家庭成员在家务管理和家庭职务方面的时间表。该表规定谁在什么时候起床、睡觉、吃饭、去教堂，以及在休闲的时候干什么，即……米哈伊尔·契诃夫，十一岁；玛丽亚·契诃娃，十四岁：准时于晚上七点前往教堂，参加彻夜祈祷仪式；星期日早上六点半参加凌晨祈祷，九点半参加晚祈祷。

表里还规定米沙必须"擦干净靴子"，玛莎必须"仔细梳好头发"，以及如下内容：

> 未严格遵守此表的人首先将会受到严正警告，然后接受惩罚，惩罚过程中不许哭喊。家长父亲：帕维尔·契诃夫。

米沙曾经因为贪睡了八分钟、没有遵守作息时间表而挨打，然后他得到指示说："先起床去看一下时间表，看到没到起床时间，如果还早就回去再睡一会儿。"帕维尔和儿子万尼亚因为一条裤子而发生了争吵，亚历山大向安东描述了当时的状况（1877 年 11 月 1 日）：

做家长的父亲紧紧跟着他，按照在塔甘罗格的习惯，开始动手扇他的嘴巴。面对这顿野蛮毒打，十七岁的家庭成员伊万·契诃夫尖着喉咙，大声哭喊起来。房东夫妇及其家人闻声赶来，指责了做家长的父亲，让他放开了家庭成员伊万。房东夫妇指着门，表明了对这种事情的态度，完全不理睬做家长的父亲脸上摆出来的最无辜的笑容……

这时，老加夫里洛夫又一次挽救了他们：1877 年 11 月 10 日，他雇用了赋闲在家十七个月的帕维尔·契诃夫，月薪三十卢布，提供免费食宿。于是，这位五十二岁的前商人开始过上了一种类似商店伙计的生活。因为有"权利"在货仓吃住（他对此求之不得），帕维尔经常从天刚破晓一直工作到深夜。他还可以给家里带回来白糖，米沙养的一只小狗是全家人的宠物，他们就用白糖喂养这只小狗。帕维尔制定的那张作息时间表也从墙上消失了。自从帕维尔有了这份工作后，家里终于得到了安宁，只是货仓的伙计们却遭了殃，因为他们不得不时时聆听帕维尔宣讲人生哲理和生意经，这给他赢得了一个"道德导师"的绰号。虽然帕维尔·契诃夫从来不承认自己在家里的地位降低了，但他不再是一家之主了，倒像是一个来串门的亲戚。叶夫根尼娅现在哭得少多了。科利亚为了得到金质奖章而在家努力工作，他最亲密的朋友、患有肺结核病的艺术家赫里乌斯（Khelius，大家叫他鹦鹉螺［Nautilus］）搬到了他家来住。科利亚的绘画作品名气越来越大，他正为一个富有的赞助人画戏剧演出的布景。

8 月份，安东写信给堂兄米沙·契诃夫，拜托他向加夫里洛夫为自己的表弟阿列克谢·多尔任科说句好话。于是，老加夫里洛夫不但给帕维尔提供了工作，资助米哈伊尔·契诃夫上学，还答应从 1878 年 2 月起，给帕维尔的外甥阿列克谢·多尔任科提供一个职位。加夫里洛夫为什么对契诃夫家一再伸以援手呢？毫无疑问，他的老员工米沙·契诃夫曾为帕维尔向他求过情；另外，契诃夫家族都属于及时行乐派，他们的人生信条都是"既然喝酒会死，不喝酒也会死，那就痛快喝好了"，所以，米沙·契诃夫和他的亲戚们都是很容易相处的人。

手里有了一点钱的帕维尔决定先打发掉一些小债主，比如家里的老保姆阿加菲娅，他也幻想着有朝一日发大财成为富人。1877年底，帕维尔已经决定："安托沙！等你从塔甘罗格文理中学毕业后，必须进医学院学习，我们都为你祈祷。亚历山大的选择就很可笑了，违背了我们的意愿，所以他将来什么都做不成。"事实上，从《圣经》到物理学，亚历山大·契诃夫在所有方面都算得上出类拔萃，他只是不想花心思去讨老父亲的欢心，他不再依靠父亲养活了。现在，帕维尔白天和大部分晚上都在加夫里洛夫的仓库工作，所以亚历山大又回到了母亲、弟弟、妹妹和宠物狗身边。在对待父亲的态度上，安东与亚历山大截然不同：安东能做出向父亲咨询讨教的姿态。帕维尔甚至认可了科利亚的艺术才能。1878年1月，帕维尔对安东说："我们希望你学习你哥哥科利亚的性格！……他用自己的行动结交了很好的同志……这个世上没有什么能让我们高兴的了，我们只有一个安慰——我们的孩子。只要他们都好。"[1]

但帕维尔会毫不留情地打消孩子们的幻想。安东曾在信中向他表达过自己的"信念"，而帕维尔在1月底的回信中用讽刺的口吻说道："信念无法让我们吃上面包，这就是我为什么要听从加夫里洛夫的信念，为他工作。"帕维尔还请求波克罗夫斯基神父来监护安东，这让安东觉得很没有面子。帕维尔仍然惦记着塔甘罗格的那栋房子。虽然对于谢利瓦诺夫可能永远也不会把房子归还给他这件事心知肚明，但他还是想方设法希望挽回一些损失。帕维尔想出了一个策略，提笔给米特罗凡和柳德米拉写了一封信：

> 所以，我亲爱的兄弟，如果我能用为阿索斯山修道院募集的钱，先买回我们的房子，那么将来这栋房子的收入就算是这笔贷款的利息。等到塔甘罗格的商业发展起来，就可以宣布赔率，然后征

[1] 见图书馆手稿部，331 81 19：帕维尔给安东·契诃夫的信，1878。

求许可卖掉它。[1]

米特罗凡的回信打消了他的这个念头：

> 阿索斯山修道院神父们的钱都存在帝国银行塔甘罗格支行里，只有菲拉列特神父有权把钱送到敖德萨去……虽然菲拉列特神父非常仁慈，乐于扶危济困……但我会坦率地告诉他，我自己的生意很糟，入不敷出，那么他就不会因为没有帮助您而责备我了……

1878 年新年，叶戈尔给帕维尔寄来一封令人担忧的信：

> 帕维尔，你的母亲得了一种没法儿治的病，已经快两年了。她的胳膊和腿都动不了，身上的肌肉也都萎缩了，而且骨头像碎了一样，躺在床上动不了。最近她的脑袋也得了病，脸上的肿瘤像枕头那么大，到处都是水泡。现在，她看不到天堂的光了。她在受苦，我也被拖垮了，精神头儿和力气都用尽了。她祈求上帝让她快点死，但是她灵魂自由的时刻还没有到来。喂她吃饭、给她喝水的都是陌生人，没有一个亲人在身边，这让她非常痛苦。她整天向天主祈求，不停地抱怨，从早上哼哼到晚上，就像一条鱼躺在冰上。她回忆过去的幸福，而现在很不幸，她说："我生了那么多孩子，照顾他们长大。但他们现在都不在身边，散得到处都是，我现在多么希望他们能帮帮我啊，我多么需要他们怜悯我啊。"

64

1878 年 2 月 26 日，年近八旬的叶夫罗西尼娅去世了，据说是死于天花。叶夫罗西尼娅的死彻底击垮了叶戈尔。那年夏天，八十岁的叶戈尔离开了安娜·普拉托娃伯爵夫人的农庄，挨个去看望目前还活在世上的孩子和孙子。他先去了塔甘罗格，然后是卡卢加，最后是莫斯科。12

---

[1] 见俄罗斯档案馆，331 81 25：帕维尔给米特罗凡和柳德米拉·契诃夫的信，1876—1893 部分，1878 年 2 月 2 日。

月，叶戈尔写信给帕维尔、叶夫根尼娅和他们的孩子们，但他把他们的名字都记混了：

> 这也许是我最后一次和你们说话了……我算是你们来到这个世上的第一个缘由吧……我已经从那些善人的桌子上吃过了每日的面包，我善良的孩子们……在你们祈祷的时候，不要忘了为罪人叶戈尔祈祷……趁我还活着，给我写信，安慰我心；等我去了另一个世界，如果承蒙上帝怜悯，我能从最底层地狱解脱出来，我会从那里给你们写信，告诉你们罪人是如何生活的，与神圣的天使同在是怎样真正的欢喜……现在请允许你的仆人平静地离开。

1879 年初，这座"移动的铜像"去了特维尔多赫列波瓦的女儿家，于 1879 年 3 月 12 日在那里因心脏病发作而离世。至此，十九岁的安东失去了祖父母和三个叔叔、舅舅。难怪无论在他清醒时还是梦境中，墓地总是徘徊不去！

在塔甘罗格，与安东比较亲近的人一个个都离开了。1878 年 5 月初，他的表弟、十三岁的阿列克谢·多尔任科启程前往莫斯科，开始了在加夫里洛夫货仓的差事。阿列克谢去莫斯科两个星期后，他的母亲费尼奇卡思虑成疾，一个人在塔甘罗格苦挨了两个月。7 月 31 日，安东帮费尼奇卡姨母打理好行李，让她带上米特罗凡和老叶戈尔的礼物，去莫斯科投奔了叶夫根尼娅。姐姐叶夫根尼娅起先稍有犹豫，因为费尼奇卡是一个"爱发牢骚的人"，她的到来无疑也给家里增加了负担；但当叶夫根尼娅见到费尼奇卡时，她欣喜若狂："我一边哭一边诉说，跟她讲过去的那些伤心事。"在接下来的十三年里，两姐妹几乎形影不离，互相照顾，她们结伴去拜谒教堂圣物，一起做饭和缝补衣服。帕维尔对妻妹的到来表现得比较冷淡。他写信给安东说："多尔任科夫人已经到了……让她不要先想得太好，也许她和阿列克谢在塔甘罗格能生活得更好。她已经见到他了，把自己搞得心烦意乱……"

对此时的安东·契诃夫来说，谢利瓦诺夫家和克拉夫佐夫家比他自 65

己的家更让他有归属感。他已经十八岁了，他甚至考虑过带上萨莎·塞利瓦诺娃一同前往莫斯科，他也询问了玛莎要入学的女校的课程。（菲拉列特女子文理中学要求必修德语课，有严格的宗教常识课，没有舞蹈课。这种课程安排让一个像萨莎这样活泼的哥萨克女孩十分沮丧。）尽管安东在课外事情上花费了很多精力，但1878年5月的考试显示出，他的学习成绩非常出色。那年夏天，他没有答应母亲的请求去莫斯科与家人团聚，而是和别佳·克拉夫佐夫一起，带着猎犬游荡在大草原上的拉哥齐纳。

　　帕维尔找到工作后，莫斯科家人的生活改善多了。在莫斯科，亚历山大和科利亚与一批不为社会所容的人交往甚密。1878年3月，亚历山大终于下决心离开了那个"不敬虔的妻子"，帕维尔喜出望外，又以"萨申卡"称之以示亲近，但亚历山大的房间已经招租了一个房客。而且尽管帕维尔不在家，家里又出现了一个新的争吵由头。1878年3月17日，亚历山大写信告诉安东说：

　　　　万尼亚脾气暴躁得很，昨天，他差一点就要痛打母亲一顿，当着父亲的面他倒像个天使似的，我到现在都震惊不已。他真是个叫人恶心的货色，弟弟！……他说，他没必要出去找工作，他的事儿用不着母亲管，家里必须养着他，照顾他，培养他，因为是他们把他从塔甘罗格叫到莫斯科来的！！！……

　　十七岁的万尼亚·契诃夫被哥哥们放荡不羁的生活所吸引，他的精力完全不在学习上，他追求享乐，撩逗女孩子。1879年4月，万尼亚没有通过学校考试，玛莎也不得不重读一年，米沙只是勉强通过了考试，而科利亚的"基督教会历史"的考试竟然没有及格。科利亚在绘画界已经小有名气，亚历山大也回归了家庭，但是万尼亚却成了让人头疼的问题。科利亚向安东抱怨说：

　　　　（万尼亚）不停地惹麻烦，每次经过玛莎或米沙身边，都要

8. 孑然一身

照着他们的脖子来一巴掌……你跟他讲不通道理，他每天什么都不干，他现在是家里大吵大闹的唯一原因……我们成天吵啊，打啊……我自己有一个房间，当然是自己付钱的，现在万尼亚搬来和我一起住……

万尼亚很有可能要去干体力活了，因为帕维尔提议把他送到工厂去。科利亚模仿着通常父母的口气，给父亲帕维尔写了一封唠唠叨叨的信：

> 就算让他在工厂工作上两年，然后在军队待上六年，这又有什么意义呢？……如果他是个苦力，对你一点好处也没有……他就挣那么点儿钱，你让他怎么过日子？……不，爸爸！[1]

万尼亚已经长大了，棍棒教育不再有效了。5 月，帕维尔写信痛斥了这个行为不端的儿子：

> 你现在已经变得没有一点用处，懒散，不听话……我已经说过你多少次了……你的良知睡着了吗？……你半夜三更才回家，像个死人一样睡到中午才起床……看在上帝的分上，求上帝保佑你，试试在莫斯科的哪个工厂或商店……铸造厂或技术研究所里，找份工作干吧。[2]

1879 年，在米哈伊尔·久科夫斯基（Mikhail Diukovsky）的帮助下，万尼亚·契诃夫通过了一项教师资格考试，这拯救了他的一生。久科夫斯基是莫斯科的一名教师，也是亚历山大和科利亚的好朋友。万尼亚从小混混转变成为一名教师，这让帕维尔心花怒放。

科利亚此时面临的问题更为严峻。科利亚感兴趣的只是找一个画

----

[1] 见图书馆手稿部，331 82 15：尼古拉·契诃夫给帕维尔·契诃夫的信，1879—1884。
[2] 见俄罗斯档案馆，2 540 1 158：帕维尔·契诃夫给伊万·契诃夫的信，1879—1898。

室，坐下来画画，有模特给他摆造型，他一点也不操心申请免除兵役的事情。他让安东把需要的文件从塔甘罗格直接寄到顿河畔罗斯托夫去，安东回信开玩笑说，科利亚已经被征召入伍了。通常，家里越是吵成一锅粥，大家就越是想念安东，因为他是家里唯一一个不大喊大叫、不动手打人也不哭闹的人。科利亚对父亲保证说："你和妈妈只要照顾好自己就行，我们听话的弟弟安东很快就要来了，感谢上帝，咱们就要过上体面的日子了。"

1878 年 9 月，契诃夫家的女眷暂时摆脱了科利亚和万尼亚制造的麻烦。原来，叶夫根尼娅的童年在舒亚度过，现在当地的富亲戚扎科柳金家和利亚多夫家，邀请叶夫根尼娅她们前去舒亚做客。她们十月初才从舒亚返回莫斯科，带回了许多礼物和亲朋好友的问候。契诃夫家搬进了一间更宽敞的公寓。新公寓仍然地处名声不佳的格拉乔夫卡街，紧邻圣尼古拉斯教堂，是一间潮湿的地下室，透过窗户就可以看到路人的脚踝。契诃夫家还招租了一个房客，他是一个学习艺术的学生，房租二十卢布，叶夫根尼娅给他做饭，科利亚教他绘画。

67　　叶夫根尼娅非常渴望家庭团圆。1879 年新年凌晨 4 点，待家人们从波列瓦耶夫家回来后，叶夫根尼娅写信给安东：

> 我希望你顺利完成塔甘罗格的学业，尽快到我们这里来。我们已经快两年没有安安生生地见上一面了……我有很多事要告诉你，但我眼神不好，也不想写字……亚历山大带我们去了艺术圈的圣诞晚会。玛莎跳了很多舞，和每个人都聊天。

安东十九岁生日时，帕维尔的来信又强调了这一层意思："想办法让你妈妈生活得轻松一些吧，她是你的'唯一'，世界上没有人像你的母亲那样爱你。"[1]叶夫根尼娅不仅要张罗一家人的衣食住行，还要照顾房客，整日累得精疲力竭。以她的出身来看，她现在过的日子毫无体面

---

[1] 见图书馆手稿部，331 81 20：帕维尔给安东·契诃夫的信，1879。

84

可言：她没有仆人可使唤，要自己给炉子添煤，要亲自打扫房间。

费尼奇卡姨母长期卧床，她十分害怕着火，即便躺在床上也要把衣服穿戴整齐，还要穿上套鞋。她收养了一条流浪的母狗，这更增加了家庭的负担。每次帕维尔从加夫里洛夫商店回家时，都说愿意帮忙，但又不停抱怨在店里干活如何劳累，自己怎么头晕目眩。3月1日，叶夫根尼娅给安东的信中恳求说，"你快点来吧，费尼奇卡说你干活很卖力气"：

> 我每分钟都在向上帝祷告，让他快点把你送来。但是爸爸说，就算安托沙来了，也只是到处闲逛，什么都不会做；费尼奇卡非要说，你是喜欢待在家里的人，干活很卖力气。我不知道该相信谁的话……我根本没时间睡觉。安托沙，复活节那天要去米哈伊洛夫斯基教堂做凌晨祈祷，这样才能得到主的饶恕……

叶夫根尼娅的两个大儿子，过着一种不可饶恕的生活。亚历山大在别人的婚礼上狂欢作乐；科利亚则陷入痛苦之中：他心爱的女人离他而去，嫁给了一位医院管事，他最亲密的朋友赫里乌斯死于结核病。科利亚更少回家了，他住在朋友久科夫斯基任教的学校，陷入了一种放荡无度的生活。那个冬天，他和亚历山大频繁光顾恶名远扬的斯特列纳（Strelna）游乐园。2月份，亚历山大对安东说："科利亚开始创作新画 *68* 了，还没有完成。他又坠入爱河了，不过这也没有耽误他出入'综艺沙龙'，大跳康康舞，带女人回家。"在叶夫根尼娅看来，波希米亚主义违反世俗常规，根本一钱不值，但科利亚创作的那些画却成了某些讽刺周刊的封面。她寻求安东的支持："快点儿从塔甘罗格毕业吧，请尽快来这里……我希望你开始医学院的学习……我们不喜欢亚历山大的工作，把我们的圣像带几个过来……"

科利亚也希望安东尽快来莫斯科。他和米沙一起许诺说，安东一到莫斯科，他们就步行去圣谢尔盖修道院忏悔，也许，他也觉得自己需要忏悔了。现在，亚历山大成了莫斯科《明暗》（Chiaroscuro）周刊编辑部的常客，他在这个刊物发表了许多幽默短剧和故事。这时，一个新的家庭进入了契诃夫家的生活圈子。出版商尼古拉·普什卡廖夫（Nikolai Pushkariov）的伴侣叫阿纳斯塔西娅·普季亚塔－戈登（Anastasia Putiata-Golden），她的两个妹妹后来在亚历山大、科利亚和安东的生活中扮演了极其重要的角色。排行第二的安娜·伊帕季耶娃－戈登（Anna Ipatieva-Golden）当时已经是科利亚的情妇。

安东写信向家人描述了祖父葬礼的情况，然后专心面对毕业考试。他知道他们这种出身的人要接受高等教育该怎么做。3月1日，他前往塔甘罗格考试报名中心注册，他必须通过每一门考试。5月15日，他参加了俄文政论文考试。这门考试的题目是由敖德萨的首席教育部长设定的，反映出沙皇政府的理念：论无政府状态之邪恶。考试于上午10:20开始，安东是最后一个交卷的学生，交卷时已是下午4:55。这是安东·契诃夫写过的最长的一篇哲学论辩文，文章以其富有文采的结尾而赢得赞誉。第二天是圣经考试，安东取得的成绩是"5"；在接下来的几天里，他还考了历史口述（成绩4）、拉丁文（成绩3）和拉丁语口语（成绩4）；两个星期后，他参加了希腊文（成绩4）、希腊语口语（成绩4）和数学（成绩3）等几门考试。6月1日的考试差一点酿成灾难：在数学口算考试中，安东算错了分数乘法，经过一轮表决后，他得到了至关重要的一个"3"。1879年6月15日，他获得了塔甘罗格文理中学的毕业证书，毕业证由塔甘罗格市议员、谢瓦利埃·爱德蒙·列乌特林格尔（Chevalier Edmund Reutlinger）、季亚科诺夫、波克罗夫斯基神父和另外七名教师签署。安东·契诃夫以下的科目都获得了"5"：宗教常识（包括考试与课程作业）、地理、法语和德语（课程作业）；而与医学专业相关的科目——拉丁文、数学、物理和自然科学——成绩却都是"3"；俄罗斯语言与文学课成绩是"4"，行为纪律的考评成绩是"优秀"，出勤率和学习态度方面是"非常好"。

69　　8月份，塔甘罗格小业主管理委员会给安东·契诃夫签发了一份前往莫斯科学习的"通行证"。证件上对他的体貌特征描述如下：身高2俄尺9俄寸（1.84米），深红褐色头发与眉毛，黑眼睛，鼻子、嘴、下巴端正，长脸形。特殊标记：额头发际线下疤痕。

8. 孑然一身

安东一直拖延到不得不离开的最后一刻，才动身前往莫斯科。帕维尔和叶夫根尼娅让他卖掉餐桌和商店的秤。安东要带往莫斯科的行李中，有帕维尔的圣像、账本、商店抽屉、米沙的床架，以及装满费尼奇卡的杂物的水桶和篮子。叶夫根尼娅让他临走前去羞辱谢利瓦诺夫一番，迫使他退还房子，帕维尔就此还给他讲了一通道理：

> 要战胜你那些不好的偏好……我给你提的都是好建议，妈妈也一样：永远不要只按照自己的意愿做事，要按照我们的意愿行事，按照上帝的旨意生活。你的朋友、你真正的朋友是爸爸和妈妈。

安东仍然流连在塔甘罗格，他打算趁着夏天，尽可能与朋友瓦西里·岑布拉托夫（Vasili Zembulatov）待在拉哥齐纳和科洛米诺，那里距离塔甘罗格城区只有三十公里左右。帕维尔写信说，"我们都盼着你的到来，但我们又失望了"。

7月下旬，安东开始打点行装，准备前往莫斯科。8月2日，塔甘罗格当局给安东签发了"准离证"；8月4日，他得到了塔甘罗格市政元老为小业主签署的莫斯科大学的"入学许可证"；同时，他也申请到了一份奖学金。这份奖学金是塔甘罗格市议会奖励给当年最佳毕业生的，每个月二十五银卢布。安东·契诃夫是当年十个获奖者之一，他为此上下游说了一整个夏天。安东还为莫斯科的家里招募了两个房客：他的中学朋友德米特里·萨韦列夫（Dmitri Saveliev）和瓦西里·岑布拉托夫。他们比安东大两岁，也要在莫斯科大学学习医学。他们每个月缴付二十卢布房租，与契诃夫家一起住在格拉乔夫卡街。1879年8月6日，安东·契诃夫携带着大大小小的行李包裹，登上了火车，驶向全新的生活。

第二部分　契诃夫医生

　　一台高超的截肢手术、一次成功治愈皮疹的经验、骑术上　　
的一个进步甚或征服一个女人所激发起的骄傲之情，都比听到
人家赞誉我的首次文学尝试而产生的荣耀感要来得强烈。

——康斯坦丁·列昂季耶夫《我的文学命运》

9. 初涉医学

（1879—1880）

1879 年 8 月 10 日，与家人分离两年后，安东·契诃夫终于在莫斯
科格拉乔夫卡街的地下公寓与家人团聚了[1]。当时，十一岁的小弟弟米
沙正在院子门口晒太阳，费了好大劲才认出来者是自己的三哥安东。他
们给在河对岸加夫里洛夫货仓工作的帕维尔送去了消息。米沙先带着安
东和他的两个朋友在莫斯科各处转了转，然后回家吃团圆饭，这是一家
人五年来第一次坐在一起吃饭。第二天，北部城市维亚特卡（Viatka）
的一位绅士来到契诃夫家，请求契诃夫家照顾他的儿子尼古拉·科罗博
夫（Nikolai Korobov）。科罗博夫也是莫斯科大学医学院的学生，他性
情纯真温和，不像南方人那样外向热情。至此，加上安东从塔甘罗格带
来的两个同伴——萨韦列夫和岑布拉托夫——四个医学院的学生汇聚到
了格拉乔夫卡街的同一屋檐下，开始了漫长的学习旅程，并成为终生的
朋友。房客收入让契诃夫家的拮据状况得以缓解，叶夫根尼娅不用再给
人家洗衣服挣钱了，玛莎不用在邻居家帮忙做饭了，叶夫根尼娅也终于
能让家里人差不多吃饱肚子了。亚历山大和科利亚很少住在家里，连万
尼亚也越来越少回家了。叶夫根尼娅和费尼奇卡雇了一个女仆帮忙做家
务。契诃夫家在这个格拉乔夫卡街的地下室只住了一个月，然后就搬到

---

[1] 见 M. P. 契诃夫的回忆录《关于契诃夫》，184—185。

了一所更有益于健康的新房子。在新租的房子里，两个人睡一个房间，另外还有一个房间用于吃饭和娱乐。

安东·契诃夫和朋友们一起去大学注了册。医学院的学生在罗兹德斯特文卡街（Rozhdestvenka，距离格拉乔夫卡街不远）有宽敞的临床教学点，他们在那里上课。莫斯科大学的医学院当时正处于鼎盛时期，拥有许多世界知名的教授。学生要经过五年的严格培训才能毕业，每年有两百名毕业生。第一代完全由俄罗斯培养出来的医学专家正致力于将长久以来控制着俄罗斯医学界的德国人赶出去。然而，医学院一年级学生还没有资格去聆听著名的医学教授扎哈林（Zakharin）、斯克利福索夫斯基（Sklifosovsky）和奥斯特罗乌莫夫（Ostroumov）等人的课程，教他们的老师都是初级助教。安东的必修课有无机化学、物理学、矿物学、植物学和动物学，当然还有神学。安东还有一门课程叫"健康人体解剖学"。现代医学生学习解剖时，使用的教具多是已经被多人试过身手、福尔马林浸泡过的肢体。而在19世纪的莫斯科，情形如同在伦敦和巴黎一样，每个学生都能分到一具尸体来操作。这些人多是莫斯科的穷人，有的是被吊死或溺水而死，有的死于酒精中毒、寒冷、伤寒、结核病或饥饿，有的死于谋杀或被机器压死。人体解剖学一向号称医学新生的试验场，很多学习哲学和文学的学生也来解剖实验室锻炼神经。通过尸体解剖来训练观察和分析能力，安东·契诃夫并不是俄罗斯作家中的第一人。

当时，人们选择学医的理由很现实：这是一个有保障、有声望的职业。安东·契诃夫在医学院期间，从来没有考试不及格过，然而，他也算不上是一个有学术抱负的学生。在治疗医学方面，他没有多少探索欲望。他对诊断和法医取证的热情，充其量以一个作家的标准来讲是合适的。在他的行医生涯中，每每经历致死疾患或者看到受害者的求生欲望，他的眼中都会流露出忧伤。他承担过验尸工作，这值得钦佩。在精神病学和儿科领域，安东也表现出了一定的造诣。然而，安东·契诃夫缺乏一个医生所应具备的疏离心态和灵巧的双手。有些人对他的职业选择持保留意见，加夫里尔·谢利瓦诺夫就曾在给他的信中写道：

9. 初涉医学

> 我读着一个未来医生写来的信。在不久的将来，他注定要在自己的职业生涯中把很多人送往另一个世界……我不希望您成为一个不称职的或者医术平庸的医生，而是希望见到一个名声赫赫的医学教授。[1]

安东仍然与塔甘罗格保持着密切联系。他依旧给别佳·克拉夫佐夫写信。在安东的辅导下，克拉夫佐夫已经成为技术学院的学生（谢利瓦诺夫对此感激不尽）。安东也给米特罗凡叔叔写信。安东不仅需要塔甘罗格的朋友，而且也必须对市政寡头赔小心，因为他们并不情愿给那十个获奖学生发放奖学金。

1877年复活节来莫斯科度假时，安东已经认识了一些朋友，这些人都是科利亚社交圈中的人，现在他与他们又取得了联系。这些朋友中的美术教员康斯坦丁·马卡罗夫在1879年死于伤寒。朋友中还有一位教员，名叫米哈伊尔·久科夫斯基，他也非常喜欢契诃夫家的科利亚、安东和玛莎。通过久科夫斯基和科利亚的引见，安东结识了一些在莫斯科学习艺术的学生，他们后来帮了安东很大的忙。这些人中包括未来的建筑师弗朗兹·谢赫特尔（Franz Schechtel），他为安东设计了第一本小说集的封面。以及伊萨克·列维坦（Isaak Levitan），他很快成为俄罗斯风景画家的领军人物。

亚历山大·契诃夫对莫斯科的诸多周刊十分熟悉，不仅是这些周刊的撰稿人，也与编辑们关系密切，这给安东提供了文学创作圈的诸多人脉。不过刚开始时，仍在莫斯科大学攻读化学和数学的亚历山大并没有帮上什么忙。亚历山大跟着家境富裕且挥霍放荡的孤儿兄弟列昂尼德·特列季亚科夫（Leonid Tretiakov）和伊万·特列季亚科夫（Ivan Tretiakov），不知不觉地混入了上层社会。特列季亚科夫兄弟的监护人瓦西里·马雷舍夫（Vasili Malyshev）是莫斯科省乡村学校的总督学，他帮助万尼亚·契诃夫找到了工作，把万尼亚派往了莫斯科

75

---

[1] 见图书馆手稿部，331 58 29：加夫里尔·谢利瓦诺夫给安东·契诃夫的信，1879—1880部分，1879年9月5日。

以西六十多公里处的一所学校去工作。这所学校位于沃斯克列先斯克（Voskresensk），附属于一家纺织厂，工厂主是一个名叫彼得·楚里科夫（Piotr Tsurikov）的纺织大亨。楚里科夫给万尼亚的工资非常丰厚，并提供宽敞的住房，房子大得足够住下契诃夫全家人。从5月份到8月份，安东、玛莎和米沙一到放假的时候就过来住。十八岁的万尼亚终于从一名不受欢迎的家庭成员变成了一个能为家庭出力的人。帕维尔对万尼亚的这份工作也十分高兴，因为沃斯克列先斯克就位于著名的新耶路撒冷修道院旁边。米特罗凡给莫斯科的一家人写信表示祝贺："您可以经常去膜拜新耶路撒冷修道院，真是令人羡慕啊……我的生活很糟糕，我犯下了很多罪过，请为我祈祷吧。"

安东想要打进莫斯科周刊圈，但是亚历山大曾经评价过的那个剧本《没有父亲的人》的手稿已经毁了。1879年10月，安东·契诃夫首次以"契洪特"（Chekhonte）——这是波克罗夫斯基神父在中学时给他起的一个绰号——为笔名，给莫斯科的《闹钟》杂志投稿了一个故事：《无聊的慈善家》（"Bored Philanthropists"）。亚历山大也经常给这个杂志投稿。安东等待着《闹钟》编辑部尖刻的回复，没想到他们拒绝得很有礼貌。1879年12月24日那天是母亲叶夫根尼娅的命名日，家里却没钱买蛋糕。安东坐下来，模仿自己父亲和祖父那种强不知以为知的浮夸口吻，给《蜻蜓》（*Dragonfly*）杂志写了一篇滑稽故事《写给有学问的邻居的信》（"A Don Landowner's Letter to a Learned Neighbour"）。1880年1月13日，安东·契诃夫收到了平生第一份稿件录用通知。

对安东·契诃夫来讲，《蜻蜓》算是他写作生涯中的一个突破口，然而，这份杂志录用他的稿件也只维持了一年。《蜻蜓》杂志的主编伊波利特·瓦西列夫斯基（Ippolit Vasilevsky）并非一个能识辨千里马的伯乐[1]。在接下来的两年中，安东先后在《闹钟》和《观察者》等杂志上发表了一些作品，亚历山大和科利亚也都是这些杂志的熟人。瓦西列夫斯基付给安东的稿费是一行字五戈比，稿费着实微薄。1880年下半年，

---

[1]《蜻蜓》杂志的发展成功与失败并存。1906年，俄罗斯书刊出版审查制度瓦解后，它转型为欧洲最尖锐的幽默周刊之一——《讽刺》（*Satirikon*）。

安东一共发表了六个故事，全部稿酬收入是三十二卢布零二十五戈比。当时，《蜻蜓》这种杂志的每本售价大约为十到二十戈比，每期通常可卖出两千册，某些特殊情况下可以卖到四千册，这样的销量使得任何一个主编都无法保证作者——即便是常规撰稿人——能够以写稿为生。安东·契诃夫被迫掉入了一个陷阱：大量创作，不停更换笔名在不同的期刊上发表作品。即便如此，他的稿费收入仍然抵不过帕维尔·契诃夫在仓库工作的工资。

《蜻蜓》对安东的初期稿件的拒稿和录用的比例基本持平。他的作品质量一直很好，而他严格要求自己，避免交出拙劣仿作。1880 年 3 月，安东发表了另一篇文章《在长篇小说和中篇小说等作品里最常遇见的是什么？》（"What do we find most often in novels, stories, etc."）。他在文中讽刺了俄罗斯作家们的俗套创作，其中也列举出了契诃夫在成熟作品中所竭力避免的东西： 76

> 一位伯爵，一位美貌不再的伯爵夫人，一位邻居（男爵），一位自由派作家，一位穷绅士，一位外国音乐家，阴郁的男仆，护士，一位家庭女教师，一位德国房产经纪人，一位美国绅士和继承人……七宗罪和文末的有情人终成眷属。

安东·契诃夫这一年的作品没有给读者留下任何印象，他的稿费收入也没有对家庭财务状况产生什么影响。科利亚现在为人画舞台布景，还描摹沙皇肖像，收入较多，不但可以自给自足，还能贴补家用。不过他们一家人谈起舒亚的富贵亲戚时还是不免流露出艳羡之情。米特罗凡叔叔看到侄子写的文章变成了铅字十分讶异，但仍然把他家看成需要帮衬的穷亲戚。确实，契诃夫家在莫斯科居无定所，在安东读大学期间，他们换了十多个地址。1880 年春天，他们搬到了格拉乔夫卡街的另一栋房子里，这栋房子的房主是伊万·普里克隆斯基（Ivan Priklonsky）神父。尽管有了借宿房客的收入和万尼亚的新工作，契诃夫家还是很快便债务缠身。1880 年 4 月，帕维尔数落安东说：

我们［在塔甘罗格］的房子连着两年没有租客，杂货店的东西被赊购一空。这太不公平了，这让我吃惊，这影响了我的健康。如果我的孩子们都能在生活中学会谦虚、适度和守时，我将十分高兴，十分满足……我对科利亚很不满……他已经放弃了艺术，整日忙活的营生没有收入，也找不到正经工作。我很不高兴，我和你母亲努力让他走正道，但是他只按照自己的想法去做，他迷失了道路，陷入了沼泽……亚历山大已经要了我半条命，毁了我的健康。安托沙，我的朋友，请重视我写的这些，珍惜这些话，把这个意思转达给你的哥哥们。P. 契诃夫。

77　　在 4 月份的考试中，安东的解剖学课程只得了"3"。（亚历山大学习的专业属于自然科学，他也参加了解剖学考试，他得了"5"。）为了寻求自我安慰，安东约上亚历山大和其他同学在索科利尼基公园的酒吧里喝得酩酊大醉。与综艺沙龙（Salon des Varietes）的妓女整夜厮混后，安东和亚历山大借着酒兴，给"斗鸡眼"科利亚写了一封信。安东在信尾隐晦地写道："我在下等酒吧挥洒热汗，用发热灯连续捶打贞洁的鞑靼酱。"

米特罗凡叔叔对这些状况一无所知。安东一向有选择地给米特罗凡描述他们在莫斯科的生活，米特罗凡再哑摸着向邻居、神父和亲戚宣读。他邀请安东回塔甘罗格过暑假，安东欣然接受。6 月初，借宿的学生科罗博夫已经回了乌拉尔，岑布拉托夫也返回了科洛米诺；而塔甘罗格市政厅也暗示，安东必须本人亲自去领取奖学金。事实上，帕维尔的表现也让孩子们更愿意离开莫斯科回南方去。一天晚上，帕维尔借着伏特加的酒劲儿对他的房客大发雷霆，即便他后来向儿子道歉也没有挽回局面：

［萨韦列夫］比一个老太婆还糟糕。我当时还在场，他就喝了三杯酒，他得意忘形了。好吧，没人受得了他。我非常后悔和他谈了话，他借着酒劲，从最坏的方面曲解了我的话，把什么事情都搞

颠倒了。让他见鬼去吧！我可以原谅他，但我为玛丽亚·叶戈罗芙娜［波列瓦耶娃］和卡罗利娜·叶戈罗芙娜［施瓦茨科普］感到羞耻。[1]

7月份，安东和科利亚乘坐火车南下。安东先是在瓦西里·岑布拉托夫家待了一个月，这两个医学院的学生一起解剖了老鼠和青蛙。与岑布拉托夫一家在大草原深处消磨了一段时间后，安东才动身前往塔甘罗格，从市政厅领到七十五卢布后，他给父亲寄了十五卢布。但是，在8月26日返回莫斯科之前，安东仍然不得不请求瓦西里·岑布拉托夫继续在契诃夫家做房客。住在塔甘罗格的这个8月花销很大。在莫斯科的家里，叶夫根尼娅带着年幼的孩子去了万尼亚那里住，只把帕维尔留在家里。帕维尔给安东和科利亚安排了一系列任务：去拜访班达科夫（Bandakov）神父，打听一下他家老保姆的消息；前往六百公里外的特维尔多赫列波瓦，去祖父的坟墓拜祭；列出在塔甘罗格没有偿清的债务清单。帕维尔的指令精确到这个地步："到老市场的蒂托夫（Titov）或雅尼（Iani）那里买一加仑圣托里尼葡萄酒，价钱是四卢布两加仑。"[2]

19世纪80年代，塔甘罗格城的女孩的处境非常尴尬，这在安东·契诃夫的成熟作品中也有体现。本地那些聪明上进的男孩中学毕业后纷纷去了莫斯科、彼得堡或哈尔科夫等大城市，进入大学深造。女孩们则被迫留在塔甘罗格，陪伴着迫不及待地想把她们嫁出去的父母亲，整日里只能弹钢琴、绣枕套。她们唯一可选的如意郎君就是本地商人或政府官员的儿子，他们个个自鸣得意，不想离家远走。有的女孩选择当教师或助产士，但这就意味着未来生活贫困，饱受压榨。她们的第三个选择是与演员或音乐家私奔，这自然要败坏家庭名声。安东·契诃夫在他笔下的很多外省故事中都对女性的困境流露出深切的同情。莫斯科的

78

---

［1］ 见图书馆手稿部，331 81 20：帕维尔·契诃夫给安东·契诃夫的信，1879—1885部分，1880年6月18日。

［2］ 见图书馆手稿部，331 81 16：帕维尔·契诃夫给尼古拉·契诃夫的信，1879—1885部分，1880年8月23日。

漂亮女孩各个工于心计，安东时常怀念塔甘罗格城希腊女孩的直率和鲁莽。再回故乡，他和科利亚都满怀浪漫情愫。科利亚称赞柳博奇卡·坎布罗娃是"我灵魂的女王，我思想的白喉，我心脏上的疗"，虽然他同时也在追求她的朋友叶卡捷琳娜·叶戈罗娃（Ekaterina Egorova，绰号"小猫"）。在这些塔甘罗格女孩中，大胆表白的倒是一半希腊血统的利波奇卡·阿加利（Lipochka Agali）。10 月，她写信给安东说道："您的那些年轻女伴没有人敢给您写信，怕您批评她们写的字，但是我不怕，因为我敢说您不会嘲笑我，您是我的保护者，对吗？……"[1] 谢利瓦诺夫讥讽科利亚的好运气："如果我没弄错的话，您已经找到了喜欢的类型。右一点，左一点，正中间，我的意思是，在画布上，也在床单上——她长得不错——我看过她的画像，您那风骚可爱的'小猫'……"

安东从塔甘罗格带回莫斯科一个骷髅头。在塔甘罗格时，它就一直摆在他房间里最显眼的位置，从此以后，它就要在莫斯科的某个房间里找到落脚之处了。

---

[1] 见图书馆手稿部，331 35 9：利波奇卡·阿加利给安东·契诃夫的信，1880—1881。

10. 婚礼季节

（1880—1881）

1880 年 11 月，契诃夫家再次搬家。新地址距离原来的格拉乔夫
卡街有一公里多，这里名声更好，也更适于长期居住，女房东戈卢布
（Golub）夫人十分喜爱安东。他们的三个房客都没有跟来，因为科罗博
夫、萨韦列夫和岑布拉托夫找到了一个比帕维尔脾气更好的房东。

医学院第二年的学习要求很严格，学生们白天解剖尸体，晚上学习
药理学。1881 年初，安东·契诃夫投入医学上的时间比在文学创作上
的要多得多，那些周刊对他的态度也不冷不热。《蜻蜓》杂志的拒稿信
越来越粗鲁了。12 月，主编伊波利特·瓦西列夫斯基表达了自己对安
东的写作前途的看法："您在盛开怒放之前已经枯萎了，这太可惜了。"
安东只好又花了六个月时间，才给自己的故事找到出路。政治形势扼杀
了大众出版业。1881 年时，书刊出版审查制度已经非常严苛，危及安
东最初投稿的那些杂志。比如，《世界对话》（*Talk of the World*）杂志因
为封面图片的问题被查封：据说在图片上，笔、墨水瓶与刊物题词"决
定重大问题之指南"构成了一个绞刑架的形状。

幽默在公众中不再有市场。那年春天的政治氛围十分压抑。3 月 1
日，民意党成员在彼得堡炸死了沙皇亚历山大二世。逮捕浪潮席卷彼得
堡，人人自危。一个喝醉酒的刽子手当着世界各国大使的面多次行刑，

场面之恐怖让整个彼得堡瑟瑟发抖。在莫斯科，有些教授呼吁沙皇亚历山大三世收回对弑父凶手的死刑判决，毫不奇怪，这些教授都遭到了解雇。皇室表明，亚历山大二世虽然因为通奸和削弱专制而受到上帝的惩罚，但他们并不打算饶过杀手。亚历山大三世性喜贪杯，是一个直率豪爽的好武分子，他把意识形态领域的问题都留给了他的导师——至圣主教公会（Holy Synod）的领袖康斯坦丁·波别多诺斯采夫（Konstantin Pobedonostsev）——去解决。波别多诺斯采夫是一名知识分子，据说，

80　他可能给陀思妥耶夫斯基创作《卡拉马佐夫兄弟》提过建议。波别多诺斯采夫认为，国家的功能就是为来世准备好灵魂。他还宣称，在民众救赎的过程中，"极端报纸的存在"起不到任何作用。警察间谍遍布各处，比如，从塔甘罗格来的阿尼西姆·彼得罗夫在栖身于契诃夫家的一个月里就一直处于警察监控之下。[1]学生们更是陷入一片混乱。3月份，莫斯科大学举行学生会议，据尼古拉·科罗博夫回忆，安东·契诃夫参加了会议，但一直保持沉默，他"不是漠不关心，但也不活跃"。然而对于反犹主义思潮，安东毫不含糊地表明了自己的立场。他的朋友所罗门·克拉马里奥夫（Solomon Kramariov）曾对他哀叹过犹太人在哈尔科夫学习法律之不易："犹太人处处都要挨打，但这么做也不会让你们这些基督徒心花怒放或怎么样。"[2]安东有力地支持了克拉马里奥夫："您来莫斯科学习和教书吧，塔甘罗格的人在莫斯科混得都不错……迪斯雷利［犹太裔英国首相］们、罗斯柴尔德［犹太裔欧洲银行家］们和克拉马里奥夫们，无论是现在还是将来都不会挨打……如果在哈尔科夫有人打您，您告诉我，我去把那些混蛋打翻在地……"

在这个并不愉快的春天，安东宣示了自己在家里的权威地位。亚历山大经常在外面喝得酩酊大醉，回到家后挑起事端。安东为此与亚历山大据理力争："我不会逼得我的母亲、妹妹或任何女人，对我说出一句

---

［1］ 见图书馆手稿部，331 55 2 1：阿尼西姆·彼得罗夫给安东·契诃夫的信。在契诃夫的小说《在峡谷里》（1899年）中，那位腐败、狂躁、半文盲的警察的名字就是阿尼西姆。

［2］ 见图书馆手稿部，331 48 49：所罗门·克拉马里奥夫给安东·契诃夫的信，1881年。

不合适的话……'喝醉了'并不证明你就有权利在别人头上拉屎……"

1881 年春天，安东·契诃夫没有发表任何故事，也许是把精力投入他幸存下来的第一个剧本《普拉东诺夫》上了。米沙回忆说，他把整个剧本抄写了两遍，然后交到了女演员叶尔莫洛娃（Ermolova）手上，但叶尔莫洛娃拒绝了这个剧本，安东也没有再去拿回手稿。（该剧本在安东·契诃夫逝世将近二十年后才获发表。）《普拉东诺夫》这部以主人公命名的情节剧宛如一个庞然大物，演出时间长达五小时，内容上充斥着庸俗的套路和陈腐的思想。然而，对契诃夫戏剧来讲，《普拉东诺夫》却是一部预示着未来的蓝图式作品：一处贵族房产即将拍卖，它的没落无人可救，就连那在草原下的矿井中发出的不祥的噪声也出现在后来的《樱桃园》中。剧本主人公普拉东诺夫在性格上酷似万尼亚舅舅，自以为能够成为哈姆雷特或克里斯托弗·哥伦布，把精力消耗在毫无意义的爱情上。同样，医生没有预见到自杀。总体上看，剧本《普拉东诺夫》缺乏舞台技巧，没有体现出简约的风格和敏捷的才思；然而，荒诞的剧情、宿命的论调，以及对其他作家——从英国的莎士比亚到奥地利剧作家萨克－马索克——作品典故的旁征博引，这些特征毫无疑问地指示出，这是一部安东·契诃夫的作品。这个剧本也说明，契诃夫不仅可以态度严肃地写作，而且有能力创作出长篇作品来。

1881 年 6 月，《闹钟》杂志发表了安东的一篇幽默短剧。几个月后，*81*安东·契诃夫成为该杂志的常规撰稿人，而《闹钟》编辑部让安东有机会深入了解莫斯科的"格拉勃街"[1]。虽然《闹钟》杂志的所有者一无所长，但油滑奸诈，该杂志社的编辑彼得·基切耶夫（Piotr Kichheev）还因为谋害了一名学生而声名狼藉。

夏天到来后，大家从压抑中暂获解脱。万尼亚整个夏天都要驻守在沃斯克列先斯克的学校，留在工作岗位上。帕维尔给他下命令说："不要离开……做好准备，接待家里人：妈妈、弟弟［米沙］和妹妹。"

---

[1] 格拉勃街（Grub Street）又称"寒士街"，是 19 世纪英国伦敦靠近旧区穆菲尔兹的一条街道，当时这里聚集了大量穷困的雇佣作家、野心勃勃的诗人以及低级出版商和销售商。该街现已不存，今多用以指代蹩脚作家、二流作品等。——译注

亚历山大去了乡下，与家境富裕的列昂尼德·特列季亚科夫一起度夏。科利亚和安东决定代表莫斯科的家人，与塔甘罗格的加夫里尔·谢利瓦诺夫和米特罗凡叔叔一起，去出席那个夏天最辉煌的社交场合——他们的表亲奥努夫里·罗波达的婚礼。为了参加婚礼，安东特意戴了一顶漂亮的高顶礼帽，在去教堂的路上，帽子不停地被风吹走。后来，科利亚以这次婚礼为主题画了一幅人物漫画，安东加上了令人捧腹的解说文字。塔甘罗格的人们永远记得那次婚礼，也永远不会忘记那幅在秋天发表的漫画。

安东和科利亚的一个明智举动是，婚礼结束马上就离开了塔甘罗格。安东在接下来的六年里一直没有再回家乡。7月下旬，安东去了沃斯克列先斯克，与母亲和弟弟、妹妹会合。通过安东写给舒亚的表亲的一封信来判断，他的"腹膜炎"在沃斯克列先斯克复发了，这个病在他小时候几乎要了他的命。在康复过程中，安东了解了位于沃斯克列先斯克北面一公里开外的切基诺（Chikino）的医院。这里的医生们，特别是彼得·阿尔汉格尔斯基（Piotr Arkhangelsky）医生，坚定了安东·契诃夫的职业志向。1881年整个8月份，安东都在高强度地帮助阿尔汉格尔斯基医生给当地农民治病。这些农民或营养不良，或染疾生病，他们一窝蜂地拥向医院寻求免费治疗。契诃夫医生在这里诊治了佝偻病、寄生虫病、痢疾、肺结核和梅毒等疾病，这些病在俄罗斯农民中非常普遍。

11.《观察者》

（1881—1882）

1881年9月，安东·契诃夫开始了医学院三年级的课程，他要面临 的新科目有诊断学、产科和妇科。医学院三年级的学生对人体已经很熟悉了。在当时的俄罗斯，性病被归类在"皮肤病"之下，是课程的核心内容，也是许多医学从业者未来的主要收入来源。俄罗斯与法国一样，规定大城市的性从业者需要定期接受强制性检查和治疗。莫斯科的妓女经常成群结队地来到警察局接受检查，妓院的职业妓女每个星期检查两次，自由从业者每个星期一次，实习医生据此可有不菲的收入。尽管许多开明的医生不断抗议，但为了阻止梅毒在城市里像在农村那样大肆蔓延，这种有失体面的工作还是不得不进行下去。医生们通常都成了——正如安东后来所说的那样——"那个科室的专家"。如果说安东·契诃夫"与女性交往有障碍"，指的是他的性爱经历必须是轻松、匿名、零感情投入的话，那么这些障碍也许就源于——或受影响于——他十分熟悉索博列夫巷（Sobolev lane）、小布隆（Malaia Bronnaia）街或综艺沙龙等花街柳巷中的妓女，他与这些人的接触也不只是出于职业原因。安东·契诃夫从来没有否认过自己与她们的关系，即便后来有了声誉更好的女朋友，他仍然怀旧地回忆起他在二年级时认识的一个"浑身散发出马汗味儿"的"芭蕾舞演员"。在莫斯科的头三年，他的女朋友都是在红灯区游荡的叫不上名字的女郎。

文学也在安东·契诃夫眼前展现出一个新世界。他应邀成为莫斯科一家新杂志的撰稿人，这个杂志叫《观察者》(*The Spectator*)。《观察者》有时一个星期出版一期，有时更加频繁，契诃夫家的四个男孩都为这家杂志社打工。《观察者》编辑部位于斯特拉斯诺大道（Strastnoi Boulevard），离契诃夫家的公寓只有不到两公里的路程，这里成了契诃夫兄弟的俱乐部：亚历山大担任编辑助理，科利亚负责画插图，安东是固定的幽默作家，连米沙放学后也来这里当茶童，并偶尔做些翻译工作。《观察者》杂志的创始主编叫弗谢沃洛德·瓦西里耶维奇·达维多夫（Vsevolod Vasilievich Davydov），他比《闹钟》的彼得·基切耶夫理智得多，也比《蜻蜓》的伊波利特·瓦西列夫斯基要厚道。

83　　科利亚·契诃夫最好的绘画作品都是为《观察者》完成的，因为他在这里感受到了爱。这份爱不只是同事之爱，还是《观察者》的编辑助理安娜·亚历山德罗芙娜·伊帕季耶娃－戈登的芳心。安娜是一个离婚女人，后来与科利亚维持了长达七年的事实婚姻。从戈登姐妹开始，"三姐妹"主题进入了安东·契诃夫的生活：在接下来的十年时间里，安东和他的哥哥们至少被纠缠进五组"姐妹三重奏"中。第一组是戈登家的三姐妹：安娜、阿纳斯塔西娅和娜塔利娅，她们各自在契诃夫兄弟身上留下了深深的印记。阿纳斯塔西娅·普季亚塔－戈登与她的大妹妹安娜一样，也是一个编辑助理，与富有天分的出版人尼古拉·普什卡廖夫同居。普什卡廖夫当时担任《明暗》和《世界对话》杂志的编辑。[1]戈登三姐妹中，当时只有最小的妹妹娜塔利娅·戈登尚待字闺中。安东有两年时间与她陷入热恋，她终其一生都深爱着安东。安娜和阿纳斯塔西娅都长相漂亮，身材丰满，是典型的金发梦中情人的模样，被那些贬损她们的人戏称为"库瓦尔达（意为'大锤'或'荡妇'）一号"和"库瓦尔达二号"；小妹娜塔利娅·戈登看起来则完全不同，她身材纤瘦，长着鹰钩鼻，一头波浪黑发，显示出明显的犹太女孩的特征。戈登姐妹的

---

[1]《明暗》杂志的编辑工作由阿纳斯塔西娅的丈夫普季亚塔（Putiata）与普什卡廖夫共同分担。

家庭背景几乎无人知晓，人们只知道她们是皈依了东正教的犹太人。尽管戈登姐妹在饮食习惯和性爱生活上声名狼藉，但 19 世纪 80 年代初，她们占据着安东和科利亚生活的中心。[1]

亚历山大·契诃夫亦随处抛洒热情。他的作品《卡尔和埃米莉亚》在《闹钟》上产生了影响，这让他赢得了编辑助理安娜·伊万诺芙娜·赫鲁晓娃 - 索科尼科娃（Anna Ivanovna Khrushchiova-Sokolnikova）[2]的爱慕。从此，安娜·索科尼科娃在亚历山大的生活中取代了他的原女房东波列瓦耶娃姐妹的位置。他们二人以事实婚姻的方式生活在一起，安娜·索科尼科娃为亚历山大生养了三个孩子，但她直到去世都没有与亚历山大正式结婚。安娜·索科尼科娃生于 1847 年，比亚历山大年长八岁，脸色苍白、体格粗壮，患有肺结核病。更加糟糕的是，虽然她与亚历山大已经生育了三个孩子，但作为离婚的过错方，一个俄罗斯教会法院禁止她再婚[3]。因此，帕维尔不仅拒绝承认安娜·索科尼科娃在家中的位置，而且对她与亚历山大所生的孩子——也就是自己的三个孙儿——置之不理，叶夫根尼娅和安东也赞成这个态度。

帕维尔·契诃夫尊重犹太人。他在日记本中明确标志出犹太人的逾越节，就像对待基督教的复活节一样一丝不苟。帕维尔可以接受尚未婚嫁的娜塔利娅·戈登。娜塔利娅家的房子更加宽敞，帕维尔并不反对安东在那里过夜。安东的借口是复习考试，只要有可能，他希望有更大的私人空间，而不是与米沙共享一个房间。很快，安东和娜塔利娅两人就彼此称呼对方为"娜塔舍夫"（意近"你的娜塔莎"）和"安托舍夫"，俄文拼写是 Наташеву 和 Антошеву。

爱情和文学就像一根绳子，把科利亚和安东捆在了《观察者》上，*84*而将亚历山大与《闹钟》绑在一起。经安娜·索科尼科娃引荐，安东也

---

[1] 尽管戈登家与契诃夫家有事实婚姻的关系，但安东的弟弟和妹妹还是从家族史中抹去了戈登的名字。

[2] 契诃夫的情人中不止一个安娜·伊万诺芙娜，故而此处称这个安娜为安娜·索科尼科娃。

[3] 见图书馆手稿部，331 82 12:A.I，关于亚历山德罗娃·赫鲁晓娃 - 索科尼科娃的文件。

成为《闹钟》的撰稿人；阿纳斯塔西娅·普季亚塔－戈登则帮助安东建立了与《明暗》和《世界对话》的编辑的联系，安东也成为这两个杂志的撰稿人。

莫斯科周刊编辑部和夜总会这种乌烟瘴气的地方不但给安东·契诃夫提供了个人享受，也激发了他的书生意气。1881年9月底的一天，安东带着舒亚的两个富亲戚——伊万·伊万诺维奇·利亚多夫（Ivan Ivanovich Liadov）和伊万的内兄贡多宾（Gundobin）——去了下等文人云集的综艺沙龙夜总会。契诃夫把这次经历写进了自己的故事里。时值高加索地区土耳其将军与俄国人刚刚休战，契诃夫只好在故事里给贡多宾起了个名字叫穆赫塔尔（Mukhtar）。假如安东·契诃夫给这篇文章署上自己的真实姓名，综艺沙龙日后一定会把所有姓契诃夫的人拒之门外。在这篇文章里，安东真实描述了"女主人们"的生活：那些布兰奇、咪咪、范妮或艾玛们，初出茅庐时在社会上碰运气，后来都聚集到这些藏污纳垢的夜总会里；而来到这里的客人们，比如科利亚、伊万·伊万诺维奇和穆赫塔尔，喝得酩酊大醉后就消失在她们的房间中。文章在末尾点出主旨："安托沙 C."向统治者建议，她们应该离开这里——而非来到这里——去挣更多钱。安东·契诃夫写过很多讽刺综艺沙龙的俏皮话。综艺沙龙于1883年关掉，然后以"美食剧院"之名重新开放，也许就有安东的"功劳"。这篇文章的引人注目之处是安东写的内容与科利亚的插图不般配，科利亚画了一张中间插页，里面拥挤着妖艳的女郎、大胆的康康舞者和快乐的赌客。

1881年9月，忙过了家庭婚礼后，兴奋的马尔法·罗波达舅母给安东写来一封信，祝贺他取得的成绩。但马尔法舅母怎么也想不到，自己被科利亚和安东兄弟俩无情嘲弄了，塔甘罗格人也不再仰慕安东。原来，《观察者》杂志在1881年10月4日第18期上——也就是发表了有关综艺沙龙文章的那一期——用一个双页发表了科利亚的一幅恶作剧的人物漫画《婚礼季节》，而那些唐突无礼的配文出自安东之手。罗波达家、契诃夫家和加夫里尔·谢利瓦诺夫都在漫画上找到了自己。此外，漫画上还有情态各异的婚礼嘉宾：米特罗凡因喝醉酒而聒噪，新郎官奥

11.《观察者》

努夫里·罗波达的题词是"愚蠢似软木塞……为了嫁妆而结婚",加夫里尔·谢利瓦诺夫被戏称为"女士杀手"……这桩丑闻是在亚历山大搬 *85* 回塔甘罗格后爆出的,他建议科利亚和安东说:

> 如果你们两个不想被打断脊梁骨的话,我建议你们不要回塔甘罗格来。罗波达家和谢利瓦诺夫,还有他们的亲戚朋友,都对你们在《观察者》上发表的《婚礼季节》非常气愤。那幅漫画成了你们对他们热情好客的最忘恩负义的侮辱。
>
> 昨天谢利瓦诺夫来了……说了下面这些话:
>
> "我告诉您,安东和尼古拉的这种行为是粗野的,他们存心不良。我们把他们当成家人,而他们竟然把我们画成漫画……我实在不知道我做错了什么,要受到这种侮辱。"

安东倒是毫不慌乱,他回答说,他根本就不喜欢罗波达家的一切,就像他们不喜欢《观察者》第 18 期一样。安东·契诃夫终其一生都有一个盲区:尽管他富有同情心,但他从来不理解,他将别人的个人生活描摹成喜剧对他人造成的伤害会有多大。米特罗凡叔叔也许一辈子都没有喝醉过酒,他看了《观察者》的漫画后觉得自己遭到了背叛:这些挖苦带刺的话怎么可能是安东说出来的呢?四个月前他还信誓旦旦地说爱他们。马尔法·罗波达舅母因为此事数年没有给安东写信,加夫里尔·谢利瓦诺夫也不再回复安东的来信。塔甘罗格的多情姑娘利波奇卡·阿加利也因为自己被描绘成号称"舞会女王"的古希腊美女而不再搭理他。安东·契诃夫喜欢借故事羞辱他人,让人难堪,而这绝对不是最后一次。他永远不会承认自己在利用别人,更不用说对此有所悔改了。

安东现在面临着更加艰巨的任务。1881 年 11 月 26 日,法国最著名的女演员莎拉·伯恩哈特(Sarah Bernhardt)来到莫斯科演出。她刚刚从美国和维也纳巡演回来,将在莫斯科大剧院进行为期十二天的小仲马《茶花女》的演出。尽管莎拉·伯恩哈特从莫斯科得到的评论并不好,但所有的批评都不如一个叫安东·契洪特的人来得猛烈，他的评论文章发表在 1881 年 11 月和 12 月的《观察者》上[1]。莎拉·伯恩哈特的表演矫揉造作，安东在批评她的表演毫无生气、单调乏味时说："即便编辑付我一行字五十戈比的稿费，我也不会在她身上浪费一点笔墨。"安东总结她的症结所在是："她没有激情，而这是唯一能让我们热泪盈眶、神魂颠倒的因素。莎拉·伯恩哈特的声声叹息、她的泪流满面、她的垂死挣扎，所有的表演只不过是毫无瑕疵、演技娴熟的照本宣科……"

86　　契诃夫的剧本《海鸥》中的女演员阿尔卡基娜（Arkadina），就是这样一个以自我为中心、爱出风头的女人。莫斯科对莎拉·伯恩哈特表演的批评可以看作观众对舞台明星及其浮夸表演打响的第一枪，而这场战役的领军人物就是作为剧作家的契诃夫，继之以作为导演的康斯坦丁·斯坦尼斯拉夫斯基（Konstantin Stanislavsky）。与混迹在综艺沙龙时的情形一样，安东后来与女演员们私交甚笃，但这并不妨碍他公开谴责她们。

安东·契诃夫也在努力成为一名新闻记者。他频繁光顾《闹钟》杂志社，认识了莫斯科最无畏的记者弗拉基米尔·吉利亚罗夫斯基（Vladimir Giliarovsky，即"吉利亚叔叔"）。吉利亚罗夫斯基是莫斯科最好的报纸——《莫斯科报》（Moscow Gazette）——的一位举足轻重的人物。科利亚和安东兄弟二人曾应邀成为莫斯科体操协会的创始人（安东·契诃夫在 1882 年时肌肉发达，肩膀宽厚）。他们走进健身房，映入眼帘的第一幕是俄罗斯的拳击冠军谢列茨基（Seletsky）正与健壮如熊的吉利亚罗夫斯基练习拳击。从那以后的好长一段时间里，吉利亚罗夫斯基都是安东心目中多才多艺的偶像。当时流传着很多有关弗拉基米尔·吉利亚罗夫斯基的传奇：他频繁地潜入奇特罗沃（Khitrovo）市场周围的贫民窟，成加仑地猛灌烈性酒，徒手连根拔起大树，抓住车后梁逼停飞驰的马车，在埃尔米塔什（Ermitage）日夜总会压破了测试力气

---

[1]　安东·契诃夫对莎拉·伯恩哈特的评论，与他所尊敬的两个人——屠格涅夫和他未来的出版商阿列克谢·苏沃林（Aleksei Suvorin）——的意见一致，但他在五年后才知道这一点。

的器材，驯服过一匹连骑兵队都无法控制的野马，还曾把朋友从站台上塞进已经启动的火车。诚然，安东·契诃夫没有做过吉利亚罗夫斯基的任何一种壮举，然而，他后来下决心成为记者、探险者、农民，当然更不要说在医学和文学创作领域的耕耘，这些都是他在努力赶上吉利亚叔叔的步伐。

在当局的书刊审查制度的最大容忍范围内，安东·契诃夫将视线转向犯罪报道。在 1881—1882 年，三起丑闻震惊了俄罗斯：第一起发生在 1882 年 6 月 30 日，一列火车在库库耶夫卡发生事故，事故地点就位于从库尔斯克（和塔甘罗格）到莫斯科之间的火车线上，路堤塌垮，数百名乘客被掩埋；第二起是雷科夫事件（一直持续到 1884 年），一家银行的董事们贪污了数百万卢布；第三起是塔甘罗格商人及海关官员涉嫌走私被逮捕。这三起丑闻中，被告都仅仅受到轻微处罚，腐败的传闻甚嚣尘上。库库耶夫卡火车事故发生后，政府对事件三缄其口，民众都对粗制滥造的俄罗斯铁路望而却步。库库耶夫卡火车事故给契诃夫后来的故事增添了情节，而俄罗斯作家对本国铁路的不信任态度，我们还可以在托尔斯泰的《安娜·卡列尼娜》（*Anna Karenina*）或陀思妥耶夫斯基的《白痴》（*The Idiot*）中找到痕迹。

塔甘罗格海关丑闻对契诃夫家产生了一定影响。1882 年 6 月，亚历山大从莫斯科大学毕业。他计划与安娜·索科尼科娃组建自己的家庭，以摆脱帕维尔的管束，并在塔甘罗格成功申请到了一个海关职员的职位，而原来那位官员就是因为这起走私案而被捕入狱的。

到了 1882 年中，安东在《观察者》和《闹钟》等杂志的稿费收入 *87* 已经足够改变家庭的经济状况。（不过，他还是接受了一份复活节家庭教师的工作，为议员阿纳托利·伊科夫列夫辅导他七岁的儿子。）安东应邀为一家严肃的插图周刊杂志《莫斯科》（*Moscow*）撰稿，还与科利亚合作，在这本杂志上发表了微型小说《绿沙滩》（"The Green Spit of Land"）。小说写的是发生在黑海岸边一座乡间别墅里的故事，故事人物被赋予现实中的人名，比如艺术家契诃夫、玛丽亚·叶戈罗芙娜（大概是指波列瓦耶娃）等，而故事的叙述者虽然没有明确指出姓甚名谁，但很有可能带着安东自己的影子，因为他教女主人公的女儿德语和捕金翅雀。《绿沙滩》的问世表明，安东·契诃夫可以仿作伪贵族读物"林荫道小说"，这类小说在当时很有市场。稍后，他应《闹钟》的需求，创作了一部可以以假乱真的仿林荫道小说作品，这就是 1882 年 6 月到 9 月在《闹钟》上连载的《不必要的胜利》（"The Unnecessary Victory"）。这部为作者安托沙·契洪特带来几百卢布的稿酬的故事，描写了一位饱受磨难、最终成功的歌手和一个贵族情人的绝望的爱情。读者们把它当成了匈牙利作家约卡伊（Mor Jokai）作品的译作[1]，这大大助长了安东·契诃夫的写作雄心。

1882 年夏天考试结束后，安东·契诃夫在《莫斯科》发表的故事，称得上是他建立文坛声望的首次努力。《太太》（"The Lady"）是一个俗套的故事，文中活跃着一个自私淫荡的寡妇、一个邪恶的波兰经理和一个高尚的农民，故事结局充满暴力，外加故事叙述者义愤填膺的态度。然而，这个故事里也蕴含着一些值得肯定的因素：安东·契诃夫后来有关被压迫农民的故事，19 世纪 80 年代中期反映"性欲导致暴力"主题的故事都脱胎于《太太》。

在莫斯科期刊界的成功极大地鼓舞了安东·契诃夫。为了投稿，他设计出更多笔名，契洪特又衍生出"无脾人""巴尔达斯托夫先生"等名字。安东·契诃夫计划将自己最好的故事结集成书，这本书共一百六十页，由科利亚做插图画家，以单行本形式发行。他打算亲自推销这本书（书有几个备选书名：《休闲》《闲人》《顽皮把戏》等）。1882 年 6 月 19 日，莫斯科书刊审查部门驳回了该书的出版申请。他们提请再议，指出这些稿件初次出版时都已经通过了审查，申诉理由被当局接受了。然而，随着社会气氛的日益压抑，这本书的拼版样还是被禁止了。

88　　　　倘要支撑契诃夫一大家人的开销，安东就必须一年为莫斯科的各种周刊杂志创作一百个故事。虽然万尼亚已经独立，亚历山大在海关谋得

---

[1]《不必要的胜利》在 20 世纪被排演成四幕剧。

职位，也有了正常的工资收入，但玛莎和米沙仍然是学生，而科利亚和帕维尔都挣不来多少钱。而且除了自家人，这里还有其他的嘴巴要喂饱：费尼奇卡姨母、小灵狗科宝、小公猫费奥多尔·季莫费耶维奇。说到小猫费奥多尔，它还是小猫崽时，是亚历山大把它从一个冰冷的厕所里捡回来的。每每费奥多尔·季莫费耶维奇趴在安东的大腿上休憩时，他总是感到非常放松；也是对着这只猫，安东首次抒发了对自己和兄弟命运的感慨："谁曾想到，厕所里竟也走得出天才！"

12. 家庭分离

（1882—1883）

　　1882 年 7 月 25 日，拖着一屁股坏账的亚历山大带着他的事实婚姻伴侣安娜·索科尼科娃以及她十多岁的儿子舒拉（Shura），乘坐火车南下，前往安娜·索科尼科娃的家乡图拉（Tula）。出发前，亚历山大把自己的狗托付给费尼奇卡姨母照看，但他并没有告知家人，安娜已经怀有两个月的身孕。他们在图拉逗留了一天，把舒拉安置在安娜的亲戚家后，就动身前往塔甘罗格。亚历山大在图拉碰到了熟人。他在给安东的信中开玩笑说："安托沙，我在图拉火车站看到了你的新娘。她现在就在格拉乔夫卡街，她和她妈妈在一起，他们都说，她妈妈骑马时把马背都压断了。"安东的女房东是一位特别肥胖的女士，大家也都喜欢拿她和安东开玩笑。亚历山大不喜欢安娜·索科尼科娃的家乡，给安东写了一首有关图拉的反义赞歌，这首诗在韵律上有些约翰·贝杰曼（John Betjeman）的《沼泽》（"Slough"）[1]的味道：

> 我带着苦恼来到图拉，
> 阴郁的女友使劲拖拉，
> 她看不见，

---

[1]《沼泽》出自诗集《无穷尽的露水》（*Continual Dew*）（1937）。

12. 家庭分离

哎，我拗不过她，

我很痛苦，我去了图拉……

亚历山大刚到塔甘罗格时一切顺利。他算得上荣归故里：大学毕业，政府公务员，显然还"娶"了一位体面的女士为妻。他们先在当地的欧洲旅馆住下，亚历山大像顾客一样去拜访了米特罗凡叔叔的店铺，得到了长辈们慈爱的拥抱和热情的招待。米特罗凡和柳德米拉（他们现在有四个孩子）坚持让他俩从旅馆搬到家里来住。作为回报，亚历山大给米特罗凡十二岁的儿子格奥尔基·米特罗法诺维奇·契诃夫（Georgi Mitrofanovich Chekhov）辅导语法。亚历山大与安娜就这样作为房客在米特罗凡家住了下来。然而，安东和科利亚有关罗波达家婚礼的那张漫画《婚礼季节》很快就传到了塔甘罗格；转眼之间，亚历山大就落得只剩下契诃夫家的老保姆阿加菲娅还待见他了。亚历山大了解到，很多教过他们或喜欢他们的老师都已经离开塔甘罗格了。据说希腊学校倒闭了，老师尼古拉斯·沃兹纳斯返回了希腊的凯法利尼亚岛，以出售面点为生。格奥尔基·乔治特出任了剧院经理。舞蹈老师弗龙迪仍然在给孩子们上舞蹈课；但塔甘罗格警察局禁止了弗龙迪的舞蹈课，因为他"允许孩子不宜接受的人参加他的晚课"[1]。

塔甘罗格已经不再让安东分神了。1882 年整个 7 月份，他不得不 *90* 待在莫斯科写稿赚钱，而母亲和年幼的弟弟妹妹去了沃斯克列先斯克，住在万尼亚那里。帕维尔每隔一天回家住一个晚上，所以科利亚和安东搬到了一处别墅里，与普什卡廖夫及其伴侣阿纳斯塔西娅·戈登住在一起。帕维尔认为家人都撇下他不管了，于是把妻子和孩子从沃斯克列先斯克叫了回来，并威胁科利亚和安东，说他也要住到普什卡廖夫那里去。得益于与普什卡廖夫的友谊，安东得以连续为他的刊物撰稿，《世界对话》对稿件的要求更高。安东在此发表的故事《牲畜》（"Livestock"）

---

[1] 弗龙迪是安东·契诃夫小说中唯一一位采用了真实姓名的老师：1885 年发表的《乌鸦》（"The Crow"）中的钢琴家弗龙迪，是"一位长得很像奥芬巴赫的老人"，在杜杜夫人操办的妓院中弹钢琴。事实上，所谓的"老人"弗龙迪那年才四十岁。

让人想起陀思妥耶夫斯基在《永恒的丈夫》中提到的永恒的三角关系；在安东的故事里，情人对被他诱骗的女人的丈夫背负着永远的愧疚。

假期结束后，普什卡廖夫在《世界对话》上，分四期刊印了安东·契诃夫迄今为止最长的作品《迟迟未开的花》（"Belated Flowers"）。这个故事是献给契诃夫家的前房客、医学院学生尼古拉·科罗博夫的。故事讲述的是一个贵族家庭在困难时期如何走向没落，故事情节虽然粗糙，但读来引人入胜。主人公的命运展示出作者一厢情愿的想法：迟迟未开的花枯萎了，但一个出身卑微的医生成长起来了。在 1899 年发表的《约内奇》（"Ionych"）中，契诃夫在某种程度上使用了类似的故事情节：一位平民医生扭转了小镇上的贵族家庭的命运。

《牲畜》和《迟迟未开的花》这两个故事与《女士》一样，给读者留下了深刻印象，也给安东·契诃夫带来了名声、约稿和收入。安东在 1882—1883 年过得十分繁忙。医学院四年级的课程由外科专家和内科专家执教。契诃夫的实习课是小儿科，他详细记录了叶卡捷琳娜·库尔努科娃（Ekaterina Kurnukova）的病例——瘫痪并伴有新生儿梅毒，这是一个注定死亡的婴儿——安东护理了她十二个星期。令人难过的医学学习、繁忙的社交生活以及创作数以百计的文学作品，这些内容纠缠在一起，非有超人般的毅力和精力者无法完成。

然而，一个俄罗斯作家想要确立起文坛名声，就必须在彼得堡发表作品，因为只有登在彼得堡的期刊上的才被认为是严肃文学。安东·契诃夫能够在彼得堡打开局面，要归功于诗人利奥多尔·帕尔明（Liodor Palmin）。帕尔明一直为莫斯科和彼得堡两地的新闻机构供稿。契诃夫第一次见到帕尔明是在《闹钟》编辑部。时年四十一岁的帕尔明弯腰驼背、满脸麻子，他衣衫褴褛，看起来像一个流浪汉。而事实上，帕尔明创作过很多表现高尚的市民情怀的抒情诗，对经典作品的优美翻译以及即兴创作的天赋使得他在文人圈子里声名显赫。在文化界，帕尔明算是一个异常富有同情心的人。利奥多尔·帕尔明在莫斯科时，经常从一个廉租公寓搬到另一个廉租公寓，出没在那些黑暗肮脏的角落，外地人如

12. 家庭分离

果在晚上来到这些地方，甚至会有生命危险。一直陪伴在帕尔明身边的 *91* 是一个叫佩拉格娅（Pelageia）的女人，最初是他的女仆，后来成为伴侣，最后成了他的妻子。帕尔明和佩拉格娅两个人都酗酒成性[1]。帕尔明还收留了很多流浪狗、猫、鸭子和母鸡，这些动物有瘸腿的，有瞎眼的，还有患疥癣的。契诃夫像迷恋吉利亚叔叔一样迷上了帕尔明，这种欣赏是相互的。

1882年10月，彼得堡周刊《花絮》（*Fragments*）的主编尼古拉·列伊金（Nikolai Leikin）来莫斯科拜访利奥多尔·帕尔明。他们在莫斯科最好的捷斯托夫餐厅用完餐准备离开时，帕尔明一眼看见在外面人行道上路过的科利亚和安东·契诃夫。他当即向尼古拉·列伊金推荐了这兄弟二人，因为列伊金一向热衷于网罗有天赋的作者。11月14日，列伊金就收到了安东的三篇故事（不过其中两篇被拒稿了）。列伊金给安东开出的稿费是每行八戈比，要求每个星期都必须准时收到稿子；列伊金分配给安东的版面，最多为每期一千行中的四分之一。（在俄罗斯，即便像托尔斯泰这样著名的作家，他们的短篇作品也是依据行数来支付稿酬的，长篇作品则按照二十四页大小的印刷纸来计算。）科利亚·契诃夫可以为《花絮》提供用于中间折页的图画和封面图画。尼古拉·列伊金是俄罗斯著名的高产喜剧小品作家，塔甘罗格中学的所有男生都知道他。作为周刊主编，列伊金审稿可谓下手毫不留情，有时可能不咨询作者的意见就重写作品。然而，他也赢得了人们的尊重，因为他不屈不挠地反对书刊审查制度，并将当时的主要作家——特别是小说家尼古拉·列斯科夫（Nikolai Leskov）——吸引到了《花絮》杂志周围。

尽管安东和列伊金每周书信往来频繁，但安东很快发现[2]，列伊金这个人夸夸其谈，还有一股令人讨厌的学究气。尼古拉·列伊金喜爱动物、孩子，人们因此而敬重他，但他也是一个有怪癖的新贵。1882年，

---

[1] 佩拉格娅每天下午都问帕尔明同样的问题："是不是到了您喝啤酒的时间了？"这句话后来被安东·契诃夫用在了《第六病室》中拉金医生的仆人身上。

[2] 见图书馆手稿部，331 50 1 a-m：尼古拉·列伊金给安东·契诃夫的二百零五封信，1882—1900年。

他收养了一个遗弃在他家门口的婴儿。他用生肉装饰圣诞树，因为他有两只猎犬阿佩尔和若谷卡。列伊金身材又矮又壮，满脸胡须，长着一对小眼睛——这副长相让安东心生厌恶，称他为"跛脚魔鬼"。列伊金还对安东频耍花招，对安东以"伯乐"自居，以博取感激，这尤其让安东反感。因为列伊金在彼得堡的需求绝对不能耽搁，所以安东不得不减少为莫斯科各家期刊供稿。在期刊出版界，年底一般是订阅人决定来年订购哪家杂志的关键时刻，这种业内竞争发展到了白热化的程度，列伊金的蓝图是让那些想读安托沙·契洪特作品的人只能订购《花絮》。在经济利益的驱动下，列伊金对安东·契诃夫的艺术标准只有三个字：精、简、快。然而，即便在列伊金的催促和书刊审查员的严密监控下，安东·契诃夫的文字仍慢慢体现出一种灵动的、富有讽刺意味的风格，故事对白富有趣味，从而营造出一种印象派的氛围。

92　　此时的安东面临着一种全新的生活节奏：《花絮》通常星期六出刊，于是每到星期二，契诃夫家的一个兄弟就得把安东的稿件通过夜间邮件列车送到彼得堡，这样列伊金才有足够的时间排版、递交审查，才能把刊物及时刊印出来。后来，尼古拉·列伊金又邀请契诃夫给一个叫作"莫斯科生活花絮"的每周专栏撰稿，供稿节奏就更加紧锣密鼓了。"莫斯科生活花絮"专栏的目的是展示莫斯科的腐朽和乡土气，以此娱乐彼得堡的读者，让他们相信彼得堡属于欧洲，而莫斯科属于亚洲。要写好这样一个专栏，注定不是一件容易事。安东·契诃夫写这类文章时，启用了一个新笔名"鲁弗"。几个月后，莫斯科"格拉勃街"的文人就开始怀疑这些文章是出自他的手笔，于是他又换了一个笔名"尤利西斯"。安东给莫斯科期刊的投稿越来越少，还嘲讽莫斯科的作家和编辑，这让他失去了《闹钟》编辑室的朋友，因为他甚至把编辑室的会议当作给《花絮》撰稿的素材。好在尼古拉·列伊金那里每行八戈比的稿酬稍稍平衡了这种背叛。在莫斯科，安东继续在《观察者》发表文章，这在很大程度上得益于他与戈登姐妹的友谊，而且达维多夫同样付给他每行八戈比的稿酬。在莫斯科发表的任何文章，尤其在年末时，都是向列伊金背后投来的匕首，因此列伊金经常指责利奥多尔·帕尔明和安东·契诃夫，说他们庞杂的社交关系让他失去了订阅者。

说到社交，安东正在进入一个素养更高的圈子。他的妹妹玛莎，那个曾被哥哥们称为"爱哭精"的小姑娘，已经出落成了大姑娘。她成为安东的亲密朋友，可以吐露秘密的人。1882 年 5 月，玛莎从圣公会文理中学毕业，准备进入大学继续深造。与历史上的英国一样，当时俄罗斯的所有大学都对女学生实行校外授课。莫斯科大学的女子高等教育课程声誉极高，克柳切夫斯基（Kliuchevsky）等著名的历史学家都曾在这里授课，玛莎·契诃娃注册成为这个课程的校外学生。1882 年秋天，玛莎经常将大学女同学带回家，介绍给哥哥们认识。比起杂志社的女编辑助理，更不要说与哥哥们鬼混过的女房东，这些女大学生自然赏心悦目得多。然而，这些女孩子虽然接受了高等教育，但也只有那些更加富有冒险精神的女子才敢来试探洋溢在科利亚和安东周身的那股波希米亚气息。为了博取科利亚和安东的爱情，玛莎的女同学与戈登家的安娜和娜塔利娅姐妹一竞高下。有一个女生叫叶卡捷琳娜·尤诺谢娃（Ekaterina Iunosheva），她是一个昆虫学家。安东曾送给她一只甲虫，一只"因为绝望的爱而死去"的甲虫，但她心仪的人是科利亚。

1883 年，"天文学家"奥尔迦·昆达索娃（Olga Kundasova）——她后来在莫斯科天文台工作——与安东成为恋人，他们的这段关系挣扎着持续了二十年。奥尔迦·昆达索娃身材高大，显得笨手笨脚。她那一针见血的犀利与坦白总让安东感觉不舒服，无论是在她不开心时，还是在两人的热恋时刻。犹太学生杜尼娅·叶夫罗斯（Dunia Efros）性格风趣又尖刻，脾气一时一变，她激起了契诃夫兄弟更大的兴趣。奥尔迦·昆达索娃和杜尼娅·叶夫罗斯都是饱受情感折磨后才最终领悟，她们都只是安东·契诃夫生命中的匆匆过客。与契诃夫家三兄弟早期生活中的女人相比，这些接受了高等教育的女性在性格上更加复杂，情感更加丰富，生活上没有那么放荡，行动上更加追求平等，她们改变了安东对女性的看法。如果你认为安东·契诃夫为《花絮》创作的最好故事体现出一定的心理深度的话，那么我们应该感谢玛莎带进安东生活中的这些女人。玛莎现在不仅是安东的女管家、秘书，而且是安东私人生活的

93

保护者，在家里拥有了一定的话语权。

亚历山大和科利亚在原生家庭中被边缘化了。科利亚在纵情遂欲和肺结核的折磨下一点点地消耗着他作为艺术家的声誉。为了缓解胸痛，他开始服用吗啡，还大量饮酒。家人只好当作根本没有科利亚这个人。远在塔甘罗格的亚历山大也快被家人遗忘了，尽管他还定期寄信来，讲述自己并不快乐的生活。亚历山大和安娜·索科尼科娃都不是会当家理财的人。亚历山大没有给海关办公室提供必要的毕业证书，因而无法获得全额工资，他每月的工资甚至不够买食物和燃料。不过初到塔甘罗格时，米特罗凡叔叔和柳德米拉婶婶对他们很友好，这让这对夫妇很有归属感。安娜参加了一个妇女社团，柳德米拉还向她透露了自己的房事秘密。亚历山大以此诱惑安东说：

> 婶婶甚至对我的另一半讲了许多米特罗凡叔叔让她如醉如仙的事情。当然，这些细节我本来都知道，但是你可别指望我会告诉你。事实上，安托沙，它们与你那种慢腾腾的动作可很不一样。

安娜·索科尼科娃的孕象已显，但夫妇俩对孩子受洗之事却支支吾吾，这让米特罗凡和柳德米拉很尴尬。1882 年 10 月，亚历山大写信请求弟弟万尼亚回到他们童年生活的地方住上一段时间："给我写封信吧，不要和我断了联系。安娜怀孕了，我们想邀请你来参加洗礼……我会把自己的孩子送到你的学校，让你来教他，你有权打他，但一天不能超过五次。"[1] 亚历山大用他知道的最有效的方法诱惑科利亚来塔甘罗格："柳博芙·坎布罗娃还在这里呢，她还爱着你。看在上帝的分上，快来和她快活一下吧，她拼命想搞明白拉丁语里 inter pedes...figura longa et obscura（双腿间的物件）是什么。求求你了，来吧。"[2]

94　　安东已经在妇科医学方面崭露头角，亚历山大因为安娜怀孕而备感

---

[1]　见俄罗斯档案，2540 1 149：亚历山大·契诃夫给伊万·契诃夫的信，1882—1897。

[2]　从《书信集》（1939 年）中删除：见图书馆手稿部，331 32 8：亚历山大·契诃夫给尼古拉·契诃夫的信，1882。

12. 家庭分离

沮丧，因而向安东询问性生活方面的建议。安东给亚历山大回信（并寄上一点钱作为礼物）时说，"吃药，禁止性交，可以按摩"。不可否认，安东的回信有些漠不关心，这是因为他白天要将全部精力投入学习，晚上掌灯写作时还要忍受帕维尔的脾气——帕维尔嫌他浪费煤油。安东让亚历山大和安娜给他提供一些故事素材，比如在图拉与亡灵对话的降神会、塔甘罗格学校孩子的诗歌或照片。安娜·索科尼科娃怀孕的消息吓坏了帕维尔，但他仍然固执己见。起初，亚历山大只是抗议："亲爱的爸爸……您没有问候安娜，我感到很难过。您知道得很清楚，我们没有结婚不是我的过错。"1883 年的新年前夜，亚历山大对父母大发脾气，试图要挟他们：

> 你们无情地毁了我余下的假期——这是毫无疑问的。整个十二月份我都很不舒服，假期中我已经在慢慢恢复了。您的责骂让我心烦意乱，让我生气，它侮辱了我，吓坏了我……今天，彼得堡决定让我担任进口服务台与海关翻译部门的负责人，我的痛苦眼看就要结束了……我刚刚想要自由地喘上一口气，您的责骂就到了，真是丧气！

1883 年 2 月中旬，安娜·索科尼科娃生下了一个女儿。帕维尔拒绝承认自己的第一个孙女，也不想和她的母亲安娜说话。亚历山大和安娜给新生的女孩起名叫莫西娅（Mosia，女孩全名为玛丽亚·亚历山德罗芙娜·契诃娃），但这个新生儿没有得到任何一个叔叔——包括安东——的祝福。亚历山大发牢骚说，米特罗凡和柳德米拉不想当孩子的教父教母。米特罗凡担心的是，如果家里莫名其妙请来一位神父，他无法跟邻居们解释。柳德米拉对波克罗夫斯基神父保证说，亚历山大和安娜在彼得堡已经结婚了。即便亚历山大接受了米特罗凡提出的孩子必须每天去教堂，必须遵守所有斋戒的条件，柳德米拉还是担心帕维尔不会宽恕他们，因为他们纵容了罪恶。亚历山大只有哭的份儿。

1883 年 2 月底，安东给大哥亚历山大写来一封语气严厉、长达十页的长篇大论的信：

　　　　你能指望父亲怎么样？他反对吸烟，他反对非法同居——那么你还想和他成为朋友？你或许能与母亲或姨母［费尼奇卡］商量这件事，但绝对不可能是父亲。他的固执脾气与那些持不同意见者完全一个样，或者只会更糟，你不可能改变他……你带着和你同居的女人，就像揣着一个偷来的西瓜……你难道真的想知道我怎么想，科利亚怎么想，或者父亲怎么想吗？！你的脑子出了什么问题吗？

　　安东观察到，在亚历山大和科利亚这两个哥哥身上有着高尚的自我标榜与龌龊的行为之间的巨大鸿沟，他厌恶这种状态。科利亚曾经接到一份很了不起的创作委托：为埃尔米塔什夜总会里的连托夫斯基剧院画舞台布景，目的是彰显陀思妥耶夫斯基的影响。但实际上科利亚什么也没有做，只是不停地抱怨人家不理解他。安东预见到，科利亚在一年内就会被开除。在安东·契诃夫看来，两个哥哥都是被自怨自艾毁掉了，现在只有他一个人还斗志昂扬。1883 年 2 月 3 日，他以胜利的口吻告诉亚历山大：

　　　　我的文章越来越受欢迎，我已经读到评论我的文章了。我的医术也越来越高明，我竟然会给人看病，这连我自己都难以相信！老兄，你绝对找不到一种病是我不会治的。马上就要考试了。等我上了五年级，大戏就该收场了。

　　对契诃夫家的孩子们来讲，家似乎已经没有太大的凝聚力了。亚历山大困在塔甘罗格，科利亚搬进了一个肮脏的廉租公寓，万尼亚常年待在沃斯克列先斯克不回来，玛莎大部分时间都花在课程上，课余时间就住在女朋友家里，米沙还留在家里为申请大学做准备。安东自己在家里，终于可以自由自在了——当然，帕维尔回家过夜的晚上除外。如果帕维尔回家，安东就去列维坦和科利亚那里借宿，或者在娜塔利娅·戈

12. 家庭分离

登家学习和写作，因为那里没有人抱怨他浪费蜡烛。在财务问题上，这位破产人士教训起儿子们来可谓振振有词，他曾写信说：

> 科利亚和安托沙，你们总是喜欢把事情拖到最后。我已经告诉你们好多次了，要准备好十卢布付房租。你知道这不能推迟，我喜欢守时。你们让我陷入了很尴尬的境地，房东来了，我羞得满脸通红。这对我这个年龄的老人来讲不合适，我是一个体面的人。[1]

---

[1] 见图书馆手稿部，331 81 16：帕维尔·契诃夫给安东和尼古拉的信，1883 年 1 月 2 日。

13. 莫西娅之死

（1883—1884）

　　安东·契诃夫狂热地投入工作和学习时，两个哥哥亚历山大和科利亚却陷入了自怨自艾的酗酒状态。1883 年 3 月，安东一边为《花絮》和《观察者》创作周更小说，一边参加莫斯科大学的一系列医学考试：他在尼古拉·斯克利福索夫斯基教授的手术操作课上取得的成绩是 "4"（好），妇科学的成绩是 "5"（优秀）[1]。由于沙皇亚历山大三世在莫斯科举行加冕礼，医学院的许多考试推迟到了 9 月份举行。

　　于是，安东可以稍事放松，把注意力暂放到艺术和家人身上。他对没有出息的人从来没有多少耐心：他在俄罗斯剧院演员身上看到了与自己哥哥身上一样的弱点和专业精神的匮乏，当代戏剧界似乎就是大行其道的亚历山大和科利亚们。他对这种状况十分反感，对剧作家亚历山大·卡纳耶夫（Aleksandr Kanaev）说："我们的演员什么都有，就只缺乏良好的教养和文化，换句话说，高贵……我很担忧现代戏剧的未来。剧院不是啤酒花园，也不是鞑靼餐厅。"

　　安东强迫父亲也对亚历山大的家人做出一些高贵姿态来。显然，帕维尔对亚历山大也不是完全漠不关心，他承认了亚历山大的家人：

---

[1]　有关安东·契诃夫医学学习的情况，可参考 E. 梅夫的《创造力中的医学》（*Meditsina v tvorchestve*），基辅，1989。

13. 莫西娅之死

> 亲爱的儿子亚历山大！你必须在复活节时给玛莎弄一件帕默斯顿外套来，她非常需要。我这里没有办法订购到。你答应了，就要及时送来。我们都很好，妈妈牙疼。我们没有收到你的信。问候安娜，吻一下莫西娅，祝福你。 爱你的父亲 P. 契诃夫。[1]

玛莎自然没有收到亚历山大寄来的帕默斯顿外套，但亚历山大得到了一点父爱。帕维尔几杯酒下肚后，甚至对人吹嘘起亚历山大的海关制服来。现在，安东每个月能从《花絮》杂志得到六十卢布的稿费，这笔收入维持了家庭的体面，家里有了一架钢琴，雇用了一个仆人。《闹钟》杂志的老板利迪娅·乌特金娜（Lidia Utkina）付给科利亚的稿酬都是实物。契诃夫家有一张桌子、一个烛台和一个挂钟就是科利亚挣来的，这些东西他们用了一辈子。

1883 年复活节，安东也向亚历山大伸出援手，说服尼古拉·列伊金发表了亚历山大的小说。起初，列伊金并不知道安东推荐的这个人是亚历山大，问他："这个蜥脚艾迪尼辛是谁？"亚历山大此时远离彼得堡两千公里之遥，需要弟弟安东助他一臂之力，再次成为一名业界写手。据说，政府公务员禁止进入大众媒体，而亚历山大的一些故事就是以海关为背景的，所以他需要有人为他打掩护。安东向他指出过新闻记者的穷困生活，要如何整日与无赖恶棍打交道，微薄的收入也只够养家糊口。亚历山大并未理睬这些警告，他感到生活快乐了一些。现在，亚历山大有爱侣娇女在侧，他还让人把他的狗和娜佳——安娜·索科尼科娃与第一任丈夫加夫里尔·索科尼科夫（Gavriil Sokolnikov）的女儿——带来，他甚至考虑让费尼奇卡姨母来帮他管家。他写信给万尼亚说（1883 年 4 月 23 日）："我的小女儿苗壮成长……给我带来很多快乐……我变得很像咱们的爸爸，安娜非常依恋我，成为我不可分割的一部分，我对现在的生活非常满意。"

安东对亚历山大的态度友好了许多。1883 年 4 月，安东在给亚历山

---

[1] 见图书馆手稿部，331 81 13：帕维尔给亚历山大·契诃夫的信，1874—1894 部分，1883 年 3 月 22 日。

大的一封长信中，提出了他对女性和性别问题的看法。安东邀请亚历山大参与他获得医生资格后的学术论文《性别优势史》（*History of Sexual Dominance*）的写作，这篇论文是以达尔文的《物种起源》作为理论模型的。基于对从昆虫到人类社会的广泛调查，安东认识到，社会进化阶段越高的哺乳类动物，在性别方面越趋向于平等；然而他也相信，即便受过教育的女性在社会地位上仍然处于劣势：

> 女人不是思想家……我们必须帮助自然，就像人类产生出牛顿这样完美的头脑来帮助自然一样。如果你理解了我的想法，那么：1. 就如你看到的那样，问题是客观存在的，并不像那些瞎胡闹的宣传妇女解放的人和主张脑含量学说的人所宣传的那样……纵观妇女大学的历史，有一点让人好奇：它们已经存在三十年了，而女性医务人员（优秀的医务人员！）却没有发表过一篇严肃论文，这证明她们在创新领域被弱化了。

安东阅读过赫伯特·斯宾塞（Herbert Spencer）和列奥波德·冯·萨克-马索克（Leopold von Sacher-Masoch）的女权主义论著，然而，他的思想被亚瑟·叔本华的《论女性》（"Essay on Women"）所宣扬的厌女症给洞穿了。从个人角度来讲，安东与女人难以达到和谐这个问题已经开始让他备受折磨。他的性欲冲动并不是因为道德败坏，他的滥交也只是由于他对任何一个女人的兴趣都转瞬即逝。动物学家可能会将安东·契诃夫的这种性欲特征与猎豹相类比，因为猎豹只能与陌生者交配，猎豹间一旦建立了亲密关系，它们就变得性无能了。安东的性无能和他与妓女的密切往来有关——也许是原因，也许是结果。面对喜欢的女人，他无法勃起（更糟糕的是，他不喜欢让他勃起的女人），安东·契诃夫对此深感苦恼；而后来病体沉疴时，他根本无法勃起。他告诉亚历山大和安娜·索科尼科娃：

> 我实在没有办法把自己绑在某个女人身上，虽然有很多机

会……只要和她上过一次床，下次就再也不行了。该有的成人用品我都有，但我就是无法勃起——我的能力被埋没了……我现在喜欢一个希腊姑娘……对不起，安娜，我知道，对您的病人［指生病的亚历山大］提到希腊姑娘会让您嫉妒。[1]

　　学生们的恶作剧给安东·契诃夫带来一些快乐，他们一起策划了一些有破坏性后果的活动。安东、科利亚、列维坦和另外一个艺术系学生，从一个摊主那里买来橘子，然后以低得吓人的价格出售，摊主把他们送进了拘留所。考试结束后，安东、科利亚、万尼亚、米沙和另外三名年轻的医生，从切基诺的医院出发前往圣萨瓦修道院，走了一段长达二十五公里的朝圣之旅，然后前往位于兹韦尼哥罗德（Zvenigorod）的医院，拜望同事弗拉基米尔·佩尔西斯基（Vladimir Persidsky）医生。他们在佩尔西斯基的花园吃饭时，放声高唱一首很流行的禁歌："告诉我，哪里的俄罗斯农民不受苦？"结果，他们被当地警察指控阴谋颠覆政权。虽然《俄罗斯报》（*Russian Gazette*）和一些有权势的朋友从中斡旋，但莫斯科长官还是迫使佩尔西斯基医生离开了兹韦尼哥罗德。安东·契诃夫第一次亲历了社会不公正，他的愤慨情绪渗透到了作品的字里行间。

　　1883 年夏季，安东·契诃夫在沃斯克列先斯克第一次有机会进入上层社会。对安东来讲，如果说哥哥亚历山大和科利亚是拖他后腿的人，那么弟弟万尼亚就称得上是他的"贵人"。万尼亚把安东介绍给了驻扎在沃斯克列先斯克军营的几位中尉军官：叶戈罗夫（Egorov）、鲁道夫（Rudolf）和爱德华·特什科（Eduard Tyshko）兄弟二人，以及博列斯拉夫·马耶夫斯基（Boleslav Maevsky）上校和他的三个孩子。爱德华·特什科在土耳其战争中受伤后，在公众场合露面时总是戴着一顶黑色丝质帽来掩饰伤口，人称"戴帽子的特什科"，他对女人具有不可抗拒的魅力，他后来也成为契诃夫家的亲密朋友。安东与军官们的友谊 *99*

---

[1] 这段文字（1883 年 5 月 13 日）被从《契诃夫全集》中删除：见 20 世纪 90 年代早期的莫斯科流行周报《教堂钟声》（*Kuranty*），1993 年 9 月 8 日，9。

也经历了考验：叶戈罗夫中尉曾向玛莎·契诃娃求婚，玛莎征求安东的意见，而安东警告叶戈罗夫离玛莎远一点。1884年夏天，叶夫根尼娅从叶戈罗夫手里租了一栋别墅，毫不奇怪，这位中尉表现得非常糟糕。叶夫根尼娅向玛莎抱怨说："这个房子太糟糕了，我们想搬出去，因为叶戈罗夫什么都没有留下，我们必须从莫斯科搬来所有的盆盆罐罐……他把家具都锁上了，上了封。"直到1890年，叶戈罗夫中尉才与安东·契诃夫言归于好。

万尼亚·契诃夫在沃斯克列先斯克与人结下的友谊，也延伸到他的兄弟们身上。有一次，万尼亚被一场暴风雪困在一个圣诞聚会上，一个客人让他搭乘自己的雪橇回家。这个人就是阿列克谢·基谢廖夫（Aleksei Kiseliov），他在从沃斯克列先斯克沿伊斯特拉河（Istra）上行三公里多的巴布基诺（Babkino）拥有一座庄园。阿列克谢·基谢廖夫是一位与当朝显贵有着千丝万缕联系的赤贫贵族，他时常怀念过去的放荡生活。基谢廖夫的妻子玛丽亚·基谢廖娃是一名写作爱好者，在生活中却是一个一本正经、谈性变色的人。基谢廖夫一家人非常喜欢玛莎和安东，他们在沃斯克列先斯克建立起的友谊持续了一辈子。安东·契诃夫通过基谢廖夫的生活环境瞥见了一个新世界，他在剧本《三姐妹》中对军官生活的精准描写，对俄罗斯地主世外桃源式环境的描述，都得益于此。玛莎在巴布基诺庄园学会了如何做一名淑女，安东也在此结识了一些知识分子。例如，其中一人叫帕维尔·戈洛赫瓦斯托夫（Pavel Golokhvastov），他是一位地方法官，与他的剧作家妻子都是斯拉夫文化的支持者。基谢廖夫一家人和契诃夫兄妹一起出去钓鱼、玩槌球，安东与他家的仆人和挤奶女工打情骂俏。安东进入了俄罗斯的知识分子圈子。然而，与米沙和玛莎不同的是，安东在沃斯克列先斯克还有工作要做。安东·契诃夫在切基诺医院帮了阿尔汉格尔斯基医生很大的忙。1884年夏天，与万尼亚和基谢廖夫一家在沃斯克列先斯克的经历不仅提高了安东的医术，也增强了他的社交技能。

安东不在家的时候，帕维尔发脾气说："你们可真是好孩子，把有病的母亲扔在一边，自己去找乐子。幸好上帝救了她，可你们还是没有一点同情心。饱受煎熬的帕维尔。"

很快，叶夫根尼娅也离开莫斯科去了塔甘罗格。安东说服亚历山大相信，母亲比费尼奇卡姨母更适合帮助他打理家事："母亲非常想来探望你们，如果可以的话，你叫她去吧。母亲的精神头儿还足，也不像姨母那么难以相处。"于是，叶夫根尼娅去了塔甘罗格。后来的事实证明，这是一个错误的决定。亚历山大的家里又脏又乱，仆人们各行其是，亚 *100* 历山大的工资经常几天内就花光了，安娜·索科尼科娃根本不会料理家务。素来不善应变的叶夫根尼娅来了这里甚至连咖啡都喝不上，也找不到一张干净的床铺睡觉。米特罗凡和妻子柳德米拉也没有照顾叶夫根尼娅，因为他们在她到达几天后，就带上两个孩子出发去莫斯科看望帕维尔了，然后又去了沃斯克列先斯克。到塔甘罗格还不到一个星期，叶夫根尼娅就彻底绝望了：

> 安托沙，看在上帝的分上，尽快给我送点钱来，哪怕一个卢布也行，我不敢问你父亲要，我得给自己买面包才行，晚饭就更别指望了……等米特罗凡回来时，让他顺便把回程路费给我带来。反正他们不在的时候，我也走不了，我把我的柳条箱子借给他们了，真是讨厌，我觉得我要病了……亚历山大非常非常不高兴，除非科利亚来了。E.契诃娃。求求你给我回封信吧，不要告诉任何人我对你说的这些话。[1]

任何人都不可能指望得上叶夫根尼娅，因为她本人就需要别人的呵护。两个星期后，她恳求孩子们马上给她送来返回莫斯科的车费。

为了方便给尼古拉·列伊金连续供稿，安东离开沃斯克列先斯克，回到了莫斯科。然而，亚历山大、安娜和婴儿莫西娅也跟着叶夫根尼娅来到了莫斯科，这样，安东只能躲在"娜塔舍夫"·戈登家，或者和利奥多尔·帕尔明一起住在郊区，在那里蹭地方写作。列伊金不允许安东

---

[1] 见图书馆手稿部，331 33 126：叶夫根尼娅给安东·契诃夫的信，1883 年 7 月 2 日。

做任何新的写作尝试，如果安东给别的莫斯科期刊写了稿子，他更是要大发雷霆。他唯一能容忍的只有《观察者》杂志，因为他要顾虑到契诃夫家在那里的关系。列伊金拒稿了安东那一年创作的唯一一篇较长的作品《他明白了》（"He Understood"），这是以沃斯克列先斯克为背景的一篇饶有趣味的作品：一个农民射杀了一只椋鸟，因为偷猎而被拘留；但是，他说服了气愤的地主，获得了释放，因为这个农民对打猎的痴迷就如同地主的酒精中毒一样不可救药。1883 年末，安东·契诃夫第一次以真实姓名在杂志《自然与田野运动》（*Nature and Field Sports*）上发表了一篇故事。[1]

安东在 1883 年夏天创作的两个故事非常值得一提。一篇是在《闹钟》杂志上发表的《嫁妆》（"The Dowry"），这是一个读来令人忧伤的故事：醉酒的叔叔让女主人公失去了嫁妆，但她的未婚夫却无能为力。这个故事的力量在于叙述者徒劳无益的同情心，结尾处的"您在哪儿，玛涅琪卡？"典型地展示出了契诃夫式"主人公"的无奈与悲怆。另外一篇《阿尔比恩的女儿》（"The Daughter of Albion"）则是关于一个相貌丑陋的英国女家庭教师遭受雇主冷遇的故事，这是契诃夫为《花絮》创作的第一篇赢得文名的作品。俄罗斯人经常开玩笑说英国女人性冷淡，安东·契诃夫自己也写道："如果俄罗斯人是从喜鹊演化来的，德国人是从狐狸演化来的，那么，英国人就是从冻鱼演化来的。"然而，《阿尔比恩的女儿》中的"钓鱼"故事则蕴含着一派自然的诗意，这来源于安东在巴布基诺夏日垂钓的经历。故事中对乡村风物的抒情性描写舒缓了对男女主人公的嘲讽和挖苦，这种写法在安东·契诃夫的作品多有呈现。

尼古拉·列伊金想方设法从他最受欢迎的作家手里榨出更多的作品。《莫斯科生活花絮》专栏每周刊印，安东用两个笔名供稿，稿件几乎占了专栏的一半内容。科利亚·契诃夫虽然不太靠谱，却也是列伊金最好的插画画家，列伊金专门从彼得堡给他送来特殊的"抹布纸"。8

101

---

[1]《自然与田野运动》的编辑萨巴涅夫是契诃夫的化学老师的兄弟，他没有给安东·契诃夫付稿酬。

13. 莫西娅之死

月将尽，安东·契诃夫最后一年医学院的学习即将开始，他写信向列伊金发牢骚说：

> 孩子（我哥哥的孩子，他们全家来拜访我们）在隔壁房间里哭闹，另一个房间里，父亲在给母亲大声诵读［列斯科夫的］《被缚的天使》，这时又有人打开了音乐匣子，传来《美女海伦》的音乐。我真想逃到乡下去，只是现在是凌晨一点……即便是作家，也想象不出一个比这更恶劣的环境了。哥哥占了我的床，还总是拉着我不停地探讨医学问题："我女儿一定是肚子绞痛，所以才哭个不停。"当医生真是我的一个大不幸，每个人都觉得可以和我"讨论"医学问题……我庄严发誓，我永远不会要孩子。

看来，上天记下了这个誓言。

直到叶夫根尼娅从乡下回来，亚历山大一家返回塔甘罗格，契诃夫家在莫斯科的生活才算恢复常态。1883 年秋天，大学开学了，安东、科利亚的课业和玛莎的培训课程都搅在一起。叶卡捷琳娜·尤诺谢娃收到科利亚写来的一首玩笑之作《最后的告别》：（这首诗也有安东的功劳——契诃夫家的三个大儿子都有诗才）

> 梦游者抽着雪茄，
> 您在我所有的梦中漂浮，
> 带着爱的残忍利剑，
> 唇间闪现性感的微笑……[1]

科利亚很少长时间与家人待在一起。为了躲避债主和当局，他只好 *102* 躲藏在安娜·伊帕季耶娃－戈登宽大的裙子后面，安东也不再与他合作。

11 月下旬，科利亚从莫斯科去塔甘罗格探望亚历山大和安娜·索科尼科娃一家。这时，帕维尔惊恐地发现，亚历山大和安娜上次来莫斯科

---

[1] 见《契诃夫全集》，18，82—83。

时，从他这里偷走了一些珍贵的东西，他命令科利亚来处理这件事：

> 代我向亚历山大问好。我为这两个人的堕落感到痛心，他偷走了我的结婚证，他打算靠这个生活，这让我太伤心了。把它给我拿回来，一定要从他那里给我拿回来。那些活着无法无天的人，注定要受到法外惩罚！[1]

帕维尔的这句"注定要受到法外惩罚"，成了契诃夫家的家庭名言。安东没有参与这些纠纷，因为他的注意力集中在更加广阔的世界上。尼古拉·列伊金知道，很多人对他的撰稿人安托沙·契洪特的身份十分好奇，于是，他就时不时地透露一点信息。1883 年 10 月 8 日，著名作家尼古拉·列斯科夫（Nikolai Leskov）与列伊金一起来到莫斯科。尼古拉·列斯科夫以小说《神职人员》（The Cathedral Folk）和富有影响力的故事《莫桑斯克的马克白夫人》（"Lady Macbeth of Mtsensk"）而名声大噪。列斯科夫和奥斯特洛夫斯基也是帕维尔·契诃夫最为推崇的在世作家。列伊金难耐心痒，把安东·契诃夫引荐给了列斯科夫。尼古拉·列斯科夫一向对年轻作家持怀疑态度，但是，安东对他而言是一个例外。安东带着尼古拉·列斯科夫体验了索博列夫巷的大小妓院。安东向亚历山大描述说，他们从综艺沙龙出来后就要回去了，列斯科夫和他坐上了一辆出租马车：

> 他半醉半醒地转向我，问道："您知道我是谁吗？""知道。""不，您不知道。我是一个通灵潜修者。""这我知道。"他以一副老人家的眼神紧紧地瞪着我，预言道："您比您的哥哥死得早。""也许吧。""我会像撒母耳膏立大卫王一样为你傅油……写作吧。"

---

[1] 见图书馆手稿部，331 81 15：帕维尔·契诃夫给尼古拉·契诃夫的信，1883 年 12 月 2 日。

13. 莫西娅之死

尽管安东·契诃夫对上帝存在与否持不可知论，而尼古拉·列斯科夫是东正教的忠实信徒，但是这两位作家在精神特质上却非常接近：在列斯科夫的后继者中，没有谁像契诃夫那样成功地继承了他的叙述天赋，更不要说契诃夫娴熟的以环境描写来塑造人物性格的能力，以及对自然与命运嘲讽却充满神秘主义的描写技巧。虽然与列斯科夫的这次邂逅没有给契诃夫带来什么大好前景（因为列斯科夫痛恨医生，而契诃夫在彼得堡也一直无法泰然自处），但这次会面决定了安东·契诃夫的命运：他是尼古拉·列斯科夫的后继者。

当时还有一些无足轻重的小作家，也把安东·契诃夫视为自己 *103*
的衣钵继承者。三十七岁的捉刀文人费奥多尔·波普多格洛（Fiodor Popudoglo）身患重病，他认为只有安东一个人了解他的病情；在 1883 年 10 月 14 日去世时，他把自己所有的藏书都留给了安东[1]。还有利奥多尔·帕尔明，虽然他与列斯科夫一样憎恶安东的医生职业，但与安东的个人关系非常亲密。帕尔明的热情体现在蹩脚的歪诗中：

> 我沉默地坐着，像一个流浪者。
> 同时，卡拉什尼科夫的好啤酒
> 给我带来幽默的欢呼，
> 在我的空杯中闪闪发光。
> 原谅这首粗俗的短诗，
> 就把它当成算术中的对数，
> 我只是随便想到这个……[2]

每隔几个月，利奥多尔·帕尔明就通知一次"安息先生"——帕尔明对契诃夫的称呼——他的新地址，比如"永眠墓地旁边（不要以为这

---

[1] 不巧的是，波普多格洛的书对安东·契诃夫并无多大用处。契诃夫发现只有一本有关海军条款的古文物研究汇编可在写作时增强喜剧效果，他把其他的书都交给了收废品的人。

[2] 见图书馆手稿部，331 55 8：利奥多尔·帕尔明致安东·契诃夫的信，1883—1886。

是死亡巷棺材楼的吻别公寓，这里是一个对任何医生，尤其是年轻医生，都很恰当的地址）"。

在医学院最后一年的学习中，安东·契诃夫已经熟悉了各种疾病，处理过从死亡登记到救治的各种情况。在神经疾病的临床实习和奥斯特罗乌莫夫教授（契诃夫后来也成了他的病人）的内科临床教学中，他必须给教授交上一份完整的病历。结业考试从冬天开始，考试内容令人咋舌：医学院的学生在最后一年里要重新参加之前所有的考试，这就意味着安东要参加七十五次考试和课程评估。安东·契诃夫对一例神经科病例的处理反映出他所处时代的流行的医学观点：年轻的铁路职员布雷切夫（Bulychiov）入院六个星期，临床症状是阳痿、精囊炎以及精神压力引起的后背疼痛。契诃夫诊断说，这是他在青春期频繁手淫造成的。他给布雷切夫开出的处方是：服用马钱子、溴化钾以及每天洗浴，洗澡水的温度要每天降低一度[1]。以现代医学观点来看，布雷切夫的病状是由于性交时害怕交媾中断而导致的心理疾病。而契诃夫以及当时的医学教授们将手淫视为一种淫秽的病态习惯，认为冷水浴和镇静剂能够起到治疗作用。

104   1884 年 1 月 24 日，安东在莫斯科的一个警察局进行了一次尸检，这次经历对他来讲很有意义。虽然伊万·诺伊丁（Ivan Neuding）教授只给了这个操作"3+"的成绩，但这份尸检报告却孕育了数个契诃夫的故事：

> 1884 年 1 月 20 日，他去了澡堂子。回家后，喝了茶，吃了饭，就上床睡觉了。1 月 21 日上午 8 时，他和往常一样说要去镇上，但9 点左右，人们发现他死了，是用腰带吊死在奥西波夫家的厕所里的。死者穿着日常服装，腰带的一头绕在他的脖子上，另一头绑在距离地面两米半高的木梁上……想要揣测埃菲莫夫自杀时的精神状态，我们掌握的线索极其有限：解剖头颅、胸部和腹腔后，能闻到

---

[1] 见俄罗斯档案馆，549 1 10：安东·契诃夫的病例记录，附有罗索利莫医生的评论（约 1920 年）。

13. 莫西娅之死

酒精味，这让我们断定，埃菲莫夫自杀时非常有可能是喝醉的。[1]

对安东·契诃夫来讲，法医实习与文学收获并行不悖。契诃夫的一篇侦探故事从《蜻蜓》得到了三十九卢布的稿酬，他们把这篇故事刊印在了年度"年鉴"上，这让列伊金大为光火。当时，侦探小说在俄罗斯广受欢迎，契诃夫的这篇故事与他尝试的其他侦探题材一样，十分富有创意。当时的俄罗斯与法国的情况相同，其司法系统实行独立的调查法官制度，这就使得俄罗斯侦探小说中的主人公比英国小说中的私人侦探更加真实可信。在故事《安全火柴》（"The Safety Match"）中，安东·契诃夫给那个克鲁索式的调查员[2]安上了自己的朋友久科夫斯基的名字。久科夫斯基侦探根据一根安全火柴寻踪索迹，最终发现"尸体"并没有死，而是与女友隐藏在一起，生活得好好的。

1884年1月，就在安东完成他的尸检课程报告之前，塔甘罗格发来一份电报：亚历山大的女儿莫西娅停止进食，陷入了昏迷，并且半身瘫痪。塔甘罗格的医生给她注射了甘汞、胃蛋白酶和麝香，还给她用了冷敷和溴化钾。安东通过电报发去了处置处方，但也于事无补。2月1日凌晨，莫西娅死于痉挛发作，当时安东和玛莎正在莫斯科参加一场舞会。亚历山大写信给安东说：

> 我实在受不了了。在我心里，在我周围，只响着一个声音：莫西娅！莫西娅！莫西娅！……安娜疯了，她什么也不想，什么也不干，只知道孩子没了。她脸上除了痛苦，什么也不剩了。处理殡葬的人来了，我们就站在那小尸体旁边讨价还价……讨论棺材是用椭圆形还是普通的，衬里是用织锦缎还是缎子。

然而，丧女的亚历山大和安娜并没有得到契诃夫家人的同情，因为*105*
"那些活着无法无天的人，注定要受到法外惩罚"。2月20日，帕维尔

---

[1] 见 A. B. 德曼编辑《A. P. 契诃夫：文件汇编》，1947，20—23。
[2] 克鲁索探长是美国系列喜剧电影《粉红豹》中的主角。——编注

133

写信给安东说：

> 安托沙，发发善心，管一管亚历山大吧，说服他离开安娜，他
> 该从癫狂中醒过来了……他更听你的话，说服他离开那个包袱吧。
> 他现在离开安娜并不难，孩子已经死了，他们还没有结婚。如果他
> 还在意我，还尊重我是他的父亲的话，他就能够战胜自己……他好
> 像还不理解，冒犯父母亲是怎样一宗大罪过。他迟早要在上帝面前
> 为此付出代价。他随便捡来这么一棵卷心菜，不征求我们同意就带
> 回来，扰乱了家里的平静和秩序，这对我们家来讲不是什么好玩的
> 事情……所以，上帝收走了他喜爱的孩子，可见他做错了，他必须
> 走正道，要像一个有知识的人一样，知道什么是好、什么是坏。照
> 着喜剧的样子去过日子，把自己的日子过得像一个故事，这相当不
> 体面。他的罪行和不幸也侮辱了我们，这太可怕了。

亚历山大·契诃夫未曾发表的日记《我的日常生活和稍纵即逝的想法》，表明他也有过类似的想法：

> 1884 年 1 月 25 日：安娜……从来不理解我，也永远不会理
> 解我。
> 1884 年 2 月 1 日：没有莫西娅，我没法儿和安娜再过下去了……[1]

帕维尔压下了内心的反感。1884 年春天，亚历山大以"父亲健康状况不佳"为借口，调任到了莫斯科。他和安娜·索科尼科娃带着两个"拖油瓶"孩子舒拉和娜佳，一起来到莫斯科，与契诃夫家人在沃斯克列先斯克生活了一段时间。亚历山大的日记反映出他与安娜感情的一些坏征兆：

---

[1] 选自《契诃夫全集》，2，473。

13. 莫西娅之死

1884 年 3 月 25 日：一整天没有人围着我团团转，既没有妻子，也没有她的孩子。该怎么庆祝这样的日子！我兴高采烈地与安东聊课业，与尼古拉谈艺术，和伊万辩论！

然而，怜悯之心还是把亚历山大绑在了安娜·索科尼科娃身边，直到她去世。现在，安娜已经怀上亚历山大的第二个孩子，妊娠四个月。

莫西娅之死对安东·契诃夫的影响比他表现出来的要大得多。他在一个影集中保存了一张小莫西娅的照片，这个影集是一个病人为了表达感激之情而送给他的。

14. 执业医生

（1884 年 6 月—1885 年 4 月）[1]

　　1884 年 6 月 16 日，安东·契诃夫从莫斯科大学校长的手中接过了一张全科医生证书，这表明他从此不用服兵役，也不用缴纳人头税，还拥有了某些绅士特权。契诃夫也设想给自己的作家生涯领到一个毕业证。在尼古拉·列伊金的帮助下，他甄选出自己最好的作品，结集出版了小说集《墨尔波墨涅故事集》(*Tales of Melpomene*)，印数为一千两百本，两百卢布的印刷成本将在出版后四个月内付清。这本书给安东·契诃夫挣来五百卢布——十倍于列伊金在 5 月份付给他的稿费，更重要的是，这本书引起了公众的注意。然而，如果想前往彼得堡扩大影响力，安东必须筹集到一百卢布的车旅费。列伊金认为，安东·契诃夫前往彼得堡的时机还不成熟；相反，他邀请契诃夫和帕尔明和他一起去卡累利阿（Karelia）湖区游玩，但契诃夫没有去。

　　5 月份，契诃夫与帕尔明经常见面，有时，科利亚和戈登家姐妹也在场。通过研究帕尔明和其伴侣以及他们那令人瞠目的饮食习惯，安东锻炼了自己的诊断技能。在最后一场考试前夕，安东告诉列伊金说，利奥多尔·帕尔明将来一定会死于酒精中毒。后来，帕尔明与伴侣佩拉格娅结了婚，共同生活七年多后去世。

---

[1] 本章原文即将时间截至 1885 年 4 月，次章也的确从 1885 年 1 月开始。——编注

14. 执业医生

在巴布基诺，住着一个不太走运的贵族小说家博列斯拉夫·马尔克维奇（Boleslav Markevich）。1884 年 6 月，安东住在新耶路撒冷修道院旁边，闲时钓鱼、写作、采蘑菇，每隔一天在沃斯克列先斯克医院的罗扎诺夫医生那里帮忙。马尔克维奇住在基谢廖夫庄园附近的一座舒适的乡间别墅里，8 月份，安东告诉列伊金："这位年轻绅士患有心绞痛，可能会给您带来讣告生意。" 11 月份，马尔克维奇毫不意外地死掉了，基谢廖夫邀请契诃夫家搬到空出来的别墅里住。

沃斯克列先斯克的夏天被蒙上了阴影，因为科利亚害得万尼亚丢了工作。原来在复活节时，科利亚为了逗万尼亚学校的孩子们开心，给他们耍起了儿时在塔甘罗格唱诗班练就的敲钟技巧，在一些劣质陶器上"演奏"了一段大钟琴，这些陶器是他从一个醉醺醺的陶工手里买来的。不巧的是，学校校长撞见了这一幕，当场以亵渎上帝的罪名解雇了万尼亚。科利亚只好搬去与普什卡廖夫和两个戈登姐妹一起住，然后回到莫斯科去搅扰帕维尔。7 月份，科利亚又搞了一次恶作剧，在亚历山大的帮助下，他以帕维尔的名义给母亲写了一封信：

> 叶沃奇卡！……我们开始养猪了，它们到处拉屎，真是没办法。费尼奇卡向你问好。科利亚拿走了阿廖沙给她的所有钱，她现在从商店什么也买不到，什么也赊不到了……荣耀归于上帝……回家吧，我们必须得做果酱了。P. 契诃夫。

在接下来的一个星期，科利亚的行为更加过分了，帕维尔不得不提笔给安东写了一封信。事情的起因是：为了偿还科利亚拖欠的债务，法院执行官在契诃夫家举行了一次家产拍卖会。帕维尔把安东的行医招牌钉在门上，但也于事无补，他和费尼奇卡姨母只能当众忍受羞辱。安东为科利亚偿清债务后，法警离开了。心中有愧的科利亚对父亲说着讨好话：

> 亲爱的好心的爸爸……我这才知道，世上竟然还有这么卑鄙不

诚实的人。我缺乏经验，轻易信任别人，这才造成了这种局面。我只想为了家里（尤其是为了玛莎）好，尽可能把房子布置得雅致些……但是，您看那狡猾的乌特金娜干了什么？为了省钱，她给我送来的都是一些垃圾，完全不是我自己挑选的东西，根本没有我要求的百叶窗或窗帘。[1]

就这样，科利亚最后的一点信誉也丧失殆尽。

科利亚和安东此时都有了新情人来消磨时间。继戈登姐妹之后，又一组"三姐妹"——马尔科娃（Markova）姐妹——进入了他们的生活，三个女孩的名字分别是叶连娜（Elena）、伊丽莎白（Elizaveta）和玛格丽塔（Margarita）。马尔科娃三姐妹与她们的姨母柳德米拉·甘布尔采娃（Liudmila Gamburtseva）生活在一起，住在兹韦尼哥罗德附近的一栋乡间别墅里[2]。在科利亚和安东的口中，这三姐妹的昵称分别是涅莉、莉莉和丽塔，他们之间萌生了暧昧的关系。涅莉几乎取代了安娜·戈登在科利亚心目中的位置；而莉莉在1886年成为萨哈罗娃夫人之前，一直是莫斯科的科什剧院的演员，她与科利亚和安东的友谊维持了数年；丽塔当时已经结婚，称号为斯宾格勒（Spengler）男爵夫人，但她仍经常与玛莎和安东会面。马尔科娃姐妹取代了戈登姐妹在契诃夫兄弟生活中的位置。科利亚与涅莉陷入一时风流，后来受到安娜·戈登的感化，他才又回到她身边；而安东是让莉莉初试云雨的那个人。[3]

108　　安东陷在与马尔科娃姐妹的缠绵温情中无法自拔，后来还是医生的职责解救了他。罗扎诺夫把安东从医院拉出来，让他做尸检赚点外快，安东对尼古拉·列伊金说：

---

[1] 见图书馆手稿部，331 82 15：尼古拉给帕维尔·契诃夫的信，1879—1887。

[2] 马尔科娃家还有一个年龄小得多的四女儿，名字叫妮娜·马尔科娃。见俄罗斯档案馆，549 1 352和549 3 1中，伊丽莎白·马尔科娃-萨哈罗娃与妮娜·马尔科娃回忆契诃夫兄弟的部分。

[3] 见图书馆手稿部，331 82 21：尼古拉给安东·契诃夫的信，1883—1889；以及图书馆手稿部，331 47 45b：A. S. 基谢廖夫给安东·契诃夫的信，1886。

14. 执业医生

我坐在一辆飞快的三驾马车上，同车还有一位年迈的验尸官。他灰白头发，身材矮小，几乎听不到呼吸声，老得好像没有什么用处了，其实，他梦想成为一名法官已经想了二十五年了。我和当地医生经常露天尸检，有时在一棵小橡树的青枝绿叶下，有时在崎岖不平的马车道上……死者"不是本地人"，在田地里发现尸体的那些农民眼含泪水，以基督的名义恳求我们不要在他们村里尸检，"女人和孩子们会吓得睡不着觉"。……尸体穿着红色衬衫和崭新的裤子，蒙着一条床单，头上还有一条毛巾和一个圣像。我们向老人要一些水……这里有水，附近就有一个池塘，但没人愿意借给我们水桶用，因为觉得我们会弄脏了它……尸检的结果是，死者有二十根肋骨断裂，一侧肺水肿，胃里有残留的酒精味，是暴力勒扼致死。醉酒者的胸部曾遭重物撞击，可能是某个身强体壮的农民的膝盖骨。

后来，发表于 1899 年的故事《公差》（"On Official Business"），就凝聚了安东·契诃夫十五年的验尸经验。

罗扎诺夫是一名很好的医生，后来成为俄罗斯调查自杀案件的专家。另外，还有两位医生也成了安东·契诃夫终身的朋友，他们是切基诺医院（位于沃斯克列先斯克北部）的阿尔汉格尔斯基医生，和兹韦尼哥罗德村诊所的库尔金（Kurkin）医生。当然，安东·契诃夫医生吸引他们的绝对不是他的医术。7 月 22 日，一个隐睾症的男孩被送到沃斯克列先斯克诊所。手术时，孩子不停地动来动去，契诃夫医生晕了过去，人们叫来罗扎诺夫才最终完成了这台手术。安东·契诃夫曾在自己的故事里嘲笑医术不精的人：同年 8 月，在《花絮》发表的故事《外科手术》（"Surgery"）中，一个医学院学生拔牙时错拔了好牙，罗扎诺夫冷静地建议说："继续拔，直到碰到那颗坏牙。"

安东回到莫斯科，写作和行医并行不悖。莫斯科医生每次的出诊费是五卢布，算下来一年可能挣到一万卢布，这些收入足以支付出诊时的车马费。1884 年秋季，安东·契诃夫的诊所开业了，但他的行医收入着实微薄。他的病人们或者哭穷，或者大攀交情，付给他的诊费可能是一张照片、一枚外国硬币或者一个刺绣垫子。利奥多尔·帕尔明经常来盘剥他："持信人是我家厨师的丈夫，对这么一个病人，就是阿斯克勒庇俄斯医神也该给出建议……您给他检查一下，给他开些砷或者类似的东西。"尼古拉·列伊金也对契诃夫纠缠不休，唠叨着自己的失眠、疼痛以及他的药单子。9月份时，契诃夫询问列伊金，想知道彼得堡市政服务机构中的医生职位是否有空缺，因为列伊金比较了解政府内情。

在俄罗斯，病人可以在药剂师那里得到所有医生的地址，于是他们来到契诃夫的诊所寻医问诊。每日与伤寒、结核病和痢疾打交道，既害怕治死病人，又担心自己被感染，这些忧虑让安东·契诃夫时刻心惊胆战。病人们越来越离不开他，而他却不能像自己故事里描写的医生那样对病人置之不理。下面是一封典型的病人来信：

> 心地最善良的契诃夫医生！我非常迫切地请求您抽出一小时来我家一趟，安抚一下我的神经，我有些问题要问，希望您能好心地答应我的请求。我的女仆生病了，我担心这种病可能传染，就把她送到诊所，但是她太蠢了，从她嘴里什么都问不出来。您知道，我有孩子，他们对我来说比世界上任何其他东西都重要。我已经两个晚上没有睡觉了，满脑子的想法都很"悲观"。我希望今天晚上能见到您。向您致敬的柳博芙·丹科夫斯卡娅。[1]

安东·契诃夫也积极参与社会医疗领域的工作：他和两个同事带着一叠调查问卷，走访了索博列夫巷的大小妓院。契诃夫家为了改善窘迫的经济状况，急需寻找其他的收入途径。万尼亚还在找工作，安东敦促他在莫斯科安定下来，把"你的工资，我的微薄收入"集中共享。为了增加收入，安东开始接触令人厌恶的阿布拉姆·利普斯克罗夫（Abram Lipskerov）。利普斯克罗夫是莫斯科低俗小报《每日新闻》（*News of the*

[1] 见图书馆手稿部，331 42 7：柳博芙·丹科夫斯卡娅给安东·契诃夫的信，1884年10月。

14. 执业医生

Day）的主编，而契诃夫把这份报纸叫做《每日性闻》[1]。利普斯克罗夫为人卑鄙，即便是亲犹太的契诃夫都忍不住称他为"犹太佬"。利普斯克罗夫终于同意连载安东·契诃夫的最新故事《游猎惨剧》（"A Shooting Party"），从 1884 年 8 月到 1885 年 4 月共发行三十二期，每期稿费为三卢布；然而，即便这么一丁点儿稿费，阿布拉姆·利普斯克罗夫也很少及时兑现。安东派米沙去编辑部索要，拿回来的却经常是一张戏票，或者利普斯克罗夫的裁缝做的一条裤子。

《游猎惨剧》并没有得到读者应有的重视。与 1882 年的创作方法一样，安东·契诃夫刻意地模仿——甚至是滑稽地模仿——通俗剧的情节：破败的庄园，堕落的贵族，致命的红衣女郎，邪恶而神秘的波兰人等。这个故事值得关注的地方不仅在于它长达一百七十页的篇幅，堪称契诃夫最长的一部作品，而且它预示了英国侦探小说作家阿加莎·克里斯蒂（Agatha Christie）的风格。在《游猎惨剧》中，侦讯官卡梅谢夫构陷了主要嫌疑人，却被剧透——显然是《每日新闻》的主编利普斯克罗夫所为——他才是真正的杀人凶手。最终，在俄罗斯南部一座充满异国情调的野生花园里，一切归于破灭——《黑修士》（"The Black Monk"）和《樱桃园》的意境在此亦初现端倪。这个故事充满诗意，构思巧妙，堪称精彩。

110

尼古拉·列伊金既欣喜于安东·契诃夫名声大噪，又担心他花开别家。《墨尔波墨涅故事集》已经吸引来许多好评。9 月底，列伊金来到莫斯科，在与诗人列昂尼德·特列福列夫（Leonid Trefolev）的会面中提到："契洪特和帕尔明是《花絮》的两大支柱，我陪着他们喝得酩酊大醉，像父母一样教导他们我需要什么东西。"而契诃夫有自己的雄心规划。自从放弃写作学术性的《性别优势史》后，他又开始搜集参考书目，思考着一个新题目《俄罗斯医学》（*Medicine in Russia*）；当然，与他那些更加吸引眼球的故事相比，这个题目显得黯然失色了。现在，安东·契诃夫对现实的讽刺更加尖锐了，发表在莫斯科《娱

---

[1]《每日新闻》在 19 世纪 80 年代中期曾送递到契诃夫家，叶夫根尼娅读过，但帕维尔十分反感，然后就丢在一旁了。

141

乐》（*Amusement*）周刊上的故事《不要碰我》（后称为《面具》["The Mask"]）引起了列夫·托尔斯泰的关注。这个故事讲的是一个人在假面舞会上行为不端，但他亮出自己的权势身份后，逃过了惩罚。

在莫斯科，契诃夫家慢慢具有了某些贵族化的气息。指挥家彼得·肖斯塔科夫斯基（Piotr Shostakovsky）听了科利亚的演奏后，与他结为朋友，还有一些音乐家也成了他家的座上宾。从 1884 年 11 月开始，契诃夫家按照真正的小资格调，确定每个星期二晚上是招待客人和举办音乐会的时间。从某种程度上讲，老家长帕维尔——或者亚历山大和安东称呼的"特拉蒙塔诺"——现在待人接物温和多了。玛莎是哥哥们的女主人，为了兑现她承诺的"疯狂的夜晚"，她的聚会请来了杜尼娅·叶夫罗斯、马尔科娃家的莉莉与涅莉。利奥多尔·帕尔明向喜欢打探别人私事的列伊金汇报说："前几天我去了契诃夫家星期二的聚会，他们有一个'固定的晚上'聚会。"

最近的工作和名声提高了列伊金的身份，他对此十分自豪，处处以文明人自居，吹嘘说："我们可不像狗那样用左腿擦鼻子。"他认为，将安东·契诃夫引荐给彼得堡的时机已经成熟。契诃夫派娜塔利娅·戈登去拜访列伊金，打探消息。她回来后宣布，安东即将以作家和医生的双重身份前往彼得堡。尼古拉·列伊金此时也处于左右为难之中，他一方面希望自己的门生声名远播，另一方面也本能地想要维持自己对安东·契诃夫的垄断。列伊金自诩自己从不以个人利益为重，他先向自己的雇主、赫赫有名的《彼得堡新闻》（*The Petersburg Newspaper*）的主编谢尔盖·胡杰科夫（Sergei Khudekov）透露了投稿者安托沙·契洪特的真实身份，虽然一年前他就可以将安东介绍给彼得堡。胡杰科夫马上委托安东·契诃夫写一篇有关雷科夫诈骗案审判的报道，当时，这个审判正在莫斯科处于胶着状态。

15. 巴布基诺

（1885 年 1—7 月）

安东·契诃夫关于雷科夫诈骗案审判的报道在《彼得堡新闻》上受
到了欢迎。这次审判之所以值得一提，不仅在于法庭上有俄罗斯最有趣
的辩护律师普列瓦科（Plevako）的雄辩[1]，而且因为安东的右肺在开庭
时发生了一次不祥的大出血。1885 年 5 月，谢尔盖·胡杰科夫委托安
东固定为《彼得堡新闻》的星期一专栏（这一天并不是由尼古拉·列伊
金负责）创作小说。胡杰科夫认为，安东·契诃夫的文字蕴含着一股情
色的"气味"，每行只愿意支付七戈比的稿费。但《彼得堡新闻》是一
家主要报纸，不受书刊审查制度的限制，能够避免作品在"低级别"周
刊上发表时那种被审查后变得残缺不全的命运。列伊金给安东的稿酬是
每行八戈比，胡杰科夫是每行七戈比，如此算来，安东在彼得堡也可以
生活下去了。但若想在文学圈子里找到自己的位置，安东·契诃夫就必
须亲自出马。此时，安东仍然把医生职业放在高于文学的位置上。1885
年 3 月，列伊金坚持认为，如果安东想要在彼得堡谋到一个医生职位，
那他无论如何都要亲自来一趟彼得堡。

---

[1] 普列瓦科的名声在契诃夫的圈子里并不好。他与《闹钟》杂志的编辑——曾犯下杀
人罪的彼得·基切耶夫——得知一个外省剧院关闭后，普列瓦科花了五百卢布让演
员们从酒店来到剧场表演，这是一笔抵得上剧院全部票房收入的大钱。而他和彼
得·基切耶夫隐身在剧院中票价最低的顶层楼座上。

安东权且听任了利奥多尔·帕尔明对医生这个职业死鸭子嘴硬式的幽默，他也目睹了医生要面对的严峻现实。仅仅在莫斯科，每天就有上百个孩子死于寒冷与饥饿，那么将精力集中在遏制霍乱流行上又有什么意义呢？医生时时刻刻与病人接触，这本身就很危险。1887 年 3 月，刚刚取得医生资格的尼古拉·科罗博夫差一点死于斑疹伤寒；也有医生冒着感染霍乱和白喉的风险，舍身挽救病人[1]。做医生最让人难以忍受的是疲劳。病人可能以任何理由把安东拖到莫斯科郊区，熟人们也经常想也不想就叫他出诊。在 12 月份一个寒冷的日子里，米哈伊尔·久科夫斯基给安东写来一封信："看在上帝的分上，如果可能，请您今天晚上去看看我的妹夫艾夫格拉夫。我刚刚得到消息，他病得很重。请不要拒绝，我永远感激您。地址是克拉斯诺村，梁赞门旁边。"[2]

112　　新年夜的前两天，契诃夫又收到利奥多尔·帕尔明送来的一张便条："我正坐在窗边喝伏特加。一个年轻小伙子的肩胛上有一道深伤口，是一颗肉疔还是什么其他的——如果（未来）著名的契诃夫医生决定不了的话，那就只能是安魂曲先生、棺材先生、安息先生或是蛆虫先生的工作了。"帕尔明给契诃夫的诊费可能只是一首诗，反正很少有实用的东西。与病人打趣逗乐亦可能产生严重的后果。1885 年初，安东生活中的第三组"三姐妹"出现了，她们是亚诺娃（Ianova）姐妹——娜杰日达、安娜和玛丽亚，三个人都是很会卖弄风情的病人。这组三姐妹持续的时间并不长，1885 年末，斑疹伤寒流行，她们的母亲和三姐妹之一（她死时紧紧抓着安东的胳膊）去世。[3]

　　安东·契诃夫也暗自担心自己的身体状况。1884 年 12 月 7 日，他告诉列伊金，自己再次吐血了。安东一口咬定自己的肺没有问题，只是喉咙里的一根血管破裂了。他对中学时期的同学、记者彼得·谢尔盖因科（Piotr Sergeenko）否认"大出血（不是肺结核）"恰恰表明他知道真

---

［1］　1883 年 5 月 20 日，伊拉里翁·杜布罗沃（Ilarion Dubrovo）医生因为用口吸出一个孩子的感染膜而死于白喉，列斯科夫和契诃夫都有故事受此启发。

［2］　见图书馆手稿部，331 42 54：M. M. 久科夫斯基给安东·契诃夫的信，1884—1889。

［3］　见图书馆手稿部，331 64 46a：玛丽亚·亚诺娃给安东·契诃夫的信，1885—1886。

相是什么。他对别人只是谦虚地推说工作太多了，只对莉莉·马尔科娃透露过自己浑身疼痛。1884 年 12 月，在一个降神通灵集会中，屠格涅夫的"灵魂"明确地对安东·契诃夫说："您的生命在走向衰亡。"1885年 1 月 31 日，安东给米特罗凡叔叔写信，祝贺他当选塔甘罗格市议会议员，同时也流露出掩藏不住的焦虑："12 月份，我又吐了一次血，我决定从文学基金[1]拿出一笔钱来，去国外治疗。我现在好一点了，但仍然觉得有必要出国一趟。"

1885 年初，契诃夫家里安静了许多。萨韦列夫还没有毕业，再次住在契诃夫家，忍受帕维尔的脾气。帕维尔已经把费尼奇卡姨母请出家门，把她交给她自己的儿子去照顾，他也把科利亚拒之门外。安东没有催促科利亚搬回来住，只是敦促哥哥应该自己还债。然而，他对叔叔米特罗凡描绘出一幅家庭和睦的景象：

> 即使是妈妈这么爱发牢骚的人也承认，我们在莫斯科比原来生活得好多了，没有人管束她的花销，家里人个个健康。我们的日子算不上奢侈，但也没有人将就。万尼亚现在在剧院工作，他在莫斯科找到了差事，心情愉快。他是我们家最体面、最坚实的后盾之一……他工作勤奋，为人诚实。科利亚正在考虑结婚，米沙今年就要毕业了。

亚历山大终于在彼得堡找到了一份工作，他逼着《观察者》杂志的 *113* 编辑达维多夫结清稿费后便离开了莫斯科。亚历山大在彼得堡的新职位是消费税务官。1884 年 8 月 26 日，安娜·索科尼科娃生下了一个男孩，取名叫科利亚。当然，亚历山大的父母对此恼怒不已。亚历山大把安娜送回了图拉，打发她与亲戚朋友住在一起。这份在彼得堡的新工作给亚历山大提供了养老金、免费住房和取暖，他家里有一个女佣、一个奶妈，一条"见多识广"的猎犬格什卡（Gershka），还有一个新生婴儿。

---

[1] 1859 年在彼得堡成立的一个旨在帮助作家及其家庭解决困难的组织。

列伊金同意发表亚历山大的小说，还让他做安东的代理人，然而快乐转瞬即逝，因为薪水禁不起亚历山大的挥霍。1885年复活节后，饱受嫉妒和结核病折磨的安娜·索科尼科娃再次怀孕。在亚历山大家里，奶妈一直在断断续续地发烧生病，只好让她的丈夫搬来一起住，而女佣卡特卡不停从家里偷走食物。变形虫严重污染的涅瓦河河水让亚历山大一病不起。他告诉安东："我的肠胃胀气非常严重，放出的屁就够点燃这盏煤气灯给你写信了。"

科利亚已经从莫斯科艺术与建筑学院彻底消失了。他既不享有兵役豁免权，也没有有效的身份证件，只好转入地下，只有通过安娜·伊帕季耶娃-戈登才能找到他。他没有完成承诺的任何工作，这让列伊金非常恼怒。第二年春天，安东被迫干预这种状况，于是决定把科利亚带到巴布基诺的度夏别墅去，远离安娜·伊帕季耶娃-戈登："我会看管住那个骗子科利亚，没收他的靴子，把他关起来。"

在巴布基诺，租户契诃夫家与房东基谢廖夫家住隔壁。契诃夫家租住的就是去世作家博列斯拉夫·马尔克维奇住过的那座别墅，基谢廖夫家已经将其完全翻新了。（安东对列伊金承认，他希望晚上看到马尔克维奇的幽灵。）1885年5月6日，安东、玛莎和母亲先行出发前往巴布基诺，科利亚、万尼亚和米沙随后赶来。当时，铁路还没有修到沃斯克列先斯克，因此从铁路终点站到他们的目的地还有一段艰难的马车行程。他们在黑暗中涉险渡过伊斯特拉河，差点儿淹死在水里，玛莎和叶夫根尼娅吓得惊叫连连。等到达巴布基诺别墅，一家人发现一切都已安排妥当，甚至准备了烟灰缸和香烟盒。夜莺在灌木丛中鸣唱。列伊金并不赞成安东举家躲到乡下，5月9日，安东试图向他展示乡下生活的魅力：

> 我觉得自己就像生活在天堂，每天了无牵挂，只做些蠢事：吃、喝、睡觉、钓鱼，还出去打过一次猎。今天，我们用长矛钩上一条江鳕。前天，我的猎友打死了一只母兔子。画家列维坦（不是您的［阿道夫·］列维坦，而是风景画家［伊萨克·］列维坦）和

15. 巴布基诺

我们住在一起，他打起猎来可真疯狂，就是他猎到了那只野兔……
如果您今年夏天能来莫斯科，到新耶路撒冷修道院朝圣一次，我向
您保证，您会体验到一些从来没见过的东西……哦，那富饶的大自
然！您甚至可以将它俯身拾起，一口吞掉。

安东·契诃夫那些最快乐的故事都写于 1885 年夏天的巴布基诺，   *114*
然而，他也肩负着新的责任。除了看管不可理喻的科利亚，安东还要照
看画家伊萨克·列维坦。当时，列维坦和一个看门人住在河对岸的马克
西莫夫卡村（Maksimovka）。他是一个行事危险的病人。有一天晚上，
米沙和安东来拜访列维坦，他却举着一把左轮手枪向他们冲过来。安东
对尼古拉·列伊金（但列伊金告诉了彼得堡的所有人）说："这个可怜
人身上出现了不好的症状，他开始犯精神病了……有人告诉我他去了高
加索，他 4 月底回来了，但不是从高加索回来的。他想要上吊自杀，我
把他带到乡下来，现在他正和我一起散步。"

科利亚服用鸦片，也需要人照顾，但他神出鬼没，踪迹难寻。6 月
初，帕维尔写信给亚历山大说：

自从大家去了巴布基诺，我已经很长时间没有见到科利亚了。
他们说，他在莫斯科……有个女人代表安娜［·伊帕季耶娃-戈登］
从彼得罗夫斯科-拉祖莫夫斯科耶过来，拿走了他的床单……这就
是跟着女人走的后果，她们能把一个软弱的男人逼疯。显然，他已
经自暴自弃，整日酗酒，生活放荡，所以我们养育他付出的辛苦和
爱心都白费了。母亲好苦哇！她为他操碎了心。

出乎所有人的意料，科利亚竟然再次现身在巴布基诺。整个 6 月
份，安东都不敢离开乡下超过几小时，以免科利亚再次失踪，沉沦到酒
精、吗啡和安娜·戈登的床上去。

与兄长们的堕落相反，米沙·契诃夫正式被大学录取了，老父亲帕
维尔稍获安慰。5 月 10 号，安东怂恿米沙也来巴布基诺："在我眼前，

一派色调温暖而柔和的景观绵延开去：河流，河流更远处的森林。"安东写得最多的是关于钓鱼——飞边鱼、鳜鱼、白鲑鱼、江鳕、鲈鱼、鲤鱼——他还托人送来更多的渔具。安东·契诃夫的小说、戏剧和信件表明，他对钓鱼的研究，与写下《钓鱼大全》(*The Compleat Angler*) 的17世纪英国作家艾萨克·华尔顿 (Izaac Walton) 不相上下。安东并非伊斯特拉河上唯一的"垂钓迷"。庄稼汉尼基塔拧下铁路上用以固定枕木的螺丝帽做成鱼坠子来钓江鳕，因此而遭到逮捕——安东·契诃夫将这个头脑一根筋的人物写进了故事《凶犯》("The Evildoer") 中。

钓鱼使得安东·契诃夫的文笔更加抒情，《江鳕》("The Burbot") 就堪称写给垂钓迷的诗篇；而安东通过伊萨克·列维坦的视角观察到的自然景观亦丰富了他的写作。1885 年 5 月，他们二人带着枪、渔具或者颜料、画架多次长途远足。无论是在契诃夫的故事中，还是在列维坦的画笔下，这一时期的自然景观都呈现出令人回味的悠远意味。房东基谢廖夫一家人也赋予安东许多灵感：他们讲述艺术界的趣闻轶事，玛丽亚·基谢廖娃给大家朗读法国杂志和小说，这些都给安东的《花絮》稿件提供了素材。阿列克谢·基谢廖夫一直饱受妻子带来的压抑感，列维坦、安东和科利亚的放纵作乐的风格刺激了他的活力。9 月 20 日，基谢廖夫在信中开玩笑道：

> 亲爱的安东，谢谢您如此认真地满足了我的要求，那么精确地描述了您的私生子的模样，他们确实与您非常像。我马上把明信片给了那个放牛姑娘杜尼亚莎，告诉她您能干出什么好事来，如果她怀上您的孩子会是什么下场，她从此就别想过上好日子了。

1886 年 1 月，基谢廖夫对安东抱怨说："亲爱的安东，我的信和您的信的不同之处在于，您可以很放心地把我的信读给年轻女士们听，而您的信，我必须一读完就扔进炉子里，以防我的妻子看见。"

6 月初，为了缓解切基诺医院的阿尔汉格尔斯基医生的压力，安东承担了一些医生的工作，主持了对一个庄稼汉的尸检。7 月中旬，安东

15. 巴布基诺

一心牵挂的那个疯子把乡下愉悦恬静的生活搞得一团糟——科利亚又逃走了。列伊金写信告诉安东："几天以前，您哥哥亚历山大陪着科利亚一起来到我的别墅。他逼着我发表他的漫画……他确实是一个优秀的艺术家，但我们杂志不能与他打交道，因为他说话不算数。"[1] 一个星期后，醉醺醺的科利亚又出现在列伊金在彼得堡的办公室，带来了漫画，支走了三十二卢布稿费。7 月 20 日，科利亚现身在莫斯科的《闹钟》编辑部，然后直到 10 月中旬，无论家人还是朋友，无人知道他在哪里。6 月底时，伊萨克·列维坦也回到了莫斯科，因"卡他热"（他给自己的结核病起的名字）而卧床不起。他把宠物狗维斯塔（Vesta）托给安东照顾，还交了两卢布的托管费。科利亚·契诃夫和伊萨克·列维坦同为画家，曾经合作创作剧场布景。科利亚在列维坦还未动工的风景画布上画了一个人物，列维坦就在人物头上画出一片天空。他们二人的创作堪称互补——列维坦是一个容易兴奋的工作狂，不愿意描画人物；而科利亚无可救药地懒散，恰恰不喜欢画自然景观。但是列维坦并不愿意与科利亚一起待在巴布基诺，他对安东找借口说："我现在去乡下也没有什么意义了，无论怎样都是在毒害自己——莫斯科就是比现在脏上一千倍，我也已经习惯了……无论怎样吧，我希望能早日见到巴布基诺可爱的人们和您那张丑脸。" *116*

巴布基诺夏日炎热，安东又经历了一次大出血。尽管如此，他还是在 7 月中旬去了一趟莫斯科，与亚历山大告别。原来，亚历山大被任命为俄罗斯南部黑海沿岸城市新罗西斯克（Novorossisk）的海关主管，在赴任途中，他带着安娜、儿子科利亚和狗一起路过莫斯科。前往新罗西斯克的行程长达一千六百公里，要越过顿河和高加索地区，万尼亚与他们同行，协助照顾正在病中的安娜。自此一别，亚历山大和安东有一年多没见过面。

巴布基诺这个地方自具魔力，安东·契诃夫就是在这里为彼得堡创作了故事《猎人》（"The Huntsman"）。这篇故事短小精悍，语言朴实无

---

[1] 见图书馆手稿部，331 50 iv, g：尼古拉·列伊金给安东·契诃夫的信，1885 年和 1886 年。

149

华，主人公是一个私人猎场的看守人。安东·契诃夫对屠格涅夫手法的模仿使得这篇作品成为向一年前去世的屠格涅夫的致敬之作，不过它的成功更得益于列维坦精妙的构图视角和巴布基诺的自然氛围。这个故事中的庄稼汉形象孕育了契诃夫笔下爱情故事的模式，他成功地塑造了"契诃夫式"的伴侣：一个迟钝的男人，一个性爱无法得到满足的女人，通常无法和谐地交流共处的两个人；而对于自然环境的描写更是烘托出一种无可奈何的无力感。1885年7月18日，《猎人》在《彼得堡新闻》上刊登，彼得堡注意到了这个年轻的作者。

16. 彼得堡的呼唤

（1885 年 8 月—1886 年 1 月）

1885 年秋季来临，安东·契诃夫被卷入一股社交旋风中。在玛莎·契诃娃的众多朋友中，性格火暴的杜尼娅·叶夫罗斯十分惹人注目。当时，莫斯科当局对犹太人越来越敌视，但是她毫不妥协，仍然坚持使用自己的希伯来名字 Reve-Khave。安东·契诃夫曾与多位有夫之妇有过私通关系，比如，与他的前房东戈卢布（Golub）太太，与朋友的房东阿格莱达·舍平（Aglaida Shepping）男爵夫人。他唯一比较认真的恋爱对象是娜塔利娅·戈登，他的娜塔舍夫。娜塔利娅·戈登今年已经三十岁了，她离开莫斯科去了彼得堡。1885 年春天，她从彼得堡给安东写来一封语气暧昧的告别信：

> 小混蛋安托舍夫，我一心盼着你的来信，等得几乎受不了了。我能感觉到，你在莫斯科过得很快活，没人管你，自由自在，我真心替你高兴，也羡慕你……我还没有结婚，但可能很快了。我会邀请你来参加我的婚礼，如果你愿意，也可以带上你的舍平男爵夫人。但是，你也必须带上自己的弹簧床垫，因为这里再也找不到她那样可怕尺寸的女人了；如果她不来，就没有人让你快活了。既然（自从我离开后）你已经完全沉湎于酒色，你不可能没有——［娜

塔利娅在此处使用了破折号]。我不能再属于你了,我已经找到了自己的真命天子。

今天,你要参加一个舞会,我能想象得出你用尽浑身解数与叶夫罗斯和尤诺谢娃调情的样子。我很想知道,她们中哪个会赢。听说,叶夫罗斯的鼻子长出了五厘米,这是真的吗?那就太可怕了,太可惜了。想一想她亲吻的样子,想一想你们的孩子将来得长成什么模样,这些真是让我太担心了。我还听说,尤诺谢娃的胸围又大了一圈,哎,这又是一件麻烦事儿!……安托舍夫,虽然你在道德上已经无可救药,但至少不要毁了你的朋友,特别是那些已经结了婚的。你这个无赖!

118 我奉劝你不要结婚,你还太年轻……你给我写的信根本就是垃圾,因为我最关心的(超过任何其他事情的)是你的健康情况,但你却只字未提。你现在得了两种病:好色和吐血。第一种病并不危险,但是第二种病,我要求你告诉我最详细的情况……好吧,安托舍夫,也许你还没有忘记你的"小骷髅头",我相信,如果你来彼得堡,就证明你没有;如果你不来,说明你已经忘了她了……我随信给你寄来回信的邮票,否则,我真担心我的这封信就石沉大海了。再见了,安托舍夫。你的娜塔莎。我很高兴你的医术长进了,也许你可以少写点东西,那样你的身体就能更健康些。[1]

娜塔利娅并不是唯一在来信中寄上邮票、敦促安东回信的人,但这也不起什么作用。安东·契诃夫在彼得堡的主要任务是文学,而杜尼娅·叶夫罗斯对这个领域驾轻就熟,再无对手。

安东回到巴布基诺时已是秋天。《彼得堡新闻》的主编胡杰科夫还没有付给他稿费,与基谢廖夫家住在一起的生活成本更低些。等安东返回莫斯科时,契诃夫家已经从简易房中搬了出来。其实,这处房子通风良好,生活方便,并且房租也不贵,契诃夫一家已经在这里住了

---

[1] 见图书馆手稿部,331 62 27:娜塔利娅·戈登写给安东·契诃夫的信,是笔记本上的一张便签,契诃夫标记为1885年。

五年——这是安东·契诃夫到当时为止在莫斯科住得最久的一个地方。1885 年 10 月 11 日，契诃夫一家在等待房主油漆地板的时候，走到了莫斯科河南岸的亚基曼卡街，寻租到了列别杰娃（Lebedeva）夫人的房子，从此，他们的搬家旅程又开始了。新公寓很小，小到无法举行社交晚会，但是房租便宜（每个月四十卢布），并且新公寓离帕维尔工作的加夫里洛夫仓库很近。于是，"A. P. 契诃夫医生诊所"的黄铜铭牌镶嵌到了这里的墙上，除了星期二、星期四晚上和某些星期六之外，安东都得待在家里。一个月后，安东就向尼古拉·列伊金抱怨道："新公寓里一团糟，又潮又冷，如果不换个地方，我担心我的胸部又会像去年一样闹毛病：又是咳嗽，又是吐血……与家里人住在一起真是极端麻烦。"家里没钱购买燃料，《彼得堡新闻》的稿费经常拖欠几个月才能兑现，安东再次开始给《闹钟》写稿，每次都亲自去领稿费。

随着契诃夫家里的常住人口越来越少，冲突和口角也随之减少。在莫斯科大学学习法律的米沙，于 8 月 11 日玛莎生日那天遭到了帕维尔最后一次雷霆般的痛斥："你在学校受了这么长时间的教育，到了莫斯科后，反而变得这么粗野，一点也不谦虚，满不耐烦，举止粗鲁，你受的教育去哪儿了？"[1] 但现在的帕维尔已经安详平和多了。他给玛莎（她还留在巴布基诺）写了一封信，语气慈爱，还寄上了一张五卢布的钞票；他甚至给远在新罗西斯克的亚历山大、安娜·索科尼科娃和他们的非婚生子科利亚写信。护送亚历山大一家去赴任的万尼亚已经从新罗西斯克回到了莫斯科，在老父亲面前，亚历山大和万尼亚都说了对方的好话。父亲的宽恕深深感动了亚历山大，亚历山大写了一封充满温情的家信，详细报告了新罗西斯克的物价、教堂里各种仪式，这让帕维尔十分欢喜。帕维尔的态度也让安娜·索科尼科娃勇气大增："承蒙您允许我写上几行字，我迫不及待地要抓住这个机会……亚历山大不喝伏特加了，他听了您的建议，只喝一点葡萄酒。明年夏天欢迎您来我们这里。"[2] 亚历山大写给弟弟们的信看起来就没有那么乐观了。尽管他一再

119

［1］ 见图书馆手稿部，331 73 10：帕维尔给米沙·契诃夫的信，1885 年 8 月 11 日。
［2］ 见图书馆手稿部，331 31 1：亚历山大给帕维尔的信中安娜的附记，1885 年 8 月 13 日。

劝说万尼亚也到新罗西斯克来，在海关谋一份工作或是开办一所私人学校，但他的信实际上反映出他当前的生活状态很糟糕。亚历山大背着还不清的债务，生活比在塔甘罗格时还差。在塔甘罗格时，碰到危难至少还有亲戚们帮忙，在他的家里则"没有桌子，没有椅子，家徒四壁，只有科利亚的让人恶心的尿片，也就是毛巾"。亚历山大用废弃材料做了一个床架和一把椅子，但很快就用坏了。这里唯一的好处是工作还算轻松：

> 晚上 8 点，我喝醉了，睡着了……我喝得太多了，自己都觉得不好意思……上午我能钓到戈比斯鱼。我雇了一个女仆，但只三天就解雇了她……我指导人们，只需在外面的厕所里拉屎，撒尿露天就可以……我雇了一个佣人，是个妇女，不是年轻姑娘。哦，这个女人，我向上帝发誓，有一天晚上，我差点犯了错误，上了她而不是安娜。我不是粗俗，我只是想说，她的身材多么令人着迷，真可算得上是提香笔下《女人，美酒和歌》里的女人呵。

亚历山大怂恿安东，说新罗西斯克多么急需医生，土地有多么便宜，人们在医疗或房子上花多少钱，只是，在他如此生动地描述了自己的邋遢生活后，竟还想吸引安东搬到新罗西斯克来真是痴人说梦了。万尼亚和安东都拒绝了大哥的邀请，亚历山大转而对妹妹玛莎念叨起了自己的日子。1885 年 12 月 18 日，亚历山大告诉玛莎，他想"开始另一种生活，在那里，没人对他日夜不停地唠叨，不会被老人的咳嗽时时叨扰，也不用穿露出脏脚趾头的破袜子"[1]。

科利亚成天无精打采，靠给《闹钟》杂志画人物漫画，挣列伊金的稿费为生。（利奥多尔·帕尔明从 3 月份后就从安东和列伊金的视线中消失了。）9 月 14 号，列伊金向安东抗议，说科利亚欺骗他，安东回信说：

---

[1] 见图书馆手稿部，331 82 2：亚历山大给玛丽亚·契诃娃的信，1883—1887。

这不是酒瘾的问题，问题的症结在于女人！与伏特加相比，性 *120* 欲对工作来讲是一个更糟糕的障碍……一个意志薄弱的男人去找女人，和她滚床单，俩人绞在一起，直到腹股沟绞痛为止……和科利亚鬼混的那个女人非常肥胖，胃口很好。她在做爱前总是大吃大喝，她的情人忍不住也要喝酒，吃腌菜（总是腌菜！）。亚历山大也同样被一个女人的小手指头指挥得团团转。魔鬼才知道，这两个女人什么时候能放过他们。

现在，契诃夫家常住的人有安东、叶夫根尼娅、玛莎、米沙和费尼奇卡姨母，如果帕维尔不在加夫里洛夫仓库过夜的话，也回家来住。科利亚离开了安娜·伊帕季耶娃－戈登的住处，搬进一间肮脏不堪的出租公寓房里。1886 年 4 月 11 日，身为学校校长的万尼亚从自己工作的小学分配到了一套公寓。这套公寓有五个房间，提供免费取暖和照明，还配有一个佣人、一套含三角帽和紧身上衣的制服——这是最让帕维尔高兴的。亚历山大仍然住在新罗西斯克，与家人断了音讯。11 月底，契诃夫一家从列别杰娃夫人那间阴冷潮湿的出租房搬出来，搬进了万尼亚宽敞舒适的公寓，家里的每个成员都生平第一次拥有了自己的房间。契诃夫家星期二晚上的社交聚会也恢复了。契诃夫的朋友——无论是声名不佳却很有吸引力的利奥多尔·帕尔明，还是喜好卖弄风情的玛尔科娃姐妹——都喜欢来拜访这处热情好客的公寓。公寓的缺点在楼上：上面是厨师彼得·波德波林（Piotr Podporin）的餐厅，那里经常举行婚礼、舞会和葬礼，故而跳舞声、豪饮声以及陌生人的笑声或哭声不绝于耳。

1885 年末，尼古拉·列伊金与安东·契诃夫的关系已经很亲密了。列伊金把安东引为自己为数极少的知己之一，非常想向他炫耀自己那座宫殿一般的豪华别墅及庄园。列伊金的地产位于城外，在托斯纳河汇入涅瓦河的地方，四周松林环绕，狼群出没。列伊金频繁地给安东写信，寄往莫斯科的信件源源不断，那架势就如同安东寄往彼得堡的信件和稿件。安东的任何问题，列伊金都要评论上几句，比如他告诉安东，用牛奶来治疗科利亚的吗啡瘾。终于，列伊金敦促安东首访彼得堡。

1885 年 12 月 10 日，安东从莫斯科出发，前往彼得堡，在列伊金那里逗留了两个星期。尼古拉·列伊金给安东介绍了一些足以改变他命运的人，比如，小说界泰斗、前辈作家格里戈洛维奇，报界大亨、出版商人阿列克谢·苏沃林，以及苏沃林的首席作家、尖酸刻薄的维克托·彼得罗维奇·布列宁（Viktor Petrovich Burenin）。在彼得堡期间，列伊金片刻不离安东左右。然而，彼得堡文学圈对列伊金不屑一顾，这导致他们对安东·契诃夫的接受程度也大打折扣。在第一次拜访中，苏沃林和格里戈洛维奇对安东都很冷淡，《彼得堡新闻》的主编胡杰科夫甚至让安东空等了一场。这次彼得堡之行的唯一益处是列伊金同意给安东出版短篇小说集《莫特利故事》（*Motley Stories*）[1]。

在彼得堡逗留的两个星期内，安东·契诃夫也收获了一段友谊。维克托·比利宾（Viktor Bilibin）是一名新近取得行业资格的辩护律师和邮局官员，也是列伊金的编辑助理和首席作家。维克托·比利宾年长安东一岁，秉性纯直，求知欲强，慷慨大度。比利宾虽然没有一丝一毫安东身上的那股波希米亚气息，但他们之间互相信任。作为一名作家，比利宾相对于契诃夫的口味来讲，似乎过于温和了。比如，契诃夫在 1886 年 3 月批评比利宾是"棉绒"："身为专栏作家，您就像一个情人，需要女人对您说：'您对我太温柔了……您必须粗暴一些！'（顺便说一句，女人就像鸡仔，她们喜欢在那个特定的时刻被虐。）"维克托·比利宾虽然性情温吞，却在安东·契诃夫进军彼得堡文学圈时充当了引路人的角色，就像《神曲》中的维吉尔引导但丁一样。安东也只向维克托·比利宾一个人透露过，他不确定是否该与杜尼娅·叶夫罗斯确立配偶关系。

比利宾对他的老板列伊金从来不抱有任何幻想，他向安东警告了列伊金的奸诈机心：列伊金或许有意向彼得堡的出版商炫耀安东·契

---

[1] 安东·契诃夫对这个小说集的书名犹豫不决，他与列伊金的"二把手"维克托·比利宾一起讨论，策划出的名字都是列伊金风格的，比如《猫咪和鲤鱼》及《鲜花与狗》，列伊金本人建议取名为《在漩涡中》或《玩偶与面具》，绝望的契诃夫琢磨出一个题目：《买下这本书否则我打瘪您的脸》。

诃夫，但列伊金可不想让安东逃出他的掌心。安东也向亚历山大发出了同样的警告："与列伊金在一起，我饱受《圣经》中所描述的所有痛苦：'我一直忍到了最后。'……列伊金这个人不可信赖，他不停地给我和《彼得堡新闻》的合作找岔子、出难题。"

从彼得堡回来后，安东参加了一系列的狂欢活动：圣诞节、新年、他自己的命名日（1月17日）和莫斯科大学庆祝塔季扬娜日（1月21日），这才让他摆脱了与列伊金共处的噩梦。今年，他已经二十六岁了，他的青春——如果不是他的感觉的话——也渐行渐远。

安东借着参加朋友们的婚礼的机会名正言顺地放松享乐了几个星期。德米特里·萨韦利耶夫医生结婚了，尼古拉·科罗博夫很快也要步入婚姻的殿堂。新年时，莫斯科的艺术家亚历山大·亚诺夫、沃斯克列先斯克的罗扎诺夫医生、彼得堡的维克托·比利宾，都宣布了各自的婚礼。罗扎诺夫医生请安东做伴郎，玛莎做伴娘。安东为参加这场婚礼借了二十五卢布和一件晨礼服。在罗扎诺夫举办婚礼的早上，安东写信给列伊金说："今天是塔季扬娜日［莫斯科大学日］，估计到了晚上，我就烂醉如泥了。我正在穿晨礼服，完成伴郎的职责：医生娶了神父的女儿——杀手和葬礼承办人的组合。"基谢廖夫记载了在塔季扬娜日那天，*122* 狂欢者公开性交和大吃泻药的情形，据说吃泻药是为了醒酒[1]。基谢廖夫的描述并没有夸张。契诃夫两天后写信给新郎说：

> 我还没有从塔季扬娜日的狂欢中恢复过来。我在您的婚礼上一点儿也没有吝惜自己的胃，把自己吃撑了。然后我和乌斯片斯基（Uspensky）医生一起去了埃尔米塔什，然后去了韦尔德的餐厅，然后去了综艺沙龙……结果就是：钱包空了，脚上穿着别人的橡胶套鞋，头重脚轻，眼眶乌青，绝望悲观。不——我必须得结婚了。

---

[1] 见图书馆手稿部，331 47 45b：A. S. 基谢廖夫给安东·契诃夫的信，1886年。

基谢廖夫佯称，安东的这个想法更让他震惊而不是羡慕："您放荡起来没有底线，待揭开婚姻那伟大的神秘面纱后，您会用通奸的方法，把它终结在一个无人的酒店房间里。"1886 年 1 月 18 日凌晨，在第二十六个命名日聚会后，安东·契诃夫还宿醉未醒，但他必须果断行动了。

17. 短暂订婚

（1886 年 1 月）

对安东·契诃夫来说，在做出订婚决定之前，婚姻这件事已经让他 忧心忡忡十五年了。契诃夫对婚姻的态度让我们想起果戈理的喜剧《婚事》中的男主人公波德科列辛（Podkolesin）：当一心渴求的婚礼终于来临时，他却跳窗逃跑了。安东·契诃夫一直密切观察着婚姻。他目睹了父母四十年的婚姻，也深入思考过亚历山大、科利亚与有夫之妇的通奸。永远是伴郎，从来不是新郎的安东·契诃夫已经在不经意间落后于朋友们的航程，在尾流中漂荡。1886 年 1 月 14 日，在罗扎诺夫婚礼后的两天，安东写信给他说：

> 如果瓦尔瓦拉［罗扎诺娃夫人］不马上给我找到一个新娘，我就只能自杀了……我到了需要铁棒统治的时候了，就如同现在的您……还记得吗？笼子里的雀儿、茶炊亮闪闪的龙头、甘油香皂的清香，是一个已婚男人家里的标志……我的三个朋友都要结婚了。

但等安东的头脑清醒过来，他马上写了一部独角戏剧本《烟草的危害》（On the Harm of Tobacco），还告诉维克托·比利宾："我刚认识了一个非常优秀的法国女孩，虽然家境清寒，却是一个很体面的小业主的女儿……只是她的名字不是很体面：西鲁特小姐（Mlle Sirout）[1]。"四天后，安东再次写信给比利宾："我拜访了某位年轻女士，我向她求婚了……我这真是刚出油锅又落火坑……祝我婚姻好运吧。"

安东·契诃夫只对维克托·比利宾一个人透露过这次订婚。安东的未婚妻杜尼娅·叶夫罗斯是玛莎的密友，但玛莎也只是怀疑他们订婚了。契诃夫对列伊金更是全然否认了订婚的说法。1886年1月19日，契诃夫家公寓的楼上餐厅正在举行一场婚礼聚会："有人在跺脚，就像一匹马踏过我的脑袋……一定是伴郎。乐队轰鸣……这个音乐对兴奋的新郎、新娘来讲是够劲道，但它只能让我这个阳痿的人无法入眠。"安东一时冲动与杜尼娅·叶夫罗斯订婚，不是为了她的嫁妆，因为她的家庭并不富有，也不是想要子孙绕膝（他只从列伊金那里要过一只小狗崽）。亚历山大骄傲地描述了他如何目睹第二个儿子的诞生，说他给二儿子起名为安东，然后宣布以后他再也不会和安娜·索科尼科娃过夫妻生活了。虽然子嗣繁盛，但亚历山大从新罗西斯克给安东发来当头一喝，在下一封信中警告安东，"你还没有结婚。不要结婚……我已经忘了我上次睡觉是什么时候了"。

安东·契诃夫与杜尼娅·叶夫罗斯的订婚持续时间短暂，并且对外人秘而不宣。不过通过契诃夫写给比利宾的信可以追溯出这段关系中的是是非非。2月1日，安东、科利亚和弗朗兹·谢赫特尔一起参加了一场军营舞会。总戴着帽子来掩饰伤口的爱德华·特什科中尉就驻扎在这个军营。此时，安东对杜尼娅的热情已经冷却，他告诉比利宾：

> 感谢您未婚妻的记挂，请您告诉她，我的订婚可能是：唉，完了！审查不会通过的……我的"她"是犹太人。一个富有的犹太女孩是否有勇气皈依正教并接受其后果呢？——好吧，她没有——她也没有必要这样……不管怎么说，我们经常大吵大闹……通常第二

---

[1] Mlle Sirout［俄文意为"他妈的"］，几乎可以肯定地说，这是安东·契诃夫的创造，就像他称呼玛莎的女朋友约瑟菲娜·巴甫洛芙娜（Josephina Pavlovna）为 Zhopa［口语发音接近"屁股"］。

17. 短暂订婚

天就和好了，但是，不出一个星期就又吵起来……宗教的妨碍让她非常恼火，气得折断了铅笔，砸碎了我桌子上的照片——这倒是她典型的脾气……她撒起泼来真是可怕……我们即使结婚了，不出一两年，我也会和她离婚的，这是肯定的。

杜尼娅·叶夫罗斯的火暴脾气吸引了安东，也让他望而却步，更让安东在那一年的故事中塑造出一个个性欲旺盛、坚定自信的女主人公形象来。

1886 年 2 月 16 日，安东告诉比利宾："我的婚姻仍然悬而未决。"但到了 3 月 11 日，他写道：

> 我与未婚妻分手了。我们昨天见了面……我向她抱怨没有钱，她告诉我，她的犹太哥哥画了一张三卢布的假钞，几乎和真的一样：付给打扫房间的女工，女工收了，放在了口袋里。就是这样。在将来给您的信里我再也不会提到她了。

4 月初，比利宾再也不打听契诃夫的未婚妻的情况了。安东·契诃夫的放荡生活让维克托·比利宾忧心忡忡，他从文学和现实生活的角度与安东讨论了爱情和性爱的问题。对于自己的爱情生活，安东说面对玛莎周围那些"花团锦簇"的美丽女人，"他就像犹太人面对一个金卢布一样融化了"。杜尼娅·叶夫罗斯与安东解除婚约后仍然是契诃夫家的朋友，但是两年后，她与玛莎吵架断了交。那年夏天，在与安东断绝恋爱关系四个月后，杜尼娅·叶夫罗斯从北高加索温泉寄来一封信，体现出了和解的语气：

125

> 安东，在收到您的信之前，我就已经在给您寻摸一个有钱的新娘了。这里有一个商人的女儿。她非常有爱心，长得也不难看，相当丰满（符合您的口味），也笨得可以（也是一种美德）。这个姑娘拼命想要逃离妈妈的监管，她再也受不了那种压迫了。有一次，她

161

甚至喝了一桶半的醋，让自己脸色苍白来吓唬她妈妈。这是她亲口告诉我们的。我觉得您会喜欢她的。她非常有钱。[1]

杜尼娅·叶夫罗斯的犹太人身份是她和安东走到一起以及最终分手的重要因素。与许多俄罗斯南方人一样，安东·契诃夫钦佩和喜爱犹太人。他本人是一个犹太人捍卫者，还曾质问过比利宾，为什么在一封信中三次使用"犹太佬"这个蔑称。当然，他自己也使用过"犹太佬"这个词，有时不带感情色彩，有时语含贬义。与许多俄罗斯南方人一样，安东把犹太人看作一个种族，他经常用"犹太人"和"非犹太人"给初识的人分类。以当时的标准来看，他自己的言行也像是一个犹太人。

1886 年 1 月，安东·契诃夫给《花絮》投稿了两篇文章，我们可以借此推测出他对爱情和婚姻的悲观与怀疑的态度。其中一篇是读者征文：

> 《最好情书》的作者将赢得如下奖品：一张漂亮女人的照片，一份由主编与评委签署的证书，并可以自由选择免费订阅今年或明年的期刊……参赛条件：1. 只限男性参赛；2. 稿件不晚于 3 月 1 日发送至《花絮》编辑办公室，标明作者地址与姓氏；3. 稿件必须表白爱情，表明作者正经历着爱情或饱受煎熬，徘徊于热恋与真爱之间……；4. 必要条件为作者必须有文化，体面、温和，有趣而富有诗意……评委均为女士。

126　　　契诃夫的另一篇作品叫《有意结婚者指南》，文中列举了六种诱惑妻子的方法。书刊审查员没有放行这篇文章："尽管文章语言幽默诙谐，但这个话题缺乏道德感，描写性感，有失体面，充满愤世嫉俗的暗示，故而审查员未予通过。"已经订婚的比利宾告诉契诃夫，创作这种讽刺小品实属冒犯之举（1 月 22 日）："所以，审查员当然不会通过这种'对

---

[1] 见图书馆手稿部，331 64 20：叶夫多基娅·叶夫罗斯给安东·契诃夫的三封信，1886 年 6 月 27 日。编注：叶夫多基娅是杜尼娅的大名。

17. 短暂订婚

妻子的攻击'！嗯？……您这是自作自受。想想吧，您就要结婚了。"[1]

总而言之，安东·契诃夫此时更在意的是事业，而不是杜尼娅·叶夫罗斯。在 1885 年，他创作了大约一百篇作品，数量上与他过去十年里写的一样多。1886 年，安东·契诃夫已经成为《彼得堡新闻》胡杰科夫麾下的固定撰稿人，也吸引了更多严肃读者和作家的关注。给列伊金的《花絮》写稿并不能带来成就感，因为列伊金没有时间等待精品。列伊金自己写起文章来喷涌而出，他就觉得别人写作时也应该是这样。1885 年，《花絮》杂志受到了官方非常严格的审查，以至于它能否持续办刊都成了问题，安东的收入也因此受到影响。安东·契诃夫转而投向谢尔盖·胡杰科夫的《彼得堡新闻》，这一举措既有实际收益方面的考虑，也有个人因素的参与。契诃夫曾向比利宾（他对列伊金从来不抱有任何幻想）分析过列伊金的优点："如此书呆子气的人、这般热情的通信者、这么热心跑书刊审查中心的人，除了列伊金，您从哪里还能找到第二个？"然而，作为一名文学青年的引路人，尼古拉·列伊金对安东·契诃夫而言已经显得多余了。列伊金虽然富有魅力，但他那种处处以自我为中心，纠结于细枝末节的做法也着实让安东恼火。列伊金在1886 年 2 月 26 日写信给安东说：

> 我的胃还是让我不得安生，我一定是得了重度黏膜炎。铋对我一点也不起作用。我在十份药粉（十分之一）中添加了一粒可待因……昨天，我买了一头牛，花了一百二十五卢布，真是一头很棒的母牛啊。我本来想把它送到乡下的农庄去，但现在还不行，只能先把它养在我的住处，这里有一个备用马厩。现在，我们可以喝纯牛奶了。

针对列伊金的胃病，契诃夫建议他服用砷来治疗。（他给比利宾的处方也是用砷治疗，但安东和列伊金嘲笑比利宾胆子太小，不敢服用。）

---

[1] 见图书馆手稿部，331 36 75b：维克托·比利宾给安东·契诃夫的信，1886。

这时，与他中学时代有关的一件事激发了安东·契诃夫更加远大的志向。有一天，维克托·比利宾推荐安东阅读一篇短篇小说《我的婚姻》。这篇极富才华的小说发表在月刊《俄罗斯先驱》（*The Russian Herald*）1885 年的十月号和十一月号上。故事素材来自塔甘罗格文理中学，讲的是一名教员并不爱自己的妻子，爱的是嫂子，而妻子为了一个激进派演员背叛了丈夫并弃他而去，随后嫂子也追随妻子离开的故事。安东认出故事的作者费奥多尔·斯图利正是他中学时代的地理老师。《我的婚姻》给安东留下了深刻的印象，多年后，他也使用了这个题目以及其中的某些主旨创作了自己的故事。在写作上被自己的老师赶超，这件事刺激了他的雄心壮志。

127　　此后，安东·契诃夫笔下所及不仅有对大自然全新视角的审视描摹，而且有对莫斯科和巴布基诺的丰富生活的细腻描述，比如钓鱼、尸体解剖、解剖室培训以及足球历史等，这些内容使得安东·契诃夫的作品在胡杰科夫的《彼得堡新闻》上脱颖而出。故事《死尸》（"The Dead Body"）讲的是农民们守护一具尸体，直到当局人员到来；《普利希别耶夫军士》（"Sergeant Prishibeev"）着力刻画了一个自觉为当局效劳的狂热分子，他自以为手中掌控着法律，行为张狂，行文体现出旧日安托沙·契洪特那种微妙而非典型的风格。安东·契诃夫还大胆尝试描写疾痛。发表于 1885 年 11 月的《哀伤》（"Grief"）写的是发生在切基诺医院的一个真实故事：一位老车夫送将死的妻子去医院，自己却在暴风雪中冻伤致残。这篇文章赢得了著名诗人、翻译家与记者利奥多尔·帕尔明的赞赏。发表于 1886 年 1 月的《苦恼》（"Anguish"）讲的是一个马车夫死了儿子，心中悲伤不已却无人愿意听他诉说，他只能对自己的马儿讲述苦恼。这个故事让大哥亚历山大承认了他的写作才能。现在，安东·契诃夫终于严肃地对待自己的写作了（写信除外），他小心地将自己隐藏在一个立场中立、语含讥讽的作家形象的背后。在契诃夫名声大噪前夕，最值得一提的故事是《技艺》（"Artistry"）：一个酩酊大醉的农夫在冰河上竖起一个十字架。这是一篇典型的契诃夫式小说。《技艺》是一篇应景之作，适时地出现在相应的宗教节日——东正教的祝圣水节。然而，它也开启了安东·契诃夫的几个类似故事的先河：这些故事表现宗教的神秘，反映出一个并不完美的人创造出完美的艺术品。安东·契诃夫在写作上进行如此深度与广度的探索，很大程度上要归功于法国小说家莫泊桑的影响。莫泊桑在当时的俄罗斯广受推崇，比利宾和契诃夫在通信中就讨论过他的《漂亮朋友》（*Bel-Ami*）和《一生》（*Une Vie*）。《彼得堡新闻》在星期一的专栏上总共发表了安东·契诃夫的十多篇重要故事，前后历时三十多期，其影响极大地缓和了批评家们对一个外省作家的敌视态度：此人出身卑微，也未投靠任何一个大人物，却取得了如此骄人成绩，实属不易。

18. 前辈的赞誉

（1886 年 2—4 月）

　　1886 年新年，《闹钟》杂志的编辑亚历山大·库列平（Aleksandr Kurepin）从彼得堡回到莫斯科，他告诉安东·契诃夫，出版大亨阿列克谢·苏沃林希望契诃夫能为彼得堡的《新时代》星期六增刊创作稿件。契诃夫欣然同意，库列平把他的意思转告给了苏沃林。2 月 15 日，《花絮》发表了故事《在异乡》（"In Alien Lands"），这是契诃夫最好的消遣性作品之一，情节有趣但内容令人感伤：一个俄罗斯房主没收了他家法国客人的护照，强迫他沦为自家的奴隶。安东·契诃夫在《新时代》上首次亮相的作品是《安灵祭》（"Requiem"），这篇文章甚至使同一天发表的《在异乡》黯然失色。《安灵祭》乍看上去似乎是一则幽默故事：一位悲伤的父亲请求教堂为他死去的女儿—— 一位曾经小有名气的演员——祈祷，陈述她的职业是"妓女"，因为他找不到别的词来描述女演员这份工作。事实上，这个故事不仅开启了契诃夫笔下"女演员是社会弃儿"的写作主题，而且构建了"悲剧来自误解的喜剧"的叙事结构。阿列克谢·苏沃林给安东发来一封电报，坚称希望他用真实姓名发表这个故事。此前，安东·契诃夫一直保留真名，只用于发表学术性质的文章，他只在《自然与田园运动》上用过真实姓名。这次，他勉强同意了苏沃林的要求，笔名安托沙·契洪特从此销声匿迹。

尼古拉·列伊金无可奈何地接受了自己的门生改换门庭："我觉得，为苏沃林供稿对您更加有利，因为他几乎能付您两倍的稿酬。"（阿列克谢·苏沃林从一开始就以每行十二戈比的价格支付安东·契诃夫的稿费，而且分配给他的版面篇幅是列伊金的三倍。如此一来，契诃夫写一则故事就有可能赚到一百卢布。）列伊金和契诃夫二人之间时有口角，而争执由头也不仅仅是写作和发表故事。列伊金一向喜欢自我吹嘘，比如作为编辑他多么法力无边，作为男人性功能又何其强劲，安东·契诃夫回答道："以敲碎核桃的阴茎作为评估编辑能力的标准，这可以是一个很好的论文主题。"[1]从 4 月中旬开始，谢尔盖·胡杰科夫削减了《彼得堡新闻》分配给契诃夫的版面，以便为"当今时事"腾出空间。安东·契诃夫转向阿列克谢·苏沃林表示效忠：他给苏沃林和《新时代》发去一封贺电，祝贺报纸的十周年庆典。列伊金也来参加了《新时代》的庆祝活动，在庆典上，苏沃林给下属们颁发了金质奖章。列伊金使尽浑身解数与安东的新东家维系好关系，他看到苏沃林和格里戈洛维奇如此"迷恋"他的门生，简直受宠若惊。德米特里·格里戈洛维奇是俄罗斯文坛上首位形象地描绘俄罗斯农民苦难图景的作家，四十年来他只是坐享既得成就，但至今仍影响力不凡，他对文学的热情尤其富有感染力。

契诃夫已经揣摩准了阿列克谢·苏沃林的口味。《新时代》和它的主人的品味一样，刊发的报道与小说都偏好险恶的性爱描写和生动的自然主义。1886 年 2 月，安东·契诃夫为《新时代》创作的两个故事都是描写性欲旺盛的女人背叛丈夫：《阿加菲娅》（"Agafia"）中的女主人公冒着被丈夫殴打的风险，与情人共度良宵；《巫婆》（"The Witch"）是写一个女人厌恶自己无用的丈夫，在暴风雪之夜变魔术般地变出过路的男人。苏沃林对这些故事的反应，用比利宾的话说，"简而言之，就是狂喜难抑"；而契诃夫那些比较正统的朋友，比如建筑师弗朗兹·谢赫特尔和维克托·比利宾，则稍显震惊；甚至连生活放荡的德米特里·格

---

[1] 这段文字（1885 年 12 月 28 日）被从《契诃夫全集》中删除：见莫斯科流行周报《教堂钟声》，1993 年 9 月 8 日，9。

里戈洛维奇也持保留态度。3月底，契诃夫给苏沃林发来了故事《噩梦》（"Nightmare"）。这个故事写的是一个刚刚来到乡下的人，深深地被乡村神父和医生的贫困生活所震撼，行文间充满了关注社会的情怀，所描画的贫困景象未受任何"污染"。故事中的一个情节——医生的妻子亲自洗床单——引起了苏沃林的共鸣，因为这与他最念念不忘的贫穷记忆相同：他的第一个妻子安娜曾是一位老师，她就是自己洗衣服。

1886年3月25日，安东·契诃夫迎来了一份至高的赞誉。前一年夏天，契诃夫的《猎人》就让德米特里·格里戈洛维奇颔首赞叹，现在老作家更加确信，这个写作天才堪做他的接班人。他跟阿列克谢·苏沃林聊过，并给安东·契诃夫写了一封长信：

亲爱的先生，亲爱的契诃夫先生，大约一年前，我偶然在《彼得堡新闻》上读到您创作的一篇故事。我现在已经记不得名字了，但它的独创性打动了我，尤其是那非同一般的精准表达，以及对人物和大自然的真实描写。从那以后，我阅读了所有署名为"契洪特"的故事。当然，看到有人如此看轻自己而觉得必须用笔名来写作，这让我很生气。我阅读您的故事，也不停地建议苏沃林和布列宁学学我的样子，他们听了我的建议。现在，他们和我一样，对您的才华毫不怀疑，就是这种才华让您在新一代作家中鹤立鸡群。我既不是记者，也不是出版商，我能为您做的，只是阅读您的作品，而对您的才华，我也怀着深信不疑的信念。我已经六十五岁了，但我仍然深爱着文学，一直以满腔的热情去追随文学的发展。每当看到富有生机的天才之作时，我总是喜不自胜，所以，就如您看到的，我情不自禁地向您伸出了双臂。但还远不止这些。我还要补充一点：您的才华体现为多种技能，比如，您对内心感受的真切分析，纯熟的描写技艺（暴风雪、夜晚、《阿加菲娅》中的环境等等），文字的雕塑感；您用寥寥数语就可以描述出一幅完整的画面：落日余晖中的云朵，"像即将燃尽的煤块一样"，凡此种种——我敢肯定，您的毕生事业就是创作出几部真正有艺术价值的文学作品。如果您

130

辜负了这份厚望，您就是道义上的罪人。为了实现这一点，您必须尊重自己身上这份可遇不可求的天赋。我请求您，别再赶工写作。我不知道您的经济状况如何，如果您的生活不宽裕，那么我也希望您能像我们过去一样，忍受饥饿，节省精力，写出经历琢磨、反复推敲的作品……您的故事在主题上总是有一种悲观怀疑的基色，这是为什么？真实、现实主义不仅不排斥优雅和教养，而且要靠它们来得以升华。您有如此娴熟的语言技巧，有那么惊人的造型能力，因而没有特别的必要，非去说一些诸如肮脏的脚丫子、歪歪扭扭的脚指甲或者教堂司事的肚脐眼之类的话……请原谅我如此评论，我之所以这么说，仅仅是因为我真心实意地相信您的才华，全心全意地希望它能充分发展，完美呈现。我得知您的一本小说集很快就要问世了。如果这本书还计划用"契洪特"这个笔名，我恳切地建议您给出版商发一封电报，换上您的真实姓名。有了您新近在《新时代》上发表的那些故事和广受好评的《猎人》，您的真实姓名会给您带来更大的成功。您若不恼我说的这些话，我将非常感激；然而，请您用心体会，因为我给您写这封信，并非出于任何权威，而仅仅发自一颗纯洁的心灵。我的朋友，与您握手，祝您一切顺利。您恭敬的 D. 格里戈洛维奇。

与生身父亲小心翼翼相处了二十多年的安东，对这位"俄罗斯文学之父"回报以彻底的信任。在安东·契诃夫的心目中，当时的著名作家，比如列斯科夫、格里戈洛维奇，后来的托尔斯泰和以家长自居的苏沃林，都能激发起他心底蕴藏的一种儿女对父母的挚爱顺从之情。他可能并不在意年轻女性的崇拜，但非常看重德高望重的前辈们的赏识。安东不仅向米特罗凡叔叔和比利宾炫耀了格里戈洛维奇对他的赞赏，更是以前所未有的热情回复了格里戈洛维奇的来信：

> 我的同侪，祥音的信使，您的信如同雷电般击中了我。我几乎泪流满面，内心感动不已。此时此刻，我仍能感觉到它在我灵魂上

留下的深深印记。我祈祷上帝赐给您平安的晚年，就如同您安慰了我的青春，然而，这仍然无法表达我对您的感激。您知道一般人是如何敬重您这样的人物的，由此可以想见，您的信对我的自尊心意味着什么。它比任何学位证书都更有意义，对于一个初涉文坛的人来说，这更是一份颁发给现在也赏赐给未来的赏金。我诚惶诚恐，无力断定我是否配得上您这般崇高的奖赏……如果我但凡有一点值得珍惜的才能，那么我愿意在您纯正的心灵前承认，我从来不曾珍惜过它。我感觉才华我是有的，但我总觉得它无足轻重。某些外部原因可以让一个人对自己的判断有失公正，进而自我怀疑或极端不自信。回想起来，这类原因对我而言实在很多。凡是与我比较亲密的人，对我的写作都表现出一种屈尊俯就的态度，不时地好意规劝我不要荒废了自己的正经职业，不要变成一个耍笔杆子的人。我在莫斯科的熟人数以百计，其中的作家也有几十个，但我不记得有谁把我看作或理解成一个艺术家。莫斯科有一个所谓的"文学圈子"，各种年龄，各色人等，无论是天才还是资质平庸之辈，每个星期都会聚集在某个餐馆的某个私人房间里，挤在一处，咬舌鼓噪。如果我在那里给他们读一下您的这封信，他们肯定会当面嘲笑我。我在各种报纸杂志之中混迹了五年，习惯了大家对我的赶工作品的态度，我自己更是习以为常地鄙视自己的写作，于是，状况就越来越糟了。这是第一个原因……第二，我是一名医生，医院工作忙得不可开交……我写这些，只是想在您面前开脱一点我的罪过。到目前为止，我对待文学创作态度轻浮，漫不经心、马马虎虎。我不记得有任何一篇故事的创作时间超过二十四小时，即便是您喜爱的《猎人》也是在一个浴室里完成的！我写起故事来，就像记者写火灾报道一样，机械地，半睡半醒之间地，根本不关心读者或自己……在写作中，我还尽力珍藏起自己喜欢的人物形象和画面，不想把它们浪费在任何一个故事里，天知道这是为什么。

132　　　第一个促使我展开自我批评的，是苏沃林写来的一封非常善意而真诚的信——至少我觉得如此。我已经着手创作一些有意义的东西，然而，我对自己的文学感觉还是缺乏信心。

就在这困扰之时，您的信来了！请原谅我打这样一个比方：这封信对我的效力，就好像当局命令我"二十四小时内离开本城"！我是想说，我忽然感到了一种压倒一切的紧迫感，必须马上脱离我所深陷的泥沼……我要摆脱仓促的赶工写作，但这需要时日。想要摆脱日常刻板乏味的生活并不容易。我绝不介意挨饿，我也曾经挨过饿，但是，这不仅仅是我的问题。我所有的闲暇时间都用于写作，每天两三小时，还有晚上那些零碎时间。等到夏天，等到我有更多空闲、花销也不大的时候，我就要严肃地写作了。

一切希望都在未来。我只有二十六岁，虽然光阴似箭，但也许我还能做点什么。

尼古拉·列伊金仍旧对契诃夫说："我的房子和我的桌子，随时愿为您服务。"然而，安东希望摆脱列伊金的控制，独立地与彼得堡的新主顾交流。自从第一次在彼得堡受到苏沃林等人冷若冰霜的接待后，安东很难再信任列伊金的动机。他在亚历山大面前称呼列伊金为"谎言叔叔"，给《莫特利故事》一书绘制封面的建筑师朋友弗朗兹·谢赫特尔说："我怀疑列伊金在挖您的墙脚。"

为了满足《新时代》复活节版面的要求，安东·契诃夫给苏沃林发来了《复活节之夜》（"On Easter Night"）。这个故事是他到目前为止语言最精美也最抒情的一篇小说：一个朝圣者倾听一位摆渡修士哀悼他的亡友，复活节的喜悦中融汇了挽歌的忧伤。安东·契诃夫强烈地喜爱宗教仪式中的古体语言，当代作家中，也只有契诃夫和列斯科夫能将这种古体语言融进俄罗斯文学语言之中。契诃夫本人并非宗教信徒，《复活节之夜》超越了宗教的界限。

然而，在安东·契诃夫和一次成功的彼得堡访问之间，还横亘着四件事情：即将到来的复活节，他的健康状况，家庭的拮据以及科利亚的行为。说到复活节，安东一生中只有1878年和1879年这两次复活节没有与父母亲一起度过。1886年4月14日是复活节星期一，他还待在莫斯科。到了这个时候，安东又进入了一年一度的疾病模式：春天来临，万物复苏，从他的肺里就汩汩地涌出鲜血来。4月6日，安东向列伊金承认，他吐血不止，身体太虚弱了，无法写作，"恐怕不得不问问我的（医生）同事们了"。然而，家人和朋友却不给他任何喘息的机会。吉利亚罗夫斯基写来一封恶作剧的信，说自己在一次火灾后有一条腿骨折了，还有大面积烧伤和外伤。待安东火速赶到他的床前，却发现只是丹毒真皮细菌感染。万尼亚的腹泻和费尼奇卡姨母的慢性咳嗽需要有人护理，这也把安东绑在了莫斯科。即便苏沃林从来不像胡杰科夫那样拖欠安东的稿费，他仍然没有筹够前往彼得堡的资费。3月5日，法院命令安东为科利亚偿付五十卢布的债务，除此之外，科利亚还欠了三千卢布的外债。

安东的两位哥哥都极度缺乏责任感，他们是他前进路上的绊脚石。安东只能给他们两个讲道理。4月6日，他给大哥亚历山大写信说：

> 你来信说，你"被灼烧、被砍伤、被践踏、被饮血"，你的意思是说你被人逼债了吗？我亲爱的哥哥，还债是天经地义的！你得不惜一切代价，即便是向亚美尼亚人借钱也要还，甚至自己忍饥挨饿也要还……如果一个人接受过大学教育，还是一个作家，却觉得债务是一种痛苦折磨，那么其他人会怎么想呢？……你看看我，我要养活的家庭成员比你多得多，莫斯科的生活成本也比你住的地方贵十倍以上。你付房租的钱我用来买了一架钢琴，我穿的衣服一点不比你好。

同时，安东也给二哥科利亚发出了最后通牒：

> 你善良、宽容、无私，你愿意与人分享最后一个戈比，你很真诚，你不知道嫉妒或仇恨，你心思简单，你可怜别人和动物，你从来不恶毒或报复别人，你让人信任……除了上面这些优点之外，你还有别人所没有的优势……在这个世界上，两百万人之中才有一

18. 前辈的赞誉

位艺术家……你只有一个缺点，它是被你错误使用的借口、你的悲哀，它是你的肠道黏膜炎——你的缺点就是你极度缺乏良好的教养……试想，一个在拳打脚踢、醉醺醺的环境中长大的下层人，耳濡目染着这些东西，想要克服确实很难，非常难。

在我看来，教养良好的人必须满足以下条件：

1. 他们尊重个性，总是体谅他人，态度温和，待人礼貌，懂得变通……

2. ……他们活着不是为了醉生梦死……他们给兄弟付学费，给母亲买衣服……

3. 他们尊重别人的财产，因此也会偿还债务……

他的长篇大论是这样结尾的：

8. 他们的生活富于美感。他们受不了穿着外衣就躺在床上，受不了看着墙缝里趴满了臭虫，受不了鼻子里吸着恶臭的空气，地板上沾满唾痰，也受不了拿用光的煤油罐子当饭碗。他们尽可能地压制性欲冲动，让性爱更加高尚……他们希求女人的，不是上床、闻那个马汗味或者听粗野的撒尿声，不是她们费尽心机用假怀孕来欺骗你或是谎言不断。他们，尤其是艺术家，从女人那里期待的是新鲜、优雅、仁慈和母性，而不是一个洞……他们不会用伏特加把自己搞得酩酊大醉，不会对着碗柜又闻又拱，因为他们知道自己不是猪。他们只在适当的场合下才喝酒……回家吧，和我们一起生活，把酒瓶子扔到一边去，躺下来，读读书……即便是屠格涅夫，因为你还没有读过……

你必须收起你那该死的狂妄，你不再是个小孩子了……你马上就三十岁了！早就是时候了！

我在等着……我们都在等着呢……

科利亚的不当行为影响了许多人。建筑师弗朗兹·谢赫特尔起初很信任科利亚，他找科利亚合作，为一个新教堂修复圣像。然而，他却因延误工期而受到惩罚，原因是科利亚领了工钱和材料，人却不见了。谢赫特尔向安东告状："我绝望得直揪头发，恨得咬牙切齿：科利亚消失得无影无踪，我找不到他了。"[1]

他们终于在复活节时找到了科利亚，但他领走的材料踪迹全无。

安东已经尽力了，再也无计可施。他动身前往彼得堡，开始了长达两个星期的旅行。这是他的第二次彼得堡之行。《莫特利故事》一书于4月27日首发，这其中有不言而喻的财务上的原因。既然契诃夫能用一则故事在阿列克谢·苏沃林那里挣到八十七卢布，那么，谢尔盖·胡杰科夫为什么不该提高稿费呢？列伊金鼓励安东说："复活节后的那个星期来彼得堡，与苏沃林和格里戈洛维奇［再次］见面，这个主意不赖。我也会这么做的，因为对一个作家来讲，文学圈的社交是非常必要的。"1886年4月25日，安东·契诃夫迈步走出彼得堡火车站。等待他的将是彼得堡重量级人物的热情接纳。

[1] 见图书馆手稿部，331 63 25a：弗朗兹·谢赫特尔给安东·契诃夫的信，1885—1886。谢赫特尔一直想与契诃夫家人一起把科利亚拖出困境，因此他也成为契诃夫家的朋友，费尼奇卡姨母甚至敦促他从天主教转信东正教。弗朗兹·谢赫特尔答应为小说集《莫特利故事》设计封面却延迟交稿时，安东让他选择"埃及瘟疫"中的一项作为惩罚，谢赫特尔选择了第十项："一对活泼可爱的马戏团的女孩，送到您的房子。"那个复活节，安东问谢赫特尔："我们什么时候去搞那些马戏团的女孩子？"

第三部分　弟兄看护人

约瑟用粮食奉养他父亲和他弟兄，并他父亲全家的眷属，都是照各家的人口奉养他们。

——《创世纪》XLVII，12

19. 苏沃林

（1886 年 4—8 月）

1886 年 4 月，安东·契诃夫与阿列克谢·苏沃林再次会面。他们
二人之间建立起了牢固的联系，虽然它最初是建立在一种彼此误解的基
础上的：苏沃林看中了契诃夫的写作天赋和待人周到，而契诃夫认为苏
沃林是一个艺术感觉良好的出版权威。直到十二年以后，苏沃林才体会
到契诃夫的奉承中有着一股"燧石"般的冰冷，而契诃夫也认清了这位
出版大亨"缺乏品格"的事实。然而，此时此刻他们彼此需要：苏沃林
的《新时代》旗下不乏有才华的作家，但是缺乏天才作家；而契诃夫除
此一途，亦无他法打入彼得堡文学圈。在接下来的十年间，契诃夫对苏
沃林坦诚相见，可以说，契诃夫一生中从未对其他任何人如此坦白过，
而苏沃林也对契诃夫报以坦率。他们很快就彼此平等相待了。

阿列克谢·苏沃林出生在俄罗斯腹地的沃罗涅日省，父亲是一名士
兵。苏沃林与契诃夫有很多共同点，比如他也信奉自我奋斗，他从事过
教师、记者、评论家、剧作家等职业。18 世纪 60 年代时，他是一名激
进分子；70 年代末，他成为陀思妥耶夫斯基的朋友，并突入政界，使
《新时代》成为一份被人们广泛阅读但毁誉参半的报纸。《新时代》与统
治阶级关系密切，宣扬国家主义和及时行乐思想，它的广告版面成为法
国无业女郎"找工作"的地方。阿列克谢·苏沃林也曾独立办报，他手

下有一个叫米哈伊尔·费奥多罗夫（Mikhail Fiodorov）的编辑，总是随身携带一个行李箱，时刻为苏沃林可能触犯什么法律而要在监狱里蹲上几个月做准备。现在，苏沃林已经是一个有巨大影响力的出版商，拥有俄罗斯绝大多数铁路报刊销售亭的所有权。

阿列克谢·苏沃林的性格非常复杂：他算得上聪明机智，却又缺少幽默感；他的社论文章总为专制主义高唱赞歌，但他在日记里则是一个不折不扣的无政府主义者；生活中的某些美德善行又在某种程度上弥补了苏沃林的过失，比如，虽然《新时代》不停发表反犹的狂言妄语，但他对一位年老的犹太女士关爱备至，这位女士是他的孩子们的音乐老师，一直住在他家。苏沃林最强大的敌手评论他说，能让阿列克谢·苏沃林害怕的"只有死神和竞争对手的报纸"。剧评家库格尔（Kugel）如此描述苏沃林：

138

  （他）戴着毛皮帽子，皮大衣敞开着，挂着一根大手杖，那情形总是让我想起伊凡雷帝的身影……他的下颌与嘴角间流露着狡猾之情，而额头上的皱纹刻画出凌厉的神色。这就是恶魔梅菲斯特……苏沃林获得巨大影响力和敏锐视角的秘诀是，他与那些最伟大的政治和哲学天才一样，深刻理解人性之恶……他逗契诃夫开心，对他察言观色，眼神在他身上流连不去，在某种程度上让人觉得就如同一个富人在炫耀自己新"包养的女人"。

苏沃林的第一任妻子叫安娜·伊万诺芙娜（Anna Ivanovna），她死时的场景甚至让苏沃林的对手都对他深表同情。那是1873年夏天的一个傍晚，完全蒙在鼓里的苏沃林被传唤到一家旅馆。在旅馆的一个房间里，他发现自己的妻子与她的情人一起用左轮手枪自杀身亡。几年后，苏沃林娶了另外一个也叫安娜·伊万诺芙娜的女人。这个安娜比他年轻二十二岁，她虽然喜欢卖弄风情，捍卫起丈夫来却像是一只母老虎。苏沃林宣称，除了报纸和剧院，他第三爱的就是这个妻子安娜·苏沃林娜。阿列克谢·苏沃林人到中年后，就一次次遭受丧亲之痛：1880年，他的女儿亚历山德拉去世，紧接着是他第二任妻子所生的第三个儿子、襁褓中的格利高里夭折。总之，一共有四个孩子和他疼爱的女婿都先他而去，他备感孤独，患上了失眠症。苏沃林很少在当天报纸印刷出来之前就回家休息，他经常一个人待在办公室里，就着一杯咖啡和一块鸡胸肉消磨掉几小时，然后大步流星地穿过彼得堡的街道和公墓走回家去。经历过几次亲人去世后，苏沃林搬到了乡下去住，让他的二儿子、未来的继承人小阿列克谢·苏沃林来打理一些事务，并最终接管整个苏沃林帝国。

与安东·契诃夫一样，阿列克谢·苏沃林周围也有很多人依靠他来供养。苏沃林乐于给予他们关爱，这样可以驱散他自身的痛苦。孤身一人时，苏沃林希望有人陪伴，而有人在侧时他又希望享受孤独，这种感受也与契诃夫相同。阿列克谢·苏沃林在任用人才上，并不回避裙带关系。安东·契诃夫并不是他重用的第一个塔甘罗格文理中学的毕业生。苏沃林的法律顾问、他的女婿阿列克谢·科洛姆宁也是塔甘罗格人，不过比契诃夫早十年离开塔甘罗格，苏沃林还把科洛姆宁的全部家人都置于自己的羽翼之下。现在，契诃夫一家也得到了苏沃林的庇护。苏沃林不但给亚历山大、万尼亚、玛莎和米沙都提供过工作机会，而且安东很快就在苏沃林家拥有了自己的房间。苏沃林还提出，将来要把自己当时才九岁的女儿娜斯佳（Nastia）嫁给安东·契诃夫。

四十年后，苏沃林的妻子安娜·苏沃林娜依然清楚地记得安东在 *139*
1886 年春天来访的情形：

> 我们的公寓有些特殊：大厅是孩子们的天下……大厅的一个角落里有一个大鸟舍，里面有一棵松树，鸟舍里养着五十只金丝雀和其他鸟儿。那天，大厅里阳光明媚，一派自然气息，鸟儿叽叽喳喳，孩子们吵吵嚷嚷。我必须补充一点，我们还有狗……我们一起坐在鸟舍旁边的一张小沙发上，他和孩子们聊天，询问所有狗的名字，说他自己非常喜欢狗，逗得我们笑个不停……我们聊了很久……他身材高大，清俊挺拔，非常漂亮，深红色的头发有些卷

曲，又有点灰白，微笑的眼睛中流露出忧伤，笑容非常迷人。他说话时总是带着让人不易察觉的微笑，嗓音柔和，听起来令人愉快……契诃夫和我很快成了朋友。我们从来不吵架，但经常争论，激烈到要流眼泪的程度——至少我是这样。我的丈夫对安东就是纯粹的崇拜，仿佛安东给他施了什么魔法。[1]

安东·契诃夫也赢得了苏沃林的孩子们（一度包括苏沃林的继承人小阿列克谢·苏沃林）的欢心，还有苏沃林的贴身侍从瓦西里·尤洛夫（Vasili Iulov）和法国家庭女教师埃米莉·比容（Emilie Bijon）的信任。哲学家瓦西里·瓦西里耶维奇·罗扎诺夫（Vasili Vasilievich Rozanova）原本默默无闻，也是经过阿列克谢·苏沃林的提携才得以出人头地。他在描述这位出版商人对安东·契诃夫的喜爱时说："如果契诃夫说'我现在需要一间房子、一张桌子、一些鞋子衣物、一个安静的环境和一位妻子'，苏沃林一定会说'把我的拿去吧'。确实如此。"[2]

阿列克谢·苏沃林对安东·契诃夫的喜爱让长期追随苏沃林的记者们妒火中烧。维克托·布列宁与苏沃林交往最久，也许还曾是苏沃林唯一的亲信。这个布列宁写过一些不宜发表的讽刺短诗，更有一些堂而皇之发表的尖酸刻薄之词，这些东西足以毁掉任何一个敏感的作家。二十年前，阿列克谢·苏沃林一贫如洗，妻子怀了孕却请不起助产士。一天，他独自一人坐在公园长凳上，当时还是一介学生的维克托·布列宁走上前来和他说话，坚持把自己口袋里所有的钱都给了他。他们之间就这样建立起了牢不可破的关系。布列宁对契诃夫的防范，就像格里戈洛维奇对契诃夫的满腔热情一样，更让苏沃林确信了契诃夫的价值。然而，维克托·布列宁有能力向苏沃林喜欢的人泼脏水，他把矛头对准了

[1] 安娜·苏沃林娜的回忆，见 M. D. 别利亚耶夫，A. S. 多林宁著《A. P. 契诃夫遗失信件与新回忆录》（A. P. Chekhov. Zaterriannye pis'ma, Novye vospominaiia），列宁格勒：阿泰尼，1925，185—195。
[2] 见《A. S. 苏沃林娜致 V. V. 罗扎诺夫书信集》，彼得堡，1913，10；另见 V. V. 罗扎诺夫《蜉蝣》（Ephemera），1994，133—134。

安东·契诃夫,《新时代》编辑部里一些居心不良的人很快在彼得堡酝酿成一股针对安东·契诃夫的敌意。

　　1886 年春天,安东·契诃夫过得非常愉快。他几乎没有时间睡觉,整日与苏沃林一起吃喝玩乐,被人奉为上宾,而他乐得陶醉其中。现在,他写得比原来少,却赚得比原来多,尼古拉·列伊金的《花絮》那里也不必再每周供稿。1886 年春天,安东只给《新时代》创作了一个故事《枢密顾问官》("The Secret Councillor")。这个故事描写了一户乡下人家因为一个有名望的亲戚来访而陷入混乱。这个故事初现了剧本《万尼亚舅舅》(Uncle Vania) 的故事模式:一位成功人士从城里来到乡下,打乱了乡下亲戚的日常生活秩序。《枢密顾问官》一反苏沃林的读者所喜好的华丽文风,反映出契诃夫在塔甘罗格周围的乡村度过的童年时光。这是安东·契诃夫首次在作品中流露出对逝去的田园生活的怀旧情绪,这种思绪成为他许多成熟作品的一种底色。

140

　　基谢廖夫和巴布基诺庄园的人都在等候安东的到来。蚊子嗡嗡叫,金翅雀喳喳唱。科利亚离开了安娜·伊帕季耶娃－戈登家,带走了自己的颜料和画笔,但牙刷和裤子仍旧留在那里。安东希望他的艺术家哥哥这次能够克服情人的诱惑。弗朗兹·谢赫特尔又写来一封信,恼怒地抱怨科利亚酗酒无度,安东暂时没有理会谢赫特尔的信。4 月 29 日,科利亚再次伤了谢赫特尔的心。原来,科利亚强迫委托他们装饰剧院的米哈伊尔·连托夫斯基(Mikhail Lentovsky)预支给他一百卢布,然后一溜烟地逃到巴布基诺,打算再转道去莫斯科寻欢作乐。谢赫特尔气得七窍生烟,为了诱惑科利亚回来,他甚至想到在寄给科利亚的信封上写上"内有三千卢布"的字样。他写道:"朋友!我还有两件大衣,但是,没有他妈的一点儿钱了。不过很快就会有了……只要您能来看我一下……"[1]谢赫特尔向安东唠叨的另一个话题,是画家伊萨克·列维坦的放荡生活。当然,列维坦的生活虽然荒唐,却没有影响他绘画。谢赫特尔向安东告状说:

---

[1] 见图书馆手稿部, 331 63 25e:弗朗兹·谢赫特尔给尼古拉·契诃夫的两封信, 1886。

列维坦对着裸体美人辛勤工作，感叹连连。这个坏蛋就是这样：他浪费着石灰、消毒剂、科隆香水和其他化学品，费尽心思讨那个荡妇开心，不过是为了让她满足他的动物性需求……

列维坦晚些时候才到巴布基诺。他被延宕在了克里米亚，他从那里写信给契诃夫："您为什么会觉得我与一个女人私奔了？这里可以乱搞，但我没有赶上这样的好时候。而且，我并没有刻意寻找优美的阴部，它恰好在那里罢了（只是，唉，已经不见了）。"[1]等到科利亚和列维坦都到了巴布基诺，娱乐好戏开场了。5月10日，安东·契诃夫从彼得堡回到莫斯科，第二天，他就带着母亲、玛莎和米沙动身去了巴布基诺。他们在那里画画、钓鱼，在河里洗澡；他们还演戏：有时列维坦打扮成野蛮的车臣人的模样，有时是契诃夫兄弟组织一个模拟法庭，来审判科利亚和列维坦的酗酒和放荡。为了逗基谢廖夫的孩子们开心，安东写了搞笑的幽默短剧《水煮皮靴》（"Soft-Boiled Boots"）。他终于得了空，可以给病人发放药品，可以为《花絮》《彼得堡新闻》和《新时代》等刊物写喜剧故事，例如《爱情和低音提琴》（"Romance with Double Bass"）。

安东·契诃夫还首次尝试创作哲学故事，比如《生活的烦闷》（"The Dreariness of Life"）：一群激进分子与疏于行动的空谈之士辩论一个具有公民意识的俄罗斯人应该做什么。安东·契诃夫呈现出的世界与陀思妥耶夫斯基或托尔斯泰的世界不同，在这里没有任何一方赢得辩论，因为它本身就是意识形态中的一个僵局。在这个夏天，安东将主要精力放在摸索新的故事类型上，这唤起了他在语言与思想上的无力感。他在1886年的写作量远远低于1885年，然而，他的厉兵秣马正是为了来年真正杰作的诞生。

安东刚刚把二哥科利亚从安娜·伊帕季耶娃－戈登的床上和莫斯科的酒窖中解救出来，大哥亚历山大就又闯回了他的生活。1886年5月

[1] 从《列维坦：书信集1956》中删除；见图书馆手稿部，331 49 25a：伊萨克·列维坦给安东·契诃夫的信，1885—1886。

19. 苏沃林

21 日，亚历山大从新罗西斯克给安东寄来一封信，安娜·索科尼科娃在信后添上了绝望的一笔：

> 看在上帝的分上，告诉我们该怎么办吧。亚历山大在下午 5 点时突然失明了。他像往常一样喝了很多酒，吃完晚饭后上床睡觉。5 点时，他醒了，走出房间，逗孩子们玩儿。他说想要喝水。他坐在床上，告诉我他什么也看不见了。

科利亚一口咬定亚历山大是在演戏，但这个戏应该演得很令人信服：亚历山大得到许可，回到莫斯科和彼得堡治疗眼疾。6 月 3 日，亚历山大到了莫斯科，住在万尼亚那里。帕维尔给安东来信说：

> 我一直要求我的孩子们保护好视力，这比什么都重要。你只能白天读书，不要晚上读书，做事要聪明一点。眼睛看不见可不是好事，每时每刻都要祈求施舍，要人帮助，这就太惨了。科利亚和米沙，要保护好自己的眼睛。你们未来的路还很长，要做对社会和自己有用的人。如果你们的视力不行了，我是不愿意看到的。亚历山大就什么都看不见了，非要等着别人递给他面包和勺子才行，他就只能这样。这就是固执己见、理性败坏的结果。

亚历山大、安娜·索科尼科娃带着他们的两个非婚生儿子，还有安娜前夫的孩子（她需要不时地照顾他们），与帕维尔和万尼亚在学校的公寓里住了两个月。帕维尔克制住不发脾气，亚历山大克服了酒瘾，视力也在恢复。1886 年 7 月 10 日，亚历山大写信给安东说：*142*

> 你想象一下吧：晚饭后，我和"我孩子的母亲"正在行房事，父亲在外间朗读修道院规则。他忽然想起来要进屋检查一下窗户是否锁了，于是拿着蜡烛走进来……他庄严地走到窗前，锁好窗子，好像根本没有注意到其他东西，然后吹灭蜡烛离开了。我甚至觉得

他向圣像祷告了一句。[1]

7月中旬，科利亚再次不见了踪影，原来他跑到塔甘罗格的米特罗凡叔叔和格奥尔基堂弟那里去了。亚历山大带着一家人来到了巴布基诺，安东大惊失色，因为他盼望着来的人并不是亚历山大。安东一直诱惑弗朗兹·谢赫特尔也到巴布基诺来，说什么"夏天住在城里，这比恋童癖还糟糕，比鸡奸更不道德"，但是谢赫特尔不为所动。于是，安东搬到了兹韦尼哥罗德以南三十多公里的一个地方去住，借口是给当地医院的谢尔盖·乌斯片斯基医生做副手。从彼得堡回来后，安东意识到哥哥们成了他的拖累，而声名之累也给他带来了痛苦。颇有影响力的《北方先驱报》（The North Herald）在评论他的《莫特利故事》时说："[契诃夫先生]终究会像一颗被挤干的柠檬那样不可避免地死去，被人彻底遗忘，丢在阴沟里……总体来说，契诃夫先生的书就是一个年轻天才悲伤而凄惨的自杀事件……"安东·契诃夫认为是评论家尼古拉·康斯坦丁诺维奇·米哈伊洛夫斯基（Nikolai Konstantinovich Mikhailovsky）说了这番言论，因此一直不曾原谅他。[2]

面临窘迫处境时，安东·契诃夫越来越感到需要妹妹玛莎·契诃娃的支持。玛莎已经大学毕业，出落成一个自信的女人。玛莎毕业后，就在莫斯科著名的勒热夫斯卡娅（Rzhevskaia）女子中学担任兼职教师，她在那里工作了二十年。这所学校由一个农民家庭经营，因此也被称为"乳品学校"。玛莎·契诃娃性格坚毅，头脑聪明，她对安东而言绝对不仅仅是一个助手。此时，母亲叶夫根尼娅已经放权，将家事全权交由玛莎来打理。1886年8月初，玛莎一个人离开巴布基诺，先行返回莫斯科，替家人寻租到一个更加安静的公寓。与19世纪很多俄罗斯家庭中唯一的女孩一样，玛莎也是负责照顾所有家人的那一个。她的兄弟们都十分珍视她，塔甘罗格的格奥尔基堂弟曾经对安东说："我从米沙讲的

---

[1] 从《A. P. 契诃娃书信集》1939 中删除：见图书馆手稿部，331 32 12。

[2] 事实上，这篇评论的作者是亚历山大·斯卡比切夫斯基（Aleksandr Skabichevsky），这位评论家人品龌龊。

那些有趣故事中可以知道，她对你们来说就像女神一样，仁慈善良，弥足珍贵。"[1]

其实，对契诃夫兄弟们而言，玛莎更像是家里的女佣，而不是女神。1886 年夏天，第一次有关她切身利益的冲突发生了。伊萨克·列维坦一直教玛莎绘画，玛莎的风景画和肖像水彩画都画得非常精美。列维坦一生中曾向数以百计的女人求欢索爱，但只向一个女人求过婚，她就是玛莎·契诃娃。七十年后，九十二岁的玛莎回忆说：

> 列维坦在我面前跪下，坦白说他爱我……我只能转身逃走，那一整天，我都躲在自己的房间里哭个不停，脑袋深深地埋在枕头里。列维坦像往常一样出来吃晚饭，我却待在房间里没有出去。安东问大家，我怎么不出来吃饭……他站起身，来到我的房间，问我："你为什么哭？"我告诉了他发生了什么，并且承认我不知道该怎么答复列维坦，该如何面对他。我哥哥说："当然，如果你愿意，你可以嫁给他；但你要记住，他想要的是巴尔扎克时代的女性，而不是像你这样的女孩。"

每当玛莎·契诃娃向安东提及有人向她求婚，她从安东那里得到的都是强烈的负面暗示。安东从来没有明确地禁止玛莎结婚，但是，他的沉默和反应都毫无疑问地显示出，他对此有多么不赞成，他感到多么沮丧。

安东或许可以阻止妹妹结婚，却无法让自己的女朋友们召之即来。尽管他在彼得堡成了香饽饽，但杜尼娅·叶夫罗斯始终与他保持着距离；奥尔迦·昆达索娃爱上了莫斯科天文台的布列季欣（Bredikhin）教授；莉莉·马尔科娃也去了乌拉尔山麓的乌法，混迹于巴什基尔人（Bashkirs）中，最终她在彼得堡接受了艺术家亚历山大·萨哈罗夫（Aleksandr Sakharov）的爱。阿列克谢·基谢廖夫认为安东的爱情故事

---

[1] 见图书馆手稿部，331 33 5b：格奥尔基·契诃夫写给安东·契诃夫的信，1888 年 4 月 30 日。

令人捧腹，于是将其写成诗句，在巴布基诺广为流传。

> 致 A. P. 契诃夫
> 萨哈罗夫结婚了，
> 发现莉莉并非处女，
> 他没有反应过激。
> 谁干的？他想知道。
> 事实就摆在眼前，
> 莉莉和安东
> 忍不住大笑。
> 新郎来了，脸色阴沉，
> 他多想教训一下
> 可恶的嫖妓的契诃夫，
> 他要暴打一顿安东，
> 这样他才能记住，
> 不要用那惹祸的物件儿
> 去碰别人的新娘。[1]

144 　　还有人认为，安东·契诃夫对已婚人士有不良影响。安东在 8 月份给《新时代》写了一个故事《不幸》（"A Misfortune"），比利宾的妻子维拉·比利宾娜（Vera Bilibina）读后对丈夫说，那个诱惑已婚女主人公的无情人正是安东·契诃夫本人。在安东来拜访她家时，维拉·比利宾娜也拒绝迎接安东。四年后，比利宾移情别恋于《花絮》编辑部的秘书安娜·阿尔卡季耶芙娜·索洛维约娃（Anna Arkadievna Soloviova），抛弃了维拉。维拉·比利宾娜更加认定，是安东·契诃夫教坏了自己的丈夫。

---

[1] 见图书馆手稿部，331 47 45b：A. S. 基谢廖夫给安东·契诃夫的二十封信，1886。

20. 五斗橱陋居

（1886 年 9 月—1887 年 3 月）

玛莎和米沙从莫斯科的外科医生雅科夫·科尔涅夫（Iakov Korneev）手里租来一处房子。这是一栋两层砖房，一共有八间屋子，房租每年六百五十卢布。这栋房子位于莫斯科花园环路的西侧，再远就是一条乡村公路，每隔一小时就会有一辆马拉有轨电车通过。1886 年 9 月 1 日，安东·契诃夫搬了进来。契诃夫一家在这里住了将近四年，后来，这栋房子成为莫斯科唯一一座改建成"契诃夫博物馆"的契诃夫住宅。这栋房子的正面装饰着过于花哨的红砖，外观总是让安东联想到五斗橱。安东就蛰居在这个"五斗橱"的书房和卧室里，过起了绅士般的生活。新居的厨房在一楼，十分宽敞，食品储藏室后面是女佣和厨师的房间。玛莎的房间在二楼，紧挨着客厅，她的客人们在房间里高声谈笑，安东总是抵抗不住诱惑，从书房里溜达出来。餐厅也在二楼，所以楼梯上总是响着踢踢踏踏的脚步声，上了年纪的狗儿科宝就在楼梯下面打瞌睡。帕维尔白天回家，晚上住在工作的仓库或者万尼亚那里，万尼亚的居所离新居只需要步行几分钟。

此时的安东在经济上又陷入了入不敷出的境地，只好典当了自己的手表和金土耳其里拉币，这枚金币是亚诺夫在斑疹伤寒痊愈后送给他的。安东·契诃夫在这一时期创作的短篇小说显示出他对社会等级状态的关注。故事《头等客车乘客》("The First Class Passenger")是用一位工程师的口吻讲述的，他建造的桥梁开通了，得到所有关注的却是他的女主人，一位俗不可耐的女演员。安东·契诃夫觉得，自己也理应得到更多的关注。他的小品文《文学排行榜》("A Literary Table of Ranks")借鉴了俄罗斯公务员的十三分制，对俄罗斯的当世作家进行了排行。在排行榜中，最高级别的"执行国务委员"暂时空缺，次高级别的作家是托尔斯泰（Tolstoy）和冈察洛夫（Goncharov）；接下来是令人胆寒的讽刺作家萨尔蒂科夫－谢德林（Saltykov-Shchedrin）和"农民保护者"格里戈洛维奇；再次之是剧作家奥斯特洛夫斯基和小说家列斯科夫，与其为伍的还有戏剧诗人波兰斯基（Polansky）；《新时代》的记者布列宁和苏沃林，与年轻的天才小说家弗谢沃洛德·迦尔洵（Vsevolod Garshin）位列同一等级；榜单末尾是被契诃夫称为"极端仇视犹太者"的斯坦尼斯拉夫·奥克雷茨（Stanislav Okreits），他根本未能入流。

此时到访契诃夫家的女客人施展出交际花般的魅力，安东却破天荒地反应迟钝起来。这一期间，安东·契诃夫只与玛丽亚·基谢廖娃偶尔有些书信来往。玛丽亚·基谢廖娃批评安东纵情遂欲，写出的故事有伤风化。9月21日，他写信向她解释，说自己并非她以为的那样耽于享乐：

> 我住的地方冰冷冰冷，炉子里冒着烟……煤油灯也在冒烟，到处都是煤烟子，香烟断了，抽完了，烧了手指。我真想对自己开上一枪……我要不停地写，花上大量的时间……我已经暂时取下医生诊所的牌子！哎……我害怕斑疹伤寒。

9月29日，他再次写信给她：

> 生命灰暗，看不到一个快乐的人……科利亚跟我住在一起，他病得很重（胃部大出血把他折磨得死去活来）……我认为，人类痛恨死亡是不合逻辑的。至于我所理解的逻辑，那就是生活是由恐

怖、争吵和粗俗组成的……

基谢廖夫家也生活在困苦绝望之中，他们甚至连家庭教师的工资都付不起了。阿列克谢·基谢廖夫在1886年9月24日写道：

> 我请求我的作家妻子坐下来，让她给在奔萨的姨母写上一封可怜兮兮的信，说救救我、我的丈夫和孩子吧，把我们从那个嘶嘶叫的女巫［家庭女教师］手里解救出来吧。或许她会怜悯我们，给我们送点儿钱来，也许不止打发女教师的五百卢布，还能有点剩余，够我们大家买些糖果的。

契诃夫后来创作《樱桃园》时，从这封信中汲取了灵感：加耶夫向雅罗斯拉夫尔的一位姨母索求救济，却拿钱去买了水果硬糖。

创作于1886年秋天的故事反映出了契诃夫原生家庭的印记。安东·契诃夫理解了父亲帕维尔身上那股易怒而固执的脾气，因为他在自己的性格中也看到了这种执拗的影子。1886年10月，安东在写给《新时代》杂志的故事《难处的人》（"Difficult People"）中就描写了一对父子之间惊心动魄的争吵，两人最终不得不承认，他们的火暴脾气一模一样。同月，他写给《新时代》的第二个故事叫作《梦想》（"Dreams"），写的是一个重病的囚犯长途跋涉前往西伯利亚，押送他的宪兵也知道他已经来日无多。如果说安东在创作这个故事时脑海中浮现的不是他自己，那他想到的一定是二哥科利亚。科利亚此前给家里寄过一封语气绝望的信，讨好地说："亲爱的安东，我躺在床上五天了……我吐得天翻地覆，胃都要吐得翻个儿了。"然后他就跑回了家。19世纪80年代，*147* 医生们经常会向结核病患者做出错误的解释，说他们咳出的血来自胃部或咽喉，而不是肺部。科利亚曾对安东说过："我甚至觉得我得的是肺痨。"科利亚有时躲在安娜·伊帕季耶娃-戈登或者母亲的怀中，试图逃避死亡；有时又从她们身边跑掉，去他学生时代消磨时光的地方鬼混。几天后，科利亚又不见了。

此时的亚历山大身处彼得堡，投靠到了阿列克谢·苏沃林手下讨生活。苏沃林分配给他的工作是文字编辑和自由记者，还帮他另外谋得了一份工作：担任《俄罗斯航运》(*Russian Shipping*)杂志的编辑。亚历山大很快给莫斯科寄信，说苏沃林付的工资足够他把家人从图拉接过来——他之前把安娜母子留在了安娜的亲戚家过圣诞节。从此，亚历山大成了安东在彼得堡的代理人，负责收取版税，也打听和传递各种八卦消息。亚历山大心中暗暗希望，如果《新时代》的现任编辑费奥多罗夫被抓去坐牢的话，他就能负责编辑《新时代》了。然而，苏沃林在这方面老谋深算，亚历山大仍然只是编辑部的一个杂务人员。

尽管彼得堡空气污浊，水质对肠胃也不利，但是春天的那次游览已经让安东·契诃夫对这个城市心仪不已了，因为那里有苏沃林的陪伴，也有著名的作家可以聊天打发时间，还有让他亢奋的活泼热情的女演员。同年11月底，他第三次前往彼得堡，这次他带上了玛莎同行。玛莎对这个安排感激不尽，非常兴奋。安东·契诃夫的新故事在彼得堡引起轰动，这些故事不仅包括描写孤儿的《万卡》("Vanka")，而且有反映一个孤独男人与孩子的故事《在路上》("On the Road")。这些故事大大满足了公众对狄更斯式的圣诞情结的渴望，然而，故事中所蕴含的荒凉孤寂之感也令评论家们哑然。读者的赞誉让安东更加自信起来："我变得像[左拉的]娜娜一样时尚了！"在安东·契诃夫眼中，他与文学是私通的情人关系，而自己是一个罪恶的复合体："安东尼与医生契诃夫，医学是妻子，文学是情妇。"从彼得堡回到莫斯科后，安东沉浸在年末的各种节日庆典中，从圣诞节狂欢到他的命名日，心情轻松自在。老作家格里戈洛维奇来到莫斯科，拜访了契诃夫一家人。格里戈洛维奇身边经常环绕着笑语娇声，他会送女演员达丽娅·穆辛娜－普希金娜(Daria Musina-Pushkina)回家，他会回忆自己的年轻时代——他那时因为在花园秋千上引诱诗人阿列克谢·康斯坦丁诺维奇·托尔斯泰(Alexsei Konstantinovich Tolstoy)的妻子而声名狼藉。格里戈洛维奇回到彼得堡后对安娜·苏沃林娜说："亲爱的，您要是知道契诃夫家的聚

20. 五斗橱陋居

会是什么样子就好了：那可真是酒神节啊，我亲爱的。"[1]

安东·契诃夫无论对男人还是女人都有吸引力。维克托·比利宾给安东写信时提到，"我必须偷偷告诉您，我爱您"。然而，作为"一个有知识的女人的丈夫"，比利宾被妻子维拉·比利宾娜强行拉出了契诃夫的圈子。比利宾对维拉和老板尼古拉·列伊金（他一直为列伊金工作，直到后者 1906 年去世）都心怀不满，精神压力很大，整日萎靡不振，也未被擢升为新任襄礼员。而安东·契诃夫有了一名新的追随者，他叫亚历山大·拉扎列夫（Aleksandr Lazarev），自称格鲁津斯基（Gruzinsky）。格鲁津斯基是一位外省神学院的教师，渴望成为作家。格鲁津斯基在 1887 年元旦拜访契诃夫家时还带来了另一位学校的老师，也就是他的密友、作家尼古拉·叶若夫。当时，叶若夫正狂热地崇拜契诃夫，然而这股热情就像他的名字"刺猬"[2]一样能刺痛人，几年后，这种热情就变了味道，因为叶若夫嫉恨契诃夫名声日隆而自己默默无闻。

这一年，还有一位爱慕者也来拜访了安东，她就是安东中学时代的家教学生、塔甘罗格时期青梅竹马的恋人萨莎·塞利瓦诺娃，她现在在哈尔科夫当老师。萨莎·塞利瓦诺娃回家后，写信给安东、万尼亚和米沙三兄弟说："我的心都碎了，我非常想念你们。我可并不是说它碎成了三块一模一样的碎片。其中有一片比较大，猜猜这是为你们三人中哪一个碎的？总体来说，你们都出色地扮演了假日丈夫的角色。"[3]安东回信说："我的天使，亲爱的，我太想念您了，快来吧……您的情人。"

1887 年 1 月份的狂欢在安东的第二十七个命名日聚会那天达到了高潮。来参加聚会的有"犹太女孩、土耳其女孩和亚诺瓦女孩"，表亲阿列克谢·多尔任科带来了小提琴和奇特琴。在此期间，契诃夫只专心创作了一篇有文学影响力的故事《仇敌》（"Enemies"）：讲述一位丧亲的

[1] 见玛莎·契诃娃《关于契诃夫》，231。
[2] 叶若夫（Ежов）与刺猬（Ёжок）拼写十分相似。——编注
[3] 见图书馆手稿部，331 58 31：A. L. 塞利瓦诺娃－克劳斯给安东·契诃夫的信，1887—1895。

医生被人蒙骗，进行了一次没有必要的外诊，见证了人类的暴力仇恨。安东·契诃夫给莫斯科的《闹钟》周刊提供了一篇故事，尼古拉·列伊金又一次对他大发雷霆，因为安东12月份没有给《花絮》供稿，而此时正是吸引新订户的重要时刻。列伊金在来参加安东的命名日聚会之前，给安东写信说道："您着实在《花絮》的背后捅了一刀。当然，您不是记者，不能完全理解您到底对我做了什么。"[1]

安东·契诃夫觉得自己不再需要尼古拉·列伊金的扶持了，他告诉米特罗凡叔叔："我现在是最受欢迎的作家了。"而列伊金千方百计想把契诃夫再次置于自己的掌控之下："您上次在《新时代》上发表的故事非常一般，通常来说，您［给列伊金］写的小故事会更加成功。"列伊金试图与安东拉近关系，建议两人一起去俄罗斯北部湖区或者南部诸省旅行一次——这个建议安东·契诃夫回避了十年。列伊金许诺送给安东一只小狗，还像患了疑病症一样，不停地用自己的健康问题去骚扰安东。列伊金担心自己过于肥胖，契诃夫就相当轻率地建议他断食两个星期。1888年5月，列伊金和比利宾的疑病症终于惹烦了契诃夫，他指示说："去找一个法国女佣，25—26岁，您觉得无聊的时候就铆足力气去干她，这对健康有好处。等比利宾来时，也把女佣借他用用。"尽管尼古拉·列伊金号称俄罗斯最杰出的幽默大师，但他并没有领会这番俏皮话；不过他还是决定原谅契诃夫，并且把契诃夫在《花絮》的稿费提高到每行十一戈比。

149　　同时，契诃夫对阿列克谢·苏沃林的幻想也受到了打击。苏沃林的得力助手维克托·布列宁在《新时代》上写文攻击一个将死之人——备受激进学生尊崇的诗人纳德森（Nadson）——说他"假装卧床不起，以便靠朋友养活"。纳德森患有严重的大出血，布列宁因此被指责为杀人犯。另外，苏沃林在版权已经过期几天的情况下，售出了四万套十卷本的普希金作品集。虽然苏沃林精明的生意头脑让人佩服，但攻击一个行将就木之人的行为和利用过期版权大肆牟利的这种机会主义做法仍然

---

[1]　见图书馆手稿部，331 50 1d：尼古拉·列伊金给安东·契诃夫的信，1887年。

遭到了公众的谴责。安东·契诃夫对此亦深感失望，因为他认为纳德森"比所有活着的诗人加在一起都伟大"。他还发现，苏沃林没有给他预留下哪怕一套普希金作品集，这是他原来答应过亲戚朋友们的。

安东·契诃夫也开始琢磨，那些远在彼得堡的仰慕者可能对他有怎样的期望。1887 年 1 月 29 日，亚历山大告诉安东："他们对你寄予厚望——他们现在还不知道是什么——但是他们有所期待。有些人想要大部头，有些人想要严肃作品，还有些人喜欢真正优雅的东西，而格里戈洛维奇担心你的天才都变现成了小钱。"玛丽亚·基谢廖娃为了挽救安东·契诃夫的灵魂，不惜与《新时代》抗争。1 月初，安东的故事《泥潭》（"The Slough"）及其女主人公——一个性爱偏执狂的犹太骗子——在读者中引起一片哗然，也激起了基谢廖娃的反感。她给安东写信道："我个人非常担忧，一个像您这样的作家，拥有上帝赋予的天赋，却写出这样'一个粪堆'……我几乎无法克制冲动，想要破口大骂您和那些下流的编辑们，他们可不在乎这是否会毁了您。"[1]安东长篇大论地向她论证，自己有权利在粪堆里翻找："一个作家必须像化学家一样客观，他必须放弃生活中的主观性，了解粪堆在自然景观中扮演着怎样重要的角色，就如同邪恶的激情与善良的激情同样是生活的一部分。"然而，玛丽亚·基谢廖娃击中了要害，《新时代》上那些左拉格调的情色系列小说不见了。1887 年 2 月，安东·契诃夫发表的作品很少，然后，他开启了一个新方向。他在《新时代》上发表的故事《薇罗琪卡》（"Verochka"）适应了基谢廖娃和苏沃林的口味：到乡下暂住的男主人公即将离开，无微不至地照顾他的庄户人家的女儿薇罗琪卡，悄悄地却死心塌地地爱上了他，然而他没有足够的勇气来回应她的热情。黯然离别时，他们在经典的花园场景中相遇却没有求婚。这些情节在契诃夫后来创作的故事中经常重现，甚至在剧本《樱桃园》中也可觅踪影。《薇罗琪卡》的文脉间传达出的深切的徒劳感使得它成为安东·契诃夫小说的原型故事之一。

---

[1] 见图书馆手稿部，331 47 48：玛丽亚·基谢廖娃给安东·契诃夫的信，1886—1900。

150 尽管《薇罗琪卡》诗意盎然，但安东·契诃夫感到自己的才思枯竭了，他渴望重回南方，重温童年时光。自从1881年6月参加过罗波达的婚礼后，安东就再也没有回过塔甘罗格。塔甘罗格的米特罗凡叔叔和格奥尔基堂弟，以及生活在大草原上的克拉夫佐夫、加夫里尔和别佳都不再计较安东和科利亚在上次婚礼后的不当行为，欢迎他尽快重回故乡。安东也希望能暂时逃离开家人和编辑们，去寻找新的写作素材。

想要让此次南方之旅成行，安东需要从阿列克谢·苏沃林那里支取一笔预付稿费，所以他必须去一趟彼得堡。这次彼得堡之行还有一个摆不上台面的理由，那就是亚历山大的求助。亚历山大·契诃夫觉得自己遭到了轻侮：苏沃林禁止他在作品上署真名，因为害怕读者混淆两个A.契诃夫。科利亚在彼得堡时暂时躲在亚历山大那里，躲避债主和警察，但亚历山大自己也身无分文，他甚至偷偷穿走了万尼亚的外套。亚历山大给莫斯科的家人拍电报，声称自己病重得要死了。3月8日，安东乘坐夜间列车前往彼得堡。安东从涅夫斯基大道的一个酒店房间里给家人写信：

> 很自然，旅行时我很紧张，梦到了棺材、举着火把的人，想象着斑疹伤寒、伤寒症、医生……总体来说，一个叫人恶心的晚上……唯一的安慰是我亲爱的安娜（我是指《安娜·卡列尼娜》）占用了我的时间……亚历山大完全没有任何问题，他只是抑郁，心里害怕，想象自己病了，然后发了那封电报。

安东·契诃夫此次彼得堡之行的目的完全实现了。他和苏沃林从晚上九点畅谈到凌晨一点，领到了三百卢布的预付稿费，然后他写信给弗朗兹·谢赫特尔，请谢赫特尔代为张罗一张往返塔甘罗格的免费火车票。"无论如何，即便是地震，我也要走了，我的神经再也受不了了。"拿到钱后，安东对玛莎说出了实情，"你必须尽量节省花销，我拿不准什么时候回来。亚历山大得了抑郁症，有酗酒倾向，在他女人恢复健康之前，身边不能没有人……"安东与苏沃林巩固了友谊之后，又赶去探望了格里戈洛维奇。格里戈洛维奇已经被诊断患有动脉硬化症，安东与他吻别，只向苏沃林一个人透露，格里戈洛维奇阳寿无多了。在彼得堡，除了亚历山大的家事，还有些琐事也让安东心烦意乱：有人偷走了 *151*
他的大衣，他瑟瑟发抖地走在大街上；伤寒肆虐，害得列伊金的门房丧了命。3 月 17 日，安东从"死亡之城"回到莫斯科，决定无论如何都要在两周之内动身前往南方。

哥哥们的麻烦又向安东袭来。3 月 26 日，弗朗兹·谢赫特尔写信提到："科利亚说他病得很重，不停吐血……今晚我们是不是该去他家碰个面？" 3 月 29 日，亚历山大再次从彼得堡发来求救信。安东的忍耐已经到了极限，他不想再被拖回到安娜·索科尼科娃或科利亚的病床边。1887 年 4 月 2 日，他让塔甘罗格的格奥尔基发誓保密后，坐上了南下的火车，虽然身后传来亚历山大绝望的哭号：

> 安娜又住院了，住在三号病房，安努什卡［女仆］在八号病房，是伤寒，科利亚［大儿子］在奥尔登堡的诊所，一个女医生每天过来检查安托沙［小儿子］。我和坦卡［另一个仆人］是家里所幸还能走路的人。

21. 重游塔甘罗格

（1887 年 4—9 月）

建筑师弗朗兹·谢赫特尔名声日隆，他对自己的声誉和钱包都越发谨慎了。他为安东·契诃夫张罗到了一张去往塔甘罗格的三等车厢的单程车票，这与安东给他提供的医疗服务所需的费用大致相当。在火车上，安东像他家的猫一样，"脚蜷在鼻子底下"睡觉。第一天早上五点钟安东醒来时，火车已经到了奥卡河畔的奥廖尔（Oriol），他给家人寄了一封信，指示大家要听万尼亚的话，因为万尼亚是一个"个性积极的人"。行程的第三天是复活节星期六，火车终于在早上抵达了海边。安东和米特罗凡一家人一起参加了整晚的复活节礼拜活动。

塔甘罗格的现状浇灭了安东·契诃夫的幻想。他写信给尼古拉·列伊金说：

> 这里有六万人口，但人人无所事事，只知道吃、喝、生孩子，对其他事情没有任何兴趣。无论在哪儿，看到的都是复活节蛋糕、复活节彩蛋、圣托里尼葡萄酒、叼着奶头的婴儿，而您绝对找不到一张报纸或者一本书……这里的地理位置极其优越，气候很好，土地肥沃，但是，居民却懒得无可救药。这里每个人都是音乐家，各个富有想象力，极有天赋，极其聪明，但就这样白白浪费了。这里

21. 重游塔甘罗格

没有爱国者，没有商人，没有诗人，甚至没有一个体面的面包师。

在莫斯科生活了六年后，安东已经渐渐地文雅讲究起来。此次再回塔甘罗格，他才意识到米特罗凡叔叔家是多么肮脏邋遢。"厕所就在房后，就在栅栏下面，"他给家人描述说，"根本没有痰盂，没有一个像样的洗脸台……餐巾也都脏成了灰色，伊琳努什卡〔仆人〕又脏又胖……在这里你甚至都想一枪打死自己，这里太糟糕了！"安东还去看了契诃夫家原来的老房子，离开塔甘罗格之前他还在里面住了五年。他向家人报告说："谢利瓦诺夫的房子现在空空荡荡的，无人照看，看起来非常凄凉。现在无论给我一个什么价钱，我都不会买下这么一栋房子的。真是奇怪，我们过去怎么能住在这样的地方？！"

安东·契诃夫已经有八年未曾与母亲和妹妹分开过这么长时间。他 *153* 把这次感伤的旅行写成日记，分期寄回家里。他去拜望了原来教过他的老师们：校长季亚科诺夫依旧"瘦得像一条蛇"，波克罗夫斯基神父现在是当地教会的"雷鸣与闪电"。他还追问了当年女朋友的下落：除了一个女孩因为丈夫嫉妒而未得见面外，其他女孩们都与演员私奔了。安东前去拜访了莫斯科的同事萨韦列夫和岑布拉托夫的妻子们，还与当地的医生一起喝葡萄酒，这些医生正想方设法把塔甘罗格变成一个海滨水疗中心。他躲着不见警察局眼线阿尼西姆·彼得罗夫，彼得罗夫现在是米特罗凡兄弟会的一名成员。

塔甘罗格的肮脏环境和压力让安东患上了腹泻和痔疮，而天气也引发了他的支气管炎。为了躲开阿尼西姆，安东撒腿疾跑，左腿的静脉曲张几乎害得他瘫痪在床。他和老校友伊万·叶列梅耶夫（Ivan Eremeev）医生喝酒大醉，搞得浑身不舒服，再没精力去欣赏塔甘罗格城的女孩子。在塔甘罗格，只有米特罗凡叔叔的儿子格奥尔基堂弟让安东心情愉快。格奥尔基虽然很少去教堂，还喜欢抽烟，爱谈论女人，但是他在一家航运公司努力地工作着。

在塔甘罗格充当了两个星期的名人，这对安东·契诃夫来讲已是极限。他决定前往诺沃切尔卡斯克小镇，参加伊万·叶列梅耶夫医生的妹

197

妹安娜·叶列梅列娃（Anna Eremeeva）的婚礼。新娘是一个十六岁的哥萨克姑娘，安东要担任伴郎。安东先是去了拉哥齐纳，拜访了老朋友克拉夫佐夫一家。他们一起骑马、打猎、喝酸奶，一天吃上八顿饭，他可能还"治疗了十五例肺病和二十二例风湿病"。在安娜的婚礼上，安东穿着借来的礼服，与女孩子们调情，大喝当地的粉红香槟，塞了满满一肚子鱼子酱。从拉哥齐纳往返诺沃切尔卡斯克的旅途十分漫长，仅仅换车就要等上八小时。在去参加婚礼的路上，安东在车上睡着了。婚礼结束后回来时，安东见到了一幕场景："我出去小便，看到了一幕毋庸置疑的奇迹：月亮当空，无边无际的荒凉草原上点缀着坟冢，坟墓静穆矗立，铁轨和火车静止在夜光中——您会觉得，整个世界已然死去。"回到拉哥齐纳后，他还专门骑马走了将近二十五公里再去寻找这个地方。安东流连于此，并不想回家。列伊金在给安东的信中报告了利奥多尔·帕尔明的病情，没想到安东竟然对他唠叨起自己也生病了，列伊金对此很恼火："这对一个医生来讲一点都不好，您的病虽然是一件麻烦事，但根本没有什么危险。至于说到我的健康，松节油倒是有助于我排出体内气体。"

1887 年 5 月 1 日，苏沃林的四子、二十一岁的弗拉基米尔（Vladimir）开枪自杀了。亚历山大寄来一张明信片，用拉丁文谨慎地写道："编辑部焦虑不安，老父亲伤心欲绝，大家都很悲伤。"阿列克谢·苏沃林极度内疚，因为自己没有重视儿子的戏剧《老眼并非心之藩篱》（*An Old Eye Is No Bar to the Heart*）。他又联想到发妻安娜的自杀，为这两起亲人自杀事件自责不已：

154   昨天，弗拉基米尔开枪自杀了……从此孤独一人，永远独自一人了。昨天，我看了他那出不可思议的喜剧——非常智慧，有很多创新，他本来就是一个有才华的人。我又一次感到无能为力，什么也做不了。[1]

---

[1] 更多见《新文学评论》（*Novoe literaturnoe obozrenie*），1995，No.15，147—151。

21. 重游塔甘罗格

一个星期后，列伊金给安东的信中介绍说："[弗拉基米尔]只留下一张纸条，说他厌倦了生活，想象着另一个世界会比这个世界更好。可怜的苏沃林完全被悲伤击垮了，昨天，他被带去了图拉省的庄园。"《海鸥》的一个主题就此诞生了。安东·契诃夫很同情阿列克谢·苏沃林，因为苏沃林的儿子们就像契诃夫的两个兄长一样，注定要失败，就是这种绝望让这两个人同病相怜。

虽然安东不在莫斯科，但契诃夫一家仍然热热闹闹地庆祝了复活节。帕维尔给他写信报告说：

> 特什科长官来了，还有多尔戈夫，他喝了三瓶啤酒，弹琴时差点把钢琴砸坏，他弹得不错，很有激情。然后是科尔涅夫（Korneev）先生和亚诺娃女士，叶夫罗斯和科尔涅夫的侄女，到了晚上，科尔涅夫的孩子也来了，他们满嘴粗话，真是让人吃惊……永远爱你的 P. 契诃夫。

家人为科利亚悬着的心终于放了下来，因为科利亚同意和他们一起在巴布基诺度过夏天了。然而，亚历山大不停从彼得堡写信向他们求助。亚历山大的两个儿子得了伤寒，但是医院拒绝收治没有合法出生证的儿童，同时，他也招架不住那些又懒又偷东西的女佣。亚历山大恳求万尼亚和玛莎把母亲送来帮他一把："可怜的孩子一边尖叫着要'便壶'，一边就尿在了床上。我整晚都不在家。真的，妈妈来不会错的。"[1]但是，科利亚代表家人反对玛莎，不同意叶夫根尼娅去亚历山大那里：

> 几年前小莫西娅在塔甘罗格生病那次，母亲也去探望和照顾她，但是结果怎么样呢？母亲累得筋疲力尽，却被认为干得一团糟，最后不欢而散，亚历山大揪着头发，跑到教堂里去哭……如果

---

[1] 见图书馆手稿部，331 82 2：亚历山大·契诃夫给玛莎·契诃娃的信，1883—1887部分，1887 年 4 月 28 日。

我们再把母亲送到彼得堡去，结果会是一样的，母亲不开心，而亚历山大的生活也毁了。[1]

亚历山大被他这个不合法的家庭拖累着，无论他需要什么帮助，契诃夫一家人都狠起心肠来不予理睬。他们厌恶安娜·索科尼科娃和她的孩子，进而将这种厌恶发泄在亚历山大身上，这种态度一直没有改变过，直到他们一个个死去。亚历山大不得不自己照顾自己。5月份，母亲和妹妹动身去了乡下。

155　　5月5日，仍然逗留在塔甘罗格的安东·契诃夫去拜访了位于哈尔科夫东南的圣山修道院。复活节后，那里聚集了一万五千名朝圣者。修道院僧侣安排契诃夫与一位陌生人同住一个房间，那个人也许是警察局的线人，他给契诃夫讲述了自己的故事。短短两天两夜在圣山的经历给契诃夫留下了深刻的印象：山坡上的树林，教堂的礼拜，狂热的朝圣者。安东·契诃夫从这次南方之行汲取灵感而写成的故事里不仅洋溢着对大自然的礼赞，而且充满了对东正教感召力、宗教仪轨和神职人员的赞美诗般的崇敬。从圣山修道院返回塔甘罗格的途中，他见到了两位童年的朋友，萨莎·塞利瓦诺娃和彼得·谢尔盖因科；十五年后，这位谢尔盖因科在他的生活中发挥了重大作用。5月17日，已经身无分文的安东·契诃夫回到了仍然异常寒冷的莫斯科，他和弗朗兹·谢赫特尔见了面，坦率谈起亚诺娃姐妹以及自己在性事上的挫折，并从谢赫特尔那里借了三十卢布。然后，他去了巴布基诺，与母亲、妹妹和米沙会合。

阿列克谢·苏沃林还沉浸在丧子之痛中，不理事务，也疏忽了契诃夫的新书《在黄昏》(*In the Twilight*) 的出版。契诃夫不得不给《新时代》提供更多稿件，来偿还苏沃林的预付稿酬。那个夏天，安东·契诃夫只给列伊金的《花絮》提供了四个小故事，而稿费更高、版面更大的《彼得堡新闻》得到了九篇文章。其中值得一提的是《他的初恋》("His First Love")，后来，契诃夫将这个故事发展为一个有关青少年自杀的研

---

[1] 见图书馆手稿部，331 82 17：尼古拉给玛莎·契诃娃的信，1887。

究：《沃洛嘉》（"Volodia"）。

尽快还清苏沃林的预付金成了安东·契诃夫写作的巨大动力。他从南方之行中汲取素材，创作出了一批堪称当时俄罗斯文坛最好的文章。在大草原的第一首散文诗（一首"准交响曲"）《幸福》（"Fortune"）中，首次出现了那个在剧本《樱桃园》中不时响起的类似琴弦崩断的不祥声音——在一片厄运的土地下，不知哪个吊桶断了的矿井灾难——安东·契诃夫或许可以凭此宣称，自己是俄罗斯的第一个"环保"作家。文章一经发表，即便是尖刻的布列宁也写文称赞，彼得堡咖啡馆里的《新时代》报纸也被人偷偷拿走。7月份，契诃夫在《新时代》上发表了故事《风滚草》（"Tumbleweed"）。在这个故事中，他在南方修道院遇到的那个警察卧底变身为受洗的犹太人——"一个受洗的犹太人，一匹被阉割的公马，一个被赦免的小偷——都是一样的货色"，故事中也描写了一处"琴弦崩断"：一个矿桶掉下来，砸瘸了故事主人公的腿。

安东·契诃夫笔下描摹出的四处漂泊的犹太人，达到了俄罗斯小说中某一系列形象的巅峰。这些人头脑聪明、心怀善意，但并不走运。这类曾主导俄罗斯文坛的形象，源于普希金和屠格涅夫塑造的所谓的"多余人"，而安东·契诃夫从千篇一律的俗套中翻出新意，赢得了读者的认可。然而，对契诃夫的写作才能唱出最嘹亮的颂歌的却是音乐家们。*156* 他们敏锐地觉察到契诃夫文字中所蕴含的音乐性，感受出故事结构上奏鸣曲般的匀称美，以及高潮发展后的首尾呼应。5月份，宗教故事《在俗教徒》（"The Laymen"）（后被称为《信》（"The Letter"）深深打动了作曲家彼得·柴可夫斯基（Piotr Tchaikovsky）。他给弟弟莫杰斯特·柴可夫斯基（Modest Tchaikovsky）和安东·契诃夫各写了一封信，只是给契诃夫的信丢失了。在莫杰斯特的安排下，彼得·柴可夫斯基前来莫斯科，拜访了契诃夫一家。[1]

安东并未打算去彼得堡看望安娜·索科尼科娃，他只是通过信件，

---

[1] 塔甘罗格的堂亲格奥尔基·契诃夫所工作的船舶公司的经理，就是柴可夫斯基三兄弟之一的伊波利特·柴可夫斯基（Ippolit Tchaikovsky），他身材肥胖，是异性恋，爱说笑话。

在巴布基诺给她诊断。根据安娜所服用的药物和体温，他猜测导致安娜患伤寒的原因是结核病。那年夏天，安东·契诃夫只进行了一次短期旅行：从巴布基诺去了一趟莫斯科，与他的追随者叶若夫和格鲁津斯基消磨了几天时间。格鲁津斯基是唯一记得安东·契诃夫发脾气的人。原来，《闹钟》杂志收到契诃夫的幽默短剧《摘自脾气暴躁的人的札记》（"The Diary of a Volatile Person"）后，决定将故事分为三个部分发表，但契诃夫发现他们删减了他的原稿。于是，契诃夫就像故事中的主人公一样暴跳如雷，吓得副主编目瞪口呆。而在叶若夫的记忆中，安东·契诃夫一直是一个性情温和的人：

> 他声音轻柔，笑声朗朗，这表明这个人并不容易被激怒。他写作时会突然微笑起来，这种微笑很特别，不是通常那种讽刺或幽默的笑，而是洋溢着温暖与柔和，是一种作家的幸福的微笑。[1]

几天后，安东就不得不从莫斯科返回巴布基诺。在巴布基诺，他除了看护科利亚之外，还协助阿尔汉格尔斯基医生进行俄罗斯精神病院的一项研究——五年后的一篇故事就源于这项工作。然而，7月底，科利亚又逃走了。不久，弗朗兹·谢赫特尔从莫斯科写信来报告了科利亚的情况：

> 我们坦诚地谈了心，最后他承认，他不得不离开那个"大熔炉"。要想破釜沉舟……打点起绅士派头来（虽然他最近还是很邋遢），重新步入社会，这是唯一的办法了。那天晚上，我看到他大口大口地吐血，毫无疑问，这是真正的鲜血。第二天情况更糟了——今天他给我送来一张便条，让我找一位医生，他吐血吐得要死了。

---

[1] 见 N. M. 叶若夫《阿列克谢·谢尔盖耶维奇·苏沃林，我对他的回忆、想法与推测》，选自《历史先驱》，彼得堡，1915，1，110—138。

21. 重游塔甘罗格

安东并没有着急赶回莫斯科，而是安排科利亚搬到科尔涅夫的房子里去住，前提是科利亚保证不会带去跳蚤。安东在巴布基诺一直住到 9 月份，在那里采摘醋栗、覆盆子和蘑菇。因为需要《新时代》的稿费，他凭借南方之行激发出的灵感，创作了几个有关大草原的小说，而其他方面的满足则无从谈起。他对谢赫特尔说："我可以生吞了像娜佳〔亚诺娃〕那样的妓女……巴布基诺仍然无人可搞。要做的事情太多了，想安静地放个屁都没有时间。"[1]

9 月来临，作家们又都坐回到莫斯科的办公桌前。尼古拉·帕尔明大肆吹嘘自己在伏尔加河上令人难以置信的艳遇，安东·契诃夫却没有什么爱情可以回味。他的第三个也是最后一个草原故事《芦笛》（"Panpipes"），关注的是顿河河谷中的河流与森林遭受到的生态灾难，没想到这却激怒了一些批评者，因为他们认为小说应该更侧重于人性、道德与情节。《北方先驱报》的知识分子的"领头羊"尼古拉·米哈伊洛夫斯基，抨击了刚刚由苏沃林出版的契诃夫的最新作品集《在黄昏》：

> 问非所答，答非所问，故事无头无尾，情节没有收场……契诃夫先生应该在书房中把灯拨亮，照亮那些半明半暗的角色，拂去那些掩盖在人物身段和轮廓上的忧郁。

无人喝彩，债务缠身，还要为哥哥们操心，安东·契诃夫陷入了沮丧。

157

---

[1] 从《契诃夫全集》中删除；见图书馆手稿部，331 22 14；安东·契诃夫给弗朗兹·谢赫特尔的信，1886—1902 部分，1887 年 6 月 4 日。这段文字被谢赫特尔用墨水涂抹掉。

22.《伊凡诺夫》在莫斯科

（1887 年 9 月—1888 年 1 月）

　　1887 年 9 月，安东·契诃夫给大哥亚历山大写了一封有明显自杀倾向的信，吓得亚历山大销毁了这封信，并回信说：

> 你说你孤独一人，无人可以倾诉或写信……我对你深表同情，真心实意地，因为我并不比你更快乐……我对你的信有一点不明白：你感叹说，你耳闻目睹的只有谎言，更多的谎言，鸡毛蒜皮，没完没了。我不明白的是，这些东西为什么至今还能伤害到你？过多的恶毒怎么会让你在道德上难以忍受？毫无疑问，你是一个聪明的体面人，你难道没有意识到，在我们的时代，万事都是谎言？……我根本不配得到圣安娜［既指他自己那位病体缠身又没有爱情的伴侣，也是一项公务员奖章］勋章，但是它每天就挂在我的脖子上，无论是工作日还是假日，我都戴着它。

　　亚历山大建议安东搬到彼得堡来，但是，安东现在对彼得堡十分反感。阿列克谢·苏沃林仍然居住在乡下，沉浸在丧子之痛中。把持着《新时代》的记者们趁机猛烈抨击起达尔文或纳德森来，安东戏称他们是"祖鲁人"。让安东·契诃夫稍感快慰的是，他和他的哥哥能以进步作家的力量来抗衡这些反对社会变革的人。阿列克谢·苏沃林并未觉得这有什么不妥，他说："契诃夫并不反对《新时代》的政治纲领，反倒是因为犹太人问题与我激烈争吵过……如果《新时代》能帮助契诃夫站稳脚跟，那么《新时代》的存在就是有价值的。"[1]苏沃林从来没有怀疑过，他对安东·契诃夫的热情是互惠的，他曾对作家弗拉斯·多罗舍维奇（Vlas Doroshevich）说过："如果契诃夫热爱我，那也是因为他有着某些严肃的原因，比金钱重要得多的原因。"苏沃林在安东·契诃夫与自己下属的冲突中，并不总是充当契诃夫的保护伞。当然，他有时也会为契诃夫辩护："契诃夫是一个非常独立的作家，是一个非常独立的人……他的文学生涯已经向我证明，他是一个多么耿直、善良而独立的人。"[2]

彼得堡的其他人让契诃夫十分恼火。他为《花絮》写稿更少了，无论是怕老婆的比利宾的贫血和厌食，还是狡猾的列伊金的肥胖和歇斯底里，都惹得他厌倦不已，这两个人还总在他面前絮絮叨叨，抱怨彼此。就连巴布基诺——尤其是阿列克谢·基谢廖夫的性爱挫折——在安东眼中也变得乏味无聊。

安东·契诃夫又手头拮据了，于是，他以一百五十卢布的价格，将十四个喜剧故事的版权卖给了出版商韦尔纳（Verner）兄弟，他们是莫斯科在印刷排版方面最有创意的出版商。安东·契诃夫寄希望于苏沃林能给他出版一本更加重要的书。在19世纪80年代，俄罗斯的戏剧家创作足本戏剧会更加有利可图，因为他可以从每场演出中获取2%的演出收入。通常来说，任何剧本要在国家剧院演出都要经过重重关卡的审核。科尔什剧院是莫斯科的一家著名的私人剧院，莉莉·马尔科娃在那里登过台，玛莎的朋友达丽娅·穆辛娜-普希金娜也在那里演出过。安东·契诃夫曾经取笑科尔什剧院上演的剧目都"离奇古怪"，于是，经理费奥多尔·科尔什（Fiodor Korsh）刺激他说："您为什么不自己写一

159

---

[1] 出自1904年给作家多罗舍维奇的一封信的草稿，选自《契诃夫全集》，2，401—402。

[2] 出自19世纪80年代阿列克谢·苏沃林写给作家季亚科夫（Diakov）的信，引自《契诃夫全集》，2，401。

个剧本呢?"科尔什剧院的演员也纷纷鼓励契诃夫,说他一定能写好,"因为您知道怎么吊住别人的胃口"[1]。安东·契诃夫同意创作一个剧本,然后加入"俄罗斯戏剧家与作曲家协会"(Russian Society of Dramatists and Operatic Composers)。

这个剧本之所以定名为《伊凡诺夫》,是安东·契诃夫耍的一个聪明的小花招。"伊凡诺夫"这个姓氏[2]在俄罗斯就像"史密斯"在英国一样常见,因此剧名至少能吸引全国百分之一的人来观看这个与自己同名的戏剧。在这出四幕剧中,伊凡诺夫是一个聪明(据说如此)的知识分子,但他患上了躁狂型抑郁症。他的妻子安娜是一个犹太人,当初为了嫁给他而与自己的家庭和宗教决裂,她此时即将死于肺结核。伊凡诺夫却在妻子重病时爱上了债主的女儿萨莎,他无法克服深深的自我厌恶。对科尔什剧院而言,《伊凡诺夫》还是有一些扣人心弦的落幕场景的,比如:第二幕,生病的妻子撞见丈夫拥抱新欢,幕布落下;第三幕,丈夫将医生的诊断告知妻子,幕布落下;而最后主人公死亡时——本来的安排是死于心脏病,后来契诃夫决定用一颗子弹结束他的生命——全剧帷幕落下。当代观众在分析该剧时,常把更多注意力放在剧中三个主要男性之间的矛盾冲突上:伊凡诺夫与对他大加挞伐、自命不凡的医生之间的冲突,伊凡诺夫与怂恿他的邪恶管家之间的矛盾——这三个男性形象暗示了一个人的多重性格。安东·契诃夫本人则认为,这个剧本描绘的是一种精神疾病。然而,他却让演员们为难了,因为他们琢磨不明白,伊凡诺夫到底是一个恶棍还是一个受害者。契诃夫给这个剧本定的副标题是"喜剧",这也让他们百思不得其解。

被称为契诃夫"戏剧流产"之作的《伊凡诺夫》是在十天之内完成的。创作期间,安东·契诃夫把自己关在书房里,这让尼古拉·叶若夫十分焦虑,因为他"神情忧伤,沉默寡言,不知为何很不开心"。叶若夫是第一个将剧本高声朗读出来的人,他读的时候,安东只是冷漠地听

160

---

[1] 见 M. P. 契诃夫的回忆录;亦见 P. A. 谢尔盖因科《O. 契诃夫》,引自《尼瓦》,1904,10,217—218。
[2] 即伊万诺夫,此处遵循汝龙译名,故保留"伊凡诺夫"的说法。——编注

着。叶若夫当着契诃夫的面肯定了这个剧本，但背地里却"十分惊愕，因为我发现这个剧本内容抑郁，情节令人沮丧，并不是我想象中的契诃夫风格的欢愉喜剧……《伊凡诺夫》看起来并不令人信服"[1]。安东·契诃夫则认为，这个剧本"轻盈如羽毛，没有一点冗长累赘，这种格局并无先例"。科尔什经理也很喜欢这个剧本，饰演主要角色的达维多夫（Davydov）更是满腔热情，叨扰契诃夫到凌晨三点。二十年后，达维多夫写道："我不记得有过任何一个其他剧本像这个剧本一样让我着迷。明摆着的，我见证了一位伟大的剧作家开辟了一条全新的道路。"[2]

1887年11月19日，《伊凡诺夫》的首演在莫斯科拉开序幕，这宣告了剧作家安东·契诃夫的首次亮相。他已经创作出一个"宏大"而"严肃"的剧本，虽然用他自己的话来说，还有些粗糙。尼古拉·列伊金是一个暗藏私心的刻薄的指导者，他不遗余力地诋毁主要演员达维多夫，并告诉契诃夫不要参与他们的排练。《伊凡诺夫》首演就出了岔子，契诃夫吓呆了：舞台上，似乎只有达维多夫和扮演萨莎的格拉玛－梅谢尔斯卡娅（Glama-Meshcherskaia）知道自己演的是什么，其他小角色的演员都像喝醉了酒一样。尽管观众对伊凡诺夫在第二次婚礼上心脏病突发的结局感到一头雾水、不知所以，但仍报以热烈的掌声。作者出场谢幕了三次。第二场表演安排在四天之后，契诃夫利用这段时间对剧情做了一些小修小补。彼得·基切耶夫这个名副其实的杀手编辑从来没有原谅过安东·契诃夫离弃了《蜻蜓》，写出了咄咄逼人的剧评，直击要害："深度的非道德，愤世嫉俗的垃圾……作者是一个可怜的时代理想的诽谤者。[伊凡诺夫]不是我们时代的英雄，只不过是一个彻头彻尾的恶棍，他践踏了所有的法律，不仅是上帝的，而且是人类的。"帕尔明在写给列伊金的信中评论说："纵观所有场景，没有一点喜剧因素，没有任何戏剧性可言，只有可怕的、令人厌恶的、玩世不恭的下流话，这造成了一种令人反感的印象。"

[1] 见俄罗斯档案馆，189 12：尼古拉·叶若夫《19世纪80年代的幽默作家》草稿，引自《契诃夫全集》，11，412—413。
[2] 见达维多夫《契诃夫往事》，引自《契诃夫全集》，11，414。

《伊凡诺夫》在科尔什剧院还有一次演出，但剧评家的赞评寥寥，只能勉强确保剧目到外省巡演。为了四百卢布的演出收入，安东·契诃夫忍下了尴尬；然而这种遭遇也影响了他对戏剧的看法，公众的不认可奠定了他对戏剧爱恨交加的态度。在安东·契诃夫看来，剧本就应该是舞台惯例常规的定时炸弹，是演员的毒药。人家越给他灌输以戏剧舞台的惯例常规，他就越发藐视它们。《伊凡诺夫》在莫斯科的寂寥表现埋下了《万尼亚舅舅》成功的种子。

161 　　安东·契诃夫每完成一个新剧本，都要逃离剧本演出的城市。《伊凡诺夫》第三场演出结束四天后，他去了彼得堡。他带着《伊凡诺夫》的稿子，让阿列克谢·苏沃林读。这一次，他先是住在了亚历山大家，和刚刚伤寒痊愈的一家人一起过穷日子。亚历山大的日子仍然过得一地鸡毛，凄惨的境况更甚于剧中的伊凡诺夫：阳寿不久的安娜·索科尼科娃一方面挂念与前夫所生的大儿子和女儿，另一方面又要防范亚历山大有外遇，而亚历山大念念不忘的只是那些房事挫折。尽管家里有两个仆人帮忙，苏沃林也按时付给他工资，但亚历山大家里还是又脏又穷，两个年龄小的男孩发育不良，性格自闭。安东写给家里的信，如果依照《伊凡诺夫》中那个高尚的医生利沃夫（Lvov）的风格，很可能会是这个样子："安娜病了（肺结核）。家里肮脏，恶臭，哭闹的，躺倒的；和亚历山大待上一个星期，你一定会疯掉，变得像地板抹布一样脏。"

　　安东在亚历山大家住了三天后搬到了尼古拉·列伊金家，在那里好好清洁了一下，放松地睡了个好觉，后来又从列伊金家搬到莫斯卡娃酒店。置身于一个陌生的环境后，安东终于能放松下来享受日子了。他很容易地结识了一批新朋友，有男有女。此次彼得堡之行让安东·契诃夫又俘获了两个终生的追随者，就像之前的叶若夫和格鲁津斯基一样。其中之一是伊万·列昂季耶夫 - 谢格洛夫（Ivan Leontiev-Shcheglov），他是一位将军的孙子，他根据伊万·克雷洛夫的寓言，把自己的姓氏写作谢格洛夫，这个词的意思是金翅雀，寓意为："唱得好的金翅雀，强过一只歌喉可怕的夜莺。"另一个人是彼得堡的电车检票员卡兹米尔·巴兰采维奇（Kazimir Barantsevich），这个人有六个孩子，但仍然坚持晚上写作。巴兰采维奇的生活简朴得近乎病态，家里连一面镜子也没有，他笔下人物的生活比他自己的还要无趣，倘若没有契诃夫，他可能一辈子都不会离开彼得堡一步。

无论是彼得堡的比利宾、谢格洛夫和巴兰采维奇，还是莫斯科的格鲁津斯基和叶若夫，他们不仅是安东·契诃夫的朋友和崇拜者，更是俄罗斯知识分子失败命运的可怕缩影。这些兼职写作者厄运连连，终其一生，贫困与平庸如影随形，在契诃夫看来，他们就像困在动物园笼子中的动物。按照动物学家弗拉基米尔·瓦格涅尔（Vladimir Vagner）的观点来看，他们把契诃夫视为动物园里的大象，如果这头大象冲出了动物园，他们的崇拜就会变成忌妒，因为其他动物还被关在笼子里，垂头丧气，噬食同类。而阿列克谢·苏沃林就是那位体贴而精明的动物园管理员，是他一直在喂养和驯化这些野生动物。苏沃林挑选了安东·契诃夫，把他从笼子里放出来，将他的稿费从每行十二戈比增加到二十戈比，给他提供更大的版面，为他出版大部头的文学作品。到 1888 年时，契诃夫已经享受到了想写什么就写什么的自由，这与那些困在笼中的文学"动物"很不同。1887 年 12 月 3 日，契诃夫给家人写信说，苏沃林对《伊凡诺夫》很感兴趣："大家都等着我在彼得堡推出这部戏，他们对成功充满信心；然而莫斯科演出之后，我对这个剧本非常排斥，甚至都没办法考虑这件事，我懒得去想它……" *162*

契诃夫在《新时代》发表的故事受到广大读者的欢迎，这将他在彼得堡的成功又推向新的高度。安东根据塔甘罗格的一个亲戚做生意失败的悲惨经历，创作了《冷血》（"Cold Blood"），讲述的是一头牛挨饿的故事，契诃夫因此赢得了彼得堡动物保护协会的褒奖。《吻》（"The Kiss"）的故事背景是炮兵团（类似的还有《三姐妹》中描述的军官生活），这篇文章给他在军队中赢得了许多拥趸。这个故事的主人公是一个生性腼腆的军官，一个女人在黑暗中亲吻了他——她明显是把他误认成了另一个人，而他却无从知道那个人是谁。安东·契诃夫把沃斯克列先斯克的军营研究得十分透彻，以至于读者以为该文的作者是一位现役军官。然而，最令人感动的故事要数《卡希坦卡》（"Kashtanka"）：一只狗被主人送进马戏团，但在演出时，狗在观众中认出了自己原来的主人。《卡希坦卡》是第一个单独成书发表的契诃夫故事。

安东·契诃夫的读者群远远超出了《新时代》的订阅者，现在的情形成了苏沃林更需要契诃夫，而不是相反。一些地位显赫的人也对契诃夫流露出喜爱之情，贵族激进主义者阿列克谢·普列谢夫（Aleksei Pleshcheev）就是其中之一。普列谢夫曾与陀思妥耶夫斯基一起爬上绞刑架，至今仍偶尔写上一首鼓舞人心的公民诗，他在接下来的岁月里一直是契诃夫作品最有洞察力的评论者。与苏沃林一样，阿列克谢·普列谢夫也曾暗示过希望契诃夫做他的女婿，但契诃夫在 12 月 17 日返回莫斯科时，并未订婚。维克托·比利宾写信问候 1888 年新年时说：“格鲁辛斯基告诉我，您在彼得堡就像彩虹一样耀眼夺目。”

在阿列克谢·苏沃林的建议下，也是为了适应审查制度的要求，契诃夫对《伊凡诺夫》做了一些修改。现在，他终于把这个剧本叫做“戏剧”了，但第四幕仍让他挠头：怎样能让伊凡诺夫的死看起来更加令人信服呢？

23. 安娜之死

（1888 年 1—5 月）

1888 年 1 月，安东·契诃夫集中全部精力，创作了后来被奉为杰作的《草原》（"Steppe"）。《北方先驱报》的编辑叶夫列伊诺娃（Evreinova）在文章的篇幅、主题和稿费方面全部放权，让安东·契诃夫自己决定，也是她提醒安东写上"烤椋鸟"这个情节的。最终，这篇小说成稿后长达一百二十页。契诃夫先是得到了五百卢布的预付金，出版时又得到了五百卢布的稿酬。此时，安东·契诃夫的稿费收入较之以前已经增加了三倍，契诃夫家彻底脱离了贫困，虽然有时仍然入不敷出。《北方先驱报》不必被书刊审查机构审查，所以契诃夫的创作是自由的。原来那种每一两个星期要给彼得堡的三家期刊写稿的压力正在逐渐消失，安东·契诃夫现在只需给《新时代》写稿，不必再给《花絮》和《彼得堡新闻》供稿了。

《草原》一文的长处并非在于情节，而在于它集大成地展示了长篇散文所特有的传统手法。文章讲述的是男孩叶戈鲁什卡搭乘运货马车，穿越乌克兰——从塔甘罗格到基辅——的旅程。旅程之初，男孩的旅伴是为人和善的神父赫利斯托福尔（Khristofor），然后是一群货车队的车夫。在途中，叶戈鲁什卡遇到了形形色色的人：既有满腹牢骚的犹太人和一位波兰伯爵小姐，也有既笃信宗教又行为粗野的农民们；大自然——那些池塘、昆虫和一场暴风雨——完全征服了叶戈鲁什卡，他也因淋雨而发了高烧。这部作品洋溢着一股强烈的音乐气息，可以与一首交响乐相媲美：它所描写的暴风雨和牧歌景象，犹如贝多芬的第六交响曲一样令人难以忘怀。《草原》堪称安东·契诃夫的第一部杰作，这不仅因为它孕育自契诃夫本人与大草原相关的童年记忆，而且它受到果戈理的《索罗钦集市》（"Sorochintsy Fair"）和屠格涅夫散文诗的启发。《草原》一文彪炳独立，直至凯瑟琳·曼斯菲尔德（Katherine Mansfield）的小说《序曲》（"Prelude"）问世，无有能出其右者。

阿列克谢·普列谢夫阅读了《草原》的手稿后欣喜若狂。1889 年2 月《草原》一经发表，就引来一众音乐家、画家与作家的顶礼膜拜。最有创新性的更年轻一代作家弗谢沃洛德·迦尔洵（Vsevolod Garshin）感叹寻得知音；评论家们，特别是奥斯特洛夫斯基（剧作家奥斯特洛夫斯基的兄弟），不惜冒着风险给予盛赞；而阿列克谢·苏沃林的反应，据亚历山大描述说，"连茶都顾不上喝了。我在那里时，安娜·苏沃林娜给他拿了三次新杯子"。苏沃林的亲信也自叹弗如，亚历山大向安东传达了布列宁——《新时代》编辑部中最得苏沃林信任的记者——的评论：

164 　　　　像你这种对大草原的描述，他只在果戈理和托尔斯泰的作品中
　　　　见识过。对雷雨酝酿和聚而未发的描写达到了完美的高度。所有的
　　　　角色，除了犹太佬，都是那么栩栩如生。然而，你还不知道怎么写
　　　　长篇故事……《草原》会是一个开端，或毋宁说，是你即将创作的
　　　　大部头的序曲。

尼古拉·列伊金则在创作大部头作品这个问题上极力打击安东·契诃夫："对那些建议您写长篇小说的人来说，绞刑都算是便宜了他们。大部头需要有情节、有头有尾的小说或故事……不管怎么说吧，还剩下二十五页我就读不下去了。"

与创作《伊凡诺夫》时的状态不同，契诃夫在写《草原》期间一直

兴致勃勃地与人交流，整日兴高采烈。其实，他也惊诧于自己笔下的这个故事——这在他的作品中几乎是独一无二的，因为故事里没有描写爱情。通常来讲，"如果不描写女人，我就不知道写什么！"——他在一封信里曾对谢格洛夫这样坦白。

安东·契诃夫用了两天时间，创作出情节剧式的短篇故事《困》（"Sleepy"）。这个故事讲述的是一个女佣为了安稳地睡个好觉，杀死了女主人的孩子。（后来，新西兰女作家凯瑟琳·曼斯菲尔德抄袭了这个故事。）接着，他又抛出了两个短剧。其中之一是后来被称为《天鹅之歌》的《卡尔卡斯》（*Kalkhas*），剧情是一个过气的喜剧演员在舞台上发表了萨缪尔·贝克特式的独白，这是契诃夫的第一个高质量的笑剧剧本；另一个剧本是《熊》（*The Bear*），这个剧本后来让契诃夫获利匪浅，因而他戏称它为"摇钱树"。朋友们注意到，伴随着安东·契诃夫的自信度的飙升，他在外表上也发生了细微的变化，比如飘逸的头发、狡黠的微笑。1888 年 2 月，格鲁津斯基给叶若夫写信时提到："契诃夫现在看起来可真像安东·鲁宾斯坦（Anton Rubinstein，俄罗斯犹太籍作曲家兼钢琴家——译注）……比利宾和契诃夫之间关系有些冷淡了。"维克托·比利宾对安东不再以女名"您的维克托丽娜"自称了，而安东与新朋友伊万·谢格洛夫关系亲密了起来，谢格洛夫在给安东的信中开玩笑道："没有一个法国女人能像您的抚摩那样令人心驰神往。"

朋友们仍然需要安东·契诃夫的医术。经过契诃夫的诊断，格里戈洛维奇决定留在尼斯苟延残喘，他从那里寄信谈自己对契诃夫作品的看法。亚历山大从彼得堡不停地寄信来，描述安娜·索科尼科娃的凄惨病况：医生们的意见不一致；而亚历山大自己饱受诱惑和自责的折磨——《新时代》编辑部的女秘书长着一双温柔的黑眼睛，亚历山大只好向安东寻求道德指导。安娜·索科尼科娃意识到自己来日无多，不得不收起拘谨，向婆婆求救：

> 我求求您，可怜可怜您的孙子们，请来彼得堡和我们住一段时 *165*
> 间吧。我病了很长时间，医生认为我必须做一次手术，因为我的肝

部长了一个脓肿或棘球［菌］（请去问一下安东，他会解释的），我必须通过手术来切除，结果怎么样只有上帝知道。我非常害怕，即便在最好的情况下，我也要住院很长时间，那么我能指望谁来照顾孩子们呢？……如果是在莫斯科生病，我不会这么害怕的。但是，我在这里孤身一人，我的情况又很糟糕。请您帮我个忙，在圣潘捷列伊蒙圣徒与廉施圣人教堂为我点上一根蜡烛，请为我向疗愈师祈祷。代我向帕维尔·契诃夫问好，请他为我祷告……我非常感谢安东的好心……[1]

彼得堡最著名的外科医生谢尔盖·博特金（Sergei Botkin）教授给安娜·索科尼科娃做了检查，她的状况暂时得到缓解；然而到了3月4日，情况已经很明朗：她即将死于肺结核。

二哥科利亚也麻烦缠身，然而，这威胁倒不是来自疾病，而是政府当局，因为他逃避兵役。所有写给科利亚的信，甚至契诃夫兄弟们的来信，都要通过安娜·伊帕季耶娃－戈登来转交。阿纳斯塔西娅·戈登的第一任丈夫尼古拉·普季亚塔（Nikolai Putiata）一贫如洗，生命垂危，安东觉得自己义不容辞，应该为他治疗，在经济上资助他。然而，他的赤贫和纠缠不休却让安东不胜其烦。安东急切地想要前往彼得堡，甚至不介意与尼古拉·列伊金共享一个火车包厢。他在3月份写给弟弟米沙的信中说：

承蒙列伊金一路上喋喋不休，这次旅行真是糟糕透顶。他根本不给我时间看书、吃饭或睡觉。这个混蛋一直在夸夸其谈，缠着我问这问那。我刚想打一个盹，他就碰碰我的脚，说："我的《基督的新娘》已经被翻译成意大利文了，您知道吗？"

普列谢夫、谢格洛夫以及契诃夫的新编辑——《北方先驱报》的叶

---

［1］ 见图书馆手稿部，331 82 9：安娜·索科尼科娃给叶夫根尼娅·契诃娃的信，1888年1月20日。

23. 安娜之死

夫列伊诺娃都在彼得堡的旅馆等着他。第二天，安东·契诃夫怀着复杂的心情搬到了苏沃林家去住。他在给米沙的信中透露说：

一架三角钢琴，一架风琴，一个嘎吱作响的长沙发，男仆瓦西里，一张床，壁炉，一张别致的桌子——这些都是我享有的便利。至于说不便之处，则数不胜数。首先，我不能醉酒回家，或者带着女人回来……晚餐前，我花了好长时间和苏沃林娜聊天，听她唠叨她如何厌倦人类，以及她今天买了一件一百二十卢布的上衣。

晚饭后，大家先是谈论偏头痛，然后孩子们目不转睛地盯着 166 我，等着我妙语连珠。他们觉得我是一个大天才，因为我竟然能写出《卡希坦卡》这个故事。苏沃林家已经［根据故事中的动物名］给一只狗起名为费奥多尔·季莫费奇，另一只叫"阿姨"，第三只叫伊万·伊万诺维奇。

从晚餐到茶点这段时间，我们就待在苏沃林的书房里，从这个角落踱到那个角落，讨论哲学。他的伴侣打断了我们的谈话，播放上了低音音乐，或者说像狗叫。

茶点。喝茶时我们谈论了医学。最后，我终于自由了，可以坐在我的书房里，耳边再没有任何噪声。明天我要躲出去一整天，和普列谢夫待在一起……顺便说一句，我的房间有单独的厕所和后门——当然，即便没有，我也同样躺下来就睡死过去。男仆瓦西里长着一副绅士模样，穿得比我体面多了。让我很好奇的是，他走路时总是恭敬地踮着脚尖，他围着我转，总想要投我所好。

总而言之，这境况对一个文人来讲很尴尬。

我想去睡觉，但主人们要凌晨三点才上床。

安东又去看望了亚历山大一家，出乎他意料的是，他发现两个侄子都没饿着肚子，穿戴也还齐整，而他的哥哥也没有宿醉未醒。安东·契诃夫还爬上没完没了的楼梯，去探望了作家弗谢沃洛德·迦尔洵，但迦尔洵已注定是一个出局之人了。[1]

　　一个星期后，安东·契诃夫坐上返回莫斯科的火车，根本料想不到，在 1888 年 3 月 19 日，弗谢沃洛德·迦尔洵抑郁症发作，从楼梯上摔下来自杀身亡，而这段楼梯正是安东爬上来探望他时走过的。十二年前，迦尔洵曾以战士的身份参加过土耳其战争，他将战争的疯狂和创伤体验浓缩进一系列小说中，比如《红花》（"The Red Flower"）。迦尔洵的妻子娜杰日达·迦尔洵娜（Nadezhda Garshina）是当时俄罗斯唯一一位女性心理医生，但她也没能挽救得了他。弗谢沃洛德·迦尔洵的葬礼和他的自杀同样怪诞：阿纳托利·莱曼（Anatoli Leman）这个写了一本台球理论手册的人，用一席笨拙的致辞抢了仪式的风头；而《新时代》一贯对先锋作家不屑一顾，只派出亚历山大·契诃夫作为代表去参加了葬礼。两本纪念图书之争把安东·契诃夫拖进了一场文学政治，而作为争论的结果，契诃夫结识了著名的当代作家、号称"下诺夫哥罗德文学之狮"的弗拉基米尔·科罗连科（Vladimir Korolenko）。毋庸置疑的是，弗谢沃洛德·迦尔洵所秉持的异化的文学风格深刻地影响了安东·契诃夫后来的创作。

　　春天来临，安东·契诃夫渴望回到乡下。然而，1888 年的东正教复活节来得比较晚，在 4 月 24 日。契诃夫向科罗连科解释说："我的家人认为，复活节假期不在家里过是不可饶恕的罪过。"其实，他接到了多个复活节的度假邀请，比如，与科罗连科一起游览伏尔加河，与列伊金一起去北极圈以北探险，或者和苏沃林一起去君士坦丁堡。契诃夫已经对巴布基诺兴趣索然，个中原因不知是那里总有纠缠不休的访客，还是好色的阿列克谢·基谢廖夫或一本正经的玛丽亚·基谢廖娃让他无法忍受？ 4 月份时，为了安抚基谢廖夫一家人，安东同意，等基谢廖夫家的儿子谢廖沙（Seriozha）秋天来莫斯科上学时帮他安置住处，也会帮助谢廖沙 7 月份在克里米亚半岛找到免费住宿，他要住的地方就是苏沃林

167

[1] 这两位作家在几天前的一个聚会上只交谈了几句。安东·契诃夫曾去过弗谢沃洛德·迦尔洵的兄弟叶夫根尼·迦尔洵的书店，与迦尔洵的母亲互相嘲笑对方，而批评家叶夫根尼·迦尔洵对契诃夫充满敌意。

在费奥多西亚郊外的海边新别墅。然后，契诃夫打算与小阿列克谢·苏沃林一起驾船出行，或是跨过黑海前往格鲁吉亚，或是从里海到达中亚。因为这次航海是要离开家人独自行动，所以安东想要在五六月份时为家人在乌克兰寻租一处乡间别墅。

科利亚有两个不走运的音乐家朋友，他们住在音乐专科学校旁边的东方公寓，这两个人后来都成了安东的朋友。其中一人叫亚历山大·伊万年科（Aleksandr Ivanenko），他来莫斯科原本打算学习钢琴，却发现音乐专科学校的钢琴班名额已满，所以只好改学长笛。连带着，伊万年科也在文学领域小试牛刀，自称"小Ius"（意指西里尔字母中的冗余字母）。另一个人是大提琴家马里安·谢马什科（Marian Semashko），他忧伤的演奏经常成为契诃夫一家说笑的谈资。伊万年科和谢马什科都来自乌克兰东北部，住得靠近苏梅镇（Sumy），于是，他们将安东介绍给林特瓦列夫（Lintvariov）一家。林特瓦列夫家与基谢廖夫家一样，靠出租夏季度假别墅来贴补家用。他们的庄园位于苏梅镇郊外的卢卡（Luka）乡下，依傍着皮塞尔河（Psiol），周围树木繁茂，丘陵起伏，气候比巴布基诺更加温暖，更加适合钓鱼。

复活节时，契诃夫家派米沙前去苏梅镇的卢卡，察看一下林特瓦列夫庄园的情况，因为米沙正准备前往塔甘罗格，可以绕道一行。米沙对此回忆说：

> 习惯了巴布基诺的雅致后，卢卡给我留下了十分破败的印象。庄园的房子无人打理，院子里有一个看起来永远不干的大水洼，许多大猪在里面打滚，成群的鸭子游来游去。花园更像是一片无人居住的野生树林，里面还有墓地。林特瓦列夫家人看我穿着学生制服，一见面就把我当成了下人。

安东·契诃夫已经开口邀请了半个彼得堡文学圈的人来和他一起度假，自然不能就此罢休。阿列克谢·普列谢夫答应要来，苏沃林也打算在带契诃夫去克里米亚半岛之前来这里小住。契诃夫此时想到的解决办法是，他带着苏沃林一起在皮塞尔河钓鱼。

尽管亚历山大一再央求，但是安东仍然拒绝去彼得堡诊治安娜·索科尼科娃，并称他是"讨厌的勒索者"：

> 安娜需要的是急救。如果你不想带她到博特金那里去，那么你至少可以去拜访他一次，解释一下情况……我不清楚母亲是否能来，因为她自己身体也不好。并且，她没有证件，她和爸爸用同一份证件，这就意味着你要与父亲商量个没完没了，还要去见警长，等等。

家人在给亚历山大这封信的后面写的附言也不是安慰体恤，而是："祝好！！！！N.契诃夫。母亲不能来，她很难过。"还有："致以问候，亲吻你、安娜和孩子们，玛莎。"亚历山大给安东描画了自己家里地狱般的图景：

> 孩子们到处疯跑，哭闹，打滚，他们想要找妈妈，可是，他们的妈妈要么只知道哭个不停，要么挥手把他们轰走。我一从办公室回来，麻烦就更多了：她一定要看一眼我打算娶的女人，说那个卑鄙的女人为了自己将来的孩子考虑，一定会毒死科利亚和安托沙；她不停地找来找去，说那个女人就藏在门后、衣柜里或者桌子底下……想象一下吧，漆黑的夜晚，胡言乱语，孤独，怎么也没法让她安静下来，她疯言疯语，从哈哈大笑忽然转到号啕大哭。孩子们在梦里大哭，因为他们在白天心惊胆战。法官大人，大希律王的杰斯卡拉庇俄斯啊，您看看我过的是什么日子啊！如果母亲不来，我就要痛苦死了！

通常，亚历山大的弟妹们即便对陌生人都能报以更多的同情。玛莎曾经把一个十二岁的乞讨男孩带回家，她和安东给了他一点钱，并从万尼亚工作的学校帮他找来靴子。他们还为男孩买了一张去雅罗斯拉夫

23. 安娜之死

尔（Iaroslavl）的火车票，写了一封信让他去找当地名人、诗人列昂尼
德·特列福列夫（他看起来"像一只拔了毛的乌鸦"）。此时，只有父亲
帕维尔对长子软了心肠：

> 亲爱的亚历山大……我很同情你的处境，但不幸的是，我什么
> 也做不了，我只能为你祈祷。我建议你信奉上帝，上帝会把一切安
> 排妥当。我祝愿安娜过上一个快乐的复活节，全心全意希望她能快
> 速康复。我请求她的原谅，把过去那些事情忘掉吧……爱你的父亲
> P. 契诃夫。

此时此刻，安东正梦想着在皮塞尔河上钓鲈鱼，他对阿列克谢·普
列谢夫描述说，那感觉"比做爱还要高尚和甜蜜"；米沙已经与米特罗
凡叔叔一家在一起："妈咪！我在塔甘罗格！非常快乐，开心，平静，
愉快。"

亚历山大再次从彼得堡传来绝望的呼救："安娜的日子没有几天
了，大难临头了……麻烦问一下母亲和姨母，她们是否可以先把孩子带
走……"但是，安东仍然一口回绝了这个要求：

> 如果要安置你的孩子、保姆和他们的东西，家里就要增加两个 *169*
> 房间，那我们就得租一套九百卢布的房子……不管怎么说，这一大
> 家子人住在多大的房子里都不嫌宽敞。你知道，咱们家屋檐下已经
> 住了一大群人了，而这只是因为——鉴于无法理解的处境——我们
> 没有别的办法：我这里住着母亲、妹妹、还是学生的米沙（他只有
> 毕业了才会离开）；我这里还有科利亚，他什么都干不了，还被情
> 妇赶了出来，成天只知道喝酒，躺在那儿衣服也不穿，还有姨母和
> ［她儿子］阿廖沙（他俩只是住在这里）；此外，万尼亚每天下午三
> 点钟到第二天早上再加上全部假期也都住在家里，爸爸只是晚上回
> 来……他们都是好人，活得快活，但他们都只为自己着想，只知道
> 不停地提要求，只会夸夸其谈，个个身无分文……我绝对不再接受

其他人了，更不用说那些本来就该由自己的父母抚养的人……这封信你看后就把它撕掉吧。你应该养成销毁信件的习惯，看看你家里到处都是信。夏天到南方来和我们汇合吧，那里生活很便宜。

安东建议亚历山大把孩子们交给费尼奇卡姨母照看，因为契诃夫家去乌克兰乡下的时候，她就住在他们在莫斯科的房子里。虽然这个安排不近人情，但亚历山大亦无他法，只能接受。4月18日，安东·契诃夫给他"亲爱的船长"谢格洛夫写了一封信，语气就温和得多了。他在信里谈到了这些靠他养活的人：

我也有一个"家庭圈"。为了方便起见，我到哪里都得带着他们，就像带行李箱一样。我已经习惯于此，就像习惯了长在额头上的赘生物……但这是良性的，不是恶性的赘生物……无论怎样吧，我时常感到开心，而不是忧伤；但如果再深想下去，我就会被束缚住手脚。

叶夫根尼娅的全部心思都放在了到乡下度夏上。她回复米沙的信时说："我们挑选的别墅不够好，这太可惜了，但现在已经太晚了，行李在复活节时就寄走了……你差不多根本没有说到仆人的情况，还有，苏梅镇的物价怎么样？一个月要付给她们多少工钱？"

1888年5月7日，安娜·索科尼科娃在彼得堡受了临终圣礼；而就在同一天，契诃夫一家人乘坐火车到达苏梅镇，然后换乘马车又走了三公里，最后抵达卢卡的乡下别墅。房东林特瓦列夫一家非常友好，别墅的房子舒适宜居，周围保持着一派自然景观，天气炎热。安东在给万尼亚和帕维尔写信时说："米沙根本就是胡说八道。"安东邀请他们六个星期后也过来，并嘱咐他们记得带上伏特加。安东邀请伊万·谢格洛夫前来，并再次写信给万尼亚，指定了他想要的鱼钩。他对尼古拉·列伊金盛赞乌克兰农民如何富有教养。安东·契诃夫以前在巴布基诺度假时接触过很多周围乡下的农民，他们拖着病体，忍气吞声。而在此地，他

甚至暂时忘记了自己是一个医生。很快，客人们纷纷应邀到来。传奇人 *170*
物阿列克谢·普列谢夫的莅临让房东林特瓦列夫一家十分激动：连着三
个星期，他们都把他奉若神明。安东其实心底还惦记着远在彼得堡的大
哥，他在 5 月 27 号告诉亚历山大，让费尼奇卡姨母暂时照顾孩子们，
并且不要给诊治安娜·索科尼科娃的医生付钱："如果他们非要等到人
死了才做诊断的话，那他们现在还一次次来就太荒唐了。他们要是胆敢
向你要钱，你就闹到天上去……代我向安娜和孩子们问好。"这封语气
冷淡的信写完的第二天，安东就收到亚历山大的信：

> 今天凌晨 4 点 15 分，安娜死了。克诺奇今晚做尸检。等葬礼
> 后，我会立即带孩子们去莫斯科，把他们送到姨母那里去，然后我
> 去苏梅镇找你们。我们再好好谈谈。目前一切都好。此致，你的
> A. 契诃夫。

24. 卢卡度夏

（1888 年 5—9 月）

同为出租度夏别墅的房东，卢卡的林特瓦列夫家与巴布基诺的基谢廖夫家迥然不同。基谢廖夫家有着一股世袭贵族特有的放荡和傲慢，而林特瓦列夫家则是坚持原则的士绅、勤劳的地主、优秀的雇主，也是随时准备自我牺牲的激进主义分子。林特瓦列夫家与基谢廖夫家唯一相同的地方就是都没钱。

在林特瓦列夫家，说话算数的人是母亲亚历山德拉，她育有五个成年子女：三个女儿和两个儿子。大女儿季娜伊达（Zinaida）给安东·契诃夫留下了深刻印象，他向苏沃林描述她时说：

> 她是一名医生，是这个家庭的骄傲，农民们则把她当成一个圣人……她长了一颗脑瘤，因而完全失明了；她还患有癫痫，经常头痛不已。她知道等待她的是什么，她总是以惊人的冷静谈论着自己注定的死亡……就在此时，我面前是盲女子坐在凉台上，谈笑风生，幽默风趣，或者听别人朗读我的《在黄昏》。猛然间，一种奇怪的感觉向我袭来：不是这个女医生要死了，倒是我们竟没有感觉到自己也会死去。

二女儿叶连娜也是一名医生，她相貌平平，打算终身不婚。最小的女儿娜塔利娅整日里笑声不断，歌声不断。她非常同情农民，与他们聊天，教他们乌克兰语（这在当时是被禁止的）。林特瓦列夫家的大儿子帕维尔曾因参与激进运动而遭到当局软禁，他已经结婚，正期待着第一个孩子的降生。最小的儿子格奥尔基是一位钢琴家，痴迷于柴可夫斯基的音乐和托尔斯泰的道德生活，他的职业生涯也受到政治活动的影响。寄往卢卡的信件，甚至是寄给安东·契诃夫的信，都经常被秘密警察截查。林特瓦列夫一家认为，知识分子应该献身于人民。在卢卡进行的各种社交活动完全不像在巴布基诺时那样无聊，没有人去比试酒量，也无人与农家姑娘闹出风流韵事。这里的淳朴氛围和田园诗般的格调悄然渗透进安东·契诃夫的许多作品中，尤其是《林妖》(*Wood Demon*)，并赋予这些作品一种乌托邦色彩。

契诃夫家在卢卡租住的房子比米沙描述的要好得多，尽管确实有一 *172* 次，四只狗绕着院子追赶林特瓦列夫家的猪，最后冲进了客人的餐厅。这里有一个波兰女孩专门为契诃夫家做饭。叶夫根尼娅到了这里以后就拒绝下厨房，因为厨房被另外一家度假的人占用着。安东沉迷于钓鱼，与当地的一个钓鱼迷工人成了好朋友。他们一起在皮塞尔河的磨坊水池里钓鱼，磨坊主的女儿丰满得"像一个苏丹娜布丁……看着真是叫人眼馋，老天帮帮我吧"，安东在给基谢廖夫的信中这么说。但是，卢卡的士绅从来不勾引农家姑娘。安东还失望地发现，苏梅镇上没有妓院。卢卡这个地方厕所也很少，所以他的屁股上满是蚊子叮咬的包。

客人想要来卢卡就必须跋涉六百多公里路程，坐上三十小时的火车，但是来访的客人中没有一个人抱怨。乌克兰对俄罗斯知识分子而言是一个富有吸引力的所在。他们对乌克兰的情结就如同维多利亚时代的英格兰人迷恋苏格兰，他们在这里找到了梦想中的香格里拉的氛围。安东·契诃夫最新的追随者——作家伊万·谢格洛夫、卡兹米尔·巴兰采维奇和亚历山大·伊万年科——还有一些安东所崇敬的人，都来到卢卡，与他消磨了两个星期。5月20日，诗人阿列克谢·普列谢夫抵达卢卡，音乐家伊万年科与格奥尔基·林特瓦列夫为他演奏了二重奏，本地姑娘载着普列谢夫在皮塞尔河上划船，为他唱情歌，安东随时监控这位老诗人的脉搏和呼吸。

6月初，科利亚和万尼亚到了卢卡。科利亚闷闷不乐，因为他在莫斯科时，又一次席卷了弗朗兹·谢赫特尔的工钱和绘画材料，消失得无影无踪。当时，谢赫特尔接手了一座教堂的建筑师的工作，而科利亚协助他做修复。由于科利亚的失踪，谢赫特尔面临着每延期一天就要缴纳一百五十卢布罚款。"我太可怜我自己了，"他写道，"然而，科利亚根本不配得到任何怜悯。"亚历山大也赶到莫斯科，把孩子托付给费尼奇卡姨母照看。格鲁津斯基在6月21日写信告诉安东说，他家的秩序崩溃了："我看见一个漂亮的年轻女仆坐在您家公寓的台阶上，而一个迷人的年轻男子坐在她的膝盖上（通常应该是反过来）。"[1]亚历山大匆匆赶到苏梅来与家人会合。然而，亚历山大在卢卡期间，不停地挑起口角，经常喝得酩酊大醉。他登上苏梅镇夏季小剧院的舞台，帮助催眠师和魔术师表演，引得观众哄堂大笑，安东只好把他带走。然后，亚历山大给房东的二女儿叶连娜·林特瓦列娃写了一封求婚信，他以为她想要嫁人想疯了，已经不介意去接受一个丧偶且带着两个弱智儿子的酒鬼。

173 安东把信给撕掉了，亚历山大一气之下在半夜两点钟去了火车站。回到莫斯科后，亚历山大又指责费尼奇卡姨母要毒死他的孩子。亚历山大带着两个孩子返回了彼得堡的家，却发现被解雇的两个女仆已经把他的家扫荡一空。他在家里喝得烂醉，有时就醉倒在孩子面前，孩子们又被送到莫斯科的费尼奇卡姨母那里住了几个星期。

亚历山大走后两天，科利亚和阿列克谢·普列谢夫也离开了卢卡。科利亚乘坐三等车厢，蜷缩在其他返程度假者的行李中回到了安娜·伊帕季耶娃-戈登的床上，他打算给《草原》绘制插图，从苏沃林那里挣些稿费。普列谢夫乘坐一等车厢回到了彼得堡他那个上流社会的公寓，但是他把睡衣忘在了卢卡。这时，米沙从塔甘罗格回到了卢卡，填补了空缺。米沙觉得，米特罗凡叔叔家比自己的家更让他感觉亲切，他尤其

[1] 见图书馆手稿部，331 49 42a：A.拉扎列夫-格鲁津斯基给安东·契诃夫的信，1887—1888。

24. 卢卡度夏

与格奥尔基关系密切。

此时，安东·契诃夫开始考虑花上几千卢布，在乌克兰购买一处庄园。他幻想着可以在那里写作，为居住在城市中的作家们提供一个温泉疗养地，他还可以行医。其实，如果每个故事或剧本都能挣到五百到一千卢布的话，安东·契诃夫是有能力置办下一份产业的。林特瓦列夫家有一个农民朋友叫亚历山大·斯马金（Aleksandr Smagin），他对玛莎·契诃娃心怀爱慕，表示愿意在波尔塔瓦（Poltava）他自己的庄园附近帮助安东寻觅一处产业。于是，林特瓦列夫家拉出家里的古董马车，套上四匹马，安东、娜塔利娅·林特瓦列娃、她的弟弟格奥尔基和一个从波尔塔瓦来的女孩启程前往斯马金的庄园勘查情况，安东也开始了为期十天的乌克兰北部集镇之行——果戈理在五十年前也走过这条路。这次旅行行程长达四百公里，沿途所见的乌克兰风物彻底俘获了安东·契诃夫的心，返回苏梅镇时，他仍然情绪高昂。此后三年时间里，安东·契诃夫一直有意在此地购买庄园，但每次都未能成功。

夜莺已在窗棂间筑巢，孵化幼雏，更多的客人络绎到来。安东向父亲的老板加夫里洛夫提出请求，希望他能给帕维尔两个星期的假期。其实，加夫里洛夫很高兴这位名人的父亲给自己打工，他只是象征性地雇用了帕维尔，虽然帕维尔很热衷于帮助加夫里洛夫算账，估算他每年有近百万卢布的利润。6月26日，获准假期的帕维尔到达卢卡，参加了自己和帕维尔·林特瓦列夫的联合命名日的庆祝，安东·契诃夫的故事《命名日聚会》（"The Name-Day Party"）就反映了这个聚会的情况。契诃夫的三个追随者中，只有卡兹米尔·巴兰采维奇在卢卡逗留了很长时间。他和契诃夫一起在河里网小龙虾，离开时忘了带走高筒胶靴和一条裤子。他给安东写来一封感谢信："我没有一天不想着自杀（只有和您在一起的短暂时间除外）。"

契诃夫很想念阿列克谢·苏沃林。伊万·谢格洛夫在征求契诃夫对他的喜剧《剧院麻雀》（*The Theatrical Sparrow*）的评论时也谈道："我偶尔与苏沃林聊聊天，时不时与他谈上一阵子还是很享受——他这个人非常聪明。"安东·契诃夫舟车颠簸了三天，在1888年7月13日到达

174

225

了位于费奥多西亚的苏沃林的别墅，苏沃林全家在那里迎接他。在接下来的九天时间里，他们一起游泳、晒太阳、散步、交谈。在此期间，安东既没有与人通信，也没有进行任何创作，因为他全副身心沉浸在与苏沃林的友谊之中。他们二人在这里构思了一个剧本，也就是后来的《林妖》。安娜·苏沃林娜记录道：

> 我们有时躺在炙热的沙滩上，有时在月光下看着无边无际的大海……我的丈夫和安东，只要他们两人在一起，就一定在讨论什么或互相讲故事……我们给安东介绍了［画家］艾瓦佐夫斯基（Aivazovsky）……艾瓦佐夫斯基的第二任妻子是一个漂亮的亚美尼亚人，她穿着一件白色的家居服，梳着长长的黑发，因为刚游过泳，头发松松地披在身后，发尖还滴着水。她在月光的笼罩下修剪玫瑰，从满桌花枝中挑出鲜艳的放在篮子里。安东说，"这真是一个美妙的童话故事"。

安东·契诃夫在那个夏天没有创作故事，他正在头脑中构思一部小说。阿列克谢·苏沃林待他的情谊深厚得让他难以承受：他们一起在皮塞尔河上划船钓鱼，苏沃林借给他钱置办产业，将自己的女儿许配给他，邀请他做出版合作人、新剧本的合作者，还与他分享人情世故和国家机密。尽管苏沃林提出过把当年十一岁的女儿娜斯佳将来嫁给他，但安东从未将此事当真。安东向苏沃林借了一笔数额适当的钱，既没有少到让自己尴尬，也没有多到让苏沃林为难。

安东此时诸事不关心。万尼亚在莫斯科寻租新房子，因为他们现在住的那间房子里一团糟。万尼亚告诉母亲：

> 房子里到处是灰尘和垃圾，而最多的是猫。为了打发时间，姨母和这些猫咪说话，用牛奶和面包喂养这些可怜的东西。所有的猫都有名字，最小的那只叫纸袋。

24. 卢卡度夏

1888 年 7 月 2 日凌晨 4 点，安东·契诃夫与小阿列克谢·苏沃林登船出发，启航前往高加索地区。航行途中，一次海面上波浪起伏，安东失去重心，要不是一把抓住电报机，他就掉进海里了。还有一次，因为他们记混了桥，他们的船"基尔"号差点儿撞上另一艘船[1]。安东与小阿列克谢原本计划横跨格鲁吉亚前往里海，经过布哈拉到达目的地波斯。这时，一场新的灾难向老苏沃林袭来。小阿列克谢收到一份电报：他的三弟瓦列里安病危。原来，瓦列里安一个劲儿嚷嚷头痛，被送到了兹韦尼哥罗德的医院。说到兹韦尼哥罗德这个地方，如果不是受基谢廖夫的邀请去了巴布基诺的话，安东·契诃夫本来是要在这里工作的。兹韦尼哥罗德医院的医生、安东的同事阿尔汉格尔斯基医生，诊断出瓦列里安患上了白喉，决定用气管切开术进行治疗，但是一位莫斯科的外科医生却把治疗引向了歧途，1888 年 8 月 2 日，瓦列里安在兹韦尼哥罗德去世。

小阿列克谢与安东接到噩耗后，全速返回克里米亚。小阿列克谢赶回父亲身边，安东未去打扰再历丧子之痛的老苏沃林，直接返回了卢卡的林特瓦列夫家和皮塞尔河。1888 年 8 月 12 日，小阿列克谢·苏沃林给安东的信中说：

> 我发现父亲彻底垮了，他精疲力尽，好像得了一场精神病……现在他什么都做不了，干什么都是徒劳……父亲正在尝试日常疗法，试着过"正常生活"，做书店账目，去建筑工地……我们都希望您在这里，我尽力为您寻找借口。

莫斯科和克里米亚的亲朋都想从安东这里索取一些同情和关注。8 月 11 日，费尼奇卡姨母给她的姐姐叶夫根尼娅的信中说：

> 安娜不在了，她的孩子们让我很心疼。我经常夜里醒来想起他

---

[1] 同年秋天，"基尔"号在克里米亚海岸被撞毁。

们……孩子［小科利亚］想妈妈的样子实在让我受不了，他还不能
说话，就用手比画着告诉我，他们怎么给妈妈穿好衣服，放在棺材
里，埋到地上的一个坑里。他用手比画，我从来没有这么伤心过，
我怎么也平静不下来。安娜是个可爱的人，我敢肯定，她的亲戚会
接受她的孩子的，而不是让他们像现在这样生活。我祈祷天上的父
会让安东软下心来……可怜的舒拉［安娜前夫的十六岁的儿子］因
为想妈妈哭个不停，有时候都哭晕过去，她的女儿［十一岁的娜
佳］也总是哭。

寻求同情，觊觎他的生活空间和钱包，这些负担超出了安东·契诃
夫的承受能力。他对侄儿们的感情自然不可能比他对父亲帕维尔的感情
更加深厚，于是，他把侄儿留给他们自己醉醺醺的父亲亚历山大去照
看，而把阿列克谢·苏沃林交给他自己的妻儿们去安抚。

176　　自从《草原》3月份发表后，安东·契诃夫还没有其他力作来夯实
自己在俄罗斯文坛上的地位。他发表在《北方先驱报》上的第二个故事
《灯光》（"Lights"）让他深感羞愧。（他把这个故事从作品集中删除了。）
这个故事的灵感来自重返塔甘罗格，讲的是一个事业有成的外省人回
到童年生活过的海边小村的故事。当地的女孩们忍受着无爱的婚姻，在
心底思念着离弃她们奔向大城市的男孩们，故事的讲述者就这样引诱了
一个他曾经爱慕的女孩。此时，安东·契诃夫投入大部分精力的却是一
部未能付诸笔端的小说。从他人的回忆和安东·契诃夫信件透露出的线
索来判断，这部未能成文的小说是以林特瓦列夫家的生活为素材的，相
关内容或许在《林妖》或他在秋天灵感回归后创作的其他故事中得以重
现。然而，整个夏天都与作家们为伴让安东恼火不堪，亲人朋友的痛苦
也令他备感沉重，所以这个小说被他弃置一旁。

尽管身心俱疲，但写作不可荒废，所以安东·契诃夫又回到了卢
卡。1888年9月2日，安东和家人返回莫斯科，又住进科尔涅夫医生的
出租房，而费尼奇卡姨母带着她的流浪猫狗，回到自己窄仄的小屋里。

25. 获奖

（1888 年 10—12 月）

安东·契诃大回到莫斯科家里的书房，繁忙的秋季拉开了序幕。公
寓里更加喧闹了：谢廖沙·基谢廖夫从学校回来后，就在楼上咚咚地走
来走去；家里还多了一个帮佣兼厨娘玛柳什卡，这位老人此时已经六十
多岁了，她在安东的有生之年一直为契诃夫家服务。

科利亚不负责任的举动让人越来越难以忍受。1888 年 10 月初，财
务上捉襟见肘的弗朗兹·谢赫特尔给安东写了一封信，表达了每个人心
里想到却都未说出口的想法：

> 很明显，科利亚的状态不好，非常不好——我甚至不会为他的
> 未来花上两戈比。我可以非常肯定，他是无可救药了。他含着泪水
> 对我信誓旦旦地说，他已经看到也感觉到了那个荡妇［安娜·戈
> 登］怎样恶劣地影响了他，他马上与她分手，他要出去见人，吃
> 饭，好好工作。好吧！我几乎就要相信他了，因为他有那么几天恢
> 复了原来的样子，每天都来我们这儿，除了一小杯苏玳葡萄酒之
> 外，他什么都不喝。我现在都想不通，他究竟想要骗谁？因为另一
> 个科利亚的生活是：每天喝个不停的伏特加、吃个没完的萨拉米香
> 肠和一直在一起的荡妇［安娜］。他根本不想工作。他有心为我的

妻子画一幅肖像，好吧，已经花掉一大笔钱了，但我不知道结果会怎样，到目前为止，画布上仍然一片空白。

三个星期后，谢赫特尔又向安东告状，说科利亚擅自拿走了一百卢布和一个圣幛："他绝对患了一种疯病，让他总是透过玫瑰色的眼镜来看待自己的行为，看待某些罪行……很抱歉打扰您，但我还能怎么办呢？……把圣幛交给我的信差带回来！"

房东科尔涅夫医生也给米沙写来一张便条，发出警告：

178   告诉我，您的那位艺术家哥哥科利亚住在哪里？今天发生了一件事：我抓到一个家伙，他在你们的窗户前面鬼鬼祟祟。我是个警惕性很高的房东，吓唬了那小子一下……他承认自己是科利亚，说在梅德韦杰夫的房子里住过。他说，他已经有三个星期无处过夜了，他没有证件！我之所以详细告诉您这些细节，是以防将来有什么麻烦，而你们是要付罚款的。[1]

安东·契诃夫询问过苏沃林的女婿、法律专家科洛姆宁，看科利亚是否可能获得一纸兵役豁免证书。然而，过错终究是过错，科洛姆宁的建议没有一条适用于科利亚。与此同时，弗朗兹·谢赫特尔还指望着科利亚回来工作。11 月底，他写信来询问科利亚的下落：

我给那个荡妇发了两封电报——没人回复，看来他不在她那里。他来看过您吗？我只想让他把舞台给我弄好，除此之外我一无所求。他为什么要一再地惩罚我！或许他自己能把问题都处理好，然后回来工作。只要他能回来，我既往不咎。

通过彼得堡的亚历山大，安东在一个新女人那里追踪到科利亚的行

---

[1] 见图书馆手稿部，331 48 27：科尔涅夫给安东·契诃夫的信，1886—1894。

踪。临近 1889 年复活节，家人才再次得到这匹害群之马的消息。

自从上次负气离开苏梅镇后，亚历山大只给家人中的玛莎写过两封信。他私下里征求玛莎的意见，自己是否可能与叶连娜·林特瓦列娃结婚。玛莎自然将此事告诉了安东。安东觉得叶连娜·林特瓦列娃是一个容易受到伤害的女人，为了保护这位同事兼朋友免受大哥的骚扰，他对亚历山大说：

> 首先，你是一个被证明了的根本不是 84 纯银[1]的伪君子。你说，"每当到处奔波、深感疲惫的时候，我渴望家庭、音乐、亲情和充满爱的话语……"你心里很明白，家庭、音乐、亲情和充满爱的话语，这些并非你与遇到的随便哪个女人——即便她是一个体面的女人——结婚就能得到的，它来自爱情……你对叶连娜的了解并不比你对月亮上的某个男人更多……至于叶连娜，她是一名医生，一个地主；她自由、独立、受过教育，凡事有自己的观点。当然，她可能会决定结婚，因为她毕竟是一个女人。但如果没有爱情的话，即便给她一百万卢布，她也不会结婚的。

亚历山大只好作罢。阿列克谢·苏沃林将自己的痛苦暂置一旁，也指责了亚历山大。迫于苏沃林的压力，亚历山大保持了几个月的清醒。

很快，亚历山大又寻觅到了新的"爱情"：娜塔利娅·戈登——也就是安东的旧日情人娜塔舍夫——就此重返契诃夫家的生活圈子。亚历山大此举不仅是为了他自己，也是为了给儿子们找一个母亲。1888 年 10 月 24 日，亚历山大给安东写来一封大煞风景的信："娜塔利娅现在住在我家，为我操持家务，照管孩子们，她让我无法自控。如果她偶尔想要给别人当当情人，这就不关你的事了。"

事情的缘由是这样的：《新时代》发表了一篇有关即将辞世的尼古拉·普季亚塔的文章，娜塔利娅·戈登因此来到《新时代》编辑部，询

179

---

[1] "84"是俄罗斯银器上使用的一种表示含银量的标准戳，表示该银器的含银量极高，达到 87.5%。——编注

问普季亚塔的住址。（她的姐姐阿纳斯塔西娅是普季亚塔的妻子，二人后来分居。）

我们聊起天来，我邀请她来家里看望孩子们。她同意了，来了我家，经过几个"鳏夫和少女"的夜晚后，最终我们在一起了。她住在一个房间，我住另一个。我们一起过日子，虽然从早到晚不停地吵嘴，但我们的关系完全是恩爱的。她很适合我。父母已经这么大年纪了，我打算以我的模范行为来安慰他们。如果他们不把这种"亲密"视为乱伦、通奸或淫欲，我倒是不反对和她在教堂里结婚。

安东也收到了娜塔利娅·戈登寄来的一封语气揶揄的信：

亲爱的安东，我知道这封信会让您大吃一惊，反正我是很吃惊。事情就这样发生了！我想知道您对这一切的看法。您的真诚的N. 戈登。[1]

安东对此事一直未予回应，直到 11 月初，他才用拉丁文给亚历山大写了一封信，通告了家里的狗儿科宝的死讯。这只老狗的死让契诃夫兄弟回忆起了 1877 年他们刚到莫斯科的日子，兄弟情谊超过了娜塔利娅·戈登移情别恋这件事。亚历山大承认，他擅自动用过安东在《新时代》的稿费。他以自己的狗、比科宝活得长的格什卡的语气，用拉丁文附加了悼词。

娜塔利娅与戈登家的其他女孩一样，在食欲和性欲上均饕餮难餍。不出一个星期，她就让亚历山大难以招架了。

我可以在她的肖像上题写我童年时在一家旅馆看到的一张照片上的题词。那张照片是一群大猩猩在抓挠啃咬黑人妇女，一些戴礼

---

[1] 见图书馆手稿部，331 33 14：娜塔利娅·戈登给安东·契诃夫的信，1888 年 11 月 18 日。

帽的英国人朝它们开枪。题词简单却非常传神:"充满激情与肉欲的野兽……"

1888年的整个秋天,安东·契诃夫一直与苏沃林的儿子小阿列克谢 *180* 保持着书信往来。小阿列克谢·苏沃林是犹太人大屠杀的辩护者,在信件中发表了一大通"反犹"的胡言乱语[1]。小阿列克谢这些信件的唯一效果就是进一步巩固了契诃夫对犹太人的尊重,以及为契诃夫敲响了警惕苏沃林帝国危害的警钟。至于小阿列克谢感兴趣的其他话题,他倒是找对了倾诉的对象:"安东,婚姻不要超过三个月;如果您结婚了,也要在她三十岁之前离开她,因为女人一过三十岁,无论她多么无私,也会从根本上把丈夫看成一种便利的工具。"

在过去的一年里,老苏沃林除了小修小补了一下别墅,张罗发表了安东·契诃夫的两本书以外,其他什么都没有做,9月底,他决定摆脱这种暮气沉沉的状态。阿列克谢·苏沃林在返回彼得堡掌控局面之前,先去了一趟莫斯科,与安东消磨了一天时间。苏沃林证实了安东·契诃夫已经有所耳闻的一件事情:俄罗斯学院1888年的文学奖金非常有可能授予他。即便没有发表《草原》,评选结果也很可能对安东·契诃夫有利,因为这个学术协会由格里戈洛维奇主管。这五百卢布的奖金,加上契诃夫的书——1887年出版的《在黄昏》和新书《莫特利故事》——销量不断增加,使得契诃夫家终于摆脱了债务。苏沃林由安娜·苏沃林娜陪伴着,前来莫斯科向他表示祝贺。苏沃林的拜访自是令人羡慕,然而,这也让安东·契诃夫成为莫斯科激进分子攻击的目标——他们攻击任何与《新时代》关系密切的人。

阿列克谢·苏沃林在两个儿子早殇后,找到了一件聊以分散注意力的事情:创建剧院。在接下来的二十年时间里,漂亮的女演员和才能或多或寡的剧作家在他身边来来往往,而《新时代》的运作交到了儿子小阿列克谢·苏沃林手中。阿列克谢·苏沃林自己创作了一个剧本《塔季

---

[1] 见图书馆手稿部,331 59 71a:A. A. 苏沃林给安东·契诃夫的信,1888年。

233

扬娜·雷皮纳》(*Tatiana Repina*),该剧本计划在莫斯科演出。苏沃林和契诃夫约定,在各自所在的城市为对方排演剧本,即契诃夫在莫斯科的科尔什剧院监管《塔季扬娜·雷皮纳》的排练,而苏沃林在彼得堡监控《伊凡诺夫》的演出事宜。《伊凡诺夫》在彼得堡的首演对安东·契诃夫来讲至关重要,他再次大修了剧本。

安东·契诃夫写给阿列克谢·苏沃林的信越来越长,也越来越频繁了,二人之间的关系前所未有地亲密。1888 年 10 月 14 日,契诃夫向苏沃林透露了自己健康方面的秘密,虽然他还假装自己病得并不厉害:

> 一到冬天、秋天、春天或夏天潮湿的日子,我就咳嗽,但只有看到血迹时,我才真心害怕:鲜血从嘴里流出来总不是什么好兆头,就像血色的夕阳……只有基于某些综合症状,才能断定是肺结核或其他严重的肺病,而我恰恰没有这种综合症状。有的时候,一侧的肺一整天都在出血,血不停冒出来,把家人和患者都吓坏了,当然不会把病人吓死——通常不会。

四天前,安东·契诃夫就有过一次大出血。

契诃夫更愿意与苏沃林讨论的话题是性爱,而不是肺结核。在弗谢沃洛德·迦尔洵之死的刺激下,他创作了故事《精神错乱》("An Attack")来纪念迦尔洵。在故事中,安东·契诃夫选择了一个引人争议的话题:索博列夫巷的妓院。这个故事是简单的"三个朋友"式情节:三个大学生去逛妓院一条街,其中一人十分确信卖淫是邪恶的,以致想要当街布道,拯救妓女。于是,他的两个朋友带他去见精神病医师,而医师告诉他,是他,而不是社会出了问题。在这个故事中,两个"健康"的学生类似于谢赫特尔和列维坦,而那个叛逆者与科利亚十分似。故事的讲述者与叛逆者站在同一立场,体现出"迦尔洵精神"的精髓:纯真、热情,处于经神错乱的边缘。这个故事引起了我们的思考:是否理智的人才是真正的疯子?《精神错乱》是安东·契诃夫有关这种思考的第一个作品。作为一个医学院学生,安东·契诃夫发现,自己混乱的性爱经历造成了他自身情感体验的不确定性。1888 年 11 月 11 日，他在给苏沃林的信中写道："有关卖淫，我谈了很多，但最终什么也决定不了。您的报纸上为什么不发表关于卖淫的内容？这是一种最可怕的邪恶。"而第二天，他写给普列舍夫（普列舍夫的观点与基谢廖夫一样开放）的信则是另一种腔调："作为一名医生，我认为我遵循了所有的心理学规则，正确地描述了精神痛苦。至于说女孩们，我原来曾是那个科室了不起的专家。"在 12 月下旬，契诃夫给谢格洛夫的信则表现出对卖淫完全容忍的态度："您为何厌恶谈论索博列夫巷呢？我喜欢常去那里的人，虽然我和您一样很少去。人不应该拒绝生活。"

那年秋天，文学描写中的性爱与现实中性爱的差距，让安东·契诃夫非常恼火。苏沃林曾盛赞左拉如何擅长描写性爱，契诃夫则恼怒地回应道：

> 我见过不少反复无常的女人，自己也犯过很多次错误，但我根本不相信左拉或哪个女人告诉您的什么"砰——搞定"那一套。那些读者和作家生性放荡，只想显摆自己对通奸是如何讲究与擅长。他们胆子大，行动果断，富有创新性，掌握着三十三种不同的性交方式，各个看起来游刃有余。但这些都只是说说罢了，实际上，他们只是和自己的厨娘做做爱，只能去一卢布的妓院发泄一下……我 *182* 从来没有见过在任何一个体面的公寓里，能允许您扑倒一个女人，脱去她的紧身胸衣、内裙和外套，然后躲到衣柜里、长沙发上或者就地躺在地板上，与她做爱而不引起仆人的注意。所有与做爱有关的"站起来""坐下去"之类的术语，统统都是无稽之谈。最简单的方法就是在床上，其他三十三种方式都没有可行性，或者只在酒店房间或棚子里还行……如果左拉本人曾经在桌面上、桌子下、栅栏上、狗笼里、邮政车厢里做过爱，或者他亲眼看过别人这么干，那么他的小说还有一定可信度；如果他只是根据谣言或朋友的故事来写，那么他就是不负责任。[1]

[1] 此信（1888 年 11 月 24 日）被从《契诃夫全集》中删除：见 A. P. 丘达科夫《不雅言辞与经典形象》（*"Neprilichnye slova" i obliklassika*），选自《文学调查》，1991，11，54。

　　阿列克谢·苏沃林邀请安东和玛莎兄妹前往彼得堡，而不只是书信交流。小阿列克谢·苏沃林想到安东可能会醉醺醺地回家，就安排说："让您妹妹住在您的房间，您可以住在图书室……就是靠近大厅的那个。您可以用那里的长沙发。有一个单独入口。晚上回来时，向左就能找到门。"12 月初，安东和玛莎在苏沃林家住了下来。安东·契诃夫彻夜与阿列克谢·普列谢夫、莫杰斯特·柴可夫斯基、达维多夫和格奥尔基·林特瓦列夫等人聊天。12 月 11 日，安东与苏沃林一起观看了《塔季扬娜·雷皮纳》的首演。第二天，他给文学协会朗读了自己的《精神错乱》。安东·契诃夫一向避免当众朗读，这不仅是由于害羞，也是因为他通常几分钟后就发不出声音了——这是结核病的征兆之一——好在达维多夫接替他读完了。安东·契诃夫还用尽浑身解数，向那些一脸茫然的专业人士解释剧本《伊凡诺夫》。在彼得堡的两个星期里，至关重要的一次会面发生在安东·契诃夫与作曲家彼得·柴可夫斯基之间。与伊萨克·列维坦以及后来的音乐家谢尔盖·拉赫玛尼诺夫（Sergei Rachmaninov）、画家伊利亚·列宾（Ilia Repin）一样，彼得·柴可夫斯基对契诃夫作品的认可证明，音乐家和画家是最能体味安东·契诃夫作品艺术真谛的人。

　　这次来彼得堡，安东也花了很多时间为他人告帮求情，比如，把格奥尔基·林特瓦列夫介绍给柴可夫斯基（安东对柴可夫斯基的评价是："为人非常和善，完全不像一个被奉为神明的人。"），说服编辑给玛丽亚·基谢廖娃创作的儿童故事支付更高的稿费。安东没能抽出时间去看望格里戈洛维奇，这让老作家十分伤心。此次彼得堡之行最让安东痛苦的是去拜访亚历山大。玛莎并没有和他一同前往。安东的痛苦并非由于嫉妒：随着时间的流逝，娜塔利娅·戈登年轻时凹凸有致的身材现在已变得臃肿不堪，黑色长发也严严实实地裹在头巾下面。安东从来没有抗议过大哥对前伴侣安娜·索科尼科娃的虐待，但这次他发怒了，不仅是因为亚历山大酗酒不止，而且因为亚历山大对自己的旧爱娜塔舍夫举止下流。兄弟二人大吵一通后，安东愤然离去，喝得酩酊大醉，苏沃林不得不把他领到床上去休息。

安东·契诃夫回到莫斯科后，代表阿列克谢·苏沃林在小剧院监督
戏剧《塔季扬娜·雷皮纳》的排练。在他看来，"女演员蠢笨如牛，却
自以为是女神……就像一群穿着裙子的马基雅维利"。而同时，苏沃林
在彼得堡的亚历山德林斯基剧院（Aleksandrinsky Theatre），代表安东
排演《伊凡诺夫》。安东·契诃夫与其他舞台监督一样铁面无情，他指
示苏沃林说："这些女人很狡猾，如果她们给您发电报或写信的话，未
经我的许可，请不要回复。"与戏剧自我抗争的巨大压力使他犯了痔疮。
契诃夫的抗争是为了苏沃林的剧本，而他还要通过苏沃林与彼得堡演出
《伊凡诺夫》的演员辩解，因为即便剧本已经修订过，他们还是无法理
解。契诃夫给苏沃林寄来剧本中伊凡诺夫抑郁症的医学图解，他预感到
《伊凡诺夫》不可能在彼得堡赢得赞誉，因为他们讨厌心理戏剧。

文学奖项和剧本的风头盖过了契诃夫小说创作的新趋势。《精神错
乱》并不是安东唯一的反映托尔斯泰主义的"道德自我完善"理论下
的社会败象的作品，他的另外一个故事《公爵夫人》（"The Princess"），
讲述的是一个贫困的医生谴责公爵夫人为自己的虚伪戴上慈善的面具。
《命名日》（"The Name-Day Party"）与凯瑟琳·曼斯菲尔德的《花园聚
会》（"The Garden Party"）一样，是一篇非常有价值的故事。在一个命
名日聚会上，来自上流社会的主人公展现出虚伪的生活，而最后一场大
雨冲散了聚会，女主人公的意外流产让她脱去了伪装，整个故事极富戏
剧性。这三个故事都立足于研究谎言，以及如何从生理学角度来揭露谎
言；而写作技巧都是托尔斯泰式的：作者细腻地描摹人物的体态语，让
有着预言家视角的傻瓜变成精于世故的人。人们怎么也料想不到，安
东·契诃夫在认真权衡了托尔斯泰主义后，还会反对它。安东·契诃夫
性格中的自由主义和享乐主义因素与托尔斯泰所奉行的严格的道德观格
格不入。这其中的不同，就如契诃夫惯常运用的低调淡化的写作手法，
迥异于托尔斯泰的优雅严谨、长于启迪教化的风格。

安东·契诃夫的志向与抱负通过一篇短文淋漓尽致地体现了出来。
1888 年 10 月，前往中国并去西藏探险的俄罗斯探险家尼古拉·普热瓦
利斯基（Nikolai Przhevalsky）——普热瓦利斯基氏野马（简称普氏野

马）的发现者——死于吉尔吉斯斯坦与中国交界的一个偏远的湖边。与饱受同性之爱折磨的作曲家彼得·柴可夫斯基一样，尼古拉·普热瓦利斯基也是死于饮用了受污染的水。安东·契诃夫在《新时代》上发表了一篇未署名的讣闻，盛赞尼古拉·普热瓦利斯基的英雄主义，声称一个普热瓦利斯基抵得上一打教育机构和一百本好书。显然，安东·契诃夫从来没有读过普热瓦利斯基的最后一本书。普热瓦利斯基在这本书中建议哥萨克人取代蒙古人和藏族人，他还建议俄罗斯与中国开战。让安东·契诃夫热血沸腾的是普热瓦利斯基的探险之举：一个孤独的旅行者，抛家弃友，徒步探险，前往绝境，宁死不悔。

26.《伊凡诺夫》在彼得堡

（1889年1—2月）

1889年新年期间，苏沃林与契诃夫二人亲密得像一对双胞胎：他们
不但监制彼此的剧本，而且二人分配了角色和场幕，共同构思乡村喜剧
《林妖》。苏沃林计划来莫斯科观看《塔季扬娜·雷皮纳》的演出，而契
诃夫会去彼得堡看《伊凡诺夫》。他们的亲密关系引得整个彼得堡说长
道短。当苏沃林父子与安东·契诃夫一起出现在公共场合时，人们依
照"圣父，圣子，圣灵"的模式，打趣他们为"圣父苏沃林，圣子苏沃
林，圣灵契诃夫"[1]。有传言说，苏沃林每年付给契诃夫六千卢布；还有
人说，苏沃林的女儿娜斯佳·苏沃林娜和阿列克谢·普列谢夫的女儿叶
连娜，其中之一将来会是安东·契诃夫的新娘。迄今为止，契诃夫兄弟
中还没有一个人结婚，这与安东的绝大部分医生朋友和追随者（比如比
利宾、谢格洛夫、格鲁津斯基和叶若夫）有很大区别。安东·契诃夫推
诿说自己太穷了。叶夫列伊诺娃在《北方先驱报》上开的玩笑演变成了
一个谣言：安东·契诃夫与百万富婆、寡妇西比里亚科娃（Sibiriakova）
订婚了。

安东·契诃夫提前为苏沃林来莫斯科做准备，到处寻找能够提供集

---

[1]　阿列克谢·普列谢夫的信 14 v 1891，见《俄罗斯作家们写给苏沃林的信》（*Pis'ma russkikh pisatelei k Suvorina*），列宁格勒，1927，130。

中供热的旅馆套房。安东头脑中怎么也无法摆脱亚历山大虐待娜塔利娅的情景，他对此忧心忡忡。1889年1月2日，他给亚历山大写了一封信。就如同两年前教训二哥科利亚一样，他在这封信里一点也没有给大哥留情面：

> 　　你对待娜塔利娅和厨师实在太不公平了，你可怕的态度把我吓跑了……嘴里不停地冒出最低级的脏话，扯着嗓子大喊大叫，不停地责备，午餐和晚餐时吵架，不停嘴地抱怨辛苦，诅咒生活——这难道不就是暴君的做派吗？不管这个女人有多么可怜，多么罪孽深重，不管她和你在一起多么亲密，你都没有权利当着她的面不穿裤子，喝得酩酊大醉。你说的那些话，就是一个工厂苦力在有女人在场时都说不出口……没有哪个体面的丈夫或情人会当着自己女人的面，肆无忌惮地谈论撒尿、厕纸，拿床上的事情大开玩笑，大谈特谈她的性器官。你这么做只会败坏了这个女人，让她远离她信仰的上帝。一个尊重女性、懂得爱、有教养的男人，从来不会不穿裤子就出现在女佣面前，尖着嗓子喊："卡契卡，拿尿壶来！"……睡在干净床单上的女人与滚脏床单，因为情人放屁而哄笑的女人之间的差距，就像客厅和酒吧的差别一样大。你如果不戒掉在孩子面前说脏话、咒骂仆人或对娜塔利娅咬牙切齿地喊"滚到地狱去"这些毛病，我就再也不管你了。[1]

　　这一剂猛药后，娜塔利娅在与亚历山大的关系中占了上风：亚历山大照样喝酒，公寓里依旧又脏又乱，孩子们的日子还是谈不上幸福，但亚历山大再也不欺负娜塔利娅了。在娜塔利娅的眼中，安东就是她的救命恩人。

　　安东·契诃夫在1月份给阿列克谢·苏沃林的一封信中谈到，他很高兴自己在建立起足够的"个人自由感"之前没有尝试创作小说——他

---

[1]《契诃夫全集》中被删改：见俄罗斯档案馆，594 1 269。

指的也许就是他弃之一旁的那一部——虽然他认为截至目前，自己的人生还算得上成功：

> 贵族作家与生俱来的那些东西，我们这些下层作者要付出青春的代价去争取。您不妨去写写一个青年人的故事，他是农奴的后代，站过店铺柜台，进过教堂唱诗班，后来上了中学和大学。他从小受的教育是服从长官，亲吻神父的手，崇拜别人的思想，为得到的每一块面包道谢；他常常挨打，他虐待动物，他喜欢和富亲戚们一起吃饭，他对上帝和他人没有必要地虚伪，他这样只是因为知道自己一无所长——您写写这个青年人是怎样把自己身上的奴性一滴一滴地挤出去的，他又是如何在一个美妙的早晨醒来，感觉到自己血管里流淌着的已不是奴隶的血，而是一个真正的人的血。

奴隶的血液，仍然流淌在契诃夫家另外几个兄弟的血管里。亚历山大被困在苏沃林的《新时代》，万尼亚当上了小学督察，不久即将大学毕业的米沙会成为一名税务稽查员，而科利亚依旧沉湎于酒精与毒品。只有安东一个人看起来是自由的。

安东·契诃夫把仁爱慈善之心扩展到了那些在社会上无法自洽的人身上。尽管利奥多尔·帕尔明曾经在醉酒后说过安东的坏话——他向列伊金散布谣言说安东疯了，有自杀倾向——安东仍然赶来为他处理伤口，帕尔明送给他一瓶依兰香水，安东十分感动。安东去探望垂死的尼古拉·普季亚塔，小心翼翼地在他的枕头下面塞了一个放着钞票的信封，普季亚塔感到受之有愧："您自己也不宽裕，还有一大家人要养，您没必要这么做。"

1889 年 1 月 10 日，阿列克谢·苏沃林来到莫斯科，观看《塔季扬娜·雷皮纳》的排练。这部剧本得到的反馈毁誉参半。苏沃林在剧本中流露出的挑衅性的偏见，引起了评论家弗拉基米尔·内米洛维奇 - 丹琴科（Vladimir Nemirovich-Danchenko）的抗议："作者为什么一定要在舞台上放上两个犹太人，并把他们刻画成最令人反感的角色呢？……作

187

241

者在妇女问题上为何处理得如此不得体？"这个内米洛维奇－丹琴科在十年后成为莫斯科艺术剧院的创建者之一，也是安东·契诃夫的密友之一。此时，阿列克谢·苏沃林的反犹主义和男性沙文主义还未达到损害他与安东的友谊的程度。他们一起庆祝了塔季扬娜日，狂欢、畅饮，第二天安东给莉莉·马尔科娃（现在的萨哈罗娃）写信时，手仍在发抖[1]。一个星期后，苏沃林和契诃夫一起前往彼得堡。安东·契诃夫与亚历山德林斯基剧院签订了一份合同。根据协议，安东将获得戏剧《伊凡诺夫》演出 10% 的收益，他还将《熊》的版权卖给了他们。经过皇家剧院审查员的层层审查，《伊凡诺夫》在彼得堡终获放行，但该剧最初的拥趸此时却变得瞻前顾后。彼得堡剧作家索菲娅·萨佐诺娃（Sofia Sazonova）写道："达维多夫和萨佐诺夫都不想参加演出了，这太荒唐了，这种前后不一致真是令人诧异。"[2] 安东与达维多夫彻夜探讨，讨论在修订后的剧本中，医生奚落伊凡诺夫导致他自杀这个情节是否合乎情理。《伊凡诺夫》的排演本就已经面临种种困难，而作者亲临现场更是让状况雪上加霜。事实上，此时安东头脑中思索的更多的是未来的剧本。他考虑与谢格洛夫联手创作一部笑剧：他们即兴创作了一个情节[3]。苏沃林和契诃夫一起参加了彼得堡文学圈的常规活动。画家列宾趁人不备，偷偷画下了一张简笔画，画面显示出在俄罗斯作家协会（Society of Russian Writers）的一次会议上，安东·契诃夫脸上流露出极其厌倦的神情，而阿列克谢·苏沃林眼中喷射出强行压制下去的怒火。

安东·契诃夫前去拜望《彼得堡公报》的主编胡杰科夫，胡杰科夫的妻子吸引了安东，然而，给予响应的却是胡杰科夫的妻姐利迪娅·阿列克谢耶芙娜·阿维洛娃（Lidia Alekseevna Avilova）。阿维洛娃当时已是两个孩子的母亲，也是一位儿童故事作家，她深深地爱上了安东。安东·契诃夫几乎没有回应利迪娅的热情，因为安东避免与做了母亲的已婚女人发生婚外情。然而，利迪娅·阿维洛娃把自己看成安东·契诃夫

[1] 她仍从哈尔科夫给安东·契诃夫写信，请安东帮助她的丈夫。
[2] 见 S. I. 斯米尔诺娃－萨佐诺娃日记，《文学遗产 87》，305。
[3] 1911 年，伊万·谢格洛夫确实创作过一个质量很差的剧本《催眠的力量》。

一生的至爱，不停地在安东的故事中寻找自己的影子。安东与其他女伴的关系就没有这么复杂了。普列谢夫和谢格洛夫让安东和格奥尔基·林特瓦列夫自由行动，去普里卡奇克俱乐部消遣："如果您是为了'情色'目的去那里，我们就多余了。"安东对苏沃林的女儿娜斯佳·苏沃林娜，一直怀有一种叔叔般的慈爱之情[1]，他们的熟人中，也只有格里戈洛维奇将二人将来结婚当成一回事儿。安娜·苏沃林娜回忆道："我的女儿对什么都感兴趣，除了对著名作家。安东经常和她开玩笑说，他并不介意按照格里戈洛维奇所希望的那样去做，但是要有一个条件：'娜斯佳，您爸爸必须给我们一大笔嫁妆：把他的出版社转到我的名下，还有他的月刊……'"

188

1889 年 1 月 31 日，《伊凡诺夫》在彼得堡首演。演出取得巨大成功，即便那些对它怀有敌意的人也不能否认这一点。演员达维多夫的肥胖体态成功地传达出伊凡诺夫在道德上的软弱无力；俄罗斯最不幸的女演员佩拉格娅·斯特列佩托娃（Pelageia Strepetova）将自己的苦痛全部寄托在角色萨拉身上。第三幕结束时，他们的表演激起了巨大反响，观众几乎将剧院的屋顶掀翻，斯特列佩托娃哭得无法自持，那一刻，安东觉得这些演员亲如"亲戚与朋友"。莫杰斯特·柴可夫斯基、比利宾和巴兰采维奇都深受感动，许多人宣称该剧堪比剧作家亚历山大·格里博耶多夫（Aleksandr Griboedov）或果戈理的作品。当然，也有人持怀疑态度。谢格洛夫在日记上写道："舞台上到处扔着草稿，作者完全没有舞台经验，剧本也没有结尾。"阿列克谢·苏沃林则认为伊凡诺夫的性格缺乏发展，女性的性格也不够细腻——安东·契诃夫并不接受这个评论。利迪娅·阿维洛娃在后台时，一直紧紧地盯着安东，观察着他：

> 安东遵守诺言，送给我一张《伊凡诺夫》的戏票……他站在那里，显得紧张而尴尬，好像被绑在那里一样。在他微笑一现之间，我感觉到他带着一种病态的紧张，那么疲惫，那么痛苦，而我却爱

---

[1] 见图书馆手稿部，331 59 75：阿纳斯塔西娅·苏沃林娜给安东·契诃夫的信，1889—1900。

莫能助。我毫不怀疑，尽管人们到处叫嚣着成功，但安东内心并不满足，他也不开心。

《伊凡诺夫》在彼得堡的第二场演出安排在 2 月 3 日，安东却在演出前逃回了莫斯科。虽然这个剧本在彼得堡引起了热烈反响，但它在本演出季只安排了五场。人们的来信反映出一些更加理性的评论。当时还是评论家而非导演的弗拉基米尔·内米洛维奇-丹琴科对《伊凡诺夫》的评论着眼于未来：

> 您的才华实属罕见……我完全赞同这一点，没有任何妒忌之心，然而，我不会将《伊凡诺夫》看成您最好的作品……它只能算您未来杰作的一个初稿……[1]

《伊凡诺夫》给安东·契诃夫带来两位新朋友：一位是弗拉基米尔·内米洛维奇-丹琴科，约十年后，他既是契诃夫戏剧的主要诠释者，也是契诃夫的妻子奥尔迦·克尼碧尔的密友；另一位是演员帕维尔·斯沃博金（Pavel Svobodin），他在剧中饰演了伊凡诺夫的舅舅沙别尔斯基。患病的帕维尔·斯沃博金已经时日无多，但就在短暂余生中，他对安东佩服得五体投地。斯沃博金与契诃夫同样是精力透支的肺结核患者，但二人在性格上却完全相反：一个是理想主义者，一个是玩世者。斯沃博金信仰契诃夫的才华，与苏沃林一道敦促安东完成他构思中的剧本《林妖》。

安东有心帮衬一把莫斯科不太走运的朋友格鲁津斯基、叶若夫和巴兰采维奇。他提出，可以帮助他们修改文稿，说服苏沃林发表他们的作品。但是，1888—1889 年冬天，他们拜访了契诃夫家后，觉得不太能指望得上安东。格鲁津斯基是一个性情温和的人，但面对科利亚、万尼亚、玛莎和帕维尔对安东无休止地提出的各种要求感到气愤难平。他和

---

[1] 见弗拉基米尔·内米洛维奇-丹琴科给安东·契诃夫的信，选自《莫斯科艺术剧院年刊》（*Ezhegodnik MKhaTa*），1944，1，93。

26.《伊凡诺夫》在彼得堡

叶若夫在玩惠斯特牌（安东拒绝学玩这种游戏）时输给了万尼亚，这让他们愤愤不平；他们不喜欢玛莎，也觉得帕维尔奸诈险恶。格鲁津斯基在写给叶若夫的信中发怒道：

> 伊万·契诃夫这个人太怪了，至于他的大哥亚历山大，就像比利宾说的，绝对是"一个不诚实的家伙"……我不喜欢契诃夫的父亲，真的，他根本就是一个暴君、一匹野兽，通常会发展为"拍马屁"的那种类型……玛丽亚·契诃娃就更不必说了，彻头彻尾的自私自利，没有一点才华和天赋。这也算是给她那个为他们鞠躬尽瘁的哥哥提个醒吧。[1]

叶若夫对安东父母的评价也说不上正面，他回忆了 1889 年复活节时的情形：

> 一次，契诃夫在吃饭时对朋友说："先生们，你们知道吗，我们的厨师要结婚了。我很想带您去参加婚礼，但我担心厨师的客人会对我们大打出手。""安托沙，"他的母亲说，"给他们读读你写的诗，他们就不会打你了。"契诃夫……突然皱着眉头说："妈妈还以为我是写诗的呢。"[2]

此言确实不假，安东的父亲和母亲可能从来没有读过或听过他的任何一个故事或剧本。叶若夫既可怜安东的处境，又难抑对他的妒忌之情。他也影响了密友格鲁津斯基对安东的态度，格鲁津斯基曾对他发牢骚说：

> 安东·契诃夫真是奇怪：他说想要去彼得堡发展易如反掌。天

---

[1] 见俄罗斯档案馆，189 1 19：拉扎列夫－格鲁津斯基给叶若夫的信，1884—1891：1888 年 12 月 10 日，1。

[2] 见 N. M. 叶若夫《A. P. 契诃夫》，出自《历史先驱》（*Istoricheskii vestnik*），1909，11，595—607。

赋扭曲了他对金钱的看法……他问我列伊金付我多少钱。[安东说：]"太少了，少得可怜啊……我能得七十到八十卢布，有一次得了九十卢布。"我得到四十卢布就感激不尽了！

190　　安东发现，还是与名人相处起来更加轻松。阿列克谢·普列谢夫来到莫斯科庆祝自己的生日和忏悔节，没想到却吃多了节日薄饼，安东叫来同事尼古拉·奥博隆斯基（Nikolai Obolonsky）医生给老诗人诊治。阿列克谢·苏沃林说过要来莫斯科观看《塔季扬娜·雷皮纳》，与《伊凡诺夫》不同的是，这个剧本仍在莫斯科的剧院上演。他先是送来了一把俄罗斯巴拉莱卡琴（但是没有弦）和几张契诃夫的肖像照片，然后安娜·苏沃林娜发来一封电报："夫前往莫斯科，勿忘会面，让他高兴，适当娱乐但记得我。"[1]苏沃林此行逗留时间并不长。小阿列克谢·苏沃林与安东的关系得以改善，二人之间恢复了通信。小阿列克谢不再谈论犹太人话题，但依然遵循《新时代》一贯的腔调，为哥萨克阿申诺夫入侵非洲东北部的非洲之角大唱赞歌。安东不无尴尬地承认，他认识入侵者中的两人[2]。小阿列克谢还报告说，他家费奥多西亚的鞑靼邻居去看了《伊凡诺夫》，剧情引得一个女观众歇斯底里症发作。

　　《伊凡诺夫》给安东·契诃夫带来将近一千卢布的收入。"一个剧本就是一笔养老金呵。"安东如此感叹，契诃夫一家人都兴高采烈。尼古拉·列伊金给契诃夫泼凉水，说将剧本放在演出季末尾（国家剧院在四旬期的第一天关闭）的档期已经影响了他的收入。他的剧本让演员忙得连轴转，没有时间休息。列伊金还毫不惜力地火上浇油，向安东打小报告说帕尔明如何中伤他。安东回应说：

---

[1]　见图书馆手稿部，331 59 46：安娜·苏沃林娜给安东·契诃夫的信，1887—1901。

[2]　奥博克·阿申诺夫（Obock Ashinov）队伍中的湃斯（Paisi）神父，曾经给米特罗凡·契诃夫挖过地窖；另一个人是茨韦塔耶夫（Tsvetaev）医生，安东·契诃夫在沃斯克列先斯克结识了他。法国与哥萨克交火后，一些入侵者越过达纳基尔沙漠，前往阿比西尼亚帝国为统治者效力。

　　我这个月一次都没见过帕尔明，他怎么会知道我吐血、生病和害怕疯掉？自从我离开彼得堡，还没有一次大出血过（只是一点点）……我也没有理由担心突然疯掉，因为我已经有些日子不喝伏特加了，也没有参加招灵集会或手淫聚会。我不读诗人帕尔明。

　　列伊金向帕尔明求证，帕尔明说那些消息都是科利亚告诉他的。安东懒得理会列伊金的说辞，对他家的狗倒是很有兴趣。尼古拉·列伊金养了一对腊肠犬，爱若至宝，他最后终于同意将来送给安东一对小狗崽。

　　契诃夫家与林特瓦列夫家社交圈中的很多人都成了好友，所以他们决定这个夏天再次前往卢卡。安东开始在脑海中构思剧本《林妖》，打算在剧本设定的自然背景——林特瓦列夫庄园和皮塞尔河边的磨坊——中开始写作。他花钱买了一套陀思妥耶夫斯基的作品，显然，这是他第一次阅读陀思妥耶夫斯基："很好，但是冗长而自负，惯于装腔作势。"为了打发时间，安东写了他最不寻常的剧本：苏沃林的《塔季扬娜·雷皮纳》的续集。契诃夫安排苏沃林的主人公——那个迫使雷皮纳自杀的人——在教堂结婚，但婚礼被一个神秘的黑衣女人搅乱了，她服了毒，"接下来的我就留给 A. S. 苏沃林去想象吧"。安东·契诃夫的续貂之作的长处在于，将无关紧要的小人物的闲话与契诃夫熟稔于胸的宗教仪式的文字交织在一起。安东把这个剧本送给了苏沃林，苏沃林将其送到印刷厂，打印出了两份，一份留给自己，一份送给安东。

　　这个俏皮的剧本将琐碎的唠叨与严肃的宣讲怪异地混杂在一起，其蕴含的两个因素界定了契诃夫成熟戏剧的特点：一是无关紧要的对话与悲剧性的话语形成了有趣的对比；二是情节有赖于一个在剧情开始前已经死去的人物，而我们永远无法得知有关他的真相。塔季扬娜·雷皮纳的幽魂徘徊在契诃夫送给苏沃林的剧本礼物中，就如同《万尼亚舅舅》中教授的第一个妻子、《三姐妹》中的普洛佐罗夫或《樱桃园》中郎涅夫斯卡雅那溺水而死的儿子。

27. 卢卡逝亲

（1889 年 3—6 月）

安东·契诃夫神秘地去了一次哈尔科夫，表面上说是去考察苏沃林的牧场，实际上也许是回应莉莉·马尔科娃（现在的萨哈洛娃）的邀请。通过他在故事中描述的哈尔科夫周遭那地狱般的氛围来判断，这次旅行并不令人愉快。1889 年 3 月 15 日，安东回到莫斯科，当时马拉电车已经停运，暴风雪在他家门口堆砌起一堵高达一米半的雪墙。母亲递给他一张科利亚寄来的明信片：

> 1889 年 3 月 11 日……亲爱的妈妈，我病得实在严重，没法儿来看望您。两个星期前，我得了一场重感冒，高烧烧得我一个劲儿发抖，身体侧面痛得要命。亏得奎宁和药膏起作用，我现在好些了，必须抓紧时间赶快工作……[1]

科利亚的结核病菌已经发展到了肠子，但安东仍然认为他患的是伤寒。3 月 29 日，安东因为不确定自己的诊断，叫上尼古拉·奥博隆斯基医生再次来到科利亚床前——科利亚此时又搬回了安娜·伊帕季耶娃-戈登家。安娜告诉他们，科利亚已经两个月没有沾过酒了。虽然并不情

---

[1] 见图书馆手稿部，331 82 16：科利亚·契诃夫给叶夫根尼娅的明信片。

愿，安东还是连着十天前去看望高烧不退的科利亚。他要顶着呼啸的暴雪，穿过莫斯科才能到达科利亚那里，走一遭要花上四小时。

安东把科利亚带回家，科利亚向塔甘罗格的朋友描述了自己被救的过程：

> 我弟弟给我送来肉汤。在复活节星期六，一辆马车过来接我，他们给我穿上衣服，把我送到母亲和家人那里。大家伙儿几乎认不出我了。他们马上把我放到床上。复活节星期日凌晨2点时，大家都在欢庆，大喊大叫，喝葡萄酒，只有我一个人躺在那里，一个被抛弃的人。复活节后的那个星期，与科涅夫斯基［科尔涅夫？］有一个会诊。我觉得我应该尽量多吃东西，喝伏特加、啤酒和葡萄酒，吃火腿、鲱鱼和鱼子酱。[1]

安东只能在头脑中构思一部体现"善良人的思想与希望，他们的行 *193* 为规范与偏差，以及如何追求自由"的小说。科利亚的前景几乎毫无希望。家里没有经济能力送科利亚去气候温和的地方休养，而他只有在那种地方才可能康复；更加糟糕的是，科利亚没有通行证件。安东只能从马可·奥勒留（Marcus Aurelius）的斯多葛派的座右铭《沉思录》中寻求安慰，他用铅笔在书中做了大量标记。

家里的仆人倒是兴高采烈，帕维尔和叶夫根尼娅为他家的厨师奥尔迦举行了婚礼。早在2月下旬的订婚仪式上，大家就在厨房里又是吹口琴，又是跳踢踏舞。4月14日举行婚宴时，科利亚奄奄一息地躺在楼上。安东也没有感受到任何喜庆气氛，他有很多事情要忙：当科利亚能够站起来时，安东邀请谢赫特尔来与科利亚告别；安东还派米沙和母亲先行前往乌克兰，为病人和医生的到来做好准备。安东把他们送走后，去参加了"俄罗斯戏剧家与作曲家协会"的一个集会。过后，他在一封信中向奥博隆斯基医生透露说：

---

[1] 见图书馆手稿部，331 82 25：科利亚·契诃夫写给朋友亚历山大·维克托罗维奇（此人身份不详）的信（时间或为1889年5月）。

拂晓降临，走出去散步，我走进一个又脏又臭的酒吧，看到两个骗子在打台球，他们玩儿得很不错；然后，我去了一些龌龊的地方，与几个数学学生和音乐家聊了天；再然后，我转头回家，喝了一些伏特加，吃过早饭（早上6点钟）就上床睡觉，被叫醒后现在觉得很难受。

安东寄出这封信后带着科利亚去了火车站，坐上一等卧铺车前往苏梅镇。几个月以来，科利亚终于能够吃得香、睡得好了。几天后，玛莎也来到苏梅镇，带来了科利亚的鞋子、曼陀林琴的琴弦和画纸、画框。尽管科利亚重病垂危——或者这就是原因——许多朋友也被邀请前来，比如，达维多夫、巴兰采维奇、大提琴家谢马什科，当然还有弟弟万尼亚。苏沃林在前往奥地利和法国的途中打来过电话。安东告诉他："我多希望现在去一个像比亚里茨（Biarritz）那样的地方，到处是音乐，满眼是女人。要不是为了艺术家二哥，我一定会追随您而去的。"

安东没有邀请大哥亚历山大。他口气严厉地告诉亚历山大，对他唯一有用的帮助就是钱。亚历山大表示愿意娶娜塔利娅·戈登为妻，因为她不想冒未婚先孕的风险。亚历山大大概是俄罗斯历史上第一个有记载的购买避孕药具的男性。他在5月5日写给安东的便条中说：

194

饱受肉欲啃噬（长期禁欲）后，我买了一个化学避孕套（condon还是condom——鬼才知道），花了我三十五戈比。但我刚戴上，那东西就破了，也许是被我的尺码吓到了。所以算我不走运，不得不再次压制欲望。[1]

科利亚太过虚弱，再也没有力气逃跑了。白天，他或坐或躺在吊床上，在果园里晒太阳。他一个人的饭量抵得上四个人，但实际上他已经无法消化食物，虚弱得几乎挪不动步。他一天到晚咳嗽个不停，还对母

[1] 见图书馆手稿部，331 32 15：这段话被从《书信集》（1939年）中删除。

亲大嚷大叫。大家因为他病重而忍让他，他反而变本加厉。他服用了杂酚油、吐根酊和薄荷醇等药物。死亡在皮塞尔河上投下阴影，钓鱼和飞鸟对安东失去了吸引力。他尽量分散自己的注意力：他幻想苏沃林家的家庭教师埃米莉·比容小姐；他前往苏梅镇的剧院，就是亚历山大去年大闹过的那家；或者他就埋头于自己的工作。他写出了与苏沃林讨论过的《林妖》第一幕的框架，该剧的核心部分——即后来发展为《万尼亚舅舅》的剧情——在于身为医生的地主在种植一棵桦树时感受到的狂喜与陶醉，但这种情绪其实没有什么戏剧性可言。这个剧本的最初灵感来源于苏沃林一家人。年迈的教授、年轻的续弦妻子、冒失的儿子、法国家庭女教师埃米莉小姐，两个孩子分别叫鲍里斯和娜斯佳——这是把苏沃林家原封不动搬到了卢卡；而剧中那些理想主义者和想法古怪的人身上闪现着林特瓦列夫家人和契诃夫家人的影子。从根本上讲，这些素材并不适合舞台演出，因为它庞杂得如同英国作家乔治·艾略特（George Eliot）的长篇小说《米德尔马契》（*Middlemarch*）。苏沃林很快退出了，而契诃夫坚持写了下去。

5月8日，已经在卢卡逗留了六天的苏沃林出发前往自家的夏季别墅，那里会更加舒适些。就如同《万尼亚舅舅》中教授的到来给大家产生的影响一样，他的到来也给大家造成了压力。林特瓦列夫一家是原则性很强的激进主义者，十分排斥阿列克谢·苏沃林（这倒没有阻止他们请求苏沃林给村里的学校赠送书本），安东夹在两队朋友中间，左右为难。更糟糕的是，科利亚恳求苏沃林先付给他一笔设计书籍封面的预付款。（安东阻止了苏沃林付给他钱。）与此同时，科利亚的情妇安娜·伊帕季耶娃-戈登在莫斯科走投无路，向苏沃林和安东乞怜，寻求经济支持，希望能找到一份工作。

阿列克谢·苏沃林答应给安东的故事支付三十戈比一行的稿费，他也话里话外谈到打算在附近购买一处别墅，但他很快就动身前往位于克里米亚的庄园了。苏沃林从那里寄信来与安东讨论法国作家保罗·布尔热的小说《门徒》，他赞同布尔热对自由思想者——作为无政府主义者和谋杀者的教父——的攻击。安东说，俄罗斯读者之所以喜欢布尔热，*195*

251

只是因为法国文化更加优秀："俄罗斯作家通常生活在阴沟里，吃着鼻涕虫，与荡妇和洗衣女人做爱，他们不懂历史、地理或自然科学。"安东对尼古拉·列伊金沮丧地提到，他渴望一种生活，"可以拥有自己的角落、自己的妻子，而不是别人的……没有虚荣心作祟和争吵"。

科利亚也渴望离开这里。他给所有认识的人写信，寻求帮助，只是这些信件大多都没有寄出。科利亚想回到他的出生地塔甘罗格：

> 我急需回塔甘罗格办一些事情，回到那儿，我想在海水里泡澡……给我搞一张从哈尔科夫往返塔甘罗格的车票吧……弄的车票请考虑到我的身份和目前的体弱。作为回报，我送您一张女人头像的油画（非常漂亮，我都舍不得送人）……我迫不及待地等着您回信说"行"或"不行"，不要给我任何"如果"一类的回答。[1]

科利亚的目光还足够敏锐，手还算稳当。他写给奥博隆斯基医生的信就像一幅书法作品，还画了插图：一个身强体壮的乘客坐在一等车厢里，一列火车呼啸着穿过大草原。

米沙在给堂亲格奥尔基的信中丝毫没有谈到科利亚想回塔甘罗格，明显，他现在也不得不放弃回塔甘罗格的计划："这个可怜人〔科利亚〕的状态太糟了，把他丢下真是于心不忍。"科利亚的健康状况在恶化，但米沙对他漠不关心。米沙在 1889 年 5 月 29 日给格奥尔基的信中重点描述了他们美好的夏日假期：

> 您要是知道我们的夜晚有多享受，您会立马放下一切，别墅啊，家人啊，跑到我们这里来……酸橙树、接骨木和茉莉花正在开花，香气扑鼻；刚刚割下的干草散堆在露天平台上，这是给圣三一主日准备的；月亮挂在天上，就像一个煎饼……玛莎就坐在我旁边，她刚从波尔塔瓦回来，伊万年科坐在更远一点儿的地方，他可

---

[1] 见图书馆手稿部，331 82 25：科利亚·契诃夫写给朋友亚历山大·维克托罗维奇（此人身份不详）的信（时间或为 1889 年 5 月）。

真是个好人。他俩都在读书。窗户开着，可以听到苏沃林和安东在说话，苏沃林也是来这里拜访我们的⋯⋯谢马什科这整个夏天都和我们住在一起，所以我们一直可以享受音乐。

5月底，演员帕维尔·斯沃博金也来了。斯沃博金看起来仍然干劲儿十足，但无论如何都隐藏不住内心的恐慌——他也即将死于肺结核。斯沃博金原本已经坐火车回了莫斯科，但在万尼亚的劝说下又回到卢卡来，在精神上支持契诃夫家熬过这种看似了无尽头的临终守护。6月4日，安东向奥博隆斯基医生报告说，科利亚已经长期卧床，体重每天都在减轻。他服用的是阿托品和奎宁，整日昏昏沉沉，有时精神错乱。一个神父来给科利亚做了临终仪式，科利亚承认自己虐待过母亲。然后，科利亚疯狂地写起东西来：回忆童年，给米特罗凡叔叔和苏沃林写信，祈求借给他钱，承诺要重拿画笔。

亚历山大坚持要赶到苏梅来，他告假的理由十分荒诞，以致苏沃林把它告诉了安东——"转移性伤寒"，这后来成了契诃夫称呼酒精中毒的专用名词。

> 我卧病在床。我得了转移性伤寒。我还能出门，参加活动，也可以写报道。现在，医生说我旧病复发了。医生敦促我去南方，请您准假，并允许我提前支取两个月的薪水（140卢布）。[1]

6月15日下午2点，亚历山大带着孩子和娜塔利娅到达苏梅镇。在接下来的一小时里，契诃夫家的五兄弟终于团聚了。两个月以来，安东一直睡在科利亚隔壁的房间，饱受照顾病人的痛苦折磨，这时，他的神经忽然崩断了。下午3点，他带着万尼亚、斯沃博金和格奥尔基·林特瓦列夫坐上马车，出发去一百五十公里外的波尔塔瓦，拜望亚历山大·斯马金一家人。精疲力尽的叶夫根尼娅根本无法应付局面，米沙不

---

[1] 见俄罗斯档案馆，459 1 4617：亚历山大·契诃夫给 A. S. 苏沃林的信，1888—1896。

愿面对科利亚的痛苦，搬到偏房去住。亚历山大独自照顾了科利亚两个晚上。安东没有留下吗啡，也没有什么其他药品，三名当地医生——其中包括林特瓦列夫家的两个女儿——也都不在身边。

亚历山大在给父亲帕维尔（那年夏天他没有来卢卡）的一封长信中，展现出自己最美好的一面：

> 我一到庄园，就在庭院里看到了安东，然后玛莎、万尼亚和米沙也都来到门廊里。妈妈在大厅里迎接我们，亲吻孙子们。"你见过科利亚了吗？"万尼亚问我……我走进房间，只看到一副骨架躺在那里，根本看不出我们的科利亚的样子了。他瘦得真是吓人，脸颊凹陷，眼眶陷下去，眼睛闪闪发光……直到现在，他也不知道自己得的是肺结核。安东没有告诉他真相，他以为自己只是伤寒。
>
> "哥哥，留下别走，没有你我就是一个孤儿了。我一直都是一个人，母亲、弟弟、妹妹都来看我，但我很孤独。"……我把他从床上抱到尿壶那里去的时候，总是担心自己可能把他的腿折断了……第二天早上，我去河里钓鳌虾。我可不是为了钓虾，而是要给第二天晚上积攒力气。[1]

197　科利亚与亚历山大聊起了彼得堡的生活，并说他爱父亲。

> 在晚餐时，我祈祷"上帝赐科利亚活到明天早晨"……妹妹说我胡说八道，说科利亚当然能活到第二天早上，他还会继续活下去，他已经习惯于这种样子了。我平静下来……大家都上床睡觉了……科利亚理智清醒，一会儿睡，一会儿醒。凌晨2点时，他说想出去大便，我用力地把他扶到轮椅上，但他又决定等一等，只是让我把他的枕头拍松。我拍枕头的时候，他控制不住了，像喷泉一样拉了出来，"你看，大哥，我现在像个孩子一样拉床了"。凌晨3

---

[1] 见图书馆手稿部，331 31：亚历山大·契诃夫写给帕维尔·契诃夫的信，1874—1896。

点，他的状态忽然变得非常糟糕，黏痰噎得他根本喘不上气来……
早上6点左右，科利亚又开始透不过气来了。我跑到偏房里去问米
沙，该给科利亚多大剂量的药。米沙在床上翻了个身说："亚历山
大，你总是一惊一乍的。"……我跑回到科利亚的床边，看到他好
像在打瞌睡。早上7点，他说："亚历山大，扶我起来。你睡着了
吗？"我扶起他。"不，我还是躺着吧。"我又把他放下。"把我扶
起来一点儿。"他把胳膊伸给我，我又扶起他来。他坐起来，想要
咳嗽，但咳不出来。他想吐，我用一条胳膊支撑着他，另一只手想
从地板上够到痰盂。"水，水。"但是来不及了。我大喊起来："妈
妈，玛莎，娜塔莎［娜塔利娅·林特瓦列娃］。"但没人过来帮忙。
她们跑进来时，一切都结束了。科利亚死在了我的怀里。妈妈过来
得很晚，我不得不去叫醒米沙，告诉他科利亚死了。

28. 首访雅尔塔

（1889 年 6—9 月）

　　1889 年 6 月 17 日，科利亚·契诃夫去世。科利亚的死深深地震撼了安东，在未来的时日里，它一直如梦魇一般纠缠着安东。安东知道，去年安娜·索科尼科娃因肺结核去世，今年是科利亚，未来一两年会是费尼奇卡姨母和帕维尔·斯沃博金，然后就该轮到他自己了，当然还有许多朋友最终都将死于结核病。他焦躁不安，在哪个地方都待不上一个月。

　　科利亚去世后，家人马上把在斯马金家的安东叫回到卢卡。安东在给阿列克谢·普列谢夫的信中描述了当时的情景：

　　　　我一辈子也不会忘记那条肮脏的街道、阴霾的天空、树叶上的支离破洞。我之所以无法忘记，是因为那天早上，一个衣衫褴褛的农民从米尔戈罗德赶来，手里攥着一张湿漉漉的电报："科利亚死了。"您可以想象我的感受，我不得不马上返回车站，跳上火车，每次换车都要等上八小时……我还记得我坐在一个公园里，周围黑沉沉、冷冰冰，像地狱一般令人沮丧。在我坐着的那堵墙的后面，有些演员正在排练一个情景剧。

28. 首访雅尔塔

　　林特瓦列夫家出面处理科利亚的丧葬事宜。叶连娜把玛莎和叶夫根尼娅从房间里带走，当地农妇在地板上清理科利亚的遗体——"他干瘦得像柴火棒，蜡黄得像耳屎"，米沙这样描述。教堂鸣钟，牧师和唱诗班的领唱演奏了安魂曲，叶连娜支付了葬礼的费用。亚历山大找木匠做了一个十字架，亚历山大的两个孩子与祖母一起过夜，林特瓦列夫家人照顾玛莎。庄园里派出三个老女人给科利亚守夜，唱诗班的领唱吟诵着祷文。第二天中午，从苏梅镇送来一口内衬锦缎的白色棺材，科利亚的尸体被放进了棺材。叶夫根尼娅穿着一身黑衣服，俯在棺材旁边悲痛欲绝。信和电报也发送了出去，米沙去苏梅镇找来一位摄影师。那天晚上，安东回到了卢卡。米沙对亚历山大和娜塔利娅大发脾气，命令他们搬到别的地方去住。自从科利亚死后，这兄弟俩关系破裂，彼此憎恨。亚历山大曾给安东写信，要求他进行干预。

　　守夜的老妇人低声耳语着，与唱诗班的领唱又守了一个晚上，大家 *199* 就处理后事达成了共识。林特瓦列夫家同意把科利亚安葬在他家的墓地里，墓地就在他去世的那栋房子的后山上。米沙给远在莫斯科的帕维尔描述了葬礼：

　　　　妈妈和玛莎哭得太厉害了，叫人不忍心看她们。棺材拿出来时，玛莎和林特瓦列夫家的女孩抬着盖子，我们六个人——安托沙、万尼亚、萨沙、我、伊万年科和格奥尔基·林特瓦列夫——抬着棺材。我们在教堂的每个拐角处，都为死者祈祷一次。教堂举行了一次庄严的晨祷，每个人都拿着一支蜡烛，把教堂照得亮堂堂的。晨祷时，一个十字架被带到了墓地，房子里所有的家具都搬了出去，地板都擦洗过了……这里和塔甘罗格的习俗一样，一大群人跟着棺材走，举着圣像，就像一支游行队伍跟着十字架走一样。在墓地里，大家都哭着离开了，妈妈太难受了，抱着遗体不肯分开……给所有参加葬礼的人都发了一个果馅饼、一块方头巾和一杯伏特加，教堂的人和林特瓦列夫家人一起吃午饭，喝了茶。晚饭后，妈妈和我再次回到墓地，妈妈又伤心得大哭起来，然后我们回

257

来了。[1]

亚历山大在写给父亲的信中增加了一个细节："大家都在号哭，只有安东没哭，这太可怕了。"[2] 安东拒绝哭泣，也许是怕落入自哀自怜的悲情中吧。米沙把科利亚的名字描在新十字架上。这个十字架矗立在科利亚墓前，远在几公里之外也能从北面、西面和南面几个方向看得见它。

讣告已经发出，科利亚的朋友们也纷纷放下宿怨，表达了哀悼之情。学校督察久科夫斯基打从契诃夫一家初到莫斯科时就非常喜欢他们兄弟几个，他说科利亚是"我唯一的朋友，是最无私、最真诚的男人"。弗朗兹·谢赫特尔则为"失去了一个兄弟"而痛哭：

> 值得欣慰的是，他与家人一起度过了最后的也许是最愉快的日子。要不是他沉溺于流浪生活而与家人分道扬镳，他现在很可能过着健康而快乐的日子。[3]

格鲁津斯基写信给叶若夫说：

200

> 我很伤心，刺猬，真的很伤心，好像他就是我的一个近亲……但愿这个才华横溢却活得一塌糊涂的亲爱的艺术家安息吧……可怜的安东！[4]

哀悼和泪水也弥漫在塔甘罗格。留守在莫斯科的帕维尔则表现得很

---

[1] 见俄罗斯档案馆，2540 1 43：米沙·契诃夫给父母亲的信，1888—1901。

[2] 见图书馆手稿部，331 31 1：亚历山大·契诃夫给帕维尔·契诃夫的信，1874—1896。还有一个哀悼者值得一提：1953 年，享年一百零三岁的塔季扬娜·伊夫琴科（Tatiana Ivchenko）在哈尔科夫去世，她坚持死后要埋葬在科利亚·契诃夫的旁边。她在科利亚在世的最后几个星期曾给他送去牛奶。

[3] 见图书馆手稿部，331 63 25b：弗朗兹·谢赫特尔给安东·契诃夫的信，1887—1889。

[4] 见俄罗斯档案馆，189 1 19：拉扎列夫－格鲁津斯基给尼古拉·叶若夫的信，1884—1891 部分，1889 年 6 月 24 日。

28. 首访雅尔塔

坚强：

> 亲爱的安托沙，应费尼奇卡姨母的要求，我给你寄来亚历山大的十卢布。我把你的信给你的姨母读了，作为父亲，我很高兴科利亚领了最后的圣餐，他的葬礼也遵循了宗教仪式。我真诚地感谢你对哥哥科利亚的爱，对葬礼和纪念也都心怀敬意。上帝会因此而赐你更多怜悯，让你更加健康。费尼奇卡非常伤心，不停地哼哼和咳嗽。她之前不知道科利亚死了，我没有告诉她。科利亚的讣告就发在《每日新闻》上……我多么希望能去看看他的坟墓，为他做个祷告。愿他安息。[1]

三天后，安东带着家人，来到近五十公里外的阿赫特尔卡（Akhtyrka）修道院，在这里待了几天。就在几个星期以前，他们也来过这里。那次是和娜塔利娅·林特瓦列娃和帕维尔·斯沃博金一起，他们大耍活宝，开心大笑，安东向修道院的修士自称维尔德保尔（意为"野猪"）伯爵。

从修道院回到卢卡时，安东发现几个很有吸引力的邀请在等着他。格里戈洛维奇和苏沃林一家去了维也纳，他们说在那里等他，希望他赶来一起参加欧洲之旅。演员经理连斯基（Lensky）和妻子丽卡·连斯卡娅（Lika Lenskaia），带领着莫斯科的小剧院前往敖德萨巡演，他们邀请安东一同去那里休养。安东给苏沃林回了信，声称"忠诚于您，直至生命最后的一刻"，然而在 7 月 2 日，安东（与万尼亚）却不是冲着欧洲，而是朝相反的方向踏上了行程。两天后，安东就与连斯基的演员们坐在一起吃饭了。安东中学时期的同学、记者彼得·谢尔盖因科对安东表示欢迎，并把安东介绍给了伊格纳季·波塔片科（Ignati Potapenko）。这位伊格纳季·波塔片科是一颗正在敖德萨冉冉升起的新星，他擅长唱歌，会拉小提琴，讲起故事来令人捧腹，同时他也创作剧本。波塔片科再次出现在安东的生活中，并扮演一个既亲密又邪恶的角色，那将是四

---

[1] 见图书馆手稿部，331 81 21：帕维尔·契诃夫给安东·契诃夫的信，1886—1896。

年之后的事情了。然而在此时的安东看来，伊格纳季·波塔片科只不过是一个"无聊之神"。

小剧院的女演员个个都是好心的女神。在北方旅馆，安东无意中闲逛到48号房间。在房间里，女演员克列奥帕特拉·卡拉特金娜（Kleopatra Karatygina）和格拉菲拉·潘诺娃（Grafira Panova）在喝茶聊天，彼此奉承，自我宽慰。契诃夫一生中交往过的唯一一个"年长女人"就是克列奥帕特拉·卡拉特金娜，当时她四十一岁，既不擅长交际，也说不上漂亮。卡拉特金娜被人称为"甲壳虫"，是小剧院最瘦弱、最不受重用的女演员。她自知这辈子怎么也演不上《哈姆雷特》的女主角欧菲莉亚，只能在《唐璜》里扮演死神。克列奥帕特拉·卡拉特金娜年轻守寡，到处漂泊，十分理解安东的种种不快乐。她生动描述了那年夏天见到安东·契诃夫时的情景，语气间既有温柔的揶揄，又洋溢着母爱的关怀。她第一次见到他是在海边：

> 一个年轻人，英俊、优雅，长着一张和善的脸，留着一小簇浓密的胡子。他穿着一件灰色西装，戴着一顶平顶卷边软帽，打着漂亮的领带，衬衫上配着褶边领口和袖口。总之，整体印象很优雅，可是……哦，老天爷啊！！他手里拿着一个足有一磅重的大纸袋，他正在嗑葵花籽（南方人的习惯）。[1]

镇上很快就沸沸扬扬地传起了"安东尼与克列奥帕特拉"这个话题，但让安东念念不忘的是初出茅庐的漂亮的女演员——十九岁的格拉菲拉·潘诺娃。万尼亚·契诃夫返回卢卡后，如此描述自己在敖德萨那十天的生活：

> 12点时，我带着潘诺娃去岑布里尼家吃冰激凌（60戈比），然

[1] 克列奥帕特拉·卡拉特金娜通过婚姻关系获得了卡拉特金（Karatygin）这一姓氏，卡拉特金家的一个前辈是俄罗斯剧院最优秀的演员之一。见《文学遗产68》，575—586：克列奥帕特拉·卡拉特金娜《回忆契诃夫》。

后跟着她闲逛女帽店、花边商店之类的地方。自然，天热得让人受不了。2点钟，我先去了谢尔盖因科家，然后去奥尔迦家，吃了罗宋汤和肉酱。5点钟，和卡拉特金娜一起吃晚饭，这种场合照例很吵，但也很有意思。8点钟，我们去了剧院。在后台照顾那些咳嗽的女演员，安排第二天的活动。丽卡·连斯卡娅总是担惊受怕要花钱，潘诺娃瞪着一双黑眼睛，到处找着什么人……演出结束后，楼下的自助餐提供一瓶伏特加，然后在地窖里有葡萄酒，女演员们聚到卡拉特金娜的房间里喝茶。大家慢慢喝茶，我们有的是时间，直到凌晨2点钟都在聊着最恶毒的八卦……我完全被当成女人一样对待，我真的穿过裙子。品行端正的丽卡·连斯卡娅没有一天不摆出一副意味深长的神情告诉我，梅德韦杰夫［导演］很后悔让潘诺娃参加巡回演出，而普拉夫金娜夫人（也是一个善良但非常惹人讨厌的人）也偷偷地和每个人咬耳根子，背后议论丽卡，说她纵容犯罪。

连斯基夫妇认定安东在讨好和勾引格拉菲拉·潘诺娃，所以他们力促安东和这个姑娘结婚，这让安东十分惊恐。安东·契诃夫多年后对奥尔迦·克尼碧尔保证，说他"从来没有勾引过任何一个灵魂"。1890年1月，他在彼得堡还与克列奥帕特拉·卡拉特金娜探讨过："连斯卡娅为什么对人家并不愿意的事情那么感兴趣？演员和艺术家根本不应该结婚。艺术家、作家或演员只能爱他们的艺术，只能排他地、全身心地投入艺术中去。"

克列奥帕特拉·卡拉特金娜与安东·契诃夫的关系开始得很轻松，*202* 因为契诃夫给她的生活带来了笑声。她曾向他发牢骚，说她只能扮演骷髅或死神这类角色，契诃夫就给了她一个处方。她去药房拿药时，才忽然看到处方上写着"毒死普拉夫金和格列科夫的毒药"，这两个人正是小剧院当时的台柱。她坠入了爱河，因为安东的友谊充满了关心和爱护。卡拉特金娜迄今为止的半生都是在西伯利亚度过的，其中有一段时间还在蒙古边境的恰克图（Kiakhta）担任家庭教师，是她给安东·契诃夫的思想沃土中埋下了一颗西伯利亚的种子。安东向她询问过许多有关西伯利亚的情况。

阿列克谢·苏沃林不停拍来电报，但安东置之不理，而格里戈洛维奇每天坚持在维也纳的中央火车站接从俄罗斯开来的火车。格里戈洛维奇在给苏沃林的信上说："契诃夫一句话都不懂，也不习惯外国旅行……他从来不把我们当欧洲人看待……他是斯拉夫人，不在乎规矩，缺乏自我控制……我现在对他很生气。"[1]

安东此时正坐在前往克里米亚的一艘海船上。其实，他不仅错过了一次欧洲之行，也错过了一场在卢卡举行的婚礼。原来，科利亚去世还不到四个星期，亚历山大就写信告诉帕维尔：

> 亲爱的爸爸，我兑现了对您的承诺。今天 12 点钟，我与娜塔利娅·戈登举行了婚礼。妈妈和米沙祝福了我们。米特罗凡神父主持婚礼。婚礼结束后，我们去了科利亚的墓地。

亚历山大结婚时机的选择，与安东创作中的《林妖》的情节倒是有异曲同工之妙：第三幕以格奥尔基舅舅自杀结束；第四幕，两个星期后，演员们在剧中庆祝婚礼。虽然家人们暗自咬牙切齿，但也只能接受亚历山大与娜塔利娅的婚姻。娜塔利娅·戈登也要求举行婚礼，因为她来卢卡的身份是"孩子们的女仆"，这让她备感羞辱。她背地里还听到安东用过去他们二人间的昵称"娜塔舍夫"称呼另一个娜塔利娅——房东的女儿娜塔利娅·林特瓦列娃，由此可以想见她的处境有多么尴尬。亚历山大和娜塔利娅之后带着孩子返回了彼得堡。在莫斯科时，费尼奇卡姨母向帕维尔请求说："娜塔利娅想要借两卢布，她没有钱买票。等他们一到家她就会还回来，她背着亚历山大藏了五十卢布。"[2]在接下来

---

[1] 见《俄罗斯作家们给苏沃林的信》，列宁格勒，1927，38（时间错误标记为 1897 年）。

[2] 见图书馆手稿部 331 81 32：写在帕维尔·契诃夫给安娜·伊帕季耶娃－戈登的信件的背面。

的十五年里，亚历山大和娜塔利娅从来没有结伴到这些亲戚家走动过。虽然娜塔利娅·戈登不再是契诃夫家任何一个男孩的情人，而成了契诃夫家的大儿子明媒正娶的妻子，但是她的地位仍然低人一等。

1889 年 7 月 16 日，在海上颠簸得晕头转向的安东·契诃夫弃船登岸，到达雅尔塔（Yalta）。在雅尔塔，另外一组"三姐妹"进入了安东的生活。在雅尔塔期间，寡居的沙夫罗娃（Shavrova）夫人和她的三个女儿——叶连娜、奥尔迦和安娜——跟小剧院的演员们打成了一片。叶连娜·沙夫罗娃当时十五岁，是个早熟少女。在一家咖啡馆里，她贸然上前跟安东搭讪。她写过一个故事《苏菲》（"Sophie"），讲的是一位格鲁吉亚王子爱上一位少女的母亲。安东为她改写了这个故事，让王子爱上了少女。契诃夫开设过一所教授创新性写作的学校——他一直喜欢这项工作，即便女学生并不漂亮。安东与叶连娜之间开启了一种调情挑逗意味的交往模式，但直到七年后，叶连娜才委身于安东。

安东在克里米亚逗留了三个星期，除了与沙夫罗娃家女孩们打情骂俏之外，他还给一些有抱负的作家讲授如何写作。二十四岁的伊利亚·古里安（Ilia Gurliand）记录下了安东·契诃夫讲的戏剧写作技巧：

> 搬上舞台的情节既应该像生活一样简单，也应该复杂深邃。人们吃饭就是吃饭，同时，它应该表现出他们的日子过得幸福，然后生活被搞得一团糟。如果您在第一幕时在墙上挂了一把手枪，那么一定要在最后一幕用上它。要写出一个好的闹剧剧本是最不容易的。

无论是国内还是身在国外的朋友——比如格里戈洛维奇——都对安东放弃了欧洲之行感到不可思议。演员帕维尔·斯沃博金写信说："您这个坏蛋，为了敖德萨街上的什么德里巴索娃，丢下了罗马城！"[1] 尼古拉·列伊金也质问他："我听后确实大吃一惊，您怎么能准备出国，还没到边境就掉头了呢？啊，您怎么能如此意志薄弱！您怎能放弃一张去维也

---

[1] 见图书馆手稿部，331 58 27v：P. 斯沃博金给安东·契诃夫的信，1889；部分在年鉴图书馆手稿部，16，1954。

纳的车票？……我在雅尔塔待过两个星期，那里根本就是一个土匪村。"[1]

8 月份，安东已经餍腻了女人。他对普列谢夫说，现在她们看起来都面貌丑陋；他和玛莎说，这些女人闻起来都是一股冰激凌味儿。帕维尔写给安东的信都请巴黎的苏沃林家转交，但实际上安东并没有出国。安东不知道苏沃林在哪里，他手头没有钱了，不得不伏案写作。他答应演员斯沃博金写完剧本《林妖》，计划给《北方先驱报》创作一个长篇故事。此外，他还要安抚下他那无法无天的父亲，因为帕维尔正在找安娜·伊帕季耶娃－戈登的麻烦，想要索回科利亚的画作。1889 年 8 月 11 日，安东回到苏梅镇，与米沙、玛莎和叶夫根尼娅会合。万尼亚已经先行回了莫斯科，因为帕维尔来信说，费尼奇卡姨母的健康状况恶化了。科利亚的去世对费尼奇卡打击很大，而她儿子的老板加夫里洛夫却用解雇相威胁，命令阿廖沙留守在仓库，因而没有人照顾她。

安东花了两个星期时间，创作了故事《我的名字和我》，这就是后来的《没意思的故事》（"A Dreary Story"）。这是迄今为止，他创作的格调最为暗淡但也最有深度的作品。故事的叙述者是一位病入膏肓的医学教授，他以沮丧的心态、智者的智慧回顾了自己的一生。教授疏远了他钟爱的妻子和崇拜他的学生，与对他怀有朦胧爱意的女演员保持着距离，女儿的音乐和她的未婚夫也惹他厌烦。他感受到的俄罗斯现实的幻灭让人感同身受，他对死亡的恐惧几乎成了对读者的折磨，但令人感动的细腻笔触又为他赢得了读者的原谅。有的读者看到了这个人物与现实生活中的医学权威之间的相似之处，也有人将其看作对列夫·托尔斯泰的新作《伊凡·伊里奇之死》（The Death of Ivan Ilyich）的反驳。然而毋庸置疑的是，《没意思的故事》中流露出的深刻的绝望是科利亚去世造成的创伤。安东·契诃夫年岁未及三十，但他对死亡的感触已似垂死的教授。

在帕维尔·斯沃博金坚持让安东完成的剧本《林妖》中，中心人物也是一位老教授。这位教授是一个令人讨厌的学究，然而剧本本身孕育着希望，即便作为主人公之一的格奥尔基舅舅自杀身亡，其基调仍不会

_____
[1] 见图书馆手稿部，331 50 1zh：尼古拉·列伊金给安东·契诃夫的信，1889：1889 年 8 月 26 日。

令人绝望。"林妖"这个人物——一个异常焦虑的医生，他要从教授的贪婪掠夺之下挽救森林——体现出了作者的某种自我形象。然而，《林妖》这个剧本出奇的冗长，读来枯燥乏味。安东·契诃夫对死亡有着自己的深刻思考，他不会人云亦云。在同一支笔下，安东既能创作出最优美的文字，也可能写出最笨拙的剧本。死亡主题也渗透进安东·契诃夫这一时期的其他作品中。例如，他为苏沃林修改了一个叫作《他的初恋》的故事，其中讲述的是一个不幸的青年的故事。契诃夫将故事易名为《沃洛嘉》，如同两年前苏沃林的儿子弗拉基米尔一样，故事中的瓦洛佳也饮弹自尽。[1]

　1889 年 9 月 3 日，契诃夫家的朋友瓦莲京娜·伊万诺娃（Valentina Ivanova）帮他们打点了行李，送他们离开卢卡。瓦莲京娜·伊万诺娃是一位老师，虽然万尼亚为她神魂颠倒，但她心仪的人却是安东。凌晨 4 点，外面还冷冰冰的，契诃夫家的人和马里安·谢马什科一起与林特瓦列夫一家人告别。科利亚的去世让他们更加亲密了，亚历山德拉·林特瓦列娃免收了他们这个夏天的租金。安东对林特瓦列夫家的感激之情恒久绵长，他曾对叶连娜说："如果在天使将圣女的灵魂引向天堂之前可以为她们祈祷的话，我早就写好了一首赞美诗，献给您和您的姐妹。"契诃夫一家人坐上一辆慢车返回了莫斯科。正巧，一位教授和他们坐在同一个车厢里，他叫尼古拉·斯托罗任科（Nikolai Storozhenko），曾是玛莎的考官。安东在火车上故意表现得十分夸张，让玛莎十分难堪："我高谈阔论着如何给凯勒伯爵夫人做厨师，我的主人有多么仁慈。我在喝酒之前，总向我母亲鞠一个躬，说希望她能在莫斯科找到一个好位置，谢马什科则假装是一个贴身仆人。"1889 年 11 月，契诃夫对苏沃林说："我就是和教授们过不去。"他的剧本也证明了这一点。[2]

---

[1] 这个故事最终在契诃夫家族一语成谶：1917 年，安东·契诃夫的侄子、弟弟万尼亚的儿子瓦洛佳自杀身亡。编注：弗拉基米尔的小名一般译为"瓦洛佳"，此处契诃夫的同名小说遵循汝龙译本的译法，故保持为《沃洛嘉》。

[2] 尼古拉·斯托罗任科教授在 1899 年报复了这次侮辱：作为剧院审查官，他给《万尼亚舅舅》的上演施加了阻力。

第四部分 萨哈林之行

我有时候觉得，他踏上旅程，不是为寻找什么，而是在逃
避什么……

——弗拉基米尔·纳博科夫《天赋》

29. 摆脱《林妖》

（1889 年 10—12 月）

莫斯科，克列奥帕特拉·卡拉特金娜正期盼着安东的到来。她已经离开了小剧院，在另寻一家新剧院。她在 9 月 13 日写给安东的信中透露出暧昧的气息："讨厌透顶的优雅的作家！……亲爱的人儿，念念旧情，来看看我吧，不要忘了带上您答应送给我的照片。"[1]11 月时，叶连娜·沙夫罗娃也兴高采烈地来到莫斯科，因为阿列克谢·苏沃林已经发表了她的故事《苏菲》。她的母亲写信给安东说："如果您还记得在雅尔塔的朋友，就来看看我们吧：斯拉夫集市旅馆 94 号。"[2]沙夫罗娃一家直到 12 月都住在沃尔霍卡（Volkhonka），距离契诃夫家只有二十分钟路程，然而，安东只是派米沙去见了叶连娜。奥尔迦·昆达索娃经常光顾契诃夫家，她在教玛莎学英语，后来她又打算教安东学法语。于是，契诃夫家经常回响着女人们的大嗓门，这其中不仅有奥尔迦·昆达索娃的讲课声，也有娜塔利娅·林特瓦列娃的声音：她在 11 月份来这里住了三个星期，笑声时时感染着安东。另外，家里还有一位不起眼的女客人，她就是绰号"面条"的钢琴教师亚历山德拉·波赫列宾娜（Aleksandra Pokhlebina），她把对安东的爱情深埋在心底，后来发展成

---

[1] 见图书馆手稿部，331 47 13a：K. A. 卡拉特金娜给安东·契诃夫的信，1889。

[2] 见图书馆手稿部，331 63 3a：E. K. 沙夫罗娃给安东·契诃夫的信，1889。

了妄想症。

这时，另一个女人走进了安东·契诃夫的生活。她就是玛莎在勒热夫斯卡娅女子学校的同事利迪娅·米济诺娃（Lidia Mizinova），契诃夫家人喜欢叫她"丽卡"，这是随了女演员利迪娅（丽卡）·连斯卡娅的叫法。玛莎把米济诺娃介绍给家人时，她只有十九岁。契诃夫家的密友、对女性之美颇有鉴赏力的作家塔季扬娜·谢普金娜－库别尔尼克（Tatiana Shchepkina-Kupenik）精准地描述了丽卡之美：

> （她是）俄罗斯童话故事中真正的天鹅公主。她有一头柔软光亮的褐色头发，一双妩媚动人的灰眼睛，"貂毛"一样乌黑的眉毛，皮肤出奇地柔滑，浑身洋溢着一股令人难以捉摸的魅力，再加上她那毫不做作的天然的做派，她真算得上是一个天生尤物。

玛莎·契诃娃回忆说：

> 任谁看见她都会出神。我的女朋友们经常拦住我问："契诃娃，告诉我，和您在一起的那个美人儿是谁呀？"……丽卡素来腼腆。她紧紧靠在衣架那里，用自己的皮大衣的领子半掩住脸。但米沙偷偷将她打量了一番，然后走进安东的书房，对他说："嘿，安东，有一个特别漂亮的姑娘来找玛莎！她正在门厅里呢。"

丽卡·米济诺娃出身于上流社会，她的母亲利迪娅·尤尔根涅娃（Lidia Iurgeneva）是一位钢琴家。丽卡的父亲在她三岁时抛弃了她们母女，丽卡由她称呼为"奶奶"的姨婆索菲娅·约翰逊（Sofia Ioganson）抚养长大。丽卡并不满足于当教师，她的志向是成为一名演员，然而她根深蒂固地怯场，这让她在舞台上备受打击。在现实生活中，丽卡缺乏自我保护能力，极易受到无情男人的伤害，其魅力和才智因此大打折扣。十八个月前，她曾匿名给安东写过一封真诚的粉丝来信。

当时还没有哪位女客人能像彼得·柴可夫斯基来访那样引起安东

的重视。作曲家柴可夫斯基仰慕契诃夫的文名（契诃夫同样仰慕他的音乐）已有两年之久。他在 1889 年 10 月 14 日宣称，他们商定合作一部歌剧《贝拉》（*Bela*）。这部歌剧部分取材于米哈伊尔·莱蒙托夫（Mikhail Lermontov）的小说《当代英雄》（*A Hero of Our Time*），讲述的是一位俄罗斯军官绑架切尔克斯公主的故事。安东将自己最新出版的小说集《故事》（*Stories*）赠送给彼得·柴可夫斯基，落款为"您的未来的歌剧作家敬献"。柴可夫斯基回赠给契诃夫一张照片，题词是"您热烈的崇拜者彼得·柴可夫斯基敬赠"。柴可夫斯基离开契诃夫家时，忘了带走自己的香烟盒。大提琴家谢马什科、长笛手伊万年科和教师万尼亚各自从中取出一支香烟，郑重地抽掉，然后才让安东把香烟盒送还给柴可夫斯基。柴可夫斯基又赠送给契诃夫一张俄罗斯音乐协会在莫斯科交响音乐会的季票，后来玛莎使用了这张门票。安东决定将他的最新小说集《忧郁的人》（*Sullen People*）献给彼得·柴可夫斯基，这让文学界的朋友们困惑不解。格鲁津斯基向叶若夫唠叨说："契诃夫为什么把这本书献给柴可夫斯基呢？他应该把它献给苏沃林，不是吗？"[1]

苏沃林早已不再计较安东在维也纳的爽约，但其他人还耿耿于怀。格里戈洛维奇对苏沃林说，现在文坛已经涌现出了更好的作家，并且安东在剧本《林妖》里诽谤了苏沃林的家人。安东对此气恼地反驳说：

> 你们根本不在剧本里，也不可能在那里。当然，格里戈洛维奇以他一贯的观察力看到了完全相反的情况。这个剧本讲的是一个教了二十五年艺术学的教授，他无聊、自负、死板……看在上帝的分上，别相信这些先生……他们惯于以小人之心度君子之腹。呵，格里戈洛维奇这下子该高兴了！就算我把砷放在您的茶里，或者有人揭发我是一个密探，他们也不会比这更兴奋了。

格里戈洛维奇不会轻易原谅安东让他空接了那么多趟火车，但安 *209*

---

[1] 见俄罗斯档案馆，189 1 19：A. 拉扎列夫－格鲁津斯基给叶若夫的信，1884—1891 部分，1889 年 10 月 21 日。

娜·苏沃林娜在 1889 年 11 月 12 日的信中接受了安东的道歉："我知道，并且他们也这么说，您又恋爱了。这是不是真的？这是我唯一可以接受的理由，能解释您把这次出国旅行搞得一团糟，也可以让我原谅您的不礼貌行为。哦，我是多么生您的气啊！"[1]与苏沃林不同，安娜倒是很高兴看到她的家庭被写进剧本。

1889 年 11 月，濒临停刊倒闭的《北方先驱报》刊登了契诃夫的小说《没意思的故事》。这篇故事产生了巨大影响。契诃夫塑造了一个行将就木、沉溺于幻灭感中的医学教授的形象，通过他的视角表达出一个与周围世界疏离的、濒死的人的存在主义观点，这看似领先了托尔斯泰一个时代。正巧，彼得堡医学教授博特金在那年冬天死于肝癌，契诃夫的作品似乎具有了某种预言性。这个故事甚至获得了尼古拉·列伊金的认可："迷人。这是您最好的一个作品。"安东自豪地在赠送给剧作家亚历山大·孙巴托夫（Aleksadr Sumbatov）公爵的作品上题词：

> 来自一位成功的作者，他能
> 将平静灵魂与浴火思想汇合，
> 将灌肠器和诗人七弦琴熔接。

然而，剧本《林妖》却广遭恶评。帕维尔·斯沃博金计划在自己的彼得堡福利演出[2]上推出这个剧本，故而他整个秋天一直在催促安东，要求安东务必在 10 月底前完成剧本。斯沃博金写给安东的信都显得忧虑非常：

> 我很迷信，害怕每年的 11 月份，这是我生命中的灾月（我是1873 年 11 月 12 日结婚的）。因此……11 月份最好不要有演出……
> 您说您把《林妖》中的两幕扔进了皮塞尔河！我希望您说的不

[1] 见图书馆手稿部，331 59 46：安娜·苏沃林娜给安东的信：1889 年 11 月 12 日。
[2] 福利演出（benefit performance）指当时的俄罗斯演员为了增加收入，利用生日、命名日等机会举行的现场演出。

29. 摆脱《林妖》

是真的……上帝保佑！！！

　　我们确实应该在一起住上两个星期，或者每天见个面——这样《林妖》就能萌芽了。然后，您就可以全副武装到森林里去追逐他，我来为您铲除道路上棘手的树杈，为您厘清线索，最后我们二人找到他，把他拖出来……上帝啊，谁创造了皮塞尔河？请写下去吧，安东！

　　斯沃博金将他的彼得堡福利演出预定在 10 月 31 日。10 月中旬，　*210*
斯沃博金坐火车赶到莫斯科，把《林妖》的脚本搜罗到一起，带回了彼得堡。他组织家人把剧本誊写出来，提交给亚历山大剧院的戏剧文学协会审查。

　　10 月 9 日，斯沃博金给戏剧文学协会的会员们朗读了这个剧本，其中有一个会员向来对安东或格里戈洛维奇不感兴趣。戏剧文学协会否决了《林妖》，但原因不仅仅是与格里戈洛维奇唱对台戏。他们的不满基于多方面原因：这个剧本诋毁了一位大学教授，而在俄罗斯，教授的级别等同于将军（一个学生因为袭击了一位莫斯科教授而被鞭刑致死，这一事件广为人知）。他们想要的是一个中规中矩的"安全"剧本，因为王位继承人也要来参加斯沃博金的福利演出，而《林妖》算不上是一个正统的剧本，并且情节缺乏戏剧性，艰涩难懂。

　　帕维尔·斯沃博金因而取消了他的福利演出晚会，他对编辑武科尔·拉夫罗夫（Vukol Lavrov）说，《林妖》可能"无聊、拖沓、奇怪"，但是它比亚历山大剧院观众喜爱的那些陈词滥调的东西要好上一倍。[1]他还如此恳求安东：

　　亲爱的朋友，请您走到那个值二十二卢布的洗脸台那里，洗一洗，想一想，能不能处理一下《林妖》，把它改造成一个不是只有我和苏沃林喜欢的剧本……让那些建议您烧掉它的人也被吸引住？

---

[1]　见俄罗斯档案馆，640 1 189：斯沃博金给拉夫罗夫的信：1889 年 10 月 11 日。

斯沃博金对《林妖》坦白直言，但苏沃林的评论没有记录在案。演员连斯基对剧本的评论也算得上直截了当：

> 我只说一件事：写故事。您太蔑视舞台和戏剧形式了，您太不尊重它们，您不能创作戏剧……

阿列克谢·普列谢夫的评论到第二年春天才来：

> 这是您的第一个没有给我留下任何印象的作品……至于说沃伊尼斯基，就算打死我，我也想不明白他为什么要自杀。

安东觉得，他不妨先从莫斯科的阿布拉莫娃的剧团领走五百卢布预付款。演员们马上投入排练，但在排练现场，男演员不理解自己的角色，女演员搞不明白要表达什么。1889 年 11 月 27 日是《林妖》首次公演，但剧院里嘘声四起。科尔什剧院为了惩罚这些另起门户的作者和演员雇来了一群专门喝倒彩的人，他们齐声学起了狼嚎。剧评人的批评更是严厉，将诸如"无聊""毫无意义""结构臃肿"之类的词无情地砸向安东。安东·契诃夫撤回了剧本，拒绝付印，尽管平版印刷的一百一十本剧本已经在外省流通开来。直到七年之后，他才以点石成金之术，将《林妖》改写成了剧本《万尼亚舅舅》。

安东原本指望靠《林妖》来解决家里三四个月的生计问题，但现在财务上又捉襟见肘起来。那年秋天，在《没意思的故事》之后，他只发表了一篇稍有影响力的作品——《普通人》，它后来成为《文学教师》的前半部分。这个故事发生在一个死气沉沉的外省小镇，一名教师抵不住荣华富贵的诱惑，决定与他以前的一个学生结婚。如果非要说故事映射了现实，并将其与 1888 年夏天契诃夫在克里米亚度假时苏沃林将女儿娜斯佳许配给他一事联系起来的话，那么这个故事可以理解为契诃夫对苏沃林说"不，谢谢"。[1]（苏沃林未作任何评论，将该故事发表

---

[1] 见 G. 沙柳金，《文学教师》，选自《契诃夫研究》（*Chekhoviana*），1990，124—129。

29. 摆脱《林妖》

在《新时代》上。《北方先驱报》用了一段时间才付清《没意思的故事》的稿费。得益于三个方面的合力——苏沃林不断加印的契诃夫的三本小说集,《伊凡诺夫》剧本的"养老金"收入,以及安东创作的笑剧剧本的稿费——契诃夫家终于跳出了债务的泥沼。

家庭生计问题看似已经解决:彼得堡的亚历山大结婚后终于从酒精中清醒过来,万尼亚和帕维尔一起住在他学校的宿舍里,米沙在彼得堡跟随苏沃林,很快就要离开家独立了,费尼奇卡姨母温顺地等待着死亡的来临。只有科利亚的债务还没有解决,他的画作都被债主拿了去。安东和兄弟们除了要替科利亚还清债务之外,还有一些其他义务要尽:安娜·伊帕季耶娃-戈登作为科利亚的事实婚姻的遗孀,于1889年11月30日给安东写信道:

> 在莫斯科,我没有其他别人可求了,我也不可能指望我的家人帮我,他们(除了娜塔莎)几乎都要饿死了。我还被困在彼得罗夫斯科-拉祖莫夫斯科耶的乡下,没有柴火取暖,没有皮大衣御寒,所以,求求您,看在上帝的分上,给我寄来十五卢布吧。[1]

安东给她寄了钱,还请求苏沃林给她安排一份工作。然而,苏沃林通常要求书店雇员支付一笔不小的押金,因而安娜无力应聘。她又一次伸手请求救济后,为了谋生重操起旧业:陪护未婚母亲,将房子出租给学生。安娜·伊帕季耶娃-戈登对安东的帮助感激不尽:"我热泪盈眶,*212*您的善良让我忍不住流下眼泪。我从来没有指望过您能这样帮我。"

安东与克列奥帕特拉·卡拉特金娜之间的恋情开始了。应她的要求,安东带她去看德国歌剧家贾科莫·梅耶贝尔的《胡格诺教徒》(*Les Huguenots*),给她开通便剂。然而,他不曾带克列奥帕特拉回过家,也从来没有跟家人提起过她。安东也与格拉菲拉·潘诺娃幽会,约会时有时卡拉特金娜也在场。年轻演员潘诺娃令安东念念不忘。他在给《北方

---

[1] 见图书馆手稿部,331 46 33:A. 伊帕季耶娃-戈登给安东·契诃夫的信,1889—1891。

先驱报》编辑叶夫列伊诺娃写信时，说到想"与一个可爱的小女演员"稳定下来，显然指的就是潘诺娃；他在给苏沃林的信中画了潘诺娃的脚："我认识一些当过芭蕾舞演员的女演员。昨天，在参加一个单身汉派对之前，我就去见了这样一个人。她现在鄙视芭蕾，看不起它，但她的身体却无法摆脱芭蕾动作的痕迹。"

然而，安东并未将这种关系当真。他给叶连娜·林特瓦列娃写信时，拿他即将与格拉菲拉·潘诺娃结婚的谣言开玩笑，将自己署名为"A. 潘诺夫"。克列奥帕特拉被迫接受了这位"讨厌透顶的优雅作家"提出的屈辱条件：她必须对二人的关系守口如瓶，以防安东的母亲和妹妹知晓。格拉菲拉·潘诺娃对自己与安东的关系更加自信，所以，克列奥帕特拉在写信时说：

> 格拉菲拉和我在一起……她让我告诉您，如果您舍不得花二十戈比的车费，她不介意替您出这笔钱……她多么想把能向我们老板身上砸的东西都扔到您身上去，虽然正如她说的，这是您活该。总之一句话，您要挨训了，她可不在乎您是一个时髦作家，还是一个讨厌透顶的文雅家伙。所以，如果您想弥补对她的疏忽，想来抓我（如果您不觉得和一个没人要的女演员逛大街让您丢脸的话）……我命令您星期一 12 点到 2 点到这里来。您要卷一下头发，戴上粉红色的领带。

后来，格拉菲拉·潘诺娃去了彼得堡，克列奥帕特拉·卡拉特金娜也跟着走了，手里握着推荐信和一本《没意思的故事》（她讨厌这个故事对道德永劫不复的描述），这本书扉页上的题词是"致著名演员 K. K 的该死的神经，她的医生赠"。有关这段关系，安东曾对评论家弗拉基米尔·内米洛维奇－丹琴科吐露说，他确实勾引过一个已婚女人，却发现她想要当处女。（他还告诉内米洛维奇－丹琴科，他的任何一段风流韵事都没有超过一年的。）[1]

---

[1] 见内米洛维奇－丹琴科，《戏剧的诞生》（*Rozhdenie teatra*），1989，60—61。

安东讨厌被人看作"时髦作家"。有一次，他听见一个崇拜者在一 *213*
个餐厅背诵他的作品，他生气地对同伴低声说："把她带走，我的口袋
里有一个指节金属套，小心我打她。"整个秋天他都感觉身体不适，他
告诉奥博隆斯基医生说，他患了"流感、美索不达米亚瘟疫、马鼻疽、
恐水症、阳痿和各种伤寒"。他和他笔下刻画的医学教授一样，无法坐
在书桌前正常工作。他没有继续写那本被抛在一旁的小说，而是让苏沃
林给他寄来出版社收到的投稿，帮助他们审阅和甄选稿件，一些曾在克
里米亚和他搭讪的文学青年成了受惠人。伊利亚·古里安写的一篇公务
员故事《戈尔什科夫》，经契诃夫的润色后得以发表。安东拿到了叶连
娜·沙夫罗娃的第二个故事《合唱团女孩》（"The Chorus Girl"），故事
讲的是一个女孩被移情别恋的演员诱惑并抛弃的过程。安东了解故事中
的主要人物，他对苏沃林说：

> 我把《合唱团女孩》的中间部分改为开头，开头部分改为中
> 间，然后加了一个新的结尾。这个作者女孩读到它时估计会被吓
> 坏，她的妈妈会因为这么一个不道德的结局揍上她一顿……这个女
> 孩描述的是今年夏天在雅尔塔演出的歌剧团……我认识一些合唱团
> 姑娘。我记得一个十九岁的姑娘，我给她治过病，她特别擅长用大
> 腿调情。这是我第一次发现，不用脱衣服或高高抬腿，也可以展示
> 腿部之美。合唱团女孩的处境很糟糕，她们要忍饥挨饿，当妓女来
> 摆脱贫困。她们待的地方闷热得很，闷得透不过气来，人人都汗味
> 冲鼻，闻起来像马一样。如果一个天真无邪的女孩都能注意到这
> 些，能把它描绘出来，您可以想见她们的境遇……

对待文学，安东·契诃夫就像《没意思的故事》中垂死的教授或
《林妖》中神经质的主人公那样沮丧和失望。1889 年 12 月 27 日，他对
苏沃林痛斥俄罗斯知识分子阶层：

> 我喜欢的最优秀的现代作家们都与邪恶沆瀣一气，即便他们是

想要摧毁它。他们中的一些人，比如托尔斯泰，说什么"不要与女性发生性关系，因为她们分泌出黏液来；女人令人反感，因为她的呼吸有臭味……"这些作家……就是帮助魔鬼来繁殖蛞蝓和潮虫的，他们就是我们所说的知识分子。疲倦，冷漠，无所事事地高谈阔论，一个冷酷的知识界，他们……不爱国，脾气乖戾，了无情趣，一杯酒就能让他们醉倒，他们只能去逛五十戈比的妓院。

安东一心维护的只有医学科学：

214
　　一个不相信上帝却害怕恶兆和魔鬼的社会，一个否定所有医生却虚伪地哀悼博特金并向［医学教授］扎哈林鞠躬的社会，不敢指望它知道正义是什么。

阿列克谢·苏沃林这才意识到，安东·契诃夫即将为了医学"妻子"而抛弃文学"情妇"。

30. 准备远征

（1889 年 12 月—1890 年 4 月 1 日）

1889 年底，安东·契诃夫已下定决心进行一次漫长的旅程，一次他打从开始就明白也许有去无回的旅行：穿越西伯利亚，前往位于俄罗斯帝国边境的萨哈林岛[1]，那里号称俄罗斯最严酷的刑事流放地。家人和朋友们也陆续观察到一些蛛丝马迹：他给中亚探险家尼古拉·普热瓦利斯基写过一篇热情洋溢的悼文；他读了弟弟米沙用过的法律课程讲义、各种地理教科书、地图和政治新闻；他还与西伯利亚监狱的管理人员联系过。从孩童时代起，安东就乐于阅读探险家传记以及地理学家的记载。而今在科利亚去世的触动下，他试图追寻普热瓦利斯基创建英雄功勋的步伐。《林妖》遭遇失败后，他备感羞辱，性格中的医学工作者身份占据了主导。同时，安东深陷情感漩涡，无法自拔，孤独的流浪者生活对他尤显魅力——这种情形在他一生中出现过不止一次。

《林妖》首场演出后，朋友们以为安东会逃到彼得堡去，因为他在《伊凡诺夫》于两地的首场公演后都逃走了。然而，安东失去了在新年时前往彼得堡的兴趣。由于安东不在，苏沃林喝酒时只好遥祝他健康。相反，安东·契诃夫去了巴布基诺的基谢廖夫家。在这里，他给玛丽亚·基谢廖娃写了一个故事的开头："在某年某月某日，猎人们在

---

[1] 即库页岛。——编注

达拉甘森林打伤了一只年轻的母麋鹿。"余下的部分就留给她自己去写了。安东此次来巴布基诺另有打算，他需要与玛丽亚的姐夫、议员瓦连京·戈卢别夫（Valentin Golubev）沟通一下，戈卢别夫或许可以帮安东在途经印度和中国的远程轮船上搞到一张从萨哈林岛到敖德萨的卧铺船票。为了感谢基谢廖夫一家的帮助，安东答应去彼得堡为玛丽亚将死的父亲弗拉基米尔·贝吉切夫治病。

1890 年 1 月 4 日左右，契诃夫与玛丽亚·基谢廖娃和她的小女儿亚历山德拉一起乘坐马车从巴布基诺出发，然后换上北行的火车去了彼得堡。在彼得堡，安东也有私事要处理：他意欲在税务部替弟弟米沙寻一个职位；而克列奥帕特拉·卡拉特金娜也托他在苏沃林那里说项，给她找一份工作；而最重要的是，他的萨哈林之旅需要得到官方的支持。

安东花了一个月时间在彼得堡各处游说。阿列克谢·苏沃林的大名为他敲开了各处衙门和监狱管理部门的大门，但苏沃林并不赞成契诃夫的此次远行，因为旅途上危险四伏，并且，他还会有一年时间见不到这位最亲密的朋友。安东·契诃夫拜见了国家监狱主管米哈伊尔·加尔金 - 弗拉斯科伊（Mikhail Galkin-Vraskoi），加尔金 - 弗拉斯科伊承诺，只要契诃夫允许他们检查他的报告，西伯利亚的监狱大门就会向契诃夫敞开（但是加尔金 - 弗拉斯科伊随后发出一封秘密电报，下达的命令完全相反）。苏沃林送给安东一张报纸记者的名片。

安东·契诃夫前往萨哈林岛的计划受到了各家报纸的褒扬。在俄罗斯历史上，很多作家都曾被迫前往西伯利亚，这些远行通常有去无回，却从来没有哪位作家是自愿考察这个地区的。这是一次通向罪恶中心的旅程，是一次但丁式的英雄壮举。此举在激进者眼中为契诃夫恢复了名誉，他们希望契诃夫能在萨哈林发现一系列合乎现实的"理想"。而对安东·契诃夫来讲，此举或许是因为有人指责他对自己笔下的苦难漠不关心，而他有意以这次自杀式的考察来平息这些责难。号称"俄罗斯的左拉"的科罗连科和埃特尔收回了对他的非难；俄罗斯"文学动物园"里的其他动物对契诃夫的风头正盛羡慕不已；有些人还暗自高兴，因为在今年余下的时间里他不会再挡道了。彼得堡的格鲁津斯基写信给叶若

夫（他在莫斯科时与万尼亚、米沙一起玩过惠斯特牌）说："契诃夫的
这次远行很棒。萨哈林岛不是重点，重点在于他远渡重洋，去见囚犯。"
然而右翼人士对此举嗤之以鼻，布列宁在安东出发前写道：

> 才华横溢的作家契诃夫，
> 跋涉前往遥远的萨哈林。
> 他在那些悲惨的猎物中，
> 探寻搜罗故事灵感。
> 但他发现那里一无所获，
> 坐上最早一班汽船返回。
> 这个预言说明，灵感
> 来源于厨房桌子下面。

安东的全部精力都在准备远行上，对长兄亚历山大的境况也无暇顾
及。当苏沃林问及时，安东是抗拒的态度：

> 我能拿亚历山大有什么办法呢？他目前的问题不只是喝酒，而 *217*
> 且这应该不是问题的症结所在，问题在于他所处的环境让他不能不
> 喝酒。这话只能在我们两人之间说：他的配偶也酗酒。乏味，下
> 流，郁郁寡欢……实际上，这个男人从十四岁起就想结婚了。他这
> 一辈子都在结婚，然后再发誓永远不再结婚。

这段时间，安东·契诃夫不再辛勤笔耕，而是用一些无聊小事来打
发时间。他读了有关西伯利亚的一切材料。苏沃林收藏有一系列禁书，
其中不仅包括关于政治犯的小册子，而且还有托尔斯泰攻击性爱与婚姻
的长篇论说《克鲁采奏鸣曲》（*The Kreutzer Sonata*）——只是这本书很
难禁，因为沙皇亚历山大三世喜欢它。安东参加了谢格洛夫的命名日聚
会，也和苏沃林一家带着宠物狗特雷索逛了彼得堡的狗展。各种各样的
聚会通常持续到凌晨三四点钟才结束，谢格洛夫被搞得精疲力尽。安东

还避开人们的耳目，偷偷与克列奥帕特拉·卡拉特金娜接触。他请她替自己整理有关西伯利亚和萨哈林岛的文字材料，这些信息有的来自公共图书馆，有的基于她自己的经验。克列奥帕特拉给安东列出一个朋友名单，这些人可能会在沿途招待他；她也传授他一些西伯利亚礼仪，比如，永远不要问某人为什么在西伯利亚；她帮他搜集了西伯利亚各大河流上的航程日期，还送给他一件生日礼物：一个旅行靠枕，"您在船上生病时用"。她希望这些付出能够赢得安东的爱情。安东一直担心他们的亲密关系暴露，而这恰恰是她用来对付安东的武器："我把给您的信放在哪儿了？哪个信封里？……哦，给我妹妹的信！"[1]后来，安东的家人发现了他们的关系，克列奥帕特拉推诿说："如果您的妈妈和妹妹发现您的秘密，这绝对不是我的错。您说过的，不让我在莫斯科乱说话。"与奥尔迦·昆达索娃一样，克列奥帕特拉也只能接受现实：自己得不到安东的爱情。她写了很多便条，有些是蹩脚诗，都语含责备。她曾找契诃夫借钱，但从来没有偿还过。对于他的梦想，"与丽卡·米济诺娃共享一室"，她希望他不得好报。

1890年1月24日星期天，安东心里不情不愿地与业余作家娜杰日达·戈卢别娃（Nadezhda Golubeva）一起用餐。娜杰日达·戈卢别娃是玛丽亚·基谢廖娃的妹妹，嫁给了一位俄罗斯政府参议员。安东上次见到她是在1887年夏天的巴布基诺。安东曾坦率地对娜杰日达说过，她和玛丽亚的作品都毫无可取之处，因为这些东西都非辛苦琢磨所得。他说他自己的成功并非出于天才，而是基于运气和汗水。据《文学遗产68：契诃夫》记载，娜杰日达在那次就餐时仔细观察了安东：

> 他快速地扫了一眼餐厅，我明白这种表情，赶紧告诉他，我丈夫不在家，不会来和他一起吃饭。契诃夫马上面露喜色，像往常一样大笑起来："哦，那我真是太高兴了！您知道，娜杰日达，我可没有您丈夫那样的仪态。我的爸爸妈妈就是卖鲱鱼的。"……契诃

---

[1] 见图书馆手稿部，331 47 13b：克列奥帕特拉·卡拉特金娜给安东·契诃夫的信，1890。

夫把餐巾抓在手里，好像它惹他生气了一样，他把它奇怪地拉扯着，揉皱了，拧着劲儿，最后扔到了身后。他自己也如坐针毡，我不明白到底怎么了，突然，他发作起来："对不起，娜杰日达，我不习惯坐下来吃饭，我总是边走边吃……过去这几年里，我好像老了二十岁。"……是啊，他的面容显得那样疲倦而憔悴！我觉得，他的生命之春已然逝去，没有盛夏，直接到了秋天。

安东和苏沃林再次见面，二人寸步不离。他们一起回到莫斯科，苏沃林在斯拉夫集市旅馆（Slav Bazaar）找了一个房间住下。他们谈论各种各样的疾病，有的是真实的，有的是虚构的。一天晚上，他们观看了让·拉辛（Jean Racine）的戏剧《费德尔》（Phedre）；第二天，他们参加了俄罗斯作家协会的化装舞会；第三天晚上，他们与格里戈洛维奇共进晚餐，格里戈洛维奇也已经原谅了契诃夫的维也纳爽约。待安东从他的"萨哈林热"、女人和图书馆中清醒过来，他对普列谢夫总结了自己在彼得堡那一个月的生活："我想到我犯下的罪过，想到喝下的数不清的葡萄酒……在彼得堡的一个月里，我干了那么多或大或小的事情，我既应该被擢升为将军，也应该被绞死。" 218

苏沃林一家走后，安东身边缺了意气相投的同伴。伊萨克·列维坦远在巴黎，抱怨那里"精神变态"的印象派和"因长期乱搞而劳累过度"的女人[1]。安东深入研究了俄罗斯古代和现代的地图集，梦想着河流上的船只，"我觉得似乎生命给删掉了十二个月或十八个月"，他曾对一名记者这样说过。这期间，他只为《新时代》创作了一个故事《魔鬼》，后来命名为《贼》（"Thieves"），故事描写的是草原上的一群偷马贼。契诃夫美化了罪犯，这让苏沃林不悦。契诃夫还为苏沃林处理投稿，同时为自己即将写的关于萨哈林的书编写地理方面的介绍。在莫斯科，他派玛莎、奥尔迦·昆达索娃、丽卡·米济诺娃前去鲁缅采夫博物馆（Rumiantsev Museum，现今俄罗斯国家图书馆），从数百本期刊和书

---

[1] 见图书馆手稿部，331 49 25b：这段话被从《列维坦：书信集 1956》中删除。

中抄写他需要的有关萨哈林岛和西伯利亚的内容。同时，彼得堡的亚历山大和克列奥帕特拉也给他发来信息和请求。克列奥帕特拉·卡拉特金娜对他又恢复了母爱关怀的风格：

> 请原谅我的罗马天主教的性格，原谅我对不该关心的东西指指点点。但是我极不愿意看到您在我的西伯利亚王国，（由于无聊和无知）成为一个无望的匆匆过客，因此，勇敢的孩子，我自作决定，在没有征求您的意见的情况下，给您寄来推荐信。

一进入 2 月，安东就坐卧不安起来，因为他想起了科利亚的死：

> 叶若夫坐在桌旁流眼泪，因为他年轻的妻子得了肺结核，他必须尽快带她去南方。我问他有没有钱，他说有。他的眼泪破坏了我的心情。他让我想起了某些事情，反正，我很为他难过。

促使安东·契诃夫前往萨哈林地区的诸多动力中，"某些事情"——也就是对科利亚的回忆——是他最坚定但从未公开宣称过的动机。

丽卡·米济诺娃把安东从对生命的悲观思考中解救出来，他们二人之间产生了超乎一般的好感。索菲娅奶奶的日记记录下了丽卡陷入爱河的轨迹：

> 3 月 5 日。星期一。晚上八点，丽卡去了契诃夫家，凌晨三点才回来，她在那里很高兴……

219

> 3 月 10 日。星期六。利迪娅［丽卡的母亲］写信来……说丽卡要恢复理智，要从无所事事、迷失方向的生活中清醒过来，她从来不在家，每晚都回来得非常晚。她不喜欢家庭生活。这让我们非常担心，尤其是她的母亲，我们根本不能和她说话，她总是马上就大喊大叫起来，每次都是生气地出门去，说这不是生活，是地狱。

> 3 月 13 日。星期二。丽卡一直没有回家，直到凌晨两点。她去

鲁缅采夫博物馆，做关于萨哈林岛的笔记……

3 月 28 日。星期三。我碰巧认识了玛丽亚·契诃娃的母亲，丽卡和我在商店街碰到她。她看起来是个好人，很朴素。我们经介绍认识了，随便聊了聊天。

3 月 29 日。星期四。丽卡说是要和女朋友一起去某个女修道院守夜。她骗了我们！她和契诃夫家人在一起，到深夜一点半才回来。

3 月 31 日。星期六。那个厚脸皮的昆达索娃让我们允许丽卡去契诃夫家，利迪娅［她的母亲］回复说，我们家里有一个复活节的家庭传统习俗……

4 月 5 日。星期四。……我们非常喜欢安东——他是一名医生、一个作家，性格好，很朴素，体贴人……

4 月 21 日。星期六。今天，安东·契诃夫终于要动身了，所以，丽卡也可以休息一下了。一点钟时，安东来告别。他的家人和朋友们，包括那个奥尔迦·昆达索娃，她可真是痴情，七点钟出发去火车站，给他送行。他和我们待了半小时，然后和丽卡告别……恐怕我们的丽卡爱上他了？看起来是这么回事儿……无论如何，他是个好人，性格招人喜欢。[1]

启程前夜，安东的内心激情荡漾。他告诉苏沃林："如果我能把这些女人都聚拢到我的乡村小屋里，我会举行一个狂欢聚会，真是难舍难分。"

与弟弟们和男性朋友分别就容易得多了，他答应给他们带回来马尼拉雪茄和象牙雕刻的日本裸女像。谢格洛夫、叶若夫和格鲁津斯基都高度称赞安东的勇气，帕维尔·斯沃博金说要称呼他为"萨哈林的契诃夫"。安东先哄骗了米沙，因为米沙设想着他俩能在日本会面，然后一起返回俄罗斯。莉莉·马尔科娃的丈夫萨哈罗夫请求担任此次探险之

---

[1] 引自林克维奇（Rynkevich），《带阁楼的房子之旅》（*Puteshestvie k domu s mezoninom*），罗斯托夫，1990，54—57：索菲娅·约翰逊日记，莫斯科档案馆。

旅的艺术家（收费一千卢布）。但对安东来说，这位前情妇的丈夫并不是此次西伯利亚之行的理想旅伴，他托请苏沃林让萨哈罗夫打消这个念头。

　　此次萨哈林之行花费巨大，旅途艰辛，耗时耗力，阿列克谢·苏沃林无法理解其意义何在。安东因此给他写了一封慷慨激昂的长信：

　　　　您在信中说萨哈林毫无用处，没有任何人感兴趣。这可能是真的吗？如果俄国政府不向萨哈林流放成千上万的人，不在那里花上数百万卢布，那么萨哈林可能是毫无用处的，是了无趣味的。继历史上的澳大利亚和南美洲的卡宴（Cayenne）之后，萨哈林是目前唯一可以研究殖民罪恶的地方……萨哈林充斥着难以忍受的苦难，只有被奴役的人待得下去……我想说，正如土耳其人前去麦加朝拜，我们也应该去拜谒萨哈林……我们已经毁掉了数百万的活人，不为任何目的地任其自生自灭，不为所动，野蛮残忍；我们驱赶着成群的犯人戴着脚镣穿过寒地，走过上万公里路到达那里，任由他们感染梅毒、沉湎酒色、繁殖罪犯，而最终把这一切都归咎于红糟鼻子的监狱看守。其实，任何受过教育的欧洲人都知道，过错不在监狱看守，而在我们每一个人，但是我们不在乎，我们对此不感兴趣。

这段时间，安东·契诃夫很少见地陷入情绪易于激动的状况。一位评论家在激进月刊《俄罗斯思想》（*Russian Thought*）的3月刊上写了这样的话："像契诃夫先生这样毫无原则地写作的司祭们。"安东深感被冒犯，对该月刊主编武科尔·拉夫罗夫大发雷霆：

　　　　要不是我即将离开俄罗斯很久，很有可能一去不回，我甚至不会理睬这种诽谤，所以我忍不住要答复一下……在您刊出这样的谴责之后，我们之间不但不会再有业务关系，就连通常的点头之交都不可能了。

30. 准备远征

如果契诃夫果真丧命萨哈林岛，人们一定会谴责《俄罗斯思想》杂志，就如同《新时代》的布列宁担着杀死纳德森的罪名。后来，帕维尔·斯沃博金花了两年时间在安东和《俄罗斯思想》之间斡旋，才消除了此事对安东的伤害，弥合了《俄罗斯思想》的一句无心评论在安东自尊心上造成的伤害。无论如何，安东怒气冲冲又情绪高昂地出发了。

4月21日，在科尔涅夫医生三杯圣托里尼葡萄酒的鼓劲下，安东·契诃夫登上了前往雅罗斯拉夫尔的火车。然后他将弃车登船，沿伏尔加河而下，行至伏尔加河最长的左支流卡马河，并在那里进入乌拉尔地区。安东乘坐的火车离开后，站台上留下了泣泪涟涟的母亲叶夫根尼娅、妹妹玛莎和丽卡。（他告诉她们，说自己会在9月份回来，虽然他很清楚，12月份之前他根本回不来。）他送给丽卡一张照片，上面写着："赠给将我赶去萨哈林的体贴的人，那个挠我鼻子的人……又及：就像交换卡片一样，这些话帮不了我什么忙。"契诃夫在西伯利亚与人交谈时，话里话外暗示出他和丽卡订婚了。

莫斯科的一些亲朋好友和安东一起上了火车，前往近五十公里外的 *221* 圣谢尔盖修道院。他们是安东的弟弟万尼亚和列维坦"三人组合"：列维坦的情妇索菲娅·库夫申尼科娃（Sofia Kuvshinnikova）及其丈夫库夫申尼科夫（Kuvshinnikov）医生。库夫申尼科夫医生送给安东一瓶法国科涅克白兰地，让他旅行至太平洋上时打开喝掉。奥尔迦·昆达索娃也上了火车，一直陪同安东到达雅罗斯拉夫尔，又随他沿伏尔加河而下。第二天，他们一同航行过了基涅什马（Kineshma）后，她下了船。

终于，安东真正孤身一人，驶向了未知的地域。

31. 穿越西伯利亚

（1890 年 4 月 22 日—6 月）

安东·契诃夫沿着伏尔加河到达下诺夫哥罗德后，沿着卡马河直到彼尔姆（Perm）。一路行来，与家人朋友的离别之情还在煎熬着他，他写信问候朋友，给家人发布指示。到了彼尔姆后，水上行程结束了，而此刻的乌拉尔山麓上，倾盆大雨将冰雪融化成了污泥浊水。契诃夫于凌晨两点到达彼尔姆，但穿越乌拉尔山脉的火车要晚上六点钟才开车。三百公里左右的路程走了整整一个晚上，第二天，契诃夫到了乌拉尔山脉东麓的叶卡捷琳堡市（Ekaterinburg）。他母亲在当地有亲戚，她把地址给了他。一个亲戚来他入住的美国旅馆看望了他，但没有邀请他吃饭。

安东在叶卡捷琳堡市停留考察了三天，从这里向东再行三百公里左右就是秋明市（Tiumen），火车旅程到那里就到了终点。当时，美国东西海岸被火车贯通已经有二十年了，而俄罗斯还没有一条贯穿西伯利亚的铁路。从秋明市开始，契诃夫就只有祈祷上帝让自己免受暴风雪和洪水之苦，平安走过这一千五百多公里的路程，抵达托木斯克（Tomsk）。从秋明到托木斯克的这段行程要先乘船沿托博尔河和额尔齐斯河而下，然后向东南方向上行，到达鄂毕河（Ob River）和托木河（Tom River），最后到达托木斯克。接下来的路程旅行者就只能陆行了。西伯利亚的主要河流的流势均为自南向北，而安东的路线是从西向东行。西伯利亚公路就是一条混杂着泥水、冰雪和灰尘（取决于季节）的车辙印道，时不时还要乘坐渡轮，跨过那些宽阔而水流湍急的河流。这条路上的旅客主要是囚犯、流亡者以及达官贵人家的桦木运货马车和车夫。

当时，由公众捐资组建的一支"俄罗斯志愿舰队"已经下水，旅行者可乘船从海上抵达俄罗斯的远东地区——符拉迪沃斯托克（Vladivostok，即海参崴）、堪察加半岛或萨哈林岛。只不过安东·契诃夫遵循的是探险家尼古拉·普热瓦利斯基的脚印，走的是一条更难走的路。4 月 28 日，他到叶卡捷琳堡时得到消息，直到 5 月 18 日才会有客船从秋明市出发，因为托博尔河尚未解冻，但额尔齐斯河已经融化，洪水泛滥。也就是说，他既算是提早出门了两个星期，也可以说晚了四个星期。5 月 1 日，契诃夫在狂风暴雪中坐上火车前往秋明市。他在秋明购买了一辆马车，租用马匹向托木斯克进发。

一路行来，安东·契诃夫坚持记日记，但没有写几封信，因为他身体多处挫伤，疲惫不堪，又湿又冷，而信寄达家人通常要花上几个星期。他的旅行装备也很不专业。米沙给他买了一个木制的衣箱，马车有一次撞到了车辙和冰块上，衣箱从车上滑冲下来，差点儿撞碎了他的脑袋。人家旅行都用柔软的皮袋子做睡垫，或者垫在靠枕上，而契诃夫只有阿列克谢·基谢廖夫送给他的一件厚皮大衣可以御寒。有时他也把它裹在身上，防止在大车上颠来滚去时骨折。他带来的左轮手枪根本没有一次机会拔出过。虽然西伯利亚遍地是囚犯、逃亡者和外来定居者，但当地的孤家客栈甚至比俄罗斯欧洲部分的旅店更加干净和友好。他饿得要死。在河上航行时，他的胃里撑满了里海的特产小体鳟鱼，而西伯利亚的春天只有面包、野蒜和粗糙的粉茶。叶夫根尼娅给安东带了一个便携式咖啡炉和咖啡，他花了三个星期才学会煮咖啡。

安东给车夫付了比通常高出两到三倍的价钱，终于于 5 月 7 日到了额尔齐斯河岸边。从秋明市坐马车到这里，行程约七百二十公里，耗时四天。此时，安东却进退两难：若要折回，道路被淹，他无法回头；若要前进，风势太大，没有摆渡人愿意渡他过河。此时，他不想给母亲写

289

信，因为她会更加牵挂儿子的安全，他反而给玛丽亚·基谢廖娃写了一封信。她多年来一直告诉他，苦难对他有好处：

> 第二辆三驾马车也飞快地冲过来，我们向右转向，它向左转向。"要撞车了！"我脑子里念头一闪。碰撞声猛然响起，马匹纠缠在一起，我的马车底儿朝上翻过来，我滚到地上，行李箱子和一堆乱七八糟的东西压在了我身上。我一跃而起，眼见第三辆三驾马车冲过来。我母亲昨晚一定为我祈祷过。如果我当时睡着了，或者第三辆马车紧跟着第二辆过来，我也就被压死或压残废了……我体验到一种前所未有的纯粹的孤独。

　　他奔波了一个星期，最终抵达托木斯克，这次是发水的托木河帮了他的忙。那年是西伯利亚近四十年来最寒冷的一个五月。桦树上没有一片叶子，地上没有一丝草叶，反而覆盖着七厘米厚的雪，只有成群的鹅和鸭子预示着春天即将来临。安东在托木斯克休整了一个星期。他在家信中详细介绍了这里：西伯利亚没有谋杀，男人也不打老婆；"甚至"连犹太人和波兰人都是很体面的农民；住宿的床铺很软，房间很干净；然而，当地的面包和半熟的鸭内脏咸汤让安东的肠胃很不舒服。

　　安东跟他们提到了那次差点要了他的命的撞车事件，他还告诉"体贴的米沙"，他不需要米沙的陪伴了。在托木斯克，为了给前往伊尔库茨克（Irkutsk）的更加恶劣的一千七百公里陆上旅程做好准备，安东给自己的马车购置了一个柳条制的车厢。托木斯克的道路上泥水横流，城里只有一个公共浴室。契诃夫是这个季节的第一位旅客。在西伯利亚腹地，有趣的旅客总能引起当地人的好奇心，吸引来热情的款待。安东坐在旅馆房间里给苏沃林写信，这时，一个身穿制服、留着长胡子的人打断了他，这个人就是托木斯克的警察局长阿尔绍洛夫（Arshaulov）。他们聊了起来，警察局长要了伏特加。安东读了阿尔绍洛夫的文学习作，为他写了一封给苏沃林的推荐信。

　　阿尔绍洛夫带着安东去逛托木斯克周遭的妓院，凌晨两点才回到旅馆。这一番体验的结果差强人意:"托木斯克是一个无聊的地方,到处是醉醺醺的人,根本没有漂亮女人,当地的亚洲人无法无天。这个小镇唯一值得一记的是政府长官死了。"托木斯克的旅行者建议他回程时乘坐一艘经过旧金山和纽约的美国航船,而不是"俄罗斯志愿舰队",因为船上的生活太艰苦。

5月21日,安东与人结伴离开了托木斯克。与他同行的是三名军官——两名中尉和一名军医,他们有公务在身,此次是乘坐雪橇东行,表示愿意与安东分担费用。这些军人性情粗野,做旅伴有时极其令人讨厌,但是他们给安东这个菜鸟级的旅行者带来了信心。三人之一的伊万-维托尔德·冯·施密特(Ivan-Vitold von Schmidt)中尉曾因殴打勤务兵而被发配到西伯利亚(他在那里反倒成就了一番事业),这个人总是喋喋不休,满口脏话。契诃夫最体现西伯利亚色彩的剧本《三姐妹》中的军官索列尼可能就是从他身上汲取了一些灵感。伊万-维托尔德·冯·施密特后来与安东关系很好(还给安东写了一封道歉信),他建议安东找一个女伴同行:

> "我不能,"他[契诃夫]说,"我在莫斯科有一个新娘。"沉默了一会儿之后,他用一种奇怪的语调好像自言自语地补充说:"只是我怀疑,我和她在一起是否会幸福——她太漂亮了。"[1]

丽卡·米济诺娃在安东脑海中盘旋不去。他后来告诉自己在萨哈林的房东布尔加列维奇(Bulgarevich),他打算结婚了。他在写给丽卡的信中时不时给她安排一些小任务,打听她的追求者的情况,还请人来逗她开心,只是丽卡——现在安东口中用法语称呼的"永不"(Jamais)小姐——并不回信。现在,丽卡的护花使者是长笛手伊万年科和安东的弟弟们。安东根本没把这些人当真,他们之中没有人能引起安东的妒忌之情。然而,通过契诃夫的家人,丽卡结识了索菲娅·库夫申尼科娃和她

225

---

[1] 施密特中尉在《我们报》上发表的回忆录,塔林,1927,XI;见 G. 沙柳金,《我和我的军人旅伴》,《十月》杂志,1987,5,195—201。

的情夫列维坦。纵观契诃夫的交际圈子，伊萨克·列维坦是最让女人难以抗拒的好色之徒，他也是安东担心丽卡忠诚度的原因。

安东一离开莫斯科，契诃夫家的人们就各自奔赴各地，好像安东一走，他们就失去了旋转的重心。学校5月份停课后，玛莎与母亲去了林特瓦列夫家，她们给科利亚的坟墓带去了一个花环。米沙倒是和她们一起到了卢卡，但第二天就动身去了塔甘罗格。待他返回卢卡后，玛莎与娜塔利娅·林特瓦列娃出发去克里米亚度了一个月的假。连帕维尔也出门走动了，他在彼得堡与亚历山大的家人待了一段时间，甚至与亚历山大一道去了芬兰。

现在，契诃夫家只有双亲带着玛莎和安东过日子了，而且父母亲并不确定安东能从萨哈林岛归来，于是"五斗橱"的房子现在就显得过大了。他们不想再招学生房客，所以打算9月份寻租一处新房子。万尼亚再次倒霉，丢了工作，后来他在距离莫斯科约二百五十公里的弗拉基米尔（Valdimir）的泥炭沼中找到一份工作。从9月份开始，米沙也即将开始税务稽查员的工作，工作地点在莫斯科以南三百多公里之外。费尼奇卡姨母只是躺在床上苟延残喘。

伊万年科在5月底给安东写了一封信，这封信数月后才到达萨哈林，所以安东根本没有想到，家里没有他会这么凄凉。玛莎和叶夫根妮娅都由于忧虑过重而病倒了。[1]

玛莎这次去卢卡并不快乐。她发现自己对格奥尔基·林特瓦列夫暗生情愫，但她只是单相思。更加糟糕的是，米沙与林特瓦列夫家人发生口角，转天去了塔甘罗格，而玛莎整个5月份都不得不待在那里。[2]

5月底，米沙才从塔甘罗格回来，玛莎马上和"娜塔舍夫"·林特瓦列娃去了克里米亚，远离父母与兄弟们逍遥了一个月。6月20日，她写信给帕维尔说："真要感谢安托沙，我很高兴来到这样一个像童话一

[1] 见图书馆手稿部，331 46 ia：亚历山大·伊万年科给安东·契诃夫的信，1889—1891部分，1890年5月28日。
[2] 见俄罗斯档案馆，2540 1 161：玛莎·契诃娃给伊万·契诃夫的信，1890—1908部分，1890年5月8日。

样美妙的地方。我收到一封从伊尔库茨克发来的电报，他让我不要舍不得花钱，还说他很好，还有钱。多亏了他，我在雅尔塔交了很多朋友。"

其他人则很不开心。万尼亚很生气米沙扔下叶夫根尼娅不管去了塔甘罗格，他还向玛莎报告丽卡的情况：

> 她听她妈妈的话留在家里，六点之后就不出门了。这很不错……她的境遇不太好，没有工作……我想把丽卡拖去麻雀山，但我觉得她不会听我的话，她非常顽固。库夫申尼科娃和列维坦四天前离开了，去了伏尔加。

丽卡·米济诺娃已经放弃了当演员和歌手的梦想。不久，她在莫斯科市议会办公室找了一份职员工作。

叶若夫的处境更加糟糕。他在 6 月 10 日给安东写信说：

> 我妻子柳佳（Liudia）在 6 月 3 日凌晨四点三十分去世了。安东，我不知道您现在在哪里，但我身处寒冷的苔原，我的生活中再没有一丝快乐或充满意义的希望了。没有任何人像柳佳那样爱我，我的任何一点小成功对她来说都是极大的幸福。在她去世的前一天晚上，疾病已经折磨得她精疲力尽，她那双充满爱的眼睛一动不动地盯着我，仿佛在说："救救我、救救我！"

叶若夫的信寄到安东手上时已经时过境迁，没有回信的必要了，他也知道自己根本无力去帮助或安慰对方。当时联结欧洲和西伯利亚的通信工具是电报，但契诃夫这家人太过节俭，无论安东怎么恳求（虽说他自己也是尽量节省电报花销），他们都舍不得花钱拍电报。安娜·苏沃林娜给安东发来电报，电报发到了他在东西伯利亚搭乘的船上。安娜谨慎地与安东调情，称呼安东为米基塔（Mikita），而她自己的代号是玛丽娜（Marina）：

226

丈夫在敖德萨我能说什么？我为您的成功高兴，为您不在伤心，您说过写信，上帝保佑您。米基塔，祝您不开心。玛丽娜。

路上颠簸了近六百五十公里后，安东到达叶尼塞河（Yenisei）河畔。在克拉斯诺亚尔斯克（Krasnoyarsk），漫山遍野的森林已经掩去了西伯利亚平原的荒凉。四面群山环绕，道路仍然糟糕透顶，路面上的车辙印和大坑躲也躲不开。安东在路上走了两个星期才到达西伯利亚的首府伊尔库茨克。前方再无路可走，安东卖掉了他的马车。他在伊尔库茨克停留了一个星期，取钱、写信。他喜欢这座城市——"就像欧洲一样"——然而，他的旅伴们大肆喝酒，不但花他们自己的钱，也让安东掏腰包。他们搞得他非常生气，疲惫不堪，购买一个农场的想法在他头脑中再次显现，他渴望女性的陪伴，于是他给玛莎写信说：

227

我一定是爱上"永不"小组［丽卡］了，我昨晚梦见她了。这些西伯利亚的帕拉沙丝［意指夜壶］，这些妓女根本不知道怎么打扮、怎么唱歌或大笑，和她们相比，我们的"永不"小姐、达什卡和昆达西卡［分别指丽卡、达丽娅·穆辛娜-普希金娜和奥尔迦·昆达索娃］都算得上是女王。西伯利亚的女人，无论是否结了婚，都像冻鱼一样，你必须得像海象或海豹那样逗她们开心。

伊尔库茨克让人舍不得离开，等他们终于赶到贝加尔湖时，渡轮已经开走了。安东发牢骚说：

我们花了一个晚上想在村里寻摸一只鸡，但是没有买到。然而，这儿有伏特加！俄罗斯人真是可怕的猪。如果你问他们为什么不吃肉不吃鱼，他们会解释说缺乏运输条件，路面太坏，等等，但是，哪怕在最偏远的小山村都有伏特加，喝起来还保准管够。

第二天，安东发现了一艘烟囱冒出烟来的小船，经过一番难受的折腾后，小船把他们卸到了贝加尔湖东岸。一个星期后，也就是 6 月 20 日，契诃夫——他现在自称"萨哈林人属"——赶到了斯列坚斯克（Sretensk），在"叶尔马克"号开船之前一小时登上了甲板。终于摆脱了颠簸的车辙和泥泞的道路，这让安东欣喜非常。

等安东到了"叶尔马克"号船上，才读到苏沃林家发来的电报。他也很高兴终于摆脱了冯·施密特中尉，而且船上还有一个浴室（船员的宠物狐狸就在这里观察乘客们洗澡）。他凝视着阿穆尔河（即中国东北部的黑龙江）荒凉的河岸，偷偷观察河右岸中国边境村庄里的村民。轮船摇晃个不停，最后在不到一米的水中搁浅，船员们花了一天一夜才修补好那些漏洞。俄罗斯帝国最近从清朝政府手里获得的这片远东地区看起来像是另一块大陆。季风气候使这里的夏季植物十分繁茂，边境呈现出一片繁荣景象。最重要的是，这里洋溢着自由的气氛。安东告诉家人："当地人不怕大声说话，没有人逮捕他们，他们也不会被流放到哪里去，你可以随心所欲……在这里，在逃的政治犯也可以自由地乘船出海。"

6 月 27 日，沉醉于阿穆尔河"自由而温暖"的空气中的安东到达了布拉戈维申斯克（Blagoveshchensk）。当地的中国商人和日本妓女让安东十分着迷。他在布拉戈维申斯克的妓院里给苏沃林写了一封信，字里行间可见他的兴致很高： *228*

> 房间收拾得又漂亮又整洁，流露着亚洲式的情调，到处装饰着廉价的小摆设。没有大水壶，没有橡胶用具，没有将军肖像……日本女孩自有一种贤淑温顺的态度。她不熄灯，如果问她这个或那个东西用日语怎么说，她会非常简单地回答您，因为不太懂俄语，她回答时就用手指点或者直接用手去触碰。更重要的是，她可不像俄罗斯女人那样摆架子或忸怩作态。她一直笑着，口中发出"嘘嘘"声。她的技巧真是令人惊叹，您会觉得自己并非在性交，而是在参与顶级的骑术课程。一进屋，日本女孩就用牙齿从自己的衣袖里叼出一块棉布，握住您的"物件儿"……给您按摩一番，用棉布搔得

295

您的肚皮发痒。而在这一过程中，耳边一直伴随着她的娇吟、欢笑、歌声和"嘘嘘"声。[1]

安东·契诃夫还跨过阿穆尔河，来到中国的边境港口瑷珲（Aigun），双脚踏上了异国的土地。然后，他从穆拉维约夫（Muraviov）沿阿穆尔河而下，目的地是萨哈林之旅的最后一站——尼古拉耶夫斯克（Nikolaevsk）。

---

[1] 此信从《契诃夫全集》中删除：见 A. P. 丘达科夫《不雅言辞与经典形象》，选自《文学调查》，1991，11，54。

32. 萨哈林岛

（1890 年 6—12 月）

在前往尼古拉耶夫斯克的船上，安东·契诃夫和一个中国人同坐一
个船舱，他叫宋柳利（Sung Liu Li，音译）。安东给家人写信时，宋先
生就在旁边喋喋不休地聊起中国的斩刑，他还用中文给安东家人写了
一句问候的话。航船随着阿穆尔河转向东北，跃入安东眼帘的是一派荒
凉景象，他已经到了通向刑事犯定居点萨哈林岛的门户之地。尼古拉
耶夫斯克没有旅店可以投宿，安东只好在另一艘船上过夜。一个星期
后，他坐上了"贝加尔"号轮船，渡过浅浅的水道，驶向萨哈林岛，同
船的还有士兵和几个因犯。"贝加尔"号很快停了下来，因为沙洲的地
势太过凶险复杂，轮船无法航行，乘客们在乔尔海岬坐上小船，被送
到岸上。这里蚊子横行，有一栋房子孤零零地矗立在那里，这是一对
海军军官夫妇的家，安东在这里投宿了两天。1890 年 7 月 11 日凌晨 5
点，经过八十一天的旅途奔波，安东·契诃夫终于在亚历山德罗夫斯克
（Aleksandrovsk）登岸。岸上的几栋木制建筑挤在一处，这里就是萨哈
林中心监狱流放地的行政管理驻地。在监狱吃饭时，经人介绍，安东认
识了监狱的鲍里斯·佩尔林（Boris Perlin）医生。用安东的话来说，这
个人长得与易卜生一模一样，后来安东就做了他的房客。

安东发现，他之前对萨哈林岛所做的功课还远远不够。萨哈林岛南

北近一千公里长，土地面积抵得上苏格兰，属于北极苔原的丘陵地势，地表仅覆盖着一层薄薄的针叶灌木丛。当地的气温半年低于零摄氏度，另外半年寒雾与冷雨交替。岛上的资源勉强支撑着几千名原住民的生活。这里的原住民是吉利亚克人（Gilyak）和阿伊努人（Ainu），他们靠采食浆果、种子和捕鱼为生。当地也开采一些煤矿，供应往来船只所需。萨哈林对俄罗斯帝国的唯一用途仅仅只是充当让死不悔改的罪犯闻风丧胆的刑事流放地。萨哈林岛生活状况之糟糕，怎样描述都不为过：沼泽中树根盘根错节，严寒、多雨、浓雾，可置人于死地的昆虫肆虐横行。当地的官员们虽然已经收到了报纸报道和政府电报，但仍然谎称他

230 们并不知道契诃夫要来。这些官员生活在一个自治的世界里。萨哈林岛的行政长官弗拉基米尔·科诺诺维奇（Vladimir Kononovich）将军承诺，等阿穆尔与萨哈林省省长科尔夫（Korf）男爵的访问结束后，他立即全面配合安东的考察[1]。一个星期后，科尔夫男爵邀请安东和科诺诺维奇将军共进晚餐。两位长官看起来都属于自由派：他们强烈谴责体罚与罚款、永久奴役和流放。科尔夫男爵已经有五年未曾来过萨哈林，他宣称自己对这里的状况非常满意。很显然，科诺诺维奇对这里日复一日的鞭打、挪用并贪污食物和药品、强迫妇女卖淫、谋杀吉利亚克原住民等情况一无所知，而安东在上岛第一天就对这些野蛮行径有所耳闻了。

尽管科诺诺维奇将军对下属的不良行为视而不见，他后来还是被迫退休了，因为在政府看来，他太心慈手软。萨哈林岛的佩尔林医生并不是一个恪守信用的人，作为房东来讲也算不上情趣相投，但他却是一个很好的信息提供者。一个月后，安东住进了佩尔林医生家里，还带来了一个叫丹尼尔·布尔加列维奇的年轻公务员。布尔加列维奇的哥哥因为政治罪而被流放到西伯利亚，他本人是一个体面而忧郁的人，他打理的家就是安东工作的地方。与其他公务员和囚犯一样，丹尼尔·布尔加列维奇展示给安东的是他性格中最美好的一面。安东接受的医学培训也确保他能隐藏起内心的嫌恶，让囚犯和看守对他放松警戒，敞开心扉。他

---

[1] 据记载，科诺诺维奇是塔甘罗格文理中学在 19 世纪 50 年代的毕业生。如果科诺诺维奇将军确实是一个亲戚的话，这或许可以解释他对安东的和善。

们交谈了很多。安东是当时岛上唯一的既不是囚犯也不是狱卒的俄国人。流放者痛哭流涕，送给他礼物。他也从自己越来越瘪的钱包里掏出钱来做慈善：他给一个流放犯买了一头小母牛。变态杀人狂和虐人成性的卫兵也同样给他以积极回报。待安东·契诃夫的专著发表之后，他们展示出的人性温情的一面让他们的同事都觉得难以置信。

在这片地狱般的土地上生活着一万名囚犯、一万名卫兵及其家属，此外还有几千名获释囚犯和流亡者，他们试图在荆棘遍地的萨哈林沼泽里耕种土地。目前，岛上只有几百名吉利亚克人和阿伊努人，他们在日本人（日本主张对萨哈林岛拥有领土主权）和俄罗斯人带来的各种传染病中侥幸生存下来。岛上时时发生逃犯和叛逃卫兵挑起的抢劫掳掠的事件。截至 1888 年，流放萨哈林仍然意味着终身流放；到了 1890 年，流亡者也只被允许在东西伯利亚地区定居。岛上的看守卫兵也很可能成为疾病或暴力冲突的牺牲品。7 月下旬，科诺诺维奇让安东在岛上的印刷店里打印了一万份调查问卷，允许他采访岛上的囚犯和流亡者。整₂₃₁个 8 月份，安东·契诃夫都全身心投入调研，所及地域从亚历山德罗夫斯克直到季姆河谷，沿着萨哈林岛中心线向北，掠过鄂霍次克海（Sea of Okhotsk）的西海岸。9 月中旬，他乘船南下，前往阿尼瓦湾（Aniva Bay）附近的科尔萨科夫斯基（Korsakovski）。在科尔萨科夫斯基，安东得到了费尔德曼（Feldman）一家的款待，这家人世代都是狱警和狱吏。尽管他们因野蛮而恶名远扬，但他们向契诃夫展示了最美好的一面。阿尼瓦湾算得上一个国际化的地方，安东在此与日本领事一起野餐，还碰到了遭遇沉船的美国捕鲸队。

在安东·契诃夫分发给囚犯和流亡者的卡片上，记录了他们的姓名、地址、婚姻状况、年龄、宗教、出生地、抵达年份、职业、文化水平、收入来源与疾病状况。这些卡片提供的统计数据正是俄罗斯政府当局所缺乏的。在北极短暂的夏天里，安东拖着病体，靠两条腿在两个地区（每个方圆约二点六万平方公里）搜集了一万人的个人数据。1890 年的 8 月和 9 月，萨哈林岛上阳光普照，安东也收获颇丰。他记录了数百次谈话，交谈对象有男人、女人和儿童，来自不同阶层、不同国籍（虽然他几乎没有接触到岛上的原住民）；他考察了当地的农场、矿山和医院；他还观看了鞭刑；如果手头有必要的用具，他也给人治病。他到得太晚，错过了岛上的大规模绞刑。死刑在俄罗斯已被禁止，但萨哈林的杀人犯仍然被处以绞刑。

最让契诃夫揪心的不是囚犯或看守的困境，而是岛上儿童的处境。这里的学校夏天时关闭，而开学时，学校与当地医院——医院里既没有手术刀也没有药品，医生们把经费都给自己买了白兰地——一样，徒有虚名。在契诃夫向科诺诺维奇将军提出抗议后，科诺诺维奇下令从苏沃林那里购买教科书，又打电报给万尼亚，让他发来学校的课程规划和书本。

安东在这期间给家里发了几封电报，叶夫根尼娅终于接受了他回来得要比预期的晚的事实。在他即将动身返回前，他收到了母亲的一封信：

> 亲爱的安托沙，照顾好自己，不要晚上骑马赶路，太危险了，坐船也很危险……安托沙，我想问一下，你能不能给玛莎买一个毛领回来？我想就是叫北极狐的那种吧，我也不知道你那里有什么样子，再给我带四件貂皮回来。[1]

232　　安东这才知晓他走后莫斯科发生的事情：他现在在莫斯科已经无家可归了，万尼亚丢了工作，叶若夫成了鳏夫，伊万年科在与丽卡通信，奥尔迦·昆达索娃不知去了哪里。在岛上的两个半月时间里，他只向俄罗斯本土寄出了一封重要的信，那是他在向岛的南部进发时写给阿列克谢·苏沃林的。这封信措辞谨慎：

> 我不知道将会发生什么，但我已经完成了很多，材料足够写三篇论文的了。我每天早上五点起床，晚上睡得很晚，每天都神经紧张，总想着还有很多事情要做，我已经完成了那些必须完成的任务。我有一种感觉，我是捡了芝麻丢了西瓜……我已经拜访了所有

---

[1] 见图书馆手稿部，331 33 126：叶夫根尼娅给安东·契诃夫的信，1875—1904。

名人。我还观摩了一次鞭刑，然后接下来的三四个晚上，我都梦到
刽子手和令人作呕的鞭打马匹的场景。我和那些戴着脚镣铐在流动
售货车上的人也聊过天。有一次，我在一个矿里喝茶，碰到了前彼
得堡商人博罗达夫金，他因为纵火而被流放到这里，他从口袋里掏
出一个茶匙递给我。他的这个举动让我感到心烦意乱，我发誓再也
不来萨哈林了。

契诃夫家收到一封电报，发报日期是 1890 年 10 月 12 日，发报地
点是俄罗斯志愿舰队中的一艘轮船"彼得堡"号："卸囚犯，10 日离
开科尔萨科夫斯基，接上安东·巴甫洛维奇·契诃夫，13 日前往敖德
萨。"[1] 在符拉迪沃斯托克，安东从当地警察局长那里得到一本外国护
照，于是他给彼得堡的亚历山大——他唯一知道地址的家人——发了一
封电报："启航新加坡，契诃夫。"

契诃夫的家人对萨哈林和安东的冒险一无所知。安东不在的时候，
他们就从阿列克谢·苏沃林那里寻求保护。苏沃林在去克里米亚别墅的
路上叫上了玛莎，他给玛莎和万尼亚安排了工作，还邀请米沙去费奥多
西亚。在苏沃林的帮助下，米沙成了一名税务官，虽然他对自己入住的
外省旅馆很不满意。至此，安东所有的兄弟姐妹都处于苏沃林的羽翼保
护之下了。但是，叶夫根尼娅仍然觉得没人管他们，整个 7 月份在卢卡
期间，她都在对帕维尔唠叨：

> 看在上帝的分上，让万尼亚给我们找一套公寓吧，我们［9 月］
> 2 号离开这里，我担心得要命……我们非常需要钱……玛莎给亚历
> 山大写了信，就在我们收到他的信的第二天，但他一点钱也没给我
> 们寄来。[2]

［1］ 见《文学遗产 87》，294—300：《普拉凡尼 A. P. 契诃娃》（选自"彼得堡"号航海
日志）。
［2］ 见图书馆手稿部，331 33 125：叶夫根尼娅·契诃娃给帕维尔·契诃夫的信，1875—
1890。

9 月份，叶夫根尼娅和帕维尔租到了新房子。奥尔迦·昆达索娃来这里住了几个星期，苏沃林也来拜望过两次。反动大亨与激进的女权主义者——苏沃林称昆达索娃为"精神病患者"——碰了面，帕维尔向万尼亚描述了他们二人之间声嘶力竭的争论。契诃夫家又换了一次房子，但是这次的房子很小，房租又贵。10 月 8 日，叶夫根尼娅写信给万尼亚说：

> 10 月 4 日，我们搬到了新住处，小德米特罗夫卡（Malaia Dmitrovka），这是菲尔冈（Firgang）的房子，独栋楼房，两层楼，租金八百卢布。楼上有两个房间，住安托沙和玛莎，楼下是爸爸和我住。还有餐厅，欢迎你来，有你的饭吃。你不容易，我很想你，也很担心你，米沙在 10 月 1 日去了叶夫列莫夫（Efremov），他在那里待两个星期，然后转到阿列克辛镇（Aleksin），是在谢尔普霍夫（Serpukhov）另一边的什么地方。还没有安东的消息，我们不知道他在哪里，我们想打电报问一下苏沃林，但我们也不知道苏沃林在哪里，我们都累得要命……我很为玛莎担心，她是最不开心的。如果说我想谁的话，那就是你。我一直忍不住流眼泪，我可爱的小鹰都飞出巢了。丽卡·米济诺娃已经在乡下待了两个星期……费尼奇卡差不多没什么希望了，她什么都吃不下了。[1]

莫斯科的新公寓里除了家人，还有两个仆人：老家仆及厨师玛柳什卡和一个新女仆，但这里没有家的感觉。马车夫碰坏了叶夫根尼娅的缝纫机和玛莎的衣柜。亚历山大从彼得堡（帕维尔正在那里）写信敦促玛莎说：

> 最亲爱的妹妹，你们为什么总是像保媒拉纤的人一样，从一个房子窜到另一个房子？……现在谁都不知道安东在哪儿，也许他都没有给苏沃林写信……你和母亲还待在莫斯科干什么呢？从本质上

---

[1] 见俄罗斯档案馆，2540 1 160：叶夫根尼娅·契诃娃给伊万·契诃夫的信，1888—1905。

说，那只是习惯，其他什么都没有。来彼得堡和我一起住吧。我一直在彼得堡对父亲说这番话，但他对此有些慎重的考虑。[1]

娜塔利娅在信后附上几句话说："亲爱的玛莎，我真心同情您的处境，现在您完全独自一人，但上帝会让安东很快回来，然后您就能过上快乐日子了。"从符拉迪沃斯托克发来的电报告知了安东的归程，这让玛莎松了一口气。她告诉米沙：

> 我们非常喜欢新住处，我们安顿得很好，你该回来看一看。前天，苏沃林来了。他特地来告诉我，他在书店给我安排了一个职位，从售货员开始……我当然很高兴，但是安东可能不会特别高兴……我让苏沃林等到安东回来再说。[2]

安东·契诃夫不在莫斯科，文学圈子终于可以松一口气了。这期 *234* 间，安东只发表了几篇描写自西伯利亚的旅行小品。剧作家兼编辑弗拉基米尔·阿列克谢耶维奇·吉洪诺夫（Vladimir Alekseevich Tikhonov）在日记中感叹道：

> 契诃夫是一股多么强大而纯粹的力量！但他又在我们的作家中引起了多少嫉恨……在这方面，最令人厌恶的是谢格洛夫，他是契诃夫最忠实的朋友，却对他的成就垂涎欲滴，在他背后大喝嘘声。[3]

契诃夫乘坐的"彼得堡"号是一艘长九十米的轮船，船体坚固，

---

[1] 见图书馆手稿部，331 31 1。这封 1890 年 10 月 8 日写给玛莎的信，被归档到亚历山大·契诃夫给父母的信中。

[2] 见俄罗斯档案馆，2540 1 483：玛莎给米哈伊尔·契诃夫的信，1884—1904 部分，1890 年 10 月 15 日。一年后，阿列克谢·苏沃林也为万尼亚在他的莫斯科书店里提供了一个职位，见俄罗斯档案馆，2540 1 143。

[3] 见《文学遗产 68》，496。

二十年前建造于苏格兰。安东很享受这段船上的旅行。船上乘客很少，因为从来没有囚犯从萨哈林岛返回。1890 年 10 月 19 日，这艘船从符拉迪沃斯托克起锚时，船上水手加上结束了远东的服役期返回的士兵、警卫，总共只有三百六十四人。美国捕鲸队的队员将在香港下船，船舱里乘客不多。乘客中值得一提的是伊拉克利（Irakli）神父。他是一个布里亚特（Buriat）的蒙古人，肩负公务前往俄罗斯本土，向莫斯科当局报告他对吉利亚克人和阿伊努人的传教工作。船只在中国海域遇到了风暴，这时船长才露了一次面。他提醒乘客，有手枪的最好把子弹装上，因为被子弹打死要比溺水淹死好受些。海军学校学员格林卡（Glinka）在船上与安东相熟。格林卡的母亲是伊科斯库（Ikskul）男爵夫人，远在彼得堡的男爵夫人承诺说，会利用自己的影响力给安东提供方便（但她并没有遵守诺言）。

同是受殖民统治之地，萨哈林岛呈现出的是殖民主义的邪恶面孔，而香港给安东·契诃夫留下的却是截然相反的印象。"彼得堡"号在那里停靠了八十小时。安东回来后对苏沃林说：

> 真是一个妙不可言的港口。位于海上却能发展到那种程度，我即使在照片上也没有见过：九条大道、马拉电车、能开上山的铁路、博物馆、植物园；随处可见英国人对雇员的最细心的呵护，这里甚至有一个水手俱乐部……我的俄罗斯同伴咒骂英国人如何剥削当地人，这让我很恼火。我认为：确实，英国人是在剥削中国人、西帕依人、印度人，但他们也给当地带来了道路、自来水、博物馆和基督教；你［俄罗斯人］也在剥削他们，但你给他们带来了什么？

过了中国海域之后，海上的风暴逐渐减弱。10 月 20 日，一名士兵在船上的医院暴死于"急性肺炎"，船员们把他的尸体用帆布裹尸布裹235 上，直接抛进了大海。10 月 29 日他们离开香港时，又有一名士兵死亡，也葬身大海。经历过这两起死亡后，安东的情绪骤然跌落，他强忍泪水，新加坡没有给他留下什么印象（虽然在停靠的几小时内，他在岸上买了一匹爪哇矮马，送给苏沃林做礼物）。

受到海葬的启发，安东·契诃夫创作出一年来的第一篇小说《古塞夫》（"Gusev"），小说精彩描述了自然对于人类死亡的冷漠。在这篇小说中，《没意思的故事》中冷峻的哲学思考与《草原》中对自然景观的细腻描写，有机地结合了起来，契诃夫的"后萨哈林时代"拉开了序幕。这个故事的署名行里，创作地点是科伦坡。在锡兰——传说中的伊甸园——度过的五十八小时，让安东恢复了精神。他乘坐火车来到山间的康提（Kandy），观摩了慈善组织"救世军"的活动："穿印度服装、戴着眼镜的女孩，鼓，口琴，吉他，旗帜和一群光屁股的小男孩……女孩们唱着什么，激情昂扬，鼓声隆隆！而这一切都是在湖边，在黑暗中进行的。"观看了"救世军"演出之后，他在康提找到了更符合口味的消遣：

> 我饱览了棕榈林，餍足了古铜色肌肤的女人。等我有了孩子，我一定不无骄傲地告诉他们："你们这些小兔崽子，在我年轻的时候，我可是和一个黑眼睛的印度女人发生过关系呢……要说在哪儿？在皎洁的月光下，在一个椰子种植园里。"

这次激动人心的经历也成了安东向彼得堡的朋友夸耀的资本——"真正妩媚的是有色人种的女人"，他对叶若夫如是说。[1]

安东·契诃夫在科伦坡还做了一笔生意。海军学校学生格林卡和契诃夫走进一家印度宠物商店，一人买了一只驯化过的雄性猫鼬。后来，契诃夫又返回宠物店，看中了另一只动物，它野性太强无法驯服，就被当成母猫鼬卖给了他。他们把这些动物带回了彼得堡。1890 年 11 月 12 日，轮船离开了科伦坡，接下来的十三天里没有任何港口可以停靠，格林卡和安东·契诃夫就带着新买的猫鼬坐在甲板上。11 月下旬，契诃夫通过了苏伊士运河。帕维尔写信道："向神圣的巴勒斯坦致敬，世界的救世主就居住在这里。你马上就要路过耶路撒冷了。"据塔甘罗格的格

---

[1] 见 N. M. 叶若夫《A. P. 契诃夫》，选自《历史的预兆》1909，11，595—607。

奥尔基说，米特罗凡叔叔也非常激动，"我父亲把安东的信摆放在五斗橱
236 上，用帽子盖住它，然后去了教堂"。帕维尔在挂在墙上的西伯利亚地图
上追踪着安东的行程；在安东到达敖德萨之前，帕维尔给万尼亚写信说：
"我只惦记安托沙，愿他能平安无事地回来。分开这么长时间真是叫人受
不了，你回来见见他吧，米沙也回来。"[1]安东看到了西奈山（Sinai），然
后经过圣托里尼岛——这里一直为塔甘罗格提供葡萄酒。12 月 2 日，"彼
得堡"号终于抵达敖德萨。经过三天隔离后，乘客们下了船。安东、格
林卡、伊拉克利神父和猫鼬们乘坐特快列车向莫斯科赶去。12 月 7 日，
叶夫根尼娅和米沙在图拉迎上了安东乘坐的火车。米沙回忆说：

> 我们看到，安东正和海军学校学员格林卡在车站餐厅用餐……
> 还有一个长相奇怪的人，一个脸型宽平、眼睛狭细的原住民。他是
> 萨哈林岛的首席神父，修士伊拉克利……他穿着一件可笑的萨哈林
> 式剪裁的普通西装。他们吃饭时，猫鼬们就后腿站起来，不时瞄
> 着他们的盘子。这位萨哈林神父的脸平得像一块板子，脸上没有一
> 点胡子，而猫鼬们也显得如此异国情调，所以有一群人聚在他们周
> 围，盯着他们询问："他是印第安人？""它们是黑猩猩吗？"与我
> 们的作家令人激动地相见后，母亲和我坐进他们的车厢，五个人一
> 起返回莫斯科。除了猫鼬，安东还在一只笼子里带回一只很野的所
> 谓的雌猫鼬，但很快被辨识出是一只椰子猫。[2]

在剩下的四小时旅程中，米沙和安东一起喝酒，逗猫鼬玩。伊拉克
利神父和格林卡的猫鼬在契诃夫家待了一段时间，菲尔冈的房子里又挤
满了人。帕维尔现在每晚都回家住（他很快就要从加夫里洛夫仓库退休
了），尽管猫鼬挖出了花盆里的植物，把他的胡子抓得乱七八糟，他还
能够忍受，但那只椰子猫实在让他受不了。这只猫晚上出没，咬睡在餐

---

[1] 见俄罗斯档案馆，2540 1 158：帕维尔给伊万·契诃夫的信，1879—1898 部分，
1890 年 11 月 29 日。

[2] 见《关于契诃夫》，278—280；图书馆手稿部，331 83 25：米沙《契诃夫与猫鼬》。

厅的客人的脚。（对帕维尔来说，安东的"猫鼬"就是动物犯罪的衡量基准。）安东给雄猫鼬起名为斯沃洛奇，通常就叫它"斯沃"。现在，斯沃和苏沃林在安东的心目中占据着最重要的位置。安东因天气变化而病倒了（他声称自己得了感冒、便秘、痔疮和阳痿），所以他只是居家写信。他在给尼古拉·列伊金的信中说，猫鼬比腊肠狗好多了，猫鼬是"老鼠与鳄鱼、老虎与猴子的结合体"。他给谢格洛夫写道：

> 您要是知道我从印度带回的动物有多么可爱就好了！是猫鼬，有半大的小猫那么大，非常好动活泼。它们胆子很大，充满好奇心，对人也很有感情。响尾蛇总是它们的手下败将，它们什么都不怕，也不怕人。要说好奇心，房子里没有一个包裹或包装是它们不打开的；它们看见人，第一件事就是翻找他的口袋里有什么。您要是把它们独自留在房间里，它们就叫唤个不停。

237

契诃夫倒是没有怎么对苏沃林念叨他的猫鼬，相反，他坦承自己对人性不再抱有幻想。萨哈林之行之后，他对俄罗斯知识分子的蔑视甚至扩展到了苏沃林最亲密的合作者们身上：

> 我非常渴望与您谈一谈。我的灵魂在沸腾。我只想与您交谈，因为您是我唯一能对话的人……我何时才能见到您和安娜呢？安娜怎么样？代我向波丽娅和娜斯佳问好。为了证明我是一个坏蛋，我下次来拜望你们时要对他们挥舞刀子，大喊大叫，我要放火烧了安娜的房间……我热情地拥抱您和您的出版社，除了……布列宁，他这个人早就应该被流放到萨哈林去了。

整整一个月时间里，安东病重得无法出门，更不要说去彼得堡了。他和家人一起过了圣诞节和新年。

33. 欧洲之行

（1891 年 1—5 月）

　　1890 年 12 月份，安东把时间都花在了整理萨哈林之行带回的卡片和文件上，还修改了小说《古塞夫》。那一年，俄罗斯的冬天寒冷异常，莫斯科的气温暴跌到零下三十摄氏度，甚至连塔甘罗格的降雪也堆到了屋檐。心律失常和咳嗽让契诃夫无法睡觉，痔疮发作折腾得他白天坐着也很痛苦。家里住的人很多，因为万尼亚在苏多格达（Sudogda）的沼泽地区得了伤寒，也回家来休养。经历了萨哈林之行，安东·契诃夫在精神上已经发生了蜕变。他的小说即将展示出萨哈林如何摧毁了他对权威和铁腕人物的敬意。虽然他对阿列克谢·苏沃林的感情得以幸存，但他现在十分鄙视《新时代》。契诃夫在自己未来的创作中很少明确地提到萨哈林，然而，萨哈林对他的影响无处不在。这种影响具体体现在：他明确了对意识形态的怀疑态度；与败坏的人类相比，他更加偏爱未遭破坏的自然。契诃夫在 12 月份对苏沃林说过："上帝的世界是美好的，只有一样东西丑恶：我们。"这种思想也体现在他笔下的小说主人公的身上。

　　丽卡·米济诺娃、奥尔迦·昆达索娃（她还带来了自己十七岁的妹妹佐娅）、钢琴老师亚历山德拉·波赫列宾娜都徘徊在安东左右。玛莎在克里米亚结识了女伯爵克拉拉·马穆娜（Klara Mamuna），她当时是米沙的未婚妻，但她的眼神在安东身上流连了一年多。在彼得堡，人们也在等待好戏。有关安东·契诃夫即将结婚的谣言再度蔓延开来。安东外出游历时，老诗人阿列克谢·普列谢夫意外地从一个未留下遗嘱的亲戚那里继承了两百万卢布的遗产，他的女儿叶连娜亦成了女继承人。彼得堡所有的熟人，从安娜·苏沃林娜到亚历山大·契诃夫，都半开玩笑地敦促安东向她求婚。

布列宁认为，安东的萨哈林之行只是一个失败天才做出的激进姿态。然而，激进人士则为安东的行为赋予政治色彩，对他大加赞扬。他的新小说《古塞夫》赢得了全面赞誉：故事的主人公是一个死于结核病而葬身大海的士兵，左派人士将他看作冷酷的政治制度的受害者，而右派将其视为基督徒顺从的典范。这个故事深深打动了彼得·柴可夫斯基。娜塔利娅的牙医给她免费诊治，因为她是安东·契诃夫的嫂子。虽然晚了两年，小阿列克谢·苏沃林还是给安东送来了许诺过的圣托里尼葡萄酒做礼物，还附上了一封拉丁文的信，信的结尾是："Dii te servent，nymphae ament，doctores que ne curent. Tuus A."[1] 诸神并不乐于助人，安东也不会让任何医生给自己看病，只有山林仙女们确实可爱。小阿列克谢送来的葡萄酒正好让安东借酒浇愁，让自己忘却朋友们遭受的痛苦。

丧妻后的叶若夫一直有自杀倾向，他现在靠给阿列克谢·苏沃林写稿谋生。同时，玛莎为他做担保，他也在曼格斯夫人管理的一个学校里教女孩们绘画[2]。亚历山大·伊万年科的嫂子死了，兄弟也死于结核病，他自己深感生活无望，放弃了长笛。季娜伊达·林特瓦列娃的脑瘤日益严重，据伊万年科说，她"真诚而耐心地等待末日来临。她一直非常关心您和您的家人，这个可怜的女人没有多少日子了"[3]。同时，肺结核也袭击了塔甘罗格的老朋友们。莫斯科的费尼奇卡姨母和彼得堡的斯沃博

239

---

[1] 译文："愿诸神为您效劳，山林仙女钟情您，不烦医生看顾您。您的阿列克谢。"见图书馆手稿部，331 59 71b：A. A.苏沃林给安东·契诃夫的信，1889—1892。

[2] 见图书馆手稿部，331 43 11b：N.叶若夫给安东·契诃夫的信，1890—1891部分，1890年10月20日。

[3] 见图书馆手稿部，331 46 1a：亚历山大·伊万年科给安东·契诃夫的信，1889—1891。

金在一天天地走近死亡。在"彼得堡"号上目睹了一个士兵的死亡后，安东怎能不想到自己无可逃避的结局呢？安娜·索科尼科娃和科利亚的死亡阴影在他的脑中挥之不去。1891年3月，他在一个新笔记本上写道："问题在于，这两个人（安娜和尼古拉）的死不是意外，不是特殊事件，它就是人生中的普通事。"

从1月7日起，安东去彼得堡待了三个星期。在谢格洛夫看来，他看起来还"不舒服"，但安东追求的是"瘟疫时期的狂欢"。到达彼得堡后，他和帕维尔·斯沃博金一起去参加了谢格洛夫的命名日聚会，他的到来惊扰了聚会，因为有人宣称他是警察局长的特使。安东喝醉了，表现得有些狂妄。谢格洛夫记下了他说的一些话[1]，这些话透露出契诃夫笔下的醉醺醺的阿斯特罗夫医生（《万尼亚舅舅》中的角色）的色彩："行最困难的事，恪守自己的哲学。"契诃夫吹嘘说，他要去勾引品行端正的利迪娅·阿维洛娃，因为她是他的崇拜者。他教导谢格洛夫："剧院应该像教堂一样——对农民和对将军是一样的……您应该找一个皮肤黝黑的女人试一试。"第二天，安东观看了托尔斯泰的讽刺喜剧《教育的果实》（*The Fruits of Enlightenment*）。这个剧由斯坦尼斯拉夫斯基执导，是维拉·康米萨尔热夫斯卡娅（Vera Komissarzhevskaya）的首次登台演出，只是此时安东根本不知道他们是何许人也。他与朋友们狂欢作乐，把自己和招待他的主人家都搞得精疲力尽。

240　　在安东引发的"社交旋风"的重创下，苏沃林家的电话都瘫痪了。安东避而不见克列奥帕特拉·卡拉特金娜，却与另一位女演员达丽娅·穆辛娜－普希金娜打得火热。达丽娅·穆辛娜－普希金娜曾经是玛莎社交圈中的一员，她为了逃避未婚夫来到彼得堡，来幽会另一个求婚者。她与苏沃林家住在同一栋楼里，非常希望安东成为她出入社交场合的护花使者。达丽娅的便条让安东应接不暇：

　　　　听着，小蟑螂，我无法抗拒诱惑，马上要来斯沃博金家……我

----
[1]　见《文学遗产68》，479—492：列昂季耶夫－谢格洛夫的日记。

33. 欧洲之行

不否认，我非常希望您来接我，而不是我去接您，但我也知道您有多固执……

亲爱的安东，如果您现在能来看看我，我将会多么感激您！因为我独自一人，非常不开心。

小蟑螂，您竟然问是不是太晚了，您不脸红吗？有句谚语说得好："迟到总比不到好。"……您总是比我想得要好。知了。我等着您——您最好来！[1]

然而，并非所有彼得堡的女人都喜欢安东，号称文学界"雌狮"的季娜伊达·吉皮乌斯（Zinaida Gippius）就是这么一个人。为了激怒安东，她假装睁大了眼睛认真听，然后故意问道："您的猫鼬吃人吗？"

安东也已经处理清楚了莫斯科身边这些女人的问题。他对玛莎说："我已经和苏沃林谈过你的事情：你不用到他那里工作——我已经决定了。他非常喜欢你，但是他爱上了昆达索娃。"叶连娜·沙夫罗娃拒绝了安东提出的让她改个笔名的建议，并且不再参加戏剧课程，她明确表示说："我在哪里都能脱颖而出。"处境越艰难，十六岁的叶连娜就越顽强[2]。她敦促安东去说服苏沃林，把她投给《新时代》的那些由契诃夫修改过的故事的稿费从每行七戈比提高到八戈比。

丽卡·米济诺娃梦想着完全拥有安东·契诃夫：她不仅要占据他的全部生活，还要占有他的整个心灵。为了再续浪漫，她给身在彼得堡的安东写去了一封信，这封信奠定了未来九年中两人情感游戏的基调：

今天我在办公室给您写了一封长信，我很高兴我并没有把信寄

---

[1] 见图书馆手稿部，331 52 46：达丽娅·穆辛娜－普希金娜给安东·契诃夫的信，1896—1898部分，1891年。

[2] 见图书馆手稿部，331 63 4a：叶连娜·沙夫罗娃给安东·契诃夫的信，1889—1891；1891年1月14日。

出，我刚刚又读了一遍，我吓坏了——真是流下了眼泪……我一直
在咳血（从您离开的第二天开始）。奶奶很生气我总是出门，不好
好照顾自己，她预言说这是肺结核——我完全能想象得到，您觉得
这很可笑……您回来后，别忘了去瓦甘科沃（Vagankovo）公墓看
一看我……只有在早上，我才可能写出这么一封情绪低落的信；现
在，我觉得那就是我想让您感到不安的胡言乱语……给我写一封信
吧，不是通常那种充满了小讽刺的信……难道除了嘲讽，我真的得
不到一点儿别的东西吗？[1]

241　　安东的回信仍是戏谑式的俏皮话：

　　至于说到您的咳嗽……您把烟戒了吧，不要再站在大街上和人
聊天。如果您死了，特罗菲姆（安东虚构的一个对丽卡十分爱慕的
人——译注）就会开枪自杀，而"粉刺脸"准得害了急惊风。我会
是唯一为您的去世而高兴的人。我有多么地讨厌您，只要一想到
您，我就想与您的奶奶一样，"呃……呃……呃"。我想用滚烫的水
烫伤您……一个女作家、米沙的朋友［叶连娜·沙夫罗娃］写信告
诉我，"情况不好——我在认真考虑去澳大利亚的事"。您要去阿留
申群岛，她要去澳大利亚！那么，我该去哪里？你们倒是抢占了好
的那一半。再见，我心中的坏蛋。您的著名作家。

　　几天后，丽卡又写信来祝贺安东的生日。这次，她改变了策略：
"我刚刚从您家回来……正摸着黑给您写信，更重要的是，是列维坦护
送我回的家！您要护送谁回家吗？"安东的回信温和了一些，在结尾说
道："比比科夫［安东认识的一个患肺结核病的诗人］……看到您和我
的妹妹在一起，他写信给彼得堡说：'我在契诃夫家，看到了一个漂亮
得吓人的女孩。'您和玛莎终于有一个借口可以吵上一架，甚至打上一

---

[1]　见图书馆手稿部，331 52 2a：丽卡·米济诺娃给安东·契诃夫的信，1891—1892。
　　亦见《书信》1984，II，16—59。

架了。"

丽卡的下一封信写于 1891 年 1 月 21 日，这是她给安东的第一封（几乎也是唯一一封）用了亲昵的"你"来称呼的信：

> 亲爱的安托沙，我知道你有多么小气，而我希望继续给你写信，所以我给你寄来一张邮票。你会很快回来吗？我在无聊的时候，就想象着与你见面的情形，如同斯特雷娜［公园］游泳池中的小鱼梦想着一条纯净透明的河流。我不知道怎么才能变得圆滑老练一些，我试过，但总是没有什么效果。这一切到 26 号就都清楚了，到时你会看到，我也能很老练，而不只是口头上说说……所以我期待着你，我希望，你至少给我半小时！她根本得不到！为了我的爱情，我值得你花上半小时。再见，吻你，等着你。你永远的丽卡·米济诺娃。

无论是面对无情挞伐莫斯科和彼得堡所有大人物的奥尔迦·昆达索娃，还是面对花言巧语哄骗他的叶连娜·沙夫罗娃，安东都自信能够掌控自己；然而，丽卡·米济诺娃却让他心里感到恼火，从来没有任何女人让他有过这样的感觉。安东给丽卡的信总是冷嘲热讽，语气戏谑，竭力避免流露出热情或嫉妒之情，但是，他们通信的频率、信件的长度和内容的丰富程度都泄露出丽卡对他的影响，而就是这种影响让安东恼火。 *242*

安东去了哥哥亚历山大家。他告诉玛莎说："他的孩子们这次给我留下了非常好的印象……亚历山大的妻子是个好人，但就像在卢卡那样，同样的故事每天都在发生。"安东在彼得堡期间，只要他是清醒的，他就为萨哈林岛的孩子们奔走游说。通过一位进步律师科尼（Koni）的引荐，安东拜见了俄罗斯帝国儿童慈善机构管理者纳雷什金娜（Naryshkina）公主，萨哈林的一百二十名儿童乞丐和雏妓得以进入为他们设立的孤儿收容院。通过万尼亚和苏沃林，安东向萨哈林发去了成千上万本书，当然，这些书由政府买单。契诃夫厌恶与贵族打交道，所以便让苏沃林和科尼去与达官贵人们沟通。

在彼得堡时，安东·契诃夫启动了专著《萨哈林岛》（*The Island of Sakhalin*）的创作，他希望自己的论著能够不包含个人感情，冷静客观。为了提高其影响力，他打算将该书一次性发表。在这部书中，西伯利亚的刑罚体系和萨哈林监狱都被暴露于公众视野之中。美国人乔治·凯南（George Kennan）所著的西伯利亚监狱调查报告的非法俄文版已经在俄国各地流传开来。像安东笔下的这样一部与当局唱对台戏的萨哈林调查报告，自然不可能指望由阿列克谢·苏沃林来发表。安东与《新时代》之间牢不可破的联系让很多激进主义者困惑不解。一位政治流亡者（埃特尔）对另外一位流亡者（弗拉基米尔·科罗连科）说："可惜啊，契诃夫和那群强盗捆绑在了一起。"

1月底，安东从彼得堡返回了莫斯科。他动笔写了一个新故事《决斗》（"The Duel"），这个故事的篇幅长得像一本小说。他要精心照顾带回来的猫鼬，俄罗斯的冬天对它来讲太难熬了，它病弱得再也没有力气去打破碗碟，或者跳上桌子了。同时，安东要安慰奥尔迦·昆达索娃，要与丽卡·米济诺娃周旋，还要与达丽娅·穆辛娜－普希金娜（她和安东一起回到莫斯科）调情。待猫鼬恢复活力，他们的公寓一下子就显得太小了。

安东在这拥挤不堪的环境中忍耐了两个星期。苏沃林来到莫斯科，带他出去吃饭、看剧，然后安东决定，他们应该将欧洲之行付诸实施了——他错过了两年前的那一次。3月5日，他写信给苏沃林说："我们走吧！！！去哪里、什么时候都由您决定，我都同意。"安东在《新时代》的账目一塌糊涂，他相信自己仍然欠苏沃林两千卢布的债务，但他眼下就是不想留在莫斯科，不想伏案写作来还债。他对家人支吾说，他保证回来和他们一起过东正教复活节。叶连娜·沙夫罗娃乞求他不要离开，被冷落的丽卡则骄傲地沉默着。万尼亚恳求他到苏多格达来，因为他在那里唯一的朋友就是他的宠物八哥和金丝雀。

243　　3月11日，安东离开了家人、猫鼬和莫斯科的朋友，前往彼得堡。（昆达索娃和穆辛娜－普希金娜也去了彼得堡。）3月17日下午一点半，

33. 欧洲之行

老苏沃林、小阿列克谢·苏沃林和安东——圣父、圣子和圣灵的"圣三一"组合——坐上了彼得堡—维也纳的特快列车。达丽娅·穆辛娜-普希金娜在他们前往火车站的路上巧遇他们:"我骑车沿着立陶宛街走,看见你们坐在一辆出租马车上,您直直地盯着我,但不知为什么,您没有和我打招呼。"原来,安东的夹鼻眼镜坏了,所以他就把它留在了莫斯科。这么做的结果就是,他瞪着眼也很难认出朋友来。毫无疑问,欧洲在他眼中也是一派模糊,至于听到的就更是不甚了了。安东的德语只有小学水平,他后来告诉叶若夫说:"除了外语,我会说所有的语言。从巴黎的一个火车站到另一个火车站,对我来讲就像捉迷藏游戏。"苏沃林家承担了这次欧洲之行的旅行花销,他们制定行程,负责与人交流。一方面,安东很喜欢这种"像被包养的女人"一样的待遇,他自称"铁轨上的娜娜",充分享受着舒适的环境:卧铺车厢里镶着镜子,铺着地毯,床铺柔软,还有冲水马桶。欧洲的言论自由也让他大为惊叹,那惊喜就如同他在阿穆尔河上的体验一样:如果在莫斯科与陌生人如此坦率交流的话,可能会有秘密警察来找麻烦;在维也纳,他告诉家人:"你可以随心所欲地读任何东西或谈论任何问题,这种感觉真是太怪异了。"但另一方面,他对欧洲的印象也很快就恶化了:进入奥匈帝国边境时,他唯一记录的就是"有很多犹太人。海关费比我买烟的钱还高"。在途经阿尔卑斯山前往威尼斯的路上,他宣称还不如去高加索或锡兰山区。

然而,威尼斯激起了他的热情。苔丝狄蒙娜的房子和卡诺瓦的坟墓让他狂喜不已。[1] 他告诉万尼亚:"对一个贫穷又卑微的俄罗斯人来说,身处这样美丽、富有而自由的世界,实在很容易丧失心智……站在教堂里,听着风琴奏鸣,你会情愿皈依成为天主教徒。"这时,季娜伊达·吉皮乌斯现身威尼斯,刺破了美好的肥皂泡。季娜伊达·吉皮乌斯

---

[1] 苔丝狄蒙娜的房子指的是威尼斯的孔塔里尼法桑宫,传说这里是《奥赛罗》的原型角色们曾经居住过的宫殿,因此以苔丝狄蒙娜之家而闻名。安东尼奥·卡诺瓦是18世纪的意大利新古典主义雕塑家,其作品标志着雕塑艺术从巴洛克时期进入新古典主义时期。——编注

有着彼得堡人的优越感，觉得有必要打压一下这个外省的狂妄新人。她故意错误地告诉安东，酒店是按周收费的，而不是按日收费的。她在日记中写道，他不过是"一个平庸的外省医生。他在自己的领域内观察力还可以，他的举止相当粗鲁，不过这也在意料之中"。

244　　3月30日，一行三人到了罗马。虽然安东疲惫又憔悴，但据苏沃林称，他向酒店门房询问了罗马最奢侈的妓院在哪儿。安东向米特罗凡叔叔描述说，梵蒂冈城有一万一千个房间；后来，他说罗马就像哈尔科夫一样。他在家信中只询问了猫鼬的情况，至于丽卡和她的咳嗽或者大病初愈的万尼亚和他的宿舍里挤满了工人孩子的情况，他都没有打听。4月3日，苏沃林父子和安东前往那不勒斯；6号，他们参观了庞贝古城。多年后，苏沃林回忆说：

> 他对艺术、雕像、绘画、教堂都兴趣寥寥，我们一到罗马，他就想离开城市，找一块绿草地躺下来。威尼斯的独创性吸引了他，尤其是它的生命力、小夜曲，而不是总督宫之类的东西。在庞贝，他无聊地在城中闲逛——这里确实很无聊——但很快就找到了乐趣，他骑上马前往维苏威火山，那是一条很难走的路，要慢慢靠近火山口。各处的墓地都能引起他的兴趣——墓地和马戏团的小丑，他认为后者才是真正的喜剧演员。[1]

然后，他们乘坐沿海铁路去了尼斯，安东毫不怀疑这个城市可以成为第二个家（这里是俄罗斯富人、病人和海军军官的度假胜地之一）。丽卡没有给他写信。帕维尔报告说："你的猫鼬很好，它调皮得真是无可救药了，但应该得到宽大处理。"但帕维尔把实情告诉了万尼亚："这只猫鼬闹得我们不得安宁，它晚上咬掉了妈妈的一块鼻子，她看到血吓坏了，现在已经愈合。"[2] 安东这才在给家人的信中承认，他可能要错

---

[1] 见《新时代》，第1017号，1904年7月4日。
[2] 见俄罗斯档案馆，2540 1 158：帕维尔·契诃夫给伊万·契诃夫的信，1879—1898部分，1891年4月7日。

过和家人一起过复活节了。他和小阿列克谢·苏沃林发现了以赌场闻名的蒙特卡洛，他们连天坐火车去那里玩轮盘赌，安东两天内输掉了八百法郎。

三天后，三人坐特快列车去了巴黎。安东·契诃夫在一个俄罗斯东正教教堂里庆祝了复活节，他惊喜地发现，那些法国和希腊基督徒演唱的德米特里·博尔特尼扬斯基（Dmitri Bortniansky）的赞美诗就是他小时候在塔甘罗格合唱团唱过的。巴黎的五朔节经历给安东提供了精神食粮。他还混迹于一群骚乱的巴黎工人中，遭到警察的粗暴推搡。三天后，他坐在法国议会的公共旁听席上，旁听了议员要求内政部长调查七名工人死亡的原因——这种情形在俄罗斯是不可想象的。巴黎与萨哈林一样，增强了安东·契诃夫的政治意识。此时，阿列克谢·苏沃林则把 *245* 精力花在找人给自己制作一尊半身青铜像上（后来他向安东展示过这尊雕像）。于是，在雕塑家为苏沃林雕刻时，安东与小阿列克谢大逛夜总会，饱赏裸女。5月14日（儒略历5月2日），安东回到莫斯科。

34. 博吉莫沃之夏

（1891 年 5—7 月）

欧洲之行结束后，安东只在他家在莫斯科新租的房子里停留了一天。（契诃夫家租住在菲尔冈二十个月，但安东在那里住了不到五个月。）他到家后的第二天，就跟随叶夫根尼娅、玛莎和猫鼬斯沃离开了莫斯科，前往一处乡下别墅度夏。这处别墅是米沙在阿列克辛镇旁的奥卡河畔找到的，这里景色优美，山上树木繁茂，别出心裁地号称"俄罗斯的瑞士"。估计就是在那个春天，椰子猫闯了祸。地板上光工人来到他家工作，帕维尔想把它从盥洗台下面的窝里赶出来，一个工人的小手指被严重咬伤，吓得够呛。[1]

1891 年 4 月 30 日，帕维尔·契诃夫退休回家了。然而，此时几个儿子各自分散在彼得堡、苏多格达和阿列克辛镇，帕维尔预见自己老景凄凉。雇用了他十四年的雇主加夫里洛夫的临别赠言是，"您的那帮孩子都是混蛋"。[2]

费尼奇卡姨母的儿子阿列克谢·多尔任科也离开了加夫里洛夫的仓库，找到一个更厚道的雇主。待家人离开莫斯科去乡下度假后，帕维尔

---

[1] 米沙和玛莎各自的回忆录中都提到椰子猫被送给莫斯科动物园，但动物园记录中未曾提及。

[2] 见图书馆手稿部，331 81 8：帕维尔·契诃夫的笔记，1880—1897。

34. 博吉莫沃之夏

写信告诉万尼亚：

> 我留在莫斯科，收拾一下房子。安托沙给你带回了很棒的礼物：一个钱包，里面装了两个法国金币，从卢浮宫礼品商店买的纸和信封……我可以选择生活方式和住的地方。我觉得，我最好是和自己的家人住在一起，而不是在粗野的社会上消磨时间。我一辈子都在为了养活家人而劳心劳力，现在，我离开了加夫里洛夫的仓库，身无分文，我希望家人不会让我挨饿受冻……我应该能吃得饱穿得暖，除了这个，我也没有什么别的要求。[1]

这年的夏季度假别墅位于阿列克辛镇方向奥卡河的另一岸，周围树木繁茂。房子里没有厕所，安东必须不停跑到一条深沟里去解决内急。人多房小，拥挤不堪，屋外火车不时呼啸着驶过奥卡河上一座并不稳固的桥。三天后，帕维尔也到了，拥挤的小空间越发让人难以忍受了。猫鼬上蹿下跳，碰碎锅碗瓢盆，揭开所有的瓶盖子。安东根本无法正常工作，抱怨说："我这个写东西的人，活像一只虾，与其他的虾困在一个笼子里。"

与安东疏远了三个月后，丽卡·米济诺娃又走进了他的生活。她和伊萨克·列维坦结伴，也坐船来阿列克辛游玩。整个夏天，丽卡都在安东面前炫耀自己与画家的恋情，想敦促安东表态。安东只待之以更加戏谑的态度：他公开称呼列维坦是费恩，列维坦的情妇索菲娅·库夫申尼科娃是萨福，而丽卡则是萨福年轻的竞争对手梅丽塔[2]。话说在丽卡和列维坦来的船上，一个当地地主贸然走上来与他们搭讪。这个地主叫叶夫根尼·比列姆－科洛索夫斯基（Evgenii Bylim-Kolosovsky），是一

247

---

[1] 见俄罗斯档案馆，2540 1 158：帕维尔给伊万·契诃夫的信，1879—1898 部分，1891 年 5 月 3 日。

[2] 奥地利剧作家弗朗兹·格里帕泽的戏剧《萨福》当年在莫斯科演出，这些绰号当时很热门。《萨福》的情节基于一个民间传说：古希腊女诗人萨福发现自己对年轻人费恩的爱恋是单相思，而费恩喜爱自己的女仆梅丽塔后，从莱斯沃斯岛悬崖跳进大海。

个令人厌烦的理想主义者，他在离阿列克辛镇十六公里远的博吉莫沃（Bogimovo）拥有一处大庄园。比列姆 - 科洛索夫斯基既需要愿意听他唠叨的听众，也需要招徕租客贴补家用，所以，当他听说契诃夫家对目前的住所不满意后，就派来两个人把他们带到博吉莫沃，说他可以把别墅的上层租给他们过夏。玛莎回忆说："我们看到的是一座无人照管的大庄园，有一栋两层的大楼房，两间或者三间小农舍，还有一个景色很美的古老花园，花园里有林荫道和池塘。"

比列姆 - 科洛索夫斯基的女管家阿梅奈莎·恰列耶娃（Amenaisa Chaleeva）是一个毫不起眼的红头发女人（"蠢笨而凶狠"，安东如是判断），为他经营着庄园的小型牛奶场。她回忆起安东·契诃夫时说：

> 一个看起来大约三十岁的男人，脸色苍白，身材瘦弱，看上去彬彬有礼。他穿着家做的帆布夹克，戴着一顶宽边灰帽子。我想，他可付不起我们的别墅租金——一个夏天一百六十卢布……我们走进客厅，客厅是一个长房间，从窗户可以望到一条石灰林荫道，客厅中间有几根圆柱，镶木地板，沿墙摆着长长的皮沙发，还有一张大圆桌和几张老古董的扶手椅。看到这些，他高兴得几乎叫喊起来："哦，这就是我一直想要的东西！看啊，老古董地板吱吱嘎嘎乱响，这些长沙发也是老掉牙的东西……真叫人高兴。这就是我的房间了，我就在这儿工作了。"[1]

就在他们从阿列克辛搬到博吉莫沃的途中，安东的猫鼬趁机逃进了树林。安东发动邻近的地主们帮着寻找，得到的答复却让人心焦：

> 亲爱的契诃夫先生，我悲痛地告诉您今天发生的可怕事情：今天早上6点，我的父亲死于急性肺炎。至于您的猫鼬，我已经问过

---

[1] 见恰列耶娃的回忆录（存于索利加利奇市当地博物馆），引自 A. V. 坎道罗夫《契诃夫在博吉莫沃》，卡卢加，1991，32。

34. 博吉莫沃之夏

很多人，但仍然没有找到。[1]

丽卡和列维坦离开后，安东又想念起丽卡来，他邀请丽卡到博吉莫 *248*
沃来。此外，他还邀请了苏沃林、万尼亚和阿列克谢·多尔任科。博吉
莫沃庄园至今仍屹立在一座陡峭小山的山顶之上，通过朝西的大窗户可
以俯瞰一条小溪，每日清晨，普照花园的阳光可以透过房子东面同样大
的窗户照进屋里。安东在此期间遵循一套严格的起居制度。他凌晨 4 点
起床，煮完咖啡后，一直工作到家人 11 点钟起床；然后他们一起散步、
玩乐、午餐、采蘑菇、钓鱼和休息。下午 3 点，安东再次坐下来工作，
一直到晚上 9 点天黑，然后走出工作室，和大家一起吃晚餐、玩牌、燃
起篝火、猜字谜，探讨一些个人或哲学问题。他也走访邻居。在每个星
期一、星期二和星期三，他着手专著《萨哈林岛》的写作；星期四、星
期五和星期六，他写故事《决斗》；而星期日他就花在那些旨在赚取稿
费的小说上，比如《村妇》（"Peasant Women"）。这个故事讲的是一个
对生活处境充满怨恨的农妇，听一位投宿的过路人讲述他如何逼死了邻
居的妻子。尽管牙痛、肚子不适还不停咳嗽，但安东仍然保持着高效的
生活节奏，每晚只睡两三小时，这种状态持续了三个月。

与走失的猫鼬斯沃一样，丽卡·米济诺娃也从安东的生活中消失
了，他的祈祷似乎失去了效力。他以匈雅提·亚诺什（一种泻药治疗水
的名字）的署名给她写信，恳求道：

> 穿金色珍珠母纽扣、莱尔线长袜的丽卡！猫鼬前天跑走了，永
> 远不会回来了。他为自己干的蠢事而懊恼不已……请您来这儿闻闻
> 花香、钓钓鱼、散散步、唱唱歌。哦，美丽的丽卡！当您伏在我的
> 右肩上放声大哭，泪水染湿了我的衣服（我只好用苯去除泪渍），
> 或者您大吃我们的面包和牛肉时，我们都贪婪地用眼睛饱食着您的
> 面孔和颈项呢。

---

[1] 见图书馆手稿部，331 36 38：贝兹捷诺夫给安东·契诃夫的信。

这封信是伊萨克·列维坦回复的，语气半开玩笑半认真：

> 世间的一切，从空气，上帝饶恕我，到最微不足道的小昆虫，到处都洋溢着丽卡的美丽。她不在这里，但是，她会回来的，因为她不爱金发乱蓬蓬的您，她爱的是我，一个像火山一样的黑发男人，我在哪里，她就会去哪里。您读了这些会很受伤害，但是，接受事实大可免去我对您隐藏真相。我们住在特维尔省的帕纳费京（Panafidin）的庄园附近，［丽卡的叔叔］……我可是一个毫不含糊的精神病患者！您如果来的话会发现这儿很有意思——美美地钓钓鱼，有美妙的人儿陪伴：索菲娅［库夫申尼科娃］、我、我们的那位朋友和维斯塔贞女。

249　　阿列克谢·苏沃林来住了几天，他考虑买下邻近的一栋带阁楼的房子，这样他就可以与契诃夫比邻度夏了。玛莎染上了伤寒，这让列维坦很担心，他又写信说：

> 丽卡说，如果玛莎真的病情严重的话，您就不会用这种俏皮语气写信了。您是怎么把猫鼬弄丢的？这一切到底是怎么回事？您专门从锡兰带回来一只宠物，难道就是为了在卡卢加省把它弄丢了？这真够下流的！！！你们倒是都很镇定——那么冷血地谈论着玛莎的病和猫鼬的走失，好像这一切都在意料之中！

索菲娅·库夫申尼科娃（与季娜伊达·吉皮乌斯一样，索菲娅也不喜欢契诃夫，因为他厌恶她）又加重了责备：

> 我实在不明白，您怎么能听任这只外国小猫鼬自生自灭？我真的开始相信，契诃夫，它那么招人喜欢，引起了您的极度嫉妒，所以您故意把您的对手搞丢了！

34. 博吉莫沃之夏

安东·契诃夫觉得自己被抛弃了：最先是丽卡，然后是猫鼬斯沃，现在是他的妹妹，因为玛莎恢复健康后就去苏梅镇看望娜塔利娅·林特瓦列娃了。

安东和苏沃林通过信件讨论性爱的问题。1891 年 5 月中旬，彼得堡七嘴八舌地谈论着一个学校女学生的犯罪行为。这个女学生是一位政府高级公务员的女儿，因而对她的情人的审判未向公众开放，但阿列克谢·苏沃林知道所有的细节。安东回应说，女色情狂应该被监禁起来，至于说这位女学生，"如果她不死于肺痨的话，她应该能写一些劝谕性的短文、剧本和寄自柏林或维也纳的书信——她的文笔很有表现力，而且也有文学味道"。[1]苏沃林在另一封信中回复了现代女学生的堕落问题。5 月 27 日，安东指出，她们并不比莎士比亚笔下十四岁的朱丽叶更加糟糕。他补充说，"顺便说一句，关于小女孩们"，但信中接下来的十四行字，被苏沃林或玛莎用墨水重重地涂盖掉了，故而安东对这个问题的观点至今仍不明了。在安东·契诃夫身上，好色与伪善这两种品质时常难以捉摸地交替出现，这种情况在阿列克谢·苏沃林身上同样存在。安东与苏沃林一样，享受异性性欲；但与苏沃林不同的是，安东担心沉溺性欲会让自己屈服于性爱，被剥夺自由，被扼杀掉创造力。

6 月 2 日，奥卡河对岸的猎人发现在采石场的裂缝中藏着一只活物。 *250* 他们把它赶出来，认出了它就是契诃夫的猫鼬。斯沃被抓住，送回到了博吉莫沃，安东和邻居孩子一起高兴得又蹦又跳。只要安东在草地上看到一条蛇，斯沃就被带来大显身手。

1891 年 6 月，博吉莫沃呈现出一派异国情调的田园风光。6 月中旬，丽卡和安东之间恢复了通信，安东仍旧戏谑调侃，丽卡仍然闪烁其词。丽卡在莫斯科逗留了几天，徒劳地想帮契诃夫家找到一个更好的公寓。她和列维坦在一起，她强调说，索菲娅·库夫申尼科娃总是盯着她。她身体不太好，晚上不能出去。尽管"切尔克斯人列维坦让她不能自持"

---

[1] 这段文字从《契诃夫全集》中删除：见 A. P. 丘达科夫《不雅言辞与经典形象》，选自《文学调查》，1991，11，54。

或"事情会越来越糟",安东还是邀请"迷人的、美妙的丽卡"到乡下来。他给她寄来一张"彼得堡"号轮船上的军官照片,署名"别忘了您的小别佳";然而,丽卡没有来。她自证清白的说辞也不那么令人信服:

> 我们有一个漂亮的花园,更重要的是有列维坦,毕竟,我对他只能是渴望,因为他不敢靠近我,我们从来没有单独相处过。索菲娅是个好人,她现在对我很好,十分真诚。显然,她很确定我不会对她构成威胁。[1]

大家都知道,索菲娅·库夫申尼科娃之所以能与伊萨克·列维坦长久保持关系,是因为她能容忍他有多个情妇。然而,索菲娅在盛夏时离开了扎提士,列维坦再无约束,丽卡也把自己的照片赠送给他。1891年7月底,安东又给丽卡写了一封信,署名是玛莎(笔迹却是安东的),使这封信看起来像是他妹妹写的:"如果您想暂时摆脱几天你们那令人感动的三人组合,我就能说服我哥哥推迟[返回莫斯科]的时间……"丽卡依旧保持沉默。这时,苏沃林又短暂地返回一次博吉莫沃,建议安东不要和丽卡结婚。[2]

安东认为列维坦引诱了丽卡,他对此满心愤恨,但是怒而不言,他停止了给任何人写信。专著《萨哈林岛》的完成还遥遥无期,8月18日,他将长篇故事《决斗》发给了苏沃林。就在同一天,安东也给彼得堡的一个叫切尔温斯基(Chervinsky)的律师写了一封信,托他询问一下《小麦田》(The Cornfield)杂志的编辑,他们给一个"长短适度的小故事"付多少稿费。切尔温斯基把安东这个诉求告诉了《北方》(The North)杂志的编辑弗拉基米尔·吉洪诺夫。安东·契诃夫把对列维坦、库夫申尼科娃和丽卡的报复之情通过故事《跳来跳去的女人》("The Grasshopper")发泄了出来。(安东现在的房东叶夫根尼·比列姆-科洛

251

---

[1] 见图书馆手稿部,331 52 2a:丽卡·米济诺娃给安东·契诃夫的信,1891—1892。亦见《通信集》,II,1984,16—59。
[2] 见萨佐诺娃的日记,1895年3月15日,《文学遗产87》,307。

索夫斯基在三年后遭到了更加冷酷的丑化。）

故事《决斗》接近完成时，比列姆－科洛索夫斯基的另一位房客启发了安东·契诃夫。被当地人戏称为"蜘蛛"的昆虫学家瓦格涅尔（Vagner）博士，卷入了生物学家季米里亚泽夫（Timiriazev）教授和莫斯科动物园之间的一场争论。当时，以勃格达诺夫（Bogdanov）教授为首的莫斯科动物园管理处对动物们进行了一些业余性的"试验"。瓦格涅尔博士是一位激烈的达尔文主义者，安东从他身上汲取了很多性格特征和论点，然后赋予《决斗》中的主角冯·柯连。安东·契诃夫编辑了瓦格涅尔博士抨击莫斯科动物园的相关言论，将其扩展为辩论文章《骗子》（"The Tricksters"）。

8月底时，博吉莫沃天气转冷，秋天来临。费尼奇卡姨母住在他们在福冈的房子里，最后一次给姐姐写信说：

> 亲爱的姐姐，不要再送东西了，我根本做不了饭，我们只能哭了……在圣使徒节上，我做了汤，星期日，我感觉非常不好，现在我想吃乌克兰樱桃馅饼，但没有力气做……不用邀请我，把我送到一个小公寓，我在这里应付不了……什么东西到喉咙里都是苦的，我受的罪太长了。[1]

安东给姨母的儿子阿廖沙回信，简单地告诉他给她吃橄榄、烤鱼，服用止咳粉，问他为什么没有请医生。直到一个月后，安东才去看望将死的姨母。其实，他在8月份的一天去了一趟莫斯科，但并不是去给姨母诊治，而是为了写作去莫斯科动物园调查。

8月28日，帕维尔返回莫斯科。他让费尼奇卡母子搬出了他家，将房子彻底打扫了一番。说来至少要感谢费尼奇卡姨母的狗卡图齐克，猫鼬不在家时，它消灭了屋里的老鼠。帕维尔也搬出去住了，因为在苏沃林的帮忙下，万尼亚在莫斯科的一所学校找到了工作，学校提供宽敞

---

[1] 见图书馆手稿部，331 81 83：费尼奇卡·多尔任科给叶夫根尼娅·契诃娃的信，1891年7月9日。

的住房。安东倒是一心惦记着苏沃林一家。他向苏沃林表达了暖心的慰
问，因为苏沃林的贴身男仆忽然死于"肠子拧劲儿"（按今天的术语叫
肠坏疽）；他让怀疑自己得了肺结核去伏尔加喝发酵母马奶的小阿列克
谢安下心来；他恭喜苏沃林父子如愿安排家里的女人出去度假了，他的
总结与苏沃林奉行的哲学相一致：

> 在女人身上，我首先是爱她的美丽；而在人类历史中，我首
> 先是爱文化……爱那些表现在地毯、弹簧轮马车和睿智思想中的
> 文化。

35.《决斗》与饥荒

（1891 年 8 月—1892 年 2 月）

1891 年 8 月 16 日是亚历山大的妻子娜塔利娅的三十六岁生日，她在同日产下一个男孩，取名米哈伊尔。帕维尔对自己的第一个合法的孙子高度重视：

> 契诃夫姓氏在北方和南方都发扬光大了，"上帝啊，光耀呵，顾临您用右手所栽种的葡萄园吧"。我到得早，那个浸礼会教徒还在清理过道、整理房间，我们就要像水桶里的鲱鱼一样住在这里了。[1]

亚历山大十分珍爱这个新生儿子，花钱指定了一头奶牛专门提供可靠的牛奶，然而，契诃夫-戈登家的幸福生活并未持久。戈登姐妹中的长姐，曾经日子过得最富足的阿纳斯塔西娅·戈登，现在一贫如洗，她的配偶普什卡廖夫身无分文。阿纳斯塔西娅带着孩子搬来与大妹妹安娜·伊帕季耶娃-戈登一起住，安娜向安东求助：

---

[1] 亚历山大·契诃夫在《书信集》（1939 年）中引用，246。安东·契诃夫也将帕维尔的这句祈祷用在了故事《决斗》中。

　　如果拿不出三十卢布，我们就都要露宿街头了。安东，看在上帝的分上，帮帮我们吧。我希望我们以后能把钱还给您，虽然不会很快。我很难向别人张这个口，但您与别人不一样，没有人会知道的，这样无论是普什卡廖夫还是我们的自尊心都不会受伤。[1]

　　看来，安东给她们寄了钱。这时，戈登姐妹的母亲住到了亚历山大和娜塔利娅家里，她叫加加拉（Gagara），她在小女儿家延宕了八年时间——用亚历山大的话说——来"申请进入极乐世界"。

　　接踵而来的亲朋的死讯让安东心情压抑。契诃夫兄弟在学生时期的朋友列昂尼德·特列季亚科夫死于结核病；秋天时，《闹钟》杂志的编辑，对安东的早期作品慧眼识珠的库列平得了绝症，他的脖子上长了癌；费尼奇卡姨母的日子也"屈指可数了。她是一个值得称道的女人，一个圣人"，安东这样对苏沃林说。10月25日，费尼奇卡去世。[2]

254　　苏沃林父子来到莫斯科，在斯拉夫集市旅馆住下，但是赶上了流感，还传染给了安东。安东身体极度不适，出于健康原因戒了伏特加。频频降临的死亡消息让苏沃林和安东都心情沮丧：苏沃林死了贴身男仆，而安东在那个秋天已经参加了三场葬礼。季娜伊达·林特瓦列娃最终也离开了这个世界，安东为她写了讣告。安东给亚历山大写了一封信，倾诉内心强烈的绝望之感，亚历山大看后毁了那封信。亚历山大此时已经凭借反映廉价旅馆和精神病人收容所的两篇文章赢得了一定的业界名声。他在回信中对安东深表同情：

　　我深切地、真诚地想用爱来温暖你。可怜的人，你肩上确实有许多压力。我妻子看了你的上一封信后号啕大哭，我的眼镜也蒙上水雾。我亲爱的安托沙，谁也不知道可怜你，你也缺乏钟爱一个女

[1] 见图书馆手稿部，331 46 33：安娜·伊帕季耶娃-戈登给安东·契诃夫的信，1891年9月25日。
[2] 见图书馆手稿部，331 81 25：帕维尔·契诃夫给米特罗凡和柳德米拉的信，1876—1893部分，1891年10月27日。

35.《决斗》与饥荒

人的那股热情劲。

　　然而，安东拒绝了女人的爱。叶连娜·普列谢耶娃已经没有指望了，她与阿列克谢·斯塔埃尔（Aleksei Stael）男爵订了婚；奥尔迦·昆达索娃去了黑海边的巴图姆（她原本指望安东能和她一起去）；丽卡·米济诺娃因为意志薄弱而不在考虑范围之内。安东甚至也不想见到叶连娜·沙夫罗娃，1891 年 9 月 16 日，他大大数落了叶连娜的故事《死气沉沉的人们》（"Dead People"），因为她在小说中写道，"妇科医生全都是一些向妇女献媚的厚颜无耻的人"，还写了一句"老单身汉们身上都有一股狗味"。他评论道：

　　　　妇科医生的生活都乏味到让人发狂，那种乏味您怕是连做梦都想象不到，您……会觉得这比狗的味道还要糟糕……所有的妇科医生都是理想主义者……我斗胆提醒您，您要公正，这种公正对一个尊重客观事实的作家来说，比空气还要重要。

　　叶连娜打来电话，安东说他"不在家"。[1]丽卡仍然惦记着安东，但感到对方并不需要自己，她向奶奶发牢骚说："我能见到契诃夫家人，也能见到索菲娅·库夫申尼科娃，但次数相当少……我很后悔没有在博克罗夫斯科［她家的乡下庄园］过冬。有时候我很想您，想离开这里。"[2]丽卡辞去了市政厅的工作。她在勒热夫斯卡娅学校教几个学生，还教授一些私人课程。这时，丽卡的父亲露面了，许诺分给她财产。丽卡一直希望能通过学习成为一名歌手，但是由于安东对她不理不睬，她患上了疑病症。整个冬天，丽卡都在向奶奶索菲娅·约翰逊不停地唠叨自己的肺结核症状。

---

[1]　见图书馆手稿部，331 63 4a：叶连娜·沙夫罗娃给安东·契诃夫的信，1889—1891部分，1891 年 11 月 17 日。
[2]　见莫斯科档案馆，5323/1933—1973：丽卡·米济诺娃写给索菲娅·约翰逊的信，1877—1899。

安东的男性朋友也寻求他的帮助。长笛手伊万年科恳求安东帮忙找一份工作："如果您拒绝我的请求，那就请把我们一起买的那把左轮手枪寄给我；如果您不寄，我也能借来一把。"[1]安东托请柴可夫斯基在莫斯科大剧院的乐团为大提琴家谢马什科谋一个职位。其他人也在向他倾诉。1891年11月初，格鲁津斯基写来信说："我呆坐着，一个人伤心，安东！我妻子在照顾她生病的妹妹时着凉了，现在妹妹状态越来越好，我的妻子却倒下了，越来越严重……即便不拜访健康人，您或许可以看望一下病人？"[2]

安东将全副精力都倾注在给苏沃林创作的那篇像小说一样长的故事《决斗》上。苏沃林建议的故事标题是《虚伪》（"The Lies"），但安东坚持自己的想法。这个故事相较于他之前的作品，显示出更加传统的俄罗斯风格。故事有两个主人公：一个是有些许波兰风格的拉耶夫斯基（Laevsky），另一个则是确凿的日耳曼人冯·柯连（von Koren）。这两个人各自宣扬一套思想：一个是懒散的斯拉夫格调，一个是狂躁的日耳曼风格——决斗就在这二人之间展开。这个故事的新奇之处在于，作者虽然喜欢自己塑造的这两个角色，但他对两套思想体系都不赞同。没有人能从《决斗》中找出契诃夫去过萨哈林的痕迹，因为故事似乎发生在高加索黑海沿岸的苏呼米（Sukhumi）或巴图姆，故事场景让人想起1888年他与小阿列克谢驾船出海的情景。故事的开头和结尾前后呼应：海水涌动声中回响着主人公的说话声。《决斗》也塑造了一些积极的正面人物，即那些本地人，他们在二人争执时敦促和解。率直的助祭打断了决斗的进程，宽宏大量的医生不停地调解着拉耶夫斯基和冯·柯连之间的矛盾。萨哈林岛阿伊努原住民和布里亚特人伊拉克利神父，在《决斗》中只被提及寥寥数笔。

《决斗》的故事情节亦饶有趣味。拉耶夫斯基与有夫之妇娜杰日

---

[1] 见图书馆手稿部，331 46 1a：亚历山大·伊万年科给安东·契诃夫的信，1889—1891。

[2] 见图书馆手稿部，331 49 12b：拉扎列夫－格鲁津斯基给安东·契诃夫的信，1889—1892部分，1891年11月4日。

达·费多罗芙娜私奔来到黑海岸边，但当他得知她的丈夫已经病死，自己不得不娶她为妻时，便打算借钱逃走。恰巧海洋生物学家冯·柯连也来到此地，为一次探险做准备。拉耶夫斯基为了掩饰自己的懦弱，拙劣地宣扬托尔斯泰关于女性邪恶的思想。冯·柯连则认为，人性之爱体现为通过消灭弱者来帮助自然选择。为了证明他的科学观，他提议决斗，想在决斗中杀死拉耶夫斯基。故事的高潮和情节冲突一样富有传统色彩。娜杰日达罹患重病，不仅是身体上，而且在道德上。后来，拉耶夫斯基发现她一直靠卖淫的收入来支付账单，震惊不已。决斗的影响改变了故事中的每个人：拉耶夫斯基和娜杰日达获得新生，冯·柯连深感内疚，承认"真正的真理是谁也不知道的"；军医官萨莫依连科、教堂助祭和几个本地人的天生信仰在知识结构的残骸中得以幸存。故事的结尾虽然积极乐观，却稍欠说服力，时代的时髦观念——托尔斯泰的"禁欲主义"和达尔文的"适者生存"——成了这个故事的羁绊。拉耶夫斯基的歇斯底里和善良的犯罪行为让人想起亚历山大·契诃夫的做派；而冯·柯连身上则综合了普热瓦利斯基式的狂妄自大、瓦格涅尔医生的逻辑以及安东自身的坚韧。同时，我们也感觉到，故事的两个主角——冯·柯连和拉耶夫斯基，一个是积极活跃分子，一个是淡泊无为之士——正是安东·契诃夫本人性格的两面性在某种语境下的表现。从此以后，契诃夫创作的那些体现出思想争鸣的作品不再止于作者的喉舌人物的最终胜利，而是让读者感觉到所有的思想都是徒劳的。

256

　　阿列克谢·苏沃林对《决斗》喜爱至极，安排这个故事占据了《新时代》10月和11月的大部分文学版面。此举自然给安东·契诃夫在彼得堡树敌不少，因为他挤压了其他投稿人的空间，然而他的名声已经确立：俄罗斯当世最杰出的故事作者。1891年10月9日，安东在《新时代》上发表了匿名的辩论文章《魔术家》，这是这年秋天他发表的第二个作品。这篇文章与莫斯科动物园之间的激烈争论成了当时的一大爆炸性新闻，迫使俄罗斯帝国动植物驯化学会依据哈根贝克的汉堡动物园的规则，重建了莫斯科动物园，买进了许多健康的新动物。

　　安东在谈及费尼奇卡去世时，曾怒火难抑地提到他的猫鼬在家里不停地上蹿下跳。"我正要处理掉我的猫鼬。"他写信给娜塔莎·林特瓦列娃时说。此时，安东显露出两副面孔来。他在《魔术家》里痛斥：

> 莫斯科人都说莫斯科动物园是"动物坟墓"。这里臭气熏天，动物死于饥饿，管理人员为了纵犬斗狼而把狼群交出去，冬天这里冰冷冰冷的……动物园里到处挤满了醉醺醺、闹哄哄的家伙，那些没有饿死的动物也得不到正常休息。

然而在1892年1月14日，安东·契诃夫却给莫斯科动物园园长写了一封语气讨好的信：

> 去年，我从锡兰带来了一只雄性猫鼬（就是动物学家布雷姆所谓的mungo），它完全健康，很有精神头儿。由于我要离开莫斯科一段时间，不能随身带着它，所以我谦卑地请求贵园替我接管它，请今天或明天将其取走。最好用一个有盖子和毯子的小篮子运送。这只猫鼬是驯化过的。我一直用肉、鱼和鸡蛋喂养它。

257　　由于苏沃林的疏忽，大家都已知晓安东·契诃夫就是《魔术家》的作者，好在莫斯科动物园的沃尔特（Volter）医生并未质疑，为何这个笔锋凌厉的动物园的死对头会免费送给他们一只猫鼬。沃尔特派人取来猫鼬，并向安东报告说："猫鼬已经安全到达，看来没有冻坏。我会尽快兑现我许诺的动物园免费门票。"[1]后来，玛莎就使用这张免费门票去动物园看望可怜的斯沃。斯沃从栅栏里伸出爪子来摘走了她的发夹。斯沃在这个"动物坟墓"中存活了两年。然而，在莫斯科动物园1892年的记录里没有任何猫鼬死亡或生病的记录；在1895年的动物园清单里则根本就没有猫鼬。与丽卡·米济诺娃一样，猫鼬斯沃的下场反映出了那些真正爱安东的人——如果他们过于执着他的回应的话——的命运。

---

[1] 见图书馆手稿部，331 39 25：沃尔特给安东·契诃夫的信，1892年1月15日。

35.《决斗》与饥荒

莫斯科狭小的公寓里挤满了人，安东急切地想要逃离这种现实和"人群"。他在 10 月份对苏沃林说："我最崇尚的是个人的自由。"为了摆脱簇拥的人群，他梦想在乡下拥有一处庄园。现在，安东·契诃夫的收入已算得上可观。这不仅得益于《决斗》的稿费，而且还有他的几本小说集和笑剧的收入，同时苏沃林也乐于给他预支稿费或承担经济损失。安东完全有能力花上五千卢布再加上分期付款来购置一处产业了。他发动乌克兰的亚历山德拉·林特瓦列娃和斯马金兄弟帮助他物色田庄。安东知道，亚历山大·斯马金对玛莎充满爱慕之情，所以鼓励他在米尔哥罗德（Mirgorod）周围的农场中代为物色合适的产业。1891 年的整个 12 月份，斯马金都在全力以赴与各种各样的乌克兰地主讨价还价。在圣诞节前，安东派玛莎前往实地逐个勘查筛选后的名单，并将做出决定的权利交给她，她可以交换合同。玛莎深感责任重大，不禁有些紧张，但她还是承担起了这个重任。然而，乌克兰农民不喜欢与女人谈生意。新年前夜，疲惫不堪的玛莎恳求安东亲自过来谈判，她一无所获地返回了莫斯科。

玛莎回到莫斯科后，却发现安东不在家，原来，他在新年期间去彼得堡看望苏沃林了。玛莎在乌克兰体验暴风雪时，安东自己偷闲了两个星期。他和苏沃林一直到凌晨四点钟还不睡觉，与女演员玛丽亚·赞科维茨卡娅（Maria Zankovetskaia）喝香槟；下午时，他们在冰山上乘坐长雪橇。他们需要娱乐消遣，因为他俩在 10 月和 11 月都身患流感而卧病在床。

这时，安东最亲密的演员朋友帕维尔·斯沃博金在给他的信中，提到自己死之将至：

> 您在我家窗户对面街上的苏沃林家，睡得还好吧？我的胸部、 *258* 喉咙和左肘一阵阵痉挛抽搐，我甚至不能呼救，我在舞台上还能算什么演员？唉，好吧，我的三个孩子该怎么办呢？[1]

---

[1] 见图书馆手稿部，331 58 27g：P. 斯沃博金给安东·契诃夫的信，1891；部分刊印在列宁格勒省立图书馆手稿部的记录中，1954。

333

安东曾对斯沃博金说过"他的病没有什么大不了的",但斯沃博金并没有信以为真。科利亚·契诃夫已经离世两年半,但安东仍然需要全身心地投入为萨哈林苦囚争取权益的工作中,来纾解丧亲之痛。萨哈林乃是他一生的事业:他持续向那里邮寄书籍和教学材料,还为赞助饥民而出版的慈善出版物贡献了一章《萨哈林岛的逃亡者和流浪汉》。现在,安东·契诃夫又找到了一个新的奋斗目标。1891年,俄罗斯中部农业歉收,但政府对此袖手旁观。一向立场保守的《新时代》成了第一批呼吁赈灾的报纸之一。到11月份时,农民们只能食草为生,一场可怕的饥荒迫在眉睫。安东发出了灾情警告,玛莎的学生参与筹款,丽卡捐献了三十四戈比,杜尼娅·叶夫罗斯捐了一卢布,还索取了一张收据。阿列克谢·苏沃林对家乡沃罗涅日省的灾情深感震惊,他没有指责家乡农民得过且过;为了赈灾,他甚至与竞争对手的报纸合作,他的孩子们也捐献出了自己的零用钱。安东在帕维尔·斯沃博金的帮助下从彼得堡的朋友那里募集捐款。(他的记录显示,医生朋友们的捐助多以"卢布"为单位,而作家朋友们则是"戈比";俄罗斯作家慈善基金〔Writers Charitable Fund〕坐拥二十万卢布资金,却拒绝了他提出的五百卢布的捐款。)彼得堡人都知道契诃夫的募捐活动,也很惊讶于苏沃林竟然参与到如此激进的行动中。

此时,安东得知玛莎过去的追求者叶夫格拉夫·叶戈罗夫中尉,那位八年前与契诃夫家人发生过争执的军官,现在是下诺夫哥罗德省一个县里的治安官(该职位在管理农民方面很有实权,类似沃斯克列先斯克的阿列克谢·基谢廖夫、米尔哥罗德的亚历山大·斯马金的角色),正在领导当地的赈济饥民的工作。叶夫格拉夫·叶戈罗夫不仅给当地孩子开设免费食堂,而且推行了一套很有实效的慈善救灾方法。他花钱从农民那里购买马匹,这样农民就可以拿卖马得的钱去购买食物和玉米种子。等马匹被饲养到春天后,他再以赊购的方式把马卖还给农民,从而拯救了农民们赖以生存的马匹。叶戈罗夫高兴地与安东和解:"您根本没必要再提那些过去的误解，那种芝麻小事不会破坏我们的关系。"[1]

11月份，卧病不起的安东创作了故事《妻子》（"The Wife"）（原 *259* 名为《在乡下》），故事中的医生不顾妻子的怨恨阻挠，竭尽全力赈灾救饥。他把这个故事发给了《北方先驱报》发表，他原本计划给这家出版社的稿子叫《我的病人的故事》，但这个故事绝无希望通过审查[2]。而《妻子》也让编辑和作者大为讶异：尽管饥荒是当时的政治禁忌话题，但审查员对《妻子》的原文只字未改。在《妻子》沟通发表的过程中，电报记载了契诃夫与彼得堡的编辑商定故事题目的过程："让我保留'妻子'吧。""好，保留'妻子'。同意。"在安东·契诃夫的故事中，《妻子》的情节算不上独特，因为它同样讲的是一个具有圣徒品质的医生与一个不道德的女人之间的冲突，个人殉难使利他主义变了味道，然而，这个故事对赈灾的宣传效果倒是比任何其他政治宣传都好。[3]

彼得堡的狂欢聚会照开不误，人人夜以继日地寻欢作乐。1892年1月6号早上6点钟，安东从一个通宵聚会中出来，又被同伴拉着穿过冰冷的大街，从一个教堂进到另一个教堂，庆祝主显节。1月10号，筋疲力尽的安东回到了莫斯科。四天以后，就在莫斯科动物园来取走猫鼬斯沃之前，安东出发前往严寒正酷的下诺夫哥罗德。他穿过一个个饥荒笼罩的村庄，受到省长的接待。省长收回了自己说过的指责农民的话，用自己的马车送契诃夫前往火车站。一个星期后，契诃夫回到莫斯科，患上了胸膜炎；而他的心病是，他发现大量赈灾救济金被贪污挪用。

玛莎未能找到一个合适的乡下庄园，而她更加不敢告诉哥哥安东的

[1] 见图书馆手稿部，331 43 9：叶夫格拉夫·叶戈罗夫中尉给安东·契诃夫的信，1882—1892。

[2] 这个故事由一个恐怖分子讲述，他被派到一个政府要员那里当听差做监视，后来与大臣儿子的情妇私奔了。该故事被修订后于1893年发表。

[3] 安东·契诃夫的小说《一个伟大的人》（后更名为《跳来跳去的女人》），讲述的也是一个具有圣徒品质的医生被背叛了他的妻子毁掉的故事。读者们一眼就看出故事中的主要人物影射的是列维坦一班人，这个故事在1892年春引起争议。

是，1892 年 1 月 10 日，亚历山大·斯马金向她求婚了：

> 我内心无比强烈地渴望娶您为妻，无论是您对格奥尔基·林特瓦列夫的爱，还是您对我微不足道的热情，都无法让我打消这个念头，我假定您也同意我这样说。而实现这个愿望无法逾越的障碍是我的疾病［所指不详——作者注］……如果您不相信我，我会写信给安东，向他询问我的健康问题……然后把他的回答告诉您。无论如何，我迟早会告诉他我对您的感情……我并不害怕安东的判断——事实上，我很想知道。[1]

260　　安东唯一能摆在桌面上的不赞成亚历山大·斯马金的理由是，他的字写得太"可怕"了。对于一个经常开玩笑说"人这一辈子最主要的事情是写一手好字"的人而言，这可不是一个小毛病。而暗地里，安东曾将玛莎的每个求婚者拉到一旁，劝阻他们，只是没有一个受害者透露过安东当作借口的那番说辞。对玛莎而言，只要安东沉默地看着她，眼中流露出沮丧和不满，就足以让她拒绝任何男人的求婚。

　　安东不顾一切地想要离开莫斯科，不想为其他事情分神。恰巧当时米沙还在莫斯科，他就告诉玛莎去找米沙，一起去勘查在莫斯科报纸上刊登了出售广告的一处庄园。这处田庄虽然远离温暖的乌克兰，但位于莫斯科以南约七十公里处，距离当地火车站也只有不到十公里远。安东病重得无法出行，直到 2 月 1 日才能出发前往另一个饥荒地区。他和苏沃林在莫斯科的斯拉夫集市旅馆碰了头，为了一石二鸟，他邀请叶连娜·沙夫罗娃和他们同行。叶连娜觉得，安东"处于心情最佳、最和蔼可亲的状态，显得那么年轻，充满了生命的欢欣"。[2]

　　然而，阿列克谢·苏沃林对此行深感沮丧，他对激进的赈灾救济工

[1] 见图书馆手稿部，331 96 37：亚历山大·斯马金给玛莎·契诃娃的三十四封信，1888—1892。

[2] 见 E. M. 沙夫罗娃-尤斯特回忆录，见 I. M. 塞尔瓦努克，V. D. 塞德戈夫《文章与材料合集》，第三期，罗斯托夫，1963，267—308。

作没有热情。安东把他拖到沃罗涅日省，欲说服省长采用叶戈罗夫的
"购马－赊马"方案。他们发现，沃罗涅日省的局面一点也不比下诺夫
哥罗德省乐观：正在分发面包炉、小麦和燃料，但没有马饲料，钱都花
在了给农民买玉米种子上。苏沃林的妹妹季娜伊达仍然在家乡生活，她
也参与了赈灾工作。但苏沃林认为自己此行毫无意义，苏沃林的表现
第一次惹恼了安东。他对玛莎说，苏沃林在这儿说的都是废话。（回到
彼得堡后，安东曾向谢格洛夫发牢骚，说"苏沃林的慈善工作毫无效
果"。）他们在苏沃林的（而不是契诃夫的）家乡省份考察了一个星期后
回到了北方，苏沃林返回彼得堡。

截至 2 月中旬，大约已有一百万俄罗斯农民死于饥饿和严寒，慈善
工作已无力回天。从前，安东充当过热心公益的地主和记者的角色，现
在这个角色终于实至名归，米沙·契诃夫代表安东购置下了梅里霍沃
（Melikhovo）村的庄园。这处庄园有二百三十公顷桦木林和牧场，有一
栋木房子和一些年久失修的厢房。梅里霍沃庄园的售价为一万三千卢
布，卖家要求一次付清五千卢布现金，剩余部分分十年还清。米沙在土
地银行为庄园办理了抵押贷款，经过他的一番巧妙运作后，契诃夫家每
年只需偿还三百卢布债务，另外再还给苏沃林五千卢布，而这笔钱正是
安东几本小说集新版的稿酬。当时，小说集《忧郁的人》已经开印第三
版，《在黄昏》是第五版；安东·契诃夫的月收入达到了一千卢布。契
诃夫家人天真地以为，耕种六百英亩土地的花销要比在莫斯科租一套公
寓还便宜。老父亲帕维尔很赞同安东的主张："你的母亲一直希望孩子
们能买一个乡下别墅……上帝会帮助这件事的……他的神圣旨意就要实
现了。"[1]亚历山大对此非常眼红。他提出搬到附近来住，因为他新近也
有发迹的迹象。消防队创建者舍列梅捷夫（Sheremetiev）公爵，任命亚
历山大为消防队杂志《消防员》（The Fireman）的编辑，并在他的公寓
里安装了一部电话。安东与亚历山大开玩笑说，作为一个积习难改的尿
床者，他倒是不怕火灾。但亚历山大只主持了三期杂志就被解雇了，电

261

[1] 见图书馆手稿部，331 81 21：帕维尔·契诃夫给安东·契诃夫的信，1886—1896 部
分，1892 年 1 月 3 日。

话也被撤走了。

2月26日，房屋购买合同交换完毕，安东·契诃夫亲自来察看了梅里霍沃庄园。他在这个庄园上寄托了他的全部希望：个人隐私、灵感、健康，以及接触"人民"。当时，厚厚的雪毯覆盖着四周边界，以及更远处未耕种的土地和无人管理的林地。原房主给人的印象并不好：艺术家尼古拉·索罗赫金（Nikolai Sorokhtin）带着妻子、情妇和一群衣衫褴褛的孩子住在这里。这里与其说是一座俄罗斯乡绅的庄园，倒不如说是一处澳大利亚式的棚屋，房子里到处出没着臭虫和蟑螂。尼古拉·索罗赫金修建了一些附属建筑，搭建了围栏，但是实在不耐烦种地。他只希望拿着五千卢布的现金前去克里米亚享受温暖的天气和绘画之乐。契诃夫家签了合同。1892年3月1日，帕维尔、米沙带着行李搬进了梅里霍沃庄园，安东几天后赶来。

第五部分　乡居生活

他们被云雀的晨曲唤醒，扶犁耕种；他们提着篮子去采摘 　　
苹果，观察黄油制作、谷物脱粒、绵羊剪毛；他们照看蜂箱，
从耕牛的哞哞叫声和新割的干草气味中体会到无限乐趣。不再
抄写！不再看老板脸色！不再付房租！

——福楼拜《布瓦尔和佩库歇》

36. 耕种田庄

（1892 年 3—6 月）

1892 年 3 月 4 日，安东·契诃夫带着罗马独裁官辛辛纳图斯
（Cincinnatus）退隐务农的意味，来到了在梅里霍沃村购下的庄园。从
距离庄园最近的洛帕斯尼亚（Lopasnia）火车站出来，坐马车走上将近
十公里长的冰辙泥路才能到达他的庄园，而最近一家邮局距离那里也有
近三十公里。等到冰雪融化时，契诃夫一家人已收拾好地板，糊裱好壁
纸，买来了马匹、马具、种子和树苗，雇了工人和仆人。这时，安东才
仔细了解了这个庄园，他被自己的决定吓了一跳。[1]

契诃夫家的"别墅"是一座 L 型的木头平房，房子里没有装配浴室
或厕所，厨房在一座厢房里。整栋房子里最好的房间是拐角处的那个，
有朝南和朝西的窗子，于是这里就做了安东的书房。帕维尔和玛莎赶在
安东到来前把房间装饰了起来。从安东的书房出来就是客厅，穿过客
厅，正对着的就是玛莎的房间。通过客厅的另一个门就拐到了 L 型的另
一侧，沿着一条狭窄的走廊可以到达安东和帕维尔的卧室、饭厅和叶夫
根尼娅的房间。如果有人留宿，这个房子就显得拥挤不堪了。最大的两
个房间，也就是安东的书房和带阳台的客厅，五个人以上就挤得转不开

---

[1] 尼古拉·叶若夫在幽默作品《真品认证》中取笑安东·契诃夫说，一位猫鼬先生买
了二百三十公顷土地，但土地上的森林不属于他，家里的钢琴也无法弹奏。

身了。如果不置办家具的话,这个房子只消拾掇几个星期就可以住人。帕维尔的房间里堆满圣像和账本,散发着一股神香和草药的味道;玛莎的房间布置得像一个修女的房间,只挂着哥哥的肖像;叶夫根尼娅的房间里则放着一个大衣箱、一个衣柜和一台缝纫机;客厅里摆放着前房主尼古拉·索罗赫金留下的一架无法弹奏的钢琴。

索罗赫金卖庄园时没有留下干草,契诃夫家买来的三匹马没有草料。这三匹马也各有特点:一匹难以驾驭,一匹要死不活,只有一匹成年母马能够当作交通工具。家里的奶牛不产奶,前房东还留下两条家犬沙利克和阿拉普卡,它们有两只小狗崽,安东给它们取名为缪尔和米里利斯——这两个名字是根据莫斯科一家名叫缪尔-米里利斯(Muir and Mirrielees)的商店取的。春天冰雪融化后,原来的池塘变成了粪坑,安东投养在里面的鲤鱼鱼苗都死了。柳托尔卡河距离庄园超过三公里,所以池塘的水都是用一架年久老旧的马镫式水泵抽取来的。3月29日是一个星期天,契诃夫一家人早上醒来,被眼前的景象惊呆了:隔壁庄园的房子一夜之间完全毁于大火,只剩下了一堆冒烟的横梁。安东马上给自己的房子安装了一套消防设备——崭新的消防水桶、手动抽水灭火器和警铃,并且规划挖一个与房子面积一样大的池塘。契诃夫家从莫斯科带来了六十七岁的老用人玛柳什卡,然后从梅里霍沃村中招聘了厨师、女佣和马车夫。

乡下的道路在4月中旬前都泥水泛滥,根本无法通行,但若要今春耕种,契诃夫家就不得不抓紧时间了。干草、稻草、种子、犁、马匹和家禽,都得购买、张罗或从别家借用,家里又开始负债了。安东从城里带来了一些农业、园艺和兽医方面的实用手册。契诃夫家的祖父辈还是地地道道的农民,但到了这一辈,他们却像福楼拜笔下的布瓦尔与佩库歇一样,在农事上错误连连,给当地农民和邻居留下了桩桩笑谈。他们做出的最明智的决定是让米沙来管理农庄。米沙把税务办公室的工作扔在一边,自己掏腰包买来六匹马,还监管农庄上的农民和工人。帕维尔·契诃夫兴致勃勃地扮演起了乡绅角色:他把农民带到谷仓和马厩,那神情"好像带着他们去领罚一样";他让客人在外面等着,因为"老爷们正在用餐";他还对教堂神职人员摆出一副高高在上的派头。

刚开始时,农民们对城里来的契诃夫一家并不友好,但安东轻而易举就与他们打成了一片。一条小径贯穿田庄,将土地一分为二,安东允许农民们赶着牛从小路经过,甚至还向后挪动了栅栏。起初,农民们从来不登门拜访他们,有一次他家的一匹母马晚上留在外面,不知被谁换成了一匹马上就要咽气的阉马。后来,安东·契诃夫在家里开设了一个免费诊所,还去探望长期卧床的病人,并且允许农民们在他的树林里收割干草,于是他赢得了他们的信任。至于邻近的士绅,离梅里霍沃庄园最近的是不讨人喜欢的瓦连尼科夫(Varenikov)一家。他们盘算着购买契诃夫家的可耕地,故而一个劲儿撺掇安东在剩下的一百多公顷林地上建一座更宜居的房子。距离梅里霍沃庄园一公里外有一座瓦西基诺(Vaskino)庄园,它是谢尔盖·沙霍夫斯科伊(Sergei Shakhovskoi)公爵的别墅。谢尔盖·沙霍夫斯科伊是地方自治会长官,身强体壮,说起话来声音洪亮,他的祖父是一个十二月党人。

远在乌克兰的林特瓦列夫家、斯马金家和伊万年科给契诃夫家送来耕牛,借给他们犁铧。斯马金送来了价值数百卢布的粮食种子,这样,等米沙组织农民犁过地后,他们就将黑麦和燕麦种上了。斯马金的帮助是期待回报的。有关此事,玛莎·契诃娃在回忆录中这样写道:

> 虽然很难说我当时是否爱他,但是,对于是否结婚这个问题, 267
> 我内心斗争得非常激烈……我去了哥哥的书房,说:"你知道,安
> 东,我决定结婚了……"哥哥自然明白我要嫁给谁,可是他什么
> 都没有说。我感觉到这个消息让他很不高兴,尽管他一句话都没
> 有说。

亚历山大·斯马金是玛莎的第三个求婚者。玛莎当时已经将近二十九岁,这可能是她最后的机会。安东将这个消息告诉了苏沃林,苏沃林又诉了奥尔迦·昆达索娃,于是彼得堡和莫斯科的朋友们都知道了。3月23日,斯马金来拜访梅里霍沃庄园,但玛莎回莫斯科的学校上

班去了，一直到斯马金离开的前一两天才回来。斯马金领会到，玛莎的回避其实是拒绝了他，于是他把剩下的两天时间都花在了闲聊农事上。虽然心中大为失望，但他信守诺言，给契诃夫家送来了成袋的种子。他在 1892 年 3 月 31 日给玛莎的信中说：

> 我一忍再忍，才没有在梅里霍沃大闹一场，让大家都难堪。您意识到没有，我可以在那里就毁了您的生活——我痛恨您……多亏安东一直热情地招待我，这才挽救了我。[1]

直到 1929 年 7 月 28 日，亚历山大·斯马金仍与玛莎·契诃娃保持着通信联系：

> 虽然从 1892 年 3 月 25 号算来，已经过去一辈子了……在我看来，您仍然是世上最迷人的、无人可以比拟的女人。我祝您身体健康，长命百岁，我多么希望能在死前再见上您一面。[2]

安东后来对阿列克谢·苏沃林说，他的妹妹玛莎属于那种"罕见的令人无法理解的女人"：她们不想结婚。几年后，玛莎越发笃信，婚姻能带给她的幸福感远远比不上她给哥哥当助手的快乐。她在晚年时告诉侄子谢尔盖，她这一生从来没有真正爱过任何人。[3]

那年春天，受到冷遇的不只是玛莎的追求者，安东对自己的爱慕者也同样无情。复活节前，他的女朋友们没有一个来拜访梅里霍沃，连写信的都很少，因为他的离开深深地伤害了她们。当然，安东本人也忙于种植樱桃园，几乎没有时间与他人通信。然而，他在 3 月 7 日给苏沃林

---

[1] 见图书馆手稿部，331 96 37：亚历山大·斯马金给玛莎·契诃娃的信，1888 年—1892 年 5 月。
[2] 见图书馆手稿部，331 96 38：亚历山大·斯马金给玛莎·契诃娃的三十四封信，1892 年 6 月—1929 年。
[3] 见《家族》（1970 年），203。

36. 耕种田庄

的一封长信中表达了对女性的厌恶：

> 女人缺乏公正，这是她们最不讨人喜欢的地方，因为公正的品质与她们是官能性地格格不入……在一个农民家庭中，男人通常睿智、理性、公平、敬畏上帝，而女人——呵，上帝保佑我们！

安东搞丢了叶连娜·沙夫罗娃请求他审读的稿件，还把她的稿费 268 用作赈灾款项。他把叶连娜推荐给半吊子编辑亚历山大·乌鲁索夫（Aleksandr Urusov）公爵，介绍的言辞却不像是在介绍一个作者："她给人的第一印象是有点口齿不清——但千万不要因此影响了您对她的印象。她小有才华，性格调皮，唱得一嗓子好吉卜赛歌曲，喝酒有节制。她穿着得体，只是发型很好笑。"

此时的玛莎，用安东的话说，体现出了"非凡的自我牺牲精神"，她的周末时间都花在打理庄园的菜园上，平日就在莫斯科的"乳品学校"教课。当时学校出现了财务危机，所以玛莎在那里工作是没有薪水的。她的朋友也没有来梅里霍沃做客。安东写给丽卡的信，口气则与当时的天气一样冰冷：

> 玛莎邀请您在复活节前的那个星期过来，带些香水来。我本来可以自己去买，但我要在复活节后的那个星期才去莫斯科。我们祝您一切顺利。椋鸟都飞走了。虽然蟑螂还都在[1]，但我们也仔细检查了消防设备。玛莎的哥哥。

两天后，他又给丽卡写了一封信。信中先是嘲笑她想再次与列维坦和库夫申尼科娃在同一个屋檐下度夏，但在信的结尾，他用一种半轻浮半诚恳的语气说道："丽卡，我热烈地爱着的，不是您！我在您身上爱着我过去的痛苦和我逝去的青春。"4月2日，安东给玛莎发来的复活

---

[1] 据说，蟑螂在火灾发生前会撤离所寄居的房子。

345

节购物清单的最后写着："带来丽卡。"于是，丽卡·米济诺娃放弃与家人在复活节团聚的机会，来到梅里霍沃[1]，但是，伊萨克·列维坦紧随其后也来了。梅里霍沃教堂没有神职人员，所以契诃夫家从修道院请来一位神父，在村里的教堂主持了复活节礼拜。契诃夫一家人与客人们担任唱诗班的角色，帕维尔终于有机会重温早年在塔甘罗格唱诗班领唱的体验。安东有意将丽卡和列维坦二人分开，于是在复活节星期天后，安东和列维坦就出去打了两天猎。打猎时发生的一件事情为《海鸥》埋下了一个引子。安东向苏沃林描述说：

> 列维坦射伤了一只山鹬。那只鸟扑扇着翅膀，跌落在一个水坑里……列维坦皱起眉头，闭上眼睛，声音颤抖地哀求说："天啊，用枪托敲它脑袋吧。"我说我做不到。他神经质地耸动着肩膀，摇晃着脑袋，求我动手。山鹬惊惶地盯着我们，我不得不依列维坦所说，结果了它。从此，世间少了一只漂亮的鸟儿，两个傻瓜回家去吃饭了。

269　　伊萨克·列维坦回家后才发现，安东对他还不如对那只山鹬仁慈：安东在《演员》(*The Performing Artist*) 杂志上发表的故事《跳来跳去的女人》引得整个莫斯科窃窃嗤笑，议论纷纷。"小"故事《跳来跳去的女人》中的女主人公是一位已婚女士，身上兼具丽卡的性格特征和库夫申尼科娃的处境特点。她与一位好色而轻佻的艺术家——酷似列维坦——关系暧昧，而这个"跳来跳去的女人"的丈夫是一位具有圣徒品质的医生（可以让人隐约联想到库夫申尼科夫医生和契诃夫医生），尴尬的家庭状况最终将他逼到毁灭的境地。在现实生活中，库夫申尼科夫医生身体健康，充满活力，他满怀爱意，性格宽容（他的妻子在日记中证实了这一点），这些特点都体现在小说中的医生身上。这个故事发表时，索菲娅·库夫申尼科娃已经四十二岁了，虽然她皮肤黝黑，是一个

---

[1] 见莫斯科档案馆，5323/ 1933—1973：L. S. 米济诺娃给索菲娅·约翰逊的信，1877—1899。

严肃的画家，但她在"跳来跳去的女人"身上看到了自己的影子。其实，安东笔下的这个女人在形象上更像丽卡：一个缺乏艺术天赋的二十岁的金发女郎。除了这些主要人物之外，还有人从故事中体味到了诽谤意味。经常光顾库夫申尼科娃沙龙的演员连斯基，也就是那个曾经告诉安东不要再写剧本的连斯基，认为故事里的一个小人物影射了他。

索菲娅·库夫申尼科娃从此再也不理睬安东了，连斯基也与安东断交了八年。伊萨克·列维坦想要找安东决斗，与安东断绝联系三年之久。（列维坦另有顾虑：当时警察正大力从莫斯科驱逐犹太人，他向东逃出了近二百五十公里。后来，是身为警察外科医生的库夫申尼科夫保证了他安全返回。）列维坦与库夫申尼科夫家的关系也破裂了，索菲娅认为他们断交于 1892 年夏天。库夫申尼科夫医生谨慎地保持缄默，但从此再没有与安东说过话。

丽卡·米济诺娃的受伤害程度与库夫申尼科夫和列维坦不相上下。但是她爱恋安东，并且在这个问题上她比安东更加睿智：

> 您真是野蛮啊，安东……我完全理解，无论您说出或做出任何伤害别人的事，其实您都不是有意为之，而是因为您真的不在乎别人如何看待它……[1]

无论是丽卡的责备，还是多年老友列维坦的断交，似乎对安东·契诃夫都没有什么影响；即便是前未婚妻杜尼娅·叶夫罗斯（当时已经与塔甘罗格文理中学的毕业生、律师科诺维采 [Konovitser] 结婚）前来拜访，也没有对他产生太大的冲击。安东想见的只有阿列克谢·苏沃林和帕维尔·斯沃博金两个人。4 月 22 日（即杜尼娅·叶夫罗斯离开后的第二天），苏沃林来到梅里霍沃庄园。苏沃林住惯了彼得堡富丽堂皇的豪宅和克里米亚干净漂亮的别墅，完全受不了梅里霍沃庄园里烟熏火燎的阴冷房间，而且房子里还没有卫生间，更别说单是那辆把他从火车

---

[1] 见图书馆手稿部，331 52 2a：丽卡·米济诺娃给安东·契诃夫的信，1891—1892；部分见《通信集》，II，1984，16—59。

270 站接回来的无弹簧马车就把他颠得七荤八素。4月24日，他带着安东去了莫斯科，在斯拉夫集市旅馆享受了三天豪华生活。苏沃林睡觉，安东写作。后来，契诃夫家陆续用了五年时间对梅里霍沃庄园进行了现代化改造和装修，但要说服苏沃林再来仍然不容易。如果苏沃林南下经过这里，就在最近的洛帕斯尼亚火车站约安东见个面。

安东从莫斯科返回梅里霍沃庄园时，带来了帕维尔·斯沃博金。他们回来时正赶上帕维尔在十二公顷燕麦田上挥汗如雨。截至1892年4月底，除了小阿列克谢·苏沃林之外，斯沃博金就是唯一的访客了。在戏剧季开始之前，斯沃博金一直与安东待在一起，到6月底才回去。无论作为演员还是病人，斯沃博金都对安东怀有深厚的敬意与爱意。

安东·契诃夫为莫斯科的杂志《俄罗斯评论》(*The Russian Review*)创作了故事《第六病室》("Ward No. 6")。《俄罗斯评论》已经支付给契诃夫五百卢布定金，所以无论契诃夫写什么他们都得发表，然而《俄罗斯评论》的编辑并不喜欢这个故事的阴暗格调和激进主义。显然，适合发表这样一部作品的是左翼杂志《俄罗斯思想》；然而两年前，安东与这家杂志的编辑武科尔·拉夫罗夫和维克托·戈尔采夫发生过矛盾，因为他们评论契诃夫"毫无原则"。于是，帕维尔·斯沃博金大力斡旋，终于化解了契诃夫与编辑部之间的矛盾。在斯沃博金的敦促下，安东在1892年6月23日将他的《第六病室》从《俄罗斯评论》转给了《俄罗斯思想》。出乎所有人的意料，斯沃博金还敦促武科尔·拉夫罗夫给契诃夫道了歉。就这样，帕维尔·斯沃博金将安东·契诃夫带到了《俄罗斯思想》的阵营中，而这个杂志正是苏沃林的《新时代》的死对头。安东对斯沃博金无以为报。斯沃博金的肺结核日益严重，心脏已经无力供血到肺部。1892年6月25日斯沃博金离开后，安东告诉苏沃林：

> 他瘦得厉害，头发灰白，瘦骨嶙峋，睡着的时候像个死人。他性情非常温和，说话语调沉静，对戏剧有种病态的厌恶。我从他身上看得出，快要死的人是不可能喜欢戏剧的。

编剧界也充斥着一派陈词滥调。1892 年 6 月 4 日，安东向阿列克谢·苏沃林发牢骚说："如果谁能创造出与众不同的剧本结局，那么他将开启一个新时代。那该死的结局永远写不出来！主人公在结尾要么结婚，要么自杀。"此时，安东正从梅里霍沃庄园的邻居瓦连尼科夫家汲取素材，创作故事《邻居》（"Neighbours"），这个故事写的是有伤风化的风流韵事和家庭冲突。

《第六病室》几乎耗尽了安东·契诃夫的创作灵感。这个发生在一家偏远医院的一个精神病房内的故事，蕴含着对人类境遇的黯然讽喻。故事中没有爱恨纠结的情节，只是演绎了一个命运转胜为败的希腊式的悲剧。与《决斗》一样，《第六病室》也反映出积极行动者与消极无为者之间的冲突，只是在这个故事里，对现实强烈不满的知识分子不是一名科学家，而是疯子格罗莫夫（Gromov）。他被监禁在精神病房，因为他宣称真理和正义总有一天必定胜利；而对现实采取妥协态度的拉金（Ragin）医生被他吸引，与他多次交流。拉金医生经常以奥勒留或叔本华的理论为借口纵容邪恶。拉金与疯子格罗莫夫厮混在一起，这引起了上级的警觉，结果拉金被关进了过去自己管理的精神病房，遭到了看门人尼基塔的暴打，最后死于脑出血，而格罗莫夫还要继续活下去。契诃夫将《第六病室》的故事设置在荨麻丛中和暗灰色的栅栏之后。这个故事并不讨苏沃林的喜欢，但前辈小说家列斯科夫认识到了它的价值，评价说《第六病室》就是俄罗斯"[1]。

然后，安东·契诃夫荒废了写作，专著《萨哈林岛》也被久置案头。编辑弗拉基米尔·吉洪诺夫对这种状态非常担心，在 1892 年 3 月给安东的信中提到，"我希望，您不会像那些退隐务农的人那样停止写作"。这种担忧并非空穴来风。安东·契诃夫将医学和体力劳动视为救赎手段。安东认识的一位年轻作家比比科夫一贫如洗地死在基辅；而在

271

---

[1] 列斯科夫创作过故事《不贪钱的技师》（"The Unmercenary Engineers"）：一名官员因为抵制腐败而被送到精神科医生那里，医生宣称死亡是每个人的最终治疗手段。列斯科夫后来写了《野兔公园》（"Hare Park"）来向《第六病室》致敬：一个秘密警察受到他迫害过的一个激进分子的照顾，最终死在疯人院。

彼得堡，巴兰采维奇、比利宾和谢格洛夫也不停在他耳边哀叹。此时，只有耕种土地、接近土壤能传达给安东一种健康的幻觉。安东每天的日子不是在种树、捉老鼠或挖池塘，就是已经精疲力尽地沉入梦乡。尼古拉·列伊金给他送来了很久以前许诺过的两只腊肠犬狗崽，安东给他写了一些零碎文章作为回报。安东早上五点就起床开始劳动，一直干到天黑。他在梅里霍沃享受到了从未有过的快乐。他几乎订购了俄罗斯境内所有的淡水鱼苗，他的池塘俨然成了一个鱼类博物馆。他种了五十棵来自弗拉基米尔的樱桃树——在创作剧本《樱桃园》之前，他已经拥有了一座真正的樱桃园。他从莫斯科请来造炉子的人，为了往返火车站而买了一辆弹簧马车；他还梦想在树林里盖一栋房子，这样他就可以在那里照顾树木，饲养小鸡和蜜蜂。当然，总有小小的不如意把他拉回到现实中来：天气恶劣，坏消息接二连三，一匹马、家里唯一的公鸭、在谷仓里捉老鼠的刺猬纷纷死掉了。

尼古拉·列伊金最近也置办农庄成为地主，他给安东送来了黄瓜种子和没完没了的建议。兴趣广泛的弗朗兹·谢赫特尔给安东送来种蛋，据说可以孵化出优质家禽，还有一种叫"母马尾巴"的药用草[1]，契诃夫在6月7日告诉他说："地面上长满了小阴茎，有些地方看起来很想搞一下……"

契诃夫一家跻身乡绅一族，这让塔甘罗格和卡卢的亲戚们大为惊诧。安东的女友们对他的帝国也充满好奇，她们称呼他为"米底亚之王"，一个与"辛辛纳图斯"同样恰切的称号。亚历山大对庄园更是艳羡不已，但这让安东左右为难。在整个春天，他的大哥都在祈求安东分给他一块可以建房子的土地，安东对此闪烁其词，心里十分害怕娜塔利娅住到附近来。4月初，娜塔利娅刚满一岁的儿子米沙差点儿死于抽搐——亚历山大的大女儿莫西娅多年前就因此而夭折。亚历山大给安东写信说："我妻子吓坏了，我在家走路都得像一只被硫酸烫伤的猫。"亚历山大暗示说，医生建议他搬到一个气候比芬兰温和却比塔甘罗格凉爽

272

----

[1] 见图书馆手稿部，331 63 25v：弗朗兹·谢赫特尔给安东·契诃夫的信，1891—1893。

36. 耕种田庄

的地方去住——也就是安东的附近：

> 1. 顺便说一句，我已经彻底戒酒了……
>
> 2. 根据我的经验，我不能让像我妻子这样没有根的人想去哪儿就去哪儿，更不能让她去她姐姐家……
>
> 3. 因此，在你庄园附近有没有一间小屋、小房子或类似的地方，可以让我们度夏？……除非绝对必要，否则我的家人绝对不敢走进你们房子半步。我妻子也会遵守这一点。如果奶奶想要照看孩子，那是她的事。小孩子们和我妻子绝对不会不请自来地去打扰你们……娜塔利娅还说……我们的母亲不喜欢她。

6月份的最后一个星期，亚历山大带着他的两个儿子——现在分别八岁和六岁——来到梅里霍沃。他与家人拍了合影，既不与人吵架，也不喝得酩酊大醉。尽管娜塔利娅在彼得堡照顾过帕维尔和安东，也在莫斯科陪玛莎购过物，但她没有接到邀请。

夏天到了，莫斯科的"乳品学校"放假了，阿列克辛镇的税务办公室也原谅了米沙的长期缺勤。万尼亚和米沙的女朋友都到梅里霍沃庄园来度假。两年前，玛莎在克里米亚结识了女伯爵克拉拉·马穆娜，她也来到梅里霍沃，平时给大家弹钢琴娱乐。克拉拉·马穆娜同时与米沙和安东两个人调情，但到了夏末时，她看似已经成了米沙的未婚妻。活泼可爱的亚历山德拉·廖索娃（Aleksandra Liosova）是一名当地教师，是一个"漂亮的以色列女孩"，她即将与万尼亚订婚，但照片和信件都显示出，安东才是吸引她的那个人。来访的客人中，只有娜塔利娅·林特瓦列娃没有造成任何紧张气氛，因为她从来不卖弄风情。

奥尔迦·昆达索娃眼看着安东与丽卡·米济诺娃日益亲密，逐渐显露出狂躁抑郁症的症状。在尝试过天文学和数学后，她现在选择了心理学——既是疗救自己，也是作为职业。1892年8月，奥尔迦如约而至。她与当地的女医生维拉·帕夫洛夫斯卡娅（Vera Pavlovskaia）交上了朋友，并成为十五公里外米什切斯克（Meshcherskoe）精神病医院的雅科

273

文科（Iakovenko）医生的病人与助理。安东对奥尔迦·昆达索娃重新燃起了热情，对苏沃林评价她说："昆达索娃在乡下看起来似乎更聪明些。"5月份时又宣称："我确实非常非常高兴见到昆达索娃，就像见到天使降临。我应该给她在这里建造一所单独的小屋。"根据残存的零星信息判断，他们的亲密关系中依然问题重重。奥尔迦曾在一封回信中这样说：

> 我恳求您，如果您做不到待我温柔（这在您身上根本不存在），那么至少不要粗暴。我已经变得不可思议的敏感。最后我来告诉您，您根本不用担心，像昆达索娃这样一个精神病患者会赖在这里不走。[1]

莫斯科的钢琴老师亚历山德拉·波赫列宾娜也到庄园来拜望他们，这个姑娘因为身材瘦弱而得了昵称"面条"。她爱慕安东，爱得几乎发了疯。面对这些竞争对手，丽卡·米济诺娃兀自岿然不动。她心里很清楚，安东更加喜欢的是她这种娇羞之美、她的女中音和哈密瓜色的黄上衣，而不是昆达索娃的聪明脑瓜和严肃的黑礼服，而安东拼命躲避"面条"的情形也让她很开心。处在爱情漩涡中的丽卡也感觉到很无力，她既无力挣脱一切，也无法确保能够得到安东的回应；然而，她非常了解安东，猜想迟至秋天，安东就会焦躁不安起来。事实上，早在6月份时，安东就试探苏沃林关于君士坦丁堡之行的口风，而林特瓦列夫家也在邀请他前去苏梅镇。1892年6月20日，安东写给娜塔利娅·林特瓦列娃的玩笑话中流露出了幻灭情绪：

> 我们算是彻底完了，没有燕麦了……厨师达丽娅虽然算得上头脑清醒，却浪费了所有的鹅蛋：只孵化出三个敌人（小鹅仔）来。小猪仔在花园里大啃玉米黍，可爱的小马驹在晚上吃了花椰菜。我

---

[1] 见图书馆手稿部，331 48 79a：奥尔迦·昆达索娃给安东·契诃夫的信，1892—1904部分，1892年5月25日。

36. 耕种田庄

们花了六卢布买了一头小牛，它从早到晚不停地发出男中音式的哞哞叫……总而言之，米底亚之王只能像一个疯狂斗士一样吼叫着，逃遁到荒野中去……

丽卡·米济诺娃决定采取行动。她赶走了自己周围的追求者，请求父亲资助购买火车票，她要将安东"诱拐"走。1892年6月18日，她给安东写信说：

> 我抛开所有的骄傲，只想告诉您，我很伤心，我非常渴望见到您。我这里有两张去高加索的火车票，您的和我的……我们从莫斯科出发，前往塞瓦斯托波尔，然后从巴统到第比利斯，再从弗拉季高加索到矿泉疗养地，最后返回莫斯科。请在8月初做好准备，但先请不要告诉您家人有关车票的事。

面对丽卡的此番攻势，安东迅速规避：   *274*

> 写信查看一下，在高加索霍乱结束之前，什么车票都不要订，我可不想在疫情隔离区里闲逛……难道是勒热夫的骑兵们向您求婚了？我接受您的关心，但条件是，您，亲爱的，一定在7月底之前来我们这里。您听清了吗？……您还记得我们一起走过的田野吗？期盼见到您，丽卡西娅，亲爱的小哈密瓜。您的米底亚之王。

当时，霍乱疫情正从里海地区向莫斯科蔓延开来，这对态度模糊、闪烁其词的安东而言恰好是一个无法出行的好借口。然而，从契诃夫医生给阿列克谢·苏沃林的信中可以看出，他并没有把霍乱疫情看得很严重，觉得其轰动效应远远大于危险性。

353

37. 抗击霍乱
（1892年7—9月）

　　继饥荒之后，霍乱疫情袭击了俄罗斯的心脏地带。政府当局以一种非同寻常的反应速度迅速召集各地医生抗击疫情。安东·契诃夫没有坐等征询，而是在1892年7月8日就开始为一所村镇诊所提供医疗服务。他的工作没有薪水，谢尔普霍夫县卫生防疫委员会向他表示感谢，却不给他提供任何助手。抗疫资金要依赖当地富人捐助，于是，安东不得不去与商人、工厂主、修道院院长以及贵族们斡旋，请求他们为修建防疫医疗站慷慨解囊。修道院院长拒绝捐献，而玛丽亚·奥尔洛娃－达维多娃（Maria Orlova-Davydova）公主——安东从来没有与贵族看对眼过——对他摆出一副雇主姿态。

　　安东很快与谢尔普霍夫县的地方医生伊万·维特（Ivan Vitte）建立了良好关系，而当地的另一位医生库尔金本来就是他的一位老熟人。他们几乎没有什么医疗设备可用，于是谢尔普霍夫当局订购了最新的抗霍乱设备：温度计、用于皮下注射的大号坎塔尼注射器、用于肠道消毒的单宁灌肠剂、苯酚、蓖麻油、甘汞、咖啡和白兰地。整个夏天，安东都奔走在那些或尘土飞扬或泥泞不堪的道路上，负责为二十五个村子提供医疗服务。他检查卫生设施，给农民们治疗痢疾、蠕虫、梅毒和地方性结核病，每晚入睡时都已经精疲力尽，而早上太阳升起时他已经起床了。病人们为了表达感激之情，送给他一头纯种猪，还送给玛莎三副绒面革手套。在萨哈林积累下的考察经验对安东在这里展开工作很有助益。他和库尔金医生一起视察了建在附近村子里的工厂。他们三次观测到一家制革厂污染了河流，工厂主感到过意不去，只好采取了实际行动，而不只是做做表面文章。在这个创作休眠期，安东·契诃夫观察到了自然环境的退化、人类的苦难与自大、理想的流产，这些都成为未来新小说的创作素材。霍乱疫情并没有蔓延到梅里霍沃，但临近一个地区出现了十六例病例，死亡四人[1]。安东·契诃夫卓有成效的工作为他赢得了赞誉，他被吸收到各种各样的管理委员会中，为改善当地广大农民的生活处境而奔走。履行完抗疫职责的安东，又当选为当地卫生医疗官，还主持修建了乡村学校、图书馆、邮局以及大约二百五十平方公里内的道路和桥梁。

安东将全副精力投入医疗工作中，几乎没有时间从事农事。谢尔 *276* 盖·沙霍夫斯科伊公爵借给他们农耕机器，玛莎打理的菜园保证了厨房供给。一年下来，他们的辛苦劳作还算小有收获，虽然鹅和牛也替他们打扫了不少卷心菜。采摘樱桃时，安东发现，摘樱桃而不被人追打是一种很奇怪的体验。这一阶段来梅里霍沃的客人很少。莫斯科人害怕霍乱，而安东的朋友们也知道，安东每天回家只是为了睡觉。虽然从梅里霍沃庄园坐上两三小时火车就能到达莫斯科市中心，并且每三小时就有一趟火车经过，但是从5月16日至10月15日，安东只去过一次莫斯科。他邀请了格鲁津斯基和叶若夫，但他们都未赴约。1893年秋天，失业的长笛手亚历山大·伊万年科来到梅里霍沃。伊万年科总是对什么都感兴趣却能力不足，契诃夫称他"涅达乔巴"，意思是"傻子"，这也是《樱桃园》中的管家叶比霍多夫的绰号。沙霍夫斯科伊公爵给伊万年科提供了一个秘书闲职，如果有客人想唱歌的话，他就用钢琴或长笛伴奏。一位亲戚也带着儿子来住了一个星期，这个人叫彼得·彼得罗夫，是安东

[1] 偏远地区的农民认为，是医生们故意传播霍乱。在伏尔加河上的萨马拉，当地农民杀死了一名医生，并赶走了其他医生。

的堂亲叶卡捷琳娜·契诃娃的丈夫。[1]

丽卡·米济诺娃仍然没有原谅安东没有和她一起旅行，安东再次想到一个转移她的注意力的方法：他委托她翻译德国剧作家赫尔曼·苏德曼（Hermann Sudermann）的剧本《所多玛的末日》（Sodom's End），他打算将它改编后搬上舞台。但丽卡只是把剧本转交给了一个德国女朋友，此举让安东大为光火。整个夏天，他俩在书信往来时都在使性子斗气。他把她看作愿者上钩的鱼，而她咬住了诱饵，无法脱钩。他们信誓旦旦地说彼此关照，却又对对方满不在乎。6月28日，安东给丽卡的信仍然顾左右而言他：

> 高贵而得体的丽卡！一收到您的来信，我大大地松了一口气。现在，我提笔给您写一封长信，完全不用担心哪位姨母看到这些文字后，非让我娶了您这样一位怪物……您梦到列维坦和他那双充满非洲式激情的黑眼睛了吗？还有我那个七十多岁的竞争对手，您还收到他的信并且虚情假意地回信吗？丽卡，在您身上有一只大鳄鱼，我实际上做得很对，因为我服从的是健全的理智，而不是被您咬伤的激情。离我远点儿吧！或者，不，丽卡，不去管后果如何，就让我在您的香水中头晕目眩，帮我拉紧您套在我脖子上的套索吧……不要忘记您的受害者，米底亚之王。

277   丽卡在1892年7月2日的回信中写道："您为什么一个劲儿对我提醒列维坦和我的'梦想'呢？我谁也不想。我不想要任何人，我不需要任何人。"第二天，她又写道："啊，我多想（如果可以的话）用尽全身力气来拉紧套索！但是，我太自不量力了！平生第一次，我不走运！"

7月16日，安东毫不留情地讥讽丽卡说，她与秃顶的列维坦、酒量惊人的库夫申尼科娃组成了一个三角家庭，她深陷其中，慢慢人老珠

---

[1] 彼得罗夫是莫斯科缪尔-米里利斯商店的售货员，契诃夫家从这个商店购买所有的用品，从锅碗瓢盆到步枪之类。十六年前，彼得罗夫在卡卢举行婚礼，亚历山大、科利亚和玛莎只是来参加婚礼的穷亲戚，而现在时移势易，天平已向另一侧倾斜。

37. 抗击霍乱

黄。他还邀请丽卡到梅里霍沃庄园来，说霍乱吸引来了很多有趣的年轻男人。他保证要帮她改掉坏习惯，"首先我会保护你不受萨福的伤害"。安东回绝了丽卡的旅行邀请，脑子里却规划着一个人去克里米亚。心情烦闷的丽卡在她家位于波克罗夫斯科（Pokrovskoe）的庄园里和奶奶消磨掉了整个 8 月份。8 月 3 日，丽卡在信中对安东谈到了夏天和霍乱："霍乱还没有来……不管怎样，我很怀疑您是否愿意为别人而改变自己，尤其不会为了我——好吧，我不生气！再见。"安东的一封回信因为过于恶语伤人而没有寄出。丽卡利用其他追求者来分心。她在 7 月 18 日给玛莎写信说："在莫斯科，我见到了我'所有的情人'（请原谅这个表达，但这是您哥哥说的）。"[1]尽管如此，帕维尔的日记[2]还是记录下来，9 月 14 日，丽卡从近二百五十公里外的波克罗夫斯科来梅里霍沃看望安东。无论见面时发生了什么，二人此后又有三个星期停止通信。

丽卡甫一离开，钢琴教师亚历山德拉·波赫列宾娜就态度倔强地站了出来。波赫列宾娜对安东爱得不顾一切，她是一个倔强的女人，教导学生练钢琴时，曾将黄铜重物绑在学生的手腕和肘部上。她写给安东的信语含威胁：

> 夏天过去一半了，我们什么都没有深谈过……您可能已经忘了我的存在，这丝毫也不奇怪。然而，既然涉及感情，我觉得它就不会被遗忘……我想，您不希望让我在我家人面前难堪吧。[3]

8 月 3 日，在收到安东的含糊其词的答复后，她再次写信：

> 所以，我惹您讨厌了！我可以想象，您看到签名后嘟囔着，

---

[1] 见图书馆手稿部，331 93 78：丽卡·米济诺娃给玛莎·契诃娃的信，1891—1893。

[2] 帕维尔·契诃夫一到梅里霍沃就坚持每天记日记，他记录下了人们的来来往往、每日天气，以及所有值得一提或平淡乏味的事件。见 A. P. 库济切娃，E. M. 萨哈罗娃《梅里霍沃编年史》（*Melikhovskii letopisets*），1995。

[3] 见图书馆手稿部，331 56 38：A. A. 波赫列宾娜给安东的信，1892—1898 部分，1892年 7 月 10 日。

357

哦，上帝啊，她又写信来了。但不幸的是，我太在意您了。

显然这次她没有收到回信，于是她在8月28日再次提笔写道：

278

> 我确实需要见到您——昨天，我收到一封家信，我要告诉您一点事情……昨天，我见到了玛莎，她告诉了我很多有关您的不愉快的事情。

安东还是一言不发。亚历山德拉·波赫列宾娜只能强压怒火，奥尔迦·昆达索娃则失去了克制。自从结交了附近医院的维拉·帕夫洛夫斯卡娅医生后，昆达索娃那个夏天只短暂地拜访过安东两次。8月25日，她给安东的信由谈论医学问题转向了个人问题：

> 星期五和星期六您与玛莎一起来吧，我可以用我在世上珍视的一切向您保证，您在我的地方会比我在您的地方感觉更好。我真的值得您赏赐给我的那些见面时间吗？

安东不是家里唯一害怕收到信的人。就在同一天，玛莎也收到了亚历山大·斯马金写来的信，字里行间洋溢着近似狂热的怨恨之情。斯马金辞去了县治安官的职务，说自己得了肺结核。斯马金不敢来梅里霍沃，害怕他们的关系彻底破裂。1892年8月19日，他写信给玛莎说：

> 我仍然无法忘记3月份在莫斯科省的遭遇。您要求我烧掉您的信，我办不到；如果我死了，我也会做出安排……您大可以放心，没有人胆敢读一行您的来信。您真是一个刻薄的人。

只有三个女人琢磨出与安东·契诃夫相处的正确之道，她们是娜塔利娅·林特瓦列娃，万尼亚的未婚妻亚历山德拉·廖索娃，以及米沙的恋人克拉拉·马穆娜女伯爵。廖索娃把对安东的爱慕深埋在心底，而马

37. 抗击霍乱

穆娜则把自己对安东的兴趣视为儿戏，她在 9 月 15 日给安东写信说：
"为什么不来莫斯科看看我，分享我的孤独？……被契诃夫两兄弟搞得
神魂颠倒，可不是什么坏事！！！"[1] 梅里霍沃庄园在米沙、玛莎和父
母亲的努力下，呈现出一派和谐景象。帕维尔每天都在家庭日记上记录
早晚室外温度。他们修建了一个无臭味的撒土厕所，家里也有了猪、牛
和一对多产的罗曼诺夫绵羊。黄瓜腌制了，准备过冬的土豆埋好了，窗
户上也安装了双层玻璃，一家人以传统仪式庆祝了 8 月份的圣母升天节
和圣母安息节。米沙在给塔甘罗格的堂亲格奥尔基的信中，对梅里霍沃
的生活赞不绝口：

> 我这里有六匹马，我们可以去骑马，我要带您去我们的原始树 *279*
> 林，就算您在里面走出五公里，那儿的土地也是我们的。我们的
> 黑麦可真叫棒，但是燕麦和草已经干死了。我姐姐的菜园子更是一
> 个奇迹，光卷心菜就种了八百棵。我们晾晒了干草……一车一车的
> 干草运到后院来，堆起来像山一样，您要是能看到就好了！[2]

米沙在 1892 年 10 月 7 日写给米特罗凡叔叔的信中说：

> 安托沙坐在自己的房间里，他总把自己关在那里。他给炉子
> 添煤，炉子越来越热，他却还冻得发抖。冻着冻着他就走出来说：
> "什么鬼天气！妈妈，是不是该吃晚饭了？"

米沙力图描画出一幅美好的家庭生活画面。他没有提到梅里霍沃的
仆人，他们已经解雇了两个人：佩拉格娅骗了家人骗客人，而达丽娅弄
死了小鹅仔。他们只好另雇他人，于是奥尔迦和两只轻佻的小飞蛾——
丘法罗娃和纳雷什金娜——来到契诃夫家。万尼亚和亚历山大没有福气

---

[1] 见图书馆手稿部，331 51 12：克拉拉·马穆娜给安东·契诃夫的信。
[2] 见《文学遗产 68》，855—870：E. Z. 巴拉巴诺维奇，《兄弟书信中的契诃夫》
（*Chekhov v pis'makh brata*）：1892 年 6 月 26 日信。

享受安东的乡绅生活。万尼亚现在是莫斯科一所学校的校长，他在这个职位上履职多年。有一次，帕维尔去彼得堡看望亚历山大，在去的路上，他给安东写了一封信，描述了万尼亚在莫斯科的拮据生活：

> 他倒是有一个客房，但客人只能睡在地板上，他的床架留在了梅里霍沃……他没法儿再买一个，他没钱。万尼亚在学校里精力充沛，把一切管理得井井有条，工作起来非常努力。这所学校根本无人管理，到处又脏又乱，墙壁、地板和窗框都破旧不堪，教室里还没有安装双层玻璃。他一个人跑遍了所有的教室，指导女老师们，开始时她们都斜着眼睛看他。[1]

帕维尔是冒充海关官员，用加夫里洛夫的免费火车票抵达彼得堡的。他几乎没有怎么见到亚历山大一家人，但是却参加了彼得堡所有大教堂的礼拜活动。在彼得堡逗留的两个多星期时间里，帕维尔虽然与儿媳娜塔利娅相安无事，但据亚历山大报告说，冲突还是发生了。问题出在一锅洋葱汤上：娜塔利娅在汤里放了一个洋葱，帕维尔和娜塔利娅的妈妈加加拉争起了这个洋葱头。亚历山大已经很少喝酒，但贫困仍如影随形。他要求苏沃林给他的稿费每行增加五戈比，苏沃林在申请书上只潦草地批复说："我的记者中［除了您］还有谁是付工资的？"[2]

在安东·契诃夫无暇文学创作时，是帕维尔·斯沃博金在莫斯科确保了他的名字还及时出现在各大期刊中。继《第六病室》之后，《俄罗斯思想》发表了契诃夫的另一个作品《匿名氏故事》（"An Anonymous Story"）。（这两个故事均完成于一年前。）这时，安东结识了一位新编辑：切尔科夫（Chertkov）。当初，就是切尔科夫的爷爷允许契诃夫的祖父赎买了自由。切尔科夫是列夫·托尔斯泰最亲密的助手，他为平民大众出版过很多重印本。虽然安东知道他这里稿酬不高，校对效果也不好，

280

---

[1] 见图书馆手稿部，331 81 21：帕维尔·契诃夫给安东·契诃夫的信，1886—1896。
[2] 见俄罗斯档案馆，459 1 4617：亚历山大·契诃夫给 A. S. 苏沃林的信，1888—1896部分，1892 年 7 月 13 日。

但还是决定将自己比较激进的故事卖给他发表。安东·契诃夫从多个期刊收到大量的稿件定金，他心里过意不去，不得不坐下来写作。尽管重修梅里霍沃庄园花去了大笔资金，但安东借助小说集重印和预付稿酬保证了自己没有债务缠身。帕维尔·斯沃博金无私地帮助安东在《俄罗斯思想》上发表作品，安东对此感激不尽；他为安东处理了《第六病室》棘手的撤稿和重寻出版者等事宜，全身心地支持安东。"重病的折磨使他经历了精神上的质变。"安东告诉苏沃林。在生命的最后阶段，斯沃博金只对戏剧抱怨连天，说自己演出只是为了打发掉"裁缝、屠夫、装修工、灯匠、出租马车、旅馆老板和放印子钱的人"。1892年10月9日，阿列克谢·苏沃林给安东发来电报："斯沃博金在《诙谐的人》演出中病故，速来。"

38. 苏沃林的召唤

（1892 年 10 月—1893 年 1 月）

私生子出身的帕维尔·斯沃博金长期占据着彼得堡的戏剧舞台，四十二岁时，他死于结核病。评论家弗拉基米尔·涅米罗维奇－丹琴科当时在现场，他描述说：

> 斯沃博金摔倒在舞台入口处，观众或许以为这是一个不在舞台指示上的特殊效果。这是他第一次致命性的发作。斯沃博金靠着残存的力气，硬撑着出来谢了两次幕。然后，他走去自己的更衣室，开始换最后一幕的服装，突然，他抓住喉咙，喊道"撕开，撕开"，仰面摔倒在地上。

安东要去诊所时收到了苏沃林发来的报丧电报。他向苏沃林讲述了斯沃博金对他的爱，但是他没有去参加斯沃博金的葬礼。他已经参加了太多的葬礼。在彼得堡的熟人中，他只想和苏沃林交流。同时，霍乱疫情要求他留在梅里霍沃，因为最新病例距离这里只有不到三十公里。

帕维尔此时正在彼得堡，他积极参加了帕维尔·斯沃博金的悼念活动。他在 1892 年 10 月 12 日告诉安东：

38. 苏沃林的召唤

我和他众多的崇拜者一起，在沃尔科沃（Volkovo）公墓参加了两次安魂弥撒，安魂曲非常庄严……他来梅里霍沃拜访过我们两次，我为他做了真诚的祈祷，祈求他的灵魂获得安宁……上一次，他就不想离开我们，他一直说是要走……

亚历山大一家人也问候你们，他请求你卖给他十二到十五英亩的土地，他打算在那儿盖一栋房子，以防家里需要。他家的人口越来越多，他觉得自己也该在一个地方安定下来了。他们家里终于有了清醒、爱、和谐、和平与宁静，这让我很欣慰。上帝待我们都是一样的。

亚历山大不仅戒了酒，而且不吃荤了。安东在《新时代》的"敌 *282* 人"《俄罗斯思想》上发表文章，这让亚历山大十分担心自己的饭碗。老苏沃林的抑郁症日益严重，他将报纸逐渐移交到小阿列克谢·苏沃林手中，而这位"太子"十分厌恶亚历山大。安东只好打起精神与苏沃林重修旧好，因为在过去的十八个月中，他没有给苏沃林的《新时代》写过任何东西。

安东与当地农民、谢尔普霍夫的医生同事以及邻居们打成一片，只有警察让他反感。这时，从莫斯科传来紧急的召唤：丽卡急需安东的抚慰。10 月 8 日，她打破了沉默，恳求说：

我的生活着火了，快来帮我扑灭吧，越早越好……您曾经说过，您喜欢放荡的女人——所以您和我在一起是不会觉得无聊的。即便您不为回我的信，也或许可以写点什么，您确实没有义务给我这样一个女人写信，反正我就要死了，一天天枯萎下去，而这些只是 par depit（因为赌气）。哦，救救我，来吧！等待见到您。L. 米济诺娃。

万尼亚已经打扫好学校的房子，于是契诃夫家在莫斯科也有住处了。1892 年 10 月 15 日，当局宣布霍乱疫情消失，安东到莫斯科住了两天。他与《俄罗斯思想》的编辑、昔日的敌人武科尔·拉夫罗夫和维克托·戈尔采夫共进晚餐，却一口拒绝了格鲁津斯基和叶若夫。他一定联系了丽卡，因为那个周末学校放假后，丽卡和玛莎去了梅里霍沃，安东和帕维尔也跟着她们一起回来了。

然而，丽卡·米济诺娃并没有从安东那里得到多少慰藉。安东告诉苏沃林，他对于体验不到"强烈的爱"感到厌倦；也对斯马金说过，"没有新的爱慕之情，而旧的都生锈了"。安东梦想着远方。这次的目的地甚至比 1890 年的旅行更加遥远：他整个冬天要专心写作，挣够去美国芝加哥参加 1893 年国际博览会的费用，他打算与小阿列克谢·苏沃林结伴同行。他的当务之急是去一趟彼得堡，安娜·苏沃林娜已经召唤了他两次：

> 安东，难道我从您心中完全消失了吗？您真的不想见我了吗？我突然萌生了一个强烈的愿望，我想要见到您，与您交谈……您真的无法忘怀普列谢耶娃，另外选一个其他人？唉，这都是您自己的错，谁能想到会是这样！！！来吧，我亲爱的安东，我在这里给您张罗一个新娘。[1]

283　　第二天（10 月 26 日），安娜·苏沃林娜又写道：

> ……现在我是认真地邀请您来。阿列克谢［指老苏沃林］身体不舒服，昏厥发作，廖里亚［小阿列克谢·苏沃林］和我都束手无策，非常担心。我们请求您来帮帮我们。

安东仍然没有马上出发。他只是以自己剧本中的医生的那种冷漠口气，告诉苏沃林吃一点缬草镇静药，无论去哪儿都要随身带一把折叠椅。接着，阿列克谢·苏沃林来信了，信中流露出的绝望让安东方寸大

---

[1]　见图书馆手稿部，331 59 46：安娜·苏沃林娜给安东·契诃夫的信：未注明日期，存档为 36—37。

38. 苏沃林的召唤

乱。安东告诉谢格洛夫说，他正飞奔向苏沃林的病床边，因为害怕万一苏沃林死了，"我会一下子苍老上十岁"。1892 年 10 月 30 日，安东去了彼得堡，而苏沃林生病的消息在莫斯科也流传开来。[1]

安东到彼得堡后，发现阿列克谢·苏沃林身体状态很好，唯一可能让他抑郁的原因是他家房子的天花板塌了。安东陪着苏沃林聊天、喝酒、吃牡蛎。[2] 待苏沃林心绪安定下来后，安东就给小阿列克谢审阅稿件。其中一篇稿件是弗拉基米尔·斯维亚特洛夫斯基（Vladimir Sviatlovsky）医生所做的一项调查，调查结果令人震惊。这篇名为《医生生存与死亡状况调查》（"How Doctors Live and Die"）的文章揭示出，导致医生死亡的三大主因是自杀、结核病和斑疹伤寒，更不要说医生职业中的过度劳累和生活贫困了。这篇文章必定在某种程度上让安东·契诃夫下定决心弃医从文。虽然苏沃林认为斯维亚特洛夫斯基的文章对他的读者来说太过压抑，但契诃夫说服了他；这篇文章发表在 1892 年 12 月 15 日的报纸上。

11 月 7 日，回到莫斯科的安东觉得身体不适，原来他为了省钱而坐了三等车厢，被烟味呛到了。大雪覆盖了通往梅里霍沃的道路，但交通并未断绝。在接下来的周末，契诃夫兄弟的女性朋友——丽卡、马穆娜女伯爵和亚历山德拉·廖索娃——都突然来访。丽卡这次待得并不开心，因为马穆娜不想与米沙单独相处，所以一直缠着她。丽卡和玛莎星期二就结伴回了莫斯科。在莫斯科，丽卡遇到了安东的一位新朋友，年轻的女诗人塔妮娅·谢普金娜–库别尔尼克，这对丽卡来说又是一重新打击。11 月下旬，她给安东的信变得语气哀婉："我很恼火自己……去了梅里霍沃……我还是不知道如何摆脱痛苦，摆脱没有人需要我这个事实。"安东仍然没有认真回复这封信。玛莎曾在演唱会上看到丽卡穿了

---

[1] 奥博隆斯基医生一向喜欢给有利用价值的人治病，他很关心阿列克谢·苏沃林的病情，给安东写信说："我听说……您逗留的时间取决于苏沃林的病情。他们说他病得很重……而他无条件地相信您，支持您。请您安排他邀请我来为他诊治。"见图书馆手稿部，331 54 7；N. N. 奥博隆斯基给安东·契诃夫的信，1889—1901。

[2] 安东·契诃夫也给列斯科夫检查了身体，因为列斯科夫担心医生们对他的晚期心脏病状况不说实话。安东宽慰了列斯科夫，但对别人透露，这位小说家最多还能活一年。

一件崭新的蓝色礼服，于是，安东又开始恶搞另一个"丽卡的爱人"：

> 特罗菲姆，如果你这个狗崽子再追求丽卡，那么，你这个混蛋就等着我来收拾你吧。你这堆臭狗屎！你不知道丽卡是我的，我们还有两个孩子吗？

284　　11月底，暴风雪断绝了梅里霍沃与外界的联系。安东在家继续创作《萨哈林岛》，并写了关于附近的克留科沃（Kriukovo）村中托洛孔尼科夫制革厂的报道。丽卡·米济诺娃在来信中提及的"因为赌气"那句话给他带来了灵感，他创作了故事《大沃洛嘉和小沃洛嘉》（"Big Volodia and Little Volodia"）：一个年轻女子"因为赌气"而与大沃洛嘉结婚，但心里念念不忘小沃洛嘉，被他所诱惑，但实际上这两人谁都不爱她。在那个寒冷得无法出门的星期，安东为自己的"平庸"给阿列克谢·苏沃林写了一封言辞激烈的"道歉"信（苏沃林已经读过《第六病室》，因为它发表在对手《俄罗斯思想》上，他对它更是没有一丝好感）：

> 假如您是一个顽固的酒鬼，为了给您解酒，我让您喝了柠檬汽水，您却认为这是柠檬汽水的本分，您还精确地指出汽水里不含酒精。事实上，不是什么酒精让您大醉不醒或产生幻觉……这其中的原因，并非布列宁所理解的愚蠢、平庸或傲慢，而是一种对艺术家来讲比梅毒和性无能更加可怕的疾病。我们还没有患上这种"病"，确实还没有，所以，如果您掀起我们缪斯女神的裙子，您会发现她两腿之间的私处一片平坦。请记住，那些我们称之为"伟大"或者"好"的作家，与那些让我们忘乎所以的人一样，有着一种共通的重要特征：他们意欲去往某个地方，想要召唤您同去，而您会感觉到，不止您的思想，您的整个身体都有了一个目标，就如同哈姆雷特父亲的幽灵。

这封信让苏沃林如堕五里雾中，他只好询问自己在彼得堡的助手萨

38. 苏沃林的召唤

佐诺娃，契诃夫是不是神经不正常了。不巧的是，萨佐诺娃是又一个对安东·契诃夫没有好感的彼得堡女人。面对苏沃林的询问，她痛斥契诃夫无法直面生活；而她在日记中评论说，这才是"地地道道的"契诃夫。苏沃林把她的信转给安东，安东看后嘲笑萨佐诺娃是"一个远离生活乐趣的人"。

12月，天气渐趋稳定，家里的客人络绎不绝。客人中不仅有奥尔迦·昆达索娃这样的老朋友，也有许多不速之客，他们不知趣地在契诃夫家大吃大喝，晚上就住在他家的客厅里。这些人到梅里霍沃来，就是为了瞧瞧作家契诃夫。这时，苏沃林服用止痛药上瘾，需要安东的帮助，安东去了彼得堡。12月20日，梅里霍沃暴风雪肆虐，而安东躲在一个温暖舒适的地方。他这次离开家人和莫斯科的时间前后超过了五个星期，正好度过了他的命名日。安东交给苏沃林一个圣诞故事，名字是《恐惧》（"Fears"），这是他为《新时代》创作的最后一篇惊艳之作。他和列伊金一起吃了晚餐。安东没有对人提起他要路过莫斯科，这让莫斯科的朋友心中不快。在莫斯科停留时，他只花了几分钟时间见了丽卡和玛莎，然后就带着女演员赞科维茨卡娅去了音乐厅[1]。他也没有告诉亚历山大和娜塔利娅他要去彼得堡。

安东在彼得堡时，给丽卡写信邀请她来见面，但其实他心里清楚得很，丽卡太腼腆，根本不敢来拜见苏沃林夫妇，尽管安东那点风流韵事在他们那里根本不是秘密。安东还故意气丽卡，说他现在满心想的都是马穆娜女伯爵，并且说他打算告诉朋友，一位金发女郎背叛了自己。12月28日，他给她寄了一份征婚剪报，好像丽卡应该"因为赌气"而嫁人：

> 希望结婚，但本地区没有合适的新娘，在此寻找有意结婚的女孩。新娘不得超过二十三岁，要金发、漂亮，应该是中等身材，活泼可爱、性格开朗；无需嫁妆。联系人：布古利马地区阿尔梅特

285

---

[1] 见赞科维茨卡娅回忆录，《文学遗产68》，592—593。

沃，叶夫根尼·英萨罗夫。

丽卡回信说：

> 因为赌气，我现在的生活全毁了！……如果您在餐桌上告诉朋友，有一位金发女郎背叛了您，大概谁都不会表示惊讶，因为我认为，任何人都没指望过谁能对您忠诚。

安东·契诃夫接连几天都与彼得堡文学界的朋友一起吃饭聚会。彼得·谢尔盖因科想把契诃夫拉进一个十二人俱乐部——成员有作家、画家和作曲家——的圈子，大家一起吃晚餐、喝茶、讲故事。那年冬天，彼得堡的室外气温低到了零下三十五摄氏度（梅里霍沃同样酷寒，大家都不记得有过比那年更冷的冬天）。连天聚会和严寒天气让他们付出了代价，苏沃林家变成了诊疗室。安东自己咳嗽得无法控制，但他还要给其他人治病。阿列克谢·苏沃林得了流感和中耳炎；家庭女教师埃米莉·比容从衣橱上摔了下来，安东给她包扎了腿部。安东将莫斯科的一项传统活动介绍到了彼得堡：他与苏沃林、格里戈洛维奇、列伊金、巴兰采维奇、叶若夫和吉洪诺夫一起庆祝了塔季扬娜日。尼古拉·列伊金说："我们喝得很有节制，但那确实是一顿非常热闹的晚餐。"安东宣布："我们必须团结起来，否则他们会把我们各个击破。"[1]

《新时代》编辑部的账目全部由老苏沃林的长子米哈伊尔·苏沃林（Mikhail Suvorin）来管理，而安东·契诃夫在这里的账目永远是一笔糊涂账。现在安东身上的债务，除了要还清苏沃林的定金和贷款合计五千卢布之外，还有欠娜塔利娅·林特瓦列娃的五百卢布——她借他这笔钱给梅里霍沃购买种子和农具。安东自己也很纳闷：无论苏沃林卖出多少本他的小说集，他似乎仍然负债累累。住在苏沃林家期间，安东只创作了一篇短论文《希律王死于何种疾病？》（"What Disease Did Herod Die

---

[1] 见《文学遗产68》，493—510，V. A. 吉洪诺夫和列伊金的日记。

Of"?），以及一个调查，代画家列宾问询，客西马尼园上空是否有月亮。

即便身在彼得堡，安东仍无法躲开人们觊觎他的时间、钱包和爱情。帕维尔一直从苏沃林办公室领养老金，这笔钱名义上是儿子们给他的。现在，他因为付款被拖延而对亚历山大提出抗议：

> 我的孩子们都是有名气的人，我绝不允许自己在任何人面前丢脸或低声下气。我不会去祈求任何人，那是一种耻辱！我需要自由，想要住哪儿就住哪儿，想要去哪儿就去哪儿，所以我需要钱。[1]

丽卡在 1893 年 1 月 15 日的信中显得楚楚可怜：

> 我从12月以来就没见过玛莎了……您说您会在某个星期一来？这可是愚蠢透了——3月和7月都有好几个星期一，这说明不了任何问题……我扳着手指计算时日，盼着可以见到您的快乐时刻。您的丽卡。[2]

安东只能向丽卡投降，打道回府。1893 年 1 月 26 日，安东返回莫 *287* 斯科。他爬上层层楼梯，去探望丽卡。经过将近三年的支吾躲闪，丽卡一定以为安东俯首就擒了。

---

[1] 见图书馆手稿部，331 81 13：帕维尔·契诃夫给亚历山大·契诃夫的信，1874—1894。
[2] 见图书馆手稿部，331 52 2b：丽卡·米济诺娃给安东·契诃夫的信，1893—1894。

39. 病室

（1893 年 2—3 月）

　　安东·契诃夫非常享受彼得堡的都市生活，甚至动过念头租一套公寓住下来。在天寒地冻的乡下，他几乎忘记了这种浮华。帕维尔照看母牛生仔后晕倒了，卧床不起。玛莎发了四十摄氏度的高烧，神志不清，安东赶去莫斯科把她接了回来。但玛莎的状况越来越糟，马穆娜女伯爵也赶过来照顾她。而丽卡·米济诺娃经常一遇到紧急情况就生病，故而指望不上。紧接着安东自己也病倒了。1893 年 2 月 6 日，他在写给亚历山大的信中说：

　　1. 父亲病了。他的脊柱痛得厉害，手指发麻。非持续性发作，发作起来像心绞痛，从症状看像是老年病。他需要配合治疗，但是"老爷"脾气大得很，从不知道节制：白天吃烙饼，晚上要吃面粉热菜和各种质量很差的点心。他嚷着"我要瘫了"，但是不听人劝。

　　2. 玛莎病了。她发高烧，卧床了一个星期，我们觉得是伤寒。现在她好多了。

　　3. 我得了流感。什么都干不下去，心情烦躁。

　　4. 纯种小牛冻伤了耳朵。

5. 鹅啄掉了公鸡的鸡冠子。

6. 客人不停地来，还留下来过夜。

7. 村长要求我提供一份医疗报告。

8. 房子地基下沉，有些门关不上。

9. 温度持续在零摄氏度以下。

10. 麻雀在交配。

现在，安东需要亚历山大助他一臂之力。在彼得堡期间，安东·契诃夫发现他没有权利住在那里。他目前只是一个身份低微的乡下人，不再是莫斯科居民，要住在任何一个大城市里都要得到当局许可。他必须谋求到贵族身份，才能享有全部的公民自由。苏沃林替他想到了解决办 *289*
法，但具体操作要拜托亚历山大。于是，亚历山大去游说内政部的医疗部门，说服他们任命安东·契诃夫为编制外公务员。现在，安东与亚历山大和万尼亚一样，也享有了头衔和全部公民权利。安东受雇于彼得堡的一个政府部门（但不领薪水），他就只能居住在彼得堡；如果想住在莫斯科，他就只能休假，或者最好退职。于是，他在 1893 年的上半年保住职位，下半年退职。经过这样一番操作，安东·契诃夫就能在任何地方居住或旅行了。（他的父母亲要居住在梅里霍沃，仍然需要塔甘罗格警察局每年开具证明。）亚历山大因为此件大功而受邀来到梅里霍沃庄园，但他只带来了两个大儿子，娜塔利娅仍然没有得到邀请。现在，娜塔利娅的儿子小米沙已经两岁了，她的全部母爱都放在亲生儿子身上，继子都交给亚历山大去照顾。安东并没有因此同情或感谢亚历山大。亚历山大给家里寄来他在梅里霍沃拍摄的照片，或者印刷的萨哈林的插图照片。安东嘟囔说家里没有地方挂这些东西，还对亚历山大喜爱的透雕和摄影技术嗤之以鼻。

丽卡·米济诺娃又回到了梅里霍沃庄园。这里的病人在 2 月份都陆续恢复了健康，丽卡和玛莎结伴来农庄度周末。3 月时，丽卡在这里逗留了整整一个星期，从 3 月 23 号（她的命名日）一直待到复活节，但她依旧无法说服安东去莫斯科。她在 1893 年 4 月 1 日的信中写道："我为您制作了一些香水，如果您不快点来取，我就把它送给别人了……所有男人都是混蛋。快来！"帕维尔去莫斯科探望万尼亚，趁机将莫斯科的教堂转了个遍。玛莎和安东接手了帕维尔的家庭日记，继续记录。他们形象地模仿了帕维尔的"风格"：

> 3月18日：零下一摄氏度。谢天谢地，他们都走了，家里只剩下两个人，我自己和契诃娃太太。19日：玛莎和米济诺娃回来了……20日：妈妈梦见在夜壶上有一只母山羊，这是一个好兆头。21日星期天：谢马什科来了，我们吃了烤肉。22日：我们听到云雀叫。晚上有一只鹤飞过。谢马什科走了。23日：妈妈梦到一只鹅戴着牧师帽，这是一个好兆头。玛莎肚子疼。我们宰了一头猪。24日：我们做了香肠。

追求者再次让安东避之不及。2月时，钢琴老师亚历山德拉·波赫列宾娜不仅丢了学生，而且丧失了理智。她瞎扯说，一个吗啡上瘾的情敌为了获得安东的爱情雇人来攻击她。1893年3月，安东再次收到她的信："只要一想到您一点儿也不在意我的痛苦，我就要发狂，我觉得自己活不下去了。即便您真的不在乎我，也至少可以假装一下，让人觉得您喜欢我……"后来，波赫列宾娜家创办了一个冶金厂，她转去那里工作，从此才性命无虞，安东也清静了。安东还说服《演员》杂志发表了波赫列宾娜的一篇古怪的文章：《学习钢琴技能的新方法》("New Ways of Getting Piano Technique")。

这时，苏沃林和拉夫罗夫所代表的两个阵营之间爆发了战争，而安东·契诃夫在这两个阵营都曾安营扎寨。《俄罗斯思想》杂志撰文谴责苏沃林从1892年发生的巴拿马运河丑闻事件中获利。[1] 3月1日，安东与丽卡一起前往莫斯科，他平静地与《俄罗斯思想》的拉夫罗夫喝了五杯伏特加。3月5日，小阿列克谢·苏沃林闯进《俄罗斯思想》编辑

---

[1] 同一位记者也攻击安东·契诃夫是"一个没有立场或目标的作家"，希望"他更接近人性的苦难……"，然而，契诃夫现在并不计较《俄罗斯思想》的攻击。

部，将拉夫罗夫暴打一顿，行凶后扬长而去，乘坐夜间火车返回彼得堡。阿列克谢·苏沃林十分沮丧，这不仅出于廖里亚——他亲爱的小阿列克谢——造成的窘境，而且因为整个苏沃林家族都面临着公众的敌意。两个星期后，苏沃林夫妇和格里戈洛维奇夫妇动身前往维也纳。1893 年的大部分时间苏沃林都是在国外度过的。

此事不仅让安东丧失了一个朋友，而且导致他最重要的社会关系也被破坏。1893 年春天和夏天，因为小阿列克谢兄弟拦截父亲的信件，安东的信几乎无法送达老苏沃林的手中。在小阿列克谢·苏沃林的执掌下，《新时代》上的仇恨情绪日益严重。亚历山大为自己的饭碗战战兢兢，因为新老板既不搭理他，也不发表他的文章。《新时代》编辑部认为，安东·契诃夫与《俄罗斯思想》打成一片是对他的恩主阿列克谢·苏沃林无耻的忘恩负义。小阿列克谢·苏沃林声称安东写信辱骂了他的父亲老苏沃林。安东得知拉夫罗夫被袭后，在 3 月 11 日对玛莎说：

> 所以，我和小苏沃林之间的一切都结束了，即便他写信央求我也没有用。这个狗崽子，他自己整天脏话连篇，臭名远扬，而别人骂了他，他就大打出手。

安东告诉亚历山大，破裂的关系只能部分修复：

> 这座旧房子已经出现了裂痕，只能垮掉。我十分同情老苏沃林，他给我写了一封表示愧疚的信，也许我不会与他永久决裂；至于编辑部和小阿列克谢派系的人，看来我是不太可能与他们建立任何关系了。

《新时代》不仅失去了作家安东·契诃夫，而且渐渐流失了所有令人尊敬的投稿人，它的社会激情与热忱最终沦为沙文主义。就连《新时代》出版社的编辑也纷纷辞职、发疯，或者撰写匿名文章谴责它。老苏 *291*

沃林未能成功阻止《新时代》的反犹暴行，这成为影响他与契诃夫之间个人关系的裂痕。安东不再张罗去美国芝加哥参加国际博览会，因为小阿列克谢·苏沃林也打算去。[1]

奥尔迦·昆达索娃本来在诺沃切尔卡斯克研究数学，这时，她横跨俄罗斯来到莫斯科和彼得堡，来传播自己的研究成果。在苏沃林和契诃夫的矛盾中，她更加同情苏沃林。3月10日，她央求安东：

> 安东，苏沃林本来今天打算去费奥多西亚，但是推迟了。我本来打算让他给您带来一封信，信里提到了他在目前的精神状态下不能独自出行，我建议您陪同他去费奥多西亚。做个好朋友吧，陪他一起去，分散一下他的注意力，哪怕一点点……他想叫您去洛帕斯尼亚火车站见上一面，请做好准备。我只请求您一件事：对他一个字都不要提您从他手里得到的这封信的内容。请撕了它。

安东生硬地回复昆达索娃，说自己的神经也脆弱不堪，昆达索娃甚至没敢把信给苏沃林看。然而，阿列克谢·苏沃林很快就动身去了维也纳，听格里戈洛维奇讲性爱冒险故事了。3月下旬，苏沃林在威尼斯生了病，格里戈洛维奇照料他。4月中旬，格里戈洛维奇全家和安娜·苏沃林娜返回俄罗斯，而苏沃林购置下价值一千六百五十法郎的新家具，开始孤身一人在比亚里茨和巴黎旅行。

与安东不同，弟弟们决定结婚了。1892年11月之后，万尼亚的未婚妻亚历山德拉·廖索娃就不再来拜访梅里霍沃庄园了；1893年复活节，万尼亚与巴斯马尼亚学校的老师索菲娅·安德烈耶娃（Sofia Andreeva）——安东打趣她为"一位来自科斯特罗马（Kostroma）的长鼻子淑女"——订婚。（亚历山德拉·廖索娃后来告诉安东，"伊万让我不要再见他，因为他太恨我了"。）马穆娜女伯爵倒是继续来梅里霍沃做客。米沙在谢尔普霍夫附近的一个税务办公室找到了工作，所以1893

---

[1] 苏沃林家人和契诃夫都对未能成行松了一口气，因为当年俄罗斯能够展示的只是一班官僚，而这正是美国总统挖苦他们的笑柄。

39. 病室

年全年都住在梅里霍沃——这让安东着实恼火。但是，人们也慢慢不再提起米沙与马穆娜女伯爵的婚约，虽然米沙仍前往莫斯科，用家人开玩笑的话说，去拜访"政府办公室——一位穿红色短上衣的褐发女人"。然而，安东在 4 月 26 日告诉苏沃林：

> 复活节时，女伯爵写信来说，她要去科斯特罗马看望姑母，然后就杳无音信了。米沙期盼着她的消息，直到最近才听说她在莫斯科，于是就跑去看她。哈，真是无奇不有！他看到她家窗前和门口聚了一堆人。怎么回事？原来房子里正在举行婚礼，是女伯爵与一个金矿矿主的婚礼！这算什么事儿？米沙像疯了一样在我面前走来走去，把女伯爵写给他的柔情蜜意的信摔给我，让我来解决这个心理问题。

292

安东找到了一种英国作家鲁德亚德·吉卜林（Rudyard Kipling）所谓的女人的替代品，他在 1893 年 3 月写给建筑师朋友弗朗兹·谢赫特尔的信中说：

> 亲爱的弗朗兹，您能想象得到吗，我开始抽雪茄了……我发现它们味道更好，更有利于健康，更干净，当然也更昂贵。您是雪茄的行家，而我只是一个刚入门的业余爱好者。请告诉我，我应该抽什么牌子的雪茄，在莫斯科什么地方能够买得到？我现在抽的是"彼得堡十凯特"，叫作 El Armado，隆德雷斯出产，由哈瓦那进口烟草制成，口味很冲，长度上您可以比试着……［谢赫特尔此处涂掉了一个词"阴茎"］

谢赫特尔现在已经是一个名利双收的建筑师，他从里加（Riga）给安东送来了一百支哈瓦那雪茄。为表感谢，安东在 1893 年 5 月 1 日拜访了谢赫特尔，并给他留下了一支加了嵌条的雪茄，字条上面写着："吸此烟时立正，脱帽，口呼'上帝保佑沙皇'，有宪兵环立。"只不过

375

即便是世界上最好的雪茄也只能提供片刻欢愉。尼古拉·列伊金早就许诺过送给安东一件心爱的礼物，然而安排一再落空，终于，在4月5日，安东的愿望实现了。列伊金在日记中记录下了这件事：

> 胡杰科夫家的仆人要把胡杰科夫参加鸟展的鸟带回梁赞（Riazan）省乡下，正可顺路将两只腊肠犬送到莫斯科的契诃夫那里。

40. 腊肠犬的夏天

（1893 年 4—8 月）

4月15日星期四，玛莎·契诃娃从莫斯科返回梅里霍沃庄园时随 身携带了五磅猪油、十磅猪胸肉、十磅重的蜡烛，以及两只腊肠犬狗崽。玛莎给黑色小公狗起名叫勃罗姆，褐色的小母狗叫希娜（后来，安东给它们起的全名是勃罗姆·伊萨耶维奇和希娜·玛尔科芙娜）。它们到达梅里霍沃之前在莫斯科的万尼亚家待了一个星期，在那儿被圈在厕所里，而从火车站到梅里霍沃庄园的那段马车路程差点冻坏它们。安东写信对列伊金表示感谢：

> 两只小狗在所有的房间里窜来窜去，非常招人喜欢，对着仆人们叫唤个不停。它们被喂得很好，对这里有了家的感觉。一到晚上，它们就把窗台上箱子里的土和新种的种子拨拉出来，还把放在门厅里的胶皮鞋套叼到各个房间去。早上，我带着它们在花园里散步，农场上的那些家犬可是被它们给吓坏了，它们从来没有见过这么丑的怪物。小母狗比小公狗温和些，但它们的眼神都很友好，知道感恩。

两只小腊肠犬白天的任务是把鸡和鹅赶出菜园。1893 年 8 月 4 日，

契诃夫传

安东告诉列伊金：

> 勃罗姆灵活优雅，聪明有礼貌；希娜却又笨又胖，懒惰又狡猾。勃罗姆喜欢鸟雀，希娜则总在地上闻来闻去。它们精力过剩，成天叫个不停。每次受到惩罚，它们都很清楚为什么。勃罗姆经常呕吐，它对一只农场小母狗亲热起来，而希娜还是一个天真少女。它们喜欢穿过田地和小树林散步，但只有跟着我们才行。我差不多每天都要收拾它们一下，因为它们有时咬住病人的裤子不放，有时吃食时打架，等等。它们就睡在我的房间里。

安东对这两条狗的喜爱之情连米沙都觉得惊讶：

> 每天晚上，希娜都会来到安东面前，前爪扒在他的膝盖上，可怜巴巴又忠心耿耿地盯着他的眼睛看。他就换上另一副表情，用老年人那种断断续续的声音说："希娜！可怜的老东西！您应该去医院，在那儿，您就会觉得轻松多了啊——"他能花上整整半小时和狗说话，每个人都笑翻了天。然后轮到勃罗姆了，它也是把前爪扒在安东的膝盖上，大家再大笑一通。

4月下旬，饥肠辘辘的牛羊离开牲口棚，成群结队去吃草。又到了耕地和播种的季节，契诃夫家又要从早忙到晚了。天气转暖，各种疼痛、伤口随之复苏，精神疾病的患者也增多了。猩红热和麻疹等流行病迅速蔓延开来，而这时也是结核病患者的易发病期。安东·契诃夫几乎不在意自己的咳嗽，但却详细记录下了病人们的情况。托洛孔尼科夫一家是由农民晋升为磨坊主的，这家人让安东深感厌恶：一场热闹的婚礼后，新婚夫妇因为生殖器发炎而把安东紧急唤来；另有一个上了年纪的人娶了一位年轻新娘，也因为睾丸疼痛难忍而来寻求治疗。

政府担心霍乱再次暴发，要求契诃夫医生驻守当地，如果需要离开，不要超过几天。这一次，地方管理委员会给安东配备了一个助手。

40. 腊肠犬的夏天

这个护理人员名叫玛丽亚·阿尔卡达克斯卡娅（Maria Arkadakskaia），她做的病历记录让安东大惊失色。比如，7月11日，她写道："给我送来可卡因，我的牙齿要疼死我了。"进入8月份，霍乱疫情距离此地只有二十公里远了，而玛丽亚·阿尔卡达克斯卡娅吗啡上瘾得厉害，契诃夫一天也不敢把诊所交到她手上。8月初，他把她送到了位于米什切斯克的雅科文科的精神病医院——雅科文科只接收安东那里比较有趣的病例——然后独自应对局面。安东·契诃夫自己也需要吗啡。他在1893年4月19日给弗朗兹·谢赫特尔的信中说："我有痔疮，看起来很吓人，像葡萄一样，从后部成串地长出来……就是我父亲过去经常拳脚相加的那个部位。"他硬下心来准备去莫斯科做手术，但又病得无法出行：

> 我有二十几种毛病，痔疮是最主要的。痔疮让人全身都非常难受。这些小病小灾总是最叫人受不了，它能影响一个人的心理：我很恼火，变得令人讨厌，等等。我的治疗方式是禁欲和独居……[1]

痔疮成了安东不见丽卡的借口，他告诉她："一般的小毛病——不能出门。"于是在那个春天，两只腊肠犬——而非丽卡——成了安东的专宠。

安东向亚历山大发牢骚，说他的信送不到老苏沃林的手里。小阿列克谢·苏沃林让安东为《新时代》处理亚历山大的稿件，然而，这次契诃夫兄弟没有让小阿列克谢得逞，他们之间没有出现不和。那年夏天，契诃夫兄弟俩更加亲密了。亚历山大对娜塔利娅心怀不满，只在周末才去彼得堡郊外六十多公里的地方看望她和孩子们。戒酒五个月后，他再次患上了"流动性斑疹伤寒"和牙痛，他用安东给他做的树脂、乙醚、氨和薄荷醇混合物来治疗。5月15日，亚历山大建议安东采用"婚姻疗法"来治病：

295

---

[1] 安东·契诃夫给切尔科夫的编辑戈尔布诺夫–波萨多夫的信，1893年4月26日。

你只要下定决心结婚，情况就都会好起来。妻子绝对不能顶嘴，一句"闭嘴！"就能搞定……你要做的就是遵循一般法律，顺从柳德米拉婶子的意愿，从米特罗凡叔叔那里学习一些敬畏上帝的性交方式。

6月份，亚历山大·契诃夫来梅里霍沃庄园小住了一个星期。他发现，家人虽身在一个屋檐下，却都将不快压抑在心底，这让他难以忍受。1893年6月9日，亚历山大在洛帕斯尼亚火车站等待前往莫斯科和彼得堡的火车时，给安东写了一封叫人摸不着头脑的长信（该信由正巧抵达的丽卡带回了梅里霍沃庄园）：

我离开梅里霍沃时，没有与特拉蒙塔诺［他们给父亲起的绰号］告别。他在睡觉，就让他睡吧，愿他梦到熏鲑鱼和橄榄油……每次观察你，看到你那令人不快的生活方式，我总是非常心疼……在［母亲］看来，你是一个病人……还有那些狗，该死的狗，她喂够它们了……要终止这些误解、相互的责难、不可避免的痛苦、压抑的叹息和痛苦的泪水，唯一的办法是你最后的决定，只有你离开那里。母亲从来不理解你，将来也不会……放弃这些东西吧：你的乡村生活的梦想，你对梅里霍沃的爱，你在那里付出的所有劳动和感情……特拉蒙塔诺一直在吞噬你的灵魂，就像老鼠啃光牛脂蜡烛，这有什么意义呢？……你和我们妹妹的关系也不对劲儿，只要你说上一句好话，她就投入全部时间和精力来帮助你……丽卡马上过来了，我得收笔了。

亚历山大一离开（离开前，他在梅里霍沃田庄新挖的池塘里留下了一个漂流瓶，里面塞着一张用好几种文字写的纸条，号称是来自一艘失事的沉船），母亲叶夫根尼娅就前往一个修道院静修了三天。只有像亚历山大这样最亲密的人才能体会到，安东的肉体之痛、精神压力和难遣的孤独让他怎样烦躁不安，而他又怎样无情地折磨着妈妈和妹妹，虽然他绝非有意为之。

1893年夏天，安东·契诃夫鲜有新作问世。他否认正在创作一部 **296**
有关西伯利亚流亡者和狱卒的幽默剧，只靠先前的作品维持着自己的文
名。1893年3月，《俄罗斯思想》发表了契诃夫的《匿名氏故事》，当
时几乎无人知道，五年前契诃夫由于其政治主题敏感而放弃了这个故
事，现在只是重新捡起了它。在这个故事中，一个革命者（也就是故事
的匿名叙述者）被派驻到一位政府要员的儿子身边做听差，但其实是为
了监视他。然而，他背弃了自己的革命使命，与他的监视人的情妇私奔
了。这个私奔的女人在威尼斯分娩后服毒而死（在契诃夫的成熟作品
中，只有三名女主人公死去，其中两人都死于结核病）。后来，革命者
返回俄罗斯，将女人产下的女婴交给了敌家。在安东·契诃夫的所有故
事中，《匿名氏故事》是唯一一篇以彼得堡为背景、涉及革命者和贵族
拥护者的作品，这使得这个故事看起来更具有屠格涅夫作品的色彩，而
非契诃夫的。更好地反映出安东这一时期生活的作品是《大沃洛嘉和小
沃洛嘉》。故事中孤独的女主人公或多或少地暗示出，丽卡·米济诺娃
是安东的创作素材，而非创作灵感。而丽卡·米济诺娃将从安东更多的
作品中窥见自己脆弱的性格，甚至预见到自己不幸的命运。

1893年，阅读与创作一样在安东的生活中占据着重要的位置。左
拉的小说《帕斯卡医生》（*Dr Pascal*）正在俄罗斯连载。在这篇小说中，
帕斯卡医生致力于研究人类的身心健康，捍卫人文主义，不赞成他的侄
女克洛蒂尔德所尊奉的基督教的虔诚。然而，克洛蒂尔德为了抚慰他
的身心，成了他的情妇。在外人眼中，安东在梅里霍沃期间与玛莎的生
活似乎就是理想化的《帕斯卡医生》。因此，一待安东与阿列克谢·苏
沃林恢复联系，两人马上就热烈地讨论起这部小说来。这期间，梅里霍
沃的家里发生了一件"喜事"：7月9日，万尼亚与教师索菲娅·安德
烈耶娃在当地教堂结婚了。六个星期后，安东向苏沃林抱怨家里拥挤不
堪，因为万尼亚夫妇和无家可归的长笛手伊万年科成天在眼前转悠。有
一天，安东·契诃夫吃了一顿丰盛的正餐后，灵感造访了他。他从噩梦
中醒来，告诉米沙，他梦见了一位穿着黑衣服的修士。故事《黑修士》

（"The Black Monk"）创作于 1893 年底，开篇部分描写的工人在花园中拼命保护花朵免受霜冻的情景就来自他自家樱桃园的经历。故事中还写到了过度劳累导致罹患精神病和结核病，这显然是受到弗谢沃洛德·迦尔洵遭遇的影响。它还需要一个音乐般的主题来厘清故事的布局。

1893 年 8 月，将音乐带到梅里霍沃的人出现了，他就是伊格纳季·波塔片科，而将这位"音乐使者"带回安东生活的人是苏沃林。话说阿列克谢·苏沃林直到 5 月还延宕在巴黎，为了消磨时间，他天天与皮蒂沙普利特里埃医院的医生们流连于红磨坊或珠宝店，只有 6 月 19日（儒略历 6 月 7 日）的日记才流露出一丝生气：

297
> 回到旅馆，我看到一封波塔片科的来信，他开口向我借三四百卢布。今天，我给了他三百卢布……玛丽亚［波塔片科的第二任妻子］……说她要治病，必须做一个手术，但是他们无钱支付。波塔片科工作非常努力，可以说是毫不惜力，但事实上他已经精疲力尽了。他的工作效率非常高。

伊格纳季·波塔片科未经邀请就与彼得·谢尔盖因科结伴来拜访梅里霍沃庄园。安东暗自皱眉，因为在他的记忆中，波塔片科还是谢尔盖因科在 1889 年介绍他认识的那位"无聊之神"。谢尔盖因科这个人本来就十足乏味——整个 1893 年，他一直敦促契诃夫与他一起去"朝觐"列夫·托尔斯泰，而安东对这个提议十分抗拒。有一次，契诃夫从莫斯科的一个公共浴室逃掉就是因为他得知托尔斯泰在那里。安东·契诃夫希望独自去拜见托尔斯泰，不用谢尔盖因科的引见，甚至连托尔斯泰的儿子廖夫什卡也不用。

夏天时，病人们死掉了，大雨冲走了一年的收成，安东心情压抑。8 月 1 号，波塔片科和谢尔盖因科到达梅里霍沃庄园。此时已经由"无聊之神"演化成"娱乐之神"的波塔片科化解了安东的郁闷。波塔片科的足迹遍及安东庄园的每一个角落，甚至那个新挖的泥泞池塘他也去探看过。虽然苏沃林曾警告过安东，说波塔片科可能是一个骗子，但安东告诉苏沃林，他对波塔片科的印象改变了："他在敖德萨给我留下的印象误导了我……波塔片科歌唱得很好，会拉小提琴。除了拉小提琴和在客厅唱歌之外，我们二人也度过了一段非常有趣的时光。"用安东的话说，这只敖德萨的"乌鸦"已经蜕变成了莫斯科的"老鹰"。安东与伊格纳季·波塔片科无所不谈，其亲密程度堪比他和苏沃林的友谊。几天之内，波塔片科就成了安东的"知己"。波塔片科完全被安东的魅力俘获了，也知晓了他的秘密。伊格纳季·波塔片科回忆说：

> 安东是这个家庭的灵魂。他的喜怒哀乐主宰着一切，大家做任何事情都是为了让他高兴。他对待母亲很温柔，而对父亲只能称得上是孝敬……他说父亲曾是个暴君……父亲给他的童年蒙上了阴影，在他的灵魂中培植了反抗专制的信念。[1]

童年被强迫参加教堂唱诗的经历至今仍影响着安东，他和波塔片科一起唱歌时，"（唱的）不是情歌，而是教堂音乐……他的低音相当响亮。他对礼拜仪式非常熟悉，喜欢组织即兴家庭合唱"。丽卡·米济诺娃故伎重演，如同上次利用列维坦一样，现在她要利用伊格纳季·波塔片科来刺激安东。丽卡加入他们的歌声中，在波塔片科的小提琴的伴奏下一展歌喉，演奏的音乐是加埃塔诺·布拉加（Gaetano Braga）的《瓦拉几亚传奇》（"Wallachian Legend"）。《黑修士》的主题与形式就这样诞生了。就如俄国作曲家德米特里·肖斯塔科维奇（Dmitri Shostakovich）指出的那样，《黑修士》在结构上体现出了一种完美的奏鸣曲式。而在现实生活中，波塔片科与丽卡二人不期而遇，如同《瓦拉几亚传奇》中的不谐和音一样，他们二人之间也产生了弦外之音。*298*

那年夏天，伊格纳季·波塔片科成了帮助安东杀出重围的天降神兵。在彼得堡，波塔片科盯着苏沃林的会计师重新计算了安东的债务。安东这才知道，他欠苏沃林的债务是两千卢布，而不是三千四百八十二

---

［1］ 伊格纳季·波塔片科回忆录，见《同时代人的回忆》。

卢布；安东原本计划把自己几本书的版权卖给苏沃林十年，这样一来，他就不用再考虑这个计划了。[1] 波塔片科也因为可以从出版商那里提成而扬扬得意。波塔片科不但要给巴黎的第二任妻子玛丽亚治病，而且要供养住在克里米亚的满腹牢骚的第一任妻子。不过波塔片科永远兴致勃勃，精力充沛。所有问题，甚至安东的难题，到他这儿都成为好玩的事情；任何事情到他手里都能顺遂起来，安东的痔疮、咳嗽以及亚历山大信中指出的抑郁症都不成为问题了。

8月11日（儒略历7月30日），归家途中的阿列克谢·苏沃林从德国的斯图加特给安东寄来一首诗，流露出他对处境多么绝望。诗作结尾说道：

> 我感觉到有苍蝇在爬
> 就在我的大脑皮膜上……
> "这可不是苍蝇落在您的脑袋里，"
> 外科医生笑着回答，
> "老年已至，您的大脑
> 正被分分秒秒地吃掉，
> 吃出来的窟窿水来填满。"

苏沃林于8月回到彼得堡，向安东描述了自己的症状。安东告诉他无须多虑，苏沃林又独自坐火车返回了西欧。

---

[1] 阿列克谢·苏沃林并非故意欺骗安东·契诃夫，《新时代》账目混乱是人所共知的。

41. 快乐的阿维兰

（1893 年 10—12 月）

1883 年直到 10 月下旬，安东·契诃夫才从庄园抽出身来去莫斯科。 *299*
然而，无论是去谢尔普霍夫办事，去参加会议，还是去探望奥尔迦·昆
达索娃，他都是当天往返。尽管这一年的秋收成果一塌糊涂，但自从伊
格纳季·波塔片科来访后，他一直情绪高昂。他们新挖了一口井，鱼儿
在新池塘中游来游去，菜园里的西瓜也有收获。《俄罗斯思想》编辑部
开始成系列发表安东·契诃夫的专著《萨哈林岛》（该书后来才结集出
版）。尽管这本书内容低调，但是它给契诃夫赢得了敬重：他现在像托
尔斯泰一样，是国家的良知。

安东慢慢地对彼得堡也失去了兴趣，算来他已经有将近两年没有去
那里了。阿列克谢·苏沃林还在国外周游，他与当世小说家左拉和都德
都有来往，曾给他们出版过作品的俄文版本。亚历山大·契诃夫在《新
时代》被彻底边缘化了。继结交了波塔片科之后，安东一心寻觅新知
己，冷落了老朋友。老诗人普列谢夫在巴黎中风去世，安东对此无动于
衷。一些爱慕安东的女人也感觉到了这种变化，纷纷退避三舍。1893
年秋天，奥尔迦·昆达索娃写道：

（9 月 25 日）我认为，独居对您来讲不是坏事。

（11月17日）我既想又不想去拜望您。一个人独处时可以主要靠幻想活着，但与人分离后感觉更加糟糕。对您全心全意的昆达。

现在，奥尔迦·昆达索娃和阿列克谢·苏沃林都意识到，他们的共同点不仅在于都热爱安东·契诃夫，而且他们二人都有狂躁型抑郁症的精神病症状。昆达索娃的应对策略是寻求治疗，而苏沃林则是想办法转移注意力。尽管昆达索娃与苏沃林的政治观点截然相反，但他们相互尊重，甚至彼此颇有好感，在接下来的十年中也互相扶持。苏沃林不断给予昆达索娃以金钱上的资助，这让她几乎透不过气来："不要以为不劳而获的前景能迷惑住我。"[1]

1893年10月16日，安东收到了一个女人表达决绝之情的来信："我觉得，我今天会写出许多蠢话来，所以——再见吧！对您不仅仅是尊重的亚历山德拉·波赫列宾娜。"秋天到了，丽卡·米济诺娃更少来梅里霍沃庄园了。莫斯科有更加丰富多彩的社交生活吸引着她，同时，在勒热夫斯卡娅学校的教学工作也把她绑在了莫斯科。安东往日的追随者亦各奔东西，比利宾、谢格洛夫和格鲁津斯基都感到自己被忽视了。叶若夫气急败坏地给安东写信说："批评者在门后上蹿下跳，咬住我的裤脚……我完全成了一个招人讨厌的人，现在就像一个喝醉了酒的农民一样给您写信。"[2]叶若夫把幽默小品《忧伤男孩》（"The Sad Boy"）发给《娱乐》编辑部后，所有编辑都把他拒之门外。在这个故事中，两个女人问一个街头小乞丐住在哪儿，"'住屋里。'男孩粗鲁回答后扬长而去"。

从彼得堡传来一则令人心痛的消息。10月25日，彼得·柴可夫斯基去世，据说死于霍乱。阿列克谢·苏沃林素来对八卦新闻嗅觉灵敏，他早就注意到，柴可夫斯基以类似丈夫和"妻子"的关系，与诗人阿普赫金（Apukhtin）生活在一起，但是，他从未捕捉到任何自杀或同性恋丑闻的蛛丝马迹。整个俄罗斯都陷入了悲哀，没有成功救活这位著名作

[1] 见俄罗斯档案馆，459 1 2161：奥尔迦·昆达索娃给阿列克谢·苏沃林的信，1891—1908。
[2] 见图书馆手稿部，331 43 11g：N. 叶若夫给安东·契诃夫的信，1893年4月16日。

曲家的伯滕森（Bertenson）医生成了他们的出气筒。安东对柴可夫斯基的去世的反应与对普列谢夫离世一样平静。就在同一天，他从大哥亚历山大那里听到自己"死期将至"：

> 你，我的朋友，得了严重的肺结核，马上就要死了。安息吧！今天，列伊金来到我们办公室，带来了这个不幸的消息……他说这话时流下了痛苦的泪水，还声称，你只向他一个人吐露过年纪轻轻就死于绝症的遗憾。

亚历山大警告安东，如果他没有马上死去的话，人们就会指责他有意吸引眼球。

为了挫败谣言，更为了享受生活，安东·契诃夫立即采取行动。1893 年 10 月 27 日，他放下诸般杂事，直奔莫斯科，一直待到 11 月 7 日才回家。11 月 25 日，他又返回莫斯科，名义上是审读专著《萨哈林岛》的稿件，这次更是逗留了四个星期之久。在莫斯科期间，安东得到一个新绰号——"快乐的阿维兰"。当时为了庆祝新俄法联盟，法国以庆祝酒神节的规格热情款待了俄罗斯帝国海军上将阿维兰（Admiral Avelan）。安东之所以得到这个绰号，是因为他如同阿维兰上将一样也在莫斯科尽享美酒、赞誉和美女。丽卡·米济诺娃初见安东时的快乐心情很快消失了，因为她发现，她只不过是围绕在安东身边的数个女人中 *301* 的一个。

安东-阿维兰"分舰队"的成员，除了波塔片科、谢尔盖因科、"记者大王"吉利亚叔叔（吉利亚罗夫斯基），还有《演员》杂志的主编，走起路来总是呼哧带喘的库马宁——"分舰队"的活动无疑更是缩短了他的寿命。他们一群人出没在莫斯科的卢斯库特纳亚旅馆、卢浮宫旅馆和马德里旅馆，丽卡和她的朋友，歌剧新秀瓦里亚·埃贝勒（Varia Eberle）与他们一起玩乐。后来，两个来自基辅的女人也加入了他们的"分舰队"。

这两个女人中的一个就是塔妮娅·谢普金娜-库别尔尼克。塔妮娅当年十九岁，身高不到一米五，她的血管里流淌着俄罗斯著名演员谢普金的血液。她的父亲列夫·库别尔尼克（Lev Kupernik）是一名律师，也是一个生活放荡的男人。塔妮娅当时因为翻译法语和英语诗文而小有名气，她尤其青睐那些有着强悍女主人公的剧本，比如《萨福》《驯悍记》《遥远的公主》。同时，她也是一个同性恋情诗诗人。她本就认识米沙·契诃夫，但现在她的兴趣转移到了安东身上。塔妮娅令很多男人为之倾倒，她也是安东最看重的当代女作家。她性格莽撞，大家根据她的父姓"库别尔尼克"取近音而叫她"翻筋斗"。

塔妮娅·谢普金娜－库别尔尼克住在莫斯科的马德里旅馆。从这个旅馆出发，通过一道隐秘通道（被他们戏称为"地下墓穴"或"比利牛斯山脉"），不必走到大街上就可以到达卢浮宫旅馆；而卢浮宫旅馆住着塔妮娅的挚爱，二十三岁的基辅女演员利迪娅·亚沃尔斯卡娅（Lidia Iavorskaia）。她们的同性恋情开始于争吵：塔妮娅否认她在基辅诽谤过利迪娅。在1893—1894年，女演员利迪娅心目中的爱人不只有塔妮娅，她还与很多人关系暧昧，包括她的老板科尔什（科尔什剧院经理）、海关部门的某官员、安东·契诃夫，也许还有伊格纳季·波塔片科。与塔妮娅一样，活泼可爱的利迪娅·亚沃尔斯卡娅也通晓多种语言。她的家庭有些背景，父亲赫帝贝涅特出身于胡格诺教派，是基辅的警察局长。赫帝贝涅特警长生活放荡，以自我为中心，睚眦必报，然而又很慷慨——在这一点上，女肖其父。赫帝贝涅特帮助女儿亚沃尔斯卡娅，更确切地说，是强迫她走上舞台，幸好她的性感弥补了肤浅。在莫斯科，剧院老板科尔什被她迷得晕头转向，请她出演《茶花女》。利迪娅·亚沃尔斯卡娅闯进安东的生活，在他的心理上引起了欲望与厌恶的双重感觉。然而这两位"卢浮宫的性感妖女"也与伊萨克·列维坦打情骂俏，列维坦亲昵地称她们为他的"小姑娘们"，这令安东内心十分反感。

302　　塔妮娅·谢普金娜－库别尔尼克和利迪娅·亚沃尔斯卡娅之间强烈的同性之爱，为安东－阿维兰分舰队"航行"于各个剧院、饭店和旅馆房间提供了源源不断的动力。利迪娅将塔妮娅的来信都销毁了，但塔妮

娅保存下了她们之间所有的来往信件。大量的书信和卡片——有俄文也
有法文，有诗也有散文——记录下了利迪娅对女诗人爱情的回应：

> 我们走吧……我等着你。我亲吻你，如同我对你的爱一样强
> 烈。利迪娅……
>
> Cette nuit d'Athenes etait belle. Le beau est inoubliable. Cher poete,
> si vous saviez quel ma! de tete ...
>
> J'attends le vice supreme et je vous envoie votre dot.
>
> Ma petite Sappho. Venez immediatement, urgent ... [1]

安东观看了利迪娅·亚沃尔斯卡娅出演的维克托里安·萨尔杜
（Victorien Sardou）创作的《桑·热纳夫人》（*Madame Sans-Gene*），她
在剧中扮演拿破仑的情妇卡特里娜·哈勃舍尔。1893 年 11 月 11 日，安
东在写给苏沃林的信中发泄怒气说：

> 我在那个乌烟瘴气的环境中待了两个星期。我去莫斯科的目的
> 就是狂欢和结交新朋友，大家开玩笑地叫我"阿维兰"。我从来没
> 有感到这样自由自在过。首先，我没有固定住处——我想住在哪儿
> 就住在哪儿；其次，我至今还没有得到签发的通行证，而且……到
> 处是少女、少女、少女……最近，我完全被无聊所左右，对人群感
> 到前所未有的厌倦，文学成为我的亚比煞［大卫王晚年的安慰者］。

就在同一封信中，安东还断言，所有的思想家到了四十岁时都会
变成性无能。他暗示说，只有野蛮人才能性功能强劲，尽管他希望自

---

[1] 译文为：那个雅典之夜很美。美丽得令人难忘。亲爱的诗人，但愿你知道头痛的
滋味……
我在等待最大的堕落，给你送来你的嫁妆。
我的小萨福，快来吧，马上。
见俄罗斯档案馆，571 1 1204：利迪娅·亚沃尔斯卡娅给塔妮娅·谢普金娜－库别尔
尼克的五十一封信，1893 年。

己——用阿普列尤斯（Apuleius）的话说——能继续"拉弓射箭"。

塔妮娅和利迪娅用尽浑身解数，来博取安东·契诃夫的欢心。11月7日他离开莫斯科后，塔妮娅给他写来一首诗（写在利迪娅给她的一封情书的背面）：

> 在我们所有梦境中都见阿维兰
> 目之所见都让我们想起这个人，
> 穿过他卷涌起的玫瑰色的薄雾
> 悄然驶进我们的房间。[1]

塔妮娅经常全权代表利迪娅给安东传递纸条。11月底，一张送到54号房间的便签上写着："您或许愿意屈尊光临鄙室8号房间。我无法表达女主人将有多么荣幸。塔季扬娜·K.。[2]"利迪娅·亚沃尔斯卡娅将目光投向了安东，这可吓坏了丽卡·米济诺娃。丽卡喜欢玩乐聚会，有时也在传递给安东的纸条上加上一两句话，但她心底难掩羞辱之感，甚至涌起深深的厌恶，想要退出。因为就在这年夏天，安东对她声称自己太老了，不适宜做情人了；但是她现在眼见着他屈服在"卢浮宫的性感妖女"的掌控之下。11月2日，她对安东发出警告：

303

> 我知道您对待我的态度——要么是居高临下地怜悯，要么是不屑于理睬……不要再邀请我去您那里——我们不要再见面了！——这对您来讲无关紧要，但是也许能帮助我忘记您。我只是不能在12月或1月之前走，否则我现在就会离开……

两天后，安东已经返回梅里霍沃庄园，丽卡又写信道：

---

[1] 见图书馆手稿部，331 64 2：T. L. 谢普金娜－库别尔尼克给安东·契诃夫的信，1893—1900。

[2] 塔季扬娜是塔妮娅的大名，K代表姓氏库别尔尼克。——编注

41. 快乐的阿维兰

我早上八点钟才上床睡觉。亚沃尔斯卡娅女士和我们在一起，她说契诃夫真是迷人，她很确定想要嫁给他。她请我帮忙，我答应她会尽一切努力，来实现你们共同的幸福。您如此友善，平易近人。我总在想，我不该觉得您很难应付才对。

利迪娅·亚沃尔斯卡娅和安东就在玛莎的公寓里约会（玛莎当时回了梅里霍沃庄园）。1894年春天，利迪娅回忆起他们在11月某个晚上的一次谈话：

我从一个总是骚扰我的人那里逃走，全身心地投入您的怀抱……您却不停地问我："我这是在追求什么呢？"我忽然从心底对这个男人涌起既厌恶又怜悯的双重感觉，它们在激烈地斗争着。您，作为一位艺术家，作为一位心理学家，作为一个人，告诉过我一个人有权利处置自己的感情，爱或不爱，应该完全服从内心的感受。[1]

利迪娅·亚沃尔斯卡娅想方设法要让契诃夫答应为她创作一个剧本，剧本的名字叫《白日梦》。

安东的全副心思都在这两个妖冶的女人身上，连阿列克谢·苏沃林都顾不上了。安东在11月28日给苏沃林写信说："出于某些不便相告的原因，我不能和您待在一起了，而是要住在莫伊卡河边的俄罗斯旅馆。"苏沃林非常难过，回信道：

1893年11月30日，早上7点。是的，早上7点。情况太糟了，天啊，我根本睡不着觉，我不知道怎样才能结束这种状况，何时才能结束……我什么时候能叫您来彼得堡？好吧，既然您住在遥远的俄罗斯旅馆，在我看来，您也许也不在莫斯科？这也许对您有好

---

[1] 见图书馆手稿部，331 64 34：利迪娅·亚沃尔斯卡娅给安东·契诃夫的信，1893—1896。

处。虽然我觉得我们也不会太麻烦您，但这真的让我十分难受。[1]

而安东给苏沃林的下一封信，对苏沃林来讲不啻一个更加沉重的打
击。安东·契诃夫已经会晤了莫斯科出版商伊万·瑟京（Ivan Sytin），
304 安东很喜欢这个"唯一一家拥有俄罗斯嗅觉，从不任意摆布农民客户
的俄罗斯出版社"。安东与伊万·瑟京起草了一份合同，瑟京付给他两
千三百卢布，购买了他已发表的故事的版权。从此，安东·契诃夫只在
莫斯科的期刊上发表作品，而不再在彼得堡发表了。《北方先驱报》的
新编辑柳博芙·古列维奇（Liubov Gurevich）彻底放弃了希望，不想
再说服契诃夫为《北方先驱报》写一篇有影响力的故事。于是，1893
年11月，她语气坚决地要求契诃夫马上退回她已付的四百卢布约稿定
金——安东对此大发雷霆，咒骂她是犹太佬。安东只好给苏沃林发电报
求助，而苏沃林毫不犹豫地为他付了这笔钱。安东·契诃夫一向很少退
回约稿定金。谢格洛夫曾在日记中吹嘘："世界上有四个'定金之王'：
我，契诃夫，波塔片科和谢尔盖因科。"[2]

12月19日，安东感到身体不适，自己回了梅里霍沃庄园。他让丽
卡空欢喜了一场，因为她原本希望能与他见上一面。万尼亚带着妻子索
菲娅也来了梅里霍沃庄园，契诃夫家人又团聚了。他们邀请丽卡·米济
诺娃来过圣诞节，而她在1883年12月23日写的回信中出现了一个新
名字——伊格纳季·波塔片科：

> 亲爱的［划去了"伊格纳"］安东，虽然我一直在外旅行，但
> 是这次恐怕去不成梅里霍沃了——天气太冷了，我胆敢请求您（当
> 然，您得能接到这封信才行）给我和波塔片科送一些保暖的东西
> 来。波塔片科在您的请求下，出于友谊之情，将会陪伴我，可怜的
> 人！……在埃尔米塔什，人们一直追问我，您为什么这么长时间没
> 露面。我回答说，您正忙着为亚沃尔斯卡娅的福利演出写剧本呢。

---

[1] 见《契诃夫全集》，5，506；亦见俄罗斯档案馆，459 3 12。
[2] 见《文学遗产68》，479—492：列昂季耶夫－谢格洛夫的日记。

41. 快乐的阿维兰

波塔片科在信后加了一段附言，声称他有义务把丽卡带到梅里霍沃。[1] 就在那个圣诞节，伊万年科写信警告了安东：

> 赶紧到莫斯科来，挽救她免于坠入地狱吧，不是我，是她。她就像期待上帝一样期待着您。丽卡现在酷爱黑白啤酒，她还有一些问题，都是她的秘密，她只会对您讲。[2]

安东并未赶去莫斯科英雄救美。丽卡·米济诺娃至此明白，自己已被易手他人。12 月 27 日，堂亲格奥尔基从塔甘罗格来到梅里霍沃庄园。帕维尔去了莫斯科，尽他所能地多参加教堂弥撒。安东给《俄罗斯思想》的编辑维克托·戈尔采夫写信时说："波塔片科和丽卡刚刚到达，波塔片科已经在引吭高歌了。但真是让人伤心啊，您简直想象不到！"安东接着写道："丽卡也开始唱歌了。"

[1] 见图书馆手稿部，331 56 36a：伊格纳季·波塔片科给安东·契诃夫的信，1893—1895。亦见《通信集》，II，1984，62—76。
[2] 见图书馆手稿部，331 46 1b：亚历山大·伊万年科给安东·契诃夫的信，1892—1894。

42. 女友云散

（1894 年 1—2 月）

　　1894 年元旦，波塔片科和丽卡结伴离开了梅里霍沃庄园。第二天，安东给苏沃林的信中说：

> 家里这些客人实在让我受不了了，虽然有一位令人愉快的客人——波塔片科——一直在唱歌……天文学家［昆达索娃］在餐厅里喝咖啡，歇斯底里地大笑，伊万年科和她在一起，我弟弟的妻子在隔壁，等等。

　　这个冬天，帕维尔在他"乐观积极"的儿子万尼亚的陪伴下，心情比较愉快。帕维尔在莫斯科逗留到 1 月 10 日，在此期间，亚历山大来莫斯科探望了父亲，但他没有去梅里霍沃。1 月 12 日是塔季扬娜日，梅里霍沃庄园最后一个讨厌的客人返回了塔甘罗格，安东马上动身去了莫斯科，住进了卢浮宫旅馆的 54 号房间，去找他的两个风流女友。米沙·契诃夫决定永久地离开梅里霍沃，因为安东的表现让他觉得梅里霍沃不再需要他这个弟弟了。尽管米沙一直为农庄操持张罗，但安东十分看不惯他的自私自利。（伊格纳季·波塔片科也不喜欢米沙，说他"像所有税务稽查员一样让人摸不透"。）米沙申请从谢尔普霍夫税务办公

室调转工作。1894 年 2 月 15 日，米沙前往北方城市乌格里奇（Uglich）
接受工作面试。乌格里奇曾类似一个流放之地，中世纪的沙皇常将不待
见的人打发到那里去。2 月 28 日，米沙离开了梅里霍沃，前往乌格里
奇担任税务稽查员。他在梅里霍沃的劳动经验凝结成了一本小农场主实用
手册《粮仓——农业词典》（*The Granary: A Dictionary of Agriculture*）。
一年后，《粮仓》一书由《俄罗斯思想》编辑部出版，四年内销售了
七十七本。

　　安东·契诃夫的创作休眠期亦已结束：从 1893 年 12 月 28 日到
1894 年 1 月的第一个星期，莫斯科的读者不仅读到了《萨哈林岛》的
新章节，还饱享了三个故事：在《俄罗斯报》上发表的《大沃洛嘉和小
沃洛嘉》，在《演员》上发表的《黑修士》，以及在《俄罗斯思想》上发
表的《女人的王国》（"A Woman's Kingdom"）。然而，这三个故事均未
得到好评：《大沃洛嘉和小沃洛嘉》中的性爱描写因为引起了编辑的恐
慌而被删除。（安东给他的法文译者，来自波尔多的朱尔斯·莱格拉斯
［Jules Legras］教授的版本，是完整的故事。）《黑修士》后来名声很大，
是契诃夫的故事中第一个被翻译成英文发表的作品。从情节上看，这篇
小说算得上是一个悲惨的爱情故事，但它在结核病和自大狂症上体现出
的专业知识反而更加引人注目：一个富有才华的学者娶了旧日监护人的
女儿为妻，然而他结婚后得了精神疾病，身陷沉疴，最终离她而去。这
个故事不仅体现出霍夫曼式的音乐（布拉加的挽歌）与超自然力现象
（黑修士的幻象）的组合，而且与《第六病室》或《樱桃园》一样，蕴
含着一定的政治寓意。这个故事的大半都发生在一个欣欣向荣的果园
里，而果园最终随着主人公的毁灭衰败了下去。读者不难将专横的果园
主人，即主人公的岳父与独裁者挂起钩来，把疯掉的主人公与叛逆者联
系起来，而这个果园就是俄罗斯的象征——这种联系在《樱桃园》中被
直截了当地表现了出来。然而，出版《黑修士》的库曼宁对谢格洛夫评
论说："这个故事非常没有意思，很怪异。但是，您知道，契诃夫毕竟
名声在外，不给他发表会很难堪。"

　　《女人的王国》则是安东·契诃夫在写作上的一个新尝试。故事主

306

395

体是以铸铁厂为背景的三个故事片段，主要反映出苦难的工人与孤独的年轻女工厂主之间的异同之处。这个故事还显示出左拉和陀思妥耶夫斯基对契诃夫的影响：这里不仅有左拉风格的工业地狱图景，而且有陀思妥耶夫斯基描述过的女主人公彻底失败的慈善事业。如果萨佐诺娃在日记中的猜测正确的话，那么故事女主人公安娜·阿基莫芙娜的形象是以安娜·苏沃林娜为原型塑造的，而铸铁厂则是苏沃林帝国的一个讽喻。然而，激进派们并没有看到这一点，他们反而认为契诃夫对铸铁厂的描述不仅"不道德"，而且"沉溺于细节"。评论家还认为，《黑修士》过分夸大了一个精神病病例的发展史。新作品没有激起明确的反响，这让安东·契诃夫非常失望。莫斯科大学明确拒绝将《萨哈林岛》作为聘请安东·契诃夫讲授社会医学的学术论文，苏沃林上下游说，希望它能获奖，但终究徒劳无功。

307　　遭到批评家和学者傲慢拒绝的安东也接受了丽卡·米济诺娃的移情别恋。奥尔迦·昆达索娃意识到这可能是重获安东爱情的机会，于是在 1894 年 1 月底主动给安东写信："如果您想让我去您那里，请安排好马车，在［2 月］4 日星期五去接邮车，取回您的信件。我会留下过夜，然后去米什切斯克。然后我们天堂再见吧。"安东对苏沃林说，昆达索娃一定是疯了，但她这次并没有来。奥尔迦·昆达索娃继续为雅科文科的精神病医院工作，直到一年后，她才再次走进安东的生活。

　　洛帕斯尼亚和梅里霍沃的当地人都注意到，丽卡·米济诺娃在 1 月 29 日和 2 月 22 日来过梅里霍沃庄园两次，但离开的时候安东都没有随行，与她一起离开的是伊格纳季·波塔片科。在 1894 年 1 月 16 日（安东的三十四岁生日）和 2 月 25 日（这也是最后一次），她分别两次独自与安东见面，波塔片科并未在场。丽卡和波塔片科在 1 月 31 日离开梅里霍沃时，在送他们去火车站的雪橇上有两只狗崽。这是腊肠犬希娜在厨房里与一只叫卡塔的家犬交配产下的小狗，是典型的契诃夫式的安慰礼物。波塔片科与丽卡越亲密，安东就越对他赞不绝口。他在 1 月 10 日对苏沃林说："您对波塔片科的看法是绝对错误的，在他身上找不到一丝狡诈的痕迹。"波塔片科和丽卡对安东也不隐瞒他们的感情。波塔

42. 女友云散

片科曾邀请"安东尼奥先生"来莫斯科庆祝塔季扬娜日，并对安东说（1月8日）："……丽卡出门了，我十分难过，我爱她爱得几乎神魂颠倒。"伊格纳季·波塔片科拼命写作赚钱，来支撑自己的新生活。他继续给安东当代理人，收集版税、处理手稿。2月中旬，他甚至与精明的出版商人，流行月刊《小麦田》的老板阿道夫·马克斯（Adolf Marx）谈判，说服马克斯给安东的一本小说付了定金；安东计划在1895年完成这部小说。在马克斯签署的协议书的背面，波塔片科给安东写道：

> 我告诉他说，我觉得契诃夫需要离开这里，去一个让人心情愉快的国家，但家务事缠身，无法成行……安东，亲爱的，到一个天空晴朗的地方去吧，意大利、埃及、澳大利亚，哪里都没有关系。这很重要，因为我注意到您疲惫得很……请原谅我干涉您的生活，但是，我爱您，几乎就像一个女孩子一样爱您。

丽卡·米济诺娃的来信暗示安东，她仍然可以回头：

> 我全心全意地爱着波塔片科！我们真不知该怎么办，天啊！反正您总有办法甩掉我，把我推给别人！我真是可怜伊格纳季——他不得不旅行那么长时间（指前往梅里霍沃庄园），更糟糕的是，还得说话！糟透了！您得请求他原谅您，让他这样遭两天罪。
>
> （1月22日）亲爱的安东，我有件事情要麻烦您。我把我的十字架落在梅里霍沃庄园了。不戴着它，我觉得不舒服……看在上帝的分上，让阿纽塔找找看，然后请您戴到脖子上，给我带回来。您必须戴在自己身上，否则您也许就不知把它丢到哪儿去了，或者忘了带来。来看看我吧，就这么简单，不要忘了我。您的丽卡。

安东于2月20日和21日给丽卡的两张便条中——当时，安东、丽卡和波塔片科同在莫斯科——流露出了懊悔甚至渴望之情：

308

丽卡，伸给我您的小手，那只散发着鲱鱼气味的小手。我起床很长时间了，在菲利波夫这里喝咖啡。A. 契诃夫……

亲爱的丽卡，我今天下午六点半要回梅里霍沃。您想和我一同去吗？然后我们星期六可以一起返回莫斯科。如果您不想去梅里霍沃的话，也请来一趟火车站。

安东离开莫斯科的第二天，丽卡与波塔片科就一起来到梅里霍沃庄园，并在那里逗留了五天。就在他们三人保持这种奇怪的关系一段时间之后，丽卡怀上了波塔片科的孩子。

丽卡·米济诺娃与伊格纳季·波塔片科陷入热恋，这令玛莎十分气愤。她认为丽卡抛弃了安东，而波塔片科背叛了安东；同时，玛莎也十分羡慕丽卡那充满激情的爱情。玛莎的态度让这对恋人无地自容。1月25日，波塔片科和丽卡离开梅里霍沃，第二天，安东就尾随他们去了莫斯科。安东与波塔片科同住在苏沃林的公寓中。1月27日，波塔片科离开莫斯科，前往彼得堡和巴黎，他的第二任妻子玛丽亚正在巴黎等他。他送给玛莎一份英国水彩画做礼物，还有一篇女性艺术家如何最终战胜男性艺术家的论文。玛莎反应冷淡。1894年3月1日星期二，丽卡给玛莎写信哀求说：

亲爱的玛莎，可怜可怜我，看在上帝的分上，来和我这个不幸的女人说声再见吧。星期六晚上我就走了，我先回家，然后从那里直接去巴黎。这件事昨天才决定下来……我猜，您的裁缝一定会让您和原来的亲密女友说一声再见的！好吧，说正经的，无论如何，我希望您也想见见我……[1]

309 1894年3月15日，丽卡·米济诺娃已身在柏林，正赶去巴黎与伊格纳季·波塔片科相会。

---

[1] 见图书馆手稿部，331 93 79：丽卡·米济诺娃给玛莎·契诃娃的信，1894年。

42. 女友云散

安东·契诃夫决定独自一人离开寒冷的北方。他咨询了在古尔祖夫（Gurzuf）——克里米亚半岛上靠近雅尔塔的一个小镇——一个光线良好的旅馆房间的情况，打算找一个温暖的地方休养一个月，而这段时间正是玛莎和帕维尔在农庄上春播的时节。2月时，安东在莫斯科待了五天，在卢浮宫旅馆再次与塔妮娅和利迪娅厮混在一起。这时，他拍了一张被称为《圣安东尼的诱惑》的照片：照片中，两个女人崇拜地望向他，而他只盯着镜头。利迪娅·亚沃尔斯卡娅的崇拜是有代价的。她在2月1日给安东写信提醒他说：

> 我要在2月18日在莫斯科举行福利演出……我希望您还记得，您说过要给我创作一个剧本，至少是个独幕剧。您告诉过我它的情节，听起来非常有趣，我到现在还念念不忘，无论如何，我决定把这个剧本叫作《白日梦》。

安东·契诃夫从未动笔写过《白日梦》一个字，倒是塔妮娅为利迪娅创作了一部叫《在车站》（*At the Station*）的独幕喜剧。塔妮娅计划把剧本写在带边框的吸墨拍纸簿上，在边框上镌刻利迪娅·亚沃尔斯卡娅所有的爱慕者的亲笔签名，然后呈献给亚沃尔斯卡娅，但是安东拒绝在边框上签名。伊萨克·列维坦签了名，还题词"相信您自己，I. 列维坦"。安东不想和这位老朋友搅到一起，即便是在一块银板上。

1894年2月，卢浮宫旅馆和马德里旅馆两家的经理决定，一干人通过"比利牛斯山脉"便道来来往往给两家旅馆带来的恶名要比利润更多，于是，塔妮娅和亚沃尔斯卡娅被勒令离开旅馆。4月，她们二人以恋人身份住进了那不勒斯的维苏威旅馆。

3月2日，安东目送波塔片科前往彼得堡后，独自出发去了克里米亚。他的火车经过梅里霍沃，但他没有在洛帕斯尼亚火车站停留。

第六部分　丽卡出走

阿利雅德，我的姐妹，

怎样的爱的伤害，

让你香消于你被抛弃的岸上！

——让·拉辛《费德尔》

阿尔贝蒂娜出走的意图，无疑很像百姓们以组织示威为手段而达到谈判目的。

——马塞尔·普鲁斯特《女逃亡者》
（《追忆似水年华》第六卷）

43. 亚比煞与大卫王

（1894 年 3—6 月）

1894 年 3 月，安东－阿维兰"分舰队"的成员从莫斯科和梅里霍沃各自分散，纷纷前往俄罗斯南部和西部。3 月 4 日，安东·契诃夫在雅尔塔弃船上岸，一路海上风暴强烈，所幸他没有晕船。他最后选择在雅尔塔休养，而不是在度假小镇古尔祖夫。他在一家旅馆住下来后，收到了塔妮娅·谢普金娜－库别尔尼克和利迪娅·亚沃尔斯卡娅从华沙发来的电报。玛莎在 3 月 13 日的信中说道："看到丽卡走了，我很难过，我非常想念她。保重身体，不要咳嗽……母亲问，她是否该宰掉那口大猪过复活节？" 3 月 16 日，丽卡·米济诺娃与女伴瓦里亚·埃贝勒在巴黎与波塔片科会面了。到达巴黎前，丽卡在 15 号从柏林给安东写信说：

> 我觉得我马上要死了，再也见不到什么了。亲爱的，看在过去的分上，给我写信，不要忘了，您向我保证过 6 月份来巴黎。我会等着您，如果您告诉我您的消息，我会来见您。我可以为您提供住宿、餐食，让您过得舒舒服服，您只用负担旅费。好吧，盼着见面，快啊，盼着见面，一定要在巴黎见面。不要忘记这个您拒绝过

的女人。L. 米济诺娃。[1]

安东并未急于回丽卡的信，他只是告诉他的法国翻译（同时订购了一百瓶质量最佳的波尔多葡萄酒），去巴黎拜访一下伊格纳季·波塔片科和"丰满的金发女郎米济诺娃小姐"。在雅尔塔，安东睡到早上十一点才起床，晚上则与那些知识分子聊天。这些人与安东一样是来此疗养的，他们之所以选择来雅尔塔，不仅是为了肺部健康，也是为了享受早春。安东在与这些人的交往中没有什么特别值得一提的事情，只有一位叫维克托·米洛柳博夫（Viktor Miroliubov）[2] 的歌剧演员和一位女演员带他去爬了山。通过米洛柳博夫，契诃夫结识了列昂尼德·斯雷丁（Leonid Sredin）医生，斯雷丁医生与安东一样都是结核病患者。在雅尔塔，鼓励文化的政府官员少之又少。毕竟这里只是一个海滨小城，一家书店和几场业余戏剧演出便足以满足当地人的需求，当地唯一的女子文理中学也只有三个年级。

事实证明，丽卡·米济诺娃与波塔片科前往巴黎只是从一个三角关系跳到另一个三角关系中。波塔片科的第二个妻子玛丽亚当时就住在巴黎。丽卡在给奶奶索菲娅·约翰逊的信中说，她住进了哈梅林街一所舒服的房子里，正在寻找声乐老师。然而，她对玛莎坦白了情况："伊格纳季说，他发现他妻子病得很重，认为她得上了肺结核，但我觉得她又在装病罢了。"[3]

利迪娅·亚沃尔斯卡娅在塔妮娅·谢普金娜－库别尔尼克的爱情滋润下生活得更加惬意了，然而在米兰时，她收到了一封信。原来，被她无情抛弃的一位爱慕者，那位海关官员情人，给她的警察局长父亲赫帝贝涅特写了一封信。利迪娅将信的内容引述给安东：

314

［1］ 见图书馆手稿部，331 52 2b：丽卡·米济诺娃给安东·契诃夫的信，1893—1894；有些见《通信集》，II，1984，16—59。

［2］ 维克托·米洛柳博夫后来离开了歌剧舞台，成为安东·契诃夫的最后一任编辑。

［3］ 见图书馆手稿部，331 93 79：丽卡·米济诺娃给玛莎·契诃娃的信，1894 年。

43. 亚比煞与大卫王

> 您女儿与谢普金娜－库别尔尼克女士一起去了意大利，她的离开让我只能破釜沉舟了，但我不会对您女儿有任何恶语诋毁。她与谢普金娜－库别尔尼克的风流韵事已成为莫斯科的一桩令人不齿的笑谈，也难怪，那位女士本来就是一个臭名远扬的同性恋，和她接触过的人无不深受其害。[1]

3月23日，利迪娅潦草地给安东写了一封信，请求他保护塔妮娅的名声。利迪娅十分自豪于自己能得到塔妮娅的爱情，她希望安东能利用他在彼得堡的人脉关系让自己的前海关情人闭嘴。

远离朋友的喧嚣，安东·契诃夫可以安心写作了，他将全副精力投入《大学生》（"The Student"）的创作中。这个故事堪称他最为简短精练的成熟作品，他自己都曾特别提到过这个故事的完美的简洁风格，就如同贝多芬对待自己的第八交响曲。在《大学生》中，神学院大学生伊万·韦里科波尔斯基在复活节前穿过一个山谷时偶遇两个寡居的村妇，她们是一对母女。他向她们讲述了耶稣受难的故事，两个女人听后悲从中来。神学院大学生直觉地感受到，女人的痛哭、耶稣的苦难、人类的生存状况与历史之间具有内在关联。神学院学生再次为作者代言，传达出一种他自己无法理解，对别人来讲更加了无头绪的力量。诗意的简练与富有象征意义的精妙细节使得《大学生》脱颖而出，"契诃夫的创作后期"就此开启。从此以后，他笔下故事主人公的视角与作者的视角合二为一，一切思想都是自然而然地流泻而出，而非被陈述出来。孤独让他释放出内心的自我。朋友和情人们作鸟兽散，安东只能在虚构的人物身上寻找温情，他的文字氤氲着一脉温暖的格调。

安东·契诃夫也跳出了某些意识形态的局囿。他在给阿列克谢·苏沃林的信中谈及：

> 也许是因为我戒了烟，托尔斯泰的道德说教不能再让我感动

---

[1] 见图书馆手稿部，331 64 34：利迪娅·亚沃尔斯卡娅给安东·契诃夫的信，1893—1896。

了；在灵魂深处，我甚至敌视它，当然，这对它是不公正的。我身上流淌着的就是农民的血液，所以您不能用农民的美德来吓唬我。

我打小就相信进步，我无法不相信发展，尽管被迎头痛击的时代与停止打击的时代存在着巨大差异。我喜欢聪明人，他们有悟性，待人礼貌，充满机智……影响我的不仅有那些我早就知晓的基本观点，还有托尔斯泰的自我表达方式、道德说教主义，也许还有某种催眠术。现在，我内心的某种东西提出了抗议；揣测和公道都告诉我，对人类而言，电力和蒸汽比贞洁和素食更加有爱意。

睡得好、无伴侣、不吸烟、少喝酒，安东在雅尔塔很快就觉得兴味索然了。他只是偶有心律失常。1894 年 3 月 27 日，他给丽卡写了一封唐突无礼的信，说他不打算去巴黎了，还说波塔片科应该给她买一张回家的车票。这封信中的嘲讽之情多于关爱：

> 亲爱的丽卡，等您成了名有了钱后，要救济我：让我成为您的丈夫，您来养活我，这样我就可以什么都不做了。但如果您快死了，那就让瓦里亚·埃贝勒这么做吧，您知道的，我爱她。

丽卡·米济诺娃对剧本《海鸥》所贡献的素材和灵感自不消多说，我们从这里已经可以捕捉到一点《海鸥》的韵味。就像《海鸥》中的作家特里果林对妮娜说的那样，契诃夫告诉丽卡：

> 我没有一分钟不想着这个：我必须得写作，我不得不写作。写作、写作、写作。

然而，在旅馆房间里写作并非易事，因为总有客人来不停打扰，还有人拿走了《萨哈林岛》的手稿用于打发时间。

安东·契诃夫的钱快用光了，雅尔塔的消费比尼斯高。安东只好卖掉了狐皮大衣，还告诉玛莎在 4 月 10 号、12 号和 15 号都派马车去洛帕斯尼亚火车站接站。但是他提前一个星期回来了，对一个住惯了梅里霍沃的人来说，克里米亚炽热的阳光让人避之唯恐不及。

安东不在农庄时，帕维尔也忙得团团转。他监督仆人们忏悔、领圣餐和受洗，请神父吃饭喝茶，拜谒附近的教堂和修道院。帕维尔还去了一趟莫斯科，探望儿子万尼亚和米沙，子侄阿列克谢·多尔任科和米沙·契诃夫，拜访了加夫里洛夫仓库的同事们。他去了公共浴室，购买了"又宽又大"的内裤，参加了所有能参加的教堂弥撒。

安东回到梅里霍沃时，发现家里没有客人，心中不禁暗喜；然而，他和玛莎一样，对丽卡的境遇深感担忧。当初，当安东鼓励丽卡和波塔 *316* 片科远走高飞，玛莎也采取听之任之的态度时，他们完全不知道，波塔片科的第二任妻子玛丽亚·安德烈耶芙娜·波塔片科（Maria Andreevna Potapenko）也在巴黎。丽卡·米济诺娃在下一封信（4 月 15 日，儒略历 4 月 3 日）中说，她整天哭个不停，她在咳血，喝了杂酚油和鳕鱼肝油，医生让她去瑞士疗养。她讨厌自己的住所，里面住满了梦想成为歌手的外国女人。而她痛苦的根源是波塔片科：

> 我几乎见不到波塔片科。有时，他上午能来待上半小时，但很可能是瞒着他的妻子。她每半小时都要上演一次歇斯底里和号啕大哭。他说这是因为她有病，但我觉得她根本就在假装演戏！他们很快就要去意大利了……这里的人都以为我是已婚女士——瓦里亚将您的照片给房东太太看了，说这就是我的丈夫！是房东太太要求必须看一下照片，她也是没有办法。所以，您给我写信时请称呼"夫人"而不是"小姐"，请您不要生气。

安东给伊格纳季·波塔片科写了信，说他是一头猪。波塔片科在 5 月 10 日回信说：

> 亲爱的安东尼奥，您为什么会想到我是一头猪？我只想承认，我是一个人，我只是期待着一个从最下贱的猪看来更大一点的猪

圈……[1]

　　玛莎出手更狠，她要宰了家里那只以伊格纳季·波塔片科的名字命名的羊羔——伊格纳莎。6月份，波塔片科低声下气地给玛莎写信说："亲爱的玛莎……我彻彻底底是一个流氓，更是一个混蛋、一个无赖。像我这样的人，只配得上被完全不理不睬，或者被彻底原谅。我建议您选择后者。唉，玛莎，您要是知道所有的一切就好了。"[2]

　　安东那支分崩离析了的"分舰队"正在巴黎重新集结起来。利迪娅·亚沃尔斯卡娅和塔妮娅（当时与科尔什剧院老板处于三角关系中）自我引荐，结识了小亚历山大·仲马和剧作家埃德蒙·罗斯丹（Edmond Rostand）。塔妮娅计划将他们的作品翻译成俄文，科尔什提供舞台，亚沃尔斯卡娅出演女主角。画家伊萨克·列维坦此时也在巴黎。一时间，丽卡、塔妮娅和亚沃尔斯卡娅都声称安东是她们真正爱的人。4月11日，塔妮娅从那不勒斯寄来一篇诗文，文字间洋溢着调情的意味：

　　　　"您曾在他的身边流连，请在我们这里驻足，当您再回到我祖国的南方时，告诉他有关我们的一切……所有在我们心中唱响的奇妙声音，所有在我们唇上燃烧的热吻，我们将为那个雪国保存。"我就是这么告诉风的……来自紫衣女孩［塔妮娅］。绿衣女孩［亚沃尔斯卡娅］吻您（我也是，我发誓）。[3]

317　　安东有意重修与阿列克谢·苏沃林的友谊，他邀请苏沃林在复活节后一起游览伏尔加河和第聂伯河。但一心寻求健康和宁静的安东却偏偏在4月17日复活节星期天忽然晕倒了。四天后，他向苏沃林描述了这

---

［1］ 见图书馆手稿部，331 56 36a：伊格纳季·波塔片科给安东·契诃夫的信，1893—1895。亦见《通信集》，II，1984，62—76。

［2］ 见图书馆手稿部，331 95 2：伊格纳季·波塔片科给玛莎·契诃娃的信，1894—1895。

［3］ 见图书馆手稿部，331 64 2：T. L. 谢普金娜－库别尔尼克给安东·契诃夫的信，1893—1900。

43. 亚比煞与大卫王

次病况:

> 有那么一刻,我以为自己死期到了:我正和邻居沙霍夫斯科伊公爵沿着大路边走边聊天——忽然,我的胸口好像有什么东西被撕开了,我体验到一种温暖的令人窒息的感觉,耳朵里嗡嗡作响。我还记得,心律失常了那么一段时间——很严重,我觉得。我马上转身向露台和客人的那个方向走去,脑子里只有一个想法:在陌生人面前死掉就太丢人了。

一杯水奇迹般地救活了他。

为了提高生活质量,安东·契诃夫当前有两个规划。首先,他需要一个像样的邮政服务。他通常要驾车近十公里到洛帕斯尼亚才能取到普通信件,包裹和挂号信就要去谢尔普霍夫领取,还经常会被拖延。让来往客人传递信件就更靠不住了,安东的信经常被遗忘在他们的口袋里。安东与洛帕斯尼亚火车站的邮递员亚历山大·布拉戈维申斯基(Aleksandr Blagoveshchensky)联手,游说政府在当地建立一个业务齐全的邮局。为了达到目的,安东重拾与《花絮》编辑部秘书维克托·比利宾的友谊,因为他的"正式工作"是在邮政部。比利宾自然不会被蒙蔽,他写信给格鲁津斯基时提到,"收到一封契诃夫的信,部分寒暄,部分公干"[1]。但是,维克托·比利宾帮了他这个忙。契诃夫的第二个想法是在前一年秋天萌生的:他打算在花园里建一栋格林兄弟风格的两层小楼,给男客人们留宿用(女客人仍然住在主屋中)。现在,学校已经放暑假,玛莎休假在家,所以安东将自己的第一个建筑项目委托给玛莎,由她来具体操办。玛莎负责订购木料、雇佣木匠。建房期间,帕维尔和工人们不停吵架,最后被禁止进入建筑工地。帕维尔在5月11日的日记中写道:"五旬节中期。阴凉处二十四摄氏度。十字架绕村庄游行。花园里在建一个带四条腿的巴别塔。"

---

[1] 引自《契诃夫全集》,5,611。

5月，万尼亚的前未婚妻亚历山德拉·廖索娃的联系让安东觉得心情愉快了一些。七个月前，也就是1893年9月30日，廖索娃曾与安东和丽卡·米济诺娃一起从莫斯科来到梅里霍沃庄园，那是她被万尼亚抛弃后的首次登门。而她这次联系安东，是想为她所在的那家工厂学校索要一些书：

> 一个以色列姑娘向您提出一个请求……您从来没有回应过我的热情，所以这次您无论如何得帮我这个忙。我本该非常高兴去见您，无奈命运残酷。您被无情的丽卡抛弃后在干什么？……俄罗斯女人和我们以色列女人完全不一样。您建议给我的狗取名叫"呕吐"（它是只母狗），但是您忘了，我是一个老姑娘，喜欢多愁善感……注意身体，用心去寻觅一个不如丽卡漂亮但也没有她那么狠心的女人吧。[1]

十天后的1894年5月23日，廖索娃的另一封来信显得热情洋溢：

> 接受我送上的十个热情的吻。然而，要感受到它们的热情，您首先要尽量让自己热情起来，还上十个法式亲吻。但我担心您的热度不够！天气不好，否则我就燃烧起来了，大雨浇灭了那团火……"不，我无法停止爱您。"但见面是不可能的了……

亚历山德拉·廖索娃希望一年后能进入距此约一百六十公里远的一家修道院，她还喋喋不休地谈论着丽卡的遭遇。梅里霍沃庄园让她害怕，但最近的接触又点燃了她的热情。1894年秋季，廖索娃剪断了与安东的联系（但不是因为修道院）：

> 您知道我现在非常快乐吗？……我对生活再没有什么希求。告

---

[1] 见图书馆手稿部，331 50 II：亚历山德拉·廖索娃给安东·契诃夫的三封信，1894年。

43. 亚比煞与大卫王

诉我点儿丽卡的事吧，我对她很感兴趣……我谦卑地请求您原谅，我长胖了，挂着俗里俗气的红脸蛋。到我们见面时，我应该能戒了酒瘾。备受尊敬的大卫王，请接受您的亚比煞[1]的火热之吻，只要您没有感冒。

现在，鲜有女人来纠缠安东了。钢琴老师亚历山德拉·波赫列宾娜只来过梅里霍沃庄园一次，她已完全不再痴迷安东。奥尔迦·昆达索娃在 5 月 5 日前来拜望，与安东一起参加了在米什切斯克举行的一次医学会议，然后就消失了，一直到年底才露面。在契诃夫这一阶段的创作中，远方的女人在安东的故事中充当的角色远比近在咫尺的女人更加重要。他将 1894 年整个夏天都花在了故事《三年》（"Three Years"）的创作上。故事中的两个女主人公无论在形象上还是在性格上都透露出奥尔迦·昆达索娃和丽卡·米济诺娃的影子：一个聪慧独立却无法激起情欲，一个美丽迷人但终难如意。故事中的主人公难以抉择，正反映出安东自己的困境。

安东·契诃夫亦竭力回避他人的不幸境遇。他在彼得堡的编辑吉洪 *319* 诺夫被《北方》编辑部解雇，生活一贫如洗；《演员》的主编库曼宁不但自己死期将至，他的期刊也行将倒闭。安东不为所动，至少他自己的家人都还过着平安的日子。复活节时，万尼亚和索尼娅从莫斯科来到梅里霍沃庄园，米沙也从乌格里奇回来了，帕维尔终于买来他心心念念的基督裹尸布的仿制品。亚历山大已经在彼得堡租下了一栋别墅，不再在安东耳边唠叨要搬到附近来住了；他把两个大儿子带到梅里霍沃，留他们在这里待了几天。只有亚历山大·伊万年科这个梅里霍沃庄园的"宫廷小丑"依旧造访得太频繁，停留得太久，话说得太多。

1894 年 6 月 1 日，在伊万年科临走的那天，他完成了生平最杰出的作品《梅里霍沃村契诃夫庄园产业清单》（*An Inventory of Chekhov's*

---

[1] 年纪老迈的大卫王（David）虽然盖着厚被也无法暖和起来，亚比煞（Abishag）是一名年轻美貌的女子，被选为大卫王的侍女，其职责是"照料王，睡在王的怀中"，使他得到温暖，"王却没有与她亲近"（《列王纪上》1:4）。——译注

411

Estate in the Village of Melikhovo）：

> 运货马车，2 辆；轻型载客马车，1 辆；旅行马车，1 辆；乘客雪橇，2 架；平板车，1 辆；破损的低雪橇，1 架；蜂巢车，1 辆；雪橇车，2 辆；平板车车轮，17 个；骑轭，4 个；普通轭，4 个；马车平衡杆，3 个；雪橇辕，2 对；马车辕，3 对；……斧子，3 把；凿子，1 把；……洒水壶，6 个；喷口，7 个；……

> 马匹：基尔吉兹，8 岁，长得超过邮车 100 倍，经常把主人摔下来，得过头奖；男孩，5 岁，训练有素，戴上马具后步态优美；安娜，98 岁，[1] 年龄太大不能生育，但每年都显出迹象，经常啃咬赶车人；哥萨克女孩，10 岁，不能生育，受不了马嚼子，只能用绳子牵引，否则会偏离道路；晕头转向，7 岁，性格安静，脾气好。[2]

伊万年科还列出了五头母牛、三头小公牛、三只羊、一头母猪、两只仔猪和三只家狗的情况。财产清单接着写道：

> 腊肠犬：希娜，不爱动，体态肥壮（懒惰，易怒）；勃罗姆，性情活泼，仇恨家狗白眉，大度，忠诚。

> 鸽子：棕色，纯种，羽冠，1 对；黑点白鸽（纯种），1 对。

> 家禽：老鸭，4 只；公鸭，1 只；小鸭，70 只；老母鸡，30 只；小鸡，50 只。

> 仆人：玛柳什卡，寡妇，年龄不确定，好厨师，喜爱家畜、奶牛、公牛、母鸡、小鸡等；卡捷琳娜，蠢婆娘；叶菲姆，卡捷琳娜的儿子；安纽塔，女仆，自然不造作，16 岁，爱笑，跳舞跳得非常好（玛柳什卡因此说，像是她的内脏有毛病）；玛舒特卡，玛柳什卡的厨房帮手，满脸雀斑，16 岁，喜欢鲜艳颜色。工人罗曼，守时，精力充沛、待人礼貌，对问题只简短回答"是，先生；不，先

320

---

[1] 此处原文即为"98 岁"。——编注
[2] 引自 E. M. 萨哈罗娃，A. I. 伊万年科，《梅里霍沃的工作与生活》，1995，327—334。

43. 亚比煞与大卫王

生"。曾服军役，没有勋章。

父母亲：帕维尔·叶戈罗维奇·契诃夫及其配偶叶夫根尼娅·亚科夫列芙娜·契诃娃是世上最幸福的一对夫妻！结婚42年（万岁！）

孩子：安东，梅里霍沃王国之国王，萨佐尼卡林地所有者，米底亚之王，等等，也是作家和医生，将创作一个《大屁股男人》的故事。玛莎，善良、聪明、优雅、美丽、亲切，脾气急躁但也很宽容，严厉但不失公正，喜欢糖果、香水、好书和聪明人。从不多情（已经被人爱恋上1700次），躲避英俊的年轻人（很快就不再去卢卡了……）。给所有朋友的建议都是"见鬼去吧"，是一个理家好手：菜园园丁，花卉专家……

44. 无赖波塔片科

（1894 年 7—8 月）

　　在亚历山大·伊万年科眼中，梅里霍沃庄园算得上是一座伊甸园。也难怪，他把自己的家称为坟墓：他那暴君一样的父亲瘫痪了，母亲的腿瘸了，兄弟死了，而他自己患有喉部结核，还要经营一个再努力也无力回天的农场。"我必须像一只滑稽的獾一样生活下去。"他丧气地写道。[1] 对于一个已经在莫斯科漂泊十五年却仍住在两间拥挤的地下室的人来说，安东的梅里霍沃确实算得上是一个童话故事中的王国。

　　谢格洛夫在 1894 年 7 月 8 日的日记中写道："契诃夫住在自己的庄园。他有资格这样，他的快乐生活多么让人羡慕。"[2] 米沙在遥远的乌格里奇工作，现在梅里霍沃庄园和家业都由玛莎来经营。1894 年夏天雨水充沛，玛莎在农庄取得的成果得到了帕维尔的大力赞扬："玛莎在农事上真是能干，她安排操持家务非常聪明、冷静。荣耀归于上帝，任何男人都比不上她。安东和她颠倒过来了。她的聪明和井然有序真是叫我们惊叹。"[3]

---

[1] 见图书馆手稿部，331 46 1b：亚历山大·伊万年科给安东·契诃夫的信，1892—1894。

[2] 见《文学遗产 68》，479—492，列昂季耶夫 - 谢格洛夫的日记。

[3] 见图书馆手稿部，331 81 13：帕维尔·契诃夫给亚历山大·契诃夫的信，1874—1894 部分，1894 年 8 月。

44. 无赖波塔片科

安东·契诃夫发现，他只要在自己的王国里待上一两个星期就够了。阴雨连绵，二十五个农民新割下来的三叶草草料都毁掉了。来拜访的都是不速之客，被邀请的谢赫特尔、谢格洛夫或苏沃林却都没有来。米沙和万尼亚一等到税务办公室和学校放假就都回到梅里霍沃来了，而安东对此快快不乐。万尼亚的妻子怀孕了，但万尼亚却不能在夏天守在她身边，因为她与自己的父母住在一起，而万尼亚觉得岳父母看不起他。万尼亚非常想念妻子，觉得梅里霍沃的日子枯燥乏味。

安东为了诱惑谢格洛夫来做客，对他这样描述梅里霍沃："我们正在晒制干草，呵，让人想入非非。干草的清香让我沉醉，忘乎所以，我在草堆上一坐就是一两小时，想象着自己正躺在一个裸体女人的怀抱中。"拥抱仍然只能凭借想象。此时，虽然安东建议丽卡·米济诺娃回家来，而波塔片科对她置之不理，但她仍然坚持待在巴黎。丽卡先是邀请了母亲——这位母亲自然对波塔片科恨之入骨[1]——来到巴黎，然后丽卡告诉奶奶索菲娅·约翰逊，说自己要去瑞士过夏天。[2]

1894 年 6 月中旬，为了避开来梅里霍沃庄园度假的大哥亚历山大和 *322* 他的两个儿子，安东去了莫斯科。他在那里见到了阿列克谢·苏沃林，这是他们自 2 月以来的第一次会面。苏沃林父子来莫斯科办理公务：解雇他们的文具店经理。安东和苏沃林度过三天三夜，约定一起旅行。他们的交谈非常坦诚，后来苏沃林告诉萨佐诺娃：

> 契诃夫一如既往地高谈阔论，也一如既往心情愉快，但是，我觉得他身体不太好。我问他："您为什么不让医生检查一下？"——"看不看没有什么差别，无论看不看医生，我都只还能活个五到十年。"[3]

---

[1] 见莫斯科档案馆（萨宁），5323：L. S. 米济诺娃-萨宁娜给利迪娅·尤尔根涅娃的信。

[2] 见莫斯科档案馆（萨宁），5323/1933—1973：L. S. 米济诺娃给索菲娅·约翰逊的信，1877—1899。

[3] 见俄罗斯文学艺术学院，收藏 285，S. I. 斯米尔诺娃-萨佐诺娃的文章。

安东渴望出去旅行，离亲人越远越好。远在法国的丽卡希望他能信守承诺，来法国看望她。她在 7 月 14 日给安东写了一封信，但这封信直到秋天才送达他手中：

> 我的房间里摆满了您的照片，我每天都对着它们说话，我一直没有忘记那些让人心里暖洋洋的称呼，多数情况下它们都是以 h 开头的。[坏家伙，混蛋。]我原来没有像您那样在房间里挂朋友照片的习惯……我多么希望现在能在梅里霍沃，我宁愿放弃十年的生命，在那儿待上哪怕一天（我已经三十岁了 [她当年二十四岁]）。但是，冬天之前我是回不去了。哦，您真是一个坏家伙，不来看我们！但最重要的是，您没有劝阻我来巴黎……我多么希望和您聊半小时，我觉得，只消半小时您就可以让我理智些。您的女朋友塔妮娅和亚沃尔斯卡娅终于离开了巴黎。瓦里亚和我都很高兴，虽然我们一般也不怎么和她们来往。她们大肆吹嘘您给她们写过的一封信，我当然不会放过让您声誉受损的乐趣，我告诉她们，您天天给我写信！您瞧，得啦！所有人都忘记我了，我最后的崇拜者波塔片科也花言巧语地欺骗了我，现在他又逃到莫斯科去了。哎，他的妻子真是一个泼妇！

在安东收到这封信之前，伊格纳季·波塔片科又来到梅里霍沃庄园，他正赶上新客房竣工。那天，万尼亚给待在娘家的妻子写了一封信，信中说安东"身体不舒服，沮丧得吓人"。7 月 17 日星期日，波塔片科陈述完他的一面之词后，第二天就返回了莫斯科。玛莎仍然很气愤，安东则是一副得饶人处且饶人的态度；但波塔片科对他们谁都没有提起，丽卡·米济诺娃已经有孕在身。

323 波塔片科现在成了安东兄妹矛盾的根源：7 月 22 日，安东去了莫斯科，表面上是给苏沃林去费奥多西亚送行，但他没敢告诉玛莎，自己实际上和波塔片科住在同一套公寓里。直到 9 月，米沙才对玛莎说出实情："既然都已经过去了，我现在可以承认，在莫斯科时，我确实看

44.无赖波塔片科

到安东和波塔片科在一起。我并不情愿撒这个谎，但我不得不给他们隐瞒这个秘密。"安东和波塔片科与"米哈伊尔·萨布林爷爷"[1]一起消磨了五天时间。米哈伊尔·萨布林（Mikhail Sablin）在丽卡、波塔片科和契诃夫兄弟的生活中充当着幕后决策的黑衣宰相的角色。萨布林对塔妮娅·谢普金娜－库别尔尼克说，波塔片科、安东与他在一起，而这个消息最终传到了丽卡的耳朵里。安东声称，他来莫斯科是为了检查专著《萨哈林岛》的出版情况。事实上，他是拿不准苏沃林到底会不会去意大利，故而筹划与伊格纳季·波塔片科一起出门旅行。安东极度渴望出去走走。

于是，在这个"圣乔治屠龙救少女"的故事中，圣乔治没有拯救少女（安东没有收到丽卡的最后一封信），而是与恶龙结伴出游了。安东回到家里待了六天后，于 8 月 2 日和波塔片科一起去了伏尔加。他们再次沿着安东上次前往西伯利亚的路线，乘船从雅罗斯拉夫尔到达下诺夫哥罗德，然后沿着伏尔加河航行到察里津［伏尔加格勒］，最后到达安东的家乡塔甘罗格。两个星期后，安东向苏沃林描述了这次愚蠢的旅行：

> 我们在下诺夫哥罗德遇到了谢尔盖因科，他是列夫·托尔斯泰［和波塔片科］的朋友。当时，天气闷热，热风干燥，集市吵闹，谢尔盖因科的谈话声忽然让我感到极端的窒息、无聊，我觉得非常不舒服。我猛地抓起我的行李箱，很不光彩地逃向了……火车站，波塔片科也跟着我回来了。我们坐火车回到莫斯科，但这样两手空空地回来终究让人尴尬，所以我们决定再去一个什么地方，如果需要的话，去拉普兰（Lappland）也行。其实，即便不是为了探望他的妻子［波塔片科的第一任妻子］，我们也可能会选择去费奥多西亚，反正吧——唉！我们在费奥多西亚见到了他的前任妻子。我们

---

[1] 米哈伊尔·萨布林是一名剧院经理，也曾在《俄罗斯报》担任编辑；米哈伊尔的哥哥亚历山大·萨布林是一名税务官（死于 1895 年），是米沙·契诃夫的保护人。萨布林兄弟和米沙每个月拨给玛莎一笔生活费，安东佯作不知。

前思后想，不停讨论，计算了钱包之后，动身去了皮塞尔河。

安东和波塔片科在前往苏梅镇的林特瓦列夫家的途中，曾在洛帕斯尼亚火车站停下，查找是否有自己的信件，但他们没有与梅里霍沃庄园的任何人联系，而是直接去了苏梅镇。8月14日，他们回来了，娜塔利娅·林特瓦列娃也和他们一起来了梅里霍沃庄园。然后，波塔片科返回了彼得堡，在那里厘清了自己和安东与苏沃林的财务状况，找了一名打字员，一头扎进了文学创作的沼泽。

现在，安东的家人需要他的看顾。8月9日，万尼亚和索尼娅的儿子瓦洛佳（Volodia）出生了。生产过程险象环生，好在婴儿平安，但索尼娅卧病在床。五十八岁的米特罗凡叔叔也时日无多了。安东7月份去塔甘罗格，名义上是去给缠绵病床三年的米特罗凡叔叔治病；但事实上，安东重演了"逃离谢尔盖因科"那一幕，并没有去探望米特罗凡。米特罗凡口授他的女儿给梅里霍沃写来一封信，询问帕维尔安东为什么没有来：

> 我们塔甘罗格所有教堂里的好心神父都在热切地为我的病祈祷。我的左边身子疼，有时是肚子疼，有时又转到脑袋里；两条腿都肿得厉害，如果没人扶着的话，我都没法儿从屋子这头走到那头。我吃不下东西，没有胃口。左边身子疼得我没法睡觉，我就整个晚上坐在床上，打个盹儿……您是我们家里唯一知道爱亲戚，也把它当成一种责任的人，等您收到我升天的消息后，请您将来一定在上帝那儿为我献上一些祭品。

在信仰的力量的支撑下，米特罗凡·契诃夫又熬了一个月。安东终于去了塔甘罗格，但他并没有住在叔叔家，而是住进了当地最好的旅馆。当安东终于来到米特罗凡叔叔的病床边时，他高兴得哭了起来，说自己"体验到一种奇异的感觉"。安东在塔甘罗格逗留了一个星期，但除了当地医生处置的那些心脏兴奋剂之外，他也开不出其他别的处方。

324

安东宣称，如果早些咨询他，他也许可以助上一臂之力。安东闭口不谈自己的病情，更不用说采取什么治疗措施了[1]。安东·契诃夫虽然是医生，但他曾经告诉尼古拉·列伊金治疗眼疾最好的方法是听之任之，告诉安娜·苏沃林娜治疗咽喉的最大胆的方法是不要管它。他还建议歌唱家米罗柳博夫，想要身体健康就该躺在床上，用一块毯子从头盖到脚，然后用黑加仑芽的酊剂来搓拭身体。安东这种不顾场合耍聪明的行医方式后来表现在《海鸥》中的多尔恩医生身上。安东为米特罗凡一家人所做的一切，就是把他们的大女儿，也就是十七岁的亚历山德拉送到莫斯科。她在那里接受培训，成了一名时装裁缝。然后，他请求塔甘罗格市长给亚历山德拉安排一个缝纫教师的工作。

在安东离开塔甘罗格前夕，《塔甘罗格先驱报》（*Taganrog Herald*）的一篇报道激怒了他：

> 契诃夫先生以医生的身份，被请来为他病重的亲戚，圣迈克尔教堂的长老米特罗凡·契诃夫治病。这位才华横溢的作家即将从这里出发去克里米亚，他是应召前去为苏沃林先生——他住在位于费奥多西亚的自家庄园里——诊病。

安东·契诃夫去了《塔甘罗格先驱报》的编辑室——他的老同学米哈伊尔·普萨尔季（Mikhail Psalti）在此工作——抗议，说他不是苏沃林的个人医生。安东并没有去塔甘罗格邮局看一看，导致丽卡于7月14日的来信（她写的收信人是波塔片科，因为他更有可能去邮局查看信件）整个8月都躺在那里。然后，安东坐了两天火车前往费奥多西亚（海路可以直达，但过于颠簸），去与阿列克谢·苏沃林会合。

安东在苏沃林家里住了四天。费奥多西亚的别墅很冷，因为苏沃林建造的这座宏伟别墅中没有火炉。然后，二人途经雅尔塔和敖德萨前往

325

---

[1] 安东·契诃夫的藏书里有两本关于梅毒的书，但没有一本关于结核病的书。伊格纳季·波塔片科记得，他在火车上告诉一位肺结核患者放下工作和家庭，搬到阿尔及尔去住。

西欧。当时的雅尔塔已经在出售契诃夫的半身像了。他们在雅尔塔的公园咖啡厅用餐，叶连娜·沙夫罗娃正在雅尔塔度蜜月，看到了他们，但由于太紧张而没有上前与安东搭话。

丽卡·米济诺娃身陷瑞士，周围都是陌生人，她渴望有人来解救她。其实，不仅仅是丽卡，梅里霍沃的契诃夫家人也觉得没人看顾他们了。叶夫根尼娅担心她那个刚出生的孙子，而帕维尔为弟弟米特罗凡的病况犯愁。玛莎承担着整个家庭的重担，整日里手忙脚乱。她对米沙发牢骚说：

> 我们在重新搭炉子、铺地板，这是第三个星期了……搭炉子的人挡住了木匠的路，木匠和油漆匠撞在一起，而爸爸碍着所有人的事儿……罗曼告假两个星期，他是我唯一的帮手……希娜和勃罗姆不停地叫，因为它们没有地方睡觉……我精疲力尽了，不知该怎么办。米沙，这些工作对一个女人来说真是太重了！……我还担心安东会不高兴。我真想离开这里，从来没有这么想过，抛开一切，再也不回来！[1]

米特罗凡·契诃夫进入弥留之际，他的大儿子格奥尔基用茶匙给他喂水，柳德米拉姨母痛不欲生。8月9日，报丧的电报分别送达梅里霍沃庄园和雅尔塔："按照上帝的旨意，我们亲爱的父亲8号晚去世。契诃夫。"帕维尔非常伤心，他写信给安东、万尼亚、亚历山大和米沙说："米特罗凡对每个人都么好……现在，我再也没有朋友了。"[2]（然而，没有人写信告知米特罗凡和帕维尔的妹妹，住在博古恰尔的亚历山德拉，她的孩子们也都没有得到通知。）帕维尔忙于梅里霍沃庄园的装修工程，无法抽身去塔甘罗格参加米特罗凡的葬礼。米特罗凡·契诃夫的葬礼由波克罗夫斯基牧师和四名初级牧师主持，是塔甘罗格最令人难忘

---

[1] 见俄罗斯档案馆，2540 1 483：玛莎·契诃娃给米沙·契诃夫的信，1884—1904部分 1894 年 8 月 7 日。

[2] 见图书馆手稿部，331 81 21：帕维尔·契诃夫给安东·契诃夫的信，1886—1896。

的葬礼之一。帕维尔收到了一份演讲时长达四十分钟的手写讲话稿，这 *326*
个演讲是一个教会兄弟于米特罗凡下葬在教堂墙外时所作的。讲话稿的
开头如下：

> 掘墓人的铲子即将触碰棺盖，棺木即将被掩藏在大地深处，这
> 一刻对多少人来讲意义重大！我站在棺材旁边，要对安睡在里面的
> 人做最后的告别。您离开了我们，亲爱的米特罗凡，永远地离开了
> 我们！……[1]

---

[1] 见图书馆手稿部，331 33 iv：帕维尔·契诃夫的各种文件。

45. 克里斯蒂娜出生

（1894 年 9—11 月）

　　安东与苏沃林的第二次欧洲之旅是秘密进行的。安东对家人说，他在费奥多西亚短暂休养后就会返回，家人也就相信了他的话。然而，安东·契诃夫在掩藏自己行踪方面与波塔片科一样想法天真。9 月 13 日，他与苏沃林抵达敖德萨，打算第二天前往维也纳，但各大报纸马上公布了他们抵达与离开的时间。敖德萨的演员们哀叹他们上演《伊凡诺夫》时作者却不在场。敖德萨当局拒绝给安东签发外国护照，阿列克谢·苏沃林不得不给敖德萨市长帕维尔·泽列诺伊（Pavel Zelenoy）将军施加压力。泽列诺伊只好趁着晚上派出两个人闯进办理护照的办公室，这才拿到了契诃夫的文件。安东在敖德萨写了家信，向格奥尔基一家表达了悼念之情；他还提醒玛莎，不要指望他 10 月份之前回来（他对《塔甘罗格先驱报》的记者米哈伊尔·普萨尔季说，他 11 月份才能回来），并告诉她如何避免芦笋和郁金香霜冻，让她记得去火车站接他时带上一顶暖和的帽子。

　　契诃夫和苏沃林于 9 月 30 日（儒略历 9 月 18 日）抵达维也纳，同时，怀孕七个月的丽卡被迫滞留在瑞士。她从卢塞恩的一个寄宿人家搬到了日内瓦湖旁的韦托镇（Veytaux）的一个旅店里，因为原来住处那里总有英国游客盯着她。丽卡·米济诺娃孤身一人，惶惶不可终日，她把安东的照片摆在自己的房间，假装是一个已婚女人，只是这个身体虚弱的女人的处境实在令人好奇。丽卡给奶奶写信说，尽管这里寒气袭人，但是个天堂。她每天都去邮局查看信件。身在维也纳的安东也买了一瓶墨水，给他以为在巴黎的丽卡写信：

> 亲爱的丽卡，您不给我回信，您真是执拗得很！但我仍然写信骚扰您，纠缠您……我记得波塔片科告诉过我，您和瓦里亚·埃贝勒会去瑞士。如果真是如此，请告诉我您在瑞士的地址，我也许能找到您……拜托您，千万不要告诉俄罗斯的任何人我在国外。我是偷偷离开的，像做贼一样，玛莎还以为我在费奥多西亚呢。如果他们知道了我在国外，他们会很伤心，他们早就厌倦了我频繁地旅行。
>
> 我现在身体不太好，几乎是不间断地咳嗽。看来，就像失去您一样，我也失去了健康。

328

丽卡并不知道安东现在就在维也纳。两天后，她给梅里霍沃又发出了一封语气悲切的信：

> 原来的丽卡已经踪影全无了，我左思右想，还是忍不住说，这一切都是您的过错！唉，这似乎是命中注定！我只说一点，我现在经历的事情是我原来根本料想不到自己能承受得了的！我孤苦伶仃！身边没有一个能倾诉的人！愿上帝保佑，但愿任何人不要再遭受这样的不幸！一切都不明不白，但我觉得，您心里一清二楚！您不是一个心理学家吗！为什么要对您说这些呢？我也不知道！我唯一知道的是，我不能向任何其他人诉说，除了您！因此，不要给别人看这封信，即便是玛莎，也什么都不要说！我现在非常绝望：上不着天下不着地，总是感觉到什么地方，怎么说呢，什么地方非常令人厌恶！我不知道您是否会同情我！当然，您心态平衡，冷静而理性！您的整个生活都是为了别人，您似乎并不想要自己的个人生

423

活！给我写信吧，亲爱的，快点！……您说过要来，但根本都是胡说八道！您永远不会行动。

此时，安东和苏沃林正在奥帕提亚（Abbazia），然后他们去了奥地利统治下的亚得里亚海度假胜地。他们到达的时候正赶上阴雨连绵，安东告诉娜塔利娅·林特瓦列娃："这里的犹太人成群结队，他们都讲俄语。"只有一个奶妈对安东露出了友好的俄罗斯面孔，安东给她治过病。奥帕提亚让安东想起了莫泊桑的《温泉》（Mont-Oriol），这次旅程恢复了莫泊桑对契诃夫写作的影响。10月4日（儒略历9月22日），安东和苏沃林出发去了威尼斯。丽卡给安东回了那封在维也纳发出的信，但她的信滞留在了奥帕提亚的邮局，然后尾随安东穿过整个意大利：

我警告您，希望我的状态不要吓到您！如果您不怕幻想破灭，那么请来吧！丽卡已经没有一点点原来的样子了！是的，六个月时间把我的生活完全改变了样子，就像人家说的，不遗余力！虽然我认为您不会向我扔第一块石头！我觉得，您一直对他人、对他们的缺点和弱点漠不关心！您即便不来（鉴于您的懒惰，这很有可能），也不要把我告诉您的任何事情告诉别人。就这么简单！您不能告诉任何人任何事，甚至对玛莎！……您是一个人，还是与苏沃林在一起？绝对不能告诉他我的情况［大家都知道，苏沃林喜欢传播流言蜚语］……波塔片科写信来说，他可能在9月25—30号之间来蒙特勒。

这封信两个星期后才到达尼斯，送到安东手中。安东对玛莎说："波塔片科是一个犹太佬，简直是个畜生。"丽卡·米济诺娃的下一封信说："亲爱的，我孤身一人，很不开心。您一个人来，别跟任何人提起我。"

现在，安东·契诃夫手里拿着丽卡最近的三封信，他能毫无疑问地断定丽卡怀孕了。他要找一个新借口不去见她，于是阿列克谢·苏沃林成了托词。1894年10月14日（儒略历10月2日），就在他对玛莎谴

45. 克里斯蒂娜出生

责波塔片科的同一天，安东给丽卡写了一封语气冷淡的信：

> 我不能到瑞士去了：我和苏沃林在一起，而他必须去一趟巴黎。我会在尼斯待上五到七天，然后去巴黎待三四天，再之后就返回梅里霍沃了。我们住在巴黎大饭店。您没有理由指责我对别人漠不关心。不要伤心，振作起来，爱护自己的身体。向您深深鞠躬，紧紧握您的手。您的 A. 契诃夫。
>
> 我如果在奥帕提亚收到您的信就好了，那么我就可以经过瑞士来尼斯，那就可以见到您了，但现在拉着苏沃林过来很不方便。

伊格纳季·波塔片科也让丽卡失望了：他从彼得堡去了莫斯科，而不是蒙特勒，他想求得玛莎·契诃娃的谅解。

避开瑞士和丽卡后，安东发现此次欧洲之行比起 1891 年的游历少了许多兴奋。他在威尼斯买了三条丝绸领带、一条系链和一些玻璃制品，还在那里得了荨麻疹。在米兰，他观看了根据陀思妥耶夫斯基的《罪与罚》改编的剧本：他觉得，与意大利演员比起来，俄罗斯演员根本就是一群猪——这个观点对他正在酝酿的剧本而言可不是一个好兆头。他先参观了当地的大教堂，然后去参观火葬场。在热那亚，安东和苏沃林去墓地散步，去了莫泊桑称为"充满生机的欧洲公墓"的蓝色海岸。他们在尼斯逗留了四天。安东·契诃夫在这里继续创作故事《三年》，不停地"咳嗽、咳嗽、咳嗽"。他懒得与人交流，告诉玛莎，等他回来的时候，只要她一个人去接站。阿列克谢·苏沃林也满心不痛快。萨佐诺娃在日记中写道："苏沃林从尼斯寄来一封信。他和契诃夫彼此都很不耐烦，他们从一个地方逛到另一个地方，两人之间一句话也不说。"苏沃林永远不会忘记他与安东在尼斯的盎格鲁街上发生的小别扭：苏沃林问安东为什么不再给《新时代》写稿，没想到安东唐突无礼地要求他换一个话题，"眼中闪现出怒火"[1]。10 月 18 日（儒略历 10 月 6 日），

330

---

[1] 见《家族》（1970 年），179。

安东和苏沃林动身前往巴黎。三天后，他们离开了巴黎，这恰恰是丽卡从瑞士阿尔卑斯山区赶回巴黎之前。丽卡·米济诺娃要回巴黎寻找新的住所和助产士。

安东在柏林逗留一天后，于10月26日（儒略历10月14日）抵达莫斯科。连绵的秋雨使往返梅里霍沃的道路变得十分危险，所以他在莫斯科等了五天，阅读校样打发时间。为了感谢玛莎辛苦地操持家务，他送给她一枚戒指和承诺过的二十五卢布。他给卢浮宫旅馆和马德里旅馆写了个便条，联系塔妮娅·谢普金娜-库别尔尼克和利迪娅·亚沃尔斯卡娅。这两个女人现在虽然不再穿紫着绿，但仍然让莫斯科剧院的观众吃惊不小。安东写来的蓝色卡片上是她们喜欢的风格："最终，海浪把这个疯子抛上岸……他将双臂伸向两只白色的海鸥……"利迪娅热烈地回应道：

等待您的是滚热的茶炊、一杯伏特加以及您想要的任何东西，而最重要的，是我。说正经的，请明天一定过来。您就要回到您的村子里去了，我们又得好长时间见不到您。与您在一起，我可以忘记任何人、任何事，我的朋友，我仁慈的好人。

10月31日（儒略历10月19日），泥泞的路面因为霜冻天气冻上了，安东得以返回梅里霍沃庄园。家里已经安装好了崭新的卧室地板，新打了一口井，安装了冲水厕所和新火炉，但炉子并不能把室内温度提升到十五摄氏度以上。安东在梅里霍沃庄园蛰居了整整一个月，成天躲在新建成的客房小屋里写作，晚上也住在那里，帕维尔则"搬进他的卧室"[1]去住。建筑师弗朗兹·谢赫特尔给契诃夫家送来了一件他家最值钱的礼物：一件新艺术运动风格的壁炉架。但还是有一点不尽如人意的地方，安东两次给正在莫斯科上班的玛莎写信说：

[1] 见 A. P. 库济切娃，E. M. 萨哈罗娃，《梅里霍沃编年史》，1995 年。

45. 克里斯蒂娜出生

> 到商店去找找最好的老鼠药，这些混蛋已经咬坏了客厅里离地面一米多高的壁纸……如果找不到老鼠药，就买上一两个老鼠夹子回来。

很快，安东和玛莎都只能待在庄园，没有必要去莫斯科了，因为沙皇亚历山大三世于 11 月 1 日（儒略历 10 月 20 日）去世，为表哀悼，莫斯科的学校和剧院全部关闭。第一场雪之前，在结了冰的车辙上驾车着实是一种折磨。有一次，安东坐车去附近看望一位病人，那段路颠簸得他"内脏翻江倒海"。

回到巴黎的丽卡以为安东仍然在尼斯。她从瑞士韦托镇寄出的最后*331*
一封信最终送达了梅里霍沃：

> 丽卡确实非常非常想要见到您，尽管我担心，即便您曾经对我有过好印象，现在见面也都要改变了。但是无所谓，来吧！我很伤心，亲爱的，无限伤心！

此时，玛莎·契诃娃的心情与丽卡的一样糟糕。玛莎曾在 10 月 10 号那天去莫斯科办一件私事，只是这件神秘的事情让她十分苦恼，从此，10 号这一天对她来讲都成了一个不吉利的日子。1895 年 1 月 10 日，她在给塔妮娅·谢普金娜－库别尔尼克的信中提到："三个月前的这一天发生的那件伤心事让我没有心情享受欢乐。"[1] 我们今天已经无从得知这件伤心事是什么了，难道是玛莎拒绝了另一个男人？玛莎心情压抑，无法入睡，不愿回家，直到 11 月 4 号才返回梅里霍沃庄园。在莫斯科时，她没有与塔妮娅或亚沃尔斯卡娅见面，还服用鱼肝油，使用心脏冷敷。她和亚历山大·伊万年科结伴返回梅里霍沃，因为她无法独自面对旅程。安东旁敲侧击，暗自观察，隐约感觉到她的痛苦背后的缘由：她很有可能与伊萨克·列维坦一直保持着交往。安东建议玛莎去咨询一下

---

[1] 见俄罗斯档案馆，571 1 1137：玛莎·契诃娃给塔妮娅·谢普金娜－库别尔尼克的信，1894—1951。

他的同事，神经科专家瓦西里·舍尔温斯基（Vasili Shervinsky）教授，
"带上五卢布，以防万一"，请教授帮助她解决睡眠问题。

在莫斯科，万尼亚、索尼娅和出生不久的儿子瓦洛佳组成了一个和
美的三口之家，不希望外人加入。米沙在乌格里奇税务部门的工作并不
开心，希望他的保护人可以帮他调动到另一个税务所。在莫斯科，安东
的表弟阿列克谢·多尔任科已经离开了加夫里洛夫商店，他现在赢得了
安东的尊重，因为他成了一名业余乐团的小提琴手。至于彼得堡的亚历
山大一家，虽然娜塔利娅坚信他们的儿子小米沙"非常优秀"，但亚历
山大仍然郁郁寡欢。在他写给安东的信中，只要娜塔利娅在附言中流露
出关切之情，亚历山大就总是不失时机地贬损自己的妻子："娜塔利娅
差不多每天都要排出整条的绦虫来。"亚历山大心中不快，行为也反常
起来。1894年11月12日晚上，亚历山大、万尼亚和伊万年科一起到梅
里霍沃庄园。第二天，娜塔利娅的信也尾随而至：

> 亲爱的安东，求求您写信告诉我，我的丈夫是否与您在一起。
> 我出门的当口，这个怪人就走了。我简直烦透了，他在哪儿？他到
> 底怎么了？亲爱的安东，请不要给他看我的信。[1]

亚历山大决定留下来庆祝沙皇尼古拉二世的婚礼，安东只好苦笑着
感谢娜塔利娅，"让他来看望我"。亚历山大躲在梅里霍沃时，他的乖张
行为也影响了村子。当地农民叶皮凡·沃尔科夫（Epifane Volkov）喝
醉了酒，放火点着了自家房子的茅草屋顶。尽管亚历山大有一些消防
经验，小屋还是被烧毁了，沃尔科夫因纵火罪而被捕。除了亚历山大之
外，11月再无人来打扰安东。只有叶连娜·沙夫罗娃搭讪安东，请求
他把她的六个故事的稿件退还给她。安东不在家的时候，这些稿件不知
被放到哪里去了。安东矢口否认这些稿子在他这里，还让她根据记忆重
新写出来。沙夫罗娃闷闷不乐地说，这不可能是真的，重写也是不可

332

---

[1] 见图书馆手稿部，331 33 14：娜塔利娅·戈登－契诃娃给安东·契诃夫的信，1888—
1894。

能的。

　　梅里霍沃庄园的邻居沙霍夫斯科伊公爵债务压身，只好将瓦西基诺庄园卖给了工程师弗拉基米尔·谢缅科维奇（Vladimir Semenkovich）。新邻居初看起来似乎是一个反对社会变革的人[1]，让人望而却步，安东就更没有理由出去找热闹了。一个月鲜有人打扰，安东只身待在新竣工的小屋里，他终于找到了合适的创作环境。有时，他从小屋的写字台前站起身来，也只是与仆人们说说话，偶尔帮助玛莎教家里的两个女佣——安纽塔·丘法罗娃和玛舒特卡——读书和写字。（安东·契诃夫很快就成为当地学校的创办者和督学。）附近的谢格列沃村有一位教员叫米哈伊尔·普洛托夫（Mikhail Plotov），安东对他非常友好，给他提过一些健康方面的建议，送给他一把枪、一只猎狗，还有剧院门票。塔列日村的学校教员阿列克谢·米哈伊洛夫（Aleksei Mikhailov）更是一个需要精神支持的人，安东和他也结为朋友。阿列克谢·米哈伊洛夫虽然只有三十岁，却已经暮气沉沉。他当时已有四个孩子，聊天的话题都围绕着二十四卢布月薪下的拮据生活。[2]

　　在这种近乎孤独的生活中，安东·契诃夫不但完成了《萨哈林岛》成书版本的定稿，而且完成了自 1891 年就开始酝酿的长篇故事《三年》。自从安东从萨哈林岛回来后，他从来没有淡出文学圈这么久过。维克托·比利宾告诉格鲁津斯基说："彼得堡盛传契诃夫得了结核病，莫斯科医生说他只有一年的活头了。"[3] 在各路小道消息的推波助澜下，俄罗斯的小作家们一片嗡嗡嘤嘤，谣言四起。格鲁津斯基告诉了尼古拉·叶若夫，叶若夫给安东写信说："最善良的安东！……邀请您来我在莫斯科的公寓，就如同种下瓜却期待长出豆一样。对我们这些小人物来讲，您那么难以企及。我仍旧是您年轻时代的朋友、您现在的敌

---

[1]　见 L. Z. 阿布拉门科娃《契诃夫的邻居 V. N. 谢缅科维奇》，见《梅里霍沃的工作与生活》，1995，264—272。

[2]　阿列克谢·米哈伊洛夫成为剧本《海鸥》中的小学教员梅德韦坚科的原型。1895年，当地农民们要求解雇阿列克谢·米哈伊洛夫。

[3]　引自《契诃夫全集》，5，587。

人。"[1]安东以适度的热情回了信,邀请格鲁津斯基和叶若夫二人在冬天结束前来梅里霍沃庄园做客。而对丽卡·米济诺娃,他仍然没有一句鼓励或安慰的话。

333 丽卡在巴黎不再孤身一人,伊格纳季·波塔片科口袋里装着更多的约稿定金赶到了巴黎。(但他告诉玛莎,说他是在赫尔松省他父亲的病床边。)11 月初,波塔片科与第二任妻子玛丽亚·波塔片科住在马修林斯街,距离丽卡的住处只有几公里之遥。11 月 21 日(儒略历 11 月 9 日),丽卡·米济诺娃生下一个女孩,她给女儿取名为克里斯蒂娜。产后的丽卡独自应付了九天,她和孩子都病倒了,然后才找到了一个奶妈。玛丽亚·波塔片科提出抱养丽卡的孩子,但丽卡断然拒绝了这个提议,认为这是玛丽亚意在切断波塔片科与自己联系的伎俩。丽卡在 1895年 2 月给玛莎的信中说,玛丽亚·波塔片科威胁要自杀,还要把自己的孩子都杀死,这样伊格纳季也只能自杀了事了。[2]就在丽卡一筹莫展之际,波塔片科从巴黎给安东寄来一封信,行文思路异常清晰:

> 第一,我的地址要绝对保密,这是必须的。第二,我陷入了一种绝望的境地……正在寒冷与不幸中瑟瑟发抖。如果您正坐在一个温暖的房间里,眼前是新搭的壁炉,您怕是难以理解这种处境。但是,作为一个艺术家,您应该能想象得出。我这种处境的原因很难解释,最好完全不去解释吧。但是,我既离不开这里,也付不起那些账单……抛开您那股乡村地主的慵懒劲儿,去一趟莫斯科吧,带着这些材料,去里昂信贷(容克就更好了),给我电汇一笔钱,地址是巴黎马修林斯街 60 号波塔片科……救救我吧,否则我就只能考虑自杀了。

第二天,伊格纳季·波塔片科就离开了丽卡·米济诺娃,他们从此断绝了关系。收到波塔片科的信后,安东打破了长达一个月的闭关,虽

---

[1] 见图书馆手稿部,331 43 11d:尼古拉·叶若夫给安东·契诃夫的信,1894—1897。

[2] 见图书馆手稿部,331 93 80:丽卡·米济诺娃给玛莎·契诃娃的信,1895。

然冰辙颠簸，还是与亚历山大和玛莎一起去了洛帕斯尼亚，坐火车前往莫斯科。（亚历山大被遣送回彼得堡，回到娜塔利娅身边。）安东到莫斯科后并没有马上给波塔片科寄钱，而是待四天后返回梅里霍沃才委托《俄罗斯思想》编辑部的戈尔采夫"绝对保密"地借了两百卢布，让他把钱寄给那个"回头的浪子"，或者让苏沃林去做——当然这样的话，波塔片科的秘密就再也保守不住了。3月，波塔片科再次让安东寄去两百卢布，然而，他们的友谊之舟也就此搁浅，波塔片科和丽卡都被挤出了安东的亲密朋友圈。现在，利迪娅·亚沃尔斯卡娅试图重新燃起安东的热情。

46.哦，查鲁达塔！

（1894 年 12 月—1895 年 2 月）

　　1894 年 12 月，利迪娅·亚沃尔斯卡娅在给塔妮娅·谢普金娜－库别尔尼克的信中提到："我在舞台上默默无闻。"[1] 于是，这两个女人分别从巴黎和安特卫普返回俄罗斯，打算拉出安东·契诃夫支撑门面，大胆投机。利迪娅·亚沃尔斯卡娅在舞台上塑造了两个高级妓女的形象：在法国剧作家维克托里安·萨尔杜创作的"无尽粗俗"的剧本《桑·热纳夫人》中，她扮演了拿破仑的情妇，一个做洗衣女工的女主角，她的儿子后来成了拿破仑的元帅——这个形象对亚沃尔斯卡娅来讲倒是实至名归；另外，在首次于俄罗斯公演的戏剧《小泥车》（*Poor Charudatta*）——据说是由古印度的一位首陀罗迦王创作的梵剧——中，她出演了高级妓女瓦桑塔森娜（Vasantasena）。在《小泥车》这部戏中，高种姓婆罗门出身的破落子弟查鲁达塔（Charudatta），帮助名妓瓦桑塔森娜挫败了王子的诡计，避免了瓦桑塔森娜被勒死、自己被斩首的命运，最终有情人终成眷属。在 1894—1895 年的冬天，利迪娅·亚沃尔斯卡娅只要看到安东就会摆出瓦桑塔森娜崇拜爱慕查鲁达塔的样子，跪在地上高叫"哦，高尚的查鲁达塔"，安东也默许了这种游戏。

---

[1] A. Ia. 阿尔舒勒，《A. P. 契诃夫与 L. V. 亚沃尔斯卡娅》，见《契诃夫研究》，1990，140—151。

46. 哦，查鲁达塔！

这两个女人还有其他计划。安东·契诃夫给利迪娅·亚沃尔斯卡娅推荐了一个施展才华的完美机会：出演左拉的那部充斥着通奸与谋杀的小说《特蕾丝·拉昆》（*Therese Raquin*）。塔妮娅为利迪娅翻译了法国剧作家埃德蒙·罗斯丹模仿《罗密欧与朱丽叶》的作品《幻想家》（*Les Romanesques*），在梅里霍沃庄园，塔妮娅将自己的译稿给安东过目。看到罗斯丹的矫揉造作的风格在塔妮娅译笔下的样子，安东大大取笑了一番。塔妮娅·谢普金娜－库别尔尼克的陪伴让安东感觉很放松，虽然她经常与他大吵大闹，就像她和利迪娅·亚沃尔斯卡娅吵架一样。她指责安东对女同性恋存在偏见，然后又低声下气地道歉。（安东警告苏沃林，说塔妮娅这个女人非常狡猾。）

12月2日，天降大雪，客人们从洛帕斯尼亚火车站乘坐雪橇到达梅里霍沃庄园。塔妮娅在梅里霍沃逗留了两个星期，赢得了契诃夫一家人的欢心。安东喜欢用塔妮娅的貂皮围脖来逗狗玩，惹得两只腊肠犬狂吠不已。帕维尔去莫斯科时把家庭日记委托给塔妮娅代记，塔妮娅也模仿得有模有样。塔妮娅跟着叶夫根尼娅一起去修道院祈祷，却在风雪中迷了路，最后被沙霍夫斯科伊公爵的仆人送了回来。家里整天笑声不断。12月6日，塔妮娅·谢普金娜－库别尔尼克与安东·契诃夫建立了一种特殊的亲密关系，迄今还没有其他女人这样做过。原来，他俩成了沙霍夫斯科伊公爵的女儿娜塔利娅的教父和教母，这样算来，安东与塔妮娅结成了干亲家——干亲家在俄罗斯是一种具有重要意义的关系。

安东终于完成了格调阴郁的故事《三年》，塔妮娅的陪伴让他心情愉悦起来。他用利迪娅·亚沃尔斯卡娅从巴黎带回来的紫色或粉红色纸写信。12月18日，待塔妮娅返回莫斯科两天后，安东也尾随她去了莫斯科。他照例住进莫斯科大饭店的一号房间（为了方便使用卫生间），他是这个旅馆最招工作人员喜欢的客人。他在那里一直工作到圣诞节前夜，他母亲的命名日。

《三年》就是波塔片科曾与《小麦田》杂志出版人阿道夫·马克斯商谈过条件的那部"小说"，但这个故事最终于1895年1—2月发表在《俄罗斯思想》。有关《三年》，安东·契诃夫曾对沙夫罗娃和苏沃林说过，这个故事不是由"丝绸"而是用"粗麻纱"制成的。《三年》是继《萨哈林岛》和《决斗》之后，安东创作的为数不多的长篇作品之一。故事的主人公拉普捷夫一直力图摆脱拉普捷夫父子商行对自己的桎梏。安东对这个商行如数家珍的描写，除了体现出博物学家的风采之外，还流露出某种令人不安的自传体小说的特点。拉普捷夫出身于一个富裕家庭，缺乏社会阅历，这与安东·契诃夫不同；然而他性格内向，痛恨自己的小商人家庭背景，他在"女才子"波丽娜·拉苏季娜与"闲美人"尤丽雅·谢尔盖耶芙娜之间的徘徊犹豫，他对鲁宾斯坦音乐会和列维坦画作的反应，都使得这个拉普捷夫非常"契诃夫化"。故事中猥琐下作的姐夫巴纳乌罗夫让人联想到伊格纳季·波塔片科，而奥尔迦·昆达索娃和丽卡·米济诺娃的身影也在故事里若隐若现。为了体现拉普捷夫如何慢慢地冲破情感束缚与阶级桎梏，《三年》在行文间透露出一股缓慢悠长的格调，这使得整个故事看起来像是一个长篇成长小说的前奏。这个故事蕴含的诗意并未引起评论家的关注，但安东·契诃夫如此利用奥尔迦·昆达索娃对他的爱情让朋友们吃惊不小。然而，更加露骨的自传性坦白还在后面。

安东·契诃夫在《俄罗斯报》发表了让人情绪振奋的圣诞特辑《花匠头目的故事》（"The Senior Gardener's Story"）。有关死刑问题，安东不仅曾在专著《萨哈林岛》中讨论过，而且在克里米亚逗留期间也有谈及。这个故事就是通过一个园丁之口讲述了一位法官最终判定谋杀村中医生的凶手无罪，因为法官对人性的信仰让他无法相信有人竟会杀死医生。出版审查官删掉了契诃夫有关这个故事的道德寓意：

> 相信上帝很容易。审判官、比龙和阿拉克切耶夫［俄罗斯帝国最残酷的将军］都信仰上帝。然而，您信仰人类！只有少数理解并感知到基督的人，才能保有这种信心。

336　　圣诞节期间，梅里霍沃庄园人满为患，完全谈不上舒服。库尔金医生睡在安东的卧室里，万尼亚挤在他的书房，而安东则睡到了玛莎的房间。圣诞节后，安东前往米什切斯克医院的精神病房参加了一次耶鲁节晚会，聚会后将奥尔迦·昆达索娃带回了梅里霍沃庄园。第二天晚上，帕维尔呻吟了一整夜，早上宣称自己看见了"魔王"别西卜。新年前夜，家里终于清静了下来。帕维尔在日记中写道："玛莎从苏梅镇回来了。家里一个客人也没有。我们没有迎接新年，吃完晚饭十点钟就睡觉了。玛莎得到了幸运硬币。"

1895 年新年来临时，村里的农民纷纷登门，祝福他们一家新年如意，照例得到了伏特加。安东·契诃夫暗自担忧自己的健康状况。他告诉堂弟格奥尔基，说自己咳嗽得非常厉害，可能要在塔甘罗格待上十二个月，他想知道他是否可以买下伊波利特·柴可夫斯基名下的那座海边别墅。

第二天，安东收到一纸"传令"：

> 沙皇陛下御令，1895 年 1 月 1 日签发于莫斯科，神圣的塔季扬娜与利迪娅之文学统帅与骑士、吾私人卫队一等兵安东·契诃夫，帕维尔之子，获准于 2 月 3 日之前前往帝国境内或境外任何城市休养，但他要派出两名副手，在指定的时间到达，并履行双倍职责。[1]

1 月 2 日，契诃夫一家人还未起床，他们的一位"陛下"就莅临了。塔妮娅·谢普金娜-库别尔尼克对此回忆说：

> 我在去梅里霍沃庄园的路上，顺路拜访了列维坦，他原来答应过要给我看一些素描……我看到列维坦时，他穿着一件天鹅绒衬衫，活像一幅委拉斯凯兹（Velasquez）的肖像。和往常一样，我只要去梅里霍沃，身边总是带着采购来的各种物品。待列维坦意识到我要去哪里时，便长吁短叹起来，说他和契诃夫之间那些无谓的争吵让他多么不开心，说他非常希望能像原来一样去拜访他家。于

---

[1] 见图书馆手稿部，331 64 34：利迪娅·亚沃尔斯卡娅给安东·契诃夫的信，1893—1896。

435

是，我问道："您现在为什么不能去呢？"

　　看到列维坦和塔妮娅一起来到梅里霍沃庄园，安东稍一错愕，然后紧紧地握住了列维坦的手。他们说起话来好像断交三年这件事从来就没发生过。第二天早上，安东还在睡觉，伊萨克·列维坦就让工人罗曼驾车送他去了火车站。安东在早餐时看到了他留下的纸条："对不起，我今天不能见您了。您以后会顺路来看我吗？能够再次来您家，我的喜悦真是难以形容。我又找回了对我来讲弥足珍贵的东西，我会一直珍惜它。"塔妮娅和亚沃尔斯卡娅高兴地看到两个充满激情的"朝臣"握手言欢了。1895 年 1 月 4 日，安东去了莫斯科，在莫斯科大饭店逗留了两个多星期。叶夫根尼娅也跟他一起来了，她要转道去彼得堡看望娜塔利娅一家。这是自从科利亚死后，叶夫根尼娅第一次去她家，她渴望看到第一个合法的孙子，因而克服了对儿媳的厌恶。

　　安东告知阿列克谢·苏沃林他在莫斯科，但既没有说为何不给《新时代》提供故事，也没有谈及为何不来家里拜访，而只是替塔妮娅和亚沃尔斯卡娅询问，欧内斯特·勒南的《茹阿尔修道院》(*L'Abbesse de Jouarre*) 或易卜生的《小艾约夫》(*Little Eyolf*) 能否通过审查。他在给苏沃林的另一封信中盛赞利迪娅·亚沃尔斯卡娅"真是一个好女人"。他照例在莫斯科参加了塔季扬娜日庆祝，庆祝了自己的命名日，在科尔什剧院观看了利迪娅出演的《桑·热纳夫人》。"瓦桑塔森娜"还给"查鲁达塔"送来一块毯子以及热情的呼唤：

> 　　请马上来，安托沙！我们如饥似渴地想要见到您、膜拜您。以上我是替亚沃尔斯卡娅写的，而我只是爱您。您的塔妮娅。
> 　　与您分离，我非常伤心，好似心中最美好的部分被剜割……请裹上这块花格小毯子，它会温暖您，就如同我的热吻……不要忘记那个一心只爱您的女人。您的瓦桑塔森娜……没有您，我很孤独……很绝望。来吧，亲爱的。没有沙拉了，买点来吧。热烈地亲吻您，利迪娅。

46. 哦，查鲁达塔！

安东喜欢利迪娅·亚沃尔斯卡娅的奢侈生活。他写信对苏沃林说，他需要每年挣上两万卢布，因为"我现在还不能和那个只穿真丝衬裙的女人睡觉"。1894 年 12 月，丽卡·米济诺娃从巴黎寄来一封信，表达了更加朴实的爱：

> 我觉得，我宁愿放弃半辈子的时间，来换取在梅里霍沃坐在您的长沙发上，与您聊上十分钟，吃吃晚饭，假装这一年中什么事情都没有发生过……我在学习声乐，学习英语，人也变得又老又瘦！我要从 1 月份开始学习按摩，以备未来之需……我可能就要得上肺结核了，见到我的人都这么说。在一切结束之前，如果您愿意，我会在遗嘱中将我的日记遗赠给您，您也许能从中借鉴一些什么东西，写出一个幽默故事。

沉默了三个月后，丽卡与安东又开始通信了，但两个人都矢口不338提丽卡的孩子，就好像克里斯蒂娜从来不存在。12 月 22 日，丽卡邀请玛莎去巴黎，她写道："你这个讨厌的姑娘，你说想见我，根本就是撒谎！你陷在各种乌七八糟的事情中，怎么还能记得我？"丽卡所指的"乌七八糟的事情"，可以从她在 1895 年 1 月 2 日写给安东的信中看出头绪来：

> 好吧，也就是塔妮娅住进了梅里霍沃，坐在长沙发上我原来的位置上了？您与亚沃尔斯卡娅的婚礼很快就要举行了吧？别忘了邀请我，这样我就可以在教堂大闹一场来阻止它了……如果您不回信的话，但愿天雷劈死您。您的丽卡。[1]

奥尔迦·昆达索娃也格外活跃起来。她不再需要工作，她的朋友们——库尔金医生、雅科文科医生、帕夫洛夫斯卡娅医生、契诃夫和苏

---

[1] 见图书馆手稿部，331 52 2v：丽卡·米济诺娃给安东·契诃夫的信，1895—1896；部分见《通信集》，II，1984，16—59。

沃林——都在经济上资助她。让她的朋友们很担心的是，她频繁地往返于谢尔普霍夫镇和莫斯科之间，她在这些地方积极地参与到生物学家和哲学家的辩论中去。她渴望彻底摆脱米什切斯克精神病医院，她责备安东让她头疼、发烧，让她"无法想象地压抑"。她的信和便条更是铺天盖地地向安东袭来，安东用尽浑身解数，才让她消了气。但是，奥尔迦·昆达索娃看过《三年》中虚构的"女才子"波丽娜·拉苏季娜后，在1895年1月12日的信中又恶毒地责骂道："我想要当面向您这样一位完全合格的'小唐璜'表示祝贺，我附上一张邮票，请回信。昆达索娃。"[1]安东忍下她的指责，但更多的责备倾泻而来，昆达索娃这才意识到自己生病了："用我们的术语叫初级退智症。我心里害怕，但也不是特别害怕。"昆达索娃相信，经常去梅里霍沃庄园，在那里吃饭、睡觉和聊天，能起到预防作用。安东·契诃夫联系了库尔金医生，库尔金又给雅科文科医生写了信，他们一致同意，不要资助昆达索娃太多的钱，这样她才不会离开米什切斯克（在这个精神病医院里，她认为自己是一个具有开拓精神的精神病医生，而不是一个病人）太远。1895年1月13日，库尔金医生建议安东说："您不应该让您的'女士朋友'离开视线，因为她随时都可能陷于一种无力自助的境地。"[2]

安东·契诃夫将奥尔迦·昆达索娃交给医生朋友们去应付。虽然昆达索娃、塔妮娅、亚沃尔斯卡娅和丽卡都在呼唤安东的关爱，但他看似还有精力去追求其他女人。12月30日，他给亚历山大写了一封语气诙谐的信，但信中提出了一个严肃的要求：他让亚历山大打听自己的崇拜者，儿童作家利迪娅·阿维洛娃（Lidia Avilova）在彼得堡的地址，当然，要做得"很随意，什么都不用说"。亚历山大很快将利迪娅·阿维洛娃的地址给了安东，安东开始不紧不慢地筹备着去一趟彼得堡。安东找到了一个借口：苏沃林需要他出面协调局面。事情的起因是，阿列克谢·苏沃林拒绝签署向沙皇请求"出版自由"的请愿书，遭到出版同行的谩骂与排斥。（沙皇驳回了这个请求，认为是"痴人说梦"。秘密警察

_339_

---

[1] 见图书馆手稿部，331 48 79a：O. P. 昆达索娃给安东·契诃夫的信，1892—1904。
[2] 见图书馆手稿部，331 48 83a：P. I. 库尔金医生给安东·契诃夫的信，1892—1895。

46. 哦，查鲁达塔！

记录下了所有签署者，安东·契诃夫作为一个激进期刊的作者而受到警察监视。）知识分子的排斥更是让苏沃林陷入抑郁，无论是他的剧院还是他的"文学艺术家圈子"（Literary-Artistic Circle），都无法让他精神振奋起来。1895 年 1 月 9 日，萨佐诺娃在日记中写道：

> 苏沃林不停抱怨自己多么孤独，说他的报纸和财富都无法给他带来幸福，说他几乎不知道什么是个人幸福，说他的生命就这样流逝了。他精神紧张，十分沮丧，我甚至能从他的声音里感觉到泪水。有时，他根本说不出话来。[1]

几乎就在同时，安娜·苏沃林娜也给安东写信请求说：

> 安东，我再次请求您，帮助阿列克谢振作起来吧。我听说您现在在莫斯科，趁着您在那儿，鼓动他也去一趟莫斯科，哪怕就待几天也成。他唠叨过很多次，您给他的信只谈公事！……给他写点好玩、有趣的事情，让他高兴一点吧。毕竟，除了您，他不爱任何人，也看不上任何人。他非常忧郁，更糟糕的是，他晚上睡不着觉。他根本无法工作。[2]

安东给苏沃林写信，两次邀请他来莫斯科，相约去参观周围的墓园，甚至表示要介绍塔妮娅·谢普金娜－库别尔尼克给他认识，但阿列克谢·苏沃林不为所动。这期间，安东回家待了一个星期，检查亚历山大在彼得堡给叶夫根尼娅购买的假牙。在假牙于 1 月 13 号制作好后，她才戴上使用。1 月 27 日，安东再次离开梅里霍沃庄园去莫斯科待了四天。他此行不仅看望了缠绵病床的格里戈洛维奇，而且见到了童年时代的恋人，新近寡居的萨莎·塞利瓦诺娃。她辞去了学校教员的工作，做了一名助产士。

---

[1] 引自《契诃夫全集》，6，381。
[2] 见图书馆手稿部，331 59 46：安娜·苏沃林娜给安东·契诃夫的信，1889—1901。

1895 年 1 月 31 日，安东·契诃夫前往彼得堡。莫斯科的二流小作家们对安东艳羡不已，谢格洛夫在日记中记录道："天气严寒，破衣薄衫，身无分文，我现在必须写出一部幽默小说来！……确实，你必须成为契诃夫那样的利己主义者才能实现目标！！"[1] 到达彼得堡后，苏沃林送给安东一本印刷精良的书，这就是他自己创作的半清教徒、半色情的小说《世纪之末：爱》(*At the End of the Century: Love*)，题词为"善

340 良而高尚的作者赠"。苏沃林将安东介绍给萨佐诺娃——一位阿列克谢·苏沃林敢于托付自己所有秘密的女作家和日记作者。虽然萨佐诺娃和契诃夫同为阿列克谢·苏沃林的知己密友，但这两个人却彼此退避三舍。有关这次见面，萨佐诺娃在日记中写道："我们沉默地握了握手，他建议我不要喝俄罗斯的葡萄酒，然后就转身去了自己的房间，在那里与一个同伴会面后出去拜望列伊金了。"萨佐诺娃感受到了安东拒人于千里之外的敌意。其实，安东这次来彼得堡另有自己的小算盘。他重新与苏沃林就自己的版税进行了谈判：现在，苏沃林每月要付给契诃夫两百卢布。当安娜·苏沃林娜心爱的意大利男高音引吭高歌时，安东就在隔壁房间写信、阅读稿件，并且开始着手创作一个新故事。收获丰富的一年已经拉开了序幕。

安东拜访尼古拉·列伊金时，遇到被他忽略的追随者：性格忧郁的卡兹米尔·巴兰采维奇和一直对他忠心耿耿的格鲁津斯基。他甚至还见到了伊格纳季·波塔片科。丽卡·米济诺娃还徘徊在契诃夫的脑海中，他就此问题与苏沃林展开讨论。苏沃林再次把这些信息泄露给萨佐诺娃，萨佐诺娃日记中记录如下：

> 契诃夫与那个米济诺娃姑娘关系暧昧。他想要娶她，但又不很坚定，因为苏沃林阻止了他［可能在 1891 年——作者注］。然后，波塔片科引诱了这个姑娘，最终抛弃了她。

---

[1] 见《文学遗产 68》，484。

46. 哦，查鲁达塔！

在彼得堡，亚历山大和娜塔利娅现在生活得很平静，安东心情愉快地去他家吃饭。娜塔利娅完全沉溺于母爱与锅碗瓢盆之中，安东夸奖侄儿米沙天资聪颖，她听后喜出望外。

1895 年，《彼得堡新闻》主编谢尔盖·胡杰科夫的妻姐利迪娅·阿维洛娃——也就是安东花了不少力气才得到地址的那个女人——成为安东·契诃夫最狂热的崇拜者。她请契诃夫点评她写的故事，而他的评论也表现出了少见的坦诚。利迪娅定做了一个项链坠饰，上面镌刻着安东·契诃夫的一本书的名字，以及一个页码和一个行数。她将坠饰匿名赠送给契诃夫，而契诃夫准确地从自己的故事《邻居》中相应的页码和行数找到了她暗示的线索，那句话是："如果您需要我的生命的话，来，拿去吧。"只是让利迪娅·阿维洛娃没有想到的是，1895 年 2 月 16 日安东返回莫斯科后，这个坠饰情节被用到他的新剧本《海鸥》中，成为一个点睛之笔。

47. 厌女者的春天
（1895 年 2—5 月）

利迪娅·阿维洛娃在 1895 年 2 月送给契诃夫的项链坠，无疑是一件爱情信物。事实上，安东·契诃夫对阿维洛娃的爱情的回应要比阿维洛娃自己在"回忆录"中所暗示的更加谨慎。他对她的写作生涯的指导远比对叶连娜·沙夫罗娃的要少。当布列宁认为最好不予发表利迪娅·阿维洛娃的作品时，安东并未提出异议。当阿维洛娃寻找安东帮助时，他竖起了一道让不速之客止步的防线。尼古拉·列伊金认识阿维洛娃，1895 年 3 月 9 日，他在从莫斯科前往梅里霍沃的火车上写日记道：

> （我）去了普留契卡街上的斯特科夫［阿维洛娃的娘家姓］图书馆，L. A. 阿维洛娃现在住在那里，我和她一起喝了茶。她看起来心情忧郁。原来，十天前，她从莫斯科给契诃夫写了一封信，邀请他来莫斯科，但是他没有来，也没有回信。她去询问《俄罗斯思想》编辑部他是否在农庄上，但人家告诉她，他已经动身去了塔甘罗格。我告诉她，《俄罗斯思想》编辑部的人对我说他就在庄园，正在等我，我明天就去见他。[1]

---

[1] 见《文学遗产 68》，502。

47. 厌女者的春天

在彼得堡时，契诃夫还得小心躲避着叶连娜·沙夫罗娃，因为他不知道把她的手稿放到哪里去了。后来，沙夫罗娃等来的不是她渴望的会面，而是一顿严厉的批评，因为她写了一个有关梅毒和家庭的故事，在故事中毁谤了医生。这个故事无论如何是不可能发表的，因为只有医学期刊才讨论梅毒。安东·契诃夫告诉沙夫罗娃，把疾病留给专业人士去研究，她只要写写野餐聚会就好了。

1895 年 2 月，安东为一本莫斯科作品选集创作了一个故事，名字叫作《太太》（"The Spouse"），仍然是描写一位医生饱受挥霍而不忠的妻子折磨的故事。[1] 1895 年，安东·契诃夫的创作高频主题之一就是理想主义者被不道德的女人所摧毁；这其中的根源不仅在于他不再对女人抱有幻想，而且也是受到当时俄罗斯文坛流行的厌女症潜流的影响。对于女人，安东·契诃夫总是反复挑逗，然后无情抛弃。他的兴趣从一个女人转移到另一个女人身上，他并没有花费心思去寻找心目中的理想爱人。其实，安东·契诃夫在这一过程中也历受痛苦的磨砺：每一段亲密关系看起来都是他对追求创造性的个人自由的一个障碍。与列夫·托尔斯泰一样，契诃夫在内心深处亦认可叔本华的理论："聪明的男人只有被性欲迷惑后才会崇拜女人。"叔本华在俄罗斯拥有广大拥趸。契诃夫的《太太》中的女主人公是"叔本华化"的女人，而接下来的故事，诸如《海鸥》《阿莉阿德娜》《挂在脖子上的安娜》中的女主人公们，都是同类型的人物。

安东返回梅里霍沃庄园后，开始回避塔妮娅·谢普金娜－库别尔尼克和利迪娅·亚沃尔斯卡娅这两个妖冶女友。塔妮娅必须得在 3 月底前找到他。亚沃尔斯卡娅在 3 月前去了下诺夫哥罗德巡演，莫斯科的评论家们——用安东提前告诉苏沃林的话说——"像追捕兔子一样对她紧追不放"，因为她在朱塞佩·贾科萨（Giuseppe Giacosa）的《查兰德夫人》中"矫揉造作地模仿了一位伯爵夫人"。安东·契诃夫不想再混迹于多角关系之中，与科尔什、塔妮娅共享利迪娅·亚沃尔斯卡娅，而利

342

---

[1] 米沙·契诃夫回忆说，这个故事是受到雅罗斯拉夫尔税务官萨布林的不幸婚姻的启发。

迪娅却不明白安东为何忽然对她冷若冰霜。利迪娅在流感和欲望的双重折磨下焦躁不安，给安东写来一首不高明的自由体诗：

> 哦，查鲁达塔，令人仰慕的人儿！……你不知道，可爱的瓦桑塔森娜……
> 你那株南方的花朵，"小太阳"
> 在剧院遭受怎样的磨难
> 一天只用四卢布打发她
> 旅馆的房间
> 天啊，与莫斯科大饭店天壤之别
> 在那个房间里，你与她
> 品尝过真正的欢娱。
> 亲爱的……我根本无法用诗句来表达我们的感情，所以请把塔妮娅给我送来……

利迪娅·亚沃尔斯卡娅要在复活节时在彼得堡举行首演。她的来信恢复了正式的"您"的称呼，她以道路状况为由请求不来梅里霍沃庄园了，但仍恳求安东去彼得堡的旅馆与她相会。到 1895 年 4 月 5 日时，安东仍然没有给她回信，亚沃尔斯卡娅从彼得堡给他写来的信充满挑逗意味：

> 说句话来保护这个不幸的人吧，
> 您美丽的瓦桑塔森娜，
> 否则苏沃林和那些评论家
> 野蛮的愤怒会摧毁这朵莲花
> 将瓦桑塔森娜撕成碎片
> 把她美妙的身体摔给饥饿的莫斯科评论家
> 去吞噬。哦，救救我，查鲁达塔！！

47. 厌女者的春天

亲爱的，复活节快乐，祝福您身体与精神都幸福！我遇到了布
列宁，他真是一个面目和蔼却满嘴毒牙的人。我们谈到过您。他问
我是否爱上了安东·契诃夫（您看，亲爱的，难道每个人都看出来
了吗？是的……是的……是的……）……我只是想通过您拜见一下
苏沃林。请您替我向他说一句话，他相信您的话，就好比相信一个
深爱的女人的话（！）

安东既没有给利迪娅·亚沃尔斯卡娅回信，也没有替她说话，反
而向阿列克谢·苏沃林八卦，说剧院老板科尔什是亚沃尔斯卡娅的
主要情人，他嫉妒她的任何其他男友。苏沃林观看了《桑·热纳夫
人》，虽稍有称赞，但强烈批评了亚沃尔斯卡娅的表演。（无论是苏沃
林的剧院还是契诃夫的剧本，都十分反感利迪娅·亚沃尔斯卡娅的矫
揉造作的表演。）安东之所以将亚沃尔斯卡娅引荐给苏沃林，是想要
转弯抹角地打听苏沃林的一个门生，犹太姑娘柳德米拉·奥泽罗娃
（Liudmila Ozerova）的消息。柳德米拉·奥泽罗娃在格哈特·霍普特曼
（Gerhart Hauptmann）那部晦涩而伤感的剧本《汉妮勒升天》（*Hannele's
Ascension*）中首次亮相时引起过轰动。5月初，契诃夫询问苏沃林奥泽
罗娃会在哪里度夏，还自荐说："为什么不邀请我做她的医生呢？"两
年后，柳德米拉·奥泽洛娃回应了安东的暗示。

契诃夫一家人都惦记着丽卡·米济诺娃的境遇。1月份，米沙向
玛莎发牢骚，说他怀念那些"有教养"的女孩："至少丽卡过去是，但
现在她也不是了。"[1] 三个月以来，安东第一次给丽卡回了信。他希望
她很快就能回来，虽然他很关心她孩子的情况，但仍然说"别无他事，
一切照旧，没有什么新鲜事儿"。他托丽卡给玛莎买来手套和香水。丽
卡·米济诺娃现在也不给安东写信了，而是写给玛莎、她的奶奶和母
亲。她继续对奶奶撒谎说自己忙于学习声乐，她对母亲说："您是我唯
一、最好的朋友。"她在1月23日和2月2日给玛莎的信中说，现在自

---

[1] 见图书馆手稿部，331 82 59：米沙·契诃夫给玛莎·契诃娃的信，1890—1896部
分，1895年1月12日。

445

己瘦得厉害，腰围只有不到五十厘米，她有一个法国追求者，但她仍然无法入睡，也不能喝酒：她只盼着快点死去。她唯一的骄傲就是她的女儿，奶妈说，小姑娘和波塔片科像是从一个模子里刻出来的。丽卡询问玛莎是否会嫁给列维坦，因为现在库夫申尼科娃已经离开了列维坦。即便在目前这种状况下，她还在为自己的爱人伊格纳季·波塔片科辩护：

344

> 我有过一个朋友，我希望他仍然是我们两人的朋友——他就是伊格纳季……我曾经有过一种愚蠢的幻觉，觉得自己也是安东的朋友，但事实证明，这个想法愚不可及……我一点儿也不后悔，还很高兴有了这么一个带给我快乐的小东西……我相信，伊格纳季爱我胜过爱世间的一切，但他也是一个最可怜的人！他没有意志力，没有性格，更糟糕的是，他运气不好，娶了一个为达目的不惜一切手段的妻子。

丽卡·米济诺娃的痛苦经历让玛莎十分同情，但玛莎同时也羡慕丽卡体验过的爱情和生育经历。

1895 年春天，丽卡短暂返回俄罗斯，把女儿克里斯蒂娜和奶妈留在了法国。奶奶约翰逊十分渴望见到丽卡，她在 5 月 8 日和 14 日的日记中欣喜若狂：

> 今天是我可爱的小鸽子丽迪什卡的生日。愿主让她的二十六岁健康、幸福和安乐……我正期盼着丽迪什卡进门！她已经回来了，我有多么高兴见能到她啊——现在我死也瞑目了。[1]

5 月 12 日，返回俄罗斯的丽卡·米济诺娃直接从莫斯科去了梅里霍沃庄园，在那里逗留一天后才回特维尔省探望奶奶。5 月 25 日，安东去了莫斯科，住在万尼亚那里。万尼亚向妻子报告说："安东晚上住

---

[1] 见莫斯科档案馆，5323/19：S. M. 约翰逊日记，第 5 册，1895—1897。

47. 厌女者的春天

在我这里，但整个白天都忙公事不在家。"5月28日星期天，安东带着丽卡返回了梅里霍沃。丽卡又在梅里霍沃庄园逗留了二十四小时，然后离开了，直到9月份才露面。丽卡走后，万尼亚的妻子才把心放回肚子，她非常嫉妒这个经常光顾梅里霍沃的年轻的波希米亚女人。[1]

那年春天，蜂拥聚至梅里霍沃庄园的只有男性朋友。九年前曾与安东短暂订婚的杜尼娅·叶夫罗斯如今成了律师叶菲姆·科诺维采的妻子。她与玛莎在莫斯科相遇，尽释前嫌，言归于好。一年后，杜尼娅·叶夫罗斯一家也被邀请到梅里霍沃庄园做客。这一年的复活节期间，塔妮娅·谢普金娜-库别尔尼克是梅里霍沃唯一的女客人。塔妮娅一向深得帕维尔和叶夫根尼娅的欢心，因为她参加圣餐仪式，通宵守夜，为工人的孩子们洗礼。他们把她当成了家庭一员，给她发来长长的购物清单——奶酪、萨拉米香肠和酥糖、葡萄酒和橄榄油，让她从莫斯科顺路带到梅里霍沃来。

梅里霍沃庄园唯一拒之门外的人是伊格纳季·波塔片科。波塔片科称安东是"我永远仰慕的人"，但现在安东只用黄色的碎纸头给他写信，这让他很受伤。然而，波塔片科很忙，他要创作"数不清的故事和小说"来养活他的两个妻子、丽卡、克里斯蒂娜和奶妈，更不要说他还欠着安东和苏沃林的债。3月10日，列伊金、格鲁津斯基和叶若夫结伴到达梅里霍沃庄园。尼古拉·列伊金觉得安东和自己一样，正努力成为一名合格的农民、园丁和养狗专家，他和契诃夫两人越发惺惺相惜起来。列伊金在日记中写道：

> 从洛帕斯尼亚火车站到契诃夫的庄园梅里霍沃的途中，我们遭遇了一场可怕的暴风雪。雪大得几乎看不清路标……我们乘坐两辆雪橇，我走在前面，叶若夫和格鲁津斯基走在后面。两匹马在我的雪橇前面一前一后走着，路几乎被完全掩盖起来了……最后终于到了契诃夫家，我们整个人都被雪裹住了，胡子里和鬓角上都是冰

---

[1] 见 M. A. 舍基娜，"I. V. 契诃夫给 S. V. 契诃娃的信"，见《契诃夫研究：梅里霍沃的工作和生活》，1995，315—327；亦见俄罗斯档案馆，2540 1238—1243。

345

棱……契诃夫热情地欢迎我们，甚至与仆人们一起到门廊里来迎接我们。他家有两个非常年轻的女佣，像包子一样滚滚圆。脸圆得像月亮一样的姑娘们一把抢走了我们的行李和毯子……契诃夫的房子很不错，房间明亮，都重新粉刷和糊裱过，非常宽敞，家里的每个人都有一个安静的角落，这种舒适感甚至在莫斯科的某些公寓中都找不到。我很高兴看到一位写手（我是指有天赋的作家），终于摆脱了贫困，过上富足的生活。在屋子里，他的母亲和弟弟米沙迎接了我们。米沙是一个税务官，在乌格里奇工作，回家来小住几天。两只腊肠狗窜到我们脚下，我差点喊出"皮普！丁卡！"它们和我自己的狗太像了。晚餐后，契诃夫带我去看场院和农庄里其他的建筑。这些建筑都很破旧，但马厩、牛棚和仓库都是新建的，一间盥洗室也正在修建中。他们为客人专门修建了一个有两个房间的小屋，里面有三张床和用品。这个小屋非常可爱。叶若夫和格鲁津斯基晚上就住在这里，而我睡在契诃夫书房的沙发上。

尼古拉·叶若夫第二天早上就离开了。他对梅里霍沃庄园印象平平，3月31日，他写信给列伊金说：

> 我不喜欢契诃夫的庄园：首先，它就坐落在村子里，如果村民家着了火，他的庄园免不了要受牵连；其次，那里没有水。安东给我们展示的池塘只能给猪仔洗澡。[1]

安东·契诃夫并不太在意格鲁津斯基和叶若夫。他告诉苏沃林，他们是"两个让人扫兴的年轻人，一句话都不说，搞得一家子人都无聊得很"，倒是列伊金"变得粗犷多了，更加亲切，更加友好——他一定是日子不多了"。列伊金对安东的热情招待非常感动，他给契诃夫家的腊肠犬寄了一张它们父母的照片，给玛莎送来了西伯利亚荞麦的种子，从

---

[1] 见俄罗斯档案馆，289 1 16：尼古拉·叶若夫给尼古拉·列伊金的信，1894—1903。

此，梅里霍沃农庄上又多了一种杂草。作为回赠礼物，契诃夫花了二百
卢布委托一位艺术家为尼古拉·列伊金画了一幅肖像油画。大喜过望的
列伊金又送来了自家获奖的甜菜和黄瓜的种子。

6月初，天气转暖，梅里霍沃到处绿意盎然，契诃夫再次邀请格鲁
津斯基和叶若夫前来。这次叶若夫改变了看法，又说道："我很喜欢那
里。我们上次看到的浴室已经竣工了，感谢安东的善意，那里成了所
有梅里霍沃村民的休闲胜地。"尼古拉·叶若夫之所以变得平和了一些，
也许是因为他要再婚了，新娘是一个"很出色的姑娘"。[1]整个夏天安
东都在游说阿列克谢·苏沃林再来梅里霍沃，但苏沃林习惯了更加舒适
的环境，直到8月底才终于来了，但也只逗留了一个晚上。

复活节时，亚历山大·伊万年科来了，但他惹恼了帕维尔，因为他
不但睡懒觉，而且还拒绝亲吻神父。安东学生时代的"记者大王"吉利
亚罗夫斯基也来到梅里霍沃庄园做客。安东还招待了尼古拉·科罗博夫
医生三天，他俩就读医学院第一年时，科罗博夫就在契诃夫家寄宿。尼
古拉·科罗博夫正痴迷于弗里德里希·尼采（Friedrich Nietzsche），契
诃夫曾经说过："如果能在火车上或者船上遇到尼采这样一位哲学家，
能够整晚地讨论哲学问题，那该是怎样一件快事！"因此，科罗博夫前
来做客也算是小有收获的一桩好事。此后，尼采的观点和语录渗透到了
契诃夫小说主人公的言谈之间[2]。安东与苏沃林的通信也因苏沃林的亲
德立场和赞同尼采的观点而活跃起来；当然，苏沃林的这些观点往往都
很古怪，例如，为了让学生摆脱无所事事的激进主义，他倡导在俄罗斯
大学强制性教授板球。

安东和苏沃林都希望面对面交流。苏沃林想要和安东一起走走坐
坐，"一句话也不说，或者漫不经心地交流一些奇怪的想法"。安东恳求
苏沃林5月份来莫斯科："我们可以在城市周边的墓地、修道院和树林

---

[1] 1895年8月，尼古拉·叶若夫向尼古拉·列伊金申请两百卢布的预付款作为婚资。
列伊金答复说，他很高兴叶若夫找到了生命之爱，并支付给他五十卢布。

[2] 安东·契诃夫请求尼古拉·科罗博夫为他的新剧本翻译了一篇弗里德里希·尼采的
文章。

里转转。"但是，苏沃林的报纸，尤其他的剧院，让他分身乏术，于是安东也没借口离开梅里霍沃了。在当时的俄罗斯，想要经营好一个农庄，家里的每个家庭成员，"无论身份和性别，都得像农民一样劳作"。农庄上的事情多不胜数：要防止老鼠从樱桃树上剥树皮，新宰了一头猪后要熏制火腿，搭建工人木棚的木料也已经拖来了。1895 年夏天的干旱与 1894 年的连天大雨一样，给农庄造成了巨大损失，害虫的幼虫吃光了桦树叶，霜冻糟蹋了果树的花，突然高温后生出的蚊子咬起人来"像狗一样"。安东·契诃夫不能再把这个烂摊子丢给玛莎，自己一走了之了。尽管苏沃林诱惑安东一起游览伏尔加河和第聂伯河，列伊金又祭出了北方湖区和修道院之行，但安东都不为所动。安东本人渴望大海——波罗的海或亚速海，但身不由己，不得不留守在梅里霍沃。

1895 年春天，亚历山大和米沙都没有回梅里霍沃庄园。米沙工作的乌格里奇到了 4 月还大雪漫天。米沙在那里的工作很不如意，由于他的保护人亚历山大·萨布林（Aleksandr Sablin，编辑"萨布林爷爷"的兄弟）去世，他调动工作的希望也破灭了；米沙本来希望能调动到更加有意思的雅罗斯拉夫尔市工作。安东也为弟弟米沙奔走过。安东先找了维克托·比利宾，但比利宾告诉他，米沙的资历不够担任邮政局长，后来安东还就此事托请过阿列克谢·苏沃林。身在彼得堡的娜塔利娅这时拐弯抹角地希望得到安东的邀请，好到梅里霍沃来："看您描述的花园和里面的动物，真是让我眼馋。"亚历山大也牢骚满腹：娜塔利娅（他称呼她为"我家的破鞋"）的行为越来越古怪，开始囤积食物和衣服；他的岳母前前后后拖了四年多时间，最终虚弱而死；为了微不足道的一年一百卢布的收入，他得整晚整晚地给《新时代》做索引；他再次戒了酒，并且"下身就像那些手淫者的一样疼"。

安东·契诃夫将过去一年中所有的烦恼，他与丽卡和波塔片科的纠葛以及他对德国厌女主义者的理解，都融进了故事《阿莉阿德娜》（"Ariadna"）中。在安东的中学时代，有一个拉丁文老师叫弗拉基米尔·斯塔罗夫，他被一个叫阿莉阿德娜·切列茨的女人毁掉了一生；这个故事中的女主角阿莉阿德娜·格里戈耶芙娜就是根据她取名的。在这个故事中，阿莉阿德娜的惯于卖弄风情反映出亚沃尔斯卡娅的作风，而她的尴尬处境则带着丽卡的痕迹。与丽卡一样，阿莉阿德娜未能成功俘获本故事的叙述者——性格内向的沙莫兴，于是她与一个轻浮的已婚男人鲁勃科夫跑去了欧洲，但鲁勃科夫在那里抛弃了她。与安东不同的是，沙莫兴知道阿莉阿德娜的境遇后奔赴欧洲去拯救她，把她带回俄罗斯；而与丽卡不同的是，阿莉阿德娜只是看起来像怀孕了。鲁勃科夫居然从情敌手里揩油借钱，这种厚颜无耻与波塔片科有得一拼。沙莫兴描述了阿莉阿德娜如何擅长运用魅力骗取男人欢心，撒谎像墨斗鱼喷墨一样，是与生俱来的本领，这实际是安东·契诃夫用自己的话诠释了叔本华的理论。这个故事发生在一艘从敖德萨到雅尔塔的渡船上，故事叙述者沙莫兴给同船乘客安东·契诃夫讲述了自己的这段亲身经历——在契诃夫所有的小说中，安东仅此一次出现在自己的故事里。沙莫兴在船上喋喋不休，而安东·契诃夫与他的主人公始终保持着一定距离。可以说，《阿莉阿德娜》集中反映出了契诃夫思想中的厌女症与世俗常理之间的冲突。

　　《阿莉阿德娜》原本委托给《演员》杂志发表，然而该杂志的主编，曾与契诃夫不睦的库曼宁此时已接近灯枯油尽，杂志也面临倒闭，他只好将杂志订阅者与合同（连同付给安东·契诃夫的六百二十卢布定金）一起卖给了《俄罗斯思想》。1895 年底，《俄罗斯思想》的编辑拉夫罗 348夫和戈尔采夫发现，正在印刷的这个故事实在有违他们所信奉的平等主义。然而，安东·契诃夫更是用《凶杀》（"Murder"）的气势盖过了《阿莉阿德娜》。这是一个狂热地鼓吹暴力的阴森故事，灵感来自他在萨哈林的亲眼所见和米沙讲述的乌格里奇的故事。1895 年 5 月，专著《萨哈林岛》经过如拉夫罗夫所说的"像约拿一样鱼腹求生"的经历后终于成书，由《俄罗斯思想》出版。这本书从此成为安东·契诃夫激进主义者的资质证明，然而，契诃夫与这个流放岛屿的缘分至此已尽。安东原本指望以这本书为敲门砖获得在莫斯科大学讲课的资格，然而他的希望落空了，因为莫斯科大学对一个专门"同教授们过不去"的人并无好感。

　　安东的"厌女情结"还渗透到那个夏天构思的另一个故事《挂在脖

子上的安娜》中，这个故事发表在《俄罗斯报》的十月刊上。这个题目的灵感得自哥哥亚历山大：他把去世的第一任妻子安娜·索科尼科娃称为"挂在脖子上的安娜"，同时也是圣安娜勋章的双关语。契诃夫故事中的安娜为了拯救自己的贫困家庭，嫁给了一个年老的公务员。待她意识到了自己的魅力后，转过头来对年迈的丈夫作威作福。阿列克谢·苏沃林曾劝安东尽早结婚来缓解抑郁，但可以确定的是，安东此时根本没有心绪结婚。1895 年 3 月 23 日，他生硬地回信说：

> 好吧，如果您真希望我这样，那我可以结婚，但我的条件是：生活还是照旧，也就是她住在莫斯科，而我依旧住在乡下，我可以去看望她。从早到晚日复一日的幸福，我可忍受不了……我可以保证做一个模范丈夫，但是，请给我一个像月亮一样的女人，她不会每天都出现在我的天空。请注意：结婚不会让我的写作变得更好。

48. 孕育《海鸥》

（1895 年 6—9 月）

1895 年夏天，安东·契诃夫开始整理自己的档案资料。安东与父
亲帕维尔一样，总是一丝不苟地保存好所有的来往信件和文件。家人如
果要寻找证书一类的东西，问他一定没有错。安东曾提醒阿列克谢·苏
沃林，他已经把苏沃林的来信按顺序整理好，但苏沃林并不希望自己
的个人观点公之于众。安东和玛莎每年都要整理一次来往信件，这成了
他们一年一度的仪式。信件通常被分成两类——家庭类与文学类，按照
寄信人归置到不同的盒子里，如果寄信人没有写日期的话，安东就给标
记上。其实，为了不自讨没趣，人们已经不像原来那样主动给安东写信
了，即便写信，也多是有着明确的求情办事的目的。他们的患得患失让
安东觉得好笑，他在写给安娜·苏沃林娜的一封信里开玩笑，标题写成
"非为'俄罗斯历史遗存'"（"Russian Antiquity"），同时，他自己的书信
措辞也更加谨慎了。

整理个人档案反映出安东·契诃夫日益增长的自信，他或许已将
自己看作俄罗斯最伟大的当世小说作家。2 月 21 日，曾经为安东上演
"撒母耳膏立大卫为王"情节的作家尼古拉·列斯科夫去世。没有人哀
悼这位坏脾气、爱抱怨的俄罗斯小说家的离世。列斯科夫在遗嘱中要求
尸检来证明医生们误诊，连安东对此都愤慨不已。然而，安东·契诃夫

两年后的一篇日记揭示出，他对尼古拉·列斯科夫的重要性有着多么深刻的认识："像列斯科夫这样的作家……无法取悦我们的评论家，因为这些人几乎都是犹太人，他们不理解俄罗斯生活的核心，他们与俄罗斯本体，与俄罗斯的精神、形态和幽默都格格不入……"尼古拉·列斯科夫的口头禅——"您刚刚踩到我的脚的鸡眼上了"——出现在剧本《海鸥》中。

梅里霍沃庄园成了安东一个人的天下。6月3日吃过晚饭后，米沙、玛莎和万尼亚从梅里霍沃出发坐火车去了南方。他们先回到家乡塔甘罗格，与堂亲格奥尔基待了两天。这是玛莎自小离开后第一次返回故乡，她在亚速海里游了泳。三个星期后，万尼亚从塔甘罗格返回梅里霍沃；米沙和玛莎则踏上1888年安东走过的路，乘船去了巴图姆，然后从陆路抵达基斯洛沃茨克（kislovodsk）。米沙和玛莎在6月28日才返回梅里霍沃，两个人"又瘦又累，看起来精疲力尽，但充满了生命活力"，万尼亚在给妻子的信中这样描述。就在安东享受这三个星期的清净时，帕维尔在家不但播种了焦干的土地，卖了干草，请来兽医[1]给家里的病牛治病，还给家里置办了新时钟——这是契诃夫家老一辈人主要的奢侈品。

奥尔迦·昆达索娃再次频繁地造访梅里霍沃庄园，用帕维尔的话说，她"和我们一起生活"。安东向苏沃林抱怨："这个人应付起来很让人劳神，够了，谢谢！从深井里打水也不会比和她说话更费力气。"当年晚些时候，奥尔迦·昆达索娃搬去了姐姐那里，住在距此两千五百公里之遥的巴图姆。她在第二年4月的信中感谢了安东给予她的更好的照顾：

> 最近，许多往事涌进我的脑海，我非常感动于您对待我的态度。我之所以感动，是因为我现在身处冷漠的土地，而我曾经置身于一片那样肥沃的土壤。（我请求您读到这一段时不要歪想到色情念头中去，那可是典型的您呐。）

---

[1] 兽医格卢霍夫斯科伊也是保险公司代理人，他对契诃夫家的牛负有双重责任。

48. 孕育《海鸥》

　　安东已经学会了说"不"，虽然还需更加果断。他回绝了帮助奥尔迦·昆达索娃在精神病医院装配一个图书馆的请求，但他仍然为当地农民，纵火犯叶皮凡·沃尔科夫提供了辩护；一年后，调查法官释放了沃尔科夫，这位法官是安东戏剧的拥趸。米特罗凡叔叔的小儿子瓦洛佳被神学院开除，安东为他求情说项，才免除了兵役。

　　6月20日，梅里霍沃宁静的生活被打破了，米特罗凡的遗孀柳德米拉带着两个十几岁的女儿——亚历山德拉和叶连娜——来庄园住了四十天。安东很喜欢她们带来的家庭生活氛围。两个女孩格外漂亮，柳德米拉更是对瓦西基诺庄园和修道院的晨祷和晚祷充满热情，唯有帕维尔暗自计算着她们离开的日子。这些亲戚离开三个星期后，伊万·莫罗佐夫（即叶夫根尼娅的弟弟）的遗孀马尔法·罗波达舅母又来到梅里霍沃庄园，住了一个星期。在所有的亲戚中，叶夫根尼娅与马尔法最合得来，她们结伴去修道院教堂祈祷。这时，一起自杀未遂事件打断了新剧本《海鸥》的构思，而安东·契诃夫将此事运用到《海鸥》中，成为剧本中无可替代的一笔。伊萨克·列维坦当时住在高尔基（Gorki）[1]，这是一座位于莫斯科与彼得堡之间的偏远庄园，庄园的主人是列维坦的情妇安娜·图尔恰尼诺娃（Anna Turchaninova）。安娜·图尔恰尼诺娃与索菲娅·库夫申尼科娃一样，已婚，年长列维坦十岁。安娜有三个女儿，列维坦至少引诱过其中的一个。6月21日，列维坦与安娜·图尔恰尼诺娃大吵了一架，他拔出左轮手枪，朝自己头部开了一枪，所幸伤势不重，但他的情绪极不稳定。6月23日，伊萨克·列维坦写信给安东说：

> 　　亲爱的安东，如果可能的话，请来看看我吧，只要几天就好。我非常不开心，从来没有这么糟糕过。我本想来拜望您，但我没有力气走路。请别拒绝我。我住在树林里湖边的一栋大房子里，这里有一个大房间可供您任意使用。

---

[1] 这座庄园的中文译名与作家高尔基相同，但两者并无关系。——编注

然而，安东既不同情列维坦，也不想来钓鱼，所以安娜·图尔恰尼诺娃只好亲自给安东写信：

> 我并不认识您，契诃夫先生，但在治疗伊萨克的医生的坚持下，我有一个不情之请。列维坦患有非常严重的抑郁症，他的状态非常让人担心。6月21日，他绝望极了，企图自杀，所幸我们救活了他。伤口目前已经没有危险，但列维坦需要非常细心、充满友爱的照顾。我从他的话中得知，您是他的一位密友，于是我决定给您写这封信，请求您立即来看望一下这个病人，他的生命取决于您是否能来。您，也只有您，才能拯救他，让他摆脱对生活全然冷漠甚至一度想要自杀的状态。[1]

7月5日，安东前往高尔基探望伊萨克·列维坦，但没有告诉家人他要去哪里。他从高尔基给列伊金写信，说他要"在距离博洛戈耶八十公里的一个湖边"待上十天。他告诉苏沃林说在安娜·图尔恰尼诺娃的庄园里陪伴一个病人，这里是"一个沼泽地带，弥漫着一股库曼人和佩切涅格人的气息"。安东在列维坦那里只待了五天就离开了，他没有回家，而是从博洛戈耶秘密地前往彼得堡，然后住进了苏沃林家。尼古拉·列伊金得知安东抵达彼得堡的消息后径直去看安东，安东声称是苏沃林给他发了电报。列伊金并不是唯一打探安东下落的人。安东的前女友克列奥帕特拉·卡拉特金娜希望加入苏沃林的新剧院，与安东认识的其他女演员一样，她也把安东·契诃夫列为自己的推荐人。

7月18日，安东返回梅里霍沃庄园，塔妮娅和萨莎·塞利瓦诺娃——他现在把她称为"迷人的小寡妇"——和他一道回来了。四天后，安东去莫斯科见苏沃林，他们一起散步聊天，消磨了两天时间。然后，苏沃林和安东来到梅里霍沃庄园，安东介绍他与塔妮娅·谢普金娜－库别尔尼克认识，他们一起讨论戏剧。7月24日，帕维尔在日记中写

352

---

[1] 见图书馆手稿部，331 60 62：安娜·图尔恰尼诺娃给安东·契诃夫的信，1895—1900。

道："满月。客人们去树林里散步。"就是这次散步规划了塔妮娅·谢普金娜－库别尔尼克的未来。苏沃林对塔妮娅很着迷，准备为她在彼得堡的发展铺平道路。塔妮娅当时正在翻译埃德蒙·罗斯丹的剧作《远方公主》（*La Princesse lointaine*），该剧本成为俄罗斯象征主义戏剧中"美女崇拜"的来源之一。（塔妮娅对法国现代戏剧的热情促使安东也花了几个星期去学习法文语法。）《海鸥》的剧本还在酝酿之中，安东对剧本中特里波列夫创作的那出惹恼了母亲的"戏中戏"的头绪还不甚明了。塔妮娅改编的象征主义戏剧、漂亮的柳德米拉·奥泽罗娃首次亮相的那部晦涩难懂的《汉妮勒升天》，让安东·契诃夫预见到这种戏剧在俄罗斯会遭遇怎样的命运。

剧本《海鸥》中有很多明显的模仿痕迹。比如，以打死海鸥来象征青春的毁灭，这个手法借鉴了易卜生的《野鸭》（*Wild Duck*）；年轻的作家特里波列夫嫉妒母亲的情人，这是模仿莎士比亚笔下哈姆雷特与母亲格特鲁德的关系；而特里波列夫的母亲，中年女演员阿尔卡基娜，不仅深深影响着剧中的所有男人——她的哥哥索林、儿子特里波列夫和情人特里果林——而且在她身上滑稽地反映出安东所厌恶的每一个女演员的做派，尤其是利迪娅·亚沃尔斯卡娅的矫揉造作（比如，她像瓦桑塔森娜对待查鲁达塔一样，跪在安东面前高叫："您是我生命的唯一！"）。而枯燥乏味的小学教员梅德韦坚科则是以阿列克谢·米哈伊洛夫——梅里霍沃村附近的塔列日村学校的教师——为原型。"海鸥"妮娜送给特里果林的临别纪念坠上也镌刻着文字，根据镌文提示的书名、页码和行数，可以找到契诃夫的那句"如果您需要我的生命的话，来，拿去吧"，契诃夫无疑用这个细节嘲讽了利迪娅·阿维洛娃和她馈赠的坠饰。《海鸥》中的湖畔场景，毫无缘由地射杀一只海鸥以及特里波列夫第一次企图自杀等情节，都让人不由得联想到伊萨克·列维坦。妮娜悲惨的命运——特里波列夫热烈地爱慕她，她却陷身于特里果林的诱惑——反映出现实生活中丽卡、安东和波塔片科之间的情感纠葛。

安东·契诃夫对自己最是毫不留情。在剧本中，特里果林是一位传统作家，而特里波列夫意在创新，这两个人物分别代表了旧文学与新文学的潮流；他们同样软弱而平庸，而这正揭示出契诃夫文学创作的两面性：一方面是屠格涅夫与托尔斯泰的分析流派的追随者，另一方面又是富有创新性的散文诗人。成功作家特里果林身上流露出很多安东·契诃夫的痕迹：喜爱钓鱼，讨厌浓香的花朵，自我贬低。特里果林说出的一些话也来自契诃夫创作的故事（比如，"一个碎瓶子脖在河堤上闪着亮"的描写）或他写给别人的信件中（比如，安东给丽卡的信中有关写作强迫症的句子）。与波塔片科一样，特里果林引诱并抛弃了妮娜；与契诃夫一样，特里波列夫是妮娜暂时回归后寻找的那个人，但妮娜从来没有放弃对舞台生涯的渴望。然而，《海鸥》绝非一部忏悔告解之作：特里果林只是部分地反映了伊格纳季·波塔片科的生活行迹，而契诃夫也只是部分的特里波列夫。作者安东·契诃夫就如同剧本中的多尔恩医生，既以超然的怜悯之心来看待一切，也避开占有欲旺盛的女人。

353

《海鸥》将屠格涅夫于 1849 年创作的《村居一月》（*A Month in the Country*）的模式发挥到了极致：一处乡下庄园，一个愤世嫉俗的医生，一个举足轻重的女主人公，以及一连串荒谬的单相思——没有人喜欢的小学教员梅德韦坚科喜欢田庄管家的女儿玛莎，而玛莎心里只有年轻作家特里波列夫，但特里波列夫难忘的是邻家孤女妮娜，妮娜爱上了功成名就的作家特里果林，而特里果林被女演员阿尔卡基娜牢牢握在掌心里。该剧在分幕结构上亦具有创新性：四幕剧，没有切分成场景。第四幕重申了第一幕的主题，首尾呼应，结构上像是一首音乐作品。《海鸥》还多次间接提及莫泊桑——契诃夫与他笔下的人物都崇拜这位作家——这在安东·契诃夫之前的剧本中从来没有出现过。《海鸥》第一幕的开头两句台词："——您为什么总是穿黑衣服？——我给我的生活戴孝啊。"这两句对话出自《漂亮朋友》。多尔恩医生在第二幕读到的作家危害社会而女人危害作家的一段话，来自莫泊桑的旅行书简《在水上》（*Sur l'eau*）。莎士比亚的剧作，尤其是《哈姆雷特》，也被嫁接到剧本中。传统的戏剧法则在这个剧本中都被打破了。《海鸥》虽然拥有所有的喜剧元素——坠入爱河的情侣、反抗老一辈的年轻人、比主人更加聪明的仆人——但是剧情上却并不具有喜剧效果：没有快乐的大团圆结局，老一辈人毫发无损，年轻人自取灭亡，仆人妨碍了家人。

1895 年 10 月 21 日，安东·契诃夫对阿列克谢·苏沃林谈及这个嘲讽至交密友、抨击戏剧传统、攻击女演员的剧本，说它是无法搬上舞台的："写作过程并非没有乐趣，虽然它违背了那么多舞台规则。一出喜剧，三个女性角色，六个男性，四幕剧，自然景观（一个湖景）；很多有关文学的讨论，动作很少，五普特[1]的爱情。"从 1895 年 5 月开始构思这个剧本到 1896 年 10 月剧本首演，安东·契诃夫一直有意与某些人针锋相对，而这些人恰恰都是会来观看或表演他的剧本的，这情形就像作者迫不得已将《海鸥》付诸笔端一样。

---

[1] 普特是沙俄时代的主要计量单位之一，1 普特约为 16.38 千克。——编注

49. 出走者回归

（1895 年 9—12 月）

1895 年 8 月 6 日，出走巴黎的丽卡·米济诺娃带着小女儿克里斯蒂娜返回莫斯科。母亲原谅了她，她开始找工作。然后，她带着巧克力回到特维尔省庆祝奶奶索菲娅·约翰逊的命名日。与丽卡小时候一样，克里斯蒂娜也被交由奶奶约翰逊来照顾，她们还找了一名护士。9 月 23 日，玛莎把丽卡带到了梅里霍沃。11 月份时丽卡写信对奶奶说：

> 玛莎·契诃娃经常和我在一起，我也常和她在一起。她住在她哥哥万尼亚那里，仍然在勒热夫斯卡娅寄宿学校工作。我回家后就读书、弹钢琴和唱歌，时间过得很快……我去过契诃夫家两次，一次是我刚回来时，在学校开学之前，在那里住了两个星期；我还和玛莎一起去他家过星期六和星期日，他们还像原来一样爱我……

丽卡·米济诺娃的母亲利迪娅·尤尔根涅娃性格倔强，坚持独立，家里甚至没钱买木材取暖，所以在那个秋天，无论在身体上还是情感上，契诃夫一家都给予丽卡以温暖。

伊格纳季·波塔片科在梅里霍沃庄园仍然是一个不受欢迎的人，但丽卡依旧维护他。她在 1895 年 12 月的一封信中反驳玛莎对他的指责："我现在拥有也将一直拥有的一件东西——我的小姑娘！……不要再用任何理由责怪伊格纳季！相信我，他还是您和我原来认识的那个人。"到了11月，在彼得堡感到孤独无援的伊格纳季·波塔片科于言谈间——至少对安东——流露出懊悔之情：

> 亲爱的安东尼奥……我确实认为，我们之间真正的精神纽带不应因为任何外界环境而破裂。即便我曾怀疑过您的友谊，我仍然会对自己说："会过去的，这只是暂时的。"所以——我们之间仍然像原来一样一片光明，这真是让我太高兴了。

安东想出了一个适合的惩罚方式，而伊格纳季·波塔片科毫无异议 *355* 地接受了：波塔片科这个在《海鸥》中被奚落得最厉害的人将负责审读这个剧本。要监督波塔片科的情况并不难：他在苏沃林手下讨生活，他经常在每个月彼得堡作家聚会上与亚历山大一起吃饭。波塔片科在莫斯科为安东找到了一位打字员：戈比亚托（Gobiato）小姐。戈比亚托小姐工作起来像蜗牛一样慢，一页打印纸几个戈比，她要打印出两本《海鸥》送到彼得堡去。在波塔片科与契诃夫的较量中，是波塔片科笑到了最后：亚历山大给安东寄来一份日托米尔（Zhitomir，位于乌克兰）的剪报，报纸表明，图书馆用户在伊格纳季·波塔片科和安东·契诃夫之间更加喜欢前者。

戈比亚托小姐的打字速度奇慢无比，但安东终究能把《海鸥》手稿送到阿列克谢·苏沃林那里了。他告诉苏沃林，送稿子过来的人是"一位又高又漂亮的寡妇"，他指的是萨莎·塞利瓦诺娃。安东还告诉苏沃林，这个稿子一定要让波塔片科来审读，别人不行。苏沃林（他此时爱慕着波塔片科的妻子玛丽亚·波塔片科）读了剧本后大吃一惊，他告诉安东，剧本中以特里果林影射波塔片科的意图过于明显了，因为特里果林在妮娜和阿尔卡基娜之间难以抉择，而波塔片科夹在丽卡和妻子之间左右为难。安东对此言不由衷地回复说，如果真是这样，那么这个剧本就不能上演和发表了。苏沃林让他的红颜知己萨佐诺娃读了《海鸥》——这一点也许也在契诃夫的意料之中。萨佐诺娃一直担心苏沃林会沉溺于颓废戏剧，她在 12 月 21 日的日记反映出了大众的观点：

> 我读了《海鸥》。这个剧本给人一种极其压抑的感觉。只有文学界的契诃夫和音乐界的肖邦的作品给我留下过这种印象，它们就像压在你灵魂上的一块大石头，让你无法呼吸。那是一种无穷无尽的忧郁。

利迪娅·亚沃尔斯卡娅一直寄希望于安东·契诃夫为她创作一个剧本，成为她驶向成功的战车；她也希望剧本《海鸥》能像埃德蒙·罗斯丹的《远方公主》一样洋溢着新浪漫主义的风格，她和塔妮娅就是靠着这个《远方公主》进军彼得堡新戏剧季的。12 月初，安东·契诃夫在亚沃尔斯卡娅入住的一家莫斯科旅馆的蓝色客厅里，给一群听众朗读了剧本《海鸥》。塔妮娅·谢普金娜-库别尔尼克回忆当时的场景说：

> 科尔什……一直把契诃夫看成他的作者，因为是他最早在自己的剧院里上演了《伊凡诺夫》……我记得人们听了这个剧本后的反应。它与阿尔卡基娜对特里波列夫的剧本的反应完全一样："颓废！""新形式？"……我记得当时人们的争论，吵嚷声此起彼伏，亚沃尔斯卡娅佯作欢喜，科尔什大为惊愕："天啊，这个剧本太糟了：您让一个人在后台开枪自杀，甚至在他死前都不给他一个说话的机会！"诸如此类。我记得契诃夫脸上的表情，半是尴尬，半是严厉。

356　利迪娅·亚沃尔斯卡娅与安东·契诃夫两人之间再也没有什么话可说了。安东拿着手稿去拜见弗拉基米尔·内米洛维奇-丹琴科，安东一向尊重和采纳他的建议。

现在，安东对待丽卡·米济诺娃就如同面对童年情人萨莎·塞利瓦诺娃一样淡然。他在 11 月 10 日给苏沃林的信中说，他是独身主义者：

49. 出走者回归

我恐惧妻子和家庭生活，害怕它们会限制我，我想象着她们受不了我的杂乱无章的生活，然而，这种生活仍然好过坐在一艘纵情遂欲的脆弱小船上，在生命的大海上颠簸辗转。不管怎么说吧，我不再爱我的那些情人了，和她们在一起时我又开始阳痿。

安东去莫斯科的时候就去拜访萨莎·塞利瓦诺娃，和她一起喝啤酒和伏特加，也邀请丽卡在森林里散步和唱歌。现在，只有遥不可及的人才能引起他的欲望。彼得堡女演员柳德米拉·奥泽罗娃出演弗里德里希·席勒的话剧《阴谋与爱情》（*The Intrigue of Love*）遭遇惨败，这更加激发起安东对她的爱怜之情。他在 10 月 21 日给苏沃林的信中说："读了《彼得堡新闻》，说到她的表演简直荒谬，我能够想象得出这个犹太小姑娘眼泪汪汪、瑟瑟发抖的样子。"

安东·契诃夫在整理梅里霍沃庄园的阁楼时，发现了几年前叶连娜·沙夫罗娃——现在的尤斯特夫人——托请他审读的手稿。这些手稿当时不知被他随手放到哪里了，现在才找到。他向沙夫罗娃提出要弥补自己的过失，透露他正在创作的一个故事（指的是《我的未婚妻》，后来更名为《带阁楼的房子》）和一个剧本《我曾有过未婚妻》，都是有关逝去的爱情的。他们二人约定在莫斯科大饭店会面，一场小心翼翼的情感游戏在二人之间展开。叶连娜·沙夫罗娃的来信逐渐流露出挑逗意味。她在 11 月 11 日的信中暗示说，她最欣赏的是年轻的女演员与成功的年长男人之间的关系："您知道，我经常想起《没意思的故事》中的卡佳，我很理解她。"12 月 3 日，她写道："我真高兴，得知'亲爱的主人'曾经恋爱过，这意味着他能够拥有和理解这种世俗之爱……我觉得，在某种程度上，您对任何事、任何人都分析得太过精准，以至于您无法坠入爱河……"[1] 新年时，叶连娜·沙夫罗娃的来信盛赞《阿莉阿德娜》中的女主角是"男人眼中真正的女人"，祝愿契诃夫"无聊的时间越少越好"。

---

[1] 见图书馆手稿部，331 63 4v：叶连娜·沙夫罗娃-尤斯特给安东·契诃夫的信，1895。

秋天来临，安东·契诃夫忙得没有空去恋爱，更没有时间体验无聊，1894年春天启动的创作激情到现在愈演愈烈了。《海鸥》的稿件刚刚送出，安东就坐下来着手创作最体现怀旧色彩的故事《带阁楼的房子》。故事背景和两个次要人物（无所事事的地主别洛库罗夫和他那位盛气凌人、动辄大哭大叫的情妇柳博芙·伊万诺芙娜）的灵感，来源于1891年契诃夫家度夏租住的博吉莫沃庄园的主人，那个夏天，安东的猫鼬还在。故事的叙述者"我"（一个从未见他画过一幅画的风景画家）偶然走进一座古老而衰败的庄园，结识了住在里面的一位寡居的母亲和她的两个女儿。"我"与大女儿丽达经常争辩，却爱上了小女儿热妮亚。但当丽达知道"我"的爱情后，将热妮亚送离了庄园。故事中描述的散发着腐烂气味的松树针和椴树林，半废弃的带阁楼的房子以及"我"面对生活的消极态度，无不流露出一股落寞冷清的氛围。这个故事揭示出的第二主题是：叙述者"我"认为，面对农民的苦难生活，社会行动主义者的做法毫无意义。这一主题贯穿了安东·契诃夫后期创作的所有戏剧和小说。姐姐丽达是一个活跃的社会行动主义者，她谴责艺术，鄙视懒惰；而问题的棘手之处在于，无论是社会行动家丽达还是风景画家"我"，都无法自证正确。事实上，安东·契诃夫的作品中的冲突往往体现出他自己思想的两面性：奉行行动主义的地主与耽于空想的艺术家，或者平等主义者与厌女症者。

作为一名社会行动主义者，安东·契诃夫倡议为当地村民们新建一所学校。他出钱出力，组织农民及谢尔普霍夫自治会捐款等，凑足了建校所需的三千卢布。周围的地主邻居们没有人伸出援手。契诃夫家只与塞门科维奇家——也就是瓦西基诺庄园的新主人——走动得比较勤，但几乎从不与住在梅里霍沃庄园东面的瓦连尼科夫家来往。瓦连尼科夫为人龌龊，曾经提出用一大片林地来交换契诃夫家的小块草料田，但是玛莎没有同意，瓦连尼科夫恼羞成怒。那年8月，契诃夫家的牛群误入他家地里，瓦连尼科夫提出，契诃夫家要给每头牛交上一卢布罚款，他才会把牛还回来。于是安东告诉瓦连尼科夫，就让牛在您家待着吧。瓦连尼科夫只好投降说："把牛领回去吧，让您家工人管好牛，把牛圈在自己家的草料地里。"[1]

安东·契诃夫去了莫斯科，找萨莎·塞利瓦诺娃一起喝酒，催促打字员戈比亚托小姐加快工作速度。玛莎从星期一到星期五都在莫斯科教课，农庄上只剩帕维尔，但他像暴君一样管理农庄。仆人们也动不动就喝得酩酊大醉，争吵不休，不听管束。有一次，帕维尔让仆人们打开厨房的窗子，要冻死蟑螂，然后他向玛莎告状说：

> 罗曼和他老婆吵架了，这个婆娘十分令人讨厌，她不给奶牛挤奶，我只好央求安纽塔去挤奶，让玛舒特卡去喂鸡和鸭子，老仆人［玛柳什卡］只能一边流眼泪一边烤面包……这算怎么回事儿？我们怎么能让仆人和工人们这么自由，不听主人的话？他们是为谁服务的？……罗曼原来不是这么散漫、想干什么就干什么的，他原来很听话。现在他已经不知道自己是谁了，变成一个伪君子，他已经拿捏住了安托沙的弱点……那两个结实的小伙子已经一整个星期都没有清理马厩里的马粪了，我们只好雇了一个每天给她付费的女工。我们只能干坐在冷飕飕的房间里，没有柴火烧。[2]

358

帕维尔在农庄的专制让安东非常气愤。他向亚历山大抱怨帕维尔在晚餐时"对母亲唠唠叨叨，给我们长篇大论地谈什么勋章和奖赏"。安东一回到梅里霍沃庄园，农庄的和谐秩序就恢复了，但他的管辖范围只限在菜园。他修剪覆盆子，给芦笋上肥，照料生病的腊肠犬，但从来不训斥伊万、罗曼和叶戈尔兄弟这些工人。安东经常在小树林里漫无目的地闲逛。11 月 8 日，他替帕维尔记了日记："早晨天气晴朗：带腊肠犬出去打猎，发现獾不在窝里。"

伊萨克·列维坦仍然饱受抑郁症的煎熬，他有几次随安东一起出去散步，只是现在不再带枪。列维坦非常感激安东·契诃夫在他上次企图

---

［1］ 见伊利亚·萨特，《笔记》，莫斯科－彼得格勒，1923，53—54。

［2］ 见图书馆手稿部，331 81 24：帕维尔·契诃夫给玛莎·契诃娃的信，1885—1898 部分，1895 年 12 月 15 日。

自杀后，来探望他。安东则送给列维坦一本自己的专著《萨哈林岛》，题词上写着，"谨防他因嫉妒发作而杀人"，最终成为那里的一名囚犯。7月底，伊萨克·列维坦写道：

> 我不断地深入观察自己，清楚地认识到自己马上要身心全线崩溃。我厌恶我自己，也知道这种厌恶有多么深。
>
> 但是，不知道为什么，我和您一起度过的这几天是我这个夏天最为平静的日子。

10月，伊萨克·列维坦又来到梅里霍沃庄园住了两天。

其他人也需要安东·契诃夫提供一臂之力。雅罗斯拉夫尔税务部门拒绝了米沙·契诃夫的工作调动申请，米沙沮丧不已，写信向阿列克谢·苏沃林求助。但苏沃林觉得米沙的这封信写得糊里糊涂，言辞也不得体，安东只好给他解释米沙的意图。苏沃林亲自去了一趟财政部，解决了米沙的工作问题，然后给安东发了一封电报："说'谢谢'，我的天使。"米沙·契诃夫这次并不是一个人离开乌格里奇。经历了马穆娜女伯爵的背叛后，米沙爱上了当地最富有的工厂主家的家庭教师奥尔迦·弗拉德金娜（Olga Vladykina）。米沙曾在一个聚会后，穿过危险的冰冻的伏尔加河送她回家。她同意嫁给米沙，但米沙说他必须征得安东的同意才能宣布订婚，这让奥尔迦·弗拉德金娜很伤心。

359　　一直以来，玛莎·契诃娃每个月都能收到三十卢布的津贴来维持独立的生活，这笔钱是米沙和苏沃林"爷爷"提供给她的。米沙还将自己发表那部农业小百科全书得来的一千六百卢布悉数给了玛莎。只有亚历山大还怨声不断：两个大儿子无法入学，他的小科利亚把一只猫从三楼的窗户扔了出去却一点儿也没有罪恶感。亚历山大向莫斯科的万尼亚和索尼娅夫妇求助，因为他们都是学校教师：

> 你们可否为我监护我的这些猪崽子？每天只要我前脚离开家，他们马上就抓起帽子，一溜烟地跑走了，只有上帝知道他们跑到哪

儿去了……这笔钱与其送给哪个不认识的陌生人，我倒宁愿让你们挣了。科利亚……还算有些用处，他可以去酒吧买伏特加。[1]

监护亚历山大的孩子对万尼亚来讲不是什么问题，但他花了两年时间才说服妻子索尼娅同意。

1895 年秋季，安东·契诃夫过去的那些追随者又都聚拢到了他的周围，虽然比利宾对安东利用他在邮政部门的关系仍然耿耿于怀。伊万·列昂季耶夫 - 谢格洛夫已经与契诃夫中断了十八个月的联系，现在他来询问契诃夫为什么不给他写上几行措辞友好的信。契诃夫不仅给他回了信，还说"我的心和我的旅馆房间"都向他敞开。谢格洛夫在 1895 年 10 月 10 日的日记中写道："世上只有三个人让我每次见面都要心脏加速：A. P. 契诃夫，A. S. 苏沃林和 V. P. 戈尔连科（V. P. Gorlenko）[基辅评论家]。"他们计划见一次面，但终未实现，后来谢格洛夫失望地前往外省了。

数年以来，安东·契诃夫一直推迟着与列夫·托尔斯泰的会面。他一直尽力避免由谢尔盖因科或任何托尔斯泰的追随者做中间人，把自己像战利品一样呈现给托尔斯泰。终于，1895 年 8 月，契诃夫和托尔斯泰在雅斯纳亚·波良纳（Iasnaia Poliana）庄园——托尔斯泰出生、生活和长眠的地方——共度了三十六小时。当时，想与托尔斯泰进行私人谈话就如同觐见教皇一样困难。托尔斯泰的门徒切尔科夫（Chertkov）掌管着托尔斯泰接见外人的名单，即便是托尔斯泰的密友至交也不例外。安东·契诃夫是通过记者米哈伊尔·缅希科夫（Mikhail Menshikov）[2]引荐才得以前去拜访的。这次拜见安东只充当了听众，

---

[1] 见俄罗斯档案馆，2540 1 149：亚历山大·契诃夫给伊万·契诃夫的信，1882—1897：1895 年 7 月 31 日。

[2] 米哈伊尔·缅希科夫的一篇文章让整个谢尔普霍夫地区都感到悼然。他证明了瓦西里·维亚泽姆斯基（Vasili Viazemsky）公爵并不是托尔斯泰主义的践行者，因为他既没有解放农民，也没有放弃个人财产，他是一个放荡的酒鬼。安东·契诃夫在这次与托尔斯泰见面时，右脸犯了严重的面部神经痛，这严重影响了他们的会面。虽然服用了止痛药、奎宁，还敷用了软膏，但是安东的神经痛持续了两个星期。一年后，一位眼科验光师诊断出了病因。

并没有与托尔斯泰交谈。第二天早上，切尔科夫和戈尔布诺夫 - 波萨多夫（Gorbunov-Posadov）当着托尔斯泰的面朗读了他还没有发表的小说《复活》（*Resurrection*）的摘录。安东·契诃夫接受了托尔斯泰的素食主义和无政府主义，但指出女主人公蓄意谋杀却只判了如此轻刑，这看似有悖常理。

列夫·托尔斯泰曾经阅读过安东·契诃夫的作品，对他的很多故事予以褒扬，虽然这些故事通常都不是安东的最爱。托尔斯泰公开批评安东·契诃夫缺乏一种有影响力的思想的指导；他最敏锐的评论是，如果安东·契诃夫与弗谢沃洛德·迦尔洵相结合，那将会缔造一个伟大的作家。然而托尔斯泰对安东的个人魅力颇为着迷，尤其是他那"年轻女士一样的步态"。安东·契诃夫拜见过托尔斯泰后，并没有流露出穆斯林朝觐圣地后的那种兴奋感。当然，他确实钦佩这位老人，但这很大程度上是由于他看到了托尔斯泰的女儿们如何崇拜她们的父亲。他后来对阿列克谢·苏沃林说，他认为，情妇、妻子或母亲都可能会被一个男人蒙蔽，但女儿永远不会。

安东·契诃夫并没有成为托尔斯泰的追随者。1895 年 12 月 1 日，他对阿列克谢·苏沃林说，他可以进入任何一个收容非宗教信仰者的修道院。但另一方面，托尔斯泰运动确实对他有很大启发。在雅斯纳亚·波良纳庄园时，安东看到一位眼瞎的老兵前来请求施舍，于是，他给哥哥亚历山大——因为亚历山大编辑过盲人期刊——写信，让他无论如何要帮助这位老人找到一个栖身之所。那年的秋冬两季，他给学校教员送去喂牛的干草，为农民建立了一所新学校；他给亲戚家的孩子瓦洛佳在神学院找到一个位置，并且把米特罗凡叔叔的女儿亚历山德拉安置进了一所缝纫学校；他央求莫斯科出版商人瑟京荣誉出版了由季亚科诺夫教授整理的《外科编年史》（*The Surgical Chronicle*）。安东·契诃夫还帮助过数不清的文化界人士，比如，来自塔甘罗格的犹太人古德马赫（Gutmakher）和穷困潦倒的书商斯韦什尼科夫（Sveshnikov）。

12 月的前两个星期，安东·契诃夫逗留在莫斯科，住在莫斯科大饭店，创作《带阁楼的房子》。恰巧，当时还是默默无闻的小作家的伊万·阿列克谢耶维奇·蒲宁（Ivan Alekseevich Bunin）——他后来与契诃夫成为关系密切的至交好友——与醉醺醺的颓废诗人康斯坦丁·德米特里耶维奇·巴尔蒙特（Konstantin Dmitrievich Balmont）也住在这个饭店。一天，巴尔蒙特伸手去拿一件大衣，被饭店的一个行李员拦住说："那是安东·契诃夫的大衣。"巴尔蒙特和蒲宁非常高兴有了借口去拜见契诃夫，于是，他们上午就来敲安东的房门。安东不在房间里，蒲宁坐下来，偷偷阅读了《女人的王国》的手稿。几年后他与安东见面时，承认了这件事。

12月17日早上6点，安东回到了梅里霍沃庄园。前一天晚上，他通宵都在《俄罗斯思想》编辑部参加一个聚会，他害怕梅里霍沃"无聊透顶"的生活。契诃夫家人齐聚一堂。玛莎先回来，然后是万尼亚，他的妻子索菲娅没有回来，和他一起来的是萨莎·塞利瓦诺娃。米沙在圣诞前夜赶回家来，希望父母能够祝福他和奥尔迦·弗拉德金娜的婚姻。帕维尔心情舒畅，因为茶炊修好了，他也如愿以偿地买到一个新盥洗台。

> 早上七点钟开始晨祷。十点钟做弥撒。我们没有和神父一起吃饭，[而是和]教员、客人和家人一起。我们一天都过得很好，孩子们都回来了，农民们来祝贺。仆人们收到了很好的礼物。

塔甘罗格的同乡，医学院学生萨韦利夫医生也来了梅里霍沃庄园。安东·契诃夫希望能够安静下来写作，而不是连天地娱乐和庆祝，但他只是在12月29日向苏沃林透露出些许不满："整天地吃饭说话，吃饭说话。"

第七部分 《海鸥》遭际

我在想，陛下，假如人不能使您发生乐趣，恐怕唱戏的演

员更加难得您一顾了。

——莎士比亚《哈姆雷特》

第二幕第二景

50. 彼得堡的干扰

（1896 年 1—2 月）

1896 年 1 月 1 日天刚破晓，梅里霍沃的室外气温降到接近零下三十摄氏度。客人们各自返回莫斯科，安东·契诃夫也收拾行李，准备前往彼得堡。当地的农妇和孩子聚集到农庄来，向帕维尔索要新年礼物，邻居谢缅科维奇也从瓦西基诺庄园赶来。谢缅科维奇是俄罗斯诗人费特（Fet）的外甥，而费特先生非常憎恶莫斯科大学。据说，每当他的马车经过校园时，费特总要让车夫停下车来，打开车窗冲着大学那边吐一口痰，呸！这件事在安东·契诃夫心中引起了共鸣。

安东和万尼亚搭乘早班火车去了莫斯科，安东在莫斯科又坐上夜间快车前往彼得堡，入住安格特尔旅馆（Angleterre Hotel）。伊格纳季·波塔片科现在很少露面，他的第二个妻子将他看管得很紧。在彼得堡的两个星期，安东·契诃夫日日忙作一团。在一个宁静的晚上，在亚历山大的鼓励下，安东带着娜塔利娅去了剧院。每天晚上，安东都如同一颗彗星，流连于女演员荟萃的星河。他带着克列奥帕特拉·卡拉特金娜在苏沃林的"文学艺术家圈子"观看了奥斯特洛夫斯基的《贫穷无罪》（*Poverty is no Vice*）。她对此回忆说：

> 契诃夫从舞台侧翼后面拉住我，把我带走……苏沃林穿着大

衣，戴着帽子，手里拿着一根拐杖，坐在包厢前面。他敲点着拐杖，低声咆哮着，我感到他马上就要脾气发作了，所以恳求契诃夫允许我出去，但他向我保证这会很有意思，说服我又坐了下来……我们听到苏沃林［咒骂一位女演员］不停地念叨着："你这个婊子，你这个婊子！……"契诃夫抓住了他的大衣袖子，想要按住他……我吓坏了，冲出了包厢，然后，契诃夫和我忍不住哈哈大笑，他说再笑脾就要破裂了。[1]

后来因为安东有了更时髦的女伴的陪伴，克列奥帕特拉·卡拉特金娜和娜塔利娅都被晾在了一旁。1896 年 1 月 4 日，安东·契诃夫夹杂着好奇和幸灾乐祸的心理参加了利迪娅·亚沃尔斯卡娅的福利演出。她主演的是埃德蒙·罗斯丹的剧作《远方公主》，剧本就是塔妮娅·谢普金娜－库别尔尼克翻译的版本。这个了不起的翻译剧本是塔妮娅和利迪娅二人间的最后一次合作。利迪娅·亚沃尔斯卡娅已经与巴里亚京斯基（Bariatinsky）亲王订婚，对自己过去的同性恋身份避之唯恐不及。安东先是与形容枯槁的格里戈洛维奇一起参加了一个男士晚宴，然后与苏沃林结伴去了剧院。第二天晚上，安东为了惹恼萨佐诺娃，故意将利迪娅·亚沃尔斯卡娅扮演的"远方公主"称为浑身上下挂满花环的洗衣女郎。对于塔妮娅·谢普金娜－库别尔尼克的翻译，他的态度要温和得多，毕竟，她只会二十五个单词，诸如陶醉、祷告、颤抖、低语、眼泪、梦想之类，但她仍旧写出了那样迷人的诗句。说过这些俏皮话后，安东·契诃夫出了门，去和波塔片科、评论家阿姆菲捷阿特罗夫（Amfiteatrov）和小说家德米特里·马明－西比里亚克（Dmitri Mamin-Sibiriak）一起用餐。苏沃林不能同往，安东便挖苦他："真是可惜，您是一个很好的酒友，您给所有人买单。"阿列克谢·苏沃林总觉得自己与这些人格格不入，自己是一个局外人。一些为苏沃林的报纸和剧院工作的思想偏激的同僚也这样认为，他们指责安东·契诃夫用自己的自由主

[1] 见克列奥帕特拉·卡拉特金娜的回忆录，《文学遗产 68》，575—586。

义思想来影响阿列克谢·苏沃林。记者盖伊（Gei）就在小剧院的台阶上大声指责契诃夫，说契诃夫离间了这位出版大鳄与自己的追随者之间的关系。1月8日，为了逃避这种紧张气氛，安东·契诃夫去了彼得堡郊外的皇村，与同省的有着"乌拉尔的左拉"之称的马明-西比里亚克一起喝酒用餐。

德米特里·马明-西比里亚克与安东·契诃夫新近才结识，但安东和他在一起感到很放松。安东·契诃夫在旅馆休息厅或餐馆即兴讲的俏皮话，给自己在彼得堡戏剧界播下了敌意的种子。但利迪娅·亚沃尔斯卡娅并未对安东怀恨在心。1月时，她给安东送来很多情深意切的便条，也与他单独会面喝茶。利迪娅·亚沃尔斯卡娅已经彻底离开了科尔什剧院和剧院老板的床，现在，她急需取悦彼得堡观众，但是她与苏沃林交恶。阿列克谢·苏沃林讨厌她谎话连篇——她索要的钱越来越多——虽然她是一个万人迷，无人能够抗拒她的魅力。1896年1月11日，事情终于发展到让人忍无可忍的地步。利迪娅·亚沃尔斯卡娅竟然没有参加萨佐诺娃剧本的着装彩排。阿列克谢·苏沃林深夜被拖下床来，他气得发抖，坐下来想给她写张便条却不知说什么。然后，安东口述了一个语气温和的便条："如果您不来，您就会伤害到作者和同事们的感情。"萨佐诺娃接着写道："这出戏明天必须上演。请妥善练习您的部分，于11点来参加排练。"第二天，演出如期举行。萨佐诺娃并未计较安东对利迪娅·亚沃尔斯卡娅的那种软弱语气："我去导演室抽烟。契诃夫称赞了我的剧本。我心里非常感动，几乎想搂住他的脖子。"[1]

安东不得不返回梅里霍沃庄园，因为1896年1月22日是米沙和奥 367 尔迦·弗拉德金娜结婚的日子，他不出席的话会显得很无礼。亚历山大说，娜塔利娅"觉得你一直处在逃避女人或追逐女人的过程中"。确实，安东·契诃夫正在想方设法躲开利迪娅·阿维洛娃，他忽然对她兴趣尽失，但在莫斯科还没有其他女人等着他。

回到梅里霍沃后，堂弟格奥尔基已经从塔甘罗格赶来了，他买好

---

[1] 见萨佐诺娃的日记，《文学遗产87》，307—308。

了圣托里尼葡萄酒和腌渍的蚌贝，准备庆祝安东的三十六岁生日。脾气暴躁的工人罗曼也为晚餐打了一只野兔。帕维尔照例向安东报告了他不在家时家里发生的各种争端，例如：1 月 4 号，罗曼"制造了一起丑闻"；1 月 6 日，工人伊万因为醉酒被解雇了。帕维尔雇了一个叫亚历山大·克列托夫的人，但是这个克列托夫却勾引了家里的女佣。好消息是，红牛产了牛犊，洛帕斯尼亚的邮局已经开业并被祝圣：上帝保佑，客人现在能提前告知他们的行程了。马尔法舅母给安东送来一个好消息，但其实是她开的一个玩笑："亲爱的安托沙，祝贺你找到了新的幸福和新娘。我给你找了一个新娘，带着九万卢布的嫁妆……"[1]

　　安东生日那一天，室外温度低到了零下二十五摄氏度，他这一天主要是在帮助花斑母牛产犊。第二天，他趁着格奥尔基离开的机会去了一天莫斯科，给利迪娅·阿维洛娃写信表达歉意，承诺很快就到彼得堡见她。彼得堡期盼着安东·契诃夫赶快来。亚历山大写信说，苏沃林在安东走后脾气越来越暴躁，没有人敢靠近他，他甚至与他的左膀右臂——恶毒的布列宁和狡诈的瑟罗米亚特尼科夫——发生了争吵。安东也伤了娜塔利娅的心，因为他来家里吃饭时吃得太少，而且既不带她出去，也没有给她带来他答应过的小狗崽。亚历山大打算让娜塔利娅去莫斯科卖书，他向安东保证，他的"贱妻"不会扫了她的小叔子婚礼的兴："她是个胆小鬼，很可能不敢独自往返洛帕斯尼亚。"伊格纳季·波塔片科也不能来参加婚礼，他从莫斯科写来信说：

　　亲爱的安东尼奥，我本来打算来梅里霍沃，但这即将到来的婚礼却让我无法成行。我坚信，这场庄严的仪式会给米沙带来最大的幸福……但鉴于我个人没有体验过这种最大的幸福，我只能尽量避免这样的场合。到我这里来吧，安东尼奥，我非常想见您。苏沃林在车站给我送来一张便条，让我把您带到彼得堡去。我星期四一定

368

---

[1] 见图书馆手稿部，331 52 29：马尔法·伊万诺夫娜·罗波达给安东·契诃夫的信，1881—1902 部分，1896 年 1 月 4 日。

50. 彼得堡的干扰

要去的。[1]

米沙·契诃夫和奥尔迦·弗拉德金娜的婚礼在瓦西基诺庄园的教堂里举行，新娘家只有一个娘家兄弟出席。外面冰天雪地，婚礼丝毫没有驱散安东的无聊。婚礼后，他去莫斯科与波塔片科会合，然后逃也似的去了彼得堡，在那里待了三个星期。

安东这次在彼得堡住在苏沃林位于埃特尔街的家里，饱受苏沃林的抑郁情绪的影响。1月27日，也就是安东到达的第一个或第二个晚上，两人出去散步。阿列克谢·苏沃林回忆起自己年轻时代的《素描与造型》（Sketches and Tableaux）中的激进与大胆。安东问："您怎么不送我一本作为礼物呢？"但是苏沃林已经在几十年前就把最后一本送人了。两人说着话走进了一家二手书书店，苏沃林一眼发现了二十年前他送出去的那本书。当时，这本书被人举报，苏沃林把最后一本送给了他的辩护律师。苏沃林当即买下书并在扉页上题了词，然后将书给了安东。

2月2日，萨佐诺娃观看了女儿柳芭的表演："沉闷，无聊……她犯的每一个错误都是刺进尼古拉［指萨佐诺娃的丈夫尼古拉·萨佐诺夫］心中的一把刀。"安东·契诃夫和苏沃林一起来了，在她看来，他似乎受到了某种伤害。她认为，契诃夫的故事《阿莉阿德娜》中男主人公对女主人公的征服可以解释他的状态。她在日记中写道："没有什么大不了的，一定是某个狠心的女人伤了他的心，于是他把她刻画出来发泄情绪。"在彼得堡为年迈的女演员叶卡捷琳娜·茹列娃（Ekaterina Zhuleva）举办的一个聚会上，苏沃林的不当举动震惊了所有人：他亲吻了自己的前撰稿人谢尔盖·瑟罗米亚特尼科夫（Sergei Syromiatnikov）。瑟罗米亚特尼科夫曾经偷窃其他记者的文稿送给秘密警察。在俄罗斯知识界看来，亲吻这样一个人着实有失体面。安东·契诃夫非常震惊，也明显表现出他拒绝接受谢尔盖·瑟罗米亚特尼科夫的和解。拯救阿列克谢·苏沃林灵魂的战斗加剧了，但安东坚持了下去：

---

[1]　见图书馆手稿部，331 56 36b：伊格纳季·波塔片科给安东·契诃夫的信，1896。亦见《通信集》，II，1984，62—76。

在两人之间的分歧进一步加深之前，他们在 1896 年的大部分时间里一直保持着对话和交流。

安东·契诃夫与伊格纳季·波塔片科之间千疮百孔的友谊目前越来越脆弱了。安东回避与他单独见面，波塔片科也很伤心没有受邀参加茹列娃的宴会，这主要是因为安东没有为他索要入场券。波塔片科提议与安东结伴前往芬兰，但安东回绝了。为了避免波塔片科纠缠不休，安东撒谎说要在 2 月 10 号就回莫斯科，其实他 13 号才离开。波塔片科生气地说："说到去芬兰这件事，您真是蠢得像一头猪，您必须凭良心做事，您应该去。"两天后，伊格纳季·波塔片科发现安东还在彼得堡，于是更加生气了："我告诉您，您就是一头猪……我不会去送您的，我今天晚上八点钟要等一个打字员过来。"安东·契诃夫发现，波塔片科现在十分令人厌倦，他既不唱歌，也不再与人传花边新闻了。打字员代替了他的手写笔，也象征着他的第二任妻子掌控下的家庭生活。伊格纳季·波塔片科着手了断了自己的最后一段风流韵事。他的最后一个情妇，女演员柳德米拉·奥泽罗娃，一直让安东·契诃夫很感兴趣。安东不仅关注她在格哈特·霍普特曼的《汉妮勒升天》中的成功，而且还关心她在席勒的《阴谋和爱情》中的惨败。波塔片科先是介绍安东·契诃夫与柳德米拉·奥泽罗娃二人相识，然后到了秋天时就把奥泽罗娃拱手让给了契诃夫。

与伊格纳季·波塔片科的惧内比起来，尼古拉·列伊金虽然单调乏味，但更让安东喜欢。出于对自己第一个正规出版者的忠诚之心，安东·契诃夫不仅参加了列伊金的煎饼日宴会——这是东正教四旬期前的最后一场盛宴——而且花了两个晚上陪他吃饭，听列伊金品评每道菜，听他唠叨家里的腊肠犬。利迪娅·亚沃尔斯卡娅仍在指望安东为她专门写一个剧本，故而在某个深夜前来诱惑他，但安东躲开了。至于亲戚们，他只喜欢逗亚历山大的两个较大的儿子开心。他带他们去看传统的《潘趣和朱迪》木偶戏表演，把他们喂得饱饱的，还给他们买衣服穿。亚历山大十分粗暴地说："两个孩子都很贪嘴，吃得太多了，我们必须给他们喝蓖麻油才行。新买的皮护手套戴上一小时就弄丢了，那些上衣

50. 彼得堡的干扰

一个半月就小了……他们马马虎虎的脾气和他们的妈妈是一个德行。"

叶连娜·沙夫罗娃与安东·契诃夫虽名为师生，但彼此维持调情挑逗的相处方式也有六年之久了。叶连娜·沙夫罗娃嫁给了一位政府官员，现在是尤斯特夫人，住在彼得堡。她正在创作的故事叫《凯撒的妻子》(Caesar's Wife)，这个名字倒是恰如其分——她的美德不容置疑。安东和她见面时，看起来"非常刻薄"。安东的前女友克列奥帕特拉·卡拉特金娜也恳求他，无论如何在剧院管理层面前为她说一句好话，否则他将面临"一到五层地狱般的复仇"。安东坐上回莫斯科的火车后，同样毫不客气地回信说："鉴于我在小剧院毫无影响力，您所谓的地狱般的复仇对我来讲比被瘫痪的蚊子叮上一口还轻微。"在阿列克谢·苏沃林举办的忏悔节假面舞会上，利迪娅·阿维洛娃特意穿上一身黑色的多米诺骨牌化妆服出席，祈求好运。一年前，阿维洛娃曾匿名送给安东一枚镌刻了文字的银质项链坠饰，她现在来询问安东的回应。安东·契诃夫告诉她，她会在秋天得到答案，就在《海鸥》搬上舞台的那一天。[1]

---

[1] 在利迪娅·阿维洛娃的回忆录（见《同时代人的回忆》，121—208）中，记录了一段看似不太可信的她与安东·契诃夫之间的调情对话，但她的记载部分地被其他记录证实。她回忆说，她看到安东·契诃夫来彼得堡非常惊讶，第一眼在一家剧院的包厢里见到他时："多么可笑，多么怪异：苏沃林爸爸、苏沃林妈妈，两人中间站着他们的孩子——契诃夫。"

51. 丽卡回归
（1896 年 2—3 月）

在回莫斯科的火车上，契诃夫、苏沃林与两个女演员共享火车卧铺隔间，这两个女演员是苏沃林剧院的亚历山德拉·尼基京娜（Aleksandra Nikitina）和吉娜·霍尔姆斯卡娅（Zina Kholmskaia）。他们在 2 月 14 日抵达莫斯科，两人入住莫斯科最好的斯拉夫集市旅馆，然后就出去参加聚会了。在聚会上，安东·契诃夫听到一对伴侣用密码热烈地交流，他将这个情节用在了五年后的剧本《三姐妹》中。同行的女演员各自回家，但安东受到邀请，两天后再次相聚讨论一下——就如同亚历山德拉·尼基京娜所说的——"这个，这个和这个"。

第二天，苏沃林和契诃夫来到托尔斯泰在莫斯科的住所，加入了朝圣者的行列。当托尔斯泰讨论《复活》时，契诃夫表现得十分圆滑。托尔斯泰已经对契诃夫形成了一种认识：安东·契诃夫是一位受到医学和自由主义思想腐蚀的优秀作家。契诃夫在日记中记载道：

> 托尔斯泰暴躁地打断了对颓废主义的讨论……托尔斯泰的女儿塔季扬娜和玛丽亚……都会算命，她们让我挑选扑克牌，我给她们每个人的都是黑桃尖，她们看起来有些不安……她们都是很可爱的人，与父亲的关系非常令人感动。

51. 丽卡回归

阿列克谢·苏沃林着重与托尔斯泰的家人讨论了暴死与缓慢死去的利与弊。苏沃林写道："死神一直想方设法钻进他家的房子，先是伯爵夫人病了，现在他病了。他有肾结石，非常遭罪。"此行倒是给安东留下了比较愉快的印象。而且安东·契诃夫的来访在托尔斯泰的长女塔季扬娜·托斯泰娅（Tatiana Tolstaia）的心中激起了爱慕之情，这股热情很快就强烈到难以抑制，但安东对此毫不知情。

2月17日是星期六，安东·契诃夫一整天都在谢尔普霍夫讨论修建学校的有关事宜，第二天早上回到梅里霍沃庄园后就倒头大睡，醒来后发现他的父亲有了一个新创举：梅里霍沃的学校教员被雇来给他家的客厅贴壁纸。安东不在家期间，大雪隔绝了梅里霍沃与外界的联系，帕维尔、叶夫根尼娅和玛莎的日子孤独寂寞。父母亲给米沙和奥尔迦夫妇写了一封语气悲戚的家信：

> 你们的来信让我们心里非常感动。信里是发自内心的感情和来自灵魂的爱，这对我们真是很大的安慰。家里只有我们三个人，我俩和玛莎，一起过忏悔节。我们指望着有客人从莫斯科过来，但是谁也没有来。[1]

娜塔莎·林特瓦列娃从乌克兰来梅里霍沃庄园住了五天，带来了响亮的笑声。玛莎每个星期回莫斯科教书，只有周末才能回来。堂亲格奥尔基带着安东为塔甘罗格图书馆张罗的一批书已经回家了。2月天气酷寒，当地冻死了两个农民。3月仍未见任何回暖迹象，房子周围还堆着一米半厚的积雪，学校只有春天后才能动工了。剧本《海鸥》只能祈祷遇到一个宽容的审查员和一个大胆的导演。那一年在安东头脑中盘旋的精彩文辞仍然只处于萌芽状态，他还没有明确的思路，不知如何将《林妖》转化成一个可操作的剧本。到了晚上，为了避开帕维尔的大喊大叫，安东就躲在书房里搜检自己购买的或者别人赠送的那些书，将不需

---

[1] 见图书馆手稿部，331 73 10：帕维尔·契诃夫给米哈伊尔·契诃夫的信，1885—1898 部分，1896 年 2 月 5 日。

要的寄到塔甘罗格图书馆去。虽然烛光暗淡，看起书来十分吃力，但他还是借机阅读了各种类型的文学作品。

这一时期，安东·契诃夫的个人生活处于空档期。克列奥帕特拉·卡拉特金娜让亚历山大给安东寄来自己的手稿，安东的反应十分冷淡。她在 2 月 28 日说："不需要使用 X 射线就可以看出，将我们绑在一起的神秘丝线已经断了……"[1] 忠贞的叶连娜·沙夫罗娃保持沉默，直到春天才和他搭话；利迪娅·亚沃尔斯卡娅更是杳无音信。就在这时，丽卡·米济诺娃再次出现在安东的生活中。在 2 月的最后一个周末，丽卡和玛莎一起从莫斯科来到梅里霍沃庄园。丽卡把女儿——那个从来没人愿意提起的克里斯蒂娜——留给她的姨婆、"奶奶"索菲娅·约翰逊和护士去照顾。索菲娅·约翰逊得知克里斯蒂娜的身世后，在日记中写道："我太震惊了，这几乎要把我送进坟墓。"丽卡·米济诺娃虽然生性怯场，但她仍然想要唱歌。她重新燃起了对安东·契诃夫的爱情，好像过去两年什么都没有发生过一样。对安东而言，也许即将发表的《带阁楼的房子》唤醒了他对 1891 年夏天以及融入这个故事的年轻的丽卡的记忆。安东·契诃夫预见到，一旦《海鸥》被搬上舞台，探照灯就会聚焦在丽卡·米济诺娃身上，他的内心涌起了一股内疚之情。

2 月 29 日，安东去了莫斯科，在那里逗留了五天。帕维尔独自留在家里，陪伴他的只有两只腊肠犬，新雇的工人亚历山大睡在厨房，叶夫根尼娅去了雅罗斯拉夫尔的米沙和奥尔迦家。丽卡·米济诺娃住在莫斯科。安东保存了丽卡写在一张衬纸上的潦草纸条，上面写着："快来吧，在十到十五分钟之内。我现在十分饥渴。"接下来的几个月是他们漫长的爱情长跑中最激情洋溢的一段时间[2]。无论是伊格纳季·波塔片科，还是安东的那些演员女朋友，没有一个人近在眼前；而彼此同情、

372

---

[1] 见图书馆手稿部，331 47 13v：克列奥帕特拉·卡拉特金娜给安东·契诃夫的信，1892—1904。
[2] 这个观点来自林克维奇，见《带阁楼的房子之旅》，罗斯托夫，1990。见图书馆手稿部，331 52 2v：丽卡·米济诺娃给安东·契诃夫的信，1895—1896。也有一些发表于《通信集》，II，1984，16—59。

共享孤独以及痛苦的过往看似拉近了安东与丽卡二人之间的距离，他们在过去六年中从来没有这样亲近过。

安东·契诃夫曾与这个女人切割清楚，从她的经历中创造出了《海鸥》的女主人公；而今，与这个女人再度建立的亲密关系又促使安东修改自己的剧本。契诃夫委托自己的"非正统派主角"伊格纳季·波塔片科想办法让剧本通过彼得堡的审查，而波塔片科毫不尴尬地一口应承下来。1896 年 3 月 15 日，剧本《海鸥》被送往彼得堡。

3 月中旬，梅里霍沃遍地融雪，塔列日村的新学校开工了，人们也开始给母羊剪毛。家人让万尼亚从莫斯科带回来一些复活节用品：画复活节彩蛋的颜料，十支小蜡烛和两支四分之一磅重的大蜡烛，一本朱红色皮革装订的复活节祈祷书以及一个挂历。很多人向安东·契诃夫寻求帮助，比如亚历山大、侄子瓦洛佳、塔甘罗格的市民以及一些素未谋面的陌生人，安东将精力都花在了扶危解困上。

冰雪融化，道路泥泞，但客人们仍然壮起胆子前来拜访梅里霍沃。泥水和颠簸的车辙让丽卡·米济诺娃有些犹豫："告诉我道路的状况，看我能否不需要冒着生命危险来一趟。"契诃夫家的三个兄弟坐在同一列火车的不同车厢里回来了。米沙和奥尔迦夫妇在农庄住了十天，万尼亚独自一人（他的妻子索尼娅跟契诃夫家人相处总是感到不自在）待了两天，而亚历山大带着儿子科利亚待了四天。春天来临后，安东·契诃夫头痛，右眼也痛，身体还出现了许多不祥的病症。安东永远不会忘记，他给一个得了肺结核的当地农民看病时，农民说："治不好的，冰一化，我就跟着走了。"安东·契诃夫对春天的感情可以用普希金在诗作《秋》中的一段话来表达："我不喜欢春天。/ 解冻，湿臭，泥泞——春天令我厌恶。/ 我的血液在跳荡；情感和思想都郁郁不宁。"安东还注意到阿列克谢·康斯坦丁诺维奇·托尔斯泰创作的一首诗《奔放的远古春情》（"Spring Feelings of an Unbridled Ancient"）："我的整个胸膛在燃烧，/ 每一个碎片 / 都试图跳跃过其他碎片。"在等待春天冰块融化的时候，安东·契诃夫写道，他将破碎的冰块看作自己灵魂的碎片。

373 其实，契诃夫家人都对春天心怀恐惧，他们看到了安东谨慎地揉成团的纸里满是咳出的血和痰。3月17日，帕维尔重新安排了房间，安东换到了玛莎的卧室，那是房子里最暖和的一个房间，而玛莎住到了安东的书房里。复活节一向是最让帕维尔和叶夫根尼娅兴奋的节日，而这一天也恰好是帕维尔的命名日："万尼亚送给我一条白色领带，安托沙给我买了一本复活节祈祷书和一磅蜡烛。"[1]

尽管苏沃林和安东二人之间存在意见分歧，但苏沃林仍然渴望安东的陪伴，这比安东需要他的陪伴更甚。阿列克谢·苏沃林的思想已经"契诃夫化"，他对墓地充满狂热：

1896年3月23日。今天是复活节神圣星期六。[记者]盖伊和我去了亚历山大·涅夫斯基修道院，依照我的习惯，我去看了我死后要葬身的坟墓。这些坟墓里埋葬了多少悲剧、哀伤和恐惧呵……在戈尔布诺夫的墓前，我们打开悬挂在十字架上的灯笼，取出油灯，将它点燃。我说道："耶稣基督复活了，伊万……"很快，你也会躺在坟墓里，和已经躺在这里的三个人在一起。想象这一幕并不难——被抬入教堂，在那里有怎样的发言，棺材被降下墓坑，泥土落在棺材盖子上。这样的场景我曾看到过多少次，但我从来没有感觉到像在瓦洛佳的葬礼上那样糟糕。我将来就会躺在他的身边。我也是这么跟契诃夫说的。这片墓地距离涅瓦河非常近。我的灵魂某日会从棺材中逸出，从地下走到涅瓦河，遇到一条鱼，就钻进它的身体。[2]

这里安息着阿列克谢·苏沃林的家人：1873年开枪自杀的第一任妻

---

[1] 见 A. P. 库济切娃，E. M. 萨哈罗娃，《梅里霍沃编年史》，1995。

[2] 在已发表的苏沃林日记中，此处陪伴阿列克谢·苏沃林的记者盖伊被误认为是安东·契诃夫（苏沃林的笔迹一塌糊涂），因此，有人认为安东·契诃夫在1896年复活节从梅里霍沃庄园跑到彼得堡与苏沃林待在一起。然而，仔细阅读苏沃林的手稿可以证实，与他漫步墓园的是盖伊，而不是契诃夫。

子，1880 年死去的女儿亚历山德拉，1887 年自杀的儿子瓦洛佳，1888
年死于白喉的儿子瓦列里安。苏沃林站在这些坟墓旁边，内心无限悲
哀，痛苦异常。他从心底里信任和热爱的人只有两个：一个是他的女婿
阿列克谢·科洛姆宁（即将去世），另一个就是安东·契诃夫。

52.霍登卡之春

（1896 年 4—5 月）

　　1886 年 4 月 1 日，第一只椋鸟飞到了梅里霍沃。两天后，安东通过玛莎邀请丽卡·米济诺娃来梅里霍沃庄园："复活节后的那个星期，您可以性命无虞地坐车来我们这里了。"那天晚上，帕维尔在日记中写道："安托沙没吃晚饭就走了。"安东已经连续四天咳嗽得很厉害。他给伊格纳季·波塔片科写信，让他将《海鸥》的剧本还回来，还告诉他自己现在"闲极无聊。我咳血三四天了，但现在没事了，我又可以拖动栅栏或者结婚了"。安东·契诃夫一直拒绝正视自己的结核病症状。叶若夫的第二任妻子与前妻显示出同样的病状，有生命之虞。尼古拉·叶若夫向安东寻求建议，安东反应平淡，像糊弄自己一样轻描淡写地说：

> 您的信中写得很清楚，医生已经给您妻子开了杂酚油，她得的是胸膜炎……我也咳嗽了很长时间，还咳血，但我身体仍然不错，我信仰上帝和科学，这能治愈世界上最严重的肺病。所以您必须心怀希望，尽量避免灾难。当然，最好去弄些库米斯［发酵的马奶］喝喝。

　　虽然安东·契诃夫给叶若夫写过推荐信，也资助过他，但叶若夫因为两位妻子的死一直没有原谅契诃夫医生。

进入 4 月份，梅里霍沃又处处洋溢着生机了。帕维尔趁着安东不在家把小狗白眉送给了谢缅科维奇，但六个星期后小狗自己跑回来了，抓住后又被送走了。椋鸟们蜂拥而至，叶夫根尼娅给米沙和奥尔迦写信时说：

> 5 号星期五椋鸟们飞来了，它们在两个新箱子里筑了窝，一个在餐厅的窗户对面，另一个是你在房子上建的那个，这样我从走廊的窗户就可以看到它们。安托沙和我在听它们唱歌……安纽塔［指女仆安纽塔·纳雷什金娜］和瓦西基诺庄园的一个男人订婚了，已经举行了两个舞会，但对我们来讲，他们那种毫无规矩的聚会让人心里不安，让人生气。[1]

晚春，椋鸟，咳血，闹哄哄的农民，邻近的绅士，新建学校过程中没完没了的劳心劳力，与托尔斯泰一起度过的一个早上，这些生活碎片在安东·契诃夫的叙事磨坊中都成了可以加工的谷粒。经过一个冬天的赋闲后，他需要完成一个长篇作品。这个故事最初是为流行月刊《小麦田》创作的。一千多卢布的稿费是一个不小的诱惑，但政府当局对流行杂志内容的审查却是一块绊脚石。故事《我的一生》（"My Life"）最初定名为《我的婚姻》（"My Marriage"），本想作为《带阁楼的房子》的姊妹篇发表，因为《带阁楼的房子》当年 4 月份发表于《俄罗斯思想》杂志时，本来打算叫《我的未婚》（"My Non-Marriage"）。《我的一生》也是采用第一人称的叙述方式，副标题是"一个外省人的故事"而非"一个艺术家的故事"。安东·契诃夫在创作过程中将故事内容一步步拓宽。

《我的一生》包含了所有"契诃夫化"的因素：一个糟糕透顶的外省小城，行动主义者和空谈哲学家之间的缺乏说服力的辩论，充满抒情色彩的田园风光，男人与女人之间无法沟通的对话，戏剧的诱惑，农民

375

---

[1] 见图书馆手稿部，331 73 11：叶夫根尼娅·契诃娃给米哈伊尔·契诃夫的信，1885—1903。

与生俱来的价值观，等等。故事主人公"我"追随本能的指引，一次又一次尝试以获得"小利钱"[1]，这些内容表现出"我"所信奉的"人的平等"与"对祖先应尽的责任"之间的矛盾对立。"我"虽然失去了社会地位、财产和妻子，但在"我"看来，这些都不如内心的安宁重要。故事最后以"我"带着小外甥女去看望她母亲（"我"的姐姐）的坟墓收束，漂着一股淡淡的忧伤之情。安东·契诃夫重新审视了托尔斯泰的口号——"勿以暴抗恶""简朴生活"——他笔下的主人公也成为检测托尔斯泰主义极限的一个试验台。安东·契诃夫并没驳斥托尔斯泰，只是剥去了托尔斯泰思想的神圣光环。故事中的另一个人物安德烈·伊万内奇不停地嘟囔着一句托尔斯泰化的叠句："蚜虫吃青草，锈吃铁，虚伪吃灵魂。"这是一首道德歌谣，却并没有产生耀眼的光芒。《我的一生》既是存在主义的故事，也是古典主义的载体，其中不仅运用了托尔斯泰式的技巧（铁路促成了毁灭），而且体现了屠格涅夫式的方法（生者在墓地寻得慰藉）。《我的一生》的创作几乎花了整整一年时间，1896年4月底时，稿子还未草就一半。

376　　《我的一生》这个故事还反映了那个夏天发生的很多事情，尤其是安东·契诃夫的多次火车旅行。创作这样一部鲜活生动的小说暂且调和了安东不得不面对的一些乏味的苦差事，比如，修改《海鸥》，或者从《林妖》中去芜存菁提炼出《万尼亚舅舅》。《我的一生》虽然算是一个具有告解色彩的故事，却打破了《海鸥》或《带阁楼的房子》的窠臼。自传性材料的运用使这个故事摆脱了歪曲或报复的嫌疑。脾气暴躁的父亲与性格内向的儿子之间的冲突可能源于安东的自传性表达。儿子最终冲出了藩篱，虽然他的流动方向不是从底层走向绅士阶层，而是从贵族走向体力劳动者。当然，这个故事中也不乏让人难堪的嘲讽：主人公的姐姐叫克列奥帕特拉，她是一个生性怯场的失败的演员。她的首次出场是在一次家庭业余演出中，面对观众，她吓得呆若木鸡，继而号啕大哭

---

[1] "小利钱"是故事主人公米赛尔的绰号。"我"小时候捉椋鸟卖，兜售了好久才卖出最后一只，赚了一戈比，自我安慰说："好歹也算是得了一点小利钱！"因此得到"小利钱"这个绰号。——译注

起来，并被爆出怀了孕。这些内容让现实生活中的克列奥帕特拉·卡拉特金娜和丽卡·米济诺娃读起来都不会有愉快的体验。然而，《我的一生》在读者心中激起的是怜悯而非挪揄之情。米赛尔——故事的主人公及叙述者——的某些特点让人想起亚历山大·契诃夫（他当年在塔甘罗格抓鸟卖钱时也被人叫作"小利钱"）。他的身上体现着亚历山大的素食主义和沉溺酒精的弱点，但是作为一名手工艺者，他也吸收了亚历山大的思想开放和多才多艺的特点。

创作《我的一生》期间，亚历山大的遭遇也让安东既同情又哭笑不得。首先，托斯卡感染了猩红热，亚历山大的同事因为害怕被传染而避开他。然后，亚历山大以自由撰稿人的身份去基辅参加一个医学会议时，他在自己的卧铺车厢里与七个医生一起被人抢劫了。亚历山大控诉说："在卧铺车厢里被人打了麻醉剂，被抢劫了，这太不像话了。"亚历山大在基辅再次开始喝酒。

《我的一生》也反映出了俄罗斯农村生活的艰辛严酷。4月底，帕维尔在日记中写道："家里没有牛饲料。马每天有两升半燕麦。"5月初，农庄生计仍然艰难："因为下雨，餐厅的钟停了。一群马钻进了花园，我们想要在房间里生炉子，但是根本找不到木头。"安东·契诃夫向叶连娜·沙夫罗娃抱怨说："这里太冷了。生硬的东北风呼呼地吹。没有葡萄酒，没有任何喝的东西。"春天融雪时节，让三驾马车蹚过半解冻的泥浆去接从莫斯科过来的火车毫无疑问是一件危险的事，所以安东放弃了让丽卡来梅里霍沃庄园的想法："如果丽卡来了，她会尖叫一路。"他们之间的感情因为这次交流中断而冷淡下去。而且根据某些旁证来判断，这次虽然是安东主动接近丽卡·米济诺娃，但他又开始玩另一轮"备胎"游戏了。当时，叶连娜·沙夫罗娃正与母亲和妹妹们住在莫斯科，安东与她通信的语气变得亲昵起来。安东也给利迪娅·亚沃尔斯卡娅写信，询问她为什么要逃走："其实，您应该去澳大利亚旅行！和我一起！"他还为自己的"非常刻薄"的表现而道歉：

377

　　　　这张信纸是从和平街买来的，所以，就让它成为和平的信使

489

吧！……就让这明亮的颜色从您眼中绞出宽恕的泪水吧……现在猜一猜：是谁送给我这信纸的？

这种调情戏谑很快就变成了相互的：叶连娜·沙夫罗娃琢磨着如何与她"亲爱的主人"暗通款曲。沙夫罗娃给安东发来自己的故事《印度夏天》("Indian Summer"，其实是"一个女人的夏天")，题记上写着"致以深深的敬意、感激以及更加温暖的感情"。

而安东·契诃夫毫不知情的是，在距离自己一百六十公里远的雅斯纳亚·波良纳托尔斯泰庄园正在上演着另一个故事，故事的主角是托尔斯泰的大女儿塔季扬娜·托尔斯泰娅。她在 1896 年 4 月 19 日的日记中写道：

> 今天，爸爸读了契诃夫的新故事《带阁楼的房子》。这个故事在我心中激起不快的感觉，因为我感觉到了它的真实性，还因为女主人公是一个十七岁的女孩。现在，我狂热地爱慕着契诃夫。从来没有一个人像他那样，第一次相遇就这样深入了我的灵魂。星期日，我当天往返走到彼得罗夫斯基去看他的肖像。我只见过他两次。[1]

塔季扬娜·托尔斯泰娅将自己对安东·契诃夫的感情告诉了母亲；只是这位伯爵夫人完全忘记了自己就是一个医生的女儿，而她的丈夫一贯奉行的是人人平等。她反对说，契诃夫家境贫寒，他出身太卑微，不适合做丈夫。塔季扬娜也向一般朋友打听过安东·契诃夫的为人，她询问编辑缅希科夫："他被女人宠坏了吗？"[2] 她也敦促安东·契诃夫来家里拜访。面对母亲的反对和契诃夫的迟钝反应，塔季扬娜·托尔斯泰娅随后爱上了已婚男人米哈伊尔·苏霍京（Mikhail Sukhotin），最终成为

---

[1] 见 T. L. 苏霍京娜 - 托尔斯泰娅，《日记》，1979，372。

[2] 见缅希科夫给安东·契诃夫的信，1896 年 8 月 20 日，引自《契诃夫全集》，500—501。

他的妻子。

安东·契诃夫的卑微出身只是困扰了贵族们，困扰安东更多的是经济拮据。他要应付的不仅仅是一个成员不断增多的大家庭，不时陷入困境的朋友们，还有当地的农民。地方自治会和富裕的农民可能会给塔列日村的新学校捐款，但契诃夫自己也要负责筹集一千卢布。阿列克谢·苏沃林给他的剧本和小说集付了一笔定金，但是，安东现在对与苏沃林的财务交往都比较谨慎。安东·契诃夫向他的新出版商，《小麦田》月刊的老板阿道夫·马克斯，发出试探信号；马克斯的出版物总是质量上乘。阿道夫·马克斯没有告诉契诃夫他给诗人费特的《诗选》付了多少钱，同样，他也告诉契诃夫不要泄露《我的一生》的稿费数额。于是，契诃夫头脑中萌生了一个想法：以一笔大价钱将全部著作卖给阿道夫·马克斯。此时，安东·契诃夫暂时有了一点回旋余地。塔列日村的教员米哈伊洛夫成了修建学校的工头。安东指示正在铺设房檩的木匠们不要听他父亲帕维尔的指示，然后动身去莫斯科待了几天。 *378*

安东从莫斯科回来时，道路仍然"糟糕透顶，泥泞不平，车辙里积满了泥水"，但他家的主屋和厢房里已经挤满了客人。两个结了婚的弟弟都带着妻子回来了。天气闷热，椋鸟在孵卵，也都停下了歌喉。5月13日，温度已经升到三十摄氏度以上了，蚊子惹得人心烦意乱。丽卡·米济诺娃终于来了。她带着孩子和保姆在靠近波多利斯克的一个地方租了一间小屋住了下来。这里正好位于从莫斯科到洛帕斯尼亚的路上，这样一来，不论是往返莫斯科旅行还是相会看起来都随意得多了。丽卡·米济诺娃再一次成为梅里霍沃庄园的常客，她和万尼亚、长笛手伊万年科甚至洛帕斯尼亚的邮政局长布拉戈维申斯基一起，结伴前来梅里霍沃庄园。帕维尔偶尔在日记中提到她，阴阳怪气地称呼她为"米济诺娃小姐"。

莫斯科的各大教堂吸引了帕维尔的全部注意力。1896年，继位已三年的沙皇尼古拉二世决定在老首都莫斯科举行加冕仪式。5月中旬的一个星期，莫斯科全城洋溢着一派盛大喜庆的气氛。帕维尔和苏沃林（由利迪娅·亚沃尔斯卡娅陪伴）都在圣母安息大教堂观看了长达五小时的加冕仪式，但他们彼此都不知道对方也在观礼。仪式结束后，帕维尔直接返回了梅里霍沃，并没有挤到聚集的七十万民众中去凑热闹。为了给民众派发纪念礼物，当局在莫斯科西部的霍登卡（Khodynka）练兵场搭建了一百五十个摊位，每个摊位前都有一道窄门，一次只能过两个人。他们就在这些摊位上派发了五十万件"礼物"：每人一个锡杯和一根加冕香肠，每个摊位还有特殊礼物———块银质手表———的诱惑。5月18日，霍登卡练兵场有一个摊位倒塌了，发生了大规模踩踏事件，而统治者的冷酷无情加剧了局势的恶化：沙皇尼古拉二世与俄罗斯人民的蜜月期结束了，霍登卡练兵场踩踏惨案加速了罗曼诺夫王朝（Romanov dynasty）的崩溃。（但罗曼诺夫王室对此毫无察觉：事件发生时，他们正在法国大使馆参加舞会，即便大使去视察了踩踏事件现场后，舞会仍在进行。）阿列克谢·苏沃林骨子里毕竟是一名记者，他实地去考察了霍登卡练兵场：

> 两千多人被压死。尸体用大车装上运走，运了整整一天，人群也散去了。地上到处是车辙留下的坑坑洼洼。警察九点钟才到，人们在两点钟已经开始聚集……现场有很多孩子。他们被举起来，举过人们的头和肩膀才逃过一劫。"我没有看到一个绅士。躺在地上的都是工人和工匠。"一个男人谈到踩踏事件时说……这些警察，有一个算一个，都是混蛋！还有那些官老爷！

三天后，苏沃林又返回莫斯科，霍登卡练兵场惨案还在他的头脑中萦绕，他约见了更多的目击者和公务员。5月30日，他第三次前往莫斯科，邀请安东·契诃夫到德累斯顿旅馆会面。那天，安东整个白天都在塔列日村学校测试学生，晚上才有时间去莫斯科见苏沃林。第二天堪称安东·契诃夫生命中最可怕的一天，即便他曾亲眼见过萨哈林岛的监狱。他们去了莫斯科城西，目睹了一个犹如大屠杀的现场。契诃夫的日记记载得非常简洁："6月1日，我们去了瓦甘科沃（Vagankovo）公墓，看到霍登卡练兵场踩踏事件的死难者的坟墓。"阿列克谢·苏沃林的日

379

记中对此有更加生动的描述：

> 契诃夫和我在惨案发生的一个星期后去了瓦甘科沃公墓。墓地仍然臭气熏天。十字架排成一行行，就像接受检阅的士兵，大多数是六角的，用松木制成。他们挖了一个很长的坑，棺材一个挨着一个摆放进去。一个乞丐告诉我们，里面的棺材摞了三层。十字架之间相距两尺[1]。碑文都是用铅笔写的，记载了埋在里面的是谁，有的提供了一些其他信息："他活了十五年零六个月。""终年五十五岁。""主赐他安息。""在霍登卡练兵场遇难的人们。"……"痛苦突然降临，耶和华已从一切悲伤和忧虑中拯救了你。"

第二天，安东返回梅里霍沃庄园，而苏沃林去了他在伏尔加河边的马克萨季哈（Maksatikha）的别墅。两个星期后，阿列克谢·苏沃林的噩梦中还漂浮着尸体。安东·契诃夫很少谈论瓦甘科沃公墓和霍登卡练兵场踩踏事件，但这一事件对他产生了深远的影响。得知惨案消息后，他停止写作了两个星期，直到6月6日才开始继续创作《我的一生》。在与苏沃林一起探访了瓦甘科沃公墓后，他有五天时间没有动笔写过一封信。

霍登卡练兵场惨案也将丽卡·米济诺娃挤出了安东·契诃夫的脑海。她给他写来一封怒气冲冲的信，指责他在5月30日经过了波多利斯克却没有带她一起去德累斯顿旅馆："您真是太好了，安东，给我寄来明信片，让我知道您坐着火车从我这里经过！我对您待在苏沃林的旅馆房间里没有一点儿兴趣……"安东后来辩白说，他根本没有收到她那封讨伐信（虽然他确实在年底时将这封信规规矩矩地收在了档案里），恳求两个人"在15号或16号一起去莫斯科，共进晚餐"。丽卡·米济诺娃这才消了气，同意与他在前往莫斯科的火车上见一面。然而安东再次食言，丽卡的责备向他铺天盖地袭来。随后，丽卡收到了安东的另一

380

---

[1] 此处单位为俄尺，1俄尺约合71厘米。——编注

个邀请,安东明确表示,约诊一位验光师是他前往莫斯科的最紧迫的原因。错过了火车就像道路泥泞一样,似乎足以导致二人的感情再次崩溃,彼此的爱意转化成了责备和嘲讽。

丽卡·米济诺娃的回信怒气冲天,安东推迟了一天去莫斯科。他安排了与丽卡一起吃午餐,一同进餐的还有《俄罗斯思想》的编辑维克托·戈尔采夫。维克托·戈尔采夫此时在安东与丽卡的关系中扮演着几年前伊格纳季·波塔片科的角色:他是一名备选情人——这情形就如同安东为自己准备好了叶连娜·沙夫罗娃一样。安东给丽卡·米济诺娃的下一封信中,结尾的一句话很适用于他与这两个女人的关系:"我不觉得处理和了结个人私事比系领带更容易些。""处理"和"了结"这两个词恰切地体现出安东·契诃夫的爱情生活与他的创作的关系:它们对他而言也意味着"设计情节"和"设计结局"。

53. 学校落成
（1896 年 6—8 月）

安东·契诃夫在莫斯科见到了丽卡·米济诺娃，也接受了委托，为 梅里霍沃教堂筹建一座钟楼，工程将在塔列日村学校竣工后开工。一位验光师治愈了他的头痛，原来安东的右眼近视而左眼远视，这拉伤了他的脸部肌肉，于是，夹鼻眼镜成了安东·契诃夫形象上的点睛之笔。其他的治疗方式，如电击、服用砷和海水浴等都停止了。

7月，叶连娜·沙夫罗娃为了避过夏天和秋天而离开南方，并在莫斯科—哈尔科夫的火车经过洛帕斯尼亚火车站时给安东寄来一封深情款款的信。而安东发现，她的俏皮话"Chi lo sa?"（谁知道呢?）和"Fatalite"（宿命）令人反感。安东和丽卡暂时和睦相处，丽卡来到梅里霍沃庄园住了五天，没有情敌出现，也无人联系安东。

来梅里霍沃庄园度夏的客人大多进行户外运动：叶若夫骑自行车，科诺维采带来了杜尼娅·叶夫罗斯的兄弟德米特里，他也是一个骑行先驱者。奥尔迦·昆达索娃再次成为雅科文科医生诊所的病人和医生助理，她的到来扰乱了平静。契诃夫告诉苏沃林，抑郁症折磨得她看起来"好像是被单独监禁了一整年"。6月底，玛莎从乌克兰的林特瓦列夫家回来，而叶夫根尼娅从莫斯科回来了，梅里霍沃农庄又运转自如了。米沙和奥尔迦夫妇来了就住在厢房里，安东就是在那里创作了《海鸥》。

日常生活中只是偶尔发生一些小干扰，比如，邻居的牛群进了契诃夫家的树林，附近村子暴发了痢疾。

安东·契诃夫给《小麦田》的编辑阿列克谢·卢戈沃伊（Aleksei Lugovoi）[1] 寄去了《我的一生》的三分之一的稿件："目前它还只是一个粗糙的木头框架，等我完成整个建筑后，再去抹灰和上油漆。"卢戈沃伊非常喜欢这个故事，把它珍藏在阿道夫·马克斯的防火保险箱里。安东·契诃夫除了从马克斯那里得到丰厚的稿费外，还不时收到一些小红利，比如，阿列克谢·苏沃林送给他一张为期三个月的铁路通行证。安东还了按揭贷款利息，旅行也不再只是梦想。然而，他在彼得堡的事务不太顺利。书刊审查员们对是否放行《海鸥》犹豫不决。萨佐诺娃在 6 月 3 日记道："契诃夫心事重重，苏沃林也是同样。前者是因为他的剧本而心烦意乱，后者则是不停抱怨自己年老体弱。"但是，伊格纳季·波塔片科对《海鸥》持乐观态度，因为审查员利特维诺夫是苏沃林的好友，对安东·契诃夫也很友好。只是，波塔片科此时并不在彼得堡：

> 法斯曼酒店。亲爱的安东尼奥！正如您看到的那样，我已经身在卡尔斯巴德这座温泉城市了，我的目标是治好肝脏结石之类的毛病。您的《海鸥》遇到一点问题。真是太意外了，剧本没有通过审查，但是情况不严重，一切还可挽救。这个剧本的问题就在于，您的颓废思想导致您对他（指特里波列夫——译注）母亲的爱情生活采取了马马虎虎的态度，这是审查官们所不允许的。您必须加入一个哈姆雷特式的场景："罪恶的行径啊！差不多就像，我的好母亲，/杀死了一个国王然后与他的弟弟结婚一样糟糕。"……实际上，这个问题很容易解决。利特维诺夫说，只消十分钟就可以把整个事情搞定。

---

[1] 阿列克谢·卢戈沃伊指的是阿列克谢·吉洪诺夫，他是《北方》杂志的编辑 V. A. 吉洪诺夫的兄弟。

53. 学校落成

伊格纳季·波塔片科希望安东能与他和朋友们结伴去德国旅行——旅行会很便宜，波塔片科以自己的肝脏发誓，也会很愉快——但安东·契诃夫再也不想与伊格纳季·波塔片科一起旅行了。波塔片科直到7月下旬才回到彼得堡着手处理《海鸥》的审查事宜。那时，利特维诺夫已经用蓝色铅笔标记出希望给予修改的地方，将剧本还给了安东·契诃夫。于是，契诃夫勉为其难地让特里列夫对他母亲与特里果林的风流韵事表现得更加愤慨，也删去了多尔恩医生其实是玛莎亲生父亲的情节。波塔片科这才迟迟地接上头绪：

> 我目前不太清楚您的《海鸥》是一个什么状况，您已经处理过了吗？我明天会去见利特维诺夫……外面盛传文学就要被废除了，所以我们也不再需要审查员了……拉夫罗夫会被绑在火刑柱上，戈尔采夫要被割掉舌头。

彼得堡对他的新剧本的抵触情绪让安东·契诃夫心情沮丧，而伊萨克·列维坦的一封信让他的坏情绪更是雪上加霜。列维坦现在住在芬兰湾的索尔塔瓦拉（Sortavala）度假胜地，深陷在躁狂型抑郁症的痛苦折磨之中：

> 这里的岩石经历了冰河时代，被打磨得滑溜溜的……年代，这个词只会让人觉得悲哀……数十亿人已经淹死了，还有数十亿人就要被淹死。我们就是堂吉诃德……您告诉我实话，这太愚蠢了，不是吗！！您的——哦，这个词真是毫无意义——不，就是列维坦。

即便安东确实回复了伊萨克·列维坦的这封信，现在也已无迹可寻 *383*
了。但安东·契诃夫自己的抑郁情绪在他写给阿列克谢·基谢廖夫的信中表露无遗：

> 我就只能这样当一辈子单身汉了，"我们像掐一朵花一样，采

撷一天的爱"。我现在连三杯伏特加都喝不了了。我戒烟了。

安东·契诃夫又焦躁不安起来。7月20日,他再次出门,去拜访阿列克谢·苏沃林,这是他七个月以来第四次离开梅里霍沃庄园。他没有向任何人解释为何要如此匆忙地出门。苏沃林的别墅位于马克萨季哈,是莫洛加河(Mologa)和沃尔奇纳河(Volchina)的交汇处,可以先坐火车到达雅罗斯拉夫尔,然后乘船抵达。安东此行是为了钓鱼,抑或只是为了某些个人的、戏剧的或财务的事宜来寻求建议?他是否打算过再向北行,去安慰伊萨克·列维坦?彼得堡对安东·契诃夫已经不再有任何吸引力。亚历山大·契诃夫虽然正在创作一些关于精神病人护理的文章,但自从他上次去了基辅重染酒瘾后,又变得焦狂不安起来。他向安东抱怨:"我的老岳母一天比一天虚弱……我的脸颊和牙龈之间有一大块溃疡。我们养了一只小狗,叫萨尔彼得,它把什么都搞得乱七八糟。"娜塔利娅在信后附笔询问,为什么安东忘了"他可怜的亲戚们"。

安东·契诃夫一返回梅里霍沃庄园就觉察出了丽卡·米济诺娃的变化。她的来信既不亲昵,也不再怒气冲冲,潦草的笔迹暗示出她的思绪非常混乱。她说她要来梅里霍沃,暗示她已经找到了一个新情人:"维克托·戈尔采夫和我打算在星期六过来,参加学校的祝圣礼。我还没有被完全感染,当我吻您时,不会传染给您。"

新学校的落成祝圣典礼让大家都十分振奋。安东·契诃夫整个白天都在谢尔普霍夫参加自治会会议。他之所以能够容忍这些烦琐公务是因为下个月他就要出门,去克里米亚访阿列克谢·苏沃林。周围的很多人都出现了精神疾病的症状。托洛孔尼科夫家——就是他家的工厂污染了乌格里莫沃(Ugriumovo)村——把一个女亲戚用链子锁起来,想让她停止污言秽语和尖声叫骂。安东花了几个星期时间才给她寻找到一家医院接受治疗。[1]学校祝圣礼举行的前一天晚上,一个当地农民犯了严

---

[1] 雅科文科医生拒绝接受安东·契诃夫想要禁闭的精神病人;病人家属要给这些人每个月缴纳五卢布,来支付使用锁链、警卫和镇静剂的开销。托洛孔尼科夫曾送给安东·契诃夫一把小提琴以示感谢,因为安东给他开了溴化物镇静剂。

重的抑郁型精神错乱。

亚历山大没有来参加学校落成仪式，然而，雅科文科医生和奥尔迦·昆达索娃在场，已经意味着某种精神情绪上的不稳定。大家借着这个机会开怀痛饮，有些人因为宿醉而不得不在梅里霍沃逗留了两天。仆人们也都很开心，只有工人罗曼例外，因为他的小儿子夭折了。学校的落成典礼十分感人，安东·契诃夫将它作为一个场景写进了故事《我的一生》。连帕维尔·契诃夫这样一个对仪式精益求精的人也感到心满意足、无可挑剔："村里的长老们给学校的督学奉献了面包和盐、一幅救世主神像，还发表了讲话以表达谢意。总管切列温献给玛莎一束花。女子唱诗班演唱了《祝您长寿》。"安东自己也少见地写了一篇日记：

384

> 8月4日。塔列日村、别尔绍沃村、杜别切诺村和舍尔科沃村四个村子的村民献给我四个面包、一幅神像和两个银制盐罐。来自舍尔科沃村的农民潘斯托夫发表了演讲。

紧接着的仪式就是村子里的钟楼的落成祝圣典礼（安东主张把教堂的墙面漆成橙色）。

《我的一生》的稿件已经送达《小麦田》编辑部，安东告诉编辑卢戈沃伊："我会在作者样中把它修改得合心合意，润色得漂漂亮亮。"他给伊格纳季·波塔片科送去《海鸥》的最后定稿，希望能跨过最后一道障碍。莫斯科的《每日新闻》已经开始刊登安东·契诃夫的新剧本的广告，诗人洛洛·蒙施泰因（Lolo Munshtein）写道："契诃夫的《海鸥》在向我们飞来／飞吧，亲爱的，向我们飞来，／飞向那寂寥空阔的海岸！"安东·契诃夫感到尴尬不安，是时候离开了。

54. 荒山之夜

（1896 年 8—9 月）

安东·契诃夫计划将阿列克谢·苏沃林赠送给他的铁路通行证充分利用起来。他决定先去一趟塔甘罗格，然后再去费奥多西亚与苏沃林会合。但是，他自己对具体行程也还稀里糊涂，他只是告诉玛莎要去一趟基斯洛沃茨克，那是位于北高加索地区的一个温泉疗养中心。他和波塔片科开玩笑说："我打算去一趟费奥多西亚，去勾引一下您的前妻。"伊格纳季·波塔片科一直负担着第一任妻子的抚养费，他希望找到一个离婚的借口。然而波塔片科没有领会安东的玩笑："您去费奥多西亚？多么疯狂的想法！这太可怕了！难道您真想写一本关于白痴生活的小说吗？……我听说您手里有一张罪犯铁路通行证。"1896 年 8 月 23 日，也就是安东·契诃夫从梅里霍沃庄园出发几天后，波塔片科又给他写了一封信，信里谈及了《海鸥》、文学经历和自己的结石症，但信的开头是这样的："谁都不知道您去了哪里。当然您确实给了我一个费奥多西亚的通信地址，但是，我觉得您是去了高加索。"伊格纳季·波塔片科生性坦率直爽，安东的躲闪托词让他怀疑安东诱拐了丽卡·米济诺娃。

实际上，也确实有三条线索似乎暗示出丽卡·米济诺娃与安东·契诃夫同行。首先，安东这次出行的路线，就是四年前丽卡建议要一同旅行的那条路线；其次，丽卡与安东几乎同时消失；最后，丽卡那年秋天的信件表明，安东已经答应丽卡，等他去基斯洛沃茨克水疗中心待上一年后就与她结婚。然而，安东·契诃夫一向重视个人隐私，他会带着丽卡·米济诺娃这样一个魅力四射的女人先回出生地老家，再去一个热门的山泉疗养地，如此授人以柄，引得人们议论纷纷吗？即便安东·契诃夫说过"共同的幸福"这样的话，它一定是指一次预备性的蜜月旅行吗？退一步讲，丽卡·米济诺娃有胆量去费奥多西亚吗？她知道阿列克谢·苏沃林建议过安东不要娶她，一想到要去费奥多西亚拜见苏沃林，她就心底发怵。

那么，丽卡·米济诺娃到底去了哪里呢？8月19日，安东·契 *386*
诃夫离开了梅里霍沃，与他同行的有丽卡·米济诺娃和她的朋友瓦里亚·埃贝勒。他们一起坐火车到了莫斯科，然后，安东在莫斯科换乘了一辆开往南方的特快列车。有关丽卡的行踪，就连"奶奶"索菲娅·约翰逊也蒙在鼓里，她也是直到9月5日才得到丽卡的消息，这还是因为丽卡自己返回了波多利斯克的家，也就是丽卡在梅里霍沃和莫斯科之间租的那栋房子。

9月5日：她们带来了克里斯蒂娜和保姆。

9月6日：丽卡怎么能这么匆忙地就把［克里斯蒂娜的］东西寄走呢？现在孩子没有干净的床单用，真是很让人生气。

9月16日：丽卡还没有从波多利斯克动身，我很失望，因为我希望明天能在波克罗夫斯科见到她。[1]

无论是在基斯洛沃茨克还是在塔甘罗格城，都没有人见到丽卡·米济诺娃。安东在这两个地方逗留时，陪伴他的都是男性朋友。如果丽卡·米济诺娃这期间确实与某个男人出去了，那么这个人很有可能不是安东·契诃夫，而是维克托·戈尔采夫。1897年9月1日这个"共同的

---

[1] 见莫斯科档案馆，5323/19：S. M. 约翰逊的日记，卷5，1895—1897。

幸福"的日子，很可能是在安东去南方之前或者他回来之后才约定的。[1]

安东·契诃夫在塔甘罗格城逗留了一两天，时间都花在探望亲戚上，或者消磨在图书馆里面了。安东回到了自己的出生地，却回避与崇拜者见面，也没有从那里给任何人写信，他差不多直到假期结束才开始写信。他发出了一系列指示：让玛莎去购买为诺沃谢尔基村（Novosiolki）新建的学校的木材，让伊格纳季·波塔片科去运作《海鸥》的剧本审查。他的日记很简洁：

> 在罗斯托夫，我和老同学列夫·沃尔肯施泰因（Lev Volkenshtein）共进晚餐……在基斯洛沃茨克的萨福诺夫将军的葬礼上，我在公园里先遇到了 A. I. 丘普罗夫（A. I. Chuprov），然后是 A. N. 韦谢洛夫斯基（A. N. Veselovsky）[2]。28 日，与斯坦格尔（Steingel）男爵一起去打猎，晚上在波马米特山（Mount Bermamyt）过夜，极冷，风很大……

安东·契诃夫向塔甘罗格的堂弟格奥尔基透露说，在基斯洛沃茨克遇到的朋友们，"和自己一样无所事事"。克列奥帕特拉·卡拉特金娜回忆说，她在基斯洛沃茨克邂逅安东。当时天气炎热，他烦躁得很，被哄骗着摆姿势拍了一张照片。为了暂时逃避炎热的天气，安东与朋友兼同事的奥博隆斯基医生一起去波马米特山打野猪。这位奥博隆斯基医生后来与安东·契诃夫的接触越来越多，尤其是当他的健康出现问题的时候。波马米特山对登山者和猎人来讲是一个不错的去处，然而，任何一位谨慎的医生都不会让一个结核病患者在那里过夜。当时的一本旅行指南对波马米特山做了如下介绍：

[1] 这并非林克维奇在《带阁楼的房子之旅》（Puteshestvie k domu s mezoninom）中的观点，罗斯托夫，1990。
[2] 列夫·沃尔肯施泰因就是安东·契诃夫在1877年救助过的那个被驱逐的犹太男孩；A. I. 丘普罗夫在莫斯科大学时期教授过安东·契诃夫的统计学课程；而 A. N. 韦谢洛夫斯基教授是一名院士。

54. 荒山之夜

> 波马米特山海拔两千六百米，距离基斯洛沃茨克三十二公里……山体上岩石裸露，常被厄尔布鲁士山的山风吹走。山上有一个鞑靼村庄废墟，无处躲避降雨和大风……人们通常前往波马米特山观看日出……波马米特山常年低温，有时8月份降雪，温度降至零摄氏度以下……季节性的东北风往往在波马米特山上加强为飓风……登山时，胃部保暖至关重要：应穿上羊毛护腰。[1]

波马米特山之行无疑加剧了安东·契诃夫的病情。

一两天后，安东·契诃夫启程前往黑海，去体验温暖。他先到了新罗西斯克——他的大哥亚历山大工作过但并不喜欢的地方——此地距离费奥多西亚只有一个晚上的航程。阿列克谢·苏沃林已经在此等待他十一天了。契诃夫与苏沃林一起度过了十天，不去理会苏沃林的那些"傻瓜"儿子，这算得上是他在1895—1896年"一段光明的时刻"。这期间，安东没有给外人写信，这说明他心情愉快，毫无压力。安东·契诃夫与阿列克谢·苏沃林的这次相聚看似比以往任何一次都更加放松，尽管——或者正是因为——苏沃林现在更多地迎合着契诃夫，而不是契诃夫迎合苏沃林。安东·契诃夫已经清楚地认识到了阿列克谢·苏沃林性格上的缺陷。8月22日，苏沃林在与伊万·列昂季耶夫-谢格洛夫共进晚餐时坦言："契诃夫是一个具有燧石品质的人，他那苛刻的客观性是一种冷酷的特质。他被宠坏了，他的自尊心非常强。"同年夏天，安东·契诃夫也告诉谢格洛夫："我非常喜欢苏沃林，非常；但是，您知道，在生活中的某些重大时刻，那些没有人格力量的人比恶棍更加糟糕。"[2]

利迪娅·亚沃尔斯卡娅与年轻的巴里亚京斯基亲王的婚礼是当前的热门话题。两人均为已婚，所以他们的结合需要沙皇的特许。亲王的母亲吓坏了，但巴里亚京斯基亲王的儿子们需要利迪娅·亚沃尔斯卡娅的

---

[1] 见格里戈里·莫斯科维奇（Grigori Moskvich），《高加索旅行指南》（*Putevoditel' po Kavkazu*），彼得堡，1911，83。

[2] 见《文学遗产68》，479—492；伊万·列昂季耶夫-谢格洛夫的日记。

收入。此外，巴里亚京斯基亲王作为一个崭露头角的作家也需要一个吉祥物。利迪娅·亚沃尔斯卡娅与塔妮娅·谢普金娜－库别尔尼克分道扬镳了。阿列克谢·苏沃林在日记里记下了一件他告诉安东的事情，因为安东·契诃夫对这两个女人仍然小有兴趣：

> 8月5日。谢普金娜－库别尔尼克……与亚沃尔斯卡娅和她的丈夫巴里亚京斯基亲王一起吃午饭，他们的谈话涉及这两位女士的过去，围绕着她们有许多花边新闻。"无风不起浪。"塔妮娅说……午餐后，亚沃尔斯卡娅－巴里亚京斯基娅当着女仆的面猛地扑向塔妮娅，嘴里说着法语，指责她到处说闲话，等等。"我丈夫已经歇斯底里了，"她说……"他再也不想见到您了，您必须马上离开。"——"但我现在只穿着一件衬衫，您得让我换件衣服啊。"——"可以换，但仅此而已。"塔妮娅·谢普金娜－库别尔尼克连衣服也没换就离开了。她从我这里借了五百卢布，前往洛桑参加讲座去了。她看起来心烦意乱得很。

388

阿列克谢·苏沃林注意到，每次提到利迪娅·亚沃尔斯卡娅时安东总是唉声叹气。然而，她的婚礼并没特别影响安东的心情，他放松地享受着克里米亚温暖的阳光，整日坐在水边，或者在阳光下喝酒、闲聊。苏沃林最主要的"傻瓜儿子"——伊格纳季·波塔片科如是称呼他——小阿列克谢·苏沃林正上下经营，试图篡夺父亲老苏沃林手里的权力。莫斯科和梅里霍沃都没有什么事情让安东·契诃夫分神，他只是审读了《我的一生》前三分之一的校样。彼得堡不时有电报发来，通报最新情况。伊格纳季·波塔片科最后帮了安东·契诃夫一把，敦促帝国戏剧委员会通过了《海鸥》的审查。然而不幸的是，这个剧本被派发给了彼得堡最不适合演出契诃夫戏剧的一家剧院：亚历山德林斯基皇家剧院。这家剧院充斥着莎拉·伯恩哈特式的演技，传统剧目多是法国笑剧。《海鸥》将由叶夫季希·卡尔波夫（Evtikhiy Karpov）执导，这个人不仅缺乏经验和想象力，而且自以为是、目中无人。更加糟糕的是,《海鸥》的首场演出安排在 10 月 17 日女演员伊丽莎白·列夫季耶娃(Elizaveta Levkeeva)的福利演出上。伊丽莎白·列夫季耶娃是彼得堡一位小有名气的喜剧演员,她发现《海鸥》的女主人公阿尔卡基娜恰恰是对自己的演艺生涯的一个绝佳讽刺,她的追随者对此会愤怒不已。权且稍可令人安慰的是,伊格纳季·波塔片科和导演卡尔波夫挑选了一些好演员,其中不仅有萨维娜和达维多夫,而且还有当时尚且无名的女演员维拉·科米萨尔热夫斯卡娅(Vera Komissarzhevskaia)。

老阿列克谢·苏沃林已经六十二岁了,安东·契诃夫准备离开费奥多西亚让他十分沮丧:

> 出生得越早,就死亡得越早。今天,契诃夫说:"阿列克谢和我将死在 20 世纪。"我说:"您可以,但我肯定死在 19 世纪了。""您怎么知道?""我完全确定,就是 19 世纪。如果您的状态一年比一年差,那就不难看出这一点来。"

安东无力驱散苏沃林的悲观情绪,只好准备返回梅里霍沃庄园。他给玛莎发了一封电报,让工人罗曼去火车站接从谢尔普霍夫县过来的火车,嘱咐一定要带上一件外衣和橡胶套鞋。当时,克里米亚的天气已经像苏沃林的心情一样凄冷,安东离开了克里米亚。苏沃林陪伴他在哈尔科夫逗留了一天,观看了亚历山大·格里博耶多夫(Alexander Griboyedov)的《聪明误》(*Woe from Wit*)的表演。1896 年 9 月 17 日,安东回到了仍然阳光明媚的洛帕斯尼亚。安东外出期间,运作梅里霍沃农庄的重任完全落在了玛莎和帕维尔的肩头。为了新建学校,玛莎已经买来四根很好的横梁。为了给安东回来做好准备,帕维尔雇佣当地学校的老师给厢房糊了墙纸,也糊裱了他自己的房间。管理庄园四个星期极大地恢复了帕维尔的大家长的自信,他告诉米沙:

389

> 我们希望你能回来过光荣十字圣架节,你有两个政府假期,本来可以回来,但是你拒绝了我们的好意,不来看望我们。母亲烤了

非常好吃的馅饼、撒芥末油的鲜鱼腱，你原来很喜欢吃的那种……我们给牛准备四十吨干草，和去年的一样多，但这还不够。玛柳什卡只知道用她的小鸭小鸡之类的来麻烦安托沙，他打算在牛棚里修一个鸡圈，但她就是喜欢在厨房里孵小鸡，然后在那里喂养，长大后，它们就进了菜园子。我们夏天过得非常不错……整个夏天，我们都一直有酸奶油炸蘑菇吃。时钟走得很好，很准，每五分钟敲一次。厢房楼上的风信鸡也转得很灵活，但有一次风暴让它有点晃动。

安东·契诃夫已经把《我的一生》递交给了审查员，但审查员对是否放行有些犹豫，因为故事叙述者对一位省长语含不敬，而作者让将军的遗孀找了一个醉汉做情夫。安东把与审查员的周旋都交给了编辑们去做，他不再理会自己的故事和剧本《海鸥》。阿列克谢·苏沃林已经得到了《海鸥》的脚本，帝国戏剧委员会终于放行了剧本，尽管语气仍然居高临下：

> "象征主义"或"易卜生主义"……给剧本造成一种令人不快的印象……即便没有那只海鸥，这出喜剧也不会有丝毫不一样……我们无法认可……那些并非完全必要的描写，比如玛莎吸鼻烟和喝伏特加……有些场景似乎是被随意拉扯进来的，与剧本整体并无适当的联系，没有戏剧性的因果关系。[1]

帝国戏剧委员会对《海鸥》的评价，代表了彼得堡对这个剧本的态度，也预示出这座城市对它的接受程度。然而，安东·契诃夫已无回头路。

---

[1] 见《契诃夫全集》，13，364—365。

55. 首演惨败

（1896 年 10 月）

费奥多西亚度假的欢愉情绪仍在延续，安东对苏沃林说："我整天 懒洋洋的，我在费奥多西亚过得太舒服了。"安东·契诃夫买来郁金香球茎根种上，检查了自己担任督学的几所学校，给农民们治病，为从火车站到柳托尔卡河铺设的一条路而多方奔走。他还送给奥博隆斯基医生一本书，来"纪念我们在波马米特山打死的那头野猪"。在安东回来的第二个星期，丽卡·米济诺娃又来了梅里霍沃庄园。不知 8 月份发生了什么事情，这次她对安东的态度比较冷淡，他们停止了通信，和她一起前来的还有一个男伴——长笛手亚历山大·伊万年科。她到达梅里霍沃的那天恰巧碰到了一桩丧事：村子里最聪明的女孩杜尼娅患了肠套叠而死去，被埋葬在教堂墓地里。每每契诃夫家里发生任何不幸或者仅仅有一点风吹草动，丽卡·米济诺娃总是选择逃避，于是她第二天就与伊万年科离开了。直到一个月后安东请求她时，她才再次来梅里霍沃庄园。

在这段不在彼得堡的时间，安东·契诃夫把给《海鸥》挑选演员的工作从原来的伊格纳季·波塔片科手中转交给阿列克谢·苏沃林和叶夫季希·卡尔波夫来负责。现在，洛帕斯尼亚的电报局已经营业，他给彼得堡发了无数封电报，预订戏票或给亲戚朋友们安排住宿。苏沃林和卡尔波夫在彼得堡精心挑选《海鸥》的演员，而契诃夫也以同样的认真态度挑选着观看《海鸥》首演的观众：首演时，观众席上的戏剧冲突一点也不逊色于舞台上的紧张程度。

整个夏天，安东·契诃夫一直在毫不声张地帮助别人，后来才意外地被人得知。他给塔甘罗格的一个男孩支付了一半学费，这个孩子叫维尼阿明·叶夫图舍夫斯基（Veniamin Evtushevsky），是安东的姊姊柳德米拉的外甥；另外，他还游说出版商给季亚科诺夫医生的杂志《外科》（Surgery）提供津贴。同样在暗地里有计划有步骤进行的还有他的爱情生活和新作品。截至 1896 年 8 月的最后两个星期或者 9 月的最初两个星期，我们认为安东·契诃夫最想掩人耳目的行为之一是他着手将《林妖》改写为《万尼亚舅舅》。安东将剧中人物削减了一半，不仅删除了男密友和女知己，而且将醉醺醺的唐璜形象与具有圣徒品质的自然保护主义者医生结合在一起，创造出了性格上有瑕疵的阿斯特罗夫医生的形象；他几乎剔除了原剧本《林妖》中的所有柴可夫斯基的音乐，削减了过于夸大的事件；在新剧本中，害了相思病的舅舅没有选择自杀，万尼亚舅舅和格奥尔基舅舅不一样，即便没有任何干扰，他也射不中目标；原《林妖》最后一幕中的感伤主义的和解被完全摒弃。安东·契诃夫创作的结尾终于实现了他在 1892 年对苏沃林所说的那番话："能为剧本创造出新的结尾的人，将会开启一个新时代。"经过这番改造，一部充满田园风光的喜剧（尽管有自杀情节）转变成了一个令人唏嘘的"乡村生活场景"：城市来的客人忍受不了乡下人的悲惨生活，最终离弃了这些乡下亲戚。与《林妖》相比，安东在这个剧本里只增加了一个新角色：老乳母玛里娜；她是一个虔诚的宗教信徒，这个大家庭的所有秘密、渊源都装在她的心里。剧本《万尼亚舅舅》是一部从被弃置一旁的旧剧本中涅槃重生的天才之作，但让人感到奇怪的是，安东·契诃夫对这个新剧本一直守口如瓶。即便有出版商或演员来找契诃夫索要《林妖》，他也矢口不提正在对这个剧本进行脱胎换骨的改造，因而这种询问对他来讲应该是很痛苦的。直到深秋时，他才大着胆子向阿列克谢·苏沃林宣告了《万尼亚舅舅》这个剧本的存在，但仍然强调"还没有人知道这

391

55. 首演惨败

件事"。[1]

10月1日，安东·契诃夫抱着对彼得堡剧院的更加悲观的态度出发前往彼得堡。他阅读了《戏剧人》（*The Theatregoer*）八月刊的文章，有人撰文指出，剧院经理的情妇通常可以出演剧本的女一号。契诃夫对苏沃林说："根据这篇非常直白而又细节丰富的文章来判断，我认为卡尔波夫和霍尔姆斯卡娅住在一起了。"

途经莫斯科时，安东·契诃夫在这里逗留了一个星期，完成了一些必要的工作。在阿列克谢·苏沃林的鼓动下，契诃夫正考虑着一件新事体。他想抓住新出版法的有利契机，与维克托·戈尔采夫共同成为一家自由派报纸的联合主编，此举对戈尔采夫来讲也意义重大。安东·契诃夫在莫斯科大饭店的房间也是朋友们的聚集点。安东在这个旅馆有一个忠实的盟友，他就是年轻的门厅服务员谢苗·贝奇科夫（Semion Bychkov）：

> 我原来当过工厂工人、看院人，在木偶剧院和童话剧里工作过，什么都干过……住在旅馆的所有人中，只有安东·契诃夫和我说话时特别真诚，非常平等，从来没有傲慢的架势，不会有一点看不起人。他把他写的东西给我看。我开始读的那一刻，就感觉到一道崭新的光照亮了我……我问他："契诃夫先生，您为什么一个人生活？您应该结婚啊。""怎么可能呢，我倒是想呢，谢苗，"他笑 *392*

---

[1] 对《万尼亚舅舅》的剧本改写一定发生在完成《海鸥》之后。这个判断基于以下几个原因：首先，《万尼亚舅舅》与《海鸥》一样，剧情不分场景。其次，1896年8月和9月是安东·契诃夫在两部作品（《我的一生》与《农民》）之间唯一可能的改写剧本的空档期。再次，添加到《万尼亚舅舅》中的一些细节反映出了1896年夏天发生在梅里霍沃庄园的某些细节和生活场景，比如，厨娘玛柳什卡的小鸡（科诺维采一家人拒绝吃鸡）和舞台上老乳母玛丽娜的斑点母鸡；6月时安东·契诃夫因为痢疾疫情前往马利斯，而剧本里的阿斯特罗夫医生因为伤寒去往马利斯科；8月15日，缅希科夫前来拜访，"天气干燥，他却穿着橡胶套鞋，打着雨伞，似乎觉得只有这样才不会中暑而死"，而在《万尼亚舅舅》第一幕中，万尼亚嘲笑谢列勃勒雅科夫教授："天气这么热，这么闷，可是我们亲爱的大师，既不想脱大衣，又不想脱胶皮套靴；甚至连手套和雨伞都还离不开。"

着说，"可是我哪有时间啊！我的读者逼得我精疲力尽。"……我全心全意地热诚地仰慕他。[1]

谢苗·贝奇科夫为了给安东·契诃夫充当社交助理甚至减少了自己的工作时间。很多女人，比如塔妮娅·谢普金娜-库别尔尼克、丽卡·米济诺娃、叶连娜·沙夫罗娃、奥尔迦·昆达索娃，都想要有机会单独在房间中见到安东。安东·契诃夫请昆达索娃到饭店来，说"有要紧事，速来见我"。塔妮娅打点好行李，在离开俄罗斯之前想要见上安东一面。而 1896 年 10 月中旬之前，丽卡·米济诺娃一直下落不明。

10 月 9 日星期三，安东·契诃夫抵达彼得堡，投入苏沃林一家人的怀抱。安东在到达彼得堡之前的两天做了什么引人猜测，我们无从确切得知。契诃夫将自己的《剧本》(Plays) 手稿——其中包括《万尼亚舅舅》——交到了苏沃林的印刷厂，然后与 1 月时一样开始流连于彼得堡各大剧院，观赏戏剧。让《海鸥》剧组的演员们非常失望的是，安东·契诃夫错过了他们第一次朗读剧本，而此时距离《海鸥》的第一场演出只有九天时间了。就连在剧本中扮演妮娜的女演员萨维娜也没有参加那次朗读。首演中举办福利演出的女演员伊丽莎白·列夫季耶娃到场听了朗读，听后她不禁暗自高兴，因为自己不必在这么忧郁的一出戏里扮演角色。列夫季耶娃曾经想过争取出演剧中的玛莎这一角色，但看到这个剧本让演员们都手足无措，她也就打消了这个念头。10 月 9 日，安东·契诃夫也没有参加《海鸥》的第一次彩排（实际上，他是与苏沃林一起去观看维拉·科米萨尔热夫斯卡娅的演出了）。[2]《海鸥》中扮演玛莎的演员玛丽亚·奇托 (Maria Chitau) 在回忆这个剧本的排练时说："后台从来没有这么混乱过。"[3]

[1] 谢苗·贝奇科夫的回忆录，他向 V. E. 安尼洛夫的讲述，见《高加索地区》，克拉斯诺达尔（存疑），1913，145。
[2] 萨佐诺娃日记中记录说："我们都在观看《所多玛的末日》，我们看到了契诃夫，他来看望演员们。"
[3] 见《同时代人的回忆》，350—355。

55. 首演惨败

安东·契诃夫此时关心的似乎不是《海鸥》的演员，而是他邀请来的观看首场演出的观众。他联系伊格纳季·波塔片科说："我需要与您面谈。我们有生意要谈〔这是安东·契诃夫对难以启齿之事的暗语〕……您能午夜前后来我这里吗？咱们私下里谈谈。"契诃夫要与波塔片科谈的"生意"可以从他给妹妹玛莎——她要来彼得堡观看《海鸥》首演——的信中得到线索：

> 我见过波塔片科了。他现在住在一所新公寓里，每年租金是一千九百卢布。在他的桌子上摆着玛丽亚〔他的第二任妻子〕的精美照片。这个女人处处紧紧地盯着他，她生活得很幸福，恬不知耻地享受着快乐。他已经老了，既不唱歌也不喝酒了，整个人都无聊得很。他们全家都要来看《海鸥》，他的包厢也许就在我们包厢的旁边，这对丽卡来讲可不容易……这次演出不会引起轰动的，全是白费劲儿。总之，我心情不好。我今天或明天会给你寄来路费，但是我建议你还是不要来了。如果你决定一个人来，而不是和丽卡一起来的话，就给我发电报说"来"……

无论是对《海鸥》这个剧本还是对丽卡·米济诺娃，安东·契诃夫 393 都觉得缺乏底气。但是丽卡自己坐火车来了，比玛莎早一天到达彼得堡。安东为了避免波塔片科一家与丽卡在首演观众席中见面，成功地安排波塔片科他们观看了第二场演出，这样才减轻了契诃夫和苏沃林家包厢里的紧张气氛，因为丽卡·米济诺娃与苏沃林坐在一起。

安东·契诃夫最近身体不好，他向苏沃林承认，他又咳血了。然而，他去给格里戈洛维奇检查了身体，他仍然对这位老人充满了崇敬和感激。格里戈洛维奇已经病入膏肓，他算得上是最早的"现实主义者"中的最后一个幸存者了。阿列克谢·苏沃林记录道："他马上就要死了，这毫无疑问。契诃夫和他探讨了他的病情，契诃夫根据他服用的药物判断，他得的是癌症，他不久于人世了……实际上，我也有同样的问题。"

与1889年二哥科利亚去世后的情形一样，安东·契诃夫接触死亡之后，就会性欲骤增。伊格纳季·波塔片科与安东交流的一些便条片段，今天读来饶有趣味。比如，有的写着："谢谢，但是，唉！我不能［疑为'来'］！家里河东狮吼。"还有的写着："我把这个女演员完完全全地交付给您。"这是指伊格纳季·波塔片科将女演员柳德米拉·奥泽罗娃正式让给了安东。安东·契诃夫不仅对柳德米拉·奥泽罗娃感兴趣，而且对他五年前就试图接近的达丽娅·穆辛娜－普希金娜也念念不忘，当然，她热切地回应了他。他因为探望格里戈洛维奇后心绪郁闷，参加了《海鸥》的第二次排练。他还做了一个梦，梦到他被迫要娶一个他不喜欢的女人，梦醒后非常不安。彼得堡的朋友多年来一直力促他结婚，他做一个这样的梦，倒也不奇怪。

距离《海鸥》首演只剩六天了，四十二岁的萨维娜忽然拒绝出演十八岁的"海鸥"妮娜了。第二天，维拉·科米萨尔热夫斯卡娅接过了这个角色。维拉三十二岁，扮演起"天真少女"来更加真实可信一些。女演员们议论纷纷，不知萨维娜是否可以出演剧本中玛莎这个角色，萨维娜愤然离去。安东·契诃夫对导演叶夫季希·卡尔波夫选用的舞台布景十分不满意，因为他使用的都是适合于庸俗闹剧的布景，与契诃夫剧本中描述的年久失修的乡下庄园的场景十分不搭调。

10 月 14 日，契诃夫和波塔片科来到剧院参加了排练。虽然坏兆头频现，但并没有影响剧组的排练。安东·契诃夫慢慢对这些演员建立起了信心，维拉·科米萨尔热夫斯卡娅也给他留下了深刻的印象。（阿列克谢·苏沃林认为，她的演技与在《所多玛的末日》中扮演克拉岑一样糟糕。一开始，无论是苏沃林还是契诃夫都不理解为何导演卡尔波夫对她的演技如此痴迷。）在排练中，维拉·科米萨尔热夫斯卡娅忽然想到一个好主意来处理《海鸥》中最棘手的那段长篇独白，也就是年轻作家特里波列夫创作的那段象征主义的"戏中戏"，叶夫季希·卡尔波夫一直担心观众看到这段会捧腹大笑。维拉朗读这段时，从女中音的最低声部逐渐达到高潮，读到"一切的生命，在完成它们悲惨的轮回之后，都死灭了"时，声音又降低到人耳几不可闻。她决定（安东被她的乐感征服了）不去背诵特里波列夫的那段文字，而是把它演绎成诗歌。

394

55. 首演惨败

第二天晚上，着装彩排的效果十分差劲。维拉·科米萨尔热夫斯卡娅裹着一条白床单站在舞台上，显得荒唐可笑。显然，导演卡尔波夫无论对舞台布景还是对演员服装的品位都让人无法恭维。扮演玛莎的演员玛丽亚·奇托穿着一件为丰满的萨维娜准备的裙子，几乎被埋在裙子里看不见了。而扮演特里果林这个角色的演员是尼古拉·萨佐诺夫，他的妻子萨佐诺娃对其扮相很不满意，并在日记里写道：

> 尼古拉本身很好，但他不适合这个角色。排练时作者不在场，没有舞台布景，有一个演员还不见了……结尾还不稳定，剧本甚至没排够三遍。达维多夫和尼古拉为了保护科米萨尔热夫斯卡娅而与卡尔波夫据理力争。卡尔波夫完全没有经验，他竟然让她在舞台后方的幕布边上演出她最后的那个主要场景，还用一张桌子挡住她……我告诉卡尔波夫，这个剧本排练得太不充分了，他转身走了，再也没回来……他们邀请契诃夫［来吃饭］，但是他没有来。

第二天，也就是 1896 年 10 月 17 日，丽卡·米济诺娃到达彼得堡。契诃夫、苏沃林和波塔片科都在剧院参加着装彩排，她没有见到任何人。连续十天的排练让演员们疲惫不堪。安东·契诃夫感觉这个剧本注定失败，于是告诉苏沃林想把剧本撤回来。首演的那天早上，安东接到玛莎，将她送到了安格特尔旅馆的丽卡的房间。四十年后，玛莎仍然能回忆起她那天在彼得堡见到安东的情景：

> 安东到车站来接我，愁眉苦脸，闷闷不乐。他一边顺着站台走，一边咳嗽着说："演员们不理解他们要演的角色，一点儿也不懂。他们演得很糟糕，只有科米萨尔热夫斯卡娅演得还不错。这个戏一准儿失败。你不该来的。"

安东·契诃夫既担心伊格纳季·波塔片科可能不会避开丽卡，又担心他的妻子玛丽亚可能让丽卡难堪。他看完最后一次糟糕的排练后，理了头发，准备好应付任何局面。

《海鸥》在彼得堡首演的失败在俄罗斯戏剧史上留下了浓重的一笔，没有人记得在俄罗斯的任何一家剧院出现过比这更加糟糕的一幕。这个剧本被放置在错误的城市，在错误的月份演出，交给了错误的剧院，交由错误的演员阵容呈现，而最重要的是，欣赏者是一批错误的观众。许多观众是为了给女演员伊丽莎白·列夫季耶娃捧场而来的：两小时后，她要在《海鸥》之后的另一出喜剧里扮演一个驾轻就熟的角色。还有些观众是来剧院发泄他们对契诃夫和现代戏剧的厌恶之情的。几乎所有人对舞台上要演出的东西都事先毫无了解。局促不安的演员们试图唤起观众的情绪，但即便是艺术感觉最好的演员维拉·科米萨尔热夫斯卡娅也忽然失去了精神头：她的"海鸥"折戟沉沙了。第一幕落幕后，维拉·科米萨尔热夫斯卡娅含着眼泪向导演卡尔波夫跑去，哭诉道："我害怕再上台了……我不能演了……我要走了。"卡尔波夫强迫她回到舞台上去，但是这出戏已经失败了。安东所有的朋友以及那晚参加《海鸥》演出的所有演员都被现场观众的反应惊呆了。他们都认为彼得堡观众的存心报复扼杀了这个剧本。苏沃林和契诃夫都在日记上记载了这件事，也都采取了淡化手法："演出不成功。"

阿列克谢·苏沃林总结说："观众心不在焉，他们根本不听台词，不停地聊天，觉得很无聊……"玛莎·契诃娃回忆说：

> 从第一分钟开始，我就感觉到观众并没有认真看戏，他们对台上的演出抱着一种嘲讽的态度。接着，根据剧情，台上的第二道幕布拉开，裹着白被单的科米萨尔热夫斯卡娅出场了。今天晚上，她不知怎么的有些怯场，刚开始说那段"人，狮子，鹰，鹧鸪"的长篇独白，观众席上就传来刺耳的笑声，有人大声说话，有人发出嘘声、大喝倒彩。我从内心感到寒冷……最后剧场全乱套了。第一幕完毕时，观众席上只响起稀稀落落的掌声，并完全被对作者和演员的喝倒彩、吹口哨和难听的污言秽语淹没了……我坚持坐在包厢里，一直熬到剧终。

55. 首演惨败

演员玛丽亚·奇托发现安东·契诃夫坐在列夫季耶娃的更衣室里。她这样描述当时的场景：

> ［列夫季耶娃］瞪着鼓鼓的眼睛看着他，半是遗憾，半是怜悯，她的手半悬在半空。契诃夫坐在那里，头有点儿向前倾，一绺头发垂落在额头上，夹鼻眼镜斜架在鼻梁上……他们什么话都没有说，我也和他们默默地站了一会儿。几秒钟过去了。契诃夫突然跳起来，冲了出来。

萨佐诺娃一直认为这个剧本令人压抑，也觉得安东·契诃夫非常粗鲁，但她也对首演中彼得堡观众的反应深感震惊：

> 在某种程度上可以说，观众们是故意闹事，他们说："只有魔鬼才知道演的是什么，无聊、颓废，如果是免费的，您才不会看这玩意儿……"正厅前排的一个观众宣称："这就是梅特林克[1]啊！"在富有戏剧性的关键时刻，观众们却哈哈大笑起来，要么他们就非常不雅地大声咳嗽……这出戏演砸了锅，对作者而言，什么都是废话。他太有才华、太富有创新性，不屑于去与庸才一辩高下。契诃夫消失在后台，去了列夫季耶娃的更衣室，戏一演完，人就不见了。苏沃林到处找他，但是没有找到；他只好尽力安慰包厢里的契诃夫的妹妹……列夫季耶娃的福利演出的庆祝活动照常举行，大家讲话、送礼物、亲吻。就是这些观众，他们在对俄罗斯文坛上继托尔斯泰后最伟大的作家大喝倒彩之后，对一个平庸的女演员疯狂地拍巴掌。

396

尼古拉·列伊金和阿列克谢·苏沃林一样感到非常沮丧。他回忆说："剧评人沿着走廊踱着步，幸灾乐祸地吃着自助餐，他们惊呼着什

---

[1] 莫里斯·梅特林克（1862—1949）是比利时著名剧作家、诗人，创作了大量关于死亡与生命意义的象征主义剧作。——译注

么'天才陨落了','他把自己写死了'。"[1]戏演完后，阿列克谢·苏沃林一句话也没有说，离开了包厢，恰巧遇见了季娜伊达·吉皮乌斯的丈夫，小说家德米特里·梅列日科夫斯基（Dimitri Merezhkovsky）。梅列日科夫斯基评论说，《海鸥》实在不高明，因为它缺乏清晰性。苏沃林粗鲁地反驳了他，从那一刻起，季娜伊达·吉皮乌斯接过了反契诃夫阵营的领导大旗。

演出后，导演叶夫季希·卡尔波夫回到自己的办公室。这时，安东·契诃夫走了进来，他冻得嘴唇发紫，脸上表情扭曲，用几乎听不见的声音说："作者彻底失败了。"随后，契诃夫就消失在彼得堡寒冷的街道上。[2]

---

[1] 见《文学遗产68》，499—510，尼古拉·列伊金日记。

[2] 叶夫季希·卡尔波夫回忆录（存疑），见《V. F. 科米萨尔热夫斯卡娅材料》，1964，214—215。

56. 克里斯蒂娜之死

（1896 年 10—11 月）

就在剧评家们对安东·契诃夫的剧本《海鸥》品头论足、磨刀霍霍
的时候，他独自踯躅在彼得堡寒冷的街头。安东演出后的失踪惊动了不
少人。七个星期后，他在日记中发泄了心中的那口恶气：

> 确实，我是跑出了剧院，但那也是在演出结束之后。有那么
> 两三幕的时间，我就坐在列夫季耶娃的更衣室里……在更衣室里，
> 胖乎乎的女演员用恭恭敬敬的口气和那些当官的聊天，说着恭维
> 话……就如同农奴被主人接见。

当伊丽莎白·列夫季耶娃享受赞誉时，安东·契诃夫向城边运河走
去。他回到彼得堡市中心后，发现罗曼诺夫餐厅还在营业，于是进去吃
了晚餐。焦虑不安的亚历山大·契诃夫给苏沃林打电话，寻找弟弟的下
落。安东吃完饭后，步行回到苏沃林家，没有和任何人打招呼，直接上
了床，拉过毯子盖住脑袋。演出结束后，玛莎和丽卡两个人也一句话没
有说，坐在安格特尔旅馆的房间里等了两小时，然后接到了亚历山大的
电话。原来自从第二幕以后，无论是亚历山大、波塔片科还是苏沃林，
谁都没有见过安东。已经凌晨一点了。玛莎叫了一辆计程车来到苏沃

林家：

> 房子里一片漆黑，走廊尽头有一点灯光，从敞开的门透出来。我向灯光走去，看见苏沃林的妻子安娜一个人坐在那里，头发披散下来。这里的整个氛围，黑暗、空荡荡的公寓，让我的心情更加沉重起来。"安娜，我哥哥可能去哪里呢？"我问她。安娜显然想分散一下我的注意力，让我放下心来，于是她开始闲聊琐事，说说这个演员，谈谈那个作家。过了一会儿，苏沃林进来了。一见到我，他就开始说他认为剧本中有必要修改的地方，认为只有这样将来才能获得成功。但是，我根本没有心情听这些，只想让他找到我哥哥。于是苏沃林离开了房间，很快就高高兴兴回来了，说道："好了，您可以放心了。您哥哥已经回来了，他上床了，他不想见任何人，也不愿意和我说话。"

398 刚才，苏沃林和安东是隔着毯子交流的。苏沃林去够灯的开关，想打开灯。"求求您，不要开灯，"安东喊道，"我谁也不想见。我只告诉您一件事：如果我将来再为任何一个舞台写任何一点东西，您都可以叫我……［据安娜·苏沃林娜说，是一个非常粗俗的词］""您刚才去哪儿了？""在街上走了走，坐了坐。我即便对那个东西说声'见鬼去吧'，都不解气。就算我再活七百年，我也不会再给剧院写一个剧本了。"[1] 安东还说，他第二天要乘坐最早一班火车离开彼得堡："求求您不要阻拦我。"阿列克谢·苏沃林告诉安东，这个剧本确实存在一些缺点。他说："契诃夫是一个很自负的人。我告诉他我对剧本的印象时，他听得非常不耐烦。他不经过深度的自我纠结是不会接受这场失败的。我非常后悔没有去参加排练。"

阿列克谢·苏沃林本来对这个剧本取得成功充满了信心，已经提前写好了剧评，现在他不得不重新撰写一篇稿子。然后，他在安东·契诃

---

[1] 见 M. D. 别利亚耶夫，A. S. 多林宁著《A. P. 契诃夫遗失信件与新回忆录》，列宁格勒：阿泰尼，1925，185—195。

夫的床边留下了一封信。

安东终于入睡了，但女作家利迪娅·阿维洛娃却在另一个屋檐下辗转难眠。与丽卡·米济诺娃不同，她对自己生活中的一幕即将被搬上舞台一无所知。她看到《海鸥》中特里果林送给妮娜银挂坠的情节与自己送给安东爱情信物那一幕一模一样，只是页码和行数不再指示契诃夫作品集中的那句话："如果您需要我的生命的话，来，拿去吧。"利迪娅·阿维洛娃回到家后，找到自己向契诃夫隐秘表白爱情的那本契诃夫作品集，但剧本上的新信息放在这里讲不通。直到凌晨时分，阿维洛娃才忽然想到，安东可能指的是她自己的一本书。她终于找到了那个页码和行数，据她声称，这句话是："年轻女孩不应该参加舞会。"[1] 遭到生硬拒绝的利迪娅·阿维洛娃上床睡觉了。

《海鸥》首演的那天晚上，莫杰斯特·柴可夫斯基也在观众席上。他写信告诉苏沃林："列夫季耶娃的福利演出是我多少年来第一次从剧院体验到愉悦，但观众却让我如此生气。"[2] 安东·契诃夫最年轻的崇拜者叶连娜·沙夫罗娃也是现场观众之一，剧本和观众的反应都让她震惊不已，她写信安慰她的 cher maitre（亲爱的主人）说：

> 我从剧本中体验到了惊喜、狂热和深深的吸引力，心中掠过的不仅有甜蜜而惊人的痛苦（那段有关"世界灵魂"的独白），而且有对剧中人物的怜悯与同情——一种只能对真正的活着的人产生的同情。《海鸥》真是写得太好了，太感人了。[3]

叶连娜·沙夫罗娃很快以肌肤之亲来表达她对"亲爱的主人"的满 *399* 腔激情。

安东·契诃夫早上起床后没有叫醒苏沃林夫妇，只是给伊格纳季·波塔片科打了电话，给玛莎留了一个便条，又给阿列克谢·苏沃林

---

[1] 我没有从利迪娅·阿维洛娃已发表的作品中找到这句话。

[2] 《契诃夫全集》，6，523。

[3] 见图书馆手稿部，331 63 4g：叶连娜·沙夫罗娃给安东·契诃夫的信，1896。

和远在雅罗斯拉夫尔的弟弟米沙各写了一封信，然后就离开了苏沃林家。安东给玛莎的纸条上写着：

> 我回梅里霍沃了……明天下午两点钟到达。我对昨天发生的事情并不感到意外，也不太伤心，因为排练的时候我就预料到了——所以我的心情并不是特别糟糕。你回梅里霍沃时，带丽卡来吧。

安东·契诃夫给苏沃林的信的结尾是："请推迟印刷我的剧本。我永远忘不了昨天晚上的事情，但我睡得很好，离开时心情尚可。给我写信。"他写给米沙的信就少了很多伪装：

> 剧本彻底失败了，完全演砸了。剧院里只有误解和深深的耻辱。表演极其糟糕、愚蠢。我的教训就是：不要写剧本。尽管这样，我还活着，身体健康，消化正常。你的爸爸[1]契诃夫。

安东离开苏沃林家之前，未征得主人同意就从他家的图书室里拿走了最近三期《欧洲先驱》（The European Herald）杂志。杂志中有一篇索科洛夫（Sokolov）创作的长篇文章《在家乡》（"At Home"），它揭示出俄罗斯农民难以承受的苦难生活。《在家乡》成为激发安东·契诃夫在"后《海鸥》时代"着力创作反映严酷现实作品的动力之一。

安东·契诃夫在波塔片科和苏沃林的男仆瓦西里的陪伴下去了火车站。苏沃林的贴身男仆瓦西里喜欢家庭女教师埃米莉·比容，还与他的主人老苏沃林一样是安东的忠实追随者。安东甚至不想等过夜的卧铺车，只想赶快离开彼得堡。他向列车员出示了车票后，坐上了第一辆前往莫斯科的火车，这是一辆客货两用的慢车。继在寒冷的城市街头流浪了一个晚上之后，他又在一辆供暖不足的火车上坐了一天一夜。这些经历对他肺部的负面影响很快就会显现出来。火车缓慢地向莫斯科驶去，

---

[1] 此处是安东的刻意调侃，而非笔误。——编注

56. 克里斯蒂娜之死

安东拿出了亚历山大写给他的便条。这是亚历山大·契诃夫唯一一次肯定安东的严肃戏剧，这拉近了他们的距离：

> 今天晚上我在剧院第一次认识了你的《海鸥》，这真是一部精彩出色的剧本，充满了深奥的心理，思想深刻，打动人心。我紧紧地、高兴地握你的手。

安东就在亚历山大给他的便条的背面起草了给安娜·苏沃林娜 *400* 的信：

> 亲爱的安娜，我没有说再见就走了，您会生我的气吗？那晚演出结束后，我的朋友们心里都非常紧张，有的凌晨一点钟去波塔片科家找我，有的在车站找我……这很让人感动，但也确实让人受不了。事实上，我早就决定演出的第二天就走，无论它是成功还是失败。即便是成功，我也受不了那种荣耀，我在《伊凡诺夫》演出的第二天也离开了。因此，我迫不及待地想逃走，甚至等不及对您说再见，同时也怕自己屈服于您的魅力和热情而留下来。亲吻您的手，期盼您的宽恕。记住您的座右铭！我已经理了头发，现在看起来像阿波罗了。您能想象吗，我觉得我恋爱了。

虽然安娜·苏沃林娜的信纸上的座右铭是"了解——原谅"，但安东给她写信时还是很谨慎。当他正式誊写这封信时，删去了有关"恋爱了"的句子。这次的恋爱对象不是丽卡·米济诺娃，而是女演员柳德米拉·奥泽罗娃。

在火车上，安东·契诃夫很快陷入对农民苦难境遇的思索之中。他根据从苏沃林家拿来的杂志给作者写了一封信，索要这篇文章的单行本。1896年10月19日，安东·契诃夫在天亮前抵达莫斯科，然后马上坐上前往梅里霍沃的火车，座位在一个禁止吸烟的三等车厢。早上八点，他下了火车，却不小心将睡袍和床单忘在了火车上。（火车站站长当天给他取了回来。）回到梅里霍沃庄园，安东终于可以将一切置之脑后了。星期日，梅里霍沃的农民聚集在契诃夫家的厨房里狂欢作乐，各个喝得酩酊大醉。原来，他家的女仆安纽塔·纳雷什金娜正在举行婚礼。安纽塔的父亲不顾她的意愿，拿她交换了这群梅里霍沃男人正在痛饮的伏特加。在安东离家的这三个星期里，很多农民生了病，需要治疗。他们在谢尔普霍夫召开了一次为期三天的自治会会议，感谢安东·契诃夫主持修建学校，还答应他修一条从洛帕斯尼亚到这里的道路，这些活动占去了安东 10 月底的绝大部分时间。安东·契诃夫计划为家乡塔甘罗格筹建一个资料图书馆。《农民》作为四年以来第一部完全不涉及个人生活经历的作品，开始让他着迷。鉴于自己的法语水平不足，他到处寻找法国作家保罗·维尼耶·德奥克通（Paul Vignier d'Octon）写的《法国文学中的农民》（*Le Paysan dans la litterature francaise*）的俄文版，结果没有找到。[1]

与此同时，阿列克谢·苏沃林正在采取一系列抢救措施，试图挽救《海鸥》在彼得堡剩下的几场演出。他和导演叶夫季希·卡尔波夫删减了某些剧情，变更了一些情节，最大程度上柔化剧本的争议性。第二天晚上的演出获得满堂喝彩，但演员中只有维拉·科米萨尔热夫斯卡娅兴高采烈。现在的主要观众是知识分子，而非上流社会人士。尽管老演员们仍然三心二意，但《海鸥》毕竟得以复活。阿列克谢·苏沃林的修订版分别在 10 月 24 日、10 月 28 日和 11 月 5 日上演，场场爆满。然后，它就从彼得堡的表演剧目中消失了。

安东·契诃夫并不想理会《海鸥》的剧评，但无奈朋友们总是向他转告相关的情况。同情让人难以忍受，尤其是阿列克谢·苏沃林坦率地坚持安东·契诃夫必须对首演失败承担责任，还说他缺乏舞台经验。尼古拉·列伊金（他仍然感到很难过，因为安东·契诃夫这次到彼得堡并没有来拜访他）在给《花絮》的一篇简报中、在给契诃夫的信中、在自

---

[1] 保罗·维尼耶·德奥克通的这篇文章未曾被找到。然而，三十年后，他确实在第一次世界大战之后发表了一篇有关法国农民问题的同题文章，见《无政府主义者评论》（*La Revue anarchiste*），14 期，巴黎，1923 年 2—3 月。

己的日记中，对《海鸥》的判断都仍然态度模糊：

> 如果契诃夫把这个剧情交给任何一位平庸的剧作家的话，后者一定会有效地把它盛满庸俗乏味和陈词滥调，把它写成一个让大家都能接受的剧本……即便这个剧本真的是失败之举，我们也没有理由就此把契诃夫从作家的基座上敲下来。看看左拉的戏剧吧。

奇娜·霍尔姆斯卡娅的伴侣库格尔（Kugel）当时是《彼得堡新闻》的报评人，他的评论也有失公允（但两年后，他成为彼得堡最有洞察力的契诃夫主义评论家）。他以一些问题来嘲笑安东·契诃夫："作家特里果林为什么要与一个上了年纪的女演员生活在一起？他们为什么要在舞台上玩赌博游戏、喝啤酒？一个年轻女孩怎么能吸鼻烟、喝伏特加？"[1] 库格尔（安东·契诃夫将库格尔称作"一个口臭的漂亮女人"）很有眼光地将契诃夫的惯用形象和词汇与理夏德·瓦格纳（Richard Wagner）作品的旨趣进行了比较；不幸的是，库格尔讨厌瓦格纳，也误解了契诃夫。利迪娅·阿维洛娃并未计较安东将"情赠坠饰"的情节写入剧本，公之于众。作为主编的妻姐，她可以在报纸里既保护剧本《海鸥》，又为作者辩白："有人说，《海鸥》是'非戏剧'，那么就来看看舞台上的这个'非戏剧'吧。它有足够的戏剧冲突。"

社会上对剧本《海鸥》的赞扬声越来越大。第二场演出吸引了不少安东·契诃夫的崇拜者。伊格纳季·波塔片科拍了一封电报，表达喜悦之情；维拉·科米萨尔热夫斯卡娅的耳边环绕着欢呼声，她也给安东写了一封信，欣喜若狂地告诉安东：

> 我刚刚从剧院回来。安东，亲爱的，我们成功了！纯粹的、毫不含糊的成功，这是它应得的，也是必须得到的。我现在多么想见到您，更希望您现在就在这里，听一听观众要求作者出场的欢 *402*

---

[1] 库格尔从来没有见过喜欢喝酒的丽卡·米济诺娃，也没有遇到过丽卡那位吸鼻烟的朋友瓦里亚·埃贝勒。

呼声，他们一起喊着："作者！作者！"您的《海鸥》，不，我们的《海鸥》——因为我的灵魂已经与它融为一体了——充满激情地复活了，受苦了，赢得了人们的认可，它必定会让更多的人相信它。[1]

《俄罗斯思想》的编辑拉夫罗夫和戈尔采夫一齐恳求安东·契诃夫允许他们发表这个剧本。安东·契诃夫逐渐恢复了作为剧作家的自信心。尼古拉·列伊金给安东写来一封半是挖苦、半是支持的信，说他已经向库格尔及其主编提出了抗议："您在彼得堡有些真正的朋友。"在俄语中，"很少"和"有些"两个词之间的差别，仅仅是一个间隔符号，не много 和 немного，听起来没有差别。

玛莎和丽卡连夜乘坐快车赶回梅里霍沃庄园，只比安东晚到了一会儿。丽卡·米济诺娃丝毫没有怨恨安东，她在梅里霍沃住了三天并照顾他，因为他说自己得了流感。丽卡的付出得到了热情的回报。丽卡和玛莎确定安东不会上吊自杀后结伴走了，还带走了一只棕褐色腊肠犬小狗。安东·契诃夫奋起自卫，愤怒地驳斥了阿列克谢·苏沃林，因为苏沃林嘲讽他像懦夫一样逃跑了。安东对尼古拉·列伊金发牢骚，说自己又咳嗽又发烧，但只字未提《海鸥》。塔季扬娜·托尔斯泰娅邀请他前去雅斯纳亚·波良纳庄园，然而，更有吸引力的一份邀请是10月25日丽卡·米济诺娃给他发出的：

坐上快车到莫斯科来，车上有一节餐车车厢，您可以一路上想怎么吃就怎么吃……我见了戈尔采夫，他郑重地向我宣布，他的私生子鲍里斯（Boris）出生了。很显然，他非常高兴还可以做父亲，虽然他有点儿发福了，说他自己太老了，等等。所以，"某些人"或许可以从他那里学点什么……我扳着指头数日历，距离我的幸福时刻还有三百一十天！

[1] 引自《契诃夫全集》，6，532；写于1896年10月21日。

56. 克里斯蒂娜之死

安东·契诃夫从丽卡来信的字里行间读到了危险的信号。戈尔采夫与他的女秘书（她与当父亲的同样骄傲）的私生子是莫斯科当前的热门话题。安东甚至有些羡慕戈尔采夫，他对他的朋友、剧作家弗拉基米尔·内米洛维奇-丹琴科说："我要是到了他那个年龄，是不会有这个能力的。"丽卡·米济诺娃此时提到戈尔采夫，就像五年前她将列维坦挂在嘴边，三年前说到波塔片科，并非无心之举。她提到"某些人"也非泛泛而谈。这个"幸福时刻"除了指结婚之日或至少某种承诺之外，还会有什么其他含义吗？这个词吓得安东·契诃夫赶紧撤退。一如每次丽卡发起感情攻势时安东的仓皇逃遁，他的回信又变得冷淡而无情了：

> 亲爱的丽卡，您写到我们的幸福时刻还有三百一十天到来，这 _403_ 真是令人高兴，但是这种幸福能不能再推迟个两三年？我心里真是太害怕了！随信附上一个我打算献给您的挂坠草图，如果您喜欢，请写信告诉我，我将从赫列布尼克夫［珠宝商］那里订购。

挂坠草图设计上的铭文是：俄罗斯戏剧作家协会成员的戏剧目录1890年版，第73页，第一行。丽卡·米济诺娃破解出那个题目是《白痴伊格纳季》或者《意外的疯狂》。丽卡的女儿克里斯蒂娜的生父是伊格纳季·波塔片科，这是丽卡·米济诺娃最不愿意提起的名字。所有幸福的希望都破灭了。丽卡·米济诺娃先回到了"奶奶"和克里斯蒂娜的身边，然后给安东回信说：

> 幸福怎么会吓坏您！我非常怀疑您以为索菲娅［库夫申尼科娃］说的是对的，认为我没有耐心等上您三年，这也是您提出三年的原因。我现在被困在特维尔省，没有办法脱身，下个星期三之前都不会回莫斯科了。虽然正是冬天，但您那只像一百条腊肠犬一样费事的狗崽还没有冻死，它们向您致意。
>
> 我很喜欢这个坠饰，但我觉得，以您一贯的吝啬，您是不会把它送给我的。我真是太喜欢它了，方方面面，尤其是它那富有启发

性的内容。最重要的是，您对"您的朋友"的怀念和爱深深地感动了我。这真是太感人了……您看起来还不知道，我正在搜集您的来信，打算卖了钱养老用。说实话，工兵［戈尔采夫的外号］真是一个非常好的男人！他比您好多了，比您待人好！……您和我在一起时一点儿也不用害怕。我不会放纵自己的，因为我害怕真的就永远没有幸福时刻了……再见！您的［阿莉阿德娜（但被划掉）］两次遭到拒绝的 L. 米济诺娃。确实，周围的每个人都说，与［《阿莉阿德娜》］一样，《海鸥》也是借用我的生活，而且更过分的是您在其他人［波塔片科］身上也做了好事！

安东·契诃夫心感惭愧。11 月 7 日，他告诉戈尔采夫，自己打算在莫斯科与戈尔采夫和丽卡见个面。此时，叶连娜·沙夫罗娃也搬到了莫斯科。安东在给丽卡·米济诺娃写了那封绝情的回信的同一天，也给沙夫罗娃写了一封语气亲昵的信，称之为"治愈作者伤口的香脂"，感谢她之前送给他一张戴着面具的女人的卡片。叶连娜·沙夫罗娃计划在莫斯科推出《海鸥》，并在谢尔普霍夫县的笑剧中表演，至于哪个是目的，哪个借口——上演剧本还是引诱作者——连安东·契诃夫本人都很难说

404 得清楚。安东的心不在焉影响到了梅里霍沃庄园的所有人。仆人们拖延怠工，家人为一些小事斗嘴不停，"今天早上没有人喂牛"，帕维尔大发脾气。

命运呈现出最为残酷的一面。《海鸥》的剧情不仅反映了丽卡·米济诺娃过往的厄运，而且预示了她即将面临的不幸。丽卡·米济诺娃曾离开安东，被伊格纳季·波塔片科引诱、怀孕并遭到抛弃，这就如同《海鸥》中的妮娜离开了特里波列夫，被特里果林引诱、怀孕并遭到抛弃。为了增加剧本的悲剧性，安东·契诃夫添加了一个情节：妮娜的孩子夭折了。11 月 8 日，小克里斯蒂娜两岁了。奶奶索菲娅·约翰逊的日记记载了这个可爱孩子的不幸结局：

11 月 9 日，星期六：小克里斯蒂娜病得很重。她喘得厉害，肺

56. 克里斯蒂娜之死

部都是痰。

11月10日，星期日：感谢上帝，医生来了，给她检查了，希望他能帮上什么忙。

11月12日，星期二：丽卡坐晚间火车去莫斯科……小克里斯蒂娜还是喘得厉害。

11月13日，星期三：丽卡从莫斯科回来，克里斯蒂娜的病情很危险。她得了小儿哮喘。我们给丽卡的母亲发了电报，让她来。医生来了，没有希望了。上帝的意志快要成就了。

11月14日，星期四：我们可爱的克里斯蒂娜早上四点钟走了。可怜的丽卡，她失去了一个天使般的小姑娘！愿主安慰她，引导她的灵魂去往美好的地方，过上理智的生活。

57. 冰冷的安慰

（1896 年 11—12 月）

克里斯蒂娜夭折的消息在几天后传到了梅里霍沃庄园。此时，安东·契诃夫正在专心撰写一份关于该地区全部五十九所学校的报告，丽卡·米济诺娃已经不再占据他的头脑了。彼得堡传来的消息让他心绪不宁。11 月 8 日，《戏剧人》生动地回顾了《海鸥》首演时剧院里失控的场面，尽管剧评人手下留情，但列举出的恶评——"言过其实的作品，朋友吹捧的产物"——仍然伤人不浅。现在，阿列克谢·苏沃林与契诃夫一样对剧院深恶痛绝："亚沃尔斯卡娅到处宣讲有关我的各种下流故事。我绝对会淹死在这个茅坑里！……剧院就是烟草，就是酒精。只是您自己很难戒除它。"

亚历山大·契诃夫再次克服了酒瘾，创作了一本名为《酒精中毒及其防治方法》（*Alcoholism and Possible Ways of Fighting It*）的小册子，呼吁在波罗的海的某个岛屿上为酒精中毒者修建一个疗养地；然而，他与小阿列克谢·苏沃林吵翻了，孩子们在学校成绩不好，大儿子科利亚仍然虐狗成性。伊格纳季·波塔片科从彼得堡给安东传递来他的最新崇拜者的消息："亲爱的安东尼奥，……我将您的问候转达给科米萨尔热夫斯卡娅，她非常伤心。对手，匿名信，过气——简而言之，这是所有天才在演艺环境中的一般故事。"

57. 冰冷的安慰

11 月 16 日星期六，米沙在梅里霍沃庄园酿造啤酒，小克里斯蒂娜下葬。索菲娅·约翰逊记录说："他们彻底打扫了整个房子，那位狠心的医生说，他们害怕传染了其他孩子……丽卡和两个保姆在一起。我为丽卡感到非常非常难过。"安东·契诃夫得知这个消息后，将前往莫斯科的行程推迟了一两天。去莫斯科那天，他在天还没亮的时候就离开了梅里霍沃庄园，到达后住进了莫斯科大饭店。[1] 当时，叶夫根尼娅也在莫斯科，住在万尼亚家。安东给她送去一张便条：

> 亲爱的妈妈，我今天到了，星期日十一点。我想见见您，但是 *406*
> 事情太多了，明天就得走，所以我无法去看望您。请您在星期一早
> 上九点或十点来我这里，我可以和您一起喝咖啡。我会早起的。

丽卡·米济诺娃在安东的房间里待了一整天，他给她开了镇静剂。晚上 7 点钟丽卡离开后，叶连娜·沙夫罗娃拿着一份手稿来了，她把女伴留在外面的马车里等她。她和安东谈论了意大利的生活。安东与叶连娜交往了七年，素未肌肤相亲；现在，在酒店的房间里，不可避免的事情发生了，用叶连娜自己的话说，"亲爱的主人"变成了"通奸者"。待叶连娜恢复理智，询问几点时，安东这才发现自己的手表停了。叶连娜·沙夫罗娃在马路上找到了马车和冻僵了的女伴，才发现时间已过午夜。这一年，契诃夫一家的生活因为这样或那样的钟表故障陷入一片混乱，故而它成了剧本《三姐妹》的主题之一。安东·契诃夫陷入一股性爱漩涡之中。叶连娜·沙夫罗娃在给契诃夫的下一封信中手绘了一个身穿红色外套的魔鬼。她写道，与爱情比起来，她更注重名声，下次约会她会带来一块能正常工作的手表。

自然，叶夫根尼娅没有喝到安东承诺的咖啡。黎明时分，安东派酒店门房送去一张便条："亲爱的妈妈，我必须得回家了。哈尔瓦酥糖！！别忘了买一些带回来。我得去火车站了。"当天一大早，米沙从梅里霍沃

---

[1] E. M. 沙夫罗娃－尤斯特的回忆录，见 I. M. 塞尔瓦努克，V. D. 塞德戈夫，《文章与材料汇编》3ii，罗斯托夫，1963，267—308。

庄园把玛莎送到火车站，然后把安东从莫斯科过来的第一班火车上接回家。安东·契诃夫此番既像一个回归的浪子，又似一个感恩的父亲，回家后宰了农庄的白牛犊：梅里霍沃庄园的生活节奏恢复了。安东给丽卡·米济诺娃寄去一张简洁无比的便条："亲爱的丽卡，送来您要的处方。我现在又冷又伤心，别无他话。我会在星期六或星期一与玛莎一道过来。"

一个星期后，丽卡和玛莎、画家玛丽亚·德罗兹多娃（Maria Drozdova）一起来到了梅里霍沃庄园。眼下很难说哪个问题更加困扰丽卡·米济诺娃：是克里斯蒂娜的夭折，还是安东·契诃夫的移情别恋。她在安东的书房待了四天，不与人交流，只是悄无声息地坐在安东的书桌前磨炼耐心；安东则把本子放在膝盖上，用铅笔给人写信。这期间，玛丽亚·德罗兹多娃给帕维尔画了肖像，叶夫根尼娅购买的新餐具从莫斯科的缪尔－米里利斯商店送到了；老厨娘玛柳什卡搬到牛棚去住了，一个新厨师取代了她；安东订购的图书也在分类规整好之后被发送到塔甘罗格图书馆去了。星期一，安东·契诃夫没有带丽卡，独自一人去莫斯科解决他的合同上的一些问题。原来，在与阿道夫·马克斯签署的合同中，安东没有阅读那些用小字号印刷的附加条款，此时他才发现，他在一年之内不能以单行本的形式重印《我的一生》。安东还把那只影响了叶连娜·沙夫罗娃名声的手表交给钟表匠人布雷（Buhre）去修理，布雷悄悄告诉他，说只是忘了上弦。

安东背着给帕维尔购买的毛毡拖鞋从莫斯科回来了，进屋时才发现郁郁寡欢的丽卡·米济诺娃还坐在他的书房里。安东·契诃夫收到弗拉基米尔·内米洛维奇－丹琴科寄来的一封信。后来，对安东来讲，弗拉基米尔·内米洛维奇－丹琴科与其说是他的朋友，倒不如说是他的戏剧的演绎者。内米洛维奇－丹琴科在这封信中哀叹说，他们从来没有真正交谈过：

因为……您用您的天赋碾压了我，或者，是否我们所有人，也包括您在内，作为作家，都信念偏颇或缺失……然而，我担心糟糕透顶的傲慢——或确切地说，城府深厚——已经在您身上根深蒂固，使得您只会微笑。(我很熟悉您的笑容。)[1]

11月26日，安东给弗拉基米尔·内米洛维奇-丹琴科回了信，与对待丽卡·米济诺娃一样，他为自己的沉默辩解。这封信的语气听起来与他的《没意思的故事》或《万尼亚舅舅》中的医生如出一辙：

> 我们能谈论什么呢？我们谈不了政治，我们没有社交、朋友甚至日常生活方面的交集，我们居住的地方同样贫穷落后、单调乏味、充满压迫、无聊至极……那么，谈谈我们的个人生活？对，这偶尔会有点儿意思；是的，我们也许该试试。然而，我们马上就会感到无地自容，我们都城府很深，虚情假意，自我保护的本能阻挡在那里……我很害怕我的朋友谢尔盖因科……他经常在火车车厢里或者家里高声大气地和我谈论，说我为什么和 N 很亲密，而明明知道 Z 爱着我。我害怕我们那套道德说教，害怕我们的那些女人。

安东寄出这封信后，家里的一个炉子冒出浓烟味，家里人都感觉到头疼，接着他们看到火舌从炉子和墙壁之间蹿了出来。[2] 帕维尔当天的日记中记载说："今晚家里着火了，是妈妈房间烟囱上方的木梁。公爵和牧师赶来灭火，他们在半小时之内，用消防水带灭了火。"安东深受感动，在日记中也记载道："火灾后，公爵告诉我们，有一次凌晨灭火时他举起了一桶重达十二普特的水。"沙霍夫斯科伊公爵在梅里霍沃庄园永远是一位受欢迎的客人。幸运的是，梅里霍沃庄园附近有很多池塘；而安东眼见每年附近总有那么一两栋房子被大火夷为平地，所以他小心为上，购买了一套消防设备——一个带铃铛的马镫泵和安装在牛车上的长软管。另外，他和玛莎还为所有的家庭财产投了保险，从房子到耕牛。

408

---

[1] 见《通信集》II，1984，150—151。

[2] 见 K. A. 柴科夫斯卡娅，《梅里霍沃火灾》(*Melikhovskie pozhary*)，出自《契诃夫研究》，1995，272—277。

沙霍夫斯科伊公爵拆除了炉子，用斧头砸破墙壁查看火源，发现是由于烟囱垒得不好、通风受阻而引发的火灾，这一幕被安东·契诃夫重现在故事《农民》中。农民们在阁楼和走廊到处泼水、浇灭火苗，安纽塔精心打理的地板上沾满了泥浆和融雪，房间里烟灰味臭气熏天。安东的冲水厕所坏了。大火完全毁掉了叶夫根尼娅的卧室，她只好搬到其他房间去住，并因惊吓过度而卧床了两个星期。帕维尔·契诃夫也把为德罗兹多娃画肖像时摆出的姿态丢到了一边，对所有人大喊大叫。丽卡·米济诺娃自小在上流社会的家庭环境中长大，此时又罹丧女之痛，忍受不了火灾给契诃夫家带来的混乱，在第二天下午就离开了。

警察和保险代理人赶到了梅里霍沃庄园。玛莎在莫斯科去了保险公司，着手寻找修房子的人和垒炉子的人。室外温度已经下降到零下二十摄氏度，迫切需要有人来垒炉子。但他们找到的第一个工人对在帕维尔手下工作的遭遇记忆犹新，拒绝接手这份工作。经过火灾的梅里霍沃农庄要几个星期之后才能住人，好在保险公司及时付了钱。亚历山大在很长一段时间内都取笑弟弟是"纵火犯"。

安东·契诃夫想与阿列克谢·苏沃林见个面，然而，又因为火灾，又因为丽卡，或者两个因素都有，使得他无法邀请苏沃林来梅里霍沃庄园。他只好给苏沃林写信说：

> 在过去的一年半到两年时间里，发生了那么多意想不到的事件（几天前，我们的房子甚至着了火），我唯一能做的就是像伏伦斯基［托尔斯泰小说《安娜·卡列尼娜》中人物，1896年后期人们对战争心怀恐惧］一样投入战争——我不仅要参加战争，还要治疗伤员。在这一年半到两年时间里，只有与您在费奥多西亚的那段时光是仅有的享受。

这时，安东·契诃夫与苏沃林家之间的关系出现了一点小阴影。安娜·苏沃林娜已然原谅了安东在《海鸥》首演后仓皇逃跑，但是，她伤心地发现这个剧本并不是献给她的。根据苏沃林原来制订的合同，安东可以从《海鸥》在彼得堡的五场演出的总票房收入中提取百分之十的剧本收益；但后来苏沃林发现他的剧本只有四幕，所以安东只能得到百分之八了。[1] 安东把这份合同留在了苏沃林的书桌上，但是合同却找不到了，而俄罗斯戏剧家与作曲家协会只有见到合同才会付给他钱。虽然《海鸥》剧本短了，但它在彼得堡的演出场场满员，安东·契诃夫可以从中得到一千卢布。为了掩盖苏沃林的过失，他的排印工人给安东送来了很多杂乱无章的剧本和小说的校样。

　　梅里霍沃庄园火灾后，丽卡·米济诺娃躲得远远的。12 月 1 日，玛莎警告安东："维克托·戈尔采夫今天早上在丽卡那里。"尽管知道有情敌出没，安东还是邀请丽卡来梅里霍沃庄园。丽卡·米济诺娃上班的"乳品学校"因为水痘而停课了，所以如果丽卡想来的话，她是可以与玛莎一道来的，但是她没有来。她威胁安东说不来过新年了，"以免破坏您的心情"；然而，假如安东在 30 号之前写一封讨她开心的信的话，她有可能会来。丽卡·米济诺娃的处境愈发尴尬了，因为越来越多的人认识到她就是"海鸥"的原型："今天有一个《海鸥》阅读会……人们讨论得很热烈，我只好上楼了……以免听到。"丽卡·米济诺娃与年轻的风景画家普罗科菲·谢廖金（Prokofi Seriogin）打得火热，她说要带上谢廖金一起来梅里霍沃庄园。她知道这会让安东不高兴："您可忍受不了比您更加有趣的年轻人。"安东还是邀请了她，亲昵地称呼她为"哈密瓜"。安东·契诃夫只在日记中提到了谢廖金。

　　12 月 20 日，安东去了一趟莫斯科，但不是去给丽卡·米济诺娃看病（尽管安东邀请丽卡来梅里霍沃庄园，但他仍然回避见她），而是去诊治伊萨克·列维坦。列维坦的心脏几近衰竭，精神上更是饱受抑郁症的蹂躏——抑郁症已经两次将他逼到死亡的边缘。安东给伊萨克·列维坦做了诊断："列维坦的主动脉扩张。胸部浓痰淤积。非常优秀的画家，对生命充满渴望。"他积极张罗让列维坦来梅里霍沃庄园，但列维坦说承受不了火车颠簸，也害怕打扰玛莎的生活。

---

[1] 俄罗斯剧作家通常可以从其剧本的每一幕的舞台演出中，提取总票房收入的百分之二作为剧本收益。

新年即将来临，梅里霍沃庄园处处洋溢着喜庆的气氛。炉灶匠人和木匠都完工了，糊裱匠贴了壁纸，老鼠都被毒死了。二十壶啤酒送了过来。米沙和奥尔迦夫妇回到梅里霍沃庄园过新年，万尼亚仍旧是一个人来的。帕维尔把池塘上的积雪处理得很干净，这样客人就可以滑冰娱乐了。安东的童年情人，寡居的萨莎·塞利瓦诺娃也来这里和他们一起过新年，她陪着万尼亚在池塘上滑冰。士绅和官员也像秃鼻乌鸦一样聚集过来，梅里霍沃庄园从来没有过这么多人。那些没有来的人一般也都写信保持联系。这些信大多是请求帮忙办事：安东的表弟维尼阿明·叶夫图舍夫斯基想在塔甘罗格的公墓谋得一份工作；叶连娜·沙夫罗娃想让安东修改她的一个故事；一个邻居想要发表一篇有关道路的文章。

410　　过度的疲劳让安东·契诃夫吃不消了。弗朗兹·谢赫特尔听说他的处境后说："您需要娶一个懂得人情世故、鲁莽而大胆的姑娘为妻。"[1]安东的回信半开玩笑半严肃：

> 很显然，您是手头上有一个新娘要尽快出手，但是很抱歉，我现在还不能结婚。因为：首先，我身上寄居着病菌，它是非常可疑的寄居客；其次，我身无分文；最后，我仍然认为，我还太年轻，不能结婚。

后来，伊万·列昂季耶夫－谢格洛夫也给他提出了同样的建议，于是安东·契诃夫指定，自己的妻子必须是一个"蓝眼睛、唱着Tara-ra-boom-de-ay的女演员"。

丽卡·米济诺娃知难而退后，叶连娜·沙夫罗娃站了出来："我一直服用溴化物镇静剂，读夏尔·波德莱尔的书……您什么时候来莫斯科？我想要见到您。——您明白，我很坦率。"在新年前夜，她祝愿他得到"爱，许多爱：无边无际，平静而温柔"。出人意料的是，安东·契诃夫已经认识十年的苏沃林家的法国家庭女教师埃米莉·比容也

---

[1] 见图书馆手稿部，331 63 25g：弗朗兹·谢赫特尔给安东·契诃夫的信，1884—1900部分，1896年12月17日。

57. 冰冷的安慰

鼓起勇气，用法语给他写来一封信：

> 收到我的信，您或许会感到很奇怪。其实，我很多次想要给您写信，但我又想，与您相比我什么都不是，甚至可能是一个可怜的人，所以我一直不敢写信向您提出任何要求。但是，这次我终于鼓起勇气，在这里向您，我亲爱的好朋友与好医生，说几句话。[1]

在这些对安东·契诃夫念念不忘的女人中，埃米莉·比容是最为谦逊的一个。临近新年时，梅里霍沃庄园宰了一只羊。契诃夫家人化了装，装成哑巴，去谢缅科维奇家聚会玩乐。安东将米沙的妻子奥尔迦打扮成乞丐，并交给她一张纸条：

> 大人！我这一辈子多灾多难，受到数不清的仇人的坑害，为了真理而丢了饭碗，我的老婆得了腹语病，孩子们身上长满红疹子。我恳求您慷慨解囊，可怜可怜我这个好人吧。

丽卡·米济诺娃带着年轻画家普罗科菲·谢廖金来了，与契诃夫家人一起欢度新年。女仆们在厨房里把蜡油滴在冷茶碟上占卜未来。万尼亚并不急于回家，而是带着萨莎·塞利瓦诺娃去了塔列日村的学校观看了一场灯展。而安东·契诃夫只要得空就悄悄溜进书房，在《农民》的手稿上写上几句或修修改改。

---

[1] 见图书馆手稿部，331 36 72：埃米莉·比容给安东·契诃夫的信，1896—1900。

58. 流亡小女王

（1897 年 1—2 月）

　　与苏沃林家的家庭女教师埃米莉·比容一样，另一个漂亮而娇小玲珑、高贵却孤苦伶仃的女人在痛苦彷徨月余后，也终于下定决心，给安东·契诃夫写来 1897 年的新年祝福，她就是柳德米拉·奥泽罗娃：

> 致我亲爱的医生，A. C.
> 我已体验了短暂的幸福
> 您将我推入痛苦的海洋。
> 软弱的我无力挣扎——我即将死去
> 我眼中已无生命之光闪烁……
>
> 　　　　　　　　　　柳德米拉·奥泽罗娃[1]

　　来欢度新年的客人们一离开，契诃夫一家人马上抵不住着凉、偏头痛和发烧而纷纷病倒了。当地护士季娜伊达·切斯诺科娃也不停索要止痛药可待因。安东·契诃夫除了护理父母、创作故事《农民》、计划在莫斯科大饭店换换脑筋之外，还承担了另一项重任：1897 年的人口普

---

[1]　见图书馆手稿部，331 54 50：柳德米拉·古鲁普扬 - 奥泽罗娃给安东·契诃夫的八封信，1896—1897。

查。他同意监管该地区的十五名人口普查员，并且负责他所在村庄的普查任务。[1] 人口普查是一项艰巨的任务，其难度堪比他几年前进行的萨哈林岛调查。故事《农民》的所得与其付出的辛苦劳动相比得不偿失。那段时间里，政府办事员在契诃夫家进进出出，钢琴上堆满了文件。

苏沃林的女婿阿列克谢·科洛姆宁送给契诃夫家一座新时钟，替换原来那座停摆的老钟，但是时钟在一路颠簸的运输后完全颠坏了，送到梅里霍沃庄园时几乎支离破碎。所以，安东于 1 月 14 日再次去了莫斯科钟表匠布雷的店里，但这次布雷摇摇头，说这个钟已经修不了了。这段时间里，钟表注定总要出问题。那天晚上，安东邀请叶连娜·沙夫罗娃来莫斯科大饭店的九号房间，他告诉她自己只在这里住一个晚上，不能离开酒店。她回复说："不管玛丽亚·阿列克谢耶芙娜公主说什么，我一定会来看您的。"他们见面后，坐着计程车出去兜风了。他们在莫斯科到处转悠，情形如同包法利夫人与情人莱昂在鲁昂兜风。叶连娜·沙夫罗娃弄丢了外套的风帽，折断了一根胸针，她那块一直走得很准的手表也出了故障。那天晚上，叶连娜去了母亲的住处，她告诉安东，自己梦到了"中了毒的男人和女人，这都得怪您"。[2] *412*

安东在莫斯科大酒店又住了一个晚上。他在每年 1 月 15 日都要举办一个聚会，这一年邀请了维克托·戈尔采夫来参加，尽管玛莎提前警告过安东，丽卡·米济诺娃可能和戈尔采夫在一起。事实上，看到丽卡和戈尔采夫在一起，他似乎松了一口气。他和维克托·戈尔采夫冷静地讨论了他们合作主编报纸的相关事宜。

安东·契诃夫返回梅里霍沃庄园后，直到二月中旬都将精力集中在人口普查、建设诺沃谢尔基村的学校和创作《农民》上，这个故事终于快完稿了。他甚至参加了莫斯科医生发起的反对体罚的运动。丽卡·米济诺娃淡出了他的生活，而叶连娜·沙夫罗娃的激情也派上了用场。叶连娜计划于 2 月下旬在谢尔普霍夫表演，为新建的学校募款。安东·契诃夫对待叶连娜·沙夫罗娃的策略与他先前对待丽卡·米济诺娃如出

---

[1] 与此同时，尼古拉·叶若夫被任命为莫斯科流浪者投宿的廉价客店的人口普查调查员。
[2] 见图书馆手稿部，331 63 4d：叶连娜·沙夫罗娃给安东·契诃夫的信，1897。

一辙：他用叶连娜其他的追求者——无论真有其人，还是他主观臆造的——来打趣她，以此作为自己不把她当成一回事的借口。安东·契诃夫与任何一个女人的亲密关系都通常只能维持几个星期，然后他就感到一种难以遏制的冲动，想要去嘲弄取笑她，不可抑制地厌恶她，注意力从她身上游离开去。

一到冬天，食物就成了梅里霍沃庄园的主题：一家人缺少口粮，牲畜也缺少饲料，因为契诃夫家总是牲畜多而饲料少。帕维尔的日记里记录着："我们吃了一只鹅……我们吃了一只烤猪……谷仓里一半干草都没了，上帝保佑它能挨到春天。没有麦秸了。我们烧光了灌木，我们还没有买来木头。"一只农场狗被新猎犬扎利瓦伊咬死，工人罗曼开枪打了一只猫。这种令人沮丧的记录就如同乏味的人口普查，都被放大为《农民》中描写的农民的苦难生活。

安东·契诃夫的第三十七个命名日过得冷冷清清，他的兄弟们都没有赶回来，只有神父和教堂唱诗班的领唱在场。人口普查蒙上了一层阴影。罗斯托夫的一个人的愤怒控诉搅乱了安东·契诃夫的阵脚，原来一个自称安东·契诃夫的人一直在到处借钱。已经走过生命半程的安东·契诃夫开始从宗教角度思考问题。他在日记中肯定了不可知论是一种有效的信仰：

> 在"上帝存在"和"上帝不存在"之间存在着一片宽广的领域，真正的智者克服重重困难穿越这个中间地带。但是，一般俄罗斯人通常只知道这两个极端中的一个，他们对中间地带不感兴趣，这就是他们为什么一无所知或所知甚少……一个好人的冷漠就好似任何一种宗教信仰。

413 　　1897年2月6日，人口普查结束了。安东·契诃夫在参加了一个农民的婚礼并帮助母狗希娜产下唯一的一只狗崽后，逃也似的去了莫斯科。他在那里度过了非常疯狂的两个星期，其中有些时间就与柳德米拉·奥泽罗娃在一起。柳德米拉在1月31日再次给安东写信说："亲爱的、非常非常善良的安东，您或许已经忘记了她，她虽然知道自己没有这个权利，但她恳求，恳求您一到莫斯科就去看望她，看那只最微不足道的海鸥。"然而，他们共度的第一个晚上却并不愉快。柳德米拉在 2 月 9 日写道："或许这并不是我的过错，是您回忆起了您爱的其他女人，这才让您觉得我令人反感和卑鄙……您的流亡小女王。附：您明天一定要来。"安东离开莫斯科去谢尔普霍夫观看叶连娜·沙夫罗娃的表演时，柳德米拉陪伴他一起坐上火车并送他到莫斯科郊区。一待柳德米拉·奥泽罗娃投入他的怀抱，安东对她的迷恋之情顷刻就消失了。两天后，安东写信给阿列克谢·苏沃林说：

> 您猜谁来看我了？您觉得会是谁？奥泽罗娃，著名的奥泽罗娃－汉妮勒。她来了，蜷着脚坐在沙发上，斜着眼睛看人；然后，她动身回家时，脸上带着穷苦小姑娘的尴尬神情，穿上了小上衣和已经磨破的胶鞋。她是一个流亡的小女王。

安东·契诃夫在日记中评价柳德米拉·奥泽罗娃时说她是"一个幻想自己很伟大的女演员，一个未受教育、略显庸俗的女人"。然而，柳德米拉对安东的感觉却截然不同：

> 亲爱的安东，我回来了！莫斯科空虚、深不可测。我毫不怀疑，您非常看不起我。然而，在环绕于我周围的这团黑暗中，您那善良、简单而温柔的话语深深渗透进我的灵魂。在过去的十八个月里，我忍不住梦想，我那染病受伤的灵魂会怎样仰望您，向您缴械，您会理解所有的一切，解决所有的问题，安慰我的心，让它平静，但是我遇到了科洛姆宁［苏沃林的女婿］……第一个晚上，您离开后，我感到发自内心的寒意。我在忏悔节的最后一天病得非常厉害，根本吃不下东西。我迫不及待地等着那白色的小鸟向我飞来，我控制不住地想去摩挲爱抚它。

与柳德米拉·奥泽罗娃相比，叶连娜·沙夫罗娃有更多机会见到安东·契诃夫。这位《凯撒的妻子》的作者约会安东的借口既可以是写作，也可以是演出事宜。她命令她"亲爱的主人"或者"某位通奸者"来见她。安东羞答答地回信说："某位年轻人（一个平民）会在格鲁吉亚狂欢夜参加绅士集会。"这时，奥尔迦·昆达索娃再次现身了。安东和苏沃林都不再接济昆达索娃，她在莫斯科各处奔波，给人上课，在各种辩论中发表高见。奥尔迦·昆达索娃现在与安东相处时很放松，同意前来梅里霍沃庄园。安东·契诃夫狂乱的爱情生活已经引得人们议论纷纷。玛莎带着画家玛丽亚·德罗兹多娃来梅里霍沃给帕维尔画像，玛莎跟安东开玩笑说："请代我向正在拜访您的所有女士问好。"亚历山大在2月24日给安东的信中说道："我听说你在莫斯科待了很长时间，生活淫乱，闲言碎语已经传到了彼得堡。"

414

切尔科夫——他的祖父就是给安东·契诃夫的祖父叶戈尔赦免了农奴身份的那个人——因为代表托尔斯泰参与社会活动，被驱逐出俄罗斯。（他去了英格兰，开始在那里宣扬"不以暴抗暴"。）为了送切尔科夫远行，托尔斯泰二十年来第一次前往彼得堡。切尔科夫被驱逐出境一事在安东·契诃夫心头激起狂怒，使得他的自由主义思想出现了"左"倾。2月19日，莫斯科的知识分子在大陆旅馆共进晚餐，庆祝所谓的俄罗斯农民解放三十五周年，但是聚会让安东·契诃夫十分愤怒：

> 吃饭时，大家喝着香槟，大喊大叫，发表着有关自我意识、人类良知之类的演讲。同时，餐馆的服务员们，也就是原来的农奴，穿着连衣裙工装在桌子间穿梭；外面天寒地冻，车夫就在那里等着——这是在对圣灵撒谎。

契诃夫还参加了一些聚餐，同样都是酒气熏天，与会者个个酩酊大醉。1897年2月16日，安东·契诃夫与建筑师弗朗兹·谢赫特尔在《俄罗斯思想》编辑部参加了一次聚会，安东在此初识斯坦尼斯拉夫斯基（Stanislavsky），但十八个月之后他们才进一步联系。此时，更让安东担忧的是伊萨克·列维坦不停地寻求诊治：

> 我又差一点死掉。我考虑着在家里组织一次医生会诊，由奥斯特罗乌莫夫负责……您难道不应该来拜访一下列维坦，像一个体面人一样对如何治疗提供一些建议吗？您听到了吗，您这条毒蛇？您的笨蛋。

安东·契诃夫参加了戈尔采夫举办的忏悔节煎饼聚会（丽卡·米济诺娃回避了），之后和一个熟人一起去了列维坦的画室，暗暗观察这位行将就木的艺术家。伊萨克·列维坦形销骨立，这让安东预见到了自己的未来。安东·契诃夫与奥斯特罗乌莫夫教授讨论了列维坦的结核病。 *415* 奥斯特罗乌莫夫是安东在莫斯科大学学医时期的老师，后来他也为安东·契诃夫做了诊断。奥斯特罗乌莫夫教授判断，列维坦的死期近在咫尺了。安东记载说，列维坦"病得厉害，十分害怕"。

在莫斯科逗留了几个并不愉快的晚上后，安东·契诃夫和柳德米拉·奥泽罗娃一起离开，去谢尔普霍夫县观看沙夫罗娃的演出。演出团的服装来自巴黎，钻石颗颗货真价实，演员们的演技也很好，然而他们最终只为新学校募集到一百零一卢布。演出结束后，安东在1897年2月23日凌晨2点返回梅里霍沃庄园，睡了一整天。安东不在家时，家里人吃煎饼庆祝了忏悔节，解决了没有燃料、急需兽医等情况。同时，玛丽亚·德罗兹多娃给帕维尔画完了一幅肖像。安东一到家，玛莎和德罗兹多娃就欢快地逃去莫斯科了。玛莎在这一期间尽职尽责地打理家务，一点儿也没有抱怨安东离开的时间太长。女画家玛丽亚·德罗兹多娃十分仰慕安东，虽然他拿她的姓氏"德罗兹多娃"（这个姓由"鸫鸟"转变而来）开玩笑，叫她"乌多多娃"（由"戴胜鸟"转变而来）。帕维尔原本不喜欢玛丽亚·德罗兹多娃，因为她吃的煎饼比他还多，但是她给他画肖像，这让他的态度温和了下来。安东不在庄园的时候，帕维尔仍然按照自己的方式管理农庄。他命令仆人们在池塘里切冰块，然后由一个女人运到地窖里。农庄上的马的境遇也很糟糕：帕维尔在2月13

日的日记显示出他的硬心肠："早上零下二十二摄氏度……马累得精疲力尽，雪很深，上帝保佑，让我们再运这样一车木材吧。为什么保护动物协会（Society for Protection of Animals）不采取一些什么措施呢？"

安东·契诃夫安静下来了。3月1日，他向阿列克谢·苏沃林宣布，从今以后他要"过上清醒而纯洁的生活"。安东不检点的个人生活把亚历山大和万尼亚吓了一跳：万尼亚看到这么一大帮可能成为嫂子的女人，只能恳求安东不要结婚。叶连娜·沙夫罗娃计划在谢尔普霍夫再举行一场表演，再与安东约会一次，然后就打点行装返回彼得堡做一个品行端正的妻子。然而，莫斯科的柳德米拉·奥泽罗娃的感情却越来越炽热，即便安东和她说了一些不能与她结婚的借口，比如她没有嫁妆，仍然无法浇灭她的热情。她在2月26日的来信中说道：

> 我所有的家当，即我的粉红色外套、我的套鞋、我的手帕等等，还有莫斯科城的内格林尼通道、特维尔大街、莫斯科城市杜马等，都向您表达问候，都急不可待地等着您的到来，都非常非常想念您。我偷偷地告诉您，它们羡慕的不仅仅是您，还有彼得堡、谢尔普霍夫、洛帕斯尼亚您呼吸的空气。您那么看重钱、想要钱，这真是让我难以形容地难过，但您或许是有什么正当的原因才这样吧。

416　　柳德米拉·奥泽罗娃开始时只是看了《海鸥》演出，第二天，她读了剧本。剧本给她留下了深刻的印象，她在其中找到了自己的角色，傻傻地用阿尔卡基娜式的夸张用词"我的唯一"来称呼安东：

> 安东，我的唯一，我匍匐在您的脚下，温顺地摩挲亲吻您的双手，永不停息地看进您的眼中。让我化身为您那伟大灵魂！！！无论是言辞、外表还是思想，都无法表达我们的《海鸥》对我的深刻影响。

58. 流亡小女王

几乎就在同时，另一个更加有趣的女演员靠近了安东·契诃夫，她就是维拉·科米萨尔热夫斯卡娅。安东曾给她送去自己的《剧本》，也把利迪娅·阿维洛娃送他的那个银挂饰当作道具送给了她，而她一直保存着它。（它的原主人对它的兴趣并不比剧本中特里果林对那只海鸥标本的兴趣更浓。）维拉·科米萨尔热夫斯卡娅亦觉得自己就是"海鸥"的化身，她写给安东·契诃夫的信的语气，好似他就是特里果林："您会来看望我的，对吗？波塔片科告诉我说，您会在3月1日之前来，是吗？我还没有决定四旬期时是否离开，虽然我已经筋疲力尽了。来吧，安东，我非常渴望见到您。"[1]

安东·契诃夫发现这个来自彼得堡的邀请很难拒绝，而3月最初三个星期在莫斯科举行的戏剧工作者大会是离开梅里霍沃的绝好借口。他计划将《农民》交给戈尔采夫和拉夫罗夫的《俄罗斯思想》发表，尽管没有一个审查官会放过这么一篇东西。

在故事《农民》中，安东·契诃夫颠覆了现实主义作家在自身流派中的作用，以自己的深刻观察和理解描画出梅里霍沃附近村庄的农民的生活境况，以及农民在莫斯科餐馆和旅店里当学徒所面临的处境。这个故事的情节并不复杂，叙述者的作用如同一部照相机。莫斯科一家餐馆的跑堂尼古拉·奇基利杰耶夫得了重病，丢了工作，他只好带着妻子奥尔迦和女儿萨莎返回乡下老家茹科沃村。家乡的亲人们贫穷而邋遢的生活让他震惊，他最后病情恶化死去；奥尔迦和萨莎迫于情势，离开乡下，流浪乞讨。（安东·契诃夫最初打算让女孩萨莎去城市卖淫谋生，但审查员明确表示，这无疑会让主题过于敏感和丑恶。）安东·契诃夫先是着力描述了一幅美丽的乡村景象，但与之形成鲜明对比的是农民赤贫的生活场景。文中不但描写了农民家里的粗陋的瓦罐餐具，大人们随意殴打孩子的景象，而且描画出在秋天、严冬和春天的一系列农民生活的群像。在六个月的时间跨度中，契诃夫反映了丰富的农民生活场景：农民拖欠税款，丈夫服兵役的年轻妻子因行为不端而被他人侮辱，

---

[1] 见图书馆手稿部，331 48 7：维拉·科米萨尔热夫斯卡娅给安东·契诃夫的信，1897—1903。

嗜酒成性的丈夫殴打妻子，农家大火，尼古拉死去，等等。在绅士阶层看来，《农民》中展示出的"农民"似乎是来自外星球的可恨生物。然而这个故事也闪烁着奇异的理想之光：农民们聆听奥尔迦阅读《圣经》，他们虽然对那些词句的含义不明就里，但他们从中得到了安慰。从《我的一生》开始，安东·契诃夫笔下的农民形象就呈现出以下特点：他们虽然酪酊大醉、偷东西，但他们要比他们的主人更加具有人性，因为他们能意识到上流社会人士已经丧失的真理与正义。这种毫不妥协的强硬画面激怒了列夫·托尔斯泰和其他自封为"农民发言人"的人，而与他们唱对台戏的作家则欢迎安东·契诃夫来到自己的阵营。

417

59. 快刀斩乱麻
（1897 年 3 月）

柳德米拉·奥泽罗娃、叶连娜·沙夫罗娃、维拉·科米萨尔热夫斯

卡娅和利迪娅·阿维洛娃都渴望着安东·契诃夫的爱情，这些纠结成一
个像"戈耳狄俄斯之结"一样不可解的难题。伊萨克·列维坦也在期待
着安东的慰藉：列维坦不仅希望安东能来为他治疗，而且正好趁机让彼
得堡画家奥西普·布拉兹（Osip Braz）为安东画一张肖像，这幅肖像是
莫斯科最著名的画廊所有者特列季亚科夫（Tretiakov）订的货。在去彼
得堡之前，安东紧急通知了叶连娜·沙夫罗娃：

> 亲爱的同事，"通奸者"将于 3 月 4 日中午乘坐十四号火车到
> 达莫斯科——极有可能。如果您还没有离开，给我的电报只需一个
> 字"家"……如果您也同意在斯拉夫集市旅馆（下午一点钟）与
> 我共进午餐，那么电报就写"同意"而非"家"。虽然电报员可能
> 以为这是我向您奉上了我的手和我的心，但是，谁在乎他们怎么
> 想！！我只能待一天，时间很紧。

这封信在 3 月 4 日才送到叶连娜·沙夫罗娃手上，要回信已经来不
及了。于是沙夫罗娃直接去了莫斯科大饭店和斯拉夫集市旅馆寻找安

东，也在《俄罗斯思想》编辑部留了纸条，但是安东"像流星一样踪迹难寻"。沙夫罗娃只好写了一张流露出"深深绝望"的便条，祈求安东到彼得堡后与她见面。其实那个晚上安东带着听诊器去看望伊萨克·列维坦了。他当面宽慰了列维坦，但是对弗朗兹·谢赫特尔说："情况非常不乐观。他的心脏已经不再跳动了，只是在倒气。他的心脏发出的不再是怦怦的跳动声，而是噗噗的声音。在医学上，我们把这叫作收缩期杂音。"

第二天早上，安东·契诃夫就返回了梅里霍沃庄园。帕维尔已经找来了神父，将家人和仆人们指挥得团团转，正在筹备复活节。粪肥已经倾洒到了温床上。安东又感到手头拮据了，因为审查员还没有通过《农民》的审查，而阿列克谢·苏沃林仍然没有找到那份《海鸥》的演出合同。安东让在彼得堡的亚历山大代表自己向苏沃林提出这个令人尴尬的话题。亚历山大·契诃夫将这段冒险写成了一出闹剧，来庆祝娜塔利娅刚刚做了三文鱼。剧本是这样开头的：

失踪的合同或三文鱼尾巴
五幕剧
古谢夫先生创作

419　　　演员：苏沃林家的门房，苏沃林的男仆瓦西里，A. S. 苏沃林，古谢夫先生，古谢娃太太

第一幕：启蒙运动传播者和学校建设者。

古谢夫先生（一边走进苏沃林先生家的大厅，一边读着一封信）："穿上裤子，去拜访一下苏沃林：问问他合同和邮票都在哪儿，他为什么一直不回我的信。我急需钱，因为我正在筹建另一所学校……"（旁白）光屁股的教育家！口袋里没有一点钱，建起学校来却像流水一样。反而给我找来这么多事！要过新年了，他甚至想不到给我送来一磅乡下黄油或一只小猪崽……哼！督学，事实

上，就是臭狗屎。[1]

亚历山大带着两个大儿子从彼得堡来到梅里霍沃庄园住了几天。(这也是亚历山大最后一次来梅里霍沃庄园。)他们住在厢房小楼里。亚历山大希望家人能够帮助他，因为他的儿子科利亚被文理中学开除了。按照亚历山大的说法，科利亚无可救药地继承了他母亲的"腐朽的地主家庭"的基因。神父和亚历山大喝了整整一晚上啤酒，亚历山大又醉倒了。第二天早上，在寒冷的晨光中，安东与亚历山大进行了一番谈话，这让亚历山大彻底清醒过来：

> 我的弟弟弓着腰背坐在阳光下取暖，他忧伤地看着周围的一切。"我不想种地，也不想种树了，我不想展望未来。"他首先打破了沉默。"住嘴，这真是无稽之谈，你现在只是心情沮丧罢了。"我十分肯定地对他说，但也意识到我的这些话不痛不痒。"好吧，"他把脸转向我，坚定地说下去，"等我死后，我要把这些和这些留给妹妹和妈妈，把这些和这些捐给学校。"

1897 年 3 月 9 日，亚历山大带着两个儿子离开了梅里霍沃。奥尔迦·昆达索娃又来住了两天，安东则专心护理被猎狗咬伤的腊肠犬勃罗姆，安抚死了小狗崽的希娜。在安东·契诃夫的思绪中，春天来临，冰河融化，不明缘由的大出血，列维坦的死期将近，他的委托肖像，这些都让他无可回避地想到了死亡。父亲在吃饭时的谈话也让安东反感："他说不受教育的人比受过教育的更好。他见到我走进来就闭嘴不说了。"安东既不回柳德米拉·奥泽罗娃的信，也不回叶连娜·沙夫罗娃的信。终于，苏沃林那里的《海鸥》的演出合同更新了，安东·契诃夫收到五百八十二卢布。这笔钱足够他去拜访苏沃林，去莫斯科看望他的女演员们，也可以去彼得堡看望维拉·科米萨尔热夫斯卡娅和利迪

---

[1] 见《书信集》(1939 年)，331—333。

娅·阿维洛娃了。

420   3月19日，第一批椋鸟迁飞到了洛帕斯尼亚，安东正吐血不止。第二天，阿列克谢·苏沃林到了莫斯科，住进了斯拉夫集市旅馆。3月22日，安东·契诃夫住进了莫斯科大饭店他常住的那个房间。晚上，安东和苏沃林相约在埃尔米塔什餐馆一起吃晚饭。他们还没有开始用餐，忽然，安东将餐巾咬在嘴里，手指指向装着冰块的小桶：殷红的鲜血无法控制地从安东的肺部汩汩涌出。

第八部分　国外休养

哦，南方！哦，尼斯！
哦，它们的光芒令我神迷！
生命，像一只受伤的鸟，
试图飞翔——却不能……

——费奥多尔·丘特切夫

60. 医生抱病

（1897 年 3—4 月）

阿列克谢·苏沃林急忙叫来一辆计程车，将安东·契诃夫带到自己
下榻的斯拉夫集市旅馆，并把他安排到自己的四十号套房。安东的手里
依然紧紧抓着冰块，紧压在血迹斑斑的衬衫上。他一头倒在床上，告诉
苏沃林，"血是从我的右肺出来的，我哥哥和姨母都这样过"。他们叫来
了奥博隆斯基医生，但安东不听医生的建议，拒绝前往医院。安东·契
诃夫给他在莫斯科大饭店的忠实跟班谢苗·贝奇科夫写了一张便条，让
谢苗把他的房间窗台上的《农民》的审读稿送到斯拉夫集市旅馆来。这
次出血直到第二天早上才逐渐止住。安东·契诃夫虽然心里害怕，但表
面上显得镇定自若，只是他的朋友们都惊慌失措。利迪娅·阿维洛娃应
约打来电话，但没有找到安东。谢苗·贝奇科夫被告知只能告诉万尼亚
他哥哥安东在哪里。

契诃夫和苏沃林在房间里待了一整天。安东说觉得"不舒服"，让
给万尼亚打电话。伊万·列昂季耶夫-谢格洛夫来旅馆拜望阿列克
谢·苏沃林，却惊喜地发现自己的两个偶像都在，兴奋得甚至没有注意
到安东的危险状况。[1]安东似乎也不再把这次吐血放在心上了。第二天
一大早，安东·契诃夫坚持要回莫斯科大饭店，他告诉苏沃林，自己有

---

[1]　见伊万·列昂季耶夫-谢格洛夫的日记，《文学遗产68》，479—492。

一堆信要回，也要见一些人。虽然苏沃林不同意，但安东还是在星期一早上回去了：一个敏感的少女请他修改自己写的仙女故事，他回了信；他为爽约一事向利迪娅·阿维洛娃道歉。他一直不停地写信、说话，如果嘴里流出血来，就直接吐到洗手盆里。

3月25日星期二一大早，奥博隆斯基医生接到一张纸条，上面写着："出血，莫斯科大饭店五号房间，契诃夫。"奥博隆斯基直接带着安东·契诃夫去了新圣女公墓（Novodevichie cemetery）旁边的奥斯特罗乌莫夫教授的诊所，然后去斯拉夫集市旅馆叫醒了阿列克谢·苏沃林。下午1点，苏沃林来到了安东的病房：

> 正如奥博隆斯基所说的那样，契诃夫住在十六号病室，比他的《第六病室》多出十号来。他还像往常一样开着玩笑，大声笑着，用一大团乱蓬蓬的东西擦着喉咙上的血。但是，当我说看到莫斯科河上的冰化了，他的脸色变了，问道："难道河水已经解冻了？"

424   阿列克谢·苏沃林给万尼亚打了电话，又去探望了一次安东，然后就坐夜班火车返回了彼得堡。他需要换一个环境，舒缓一下内心的恐惧。萨佐诺娃在她的日记中写道："我听说他只是大出血，但他们仍然把他送进了一家诊所。"[1] 苏沃林的含糊其词让亚历山大·契诃夫非常恐慌。

曾经在莫斯科大学教过安东的奥斯特罗乌莫夫教授当时正在黑海岸边的苏呼米（Sukhum）。他的助理医生画出了安东·契诃夫的肺部示意图，图上显示出，两肺的顶部，尤其是左肺，已经因结核病菌严重受损。双肺呼气时发出喘鸣声。奥斯特罗乌莫夫医生并不相信罗伯特·科赫的"结核菌素"疗法，于是他对安东·契诃夫实行了保守治疗：冰袋、静养与营养，直到危及生命的出血止住为止；恢复期治疗皮下注射

---

[1] 见萨佐诺娃的日记，《文学遗产87》，309。

砷，搬到气候干燥的地方居住，喝库米斯马奶[1]。安东·契诃夫在诊所受到了严密监护，因为医生通常都不是守规矩的病人。来探视他的人只能凭诊所的出入证进入病房。出入证只有两张，来者还不能与病人交谈。

安东·契诃夫不想把自己的病情告知父母。星期二早上，玛莎到达库尔斯克火车站准备去学校上课时，哥哥万尼亚默默地递给她一张奥斯特罗乌莫夫诊所的出入证。直到第二天，玛莎才抑制住焦虑去诊所探望安东。利迪娅·阿维洛娃来诊所探望了两次，有一次送了一束花。[2]已经认识安东·契诃夫十六年的科罗博夫医生也被拒之门外。安东只能喝冷肉汤，他向玛莎要了茶和男士科隆香水，向维克托·戈尔采夫要了鱼子酱（半磅黑的，四磅红的），向叶连娜·沙夫罗娃要了一只烤火鸡。沙夫罗娃送来了一只烤松鸡，安东吃鸡时，配着弗朗兹·谢赫特尔和安东的眼科医生彼得·拉兹维茨斯基（Piotr Radzwicki）医生送来的上等红葡萄酒。《俄罗斯报》的萨布林也送来一只烤鸡和一只山鹬。鲜花和慰问信件大量涌来，另外还有自荐的手稿和募集来的书。安东给那些他想见的人写通行证。戈尔采夫和柳德米拉·奥泽罗娃打来电话。叶连娜·沙夫罗娃由于受寒而在彼得堡家里卧病在床，她在 3 月 29 日给妹妹奥尔迦·沙夫罗娃打电报，询问安东的情况：

> 我发现他像往常一样穿着得体，躺在一个白色的大房间里，房间非常明亮，有一张白色的床，一张白色的大桌子，一个小橱柜和几把椅子。他看起来瘦了许多，骨头都显出来了；但他状态和平时一样好，高兴地和我开玩笑……你猜我看到他在干什么？他正在挑选夹鼻眼镜的镜片。[3]

---

[1] 库米斯是一种由发酵的马奶制成的饮料，味道类似香槟、白垩粉和哈喇味黄油的混合物。它易于消化，当时人们认为这种饮料富含有益菌。

[2] 根据利迪娅·阿维洛娃的回忆录，她说她从安东·契诃夫嘴里套出了实情，他承认对她产生了永恒的爱情；然而，她在另一个场合告诉尼古拉·列伊金（见尼古拉·列伊金的日记，《文学遗产68》，499—510），当时安东·契诃夫被禁止说话。

[3] 见《契诃夫全集》，6，616—617。奥尔迦·沙夫罗娃的这段记录很难令人相信。

425 前一天，也就是 3 月 28 日，一个重量级的人物来探望了安东·契诃夫。原来，3 月 26 日星期三，利迪娅·阿维洛娃忧心忡忡地离开医院后，在绕过新圣女公墓时正巧遇见了列夫·托尔斯泰，于是将安东的病况告诉了他。托尔斯泰自然不需要通行证，星期五他就出现在安东·契诃夫的床边。数个星期后，安东在给米哈伊尔·缅希科夫的信中，回忆了这次会面：

> 我们谈论了"永生"。托尔斯泰相信康德意义上的永生，他认为我们所有人（人和动物）都将生活在一个本源（原因，爱情）中，这种本源的本质和目标对我们来说还是一个谜。而在我看来，这个本源或力量好像是一团没有形状的胶体；我的自我——我的个性和我的意识——将与这团胶体融合。我并不需要这种永生。

第二天凌晨四点，安东·契诃夫又发生了一次严重大出血。除了写信，医生禁止了安东的一切其他活动。而病情一有好转不再发烧，安东就希望出院回家，向梅里霍沃的家人表明自己身体没有问题；但是医生指示说，从 9 月到第二年 5 月，他要住到南方去，最好去地中海或黑海地区。

4 月 3 日，内出血终于止住了，探病的人又多了起来。但下午一点到三点诊所谢绝探望，用安东的话说，这是"生病的动物被喂食和锻炼"的时间。一个星期后，安东出院了。安东·契诃夫的健康状况成了当前公众关注的热点之一。4 月 7 日，安东·契诃夫的《农民》在《俄罗斯思想》上发表。为了安抚审查员，编辑部匆匆替换了第一百九十三页上的内容，因为那上面指责国家造成了农民的悲惨状况。安东·契诃夫受到了俄罗斯知识分子们前所未有的认可，赞同之情汹涌而来，甚至连《新时代》的编辑布列宁也不得不对他报以赞赏。4 月下旬，萨佐诺娃评论说："这听起来像是丧钟敲响。他的状态一定很不好，他们在准备安魂曲。确实，他们说他的日子屈指可数了。"文学界一派同情。

安东·契诃夫的主治医生马克西姆·马斯洛夫（Maksim Maslov）

在病例中指出："患者看上去非常虚弱，骨瘦如柴，胸部长、窄、平坦（宽 90 厘米）；身高 1.86 米，体重仅 62 公斤……易发冷哆嗦，汗多，睡眠不好。红细胞比例仅为正常人的一半……在［双肺］两侧、锁骨的上方和下方，都可以测听到湿气泡咕噜的杂音，在左肩胛骨下方能听到某种刺耳的声音，声音很大，但右肩胛骨下方没有声音……处置胸痛，外部施用湿敷法、按摩法、碘酊剂，内服——可待因和吗啡。处置恶汗，阿托品。胸部放置冰块一小时，每日三次，我的助手晚上也给他开了冰块，患者同意，感觉良好。我们注意到，病人吞咽五到八块冰后，肺出血停止半小时……入院第十天，痰中仍有血迹，但现在痰清了；患者坚持出院，要进行一些紧要的文学创作，但他的痰中仍有大量科赫氏杆菌。患者体重甚至没有增加半点，但血红蛋白增加了 5%，红细胞数量增加了三万个。患者体质越来越强壮。诊断获确认。"

在安东·契诃夫住院期间，丽卡·米济诺娃既没有写信，也没有来医院探望。叶连娜·沙夫罗娃写给她的"亲爱的主人"兼情人的信像雪片一样铺天盖地而来。她祝愿他的健康状况越来越好，承诺要从上到下吻遍奥斯特罗乌莫夫教授。她给他讲了一个法国剧本，内容是一个已婚女人的幸福的婚外生活，她提到其中有一句台词是"医生没有权利生病"。她说，他仍然可以做她的情人："我们难道有什么风险吗？只要托尔斯泰不发现就好。"她只要求安东一件事："把我的信撕碎（嫉妒的男人是很危险的），我只是不希望由别人来做这件事。"[1] 但很显然，安东并没有按照她的要求去做。4 月 11 日，叶连娜·沙夫罗娃终于摆脱了丈夫，找到机会来诊所探望，但是安东已经于前一天晚上出院了。奥尔迦·昆达索娃在莫斯科四处奔走，替安东把他从各处借来的书都归还原主。

亚历山大在彼得堡十分担心安东的状况，万尼亚负责传递消息。4 *426* 月 6 日，米沙和奥尔迦夫妇提前回到梅里霍沃庄园，为安东出院回家做准备。安东住院时，没有给玛莎留下一点钱做家庭开销，橱柜里也空空

[1] 见图书馆手稿部，331 63 4d：叶连娜·沙夫罗娃给安东·契诃夫的信，1897。

如也。万尼亚会带来啤酒和最好的牛肉,指望着安东拿钱回来。米沙给万尼亚写信说:"这里发生了饥荒,哥哥……我们只能喝稀粥,没有汤。哥们儿,带点儿欧芹(根)、胡萝卜和芹菜来。如果你手头宽裕,就再买一些洋葱来。我们现在要把安东照顾好。"[1]玛莎心情压抑,好在有玛丽亚·德罗兹多娃帮她打起了精神。帕维尔和叶夫根尼娅看起来完全不知道发生了什么事情,他们剪了羊毛,打扫了牛圈。只是米沙 6 号回了家,他们觉得这件事有些蹊跷,怀疑安东可能发生了什么事情。

复活节星期五,憔悴而瘦弱的安东·契诃夫被万尼亚搀扶着回到了梅里霍沃庄园,躺在玛莎房间的长沙发上。他给自己的腹部注射砷,然后读信、写信。安慰的话语和信件读来越发让人感到心里发冷。斯雷丁医生正在雅尔塔疗养结核病,也接诊结核病人,他敦促安东前往达沃斯(Davos)。激进小说家亚历山大·埃特尔透露,十六年前他就被告知只有一个月可活了,当然,他不知道安东活下去的意志是否如同他那样坚定。[2]缅希科夫说,他读《农民》时落泪了,彼得堡到处流传着契诃夫病情的小道消息。不久,他又写来第二封信,建议安东食用燕麦和牛奶并住到阿尔及尔去,因为这种方法对法国作家阿尔封斯·都德(他当时只有八个月的生命了)很有效。[3]

苏沃林家的家庭教师埃米莉·比容用法语写来两封让人暖心的信。[4]塔甘罗格的格奥尔基堂弟让安东去南方休养:"南方天气暖和,女人们也热情。"[5]4 月 12 日复活节前夜,丽卡·米济诺娃来到梅里霍沃庄园,安东这才感觉到温暖的慰藉。丽卡一直待到 18 号(万尼亚的生日)才走,和她一起离开的还有三天前赶来探望安东的萨莎·塞利瓦诺娃。帕维尔非常高兴这两个女人终于走了:"感谢上帝,九点四十五

---

[1] 见《家族》(1970 年),118。

[2] 见《契诃夫全集》,6,631—632。

[3] 见列宁格勒国立图书馆笔记,第 8 卷,1941,49。

[4] 见图书馆手稿部,331 36 72:埃米莉·比容给安东·契诃夫的信,1896—1900。

[5] 见图书馆手稿部,331 33 51:格奥尔基·契诃夫给安东·契诃夫的信,1897 年 4 月 13 日。

分，两个胖女人走了。"[1]

4月13日是复活节星期天，共有四十个男人、二十三个女人排着队到契诃夫家索取复活节礼物。这期间，帕维尔的日记一直对安东的生活状况保持着警觉：

> 4月14日：……安托沙喜欢烤牛肉。蚂蚁钻进了房子……
> 4月23日：……樱桃开始长叶子。安托沙在花园里忙活。

纠缠不休的客人——大嗓门的谢缅科维奇、伊万·列昂季耶夫-谢格洛夫和兽医——惹得帕维尔不胜其烦。家里还来了两个谁也不认识的学生，契诃夫家人给他们做饭、安排住宿。4月19日，安东在送走弟弟们后冒险走了近五公里路，去视察他主持修建的第二所学校。科罗博夫医生也来了梅里霍沃庄园，他并不是来给安东治病的，而是来给他拍照的。然后，他带着安东去莫斯科待了两天。4月时，另一位来到梅里霍沃的医生是安东的验光师拉兹维奇斯基，他带来了一箱比萨拉比亚葡萄酒和镜片，为安东·契诃夫矫正视力散光。

等客人们终于都走了之后，安东心中暗喜。伊万·列昂季耶夫-谢格洛夫曾拿着一个剧本来纠缠他，而安东告诉阿列克谢·苏沃林，这个剧本就像一只被作者踩了尾巴的猫写的。安东唯一渴望见到的人是苏沃林。他拍电报说，他计划于五月底之前去彼得堡。安东开玩笑说："我就要娶一个有钱的漂亮寡妇了。我要了四十万卢布、两艘蒸汽船和一个铸铁厂。"苏沃林回电报说："我们认为嫁妆太少。再要一间澡堂和两家商店。"[2]

这次生病住院后，安东·契诃夫终于能够想去哪里就去哪里，不再感到良心不安了。他对苏沃林说，没有哪个女人"会愚蠢到想嫁给一个迟早要住进医院的男人"。5月5日，伊萨克·列维坦从结核病人的度假胜地、意大利的库马约尔（Courmayeur）给安东写来信说：

---

[1] 见 A. P. 库济切娃，E. M. 萨哈罗娃，《梅里霍沃编年史》，1995。
[2] 见萨佐诺娃的日记，《文学遗产87》，310。

　　您真是得了肺病？！尽一切可能去喝库米斯，夏天待在俄罗斯很好，等到冬天，我们就去南方，甚至去更远的内尔维（Nervi），我们两个在一起不会觉得无聊的。您需要钱吗？

5月29日，列维坦又从水疗疗养地——德国的巴特瑙海姆（Bad Nauheim）给安东写来一封信[1]：

　　您不再吐血了？不要频繁与女人上床。要学会没有女人而自处。臆想她们，会更让人满足……如果您和丽卡在一起，您可以吻吻她那甜甜的嘴唇，但仅此而已。

鉴于读者对故事《农民》的好评——这对契诃夫作品集的销售来说是一个好兆头——以及以重病作为借口，安东·契诃夫终于可以实践这个他数度宣称却从未践行过的想法：个人幸福的先决条件是有闲。

---

[1] 从《列维坦书信集》中删除，1956；见图书馆手稿部，331 49 25。

61. 闲散度夏

（1897 年 5—8 月）

科罗博夫医生在 1897 年 4 月底来到梅里霍沃庄园，给安东·契诃
夫拍摄了照片，照片上的人看起来身体虚弱、精神萎靡。安东的主要症
状除了早上咳嗽，还有他的坏脾气。丽卡·米济诺娃在 1894 年 3 月的
出走在他身上激发出的创造力持续了三年，现在终于枯竭了。1897 年
4—11 月，安东·契诃夫没有发表任何作品，只是给人写写信。他在农
庄上修剪玫瑰，监督种树。他也不再给人治病，不理会地区自治会的工
作，只是偶尔留意一下诺沃谢尔基村学校的建设情况。玛莎·契诃娃负
责绘制图纸、准备材料和雇用工人，安东则专心考虑自己如何过冬。他
的肠胃现在承受不了任何奶制品，因此不能去萨马拉草原喝库米斯。当
时，很多肺结核患者在那里一住几个月，天天喝库米斯治疗。家乡塔甘
罗格城的冬春两季与莫斯科一样酷寒。雅尔塔和克里米亚的天气也不暖
和，并且，他在 1894 年一游后就觉得那些地方无聊透顶。高加索温泉
地区干燥的山间空气有些类似阿尔卑斯山的空气，但是那里——无论是
北高加索的基斯洛沃茨克，还是南面的博尔若米——都俗不可耐。他对
去瑞士也不感兴趣。安东·契诃夫心中所属的地方是法国的海滨。大西
洋岸边的比亚里茨或地中海沿岸的尼斯都是俄罗斯人经常光顾的度假胜
地，所以他在那里不会觉得孤独。他也考虑过北非，那里的气温已回升

很多，然而这样无所事事了一个夏天之后，他还负担得起八个月的旅行吗？

叶连娜·沙夫罗娃建议安东在夏秋两季去基斯洛沃茨克；从奥尔迦·昆达索娃几次处心积虑的来访判断，她希望他能前往高加索休养；丽卡·米济诺娃准备返回巴黎，去陪伴安东；另外，玛莎的朋友、画家亚历山德拉·哈加因采娃（Aleksandra Khotiaintseva）也愿意陪护安东，这位女画家一直静悄悄地爱着安东。然而，安东·契诃夫此时正想方设法摆脱这些女伴。他在 4 月 1 日对苏沃林坦白，他在莫斯科住院期间向医生隐瞒了自己的阳痿症状。他有意疏远叶连娜·沙夫罗娃。安东·契诃夫原本安排和叶连娜于 5 月 28 日在莫斯科见面，但这封信到达得太*429* 迟了，安东和丽卡·米济诺娃一起来了。叶连娜发了多封电报，在莫斯科火车站转悠了一个晚上，想要在他返回时见个面，却只能失望地说："命运不公正，邮局无可救药，您行踪不定。"然后，她动身前往高加索和克里米亚，希望能在那里遇见安东。

在 6 月 4 日雅科文科医生精神病医院的年度戏剧表演中，安东本来让柳德米拉·奥泽罗娃在《汉妮勒升天》中扮演她最喜欢的角色小汉妮勒。（教会禁止在各大帝国剧院上演《汉妮勒升天》，因而这个剧目只能在私人剧院中演出。）奥泽罗娃要求制作自己的音乐和道具，于是，安东把这个角色给了叶连娜·沙夫罗娃的妹妹奥尔迦。就这样，"流亡小女王"柳德米拉·奥泽罗娃不仅失去了自己的角色，而且失去了爱人。5 月 3 日，奥泽罗娃暗示，如果安东不保护她的职业生涯，她就要在华沙与别人订婚。安东·契诃夫应该是拒绝了她——无论是作为演员，还是作为女人。5 月 14 日，惊愕难过的奥泽罗娃给安东写信道："安东，读了您的信后，我不知道自己该如何活下去。现在，这个世界上最后一根拉住我的丝线也断了。再见。"[1]

5 月 3 日，旧日情人达丽娅·穆辛娜-普希金娜来到梅里霍沃庄园。五年前，安东·契诃夫曾是她的护花使者。第二天，她和契诃夫家人一

---

[1] 见图书馆手稿部，331 54 50：柳德米拉·古鲁普扬-奥泽罗娃给安东·契诃夫的八封信，1896—1897。安东·契诃夫写给她的回信目前不可考。

起拜访了附近的修道院。她的丈夫死于狩猎，她现在是生活优渥的格列波娃夫人。契诃夫向苏沃林描述这次见面时说："一个非常漂亮的有趣的女人，她对着我唱了大约三十段浪漫曲后，走了。"

5月25日，安东停止注射砷，他用薇拉·维奥莱塔香水掩盖药味。然而，任何一点劳累都让他疲惫不堪。5月17日，他在塔列日村学校组织考试，累得精疲力尽。安东·契诃夫试图寻找内心的平静。他学习法语，和伊万年科一起钓鱼，有一次钓到五十七条鲤鱼。6月来临，梅里霍沃庄园里一派宁静祥和：玛莎，米沙与妻子奥尔迦，以及未带妻子的万尼亚，几个人结伴开始了长达三个星期的克里米亚之旅。安东从玛莎的房间搬到了厢房去住，这样他就可以远离客人的打扰，也听不到帕维尔与仆人的争吵。帕维尔对此开玩笑说："安托沙搬去了隐居地。他在当隐士，通过断食和劳动来体会圣灵。"两个星期后，安东·契诃夫离开梅里霍沃，途经莫斯科去了列维坦所住的庄园。伊萨克·列维坦现在的荫护人是俄罗斯纺织业大亨，慈善家萨瓦·莫罗佐夫（Savva Morozov），这处庄园就是他的产业。安东·契诃夫觉得莫罗佐夫这个人无聊得很，于是三天后与丽卡·米济诺娃一起返回了梅里霍沃庄园。丽卡给在克里米亚度假的玛莎写信说：

> 1897年5月21日：自从6月份以来，这是我的有罪之身第二 *430*
> 次躺在你圣洁的处女之床上了。躺在你的床上，心里琢磨的只是偷偷摸摸去品尝禁果，这种感觉真是美妙。我没有去克里米亚，因为我手头实在太紧，身无分文；安东还好……他的心情很好，晚餐时也没发什么大牢骚……告诉我，你有没有爱上什么人？[1]

自从生下女儿克里斯蒂娜后，尽管一直磨难不断，但丽卡·米济诺娃还是体态发福了。现在，丽卡在安东·契诃夫的生活中扮演了一个新的角色，她对安东说话的语气也缓和了许多。丽卡当前与安东的关

---

[1] 见图书馆手稿部，331 93 80：丽卡·米济诺娃给玛莎·契诃娃的信，1895—1897。

系与其说是情人，不如说她是安东的护士。丽卡竟然容忍了安东与叶连娜·沙夫罗娃的风流韵事，只是她把叶连娜称为"作家女士"，以示与自己的区别。丽卡·米济诺娃十分认同阿斯特罗夫医生的名言：女人与男人只有先成为熟人，再发展为情人，最后才能变成朋友。然而让丽卡感到痛苦的是她与玛莎·契诃娃的友谊，玛莎现在更加亲近的是两位画家朋友：玛丽亚·德罗兹多娃和亚历山德拉·哈加因采娃，而不再是她。1897年5—8月，丽卡·米济诺娃先后七次来到梅里霍沃庄园陪伴安东，时间从三天到八天不等。安东前往莫斯科时，他们也要见面。这些接触在丽卡·米济诺娃心中再次燃起了希望之火：

> 1897年6月13日……我知道，如果想让您对我的信感兴趣，我就必须写什么公民的悲惨，或者哀叹俄罗斯农民的生活如何脏乱差。但如果我不像格列波娃夫人那么聪慧，那该怎么办？顺便说一句，现在有一种对您来讲不可缺少的新奇玩意儿：一种新的面部化妆品，无论是水还是亲吻都弄不掉！可以把它告知合适的人。
>
> 6月17日。我难道必须不停地到处找您吗？如果您愿意，我可以今天晚上来看您，在列维坦那里［在莫斯科］。
>
> 6月24日。妙人安东啊，您让我没法儿睡觉，整个晚上都离不开您半刻。放心吧，您没有发烧，与平时一样正常。[1]

丽卡·米济诺娃意识到，夏天过后，安东·契诃夫无论如何都要去外地休养了。她手里没有钱，只能回到自己家的庄园。7月5日，她提出与安东见一次面；一个星期后，她又从莫斯科来到梅里霍沃庄园："您看，我是多么爱您，您为什么不能留下来呢？"安东终于下定决心冒险去一趟彼得堡，看望阿列克谢·苏沃林，丽卡送他去了车站。该来的分离终究来了。8月1日，丽卡·米济诺娃给安东写来最长的一封信：

---

[1] 见图书馆手稿部，331 52 2g：丽卡·米济诺娃给安东·契诃夫的信，1897；有些发表于《通信集》，II，1984，16—59。

您在火车站告诉我，您很快就要走了。您吓到我了，这是真的 *431*
还是假的？我必须在您走之前再见您一次，我必须得看够了您，听
够了您说话，这样才能一整年不想念您。如果您在我回来之前就走
了，那该怎么办？……假如我最近几年的生活根本没有发生过，假
如您那么看中的女人的——或更确切地说——女孩的 Reinheit［纯
洁］能够回到我身上来，那该多好……我只是一个陪跑的人。如果
我手上有两三千卢布，我一定会和您一起出国，我保证自己不会妨
碍到您……真的，我值得您给予更多的关注，而不是像现在您对我
的这种玩笑讥讽的态度。您要是知道我有时多么讨厌那些玩笑话就
好了。好吧，再见。看后把这封信撕掉，不要让玛莎看到。

事实上这封信就是由玛莎整理归档的，不过安东·契诃夫此后对丽
卡·米济诺娃的语气确实变得委婉和善多了。

苏沃林夫妇此时正在捷克的弗朗齐歇克矿泉村（Franzensbad）度
假。他们从那里寄信来，敦促安东·契诃夫赶快动身去国外休养。安
娜·苏沃林娜读了安东给阿列克谢·苏沃林的信，写回信时问道："但
是，我没有找到我最想知道的，也就是您什么时候来看我们。"[1] 她又
给安东写来一封信，信纸上有一张图片——一个男人盯着一个街头拉
客的妓女，"我似乎预感到您一定会来！这样您和我就能每个月疯狂一
次。不要害怕医生们说的，他们就知道撒谎"。她提议，他们和孩子们
一起去科莫湖旅行，这样鲍里亚可以教他骑自行车，娜斯佳可以哄他高
兴。阿列克谢·苏沃林要赶回彼得堡了。苏沃林在弗朗齐歇克矿泉村的
唯一乐趣是与伊格纳季·波塔片科的女儿聊天。他倒是希望波塔片科笔
下的文章也能像他七岁的女儿说出的话那样有趣，这个小话匣子"讨厌
人，喜爱动物"。安娜·苏沃林娜恳求安东，不要让苏沃林只待在大城
市。1897年7月12日，萨佐诺娃的日记中写道："苏沃林就待在城市里，
等着布列宁和契诃夫的到来。布列宁即将取代他在报社中的位置，而他

---

[1]　见图书馆手稿部，331 59 46：安娜·苏沃林娜给安东·契诃夫的信，1889—1901。

希望和契诃夫一起出国旅行。"

安东·契诃夫来彼得堡是要处理事务。《我的一生》的版权于1897年夏天到期，阿列克谢·苏沃林可将《我的一生》与《农民》合集出书，重印必将获利颇丰。这本合集预计会超过十个印张，这样就可以免于预授权，从而减免从《俄罗斯思想》杂志社征收的份额。《农民》在读者中不仅激起了一阵喝彩，而且招来了强烈的谴责。右翼人士喜欢这个故事传达出的"俄罗斯农民最大的敌人是俄罗斯农民自己"的观点，马克思主义者认可"资本主义进一步贬低了农民"的说法；而像托尔斯泰这样的福音派无政府主义者则认为这部作品是"在人民面前犯下的大罪"，这也是地下革命组织"人民意志"（People's Will）的追随者的共同观点，他们认为农民是革命的领袖。

安东·契诃夫本该在彼得堡安坐下来，由画家奥西普·布拉兹为他画像。但现在布拉兹只好带着行李和两个侄女来到梅里霍沃庄园给契诃夫画像了。布拉兹征用了玛莎的卧室作为画室，因为那个房间的窗户朝北。他把玛莎房间里的家具都堆到了安东的书房里。

奥西普·布拉兹来到梅里霍沃庄园这件事似乎向人们传达出一个信息：他们也可以来拜访安东了。于是，奥尔迦·昆达索娃和丽卡·米济诺娃来了，塔甘罗格的表亲瓦洛佳也来了。玛莎回到家时发现，米沙和奥尔迦夫妇要住到7月份才走。6月29日，亚历山大在去基辅的路上把科利亚和托斯卡扔在了梅里霍沃庄园，既没有给他们带日常用品，也没有说什么时候来领走。男孩子们在这里玩儿疯了，帕维尔只好在17号把他们打发回彼得堡的继母那里去。谢缅科维奇从瓦西基诺庄园过来串门，高声大气地说话，他还带来了在他家的度假者和他们的法国家庭女教师来帮瓦洛佳打发时间。当地的教师、医生、邮政局长和神父都希望找点事情做或者娱乐一下，因为他们一直都依靠安东·契诃夫和梅里霍沃庄园谋生或找乐子。只要不用给奥西普·布拉兹摆姿势，安东就自己躲起来，阅读比利时剧作家莫里斯·梅特林克的《盲人》（The Blind）。他苦笑说，即便亲朋们这会儿要求在梅里霍沃养上一群野生动物，他也毫不意外。

61. 闲散度夏

奥西普·布拉兹的肖像进展缓慢，惹得自己和摆姿势的模特都心意烦乱。他画了十七天，但肖像仍未完工。几乎没有人喜欢布拉兹创作的这幅看起来并不讨喜的安东·契诃夫肖像，但是玛莎·契诃娃爱上了这位画家。7月22日，布拉兹带着侄女离开了，安东和丽卡一直把他们送到莫斯科。安东在莫斯科与丽卡并不愉快地分了手，独自前往彼得堡去找苏沃林。他在苏沃林那里逗留了两个晚上，他们讨论了安东·契诃夫的账目，发现安东还负担得起国外生活八个月的花销。阿列克谢·苏沃林在睡前写日记道：

> 我计划在1897年7月26日星期六前往巴黎。我无法说服契诃夫一同来。他的借口是他得在秋天去国外过冬。他想去马耳他的科孚岛，如果现在去了巴黎，他就还得返回俄罗斯来。他说他计划翻译莫泊桑。他很喜欢莫泊桑，他的法语已经学得相当好了。[1]

安东·契诃夫体验到，彼得堡对"一个羸弱的肺结核患者来讲几乎无法呼吸"。（安东的医生们对他去那里待了两天都惊骇不已。）安东没有去探望大哥亚历山大和伊格纳季·波塔片科。[2] 尼古拉·列伊金给安东拍了一封电报，邀请他到托斯纳河旁的乡下别墅来。7月27日星期日，他们在最早的一艘汽船上见面了。列伊金很惊讶地发现，"契诃夫看起来心情愉快，脸色不错。他甚至还胖了一些"。安东从列伊金的狗棚中挑了一对白色的莱卡狗崽，从列伊金的三头奶牛产的奶中取了样

433

---

[1]《日记》（*Dnevnik*），1923/1992：接下来的一段话曾被认为是来自安东·契诃夫的一系列病态的想法。然而，仔细阅读苏沃林的日记手稿就会发现，这些想法其实是阿列克谢·苏沃林自己的思考。罗斯基娜（Roskina）对苏沃林日记誊本的增添与修正版《A. S. 苏沃林日记》（*Dnevnik A. S. Suvorina*）已经由唐纳德·雷菲尔德（Donald Rayfield）和奥尔迦·马卡罗娃（Olga Makarova）整理出版，莫斯科，1999年与2000年。

[2] 波塔片科一家人在苏沃林家并不受欢迎。埃米莉·比容写道（1897年12月）："波塔片科先生竟然敢写有关可怜的家庭女教师的卑鄙文章，他和他妻子都对她们嗤之以鼻。但是，他的妻子原来是干什么的？"［波塔片科的第二任妻子玛丽亚曾是一名家庭女教师。］

（他讨厌牛奶）。但他在列伊金家只停留了三小时，稍后苏沃林的贴身男仆瓦西里·尤洛夫会来把狗崽取走，坐火车送到莫斯科的万尼亚那里。安东推说他与莫斯科的某个医学教授有一个预约，急匆匆地离开了，以致弄丢了彼得·拉兹维奇斯基医生给他配的夹鼻眼镜，那副眼镜上的镜片非常昂贵。返回莫斯科后，安东·契诃夫一整天都在四处转悠，论证苏沃林新书店的可行性，然后享受了一个心满意足的晚上。他对苏沃林说："每每犯罪之后，我总能体会到精神振奋，灵感迸发。"安东·契诃夫有意躲避开公众视线，但不论他在哪儿，记者们几乎总能发现他的行踪，从巴特瑙海姆到敖德萨，甚至基斯洛沃茨克。

8月的酷热足以点燃梅里霍沃庄园周围的树林，农庄的温度达到了四十五摄氏度，叶子都枯黄了，根本没有草场。安东·契诃夫自己精疲力尽，无力拯救干渴的树林。他写信对彼得堡的吉洪诺夫说："我实在太不舒服了，只想躺着。"他休息时，玛莎的朋友亚历山德拉·哈加因采娃就在旁边给他画像。新狗崽儿南森和莱卡在8月3日被送到了梅里霍沃庄园，腊肠犬勃罗姆恼怒不已。最后一波亲戚也终于离开了。瓦洛佳从法国家庭女教师马德琳那里赢得赞赏，得到回家的路费后回了塔甘罗格。在圣母安息节聚会上，帕维尔在日记中写道："家里没有客人，只有谢缅科维奇一家、法国女人、神父和塔列日村学校的教员……莫斯科请来的舍尔温斯基（Sventsitsky）医生和季娜伊达·切斯诺科娃（Zinaida Chesnokova）晚上住在这里。"这两个人是来给老厨娘玛柳什卡看病的，她被送到了莫斯科的一家医院。农活儿搞得契诃夫一家人精疲力尽，都感到身体不适：玛莎服用了溴化物，帕维尔累垮了。还有几个讨人嫌的客人赖着不走：长笛手伊万年科爱上了女画家玛丽亚·德罗兹多娃。（帕维尔在6月份的日记中发牢骚说："伊万年科说个不停……伊万年科又来了。"）安东病重，没有精力维持家庭和谐，工人罗曼又不听从帕维尔的话了。帕维尔在6月15日的日记中写道："开始割干草，早上七时三十分，二十四个农民。罗曼得到了三卢布，他给那些人买了伏特加。他们没有割完草。"罗曼自从孩子夭折后经常与妻子奥林皮阿达吵架。家里的仆人们更是陷入一片混乱。女仆玛莎怀上了工人亚历山大·克列托夫的孩子，安东承诺，如果这位退役士兵同意娶女仆玛莎的话，安东会给她一笔嫁妆，但克列托夫躲闪不迭。

在梅里霍沃庄园，只有安东·契诃夫有足够的威信来维持农庄的流畅运作，当然，还得他身体足够好。然而，在即将来临的秋天和冬天，帕维尔、叶夫根尼娅和玛莎就要面临一个安东不在家的局面了。叶夫根尼娅写信时常为任何一点小事瞎操心，比如购买布料、收获土豆、玛柳什卡的白内障等等，然而在她这一时期的信中，一句也没有提到安东的健康状况或者他即将离开等话题。倒是帕维尔在 8 月 22 日给万尼亚的信中说："安东很快就要走了。他现在身体好多了，人也更开朗了，他已经不再咳嗽……我们两个人，我和你母亲，独自在乡下生活会很冷清。玛莎每个星期都回莫斯科去。"[1] 然而，没有人干扰安东的行程。亚历山大正全身心地投入两个新目标之中：骑行和戒酒。他和他的精神科医生维克托·奥尔德罗格（Viktor Olderogge）已经选中了奥兰群岛中的一个小岛，他们准备创建一个酒精中毒治疗中心。安东·契诃夫曾就此事与阿列克谢·苏沃林交流过，而苏沃林也游说了帝国财政大臣谢尔盖·维特（Sergei Vitte），一笔十万卢布的拨款正在酝酿中。在雅罗斯拉夫尔，米沙和奥尔迦夫妇正期待着第一个孩子的降生；米沙除了借钱之外很少过问安东。只有玛莎心情沮丧。在奥西普·布拉兹和玛丽亚·德罗兹多娃两位画家的鼓励下，她终于下决心接受专业训练，成为一名画家。然而尽管有伊萨克·列维坦的保举，她还是被莫斯科艺术学院拒绝了。为安东画像的布拉兹已经离开了梅里霍沃，三十四岁的玛莎只能继续留在农庄，面临老姑娘的处境：承担所有的家务，却鲜有为人妻的家庭幸福。

丽卡·米济诺娃计划跟随安东去法国，实际上女画家亚历山德拉·哈加因采娃也有此打算。朋友们都催促安东·契诃夫赶快启程，伊萨克·列维坦更是不停地展开攻势。列维坦虽然讨厌德国人，但仍然喜欢巴特瑙海姆的温泉和体操训练，他在信中说："我偶尔也性交一

434

---

[1] 见俄罗斯档案馆，2450 1 59 [万尼亚在写给亚历山大的信中也用到了这一段]。

把（当然是与缪斯女神）。"在列维坦看来，里维耶拉（Riviera）的风景"令人厌恶"，他深爱的是莫斯科北部与西部的广袤林地，那里虽然潮湿得要命，但可以激发他的创作灵感。伊萨克·列维坦给安东的建议是："大家都说阿尔及尔的气候对肺病有奇效。就去那里吧，别再耽搁了。在阿尔及尔待到夏天，如果喜欢，就待得更久些。我非常有可能来找您。"但列维坦在给玛莎的信中吐露了实情："我亲爱的、高尚的姑娘，我非常非常想见您，但身体状况实在太糟糕了，我害怕旅行，也害怕这种热天气。我在国外休养恢复了一些，但仍然非常虚弱……我一定是一个被唱过丧歌的人了。"[1]

安东·契诃夫曾经提到过手头拮据，列维坦和昆达索娃都相信这是实情。伊萨克·列维坦与自己的荫护人、慈善家萨瓦·莫罗佐夫提及这件事，奥尔迦·昆达索娃也与《儿童休闲》（*Children's Leisure*）的主编亚科夫·巴尔斯科夫（Iakov Barskov）谈过。他们告诉这些大亨，每人都应该给安东·契诃夫预支两千卢布。最终，安东·契诃夫只是拿着阿
435 列克谢·苏沃林的钱在 8 月 31 日星期日早上 8 点离开了梅里霍沃。奥尔迦·昆达索娃去车站送行。玛莎跟安东一起坐火车到了莫斯科，丽卡在那里迎上他，递给他一张纸条："我会在 9 点到 9 点半之间，坐计程车来接您——我觉得，晚饭还不算太晚。我非常想见您。您要去哪里？国外吗？"第二天，安东·契诃夫离开了莫斯科，前往法国的比亚里茨。他在出发前与丽卡·米济诺娃见了面，然而，二人后来对这次会面都避而不谈。

---

[1] 引自 A. 费奥多罗夫－达维多夫，A. 夏皮罗，《列维坦：文件》，1966：1897 年 7 月 29 日信件。

62. 海滨休养

（1897 年 9—10 月）

1897 年 9 月 16 日（儒略历 9 月 4 日），安东·契诃夫在巴黎北站遇 到了两个塔甘罗格的同乡，他们是《新时代》杂志的巴黎记者——前革命者伊万·帕夫洛夫斯基（Ivan Pavlovsky）和工程师尼古拉·别列柳布斯基（Nikolai Beleliubsky）。他们把安东带到了苏沃林一家下榻的旺多姆宾馆，但没想到阿列克谢·苏沃林已经去了比亚里茨，只有大儿子米哈伊尔、妻子安娜·苏沃林娜和家庭教师埃米莉·比容还留在巴黎。安东经过六十小时的火车旅行，在车厢里忍受着德国同伴们的雪茄烟味，现在终于可以自由呼吸了，但他又吐血了。安娜·苏沃林娜发现后，写信告诉了亚历山大。四天后，安东追着苏沃林的行踪去了比亚里茨，但苏沃林因为剧院急务不得不返回彼得堡。苏沃林保证 10 月再来法国与安东见面。

在比亚里茨，安东·契诃夫遇到了很多朋友（和狂风骤雨）。《俄罗斯报》的主编瓦西里·索博列夫斯基（Vasili Sobolevsky）也在比亚里茨度假，身边是他的伴侣瓦尔瓦拉·莫罗佐娃（Varvara Morozova）和三个孩子以及一名家庭女教师。他们良好的教养吸引了安东·契诃夫。他们给他提供了一个房间，但安东坚持仍住在维多利亚旅馆。俄罗斯人总喜欢抱怨比亚里茨挤满了俄罗斯人。9 月 23 日（儒略历 9 月 11 日），安东在给阿列克谢·苏沃林的信中写道：

> 海滩上很有意思。如果人们在沙滩上什么都不做，那么连人群都是好的。我随处散步，听盲人音乐家的演奏。昨天我去了巴约讷（Bayonne），在赌场看了《美丽的海伦娜》……这里生活成本不高，我只花了十四法郎，就租到了一个二楼的房间，还附带客房服务和一切其他的……［铁路大亨］波利亚科夫带着家人也在这里。天啊！这里到处都是俄罗斯人。女人们权且说得过去，可男人们，无论是年轻人还是老年人，都长着一张雪貂一样没有下巴的小脸，比一般人还要矮上一截子。这些俄罗斯的老男人各个脸色苍白，明显是晚上被妓女们榨干了精力，阳痿的人最终只能筋疲力尽地收场。当地的妓女令人恶心，她们性情贪婪，就在光天化日之下经营生意。一个令人尊敬的成家男人来这里本来是为了放松休闲，却要克制自己不变坏，这确实不容易。那个波利亚科夫也是脸色苍白。

437　　大西洋上的飓风迫使安东·契诃夫在这里逗留了两个星期。他也喜欢上了一个比亚里茨的妓女，她叫玛戈（Margot），十九岁，答应将来跟着安东一起走。

　　安东·契诃夫为了支付这次国外休养的费用，分别从阿列克谢·苏沃林、《小麦田》的老板阿道夫·马克斯、《俄罗斯思想》的主编戈尔采夫以及《俄罗斯报》的主编瓦西里·索博列夫斯基那里支取了预付稿酬。国际性新杂志《大都会》（Cosmopolis）的俄罗斯主编费奥多尔·巴秋什科夫（Fiodor Batiushkov）委托安东创作一个故事，但安东从心底来讲并不想写。法国总统于1897年8月访问了俄罗斯。根据一项新的法俄联盟条款规定，法国邮政禁止处理写有西里尔文字的包裹，以此来保护俄罗斯免受煽动性文学的侵扰。因此，安东·契诃夫写的任何文字，无论是故事还是审读的校样，都必须写在薄薄的信纸上用信件寄出。几个月以来，安东将所有闪现的灵感都随手记在了一个笔记本上。这个笔记本就像一锅大杂烩：既有各种各样的对话、描写和情节片段，也有某某地址或花园植物清单；在某些空白页上还留有塔妮娅·谢普金娜－库别尔尼克的笔迹："亲爱的安托沙，莫斯科大饭店是幸福的天堂"，以及"亲爱的，我爱您"。

家人和朋友寄到比亚里茨的信的主旨都是让安东·契诃夫好好休息。玛莎写道："你要记住自己为什么去温暖的地方，所以不要太多地受城市生活的诱惑，我的女友和你的女友都让我这样告诉你。列维坦说他又病得很重，我明天应该能见到他。"苏沃林一家返回了俄罗斯。家庭女教师埃米莉·比容去了阿尔萨斯的布鲁马斯，去探望她的儿子让·比容。安东给她写了一封法文信，她回信说："您的照片就摆在我的桌子上，当我给您写信的时候，我觉得自己就在跟您说话，而您也认真地听我讲话，偶尔还露出笑容。您的每个字都能给我带来幸福。"

9月12日，丽卡·米济诺娃给安东来信说：

> 我最近一直在琢磨您与那位作家女士的恋情，我得出的结论是：一个人一直吃啊吃啊，吃的都是美味精致的菜肴，他吃厌了，于是想要尝一尝萝卜的滋味……与原来一样，我总在琢磨您，所以一切照旧。但终究还是有些新消息：塔妮娅·谢普金娜－库别尔尼克回到莫斯科了，她看起来更加漂亮了，显得更加纯洁了——这是您看中的女人的品质，也是尤斯特夫人所拥有的……反正我不妒忌她，她待人很好，人也很有意思。

安东在回信中对丽卡说，如果她现在来法国的话，他就去巴黎接她；至于丽卡所指控的他执着于女人的"纯洁"，他为自己辩护，说他也很看重"善良"这种品质，而这恰恰是她的美德。安东还告诉丽卡，比亚里茨的玛戈在给他上法语课。丽卡·米济诺娃为了筹到钱去法国，为了能被"挂到安东的脖子上"，正考虑抵押她继承的那份家产土地。奥尔迦·昆达索娃和丽卡·米济诺娃漫步在莫斯科的街道上，奥尔迦计算着男人的回头率。奥尔迦·昆达索娃凭着自己六年的心理学经验，在10月5日给安东的信中为丽卡找到了她"求而不得"的症结所在：

438

我希望玛戈能够适当地激发起您的感情，唤醒您体内那些长期处于休眠状态的东西。让我们期待您回到俄罗斯后不再性情乖戾、整天绷着脸，而是一个活生生的人，一个男人！然后会怎么样呢！玛莎那些可怜的女朋友！……您对奶酪一无所知，您即便饥饿难忍，也只是站在一个安全距离之外观察它，而不是吃掉它……如果您仍然这样与玛戈相处，那么我真心为她感到难过。请向她转告，她不幸的盟友祝福她！我也曾愚蠢地充当过一块您拒绝品尝的奶酪。

又一次，安东·契诃夫置身欧洲却没有夹鼻眼镜。他让玛莎将他书桌上的彼得·拉兹维奇斯基医生开出的配镜处方给他寄来，于是玛莎将她在书桌上第一眼看到的拉丁文纸条寄了过来，结果那是一份医药处方。安东穿戴得整整齐齐，或是在海滩上漫步，或是逗索博列夫斯基家的小姑娘玩耍，而她们的父亲，长得很像佩特罗尼乌斯的索博列夫斯基在游泳。近视眼看不清楚人，也就不可避免地要遇到熟人。安东在比亚里茨的最后三天遇到了尼古拉·列伊金。列伊金在 10 月 2 日（儒略历 9 月 20 日）的日记中写道："我看到契诃夫向我走来……他来这里不是为了游泳，只是享受海风。我觉得他已经完全康复了。他和我们一起从海边爬到陡峭的悬崖上，一点儿也没有气喘。"

10 月 4 日（儒略历 9 月 22 日），安东·契诃夫与索博列夫斯基一起离开比亚里茨，途经图卢兹，前往尼斯。在法国里维耶拉蓝色海岸，他们入住了列伊金推荐的一家旅馆——古纳德街上的"俄罗斯公寓"（La Pension Russe）。从这里穿过一条又脏又臭的胡同，就可以从火车站到达著名的海滨步行街益格鲁街。这家旅馆除了价格便宜之外，其魅力还在于旅店主人是一位俄罗斯女人，维拉·克鲁格洛波列娃（Vera Kruglopoleva）夫人。旅馆的俄罗斯厨师原来是一名农奴，三十年前，当她的主人返回俄罗斯的时候，她留在了法国。现在，她只是偶尔做做让客人们念念不忘的罗宋汤或白菜汤。她给俄罗斯公寓增添了一点儿话题：她嫁给了一个黑人水手，有一个混血女儿索尼娅，有人看到过索尼

娅晚上在尼斯的街道上招揽生意。安东本来告诉家人他只打算10月待　*439*
在尼斯，但是尼斯秋天的天气实在太好了，他都舍不得离开了。这里的
俄罗斯性质的陪伴，无论是逝者还是活人，都让安东·契诃夫非常喜
欢。在尼斯城西部的科凯德（Caucade）有一处俄罗斯东正教公墓。公
墓位于山顶最高处，这一位置距离天堂最近，亦可欣赏到最美丽的海
景，墓地四周围绕着芙蓉、棕榈树和九重葛等植物。埋葬在公墓里的既
有流亡的革命者、受伤的军官、罹患肺结核的贵族，也有服侍照料过这
些俄罗斯侨民的医生和神父。尼斯还有两座教堂、一个阅读室和许多俄
罗斯律师和医生，服务于生活在当地的俄罗斯人。

　　10月，索博列夫斯基一家人离开了。此时，安东已经结识了另外
两个人：一个是动物学家阿列克谢·科罗特涅夫（Aleksei Korotniov）
教授，他在海滨自由城（Villefranche-sur-mer）的海洋生物所工作；另
外一个是反对沙皇统治的社会学家马克西姆·科瓦列夫斯基（Maksim
Kovalevsky），科瓦列夫斯基在索邦大学（Sorbonne）任教，是六
年前死于结核病的数学家兼剧作家索菲娅·科瓦列夫斯卡娅（Sofia
Kovalevskaia）亡夫的密友和亲戚。在科瓦列夫斯基的陪伴下，安东的
生活质量有了很大提高，但科瓦列夫斯基也心中惴惴，因为他担心有什
么活动会加重安东的病情。安东·契诃夫在此休养期间也得到了尼古
拉·尤拉索夫（Nikolai Iurasov）的照顾。尼古拉·尤拉索夫是俄罗斯
驻芒通（Menton）的领事，平时住在尼斯。他的儿子在里昂信贷工作，
这让安东从莫斯科到尼斯的资金周转操作起来容易多了。尤拉索夫是一
个"仁慈善良的典范，精力用之不竭的人"，他头顶秃秃，秃得可以让
人看到头骨的缝隙。他经常为当地的俄罗斯同胞们提供茶点、晚餐，组
织新年和复活节聚会。在尼斯，经常与尤拉索夫、科瓦列夫斯基和契诃
夫一起活动的还有老迈的艺术教授瓦列里安·亚科比（Valerian Iakobi）
和后来死于肺癌的阿列克谢·柳比莫夫（Aleksei Liubimov）医生。

　　朋友们的陪伴让安东·契诃夫走出了被玛戈抛弃的阴影。比亚里茨
的风尘女子玛戈确实跟随安东来到尼斯，但后来就不见了踪影，她也许
是跟着某个身体更加健壮的保护者跑了。从安东写给玛莎的信来判断，

代替玛戈的女人，且不说她的容貌如何，至少应该是一个很好的法语老师，擅长纠正俄国人说法语时易犯的错误。在这个女人的帮助下，安东的法语阅读能力和口语都大有长进。然而她从来没有去俄罗斯公寓拜访过安东，而安东也觉得爬她的楼梯太辛苦了。

安东·契诃夫之前曾通过阅读莫泊桑的一部作品来了解里维耶拉。这部作品就是莫泊桑的旅行札记《在水上》（*Sur l'eau*），它是莫泊桑在他的游艇"漂亮朋友"号上巡游蔚蓝海岸时创作的。这本书曾给《海鸥》提供了很多隽语引文，也对这处"欧洲的鲜花公墓"给予了高度赞赏。然而，打动安东·契诃夫的不是这里的鲜花和绿树，而是法国人的礼貌与整洁。随着秋天的临近，安东的行动也日渐谨慎起来，日落后他就不再出去闲逛了，所以当同伴 N. 马克舍耶夫（N. Maksheev）诱惑他去赌场时，简直就是白费力气："亲爱的医生！好好想一想吧，我敢保证，我有办法在轮盘赌上把两千法郎变成一大笔钱。如果您想参与，那我们就必须达成协议，采取行动啊……"[1] 此时，瓦西里·内米洛维奇 - 丹琴科（Vasili Nemirovich-Danchenko，弗拉基米尔·内米洛维奇 - 丹琴科的哥哥）也在蒙特卡洛打发时间，安东只是看着他赌博。伊格纳季·波塔片科更是狡猾，他给安东写信说："安东尼奥！……我很快就能在蒙特卡洛找到一个稳妥的获胜方法，这样我们两个就都有望变成富翁了。"[2]

俄罗斯公寓的住客对安东·契诃夫兴趣寥寥，他们只把他当成一名普通医生。这时，住在尼斯的俄罗斯人罗扎诺夫（Rozanov）促使安东·契诃夫第一次表明了自己的政治立场。罗扎诺夫是一名犹太人，他出租公寓，出售俄罗斯期刊，出版《法俄信使》（*Le Messager franco-russe*）。他在引人注目的"德雷福斯事件"（1894 年，法国犹太裔军官阿尔弗雷德·德雷福斯［Alfred Dreyfus］上尉被诬陷为奥匈帝国的间谍，以叛国罪遭到流放）中，热切地支持阿尔弗雷德·德雷福斯。安东·契

---

[1] 见图书馆手稿部，331 51 18：N. 马克舍耶夫给安东·契诃夫的信，1897—1898。
[2] 见图书馆手稿部，331 56 36v：伊格纳季·波塔片科给安东·契诃夫的信，1897—1899。

62.海滨休养

诃夫结识罗扎诺夫并不是因为购买他的报纸，而是因为给他的妻子治病。在罗扎诺夫那"迷人的微笑"和"非常细腻而敏感的心灵"的影响下，安东逐渐成为德雷福斯的支持者。尽管安东·契诃夫在思想上发生了激进的转变，但他仍然希望见到苏沃林。阿列克谢·苏沃林在日记中说医生建议他去尼斯，"契诃夫也叫我去。我自己倒是想去，但我担心，如果我不在的话，剧院的情况会越来越糟糕"。后来，亚历山大告诉安东，他在电车上看到苏沃林带着仆人瓦西里去买出国的车票。10 月 15日，苏沃林和长子米哈伊尔再次出发前往巴黎。

一个月一百卢布的日子十分享受。安东·契诃夫购买了所有能买到的报纸[1]，衬衫熨帖笔挺，他也品尝了所有感兴趣的葡萄酒和咖啡。他喜欢与科瓦列夫斯基一起玩纸牌游戏，一起参加室外音乐会。慈善家萨瓦·莫罗佐夫巧妙地要给安东提供两千卢布，《儿童休闲》的主编巴尔斯科夫也在奥尔迦·昆达索娃的敦促下想要每个月给他五百卢布。安东·契诃夫一口回绝了这些经济援助，并且谴责列维坦和昆达索娃将他置于尴尬的境地。伊萨克·列维坦气得大骂安东敏感，是"带条纹的鬣狗，异教的鳄鱼，怯懦的林妖"。安东·契诃夫已经整整六个月没有发表新作了，他的经济来源主要是苏沃林出版的小说集稿费，以及在彼得堡上演《伊凡诺夫》，在外省上演《海鸥》和《万尼亚舅舅》的演出收入。

唯一让安东·契诃夫担心的就是梅里霍沃庄园的家人。玛莎的来信流露出，她受够了这份令人烦恼的责任。安东曾经安排她去领取彼得堡的月付工资，但她忘了如何操作。安东让她放宽心，在 10 月 6 日的信里写道："如果很难弄，就先不要管它了，否则你还能怎么办？我会好好奖励你的辛苦的。"对一个农庄而言，如果主人一年中有八个月不在，那么这份产业也就没有什么意义了。帕维尔做事越发无所顾忌，他在信中告诉米沙："妈妈和我像隐居者一样，孤零零地坐在房子里，担心各

441

---

[1] 安东·契诃夫将《新时代》重新折叠整齐后送给芒通的俄文阅览室，将《世界回声》（*World Echoes*）转卖给俄罗斯公寓的客人库拉科夫，每个月售价两法郎。

种琐事，然后吵得精疲力尽，谁都不肯让步。"[1] 在同一封信中，叶夫根尼娅抱怨说："当家人［帕维尔］对我非常不好……人家总是缠着玛莎要钱，但是她一分钱也没有啊，她很烦，我只能伤心，别的什么也帮不了。"

农庄上的仆人们也遭了罪。安纽塔·纳雷什金娜被家人换了伏特加，成亲后怀了孕；玛莎·齐普拉科娃怀上了退伍军人亚历山大·克列托夫的孩子。一时间，这两个女仆都住进了医院待产。但安纽塔·纳雷什金娜被助产士感染，死于产后热。而玛莎·齐普拉科娃生下孩子后，帕维尔却让她把孩子留在孤儿院。安东·契诃夫坚持应该把孩子带回家里，命令每个月给孩子的母亲玛莎七卢布，还要给她收养的弟弟付学费上学，她的弟弟是一个弃婴，一只手上没有手指。在玛莎·齐普拉科娃恢复干活之前，照顾帕维尔、叶夫根尼娅和玛莎生活的就只有老厨娘玛柳什卡和干活不惜力的安纽塔·丘法罗娃。农庄上差一点发生一件更加糟糕的事情：玛柳什卡和玛莎·齐普拉科娃在澡堂里被烟呛晕，多亏玛莎·契诃娃及时救醒了她们。工人罗曼仍然掌管着马厩，但在帕维尔看来，他的妻子奥林皮阿达把农庄上下搞得一派懒散。梅里霍沃村的村长退休了，农民和当局都找不到一个合适的人继任来解决争端和管理村庄事务。一个村民被马咬掉了手指头，被关押了起来。还有一个村民得了伤寒，很多梅里霍沃村民都有这种病。

契诃夫家决定重新装修庄园的客房，这样，安东回来后就可以全年住在里面了。于是，搭炉匠又被叫到了梅里霍沃庄园，但叶夫根尼娅的信中却反映出："厢房的炉子还没有搭完。搭炉匠掉下来，摔进了马厩里。"玛莎也满腹牢骚："所有梅里霍沃的人都说你不该离开……赶快好起来吧，即便不为了你自己，也为了别人，为了那些需要你的人。原谅我说这些套话，但这是真的。"厢房里的炉子终于搭完了，塔列日村学校教员米哈伊洛夫被请来装修厢房（以及客厅）。谢缅科维奇是一名工程师，他担任监工，决定用瑞典硬纸板做厢房墙壁的隔热材料，门上挂

---

[1] 见图书馆手稿部，331 73 10：帕维尔·契诃夫给米沙·契诃夫的信，1885—1898 部分，1897 年 9 月 17 日。

62. 海滨休养

上了双层毡的厚门帘。经过这番改造，厢房里面的温度比外面高出了许多，但这也带来了一个两难困境。1897年12月5日，帕维尔在给米沙的信中写道： *442*

> 只有上帝知道他的身体到底怎么样了……夏天他最喜欢住在那个小屋里，那边没人叨扰他，安静，但是冬天就不合适了。首先，要离开零上十八摄氏度的屋子——外面零下二十五摄氏度——然后才能走到我们住的主屋。这样，你还是得面对寒冷，呼吸和咽下上帝给你的任何东西。其次，他必须早上过来喝咖啡，十一点来吃午饭，三点来喝茶，七点来吃晚饭，最重要的是，要来坐在他的宝座上。

在梅里霍沃庄园里，家犬、莱卡狗和腊肠犬之间叫咬不止，抢夺食物，甚至互相咬伤，它们吵得附近的村民都无法睡觉，花坛也被糟蹋得乱七八糟。用帕维尔的话说，这些狗就像前些年养的猫鼬。契诃夫家买庄园时一同买下的那匹老马安娜·彼得罗芙娜在产下最后一匹小马驹十个星期后死了。帕维尔显得无情无义，叶夫根尼娅向米沙哀叹，说"当家人今天十分狠心"[1]。原来，帕维尔四处打探，终于找到一个愿意给马剥皮并付了三卢布买走马皮的人。

安东的几个兄弟这一时期的日子都过得心满意足。米沙告诉玛莎，奥尔迦"把他的生活安排得井井有条，事无巨细，十分周到"。亚历山大终于在9月说服了万尼亚和索尼娅夫妇为他监护儿子科利亚，为此亚历山大每个月支付五十卢布。科利亚在梅里霍沃庄园度过几天假期后，带着他父亲亚历山大的一封信去了莫斯科：

> 持此信者就是那头蠢猪，蒙万尼亚和善良的索尼娅不弃，慷慨置于你们的监护之下……如果他烦了或恼了，就会唠叨一些让人

---

[1] 见图书馆手稿部，331 73 10：叶夫根尼娅·契诃娃给米沙·契诃夫的信，1888—1903部分，1897年11月3日。

听不懂的东西（可能是威胁）……他讨厌书……喜欢敲钉子、洗碗……他喜欢钱和糖果……他不认时间……经常打架。

　　身在国外的安东·契诃夫既没有询问家里的腊肠犬，也没有打听侄子们的情况。他在俄罗斯公寓住得气定神闲，碰上阴冷潮湿的晚上就待在房间里。他又开始创作了。

63. 阿尔及尔之梦

（1897 年 11—12 月）

丧失自尊和"纯洁"，靠慈善家萨瓦·莫罗佐夫养活，这种前景促使安东·契诃夫坐下来捉笔创作。1897 年秋天，他的创作题材比较狭窄，主要是回忆少年时代的风物，例如，《佩彻涅格人》（"The Pecheneg"）和《在故乡》（"Home"），这两个故事反映的都是外乡人偶然闯进顿河草原上未开化的农庄后的遭遇。当然，这一时期也有冲破回忆童年题材的作品，《在大车上》（"On the Cart"）描述了一幅乡村教师生活的绝望画面，这很大程度上反映了梅里霍沃村的境况。他开始创作《在朋友家里》（"A Visit to Friends"），这是写给《大都会》杂志的一个故事，其中透露出他的最后一部戏剧《樱桃园》中的某些情节。他写信让玛莎给他寄来早前的一个故事的草稿，于是玛莎挥动剪刀，将纸页剪裁得像一封信，看起来不是什么违禁手稿。

安东·契诃夫已经享有国际声誉。9 月底，鲁道夫·施特劳斯（Rudolf Strauss）在《维也纳·朗德绍》（*Wiener Rundschau*）杂志上宣称：

> ……一个强大而神秘的奇迹在我们面前展现出来，它拥有斯特林堡的内容和莫泊桑的形式，我们看到了一种几乎不可能的高妙结

合，此前没有任何人能有如此技巧：我们热爱斯特林堡，我们热爱莫泊桑，因此我们必须热爱契诃夫，我们要双倍地去热爱他。他的名声将很快传遍世界。

玛莎和波塔片科给安东送来剪辑的资料。译者们（有些力有不逮，但无一例外都满腔热情）缠着安东·契诃夫，征求他的许可，要将他的作品译成法语、捷克语、瑞典语、德语和英语。一个叫丹尼斯·罗奇（Denis Roche）的人表现得十分突出：他付给安东·契诃夫一百一十一法郎，这是他收到的法文版《农民》翻译费的一半。[1] 契诃夫每天定量学习法语，给塔甘罗格图书馆寄去几百本法文经典著作，还非常自信地给玛莎纠正法语错误。他从瓦西里·索博列夫斯基那里要来一张记者证，这样他就可以坐在最好的座位上，听阿德琳娜·帕蒂（Adelina Patti）和莎拉·伯恩哈特的演出，他还参加了阿尔及尔音乐节。他现在经常光顾蒙特卡洛，谨慎地在轮盘上投注一些小额赌注，时不时小有收

444 获。安东·契诃夫现在终于能够盯得住轮盘赌转盘了。原来，俄罗斯的眼科先驱列昂纳德－列奥波德·吉尔什曼（Leonard-Leopold Girshman）医生和患了结核病的儿子也住在尼斯。安东给做儿子的治病，而做父亲的给安东配了一副新的夹鼻眼镜。11月时，安东·契诃夫（戴着帽子，穿着秋装，拿着拐杖）称量体重，发现自己七十二公斤了，这对一个身高一米八五的人来讲已经足够。

10月30日（儒略历10月18日），马克西姆·科瓦列夫斯基离开俄罗斯公寓回索邦大学上课去了。科瓦列夫斯基答应过安东要带他去阿尔及尔，所以安东焦急地盼着他回来。同时，安东也在等待阿列克谢·苏沃林到尼斯来，鱼子酱到了，熏鲟鱼也到了，但是苏沃林没有来：11月19日（儒略历11月7日）苏沃林返回了俄罗斯。这让安娜·苏沃林娜十分惊讶，她还以为安东已经一洗苏沃林的郁闷了呢。艺术教授瓦列里安·亚科比虽然病况比契诃夫更加严重，但是他决定在俄罗斯过冬。安

---

[1] 俄罗斯政府拒绝签署《国际版权公约》，因此俄罗斯作家无权接受自身作品的外国版本的稿费。

63. 阿尔及尔之梦

东·契诃夫向科罗博夫医生承认,自己再次吐血了,他每两小时用一次溴酸钾和水合氯醛。他在 11 月 22 日(儒略历 11 月 10 日)给安娜·苏沃林娜的信中说:

> ……上次大出血的症状一直持续到现在,那是三个星期前开始的……我只能慢慢挪步,除了在街上转转也无处可去,我一点儿也不享受,日子过得很无聊。这让我非常生气,情绪低落……请看在上帝的分上,不要告诉任何人我吐血了,这是我们之间的秘密……如果家里人知道我还在失血,他们会尖叫起来的。

安东生活圈里的女人都热切地盼望他返回俄罗斯。叶夫根尼娅建议他回来过圣诞节,哪怕节后再走也行。安娜·苏沃林娜对他大赞俄罗斯的鹅毛大雪,称他的病是"背叛",她将其归咎于安东现在与玛戈、更早与利迪娅·亚沃尔斯卡娅的鬼混。安娜·苏沃林娜邀请契诃夫来彼得堡。12 月 20 日,苏沃林的女儿娜斯佳将在维克托·克雷洛夫(Viktor Krylov)的闹剧《让我们离婚吧》(*Let's Divorce*)中出演角色。除了她的表演,娜斯佳的未婚夫们(自从阿列克谢·苏沃林放弃了让她嫁给安东后,娜斯佳已经订过数次婚)也是彼得堡的饭后谈资。[1] 只有家庭女教师埃米莉·比容的信向安东描述了俄罗斯真实的冬天:"自从回来以后,我还没有见过太阳……"

为了免于爬两层楼梯的辛苦,安东从俄罗斯公寓的楼上搬到了楼下来住。马克西姆·科瓦列夫斯基虽然答应陪安东去阿尔及尔,但进入 12 月份后,他有些拿不定主意了。他告诉瓦西里·索博列夫斯基:

> 契诃夫甚至在我离开博略(Beaulieu)之前就开始大出血了。 *445*

---

[1] 格里戈洛维奇仍存心存希望。他写信给阿列克谢·苏沃林(1898 年 10 月 29 日)时说:"一说到您的娜斯佳,我总是想到契诃夫……他这个人那么好,那么富有才华,您想不到还有什么更好的东西可以指望了。只是不知道娜斯佳觉得如何?"见《俄罗斯作家们写给苏沃林的信》,列宁格勒,1927,42—43。

我听说他现在还不时这样。我觉得他根本不知道自己的状态有多么危险，在我看来，他就是典型的得了肺结核。我很害怕带他去阿尔及尔，如果他在那里病情恶化了怎么办？给我提些建议吧。[1]

安东告诉科瓦列夫斯基说，他"日日夜夜都梦想着去阿尔及尔"。

安东·契诃夫在尼斯待得心满意足。他意识到俄罗斯只有在火柴、糖、香烟、鞋子和药店这些方面比法国稍强些。即便他脑海中闪过提前返回俄罗斯的念头，先行回国的瓦西里·索博列夫斯基在 11 月 12 日的来信也打消了他的这个想法：

> 经过一段宁静的国外生活再穿过边境返回俄罗斯，就像一个病人从空气新鲜的环境回到密不通风的房间，到处是病菌和药品的味道……我们的回程始于因为家庭教师的护照违规而被拘留在边境，最后终于回到莫斯科。秋天的莫斯科到处是令人恶心的臭气和污物，挤满了说脏话的醉鬼，等等。我现在的这种状态可能就是您所说的"沮丧"。[2]

为了安抚梅里霍沃的家人，安东托回国的俄罗斯人给家人带去了大批礼物：领带、钱包、剪刀、开瓶器、手套、香水、储钱罐、扑克牌、针。帕维尔和玛莎消了气，作为回报，他们给他寄来所有的报纸。玛莎·契诃娃现在管理着两所当地学校，还要在一位激进的教师和保守的神父之间调解矛盾。同时，她在莫斯科的学校教书，在农庄上照顾羊羔，逮住上下乱窜的狗，照顾生病的仆人，付钱打发走纠缠不休的修道士。她对米沙大倒苦水，因为米沙想要让叶夫根尼娅去照顾怀孕待产的奥尔迦。玛莎说："爸爸完全不听管……我不会让妈妈马上去你那里的。家里没有人做家务……我每天都累得精疲力尽，脑袋没有一刻不疼。你

[1] 1897 年 12 月 18 日：引自《契诃夫全集》，7，517。
[2] 见图书馆手稿部，331 59 25：瓦西里·索博列夫斯基给安东·契诃夫的信，1892—1904。

63. 阿尔及尔之梦

自己回家过圣诞节吧。"[1]

为了迎接圣诞节期间可能涌来的大批客人，帕维尔要求家里装满橱柜，他储备了格瓦斯，让米沙准备火腿。米沙从伏尔加寄来冷冻的河鱼和新鲜的松鸡。这些东西看起来非常诱人，于是帕维尔让叶夫根尼娅打破了严格的断食规律，在星期三吃了一顿美味的北极鲱鱼。帕维尔还将准备娱乐节目的任务交给了万尼亚：

> 妈妈让你带回魔术灯笼和照片，圣诞节第二天要给塔列日村学校的学生们发放礼物，正好可以在那个时候展示一下，这样才显得更加庄重。村里的学生都没有见过照片，这对他们来讲肯定是大大的惊喜……安托沙会付所有的账单的。[2]

米沙和奥尔迦送来了一只鹅，但是他们夫妻二人都没有回梅里霍沃 *446* 过圣诞节。帕维尔答应过要教孙子瓦洛佳骑马，但是也只有万尼亚一个人回来了。让帕维尔大为恼火的是，圣诞节期间唯一的客人就是玛丽亚·德罗兹多娃。圣诞节那天，契诃夫家用香肠和伏特加款待了当地的三名助产士。新年前夜也冷冷清清。帕维尔记录道："万尼亚和学校的老师来了。我们十点吃晚饭。德罗兹多娃小姐得到了幸运硬币。然后我们开始玩牌。"

在彼得堡的亚历山大写信说，在苏沃林家的新年聚会上，安娜·苏沃林娜向不在场的安东祝福，而老苏沃林一直闷闷不乐地躲在书房里。他告诉亚历山大自己不会去尼斯了，因为安东要和科瓦列夫斯基一起去阿尔及尔。1898 年 1 月，马克西姆·科瓦列夫斯基终于鼓起勇气告诉安东·契诃夫，自己得了风湿病和流感，恐怕去不成非洲了。安东沮丧地回信说："这太让人失望了，我一直对阿尔及尔心驰神往。"

---

[1] 见图书馆手稿部，331 73 11：玛莎·契诃娃在叶夫根尼娅给米沙·契诃夫的信后的附言，1897 年 11 月 3 日。

[2] 见图书馆手稿部，331 81 23：帕维尔·契诃夫给万尼亚·契诃夫的信，1897 年 12 月 22 日。

　　丽卡·米济诺娃为了筹钱去法国而抵押了自己的土地，但是银行扣留了资金，所以她还是无法成行。她想要开一家女帽店，认为体力劳动会缓解她的低落情绪。玛莎对这个想法不屑一顾，她认为丽卡·米济诺娃做事太缺乏条理，根本无法与同行对手竞争。1月13日，丽卡在信中告诉安东，她已经恢复了原来的容貌以及自我，"那个无可救药地爱了您那么多年的自我"[1]。安东告诉丽卡，他对开女帽店没有意见，他还会和更漂亮的女顾客调情；但私下里他同意玛莎的观点："丽卡会对顾客发脾气的，她的脾气很糟糕。更重要的是，她偏爱绿色、黄色的丝带和巨大的帽子。"

　　1898年1月12日，安东·契诃夫在尼斯庆祝了俄罗斯儒略历新年，他与新同伴、玛莎的好朋友亚历山德拉·哈加因采娃——她是在俄罗斯儒略历圣诞节那一天住进俄罗斯公寓的——一起去观看了轮盘赌。亚历山德拉·哈加因采娃对轮盘赌并不感兴趣，只是给予礼貌性的回应，但她确实是一个很好的陪伴。在俄罗斯公寓，他们两人从来不在餐桌上逗留太久，因为安东每天都要接受弗拉基米尔·瓦尔特（Vladimir Valter，是住在俄罗斯公寓的另一个塔甘罗格人）医生的检查，下午四点前一定要回到自己的房间。亚历山德拉和安东非常喜欢看到其他客人大惊小怪的样子。亚历山德拉一直待在安东的房间里，直到十点钟听到外面的一头驴子鸣叫，这是她离开的信号。亚历山德拉经常给旅店的女客人们画水彩漫画，取笑她们。她还和安东给她们起绰号，比如鱼、娃娃、红丝带、衣蛾和贫民窟等。亚历山德拉·哈加因采娃用充满爱意的敏锐眼光观察着安东，她在给玛莎的信中说：

　　　　这里的人认为进男人房间是不体面的，但是我所有的时间都待在安东的房间里。他的房间很棒，在一个角落，有两扇大窗户（这里的窗户都是落地窗），挂着白色的窗帘。

　　　　1898年1月23日（儒略历1月11日）：……我们不得不听那

447

----

[1] 见图书馆手稿部，331 52 2d：丽卡·米济诺娃给安东·契诃夫的信，1898；有些刊印于《通信集》，II，1984，16—59。

些最惹人讨厌的女人的愚蠢谈话。我跟安东开玩笑，说这里根本没有人认识他——这些傻瓜真的不知道他是谁……安东和我是女佣玛丽的好朋友，和她一起用法语骂其他客人。[1]

在房间里沏茶聊天时，能让安东·契诃夫激情洋溢的话题只有一个：阿尔弗雷德·德雷福斯。

---

[1] 引自《契诃夫全集》，7，493。

64. 德雷福斯支持者

（1898 年 1—4 月）

　　1894 年，法国犹太裔军官阿尔弗雷德·德雷福斯被诬陷向奥匈帝国的情报部门出卖法国军事机密，被判处终身监禁，关押到魔鬼岛。1897 年秋天，在一名安全部门的上校和一名参议员大力施压的情况下，法国政府被迫重新审理德雷福斯案。阿尔弗雷德·德雷福斯的长兄马修·德雷福斯（Matthieu Dreyfus）在《费加罗报》（Le Figaro）上指证，真正的叛徒是费迪南·瓦尔桑－埃斯特哈齐少校。针对这一事件，法国和俄罗斯的公众舆论分化为两极：一个阵营是反犹主义者和民族主义者，另一个阵营是民主主义者和国际主义者。然而，埃斯特哈齐少校被"洗白"，安东·契诃夫怀疑"这是一个有人操纵的邪恶的玩笑"。契诃夫进行了长达两个星期的调查，认定德雷福斯是无辜的。[1] 1898 年 1 月 13 日（儒略历 1 月 1 日），法国的《极光》（L'Aurore）报发表了埃米尔·左拉（Émile Zola）的论战文章《我控诉……！》（J'accuse...!）。该报发行了三十万份，左拉为德雷福斯的辩护在法国社会上引起了轩然大波。埃米尔·左拉的任何作品都不曾像这篇文章那样引起法国政府的报复性愤怒，也不曾如此激发起安东·契诃夫对他的崇敬。安东·契诃夫通过

---

[1] 列夫·托尔斯泰对此事的态度摇摆不定，阿尔封斯·都德（Alphonse Daudet）则认为十二名军官不可能错。然而，利迪娅·亚沃尔斯卡娅是一个狂热的德雷福斯支持者。

64. 德雷福斯支持者

此事第一次表明了自己的政治立场。他十分赞赏弗拉基米尔·科罗连科的举动。1895—1896 年，一些乌德穆尔特族（Udmurt）村民被指控用活人做祭品，犯有谋杀罪。弗拉基米尔·科罗连科挺身而出，为村民们辩护，在俄罗斯报纸上撰文来揭发和声讨这次审判，科罗连科因此遭受了与左拉同样的痛苦折磨，已经神经错乱。安东·契诃夫阅读了他为塔甘罗格图书馆购买的伏尔泰的著作，因为伏尔泰也曾为被司法制度谋杀的新教教徒卡拉斯（Calas）进行辩护，这可以算得上左拉为德雷福斯辩护的先声。安东·契诃夫一向十分喜爱犹太人，其程度丝毫不逊色于他对于女性的热爱，虽然他也认为，没有一个犹太人能够真正融入俄罗斯生活，没有一个女性天才能完全与男性天才比肩而立。但是，他仍然斗志昂扬地维护犹太人和女人的平等权利和机会。

亚历山德拉·哈加因采娃离开了尼斯，留下了一幅安东的肖像。1898 年 2 月 10 日（儒略历 1 月 29 日），安东·契诃夫在给马克西姆·科瓦列夫斯基的信中否认了他会与哈加因采娃结婚：

> 唉，我没有能力处理像婚姻这样复杂而纠结的事情。丈夫的角色让我害怕，它蕴含着一些很严厉的东西，类似一个团长的职责。我生性闲散，更喜欢从事一些要求不高的工作。

这时，一个素不相识的女孩走入安东·契诃夫的生活。在俄罗斯儒 *449* 略历新年那一天，从蔚蓝海岸的戛纳小镇送来一束鲜花和一封信，写信人是一个叫奥尔迦·瓦西里耶娃（Olga Vasilieva）的女孩。亚历山德拉·哈加因采娃觉得这件事情很好笑，在 1 月 22 日（儒略历 1 月 9 日）告诉了玛莎：

> 两个小女孩从戛纳来拜访安东，其中一个征求安东的许可，想把他的作品翻译成外文……她个子小小的、胖胖的，脸蛋淡粉色。她费劲地拖着一架相机，要给安东照相，围着他跑来跑去，嘟囔着："不行，他的姿势不对。"她第一次是和她爸爸一起来的，注意

587

到安东在咒骂法国的火柴，法国火柴确实非常糟糕。今天她就带来了两盒瑞典火柴。很令人感动，是吧？[1]

与当年的叶连娜·沙夫罗娃一样，奥尔迦·瓦西里耶娃被安东的魅力俘获时也只有十五岁。与沙夫罗娃不同的是，瓦西里耶娃早年是一个孤儿，后来她和她的妹妹被一个地主收养，现在成了继承人。奥尔迦·瓦西里耶娃体弱多病，富于自我牺牲精神。同许多被英国家庭教师抚养大的俄罗斯女孩一样，她的英语说得比俄语好，她准备着手翻译安东·契诃夫的作品。对奥尔迦·瓦西里耶娃而言，契诃夫就是上帝，他可以随意处置她的财产与她这个人。她后来追随安东从法国回到俄罗斯，寻求爱情和建议，心甘情愿提供一切。在尼斯时，她给他搜寻报纸剪报、检索引文，给他送来她为他拍摄的照片，向他请教最基本的俄文单词的意思。安东·契诃夫也以少有的温文尔雅来对待她，但这很快引得一些人摇唇鼓舌，闹得满城风雨。

安东·契诃夫越来越喜欢俄罗斯公寓的那些女房客。事实上，他和亚历山德拉所戏称的"鱼、娃娃、红丝带、衣蛾和贫民窟"这些女人，都比他们原来以为的要友好善良得多。在安东·契诃夫的影响下，绰号为"鱼"的德尔绍（Dershau）男爵夫人成了一个狂热的德雷福斯支持者，很多在尼斯的俄罗斯人都是如此。苏沃林的外孙女娜佳·科洛姆宁娜（Nadia Kolomnina）来到尼斯，安东也施展魅力转变了她的观点。只有安东自己的兄弟们左右为难：亚历山大和米沙都要依赖阿列克谢·苏沃林讨生活，他们可承受不起表达自己的观点的风险。

现在，安东·契诃夫十分痛恨《新时代》，转而订阅开明的《世界回声》，这份报纸揭露出了苏沃林报纸的偏颇。[2]阿列克谢·苏沃林则

[1] 引自《契诃夫全集》，7，516。

[2] 阿列克谢·苏沃林倒是在自己的"德雷福斯事件"中大获全胜。1892年，巴黎粮食商人路易斯·德雷福斯及其公司的敖德萨分公司揭露《新时代》犯有欺诈罪，起诉苏沃林诽谤，最终败诉。此外，阿列克谢·苏沃林还坚信，埃米尔·左拉诋毁了他和他的妻子安娜·苏沃林娜，因为左拉在小说《萌芽》（Germinal）中，称呼无政府主义者为"苏沃林与他的伴侣安娜"。

认为，阿尔弗雷德·德雷福斯是挑起基督徒和犹太人之间战争的罪魁祸首，这一事件关系着文明的未来：阿尔弗雷德·德雷福斯是无辜还是有罪只是一个技术性问题。安东与苏沃林展开了激烈的辩论，最后苏沃林承认："您说服了我。"然而，就在安东·契诃夫提出抗议后的几个星期内，《新时代》对德雷福斯的攻击和对左拉的污蔑——即便《新时代》此时仍在盗版左拉的小说《巴黎》（*Paris*）——更加恶毒起来。伊万·帕夫洛夫斯基是《新时代》驻巴黎的记者，也是德雷福斯的支持者，他发现自己的稿件要么被拒稿，要么被歪曲。驻里维耶拉的俄罗斯记者米歇尔·德兰（Michel Deline，即米哈伊尔·阿什肯纳齐［Mikhail Ashkenazi］）向阿列克谢·苏沃林提出抗议：

> 不是我对待"德雷福斯案件"的态度不光彩，而恰恰是您的态度。我建议您去找一位您热爱并尊重的人寻求帮助——如果您还有能力去爱并尊重一个人的话——A. P. 契诃夫。问一问他，他是如何看待您对这一事件以及您对整个犹太人问题的态度的。他的观点无论对您还是对《新时代》都不会造成伤害。[1]

米歇尔·德兰的指责给安东·契诃夫造成的不安比对苏沃林更甚。安东仍然认为自己与苏沃林只是个人观点存在差异，他讨厌自己的名字被搅进公开论战之中，并且他不喜欢米歇尔·德兰这个人。安东·契诃夫自己也很迷惘，因为老苏沃林断然不可能从小阿列克谢·苏沃林和布列宁手中索回《新时代》的道义节操。安东对马克西姆·科瓦列夫斯基说，老苏沃林在掌控自己家庭方面是他见过的最软弱无力的人。[2] 安东·契诃夫对阿列克谢·苏沃林的态度冷淡下来，他开玩笑说，一个犹太辛迪加组织给了他一百法郎，收买了他。他告诉亚历山大，说"不再想收到苏沃林的信了，他在这些信里大力拥护军事法庭的裁决，以此来证明他的报纸有多么不得体"。安东也对苏沃林一边盗版左拉小说一边

---

［1］ 引自《契诃夫全集》，7，528。

［2］ 马克西姆·科瓦列夫斯基对安东·契诃夫的回忆录，见《关于契诃夫》，361—366。

向他泼脏水的行径十分不齿。然而，这对朋友仍然计划在 3 月见面。

德雷福斯事件让安东·契诃夫暂时将阿尔及尔置之一旁，但他仍然无法摆脱结核病。安东在自己的药里增加了一种原产于拉丁美洲的杂酚油愈创木酚。罹患肝癌的阿列克谢·柳比莫夫医生于 1 月 26 日（儒略历 1 月 14 日）去世，安东参加了他的葬礼，心情沮丧。俄罗斯公寓里讨厌的人，比如赌徒 N. 马克舍耶夫，一个劲儿诱惑安东搬到一家法国人经营的旅馆去。"鱼""娃娃"和"贫民窟"联合起来不让安东搬走。马克舍耶夫走了，这些新近变成契诃夫粉丝和德雷福斯支持者的女人要求女老板同意她们和安东在客厅里单独用餐。德尔绍男爵夫人（绰号"鱼"，自称为"邻居"）给安东送来无数纸条，一会儿借胶水修扇子，451 一会儿给他沏茶。尽管如此，安东·契诃夫还是已经厌倦了尼斯。1 月 17 日，只有领事尼古拉·尤拉索夫来探望他，他非常安静地度过了自己的命名日。1 月 27 日，安东在给苏沃林的信中说道：

> 尼斯的俄罗斯公墓蔚为壮观，温馨舒适，满眼绿色，还可以看到大海。我每天什么都不做，只是睡觉、吃饭，并给爱神提供作品。我眼前的这位法国女人非常漂亮，二十二岁，身材迷人，但这些都让我厌倦，我想回家。

安东·契诃夫在笔记本中记满了各种突然闪现的灵感。《在朋友家里》是安东在尼斯创作的最后一个故事，他将巴布基诺的基谢廖夫家的悲伤故事加工成了一部具有讽刺意味的小说。这个故事讲述的是缺乏自律的丈夫和自欺欺人的妻子，两人面临着祖业凋零、行将破产的状况。他们邀请一位老朋友——故事的叙述者——并向他征询建议。然而故事的叙述者意识到，女庄园主是想诱骗他与她的妹妹结婚，以助他们走出困局。诱惑不可谓不强大，而他又个性软弱、无力抵抗，于是只好借口办公室有工作安排而逃离了庄园。这个故事无论是对虚情假意的欢乐场景的描写，还是对唤起美好记忆的荒芜花园的刻画，都算得上是契诃夫最好的创作之一。然而，《在朋友家里》一定存在着某些问题，它于

1898 年 2 月发表后丝毫没有引起评论家的关注，后来也没有重新发表过。当然，它在剧本《樱桃园》中被重新利用了。安东·契诃夫的创作灵感进入了一个蛰伏期。

冬天的梅里霍沃庄园十分安静，连帕维尔都懒得搭理罗曼的懒老婆奥林皮阿达了。羊产羔，牛产犊，家畜生育给叶夫根尼娅提供了奶源，老厨娘玛柳什卡非常高兴，帕维尔记录道，"羊羔蹦蹦跳，咩咩叫，她待在羊羔旁边，高兴得亲吻它们"[1]。只有农庄上的狗带来很大麻烦。尼古拉·列伊金送给安东的那两只莱卡狗被村里的男孩子喂了包着玻璃的面包而死掉了。（他们后来告诉列伊金，说这两只狗死于犬瘟热。）帕维尔抱怨家里的两只腊肠犬见谁都攻击，无论是客人、孩子，还是家里人。腊肠犬勃罗姆狠狠地咬了帕维尔，当地所有的医务人员都赶来处理。由"鱼""娃娃""贫民窟"和"衣蛾"从法国带回来的礼物让帕维尔稍感安慰。在忏悔节聚餐时，帕维尔细心地盯着客人，记录道："大家都吃了煎饼……德罗兹多娃十个，科利亚六个，玛莎四个。"

2 月 5 日，叶夫根尼娅收到米沙从雅罗斯拉夫发来的一封电报，她终于找到借口离开家了：她要去看刚出生的孙女。米沙和奥尔迦让新生女儿随了她的名字：叶夫根尼娅。米沙告知玛莎："我们登记安托沙做孩子的教父……请你从安东让你保存的钱里扣除十一卢布……母亲拿不准，如果安托沙知道我给孩子安排了这么便宜的洗礼，他会不会生气。"[2] *452*

亚历山大·契诃夫为苏沃林的剧院写了一出闹剧，但首演之后就被叫停了，因为导演的情妇没有在其中扮演角色。他对安东怒斥这对男女："我的剧本因为那些龟孙子而停演了……我的剧本的单行本的命运取决于多马谢娃（Domasheva）小姐的阴道和霍列瓦（Kholeva）的阴茎，真是丢脸……亚沃尔斯卡娅管理着这个剧院，它真是一个肮脏透顶

---

[1] 见图书馆手稿部，331 73 10：帕维尔·契诃夫给米沙·契诃夫的信，1885—1898：1898 年 1 月 8 日。

[2] 引自《家族》（1970 年），135—137。

的泄殖腔。"[1]亚历山大又沉溺到酒精中寻求慰藉，家庭生活不再给他带来丝毫乐趣。娜塔利娅只疼爱自己的儿子米沙，她怕不良少年的继兄影响到米沙，就把他们赶得远远的；她还越来越讨厌自己的丈夫亚历山大。科利亚虽然被送到了莫斯科，但他并不听监护人万尼亚和索尼娅夫妇的话，他趁着安东叔叔在尼斯休养的机会自己跑到梅里霍沃庄园来度假。

2月底，牙痛袭来，而牙医非常粗暴。安东·契诃夫需要其他事情来分散注意力。安东的狂热崇拜者，戏剧家亚历山大·孙巴托夫公爵也来到蔚蓝海岸，打算赢上十万卢布来建造一个剧院。安东和他一起去了蒙特卡洛娱乐。伊格纳季·波塔片科也出于同样的原因来到这里：

（1897年12月26日）……我已经摸索到一两个赌博必胜技，真的，不多，但要比为那些《上帝的世界》爬格子写东西体面得多……如果我赢了，我就在彼得堡建一个剧院，与苏沃林激烈竞争。

（1898年2月5日）亲爱的安东尼奥，别跟我开玩笑。我真的要来尼斯了……您说没有人能赢得了轮盘赌，那您就大错特错了。我会证明给您看的。我要证明奇迹。您沉住气，等着我。

2月14日（儒略历2月2日），伊格纳季·波塔片科来与他们会合。第二天，孙巴托夫损失了七千法郎，安东输了三十法郎，但是波塔片科赢了。伊格纳季·波塔片科后来承认：

蒙特卡洛让安东感到腻烦，但也不能说安东对它的毒素产生了免疫力。也许，我的自信确实在某种程度上感染了他……赌博有一个简单的秘密，那就是您得猜，然后……嗯，然后，当然，作家最大的梦想浮现出来：自由自在地工作……于是，头脑清醒、精于计

---

[1] 此段从《书信集》（1939年）中被删除；见图书馆手稿部，331 32 24：亚历山大写给安东·契诃夫的信，1898。

算、小心谨慎的他也忍不住想要试上一把。我们买了一大堆相关书籍，甚至还买了一个微型轮盘赌的赌盘。我们几小时几小时地坐在那里，手里握着铅笔，纸上到处都写着数字。我们着手计算一个系统，好摸透其中的秘密。

确实，安东·契诃夫在一封旧信的背面潦草地写下过五列数字。五 *453* 天后，孙巴托夫、波塔片科和契诃夫三个人在蒙特卡洛现身了。亚历山大·孙巴托夫输掉一万法郎后返回了俄罗斯。伊格纳季·波塔片科蓬头垢面，带着两个大黑眼袋，赢了四百法郎；一个星期后，他又赢了一百一十法郎。时值大英帝国的维多利亚女王抵达法国，波塔片科离开尼斯，返回俄罗斯。不久之后，《小麦田》的会计尤利乌斯·格伦伯格（Julius Grunberg）写信给安东，说伊格纳季·波塔片科通知他，安东急需一笔稿费预付款，所以他这就给安东寄来两千法郎，同时也期待着能马上收到安东的文稿。安东·契诃夫什么也没有说，他已经把这笔钱的一半借给了伊格纳季·波塔片科。4月底，波塔片科在信中满不在乎地说道："我马上给您寄过来一千法郎。顺便说一句，有关这笔钱，我对这里的任何人都没有提起过。为了避免不必要的大惊小怪和解释，我好心地骗大家您和我每人都赢了七百法郎。"

尼斯既没有让安东·契诃夫摆脱经济拮据的状况，也无法让他逃脱结核病的折磨，那幅没有完工的委托肖像又来催促他。画家奥西普·布拉兹请求玛莎把那幅在梅里霍沃进行到一半的肖像寄给了他。安东·契诃夫拒绝拿自己脆弱的肺冒险，不愿意去巴黎给布拉兹摆姿势画像。于是布拉兹要求特列季亚科夫给他出路费，让他去尼斯给安东·契诃夫重新画一幅肖像。于是，3月26日（儒略历3月14日），布拉兹在尼斯的一个画室里又开始给安东·契诃夫画像。安东只能接受安排，但他提出的要求也很苛刻：他只能上午坐在那里，一共只能坐十天。（安东·契诃夫并不喜欢奥西普·布拉兹传神地捕捉到的那副"流泪的先知"耶利米般的表情，但是暂时隐藏起了他的厌恶感。）

4月中旬，安东·契诃夫准备返回俄罗斯。在马克西姆·科瓦列夫斯基的陪同下，他带着一大袋糖果乘火车去了巴黎。梅里霍沃现在的温度还很低，安东计划在巴黎延宕到家里彻底暖和起来再回去。白嘴鸦和椋鸟已经飞回来了，青蛙也开始呱呱叫。4月24日，人们耳边响起一只杜鹃鸟的鸣唱，帕维尔宣布安东该回来了。

安东·契诃夫在巴黎逗留是有原因的。阿列克谢·苏沃林在日记中写道："我本来打算去巴黎，契诃夫已经从尼斯到了那里，但最近身体不好，我只能待在家里。"一个星期后，苏沃林坐上"北方快车"去了法国。安东·契诃夫接受了《德雷福斯事件》(L'affaire Dreyfus)的作者伯纳德·拉扎尔（Bernard Lazare）长达两小时的法语采访。[1] 安东在巴黎期间还与马修·德雷福斯（他正在学习俄语）和雅克·梅尔佩特（Jacques Merpert）见了面。雅克·梅尔佩特是德雷福斯的朋友，也是玉米商人路易·德雷福斯公司的员工。（雅克·梅尔佩特教授俄语，安东·契诃夫后来寄给他一些独幕俄语剧本用于教学。）

安东·契诃夫从脏乱的第戎旅馆搬到了豪华的旺多姆旅馆，住在苏沃林的楼下。德雷福斯事件影响了二人相处的气氛。苏沃林在5月9日（儒略历4月27日）的日记中将所有的激进分子都称为暴民：

> 契诃夫在这儿，一直陪着我。他告诉我，科罗连科已经说服他支持作家联盟的选举……这些蠢猪就是这样对一个了不起的作家指手画脚的！这就是从那群可鄙的庸才中跳出来的指东道西的暴民。"我差一点被他们打入黑名单。"契诃夫说……我问［哲学家德·罗伯蒂］他是否见过左拉？"那么，他有没有提到过德雷福斯？""他说，他相信他是清白的。""哦，他有什么证据吗？""他什么证据也没有。"[2]

尽管如此，安东·契诃夫仍然认为在巴黎逗留的三个星期是他此次

［1］ 这次采访经过了大量的后期编辑校订，安东·契诃夫拒绝发表成稿。

［2］ 见 N. A. 罗斯基纳，《关于旧出版物》(Ob odnoi staroi publikatsii)，出自《文学问题》(Voprosy literatury)，6，1968，250—253。

国外休养中最幸福的时光。阿列克谢·苏沃林在一个月前心情抑郁得几乎不说话，现在也眉飞色舞起来。他和安东一起为塔甘罗格博物馆张罗展品，与商家讨价还价。安东和伊万·帕夫洛夫斯基为德雷福斯伸张正义，并确信他们已经赢得了苏沃林的支持，所以当后来苏沃林与他们站在对立阵线上时，安东认为："他可真是一副软骨头。"

塔甘罗格城的亲戚们提醒安东·契诃夫，家乡需要他。安东一直非常热心地支持在塔甘罗格建设博物馆、旅馆和疗养院，以抵消新建的铸造厂对城市和工人的负面影响。1898 年是塔甘罗格建城二百周年纪念。为了在家乡树起一座城市创建人彼得大帝的纪念像，安东·契诃夫寻遍巴黎，找到了俄国雕塑家马克·安托科尔斯基（Mark Antokolsky）和利奥波德·伯恩斯塔姆（Leopold Bernshtam），委托他们雕刻了一尊六米高的彼得大帝的雕像。安东为帕维尔买了一顶平顶硬草帽，给叶夫根妮娅买了一把伞，自己购买了睡衣，还戴着高礼帽在巴黎街上散步。他有心去拜访埃米尔·左拉，但又对自己的法语不够自信，于是俄罗斯和法国的这两位"德雷福斯支持者"只有神交致意了。

进入 5 月后，梅里霍沃的天气一下子变得又热又干燥。树上的叶子长得挤挤挨挨，帕维尔命令敞开了所有的门窗。安东·契诃夫肩扛手提各种礼物登上了"北方快车"，返回彼得堡。阿列克谢·苏沃林目送安东离开，他认为安东在巴黎已经恢复了健康。他送给安东一千法郎、一个垫子和一对金袖扣。（安东将钱留给伊万·帕夫洛夫斯基，请他退还给苏沃林。）安东不希望人们注意到他回来，于是给彼得堡的亚历山大 *455* 发电报说："接站，不要声张。"第二天来莫斯科火车站接站的是玛莎。只有玛莎和伊格纳季·波塔片科知道他回来了。

65. 剧院诞生

（1898 年 5—9 月）

456　　阿列克谢·苏沃林已经提前告知妻子安娜，要她安排马车去车站接安东。[1] 安娜·苏沃林娜把安东接回自己家。娜斯佳向父亲报告，说她发现安东的"身体状态几乎没有什么改善，他说话的声音有时弱得我都听不见"[2]。1898 年 5 月 5 日晚上，安东回到了梅里霍沃庄园，看到办公桌上堆满了信件。家里没有人恭维他的康复效果，叶夫根尼娅在给米沙的信中透露，他的体重反而减轻了。[3]

　　安东·契诃夫收到弗拉基米尔·内米罗维奇－丹琴科寄来的一封重要的信。弗拉基米尔的哥哥就是小说家瓦西里·内米罗维奇－丹琴科，他曾和安东一起在蒙特卡洛玩过轮盘赌游戏。安东自从 1890 年结识弗拉基米尔·内米罗维奇－丹琴科以来一直十分信任和尊重他；安东尤其感动于他将全部精力投入教导演员、指导演戏上，甚至放弃了剧作家的职业生涯。弗拉基米尔·内米罗维奇－丹琴科现在领导着莫斯科爱乐学院（Moscow Philharmonic School），这是一所受人尊敬的音乐和戏剧

[1] 见俄罗斯档案馆，459 2 14：阿列克谢·苏沃林给安娜·苏沃林娜的信；引自《契诃夫全集》，7，567。

[2] 见俄罗斯档案馆，459 1 4172，1898 年 5 月：娜斯佳·苏沃林娜很少在信中提到安东·契诃夫。

[3] 叶夫根尼娅给米沙·契诃夫的信，1888—1903 部分，1898 年 5 月 8 日。

65. 剧院诞生

学院。1898 年，弗拉基米尔·内米罗维奇－丹琴科带着自己最好的六名演员——其中就包括女演员奥尔迦·克尼碧尔[1]——与来自艺术与文学协会（Society for Art and Literature）的康斯坦丁·斯坦尼斯拉夫斯基及其带领的手下最好的四名演员，强强联合成立了莫斯科艺术剧院（Moscow Arts Theatre）。该剧院无论在剧目还是在表演技巧上都是俄罗斯第一家可以与由政府资助的帝国剧院相匹敌的私人剧院。它不但拥有资金雄厚的赞助人优势，而且不受帝国戏剧委员会审查剧目的限制。内米罗维奇－丹琴科对戏剧的热情，加上斯坦尼斯拉夫斯基的才能，使得该剧院卧虎藏龙，表现抢眼。在斯坦尼斯拉夫斯基（他也是一家棉纺厂的经理）和列维坦的荫护人、慈善家萨瓦·莫罗佐夫的财力支持下，一个富有挑战精神的新剧院成立了，他们现在需要的只是一个崭新的剧本。事实上，将《海鸥》重新搬上舞台的想法就来自瓦西里·内米罗维奇－丹琴科的刺激。1896 年 11 月，瓦西里在写给弟弟弗拉基米尔的信中将《海鸥》大大贬低了一番。内米罗维奇－丹琴科兄弟俩的竞争就是这样，只要是瓦西里反对的，弗拉基米尔就一定支持。同时，彼得堡剧 *457* 院的泄愤举动也刺激了莫斯科艺术剧院：

> 亲爱的瓦洛佳！您询问契诃夫的剧本。我全心全意地热爱安东，珍视他。我从来没认为他无足轻重，或不值一提……这个剧本实在是一个非常无聊而拖沓的东西，让观众苦笑不已。您在哪里见过一个四十岁的女人自愿与情人断绝关系的？它根本算不上是一个剧本，其中没有任何戏剧性可言。我认为契诃夫的舞台生涯已经结束了。首演时的场面太可怕了，当苏沃林告诉我的时候，我的眼泪都忍不住流了下来。观众们也没有错。他们本来打算看一个很有意

---

[1] 弗拉基米尔·内米罗维奇－丹琴科虽然与叶卡捷琳娜（绰号"猫咪"，前科尔夫男爵夫人）结了婚，但他也是时年二十八岁的奥尔迦·克尼碧尔的老师和情人。（安东与内米罗维奇－丹琴科的妻子"猫咪"的熟稔程度，曾引起丽卡·米济诺娃的嫉妒。）奥尔迦·克尼碧尔与德米特里·冈察洛夫（一个患有遗传病的贵族）谈过恋爱后，迫使她的歌唱家母亲安娜·克尼碧尔同意了她当戏剧演员。

思的表演，没想到却是这么一个糟糕又无聊的剧本……您一定是一时糊涂，才会想把这么一个东西搬上舞台。我不得不多说一句，契诃夫不是剧作家的料。他越早忘记舞台越好……我差一点就提前离场了。[1]

1898 年 4 月 25 日，弗拉基米尔·内米罗维奇 - 丹琴科给安东·契诃夫寄来一封信，就是这封信从此改变了安东的命运：

> 在俄罗斯当代作家中，我下定决心，只培养那些最有才华却被人知之甚少的作家……《海鸥》……这个剧本尤其吸引我，我以您想要的任何东西做担保，只要是通过富于技巧、极度认真而又不落俗套的表达手段，剧中每个人物的内在的悲剧性和戏剧性就会震撼到观众。也许这出戏不会博得观众的热烈掌声，但是我敢保证，一个富有创意、远离陈规俗套的作品将是一次艺术的胜利。我们现在差的就是您的许可……我向您保证，您永远不会找到更加尊敬您的导演和更加崇拜您的演员了。

> 我太穷了，付不起您很多钱。但请相信我，我会尽一切努力在这方面满足您的要求。那些帝国剧院已经对我们的剧院气势汹汹。他们认为，我们在挑战戏剧规则，在挑战那些陈词滥调以及大家公认的天才，等等。[2]

安东·契诃夫发过誓再也不与剧院和舞台打交道，于是，他只是通过玛莎来传话，说读过这封信了。5 月 12 日，弗拉基米尔·内米罗维奇 - 丹琴科的第二封信追到：

> 我现在需要马上知道，您是否允许我们排演《海鸥》……如果您不让，您就是在割我的喉咙了，因为作为一个导演，《海鸥》是

---

[1] 引自 V. 拉辛，《失败》(Proval)，见《戏剧》(Teatr)，4，1987，86。
[2] 见《通信集》，II，1984，153—154。

65. 剧院诞生

唯一一部让我着迷的现代剧,而您是唯一一个让我们这个演现代戏剧的剧院感兴趣的当代剧作家。我会登门拜访,与您讨论《海鸥》和我的舞台计划。

弗拉基米尔·内米罗维奇－丹琴科刚刚寄出这封信,安东·契诃夫 *458* 的回绝信就到了他的案头。但他仍不放弃,又写道:

> 事实上,各地都在上演《海鸥》,但偏偏不在莫斯科上演,这究竟是为什么?……哈尔科夫和敖德萨的报纸都给予这个剧本以空前的评价,您还在担心什么呢?您只要把第一次演出抛到一边去就够了。这个剧本在各地上演都没有得到您的许可,您难道能禁止它在莫斯科上演吗?甚至在彼得堡……请马上给我写来一封信吧,就说您不反对我排演《海鸥》……除非您担心一个最简单的原因:您不相信我能排好这个剧本。

安东的回答含糊其词,还警告内米罗维奇－丹琴科,如果他来梅里霍沃,就只能自己雇马车从车站到农庄来。那年夏天,弗拉基米尔·内米罗维奇－丹琴科并没有去梅里霍沃庄园,但是他很确定,他的逻辑已经说服了安东·契诃夫。6月18日,安东去莫斯科拜望他。他们决定,莫斯科艺术剧院在1898年秋天的第一个演出季推出《海鸥》。

安东·契诃夫并未预见到他会与莫斯科艺术剧院建立起多么牢不可破的联系。此时,他只是尽情享受着温暖的夏天,享受盛开的花朵和丰收的水果,但他的情绪很低落。苏沃林的印刷工人康斯坦丁·特钦金(Konstantin Tychinkin)向他的老板报告说,契诃夫看起来总是"愁眉苦脸"[1]。安东回到了梅里霍沃,操劳了八个月的玛莎终于可以透一口气了。她先去了克里米亚,然后与玛丽亚·德罗兹多娃结伴前往兹韦尼哥罗德去画画。安东回来后非常低调,只去了一次莫斯科。梅里霍沃的老

---

[1] 康斯坦丁·特钦金这个人晚上排版,白天在学校里教学,被称为"彼得堡最健忘的人"。他是苏沃林的《新时代》编辑部中唯一一个所有投稿作家都信任的人。

客人，"平庸的连体婴儿"格鲁津斯基和叶若夫再次一起前来拜访，长笛手伊万年科也又一次住下不走。安东态度坚决地告诉女朋友们暂时不要来。叶连娜·沙夫罗娃并不接受安东的搪塞推托，一再请求约会；利迪娅·阿维洛娃也再三盘问安东，最终只得到一个"下面拖着长长的尾巴，像挂着一只老鼠"的签名；丽卡·米济诺娃此时正在巴黎学习歌剧，为实现自己的歌剧演员梦想而努力；而奥尔迦·昆达索娃当时在克里米亚。5月，亚历山德拉·哈加因采娃是唯一来梅里霍沃庄园的女性朋友。

稍后，安东的女朋友们蜂拥而至。"展开爱的翅膀，沾着淀粉与橄榄油飞向您"，塔妮娅·谢普金娜 - 库别尔尼克用这样标志性的诗句宣告自己的回归。奥尔迦·昆达索娃比塔妮娅先见到了安东，塔妮娅最终在7月5日抵达梅里霍沃，在那里逗留了三天。背井离乡了四年的塔妮娅·谢普金娜 - 库别尔尼克一到梅里霍沃庄园就接管了帕维尔的家庭日记："我发现，这里的一切都与以前一模一样，人、花草和动物。上帝保佑让它继续下去吧。天空晴朗，空气中有一股香味儿。［帕维尔的笔迹写道］吃晚餐时，我们哈哈大笑。"

安东·契诃夫威胁塔妮娅，说要安排她和叶若夫结婚，称呼她为塔季扬娜·叶若娃。7月23日，奥尔迦·昆达索娃可能趁着安东在谢尔普霍夫县过夜的时机给他送来一封信。现存的只言片语暗示出两人之间的一次幽会："如果您的健康状况允许见人，请您出来，我等您。昆达索娃。"[1] 安东十八岁的表妹叶连娜从塔甘罗格来到梅里霍沃，她与邻居家的法国教师一直待到午夜，这在当地成了一桩丑闻。进入8月后，塔妮娅·谢普金娜 - 库别尔尼克和杜尼娅·科诺维采结伴再次来到梅里霍沃。塔妮娅在这个夏天一共来过这么两次。一天之后，娜塔利娅·林特瓦列娃也离开乌克兰自家的水磨坊，来梅里霍沃庄园住了一个星期。

奥尔迦·瓦西里耶娃从尼斯给安东的新学校汇来钱款。她打算10

---

［1］ 见图书馆手稿部，331 48 79a：奥尔迦·昆达索娃给安东·契诃夫的信，1892—1904。

459

65. 剧院诞生

月来莫斯科，到特列季亚科夫画廊观赏奥西普·布拉兹给契诃夫画的那幅画像。6月18—20日，安东从国外休养回来后第一次去了莫斯科。他住在万尼亚家，不仅去歌剧院看了猴子表演，还与弗拉基米尔·内米罗维奇－丹琴科讨论了重新排演《海鸥》的事宜。安东·契诃夫在这个夏天唯一的一次冒险远行，是在8月1日去了离家大约三百二十公里远的特维尔省附近，拜访了《俄罗斯报》的主编瓦西里·索博列夫斯基和他的伴侣瓦尔瓦拉·莫罗佐娃。8月5日，他返回梅里霍沃庄园。秋天将至，他不得不再次准备离开家，到某个温暖的地方度过秋冬。安东决定这一年去克里米亚半岛，将北方寒冷的八个月熬过去。其实，克里米亚的生活消费一点也不比尼斯便宜，但克里米亚至少让他觉得自己还身在祖国。医生也同意这个决定。安东·契诃夫没有将前往克里米亚的计划告诉任何人，所以进入9月后，丽卡·米济诺娃就不停去巴黎火车站接站，因为她认为安东还要返回尼斯。9月9日，安东·契诃夫离开梅里霍沃，在莫斯科逗留六天后，乘火车南下。

梅里霍沃庄园失去了活力，花园和林地无人打理。人手不足，大家干起活来也无精打采。万尼亚和米沙都未带家人，只身回来待了几天。叶夫根尼娅回了一趟塔甘罗格，这是她离开那里十四年后第一次回去。叶夫根尼娅见到了两个老姐妹——马尔法和柳德米拉，她非常兴奋。堂亲格奥尔基在来信中说道：

> 这三个人见了面特别高兴，一直聊到后半夜。今天我们一起去城里的公园听音乐会……明天我们去希腊修道院，那里有一个从耶路撒冷来的主教，[叶夫根尼娅] 婶婶想去拜望他。

8月中旬，帕维尔抽出两个星期时间去了雅罗斯拉夫尔，到米沙家去探望孙女。 *460*

梅里霍沃的村民们也感到失去了主心骨。村里的尼古拉神父挑动农民们反对塔列日村的校长米哈伊洛夫；等到争端平息下来后，尽管安东尽力斡旋，尼古拉神父还是被调走了。契诃夫家最好的仆人安纽塔·丘法罗娃也离开庄园回家结婚了。这个女仆平时穿戴鲸骨紧身胸衣，不仅擅长清扫房间，还能做喂马之类的力气活。工人罗曼又开始酗酒，他一年前赶走的妻子奥林皮阿达现在已经去世了。安东·契诃夫用尽浑身解数从邻居和当局那里游说来资金，购买桌椅、石板瓦、砖和砂浆等建筑材料。他筹划再修建一所学校，这是他的第三所学校。这所学校是为梅里霍沃村的孩子们建的，他们现在在一所租来的小房子里上课。

安东对农庄事务兴趣寥寥，只关在家里，与朋友也断了联系，他想安下心来写作，虽然这个过程——用他对利迪娅·阿维洛娃的话来说——就像"吃着刚从里面挑出一只蟑螂的白菜汤"。之前从《小麦田》和《俄罗斯思想》领取了预付稿酬，现在也要给人家交上文稿。1898年夏天，安东·契诃夫将在尼斯萌生的灵感进一步拓展开来。尽管心绪不佳，但他在那个夏天创作出的一系列故事可以跻身他最好的作品之列。他给《小麦田》提供了长篇故事《约内奇》（"Ionych"）。故事写的是一位出身卑微的外省医生最终蜕变成与他那些有产者病人一样傲慢、刻板而无情的人。这个故事不仅包含了契诃夫式的花园中未发生的求婚，而且，那些反映出安东的童年生活和对塔甘罗格月光下的墓地、大草原自然景观的描述，成为这个故事中特别震撼人心的元素。安东·契诃夫在这一时期值得称道的作品还有发表于1989年7月与8月《俄罗斯思想》上的"短篇小说三部曲"。三个朋友在乡间避雨，各自讲述了一个由于懦弱守旧而自我毁灭的生活故事。《醋栗》（"Gooseberries"）讲的是一个男人下定决心，省吃俭用买下一处田庄，种上了心心念念的醋栗树，结出的醋栗却又硬又酸；《套中人》（"The Man in the Case"）运用讽刺的写作手法，刻画出一个因循守旧、扼杀一切新思想的"套中人"的典型形象；最后一个故事《关于爱情》（"About Love"）读来最触动人心：一个农场主无望地苦恋着他最好的朋友的妻子。前两个故事因为所尊奉的道德准则毫无异议，一经出版立即成为经典：《醋栗》反对的是贪得无厌，《套中人》批判的是反动守旧。但《关于爱情》在评论者和读者中引起了争议，因为它暗示出道德上的自我牺牲可能意味着懒散

65. 剧院诞生

或懦弱。[1]

安东·契诃夫将这股创造力的爆发戏称为造访"浑浊的泉水"。这 *461*
个典故来源于帕维尔听来的一个布道，布道中将愚蠢路人偏爱的堕落行
为称为"浑浊的泉水"，与其截然不同的是基督教的"清澈的泉水"。在
一段时间内，帕维尔在饭桌上不断大谈特谈这两种泉水，搞得安东不胜
其烦。然而，伴随着秋冬临近，克里米亚之旅启程在即，这潭源于"浑
浊的泉水"的灵感也枯竭了。安东发生了秋天以来的第一次大出血。

1898 年 9 月 9 日，安东·契诃夫由梅里霍沃抵达莫斯科，参加了
《海鸥》的第一次排练。虽然剧本刚刚排演两幕，但表现让人耳目一新，
成果令人期待。演员们大多还不知名，他们已经辛苦排练了数个星期。
康斯坦丁·斯坦尼斯拉夫斯基在哈尔科夫附近的哥哥家的农庄里度夏，
一直在琢磨《海鸥》的场景和舞台调度等问题。安东·契诃夫为自己找
到一个内心期待已久的神谕，他再次燃起对戏剧舞台的热情。

在莫斯科期间，安东还观看了由阿列克谢·托尔斯泰创作的《沙皇
费奥多尔》(*Tsar Fiodor*) 的彩排，莫斯科艺术剧院的女演员奥尔迦·克
尼碧尔在该剧中扮演女主角伊琳娜（Irina）。安东·契诃夫对这个女演
员一见倾心，而奥尔迦·克尼碧尔也在几天前排演《海鸥》时注意到了
安东：

> 我们深切地感受到他那非凡的人性魅力、他的淳朴、他的不善
> 于"指导"和"展示"……如果问安东一个问题，他的回答总是很
> 奇怪，似乎是忽然转移了话题，又好像是在泛泛而谈，所以我们不
> 知道该怎么对待他说的话——是认真的还是在开玩笑。[2]

莫斯科的老朋友也在期待安东·契诃夫的到来。然而他们很快意识
到，他已经不再可能组建阿维兰"分舰队"并掀起新的狂欢了。塔妮

---

[1] 利迪娅·阿维洛娃坚信，《关于爱情》是安东·契诃夫宣布放弃了对她的爱情。她因
此指责安东以个人隐私牟取文学收益，这种指责激怒了安东·契诃夫。
[2] 见奥尔迦·克尼碧尔的回忆录，《关于契诃夫》，381—382。

娅·谢普金娜－库别尔尼克仍旧如常，用热情的歪诗来欢迎他，但她也知道，他的身体状态已大不如前。[1]

阿列克谢·苏沃林也来到莫斯科。他和安东在埃尔米塔什餐馆用餐后，与画家亚历山德拉·哈加因采娃一起去看了马戏表演。三个星期后，安东给苏沃林写了一封信，因为苏沃林批评了莫斯科艺术剧院。在信中，安东一点儿没有提及《海鸥》，也没有说奥尔迦·克尼碧尔演绎的阿尔卡基娜，但是他提到了出发前一晚上看的《沙皇费奥多尔》的彩排。他特别提及——当然，他没有指出奥尔迦·克尼碧尔的名字——《沙皇费奥多尔》中的伊琳娜："伊琳娜，我认为，演得真是好极了。那种声音，那种高贵，那种感情的深度，真是太精彩了，让我有种如鲠在喉的感觉……如果我留在莫斯科不走的话，我就要向这个伊琳娜求爱了。"

462　　9月15日，安东·契诃夫坐上前往克里米亚的火车。萦绕在他脑海中的不仅有内米罗维奇－丹琴科和斯坦尼斯拉夫斯基的莫斯科艺术剧院，而且有剧院中最热情活泼的女演员奥尔迦·克尼碧尔。

[1] 见《通信集》，II，1984，82；图书馆手稿部，331 64 2：塔妮娅·谢普金娜－库别尔尼克给安东·契诃夫的信，1893—1900：写在淡紫与白色卡片上的小诗，1898年9月8日。

66.父亲离世

（1898 年 9—10 月）

1898 年 7 月，娜塔利娅慢待了亚历山大。亚历山大向安东抱怨： *463*
"Veneri cupio, sed 'caput dolet', penis stat, nemo venit, nemo dat。"[1] 1898
年 8 月，趁着娜塔利娅不在家，亚历山大买了一个笔记本，自己给它装
帧上皮面，制作了字迹永不消退的蓝黑墨水。他把这本日记命名为《垃
圾场》（*The Rubbish Dump*）[2]，专门用来记载自己悲惨的家庭生活。待
妻子娜塔利娅返回家时，亚历山大变成了性无能。1898 年 9 月 28 日，
他告诉安东说："我感到疲软无力，即便在家里的壁炉旁也无法勃起，
更不要说手淫了。"娜塔利娅要求亚历山大向安东寻求治疗。

10 月 4 日，万尼亚的妻子索尼娅从莫斯科寄来一封信：

> 亲爱的亚历山大，科利亚［娜塔利娅最年长的继子］拒绝干
> 活，他的表现太糟糕了，我们的耐心已经耗尽。他谁的话也不听，
> 最温和的方法对他也不起作用。我甚至向玛莎求助过，但他也和她
> 作对，甚至不愿意和她说话……我怎么能把他交还给您呢？

---

[1] 文意为："我想要做爱，但是她说'我头疼'。我勃起了，却无处可去，无人接受。"
　　这段文字被从《书信集》（1939 年）中删除；见图书馆手稿部，331 32 24：亚历山
　　大给安东·契诃夫的信，1898。

[2] 见俄罗斯档案馆，2316 2 35。

10月5日，亚历山大在《垃圾场》中描述了他接到这封信后如何心乱如麻："我像狼一样嚎哭起来……娜塔莎尽量让我安静下来，她说索尼娅只是盛怒之下才写了这封信。"亚历山大在给弟弟万尼亚的信中说："尼古拉已经给自己判了死刑：现在没有任何地方会收留他了……把他送上火车吧……他已经没有希望改邪归正了。"

在彼得堡，阿列克谢·苏沃林也在考虑安东·契诃夫的境况。亚历山大对此曾记载道：

> 苏沃林和特钦金两人讨论过一次性买下安东所有著作的版权，一次性付给安东一笔最高的金额，然后着手出版他的"全集"。

考虑出版"作品全集"意味着安东现在要祈祷自己不要很快死掉。安东·契诃夫确实在张罗一笔钱，以保证自己熬过绝症，而且家人能够在自己离世后生活无虞。绝大多数俄罗斯作家在创作生涯趋于结束时都希望出版"作品全集"。托尔斯泰就建议过安东，现在就着手自己编辑作品全集，而不是将工作委托给他的继承人。阿列克谢·苏沃林在出版事务上经常马马虎虎，虽然每次安东·契诃夫向他提出自己的稿费又计算出错时，他都能马上慷慨地予以纠正；然而苏沃林的出版质量也让人不敢恭维，他们提供不了良好的校对、印刷和经销。更重要的是，现在掌管出版业务的是苏沃林的儿子们，老父亲的帝国崩溃了，老苏沃林永远无法让小阿列克谢·苏沃林听从命令。苏沃林的首席排字工人康斯坦丁·特钦金建议安东暂且不要出版"作品全集"，他认为安东现在重印单行本会赚到更多钱。排字工人涅乌波科耶夫（Neupokoev）将安东的手稿弄得乱七八糟，还央求安东不要告诉苏沃林。安东·契诃夫对苏沃林的情谊还不足以让他就吊死在这一棵树上。安东曾经想过将自己作品的版权卖给莫斯科出版商瑟京，然而，瑟京在医学杂志《外科》的印刷上违背了承诺，这让安东非常气愤。[1]一时间，安东·契诃夫四顾茫

[1] 阿列克谢·苏沃林从财政部长谢尔盖·维特那里游说出一笔补贴来，才让这个杂志存活下来。

66. 父亲离世

然。安东的困境也让其他作家心中不安，他们纷纷挺身而出，为契诃夫的"作品全集"呐喊呼吁。他们知道，安东·契诃夫此次前往克里米亚意味着他已经步入生命的最后阶段。小说家埃特尔本人亦患有结核病，他在 1898 年 9 月 26 日写给朋友的信中说：

> 契诃夫是谁？他是我们文学的一个骄傲……现在，我们这个时代最主要的年轻作家身患重病——我确信，他得的是结核病……必须筹到一笔钱，因为任何一个作家都支付不起接下来的费用，即便所有俄罗斯人都读他的作品。他们承担不起去南方休养，承担不起一个病人必要的生活环境，尤其是他还有一大家人要养活。您自己判断一下吧，这难道不是一种耻辱吗？[1]

而玛莎现在忍受着比安东更多的痛苦。玛莎一直患有严重的头痛病。9 月 19 日，安东告诉她戒酒、戒烟、戒食鱼，服用阿司匹林，然后皮下注射砷、碘酸钾，以及电击："如果这些还都缓解不了症状，那你就等着变老吧。到了那个时候，这个症状就消失了，新的毛病就找来了。"玛莎要为安东没完没了地向莫斯科或彼得堡传递信息，向克里米亚寄去数不清的东西：领带，袖扣，从莫斯科的缪尔－米里利斯商店买来的巴拉克拉瓦头套，还有一件要修理的马甲。玛莎还必须从洛帕斯尼亚的邮局给安东邮寄所有的东西。安东不希望当地的邮政局长布拉戈维申斯基因为他的主要客户现在远在一千公里之外而丢了工作。玛莎正在负责装修和配备安东建的第三所学校，安东已经给它捐赠了一千卢布，这笔钱来自莫斯科艺术剧院。梅里霍沃农庄已经成为契诃夫家的一个负担。帕维尔和玛莎要赶在秋天完成安东布置给他们的一系列工作：给干草垛围上栏杆，以防马群糟蹋干草；沿路种植一排桦树；给花园翻土。亚历山德拉·哈加因采娃不时来农庄住上几天，她给予玛莎很大的精神支持。他们雇用了一个新工人。玛莎发现，只有绘画能让她放松下来，

465

---

[1] 埃特尔给沃斯特里亚科夫的信，引自 N. 吉托维奇《生平纪事》，522—523。

于是她和亚历山德拉·哈加因采娃两人一起给塔妮娅·谢普金娜－库别尔尼克画像。

1898年的冬天来得早，9月27日已经落下七厘米厚的雪，马和牛都吃上了冬季草料。家里杀了四只羊和两头小牛。10月8日，帕维尔在日记中写道："窗户上结的冰像冬天一样。早上天晴。所有房间都冰冷。他们还没有送来木头。"

克里米亚仍然沐浴在温暖的阳光下，这里并不像安东原来担心的那样沉闷，他的心间洋溢着柔情爱意。在塞瓦斯托波尔暂停并等待前往雅尔塔的渡船时，安东与一个军队医生交上了朋友，这个人带他去了月光照耀的墓地。安东在墓地无意间听到一个女人对一个修士说："如果您爱我，就请走开。"到了雅尔塔，这种浪漫的心情仍在延续，奥尔迦·克尼碧尔还盘旋在他的脑海中。他告诉丽卡·米济诺娃，尽管身有病菌，他可能还是会逃回莫斯科几天："否则我就要上吊了。内米罗维奇－丹琴科和斯坦尼斯拉夫斯基有一个让人非常感兴趣的剧院。漂亮的女演员们。如果我多待一会儿，可能就会失去理智。"

在雅尔塔，安东发现女人们仍然喜欢围着他转。沙夫罗娃太太带着体弱多病的三女儿安娜住在雅尔塔。苏沃林的外孙女维拉和擅长卖弄风情的娜佳·科洛姆宁娜也住在这里。雅尔塔女子中学的校长瓦尔瓦拉·哈尔克维奇（Varvara Kharkeevich）将安东置于自己的保护之下，聘请他做了学校督学。安东·契诃夫在雅尔塔也结交了一些非常著名的男性朋友，比如，歌剧演唱家费奥多尔·夏里亚宾（Fiodor Chaliapin）、诗人巴尔蒙特（Balmont），以及一群围在斯雷丁医生周围的结核病医生。对安东来讲，这些朋友中最有用的人是伊萨克·西纳尼（Isaak Sinani），这个人在雅尔塔经营着一家兼卖图书和烟草的商店。所有的报纸、电报、信件和前来拜访的人都通过西纳尼找到了安东·契诃夫。

到达后的最初几个星期里，安东住在雅尔塔丘陵起伏的郊区，并且从一个公寓搬到另一个公寓。很快他就既来之则安之，决定在这里购买一间乡间小屋，建造一栋乡间别墅。9月26日，伊萨克·西纳尼带着安东沿险峻的海岸公路西行约二十七公里，到达库秋科伊村（Küchük-

466

Köy），看了一个鞑靼农民出售的一处田庄。这个田庄的售价只有两千卢布。安东在信中给玛莎描述了田庄的情况：一座石头建的红色屋顶的鞑靼房屋，另有一间小屋、一个牛棚、一间厨房，有石榴树、一棵核桃树和两公顷土地，还有好客的鞑靼邻居——缺点是路况极其糟糕。然而这里的交通状况很快会得到改观，因为政府当年已经决定建造一条沿海铁路，次年就会提供快速海岸渡船服务。玛莎回信说，石头总比梅里霍沃庄园那些容易腐烂的木头更加结实，世上也不会有比梅里霍沃的车辙路更难走的路了（谢尔普霍夫县自治会拖延了在洛帕斯尼亚修建公路的计划）。万尼亚非常赞同这个家庭度假别墅的想法，也同意了。这个田庄太便宜了，实在不容错过。一个星期后，安东·契诃夫还决定在雅尔塔购买一座房子。这所房子位于阿乌特卡（Autka），距离市中心步行二十分钟，房子售价五千卢布。他是为全家人准备的这所房子。

就在安东做出这一系列匆忙的决定的时候，1898 年 10 月 12 日，烟草店老板伊萨克·西纳尼收到了一封玛莎拍来的电报："恳请告知安东得悉父死讯后的情况。"西纳尼犹豫不决，直到第二天才将这个消息告诉了安东。完全蒙在鼓里的安东马上给玛莎拍了一封电报："愿父亲升入天堂永远安息，深感悲痛，请告详情。身体健康勿念。照顾好母亲，安东。"帕维尔·契诃夫自患病到离世前后仅历时四天，这期间家人没有将任何消息告知安东。

那是 10 月 9 日星期五的早上，玛莎在莫斯科上班，帕维尔在梅里霍沃家里。他没有佩戴疝带就去了仓库，扛起了一袋二十磅重的糖袋，当他站起身时，一截肠道卡入腹股沟中，引发了腹股沟疝。帕维尔疼痛难忍，爬回床上。叶夫根尼娅吓得不知所措，耽搁了一段时间后才想起去请医生。叶夫根尼·格里耶夫（Evgeni Grigoriev）医生"围着他忙活了四小时"后，决定送帕维尔去莫斯科接受治疗。叶夫根尼娅派了一个仆人去洛帕斯尼亚邮局给玛莎拍了一封电报。[1]

他们赶车把帕维尔送到洛帕斯尼亚火车站，一路上，已经结了冰的

---

[1] 见图书馆手稿部，331 81 66：叶夫根尼娅给玛莎·契诃娃的信，1891—1914。

车辙路颠簸得他十分难受。当时天色已黑，格里耶夫医生带他坐上了一辆开往莫斯科的火车。三小时后，医生把帕维尔送到廖夫申（Liovshin）教授的诊所，自己就离开了。廖夫申教授立即用氯仿处置患者。

那天晚上，玛莎一直与哥哥万尼亚待在一起，对这一突发状况一无所知。直到晚上十点半，第二封电报才送到他们手里，玛莎急忙赶到诊所。后来，她给安东写信时说：

467　　　　凌晨3点多钟，廖夫申才从楼上走下来，他径直把我训了一顿，说我怎么能丢下一个老人不管——他身边没有一个人照应。他说，手术很难做，他累得精疲力尽，他切掉了三十五厘米坏死的肠子，只有像父亲这样身体健康的老人，才能经受得住这么长时间的手术……他可能觉得我挺可怜，就说手术很成功，还说我可以去听听父亲说话的声音。他带我上了楼，我周围都是外科医生，穿着带血迹的外衣。我听到父亲说话还挺有精神。廖夫申教授再次对我说，到目前为止一切都好，但任何事情都可能发生。他还告诉我第二天早上8点再来，让我回去好好祈祷。

玛莎和万尼亚第二天一大早就来了诊所，一直等到下午1点钟帕维尔才醒过来，他的脉搏和体温都正常：

　　　　到了晚上，我觉得父亲看起来更好了，他心情愉快，被照顾得非常周到！他让我把妈妈带来，然后开始谈论医生们，说他很喜欢这里，但他的肚子有点疼，呕吐出来的东西红红黑黑，这让他有点儿担心。

亚历山大接到万尼亚的电报后，乘坐夜间快车从彼得堡赶到莫斯科来，随身带着照相机和胶卷。10月12日星期一的早上，亚历山大径直去找了万尼亚。他在《垃圾场》里记载道：

66. 父亲离世

他独自一人躺在病房里，到处吐得都是胆汁……但他看起来完全清醒。他看到我们非常高兴。"啊，米沙来了，亚历山大也来了！"……在和我们说话时，他有两三次说道："祈祷吧！"

后来，帕维尔出现了术后坏疽症状。当时，米沙和亚历山大克服了对彼此的厌恶，契诃夫家的三个兄弟正在莫斯科最好的餐馆之一——捷斯托夫餐馆用餐。帕维尔接受了第二次手术。饭后，亚历山大打电话到诊所询问情况，没想到从电话里传来看门人的声音："一切都结束了。"原来，帕维尔·契诃夫在第二次手术时死在了手术台上。亚历山大给《新时代》以电报形式发了一份讣告，要求发表在第二天的版面上。

叶夫根尼娅不停地抱怨帕维尔只受了四天罪，这实在是太短了。亚历山大觉得母亲相信的是，"一个人拖着死得越慢，他就越接近天堂，因为他有时间来悔改罪过"。亚历山大想要给父亲的遗体拍照：

看门人告诉我，父亲的尸体还在地下室，如果给上二十戈比，他可以把我带到那里去。在一个类似灵柩台的东西上，我看到了父亲的遗体，他全身赤裸，整个肚子上一片血淋淋的。但那里光线太暗，无法拍照。

468

诊所一直等到米沙带来新的裹尸布才开始清洗遗体。亚历山大带来照相机，这让米沙怒不可遏。米沙作为家中唯一的公务员承担起了葬礼的筹备事务。亚历山大感到自己"格格不入，根本不被需要"，万尼亚把他送去了火车站。（从此以后，米沙和亚历山大几乎没有说过话。）于是，帕维尔就在他的两个大儿子——亚历山大和安东——都不在场的情况下入葬了。葬礼举行得一团糟。玛莎从自己的银行储蓄中拿出三百卢布，又借来了一百卢布。安东在莫斯科大饭店的忠实跟班谢苗·贝奇科夫跟着送葬队伍到了墓地。米沙写信告诉安东，父亲的葬礼"亵渎神灵，有悖常理，我唯一觉得欣慰的是，你不在场"。安东承认，他对家里发生的变故深感内疚，如果事发时他在梅里霍沃，这种小事故应当不至于要了父亲的命。[1]

帕维尔在世时，虽然让人恨得比爱得更多，但他确实是梅里霍沃庄园生活的核心。安东·契诃夫将父亲帕维尔的去世看作一个时代的终结。有关是否想要继续在梅里霍沃生活，他并没有征询过母亲和妹妹的意见。他告诉缅希科夫："主要的齿轮已经从梅里霍沃的机器中脱落了。我认为，对母亲和妹妹来讲，梅里霍沃的生活已经失去了魅力，我现在只得为她们筑一个新巢。"

安东马上找来年轻的建筑师列夫·沙波瓦洛夫（Lev Shapovalov），开始在阿乌特卡设计一所房子，他希望房子能在 1899 年 4 月竣工。一个星期后，玛莎将叶夫根尼娅托付给梅里霍沃学校的女老师玛丽亚·捷连季耶娃（Maria Terentieva）照看，自己乘火车前往雅尔塔，在那里逗留了两个星期。（叶夫根尼娅拒绝了米沙让她去雅罗斯拉夫尔的邀请，也许她是记恨他在信里称呼她是"悲痛欲绝的寡妇"[2]。）10 月 27 日，玛莎和安东在雅尔塔码头见面了，安东说："我买了一块建房子的地。我们明天去看一看吧，那里风景美极了。"

俄罗斯民众十分同情安东·契诃夫的遭遇，纷纷给他来信，而各大报纸担心他本人亦不久于人世。米沙在 10 月 20 日写给安东的信中"催婚"道：

> 买一处田庄，找一个好人结婚，你一定要结婚，生一个孩子——你想象不到比这更大的幸福了……让你未来的妻子——不知为什么，我非常希望能是娜塔莎·林特瓦列娃或者亚历山德拉·哈加因采娃——来安排生活，你就享福吧。[3]

---

[1] 安东为了感谢万尼亚在处理父亲丧事中出力，为他争取到了可领取退休金的公务员的职级。他原来的学生阿纳托利·雅科夫列夫的父亲是一位政府高级职员，安东确保雅科夫列夫的作品能够发表，以此换取到万尼亚的晋升机会。

[2] 见俄罗斯档案馆，2540 1 49：米沙·契诃夫给叶夫根尼娅·契诃娃的信，1888—1904。这封信写于 1898 年 10 月底。

[3] 见《契诃夫全集》，7，648 和《家族》（1970 年），151。

66. 父亲离世

米沙在给玛莎写信时，也谈到过哈加因采娃："她真是一个令人愉
快的人，还那么有才华，我非常希望安东能和她结婚。"[1]但在安东·契
诃夫心目中，无论是林特瓦列娃还是哈加因采娃都是地上的盐，是善良
而信实的人，却不是妻子的候选人。他心意所属之人是奥尔迦·克尼碧
尔。克尼碧尔演绎的伊琳娜在彼得堡的报纸上并未引起轰动，他颇为她
打抱不平。阿列克谢·苏沃林指责莫斯科艺术剧院剽窃他人作品，契诃
夫也与内米罗维奇 - 丹琴科一样愤愤不平。弗拉基米尔·内米罗维奇 -
丹琴科正在全力以赴重新打造《海鸥》，他对安东说："就像您预见到
的，苏沃林就是苏沃林。他不出一个星期就把我们给出卖了。当着您的
面，他和我们一团和气；一旦回到彼得堡，他就提笔写了一篇卑鄙的小
文章。我实在不能原谅自己，竟然和他谈论过加入他的所谓的剧院。"[2]

安东·契诃夫收到丽卡·米济诺娃从巴黎寄来的两张照片，照片中
的丽卡显得更加清瘦了。一张照片上面写着："不要真的以为我是一个
老巫婆。快来吧，您可以看到，与您分别一年对一个女人意味着什么。"
另一张照片上写的是一首爱情歌曲的歌词，她曾为安东唱过这首歌：

> 致亲爱的安东·巴甫洛维奇，诚挚纪念我们之间八年的友谊，
> 丽卡。

> 无论我的日子或明朗或悲伤，
> 无论我是否即将灭亡，了无痕迹，
> 我只知道：直到生命的最后一刻
> 我全部的思想、情感、歌声和力量
> 都属于您！！

> [柴可夫斯基，阿普赫京]

---

[1] 见图书馆手稿部，331 82 60：米沙·契诃夫给玛莎·契诃娃的信，1897—1898；
1898 年 10 月 25 日。

[2] 见《契诃夫全集》，7，632；见 VI. I. 内米罗维奇 - 丹琴科，《戏剧遗产》（*Teatral'noe
nasledie*），II，1954，144。

如果这段话能让您心有所感，我将不胜欣喜。

巴黎，1898 年 10 月 23 日（儒略历 10 月 11 日）

这段话我本来可以在八年前写下的，但我现在才写，十年之后我还能这样写。

第九部分　三大胜利

女演员：良家子弟的灾星。她们是让人害怕的润滑剂，沉溺于狂欢，挥金如土，最后终老于济贫院。当然，其中也有一些贤妻良母。

——古斯塔夫·福楼拜《庸见词典》

67.《海鸥》复活

（1898 年 11—12 月）

在雅尔塔，安东·契诃夫不停地从一个住处搬到另一处，直到伊萨克·阿利特舒勒（Isaak Altshuller）医生让他留宿了两个星期。阿利特舒勒（这个姓氏的意思是"善于耍老千的人"）医生非常自信，他本人也患有结核病，并坚持自己给自己治疗。阿利特舒勒医生敦促安东接受候鸟式的生活，远离莫斯科致命的严寒。再之后，安东就住在欧米尔（Au mur）别墅，直到他自己的房子竣工。欧米尔别墅的主人是一位将军的遗孀，叫卡比托利娜·伊洛瓦伊斯卡娅（Kapitolina Ilovaiskaia），她也是安东的狂热仰慕者。[1]

玛莎永远忘不了安东带她去阿乌特卡察看他买下的那块土地的情形：

> 他竟然选中了离海这么远的一个地方，我感到懊丧极了。我们到达目的地后，眼前的景象简直让我难以置信。那里有一个荒芜的葡萄园，用篱笆围着，周围没有一棵树，也没有一株灌木，更不要说建筑了……篱笆之外就是一块鞑靼人的墓地，我们到达的时候，那里正在举行一个葬礼。这一切看起来太令人沮丧了。

---

[1] 安东·契诃夫在 1892 年沃罗涅日省饥荒时，遇见过卡比托利娜·伊洛瓦伊斯卡娅。

后来，玛莎才体验到乌昌－苏（Uchan-Su）河汹涌奔向大海、远处汽船到港离岸的壮观景致。玛莎初见时的不快情绪让安东非常不安。回到欧米尔别墅后，玛莎软下心来，两人一起制定了这块地的规划图。

这块地总价四千卢布，确实很便宜，规划中的铁路也能让土地升值。安东·契诃夫之所以把家安在阿乌特卡而非雅尔塔，不仅因为这里可以躲开不速之客，而且因为能在这里接待那些"颠覆分子"和犹太人，这些人在雅尔塔是被禁止出入的。雅尔塔互助信用社很热心地提出贷款给安东·契诃夫修建房屋。信用社主管同意从阿乌特卡清真寺接出一根管道来，给他提供施工水源。建筑师列夫·沙波瓦洛夫当时还是一个美术教员，只有二十七岁。他把玛莎的规划图转变成一栋房子的草图，草图正面呈现出一种半摩尔式、半德国式的风格。就在沙波瓦洛夫还在构图时，安东已经聘用了一个叫巴巴凯·卡尔法（Babakai Kalfa）的鞑靼包工头，开始挖地基、运材料。巴巴凯给这栋外观奇特的房子起了个名字叫布由诺斯，意思是"只要您喜欢"。安东的朋友们——无论是托尔斯泰还是谢尔盖因科——都担心他肩上巨大的经济压力，因为连他自己都搞不清楚，阿列克谢·苏沃林给他的五千卢布是稿件定金还是拖欠的稿酬。这时，莫斯科艺术剧院为安东改善经济状况注入了希望；同时，苏沃林也提出为他出版作品全集，统一装帧、统一定价，一卷一卢布，这也让他期待能有更高的收入。然而远水不解近渴。即便安东·契诃夫的稿酬已经达到一行三十戈比，他的身体还是越来越虚弱，新作收入越来越少。

安东想要保留梅里霍沃庄园，作为家人的夏季度假别墅。他设法打消了那些依靠梅里霍沃庄园过日子的人的疑虑，这些人中既有地区邮政局长、小学教员、护士，也有工匠和农庄的仆人们。安东大老远跑回了一趟梅里霍沃，原因是塔列日村的女老师因为柴火而发生争执，他赶来仲裁。安东向那个没有成功挽救帕维尔的笨手笨脚的格里耶夫医生保证，他的名声毫发无损。有人匿名指控邮政局长辱骂顾客，他又来为邮政局长辩护。然而，只要帕维尔或安东其中任何一人不在，梅里霍沃庄园就会不可避免地衰败下去。在玛莎去雅尔塔期间，虽然她找来女老师

67.《海鸥》复活

玛丽亚·捷连季耶娃陪伴叶夫根尼娅，但叶夫根尼娅仍然十分悲痛。她对米沙说："我被压垮了，我没法儿在梅里霍沃住下去了。"[1] 玛莎回来时发现母亲愁容满面，焦虑异常。她告诉安东："茶炊的嗡嗡声、炉子里的动静、狗的叫声都能让她心惊肉跳，担心要有什么不好的事情发生。"附近发生了火灾，玛莎和叶夫根尼娅让女仆们睡在自己的房间里。地面虽然结冰了，但还没有下雪，雪橇还派不上用场，因此梅里霍沃与外界断绝了联系。

1898 年 11 月 13 日，安东给母亲发来简短的指示："年轻过就必然年老，快乐后一定有不幸，反之亦然；没有人能健康快乐一辈子……您必须准备好接受一切。您必须竭尽全力，把该做的做好。"一个星期后下雪了，玛莎锁上了梅里霍沃庄园的门。工人罗曼用雪橇载着她，带着床单和餐具去了火车站。两天后，叶夫根尼娅带着女仆玛莎也去了莫斯科。她们在玛莎的公寓里一直住到了第二年春天。这栋公寓有四个小房间，家具都是借来的。如果天气允许的话，玛莎就每个月返回梅里霍沃一次，给留守的老厨娘玛柳什卡、工人罗曼和女仆佩拉格娅发工钱。梅里霍沃庄园走向没落，任何人都无力回天。腊肠犬也留在了农庄上，交给仆人照顾。小偷挖光了瓦连尼科夫种下的苹果树。罗曼通宵摇着铃，来回巡逻，护卫着梅里霍沃庄园。瓦连尼科夫抓住了两个小伙子，打了他们一顿[2]，然后含着泪对女教师玛丽亚·捷连季耶娃说，他现在得关掉梅里霍沃的学校了。 *475*

12 月，玛莎打算去克里米亚见安东，因为她觉得自己也生病了："我早上咳嗽得厉害，左胸一直不停地痛。"医生给她开了奎宁、可待因和烈性黑啤酒。安东告诉她，家族性的肺部不健康也遗传给了她。雅尔塔的新房子越来越让玛莎兴奋，她问安东，能不能把房间扩大一点儿，是否必须卖掉梅里霍沃庄园来付这栋房子的钱。"不能，不用。"安东回答。他打算让玛莎和叶夫根尼娅长期住在克里米亚。安东·契诃夫现在

---

[1] 见图书馆手稿部，331 73 11：叶夫根尼娅给米沙·契诃夫的信，1888—1903 部分，1898 年 11 月 7 日。

[2] 瓦连尼科夫因此被法院传唤，但是当局后来撤回了指控。

是雅尔塔女子中学的督学，也是校长瓦尔瓦拉·哈尔克维奇的朋友，他给玛莎在当地中学找了一个地理老师的职位：原来的那位地理老师"自愿"辞职了。安东给叶夫根尼娅展示了这里的美好前景：他给新房子安装了一个美国式的厨房、冲水马桶、电铃和电话；他正在花园里种植玫瑰和柏树；这里的咖啡和酥糖很便宜；因为房子是石头的，再也不用担心着火了；她的风湿病在这里可以大大缓解；她在塔甘罗格的老姐妹，马尔法和柳德米拉，距离这里只有一天的船程；她可以带上老厨娘玛柳什卡一起过来；从这里只消走上一分钟就能到达阿乌特卡教堂。然后，安东买下了两个月前在库秋科伊村看到的那栋鞑靼人的房子。叶夫根尼娅可以在那里养上一头牛，种一个小菜园；而玛莎只要绕过岩石就能到海里去游泳。安东·契诃夫的这一大胆投资是精明之举。他买下库秋科伊村房子时只花了两千卢布，不久就有人给出了四倍高的价格。

安东并不很担心母亲叶夫根尼娅的状况。奥尔迦·昆达索娃在11月28日的信中告诉他："她的精神状态一点也不忧郁，更不要说沮丧了。在我看来，帕维尔去世并没有对她产生太大影响，因为她是一个慈爱的母亲，她对孩子比对丈夫更亲密。"安东·契诃夫自己的健康状况反倒引来了更多的关注，其程度甚至超出了他的忍受范围。外省的报纸报道读起来让人心惊。在克里米亚半岛的辛菲罗波尔（Simferopol），所有人都知道了安东·契诃夫"不祥症状频发，健康状况堪忧"。安东给那家报纸发去了几封电报表示抗议，报纸收回了之前的报道，但影响已然造成。安东的中学朋友弗拉基米尔·西罗京（Vladimir Sirotin）给他写来一封信，描述了自己的末期病况。另一个叫列夫·沃尔肯施泰因（Lev Volkenshtein）的朋友提出帮助安东办理房产产权转让事宜。前女友克列奥帕特拉·卡拉特金娜的来信更是言辞悲切，安东不得不给她发电报，告诉她："非常健康安全，谢谢。"亚历山德拉·波赫列宾娜已经是一个女地主，与农庄上的农民的关系搞得剑拔弩张。她曾经在特列季亚科夫画廊看到旧日情人安东与玛莎一起观赏安东的那幅肖像，但是她没有上前打招呼。1898年11月，她打破了四年的沉默，给

476

67.《海鸥》复活

安东写信："一想到发生在您身上的一切，我就心如刀绞。如果知道您一切都好，我该多么高兴啊……我一直担心丧父的消息会影响您的健康。"[1] 杜尼娅·科诺维采给他送来了巧克力。娜塔利娅·林特瓦列娃也来雅尔塔看望他，谈到她是否可能也在这里买下一块土地时，她哈哈大笑。

叶连娜·沙夫罗娃目前住在彼得堡，有孕在身。她的体弱多病的妹妹安娜·沙夫罗娃住在雅尔塔，有时会陪伴安东。然而，更加吸引安东注意力的是他的女房东卡比托利娜·伊洛瓦伊斯卡娅的门生，十八岁的娜佳·捷尔诺夫斯卡娅（Nadia Ternovskaia）。娜佳的父亲亚历山大·捷尔诺夫斯基（Aleksandr Ternovsky）是一位盛气凌人的大祭司。刚开始，他对女儿与安东·契诃夫一起出去远足睁一只眼闭一只眼；后来，雅尔塔出现了有关二人的流言蜚语，他出面做了调查。娜佳·捷尔诺夫斯卡娅后来告诉自己的孩子，她与安东其他女朋友的不同之处在于她从来不拉着他谈论文学。[2] 娜佳长得美丽迷人，她酷爱音乐，曾经为安东·契诃夫弹奏过钢琴。另一个娜佳——苏沃林的外孙女娜佳·科洛姆宁娜——也对安东深情款款，只是她很快就回了彼得堡。她警告安东，说伊洛瓦伊斯卡娅家的别墅"非常潮湿，大家都知道这个。收拾好行李，尽快离开那里，找一个新住处"[3]。其实，这种话娜佳·捷尔诺夫斯卡娅也对他说过。另外还有一个女人也让安东牵挂，她就是奥尔迦·索洛维约娃（Olga Soloviova）。奥尔迦·索洛维约娃是一个富有的寡妇，是苏格科－苏（Soguk-Su）庄园的主人，这座庄园就在安东买下的库秋科伊村房子的旁边。

男性朋友的境遇总是提醒着安东·契诃夫，死亡近在咫尺。谢尔普霍夫医院的伊万·维特医生因为心脏病发作也来到雅尔塔休养，他整个

---

[1] 见图书馆手稿部，331 56 38：亚历山德拉·波赫列宾娜给安东·契诃夫的信，1893—1898。

[2] 见 E. A. 波洛茨卡娅，《雅尔塔版的"笑话"》（*Ialtinskaia redaktsia "Shutochki"*），《契诃夫研究》，1993，101—116。

[3] 见图书馆手稿部，331 48 4：娜佳·科洛姆宁娜给安东·契诃夫的信，1896—1900。

人看起来好像"被火车碾过"一样。安东的身体日趋虚弱，往往走不了上坡路，有时甚至无法离开房间，但他还是拒绝尝试任何过于激进的疗法。10月9日，女演员维拉·科米萨尔热夫斯卡娅写信请求他："罗斯托夫有一名叫瓦西里耶夫的医生。您必须去他那里，让他来给您治疗一下，他会治好您的。去找他一下吧，去吧、去吧、去吧、去吧，我不知道该怎么求您……如果您不去就太糟糕了，我会十分伤心的。去吧，好吗？"[1]安东·契诃夫向她保证，如果去罗斯托夫的话一定联系这个电疗师。"肠黏膜炎"让他腹泻不止。11月下旬，安东·契诃夫出现了一次肺部大出血，到第三天，他只好叫来了伊萨克·阿利特舒勒医生："我躺在床上动不了了。小同事，把您的听诊器和喉镜带来。"血一经止住，他就让玛莎把他的听诊器、敲击锤和冰袋送过来。为了生活得更加舒适一些，他又从莫斯科的缪尔－米里利斯商店订购了一顶卡拉科尔帽子、一张鹤鸵毛毯和一个茶炊。叶夫根尼娅给他缝制了睡衣，万尼亚给他寄来了夹鼻眼镜——他每逢旅行总是忘记带上眼镜——万尼亚还寄来一个新的软木垫，可以防止眼镜从鼻子上滑落。安东写信给阿列克谢·苏沃林说："不要告诉任何人我吐血了，别人比我更害怕，所以我总是偷偷地吐出来。"

在雅尔塔期间，安东·契诃夫更大的痛苦来自精神上的寂寞："我想和人谈谈文学……但在这里［只有］让人着恼的蠢猪。"报纸也总是迟迟送到，他在平安夜对《俄罗斯报》的瓦西里·索博列夫斯基说："没有报纸可读，人就会陷入抑郁，甚至会想到要结婚。"安东结识了《克里米亚快递报》（*The Crimean Courier*）的编辑，但是仍无力改善报纸的情况，最后他也放弃努力了。他喜爱正在修建的房子，但又十分厌恶雅尔塔冬季的肮脏。报纸上刊发了安东给莫斯科的电报，电报上称他觉得自己像德雷福斯关在魔鬼岛上，这一评论让所有雅尔塔人都感到大失颜面。

尽管《新时代》现在"藏污纳垢"，但安东十分想念阿列克谢·苏

---

[1] 见图书馆手稿部，331 48 7：维拉·科米萨尔热夫斯卡娅给安东·契诃夫的信，1896—1900。

沃林。这张报纸甚至惹怒了政府，被禁止了十天。诗人巴尔蒙特抨击《新时代》是"皇室钦点妓院"。苏沃林派驻巴黎的记者帕夫洛夫斯基寻求安东的帮助，想调转到一家更加自由的莫斯科报纸去工作。伊格纳季·波塔片科彻底离开了苏沃林。亚历山大写信说，老苏沃林就像投掷者宙斯，而小阿列克谢·苏沃林是一头愤怒的公牛。《新时代》目前正在刊发《德雷福斯事件真相》(*Le Dessous de l'affaire Dreyfus*)，作者正是真正的叛徒费迪南·瓦尔桑－埃斯特哈齐，文章言辞似是而非。安东告诉老苏沃林，为阿尔弗雷德·德雷福斯平反昭雪是"这个时代伟大的文化胜利"。苏沃林回信说，亲德派人士正在洗白德雷福斯。

平日不善言辞的万尼亚此时表现出兄弟情谊，给安东以实际的支持。12月19日，他带着补给物资来到雅尔塔住了两个星期。小弟弟米沙倒是能言善辩，但没有一点实际行动。米沙张罗让母亲到他家去散散心，但叶夫根尼娅怀疑他是想让自己去照顾他的小女儿。米沙不但没有给帕维尔的葬礼出一点钱，还隐瞒了每个月该付给玛莎的津贴。彼得堡的大哥亚历山大更加指望不上。他的妻姐阿纳斯塔西娅·戈登要靠他养活，因为阿纳斯塔西娅的丈夫普什卡廖夫在赌博机上输得身无分文。亚历山大的长子科利亚在火车站抢劫旅客时被抓捕。娜塔利娅担心他会带坏弟弟，尤其是她自己的儿子、七岁的小米沙，于是亚历山大把十四岁的科利亚送到了商船上。十二岁的小安东也不是学习的料，已经被送到苏沃林手下学习图书装订。《新时代》行将没落，亚历山大·契诃夫本人也要另寻一个新饭碗。11月24日，他在给安东的信中说："我在考虑开设一种新型的妓院，它类似一个巡回演出的剧院。等我带团到雅尔塔来做生意，来'让季节熠熠生辉'时，你当然是我的第一个免费顾客。"在这封信的附语中，波塔片科写了祝福语，苏沃林的家庭教师埃米莉·比容附上"一个深吻"。 *478*

安东·契诃夫现在是雅尔塔居民，行动动辄见诸报端。他是当地多所学校、红十字会和饥荒救济委员会的成员。就在承包人巴巴凯·卡尔法指挥工人给新房子挖掘地基时，安东在写作。在居住于欧米尔别墅的两个月期间，他已经创作了四个故事。其中三个故事的素材都来自梅里霍沃的生活：道德败坏的工厂主、心地险恶的农民盗贼等。这三个故事分别是在《俄罗斯思想》上发表的《出诊》（"An Incident in Practice"），在索博列夫斯基主编的《俄罗斯报》上发表的《新别墅》（"The New Dacha"），以及在缅希科夫主编的《周报》上发表的《公差》（"On Official Business"）。《公差》是这三个故事中最有震撼力的一篇：在暴风雪的天气里，一位法官和一名医生被叫到一个偏远的村庄调查一起自杀事件，而法官遭到痛苦噩梦的折磨。安东·契诃夫在《农民》和《我的一生》中流露出的激进情绪在这些作品中得以进一步加强：故事揭示出被统治者已经威胁到了统治者的统治。在雅尔塔——正如安东告诉玛莎的那样——"既没有贵族也没有平民，杆菌面前人人平等"。他用一种更加欢愉的语调为一个叫《家庭》（*The Family*）的周刊创作了故事《宝贝儿》（"The Darling"）。这个故事的女主人公叫奥莲卡，她总是需要去爱一个什么人，这个人可以是剧院经理，可以是木材商人，也可以是一个中学生。《宝贝儿》吓了激进主义者一大跳，而列夫·托尔斯泰从中看到了理想化的——而非嘲讽意味的——女性形象，他当着安东的面称赞它是体现了"圣洁之爱的作品"。

伊萨克·阿利特舒勒医生意识到，安东其实为莫斯科的《海鸥》演出暗自悬心。他的双肺和肠子都饱受结核分枝杆菌的折磨。彼得堡的《海鸥》首演是他心底永远的痛，如果在莫斯科等待他的是另一场惨败，那么完全可能要了他的命。《海鸥》和《万尼亚舅舅》在莫斯科以外的其他地方都被搬上过舞台，后者已经给安东·契诃夫挣来了一千卢布，外省观众们对它十分痴迷。1898 年 11 月，安东·契诃夫接到一封信。信是从下诺夫哥罗德寄来的，写信人是时年三十岁的革命先驱者马克西姆·高尔基（Maxim Gorky）——他后来被称作俄罗斯第一位"无产阶级"作家。高尔基在信中说，他第一次看《万尼亚舅舅》时哭得像一个女人，它是"一把戳透我心脏的钝锯"，第四幕是"砸在观众头上的锤子"，它"引起我童年的记忆：我在花园里有一个僻静的角落……花坛被猪拱坏了，花儿也被毁了，一只断了腿的病猪靠着门躺在那里"。高尔基还在后面附言说："我是一个荒唐而粗鲁的人，我的灵魂已经病入膏肓。"安东·契诃夫热情地回了信。马克西姆·高尔基想要与契诃夫建立友谊，这在当时看似不大可能，但到了1899年1月，高尔基已经消除了安东的戒备："我像火车头一样莽撞……但是身下却没有铁轨，只能东冲西撞。"[1]

已经有很多人观看了莫斯科艺术剧院的《海鸥》排练，或者看了 479 外省的表演，《海鸥》剧本已经广受好评。在莫斯科，玛莎已经成为安东·契诃夫的全权代表，她渐渐从这种生活中体验到了乐趣。她与演员们一起吃饭，与大家相处得很愉快，人也变得越来越自信。莫斯科艺术剧院的演员亚历山大·维什涅夫斯基是安东中学时代的好友，他在剧中扮演多尔恩医生，玛莎与他交上了朋友。玛莎还与剧院女演员奥尔迦·克尼碧尔结交为好友。奥尔迦在《海鸥》中扮演女演员阿尔卡基娜，虽然奥尔迦要比这个角色年轻上十五岁。安东的朋友也都聚集在玛莎的周围。萨莎·塞利瓦诺娃为她接种了天花疫苗，安东在1886年短期的未婚妻杜尼娅·科诺维采（叶夫罗斯）与她重归于好，叶连娜·沙夫罗娃和塔妮娅·谢普金娜-库别尔尼克也都来拜访过。玛莎应邀来到沙夫罗娃夫人家，结识了沙夫罗娃家的女孩们，她发现叶连娜·沙夫罗娃不但人长得漂亮，而且还非常有趣，而奥尔迦·沙夫罗娃甚至建议玛莎去当一名演员。沉疴已久的伊萨克·列维坦再也无力向玛莎求婚了，"我呼吸沉重得就像一条离开水的鱼"，他这么向安东描述自己的状况。然而，玛莎觉得自己仍然有可能找到"个人的幸福"。她并不情愿在雅尔塔当一名地理老师，她更愿意享受当下在莫斯科的社交生活和艺术学习。

1898年12月17日，《海鸥》在莫斯科首次演出。演出当天，剧院周围的街上挤满了马车，剧院里坐满观众，盛况空前。演出后，弗拉基米尔·内米罗维奇-丹琴科给安东发来祝贺电报，说演出取得了"巨大的成功，疯狂的幸福"，安东回电说，"您的电报给我带来健康与快乐"。内米罗维奇-丹琴科提出要求，希望《万尼亚舅舅》必须专属莫斯科艺

---

[1] 马克西姆·高尔基写给安东·契诃夫的很多信件都刊印在《通信集》中，II，1984，297—365。

术剧院。安东的朋友维什涅夫斯基发来电报说:"《海鸥》将成为我们剧院的战舰。"在首演中,虽然玛丽亚·罗克萨诺娃(Maria Roksanova)饰演的"海鸥"妮娜并不出彩(她很快被替换掉),斯坦尼斯拉夫斯基扮演的特里果林也像一个"伤寒痊愈后的性无能者",但观众们仍然欣喜若狂。奥尔迦·克尼碧尔的表现尤其引人注目。内米罗维奇-丹琴科对安东说:"她入戏如此之深,以至于您都无法将她与[阿尔卡基娜的]优雅的做作、庸俗的魅力、自私和嫉妒区分开来。"玛莎也鼓励哥哥安东追求奥尔迦:"一个非常非常优秀的演员,克尼碧尔,正在表演。她非常有才华,你只看着她、听她说话,也是一种纯粹的享受。"塔妮娅·谢普金娜-库别尔尼克给安东写信时说:"这是我三年来第一次在剧院里感到愉悦……所有的一切都是新的,出人意料的、迷人的……克尼碧尔演得非常好。"

老朋友也纷纷与安东·契诃夫取得联系。伊萨克·列维坦挣扎着挪下病床,花了双倍的价钱买了一张票,并在看过表演后说他现在理解这个剧本了。他非常同情剧中人特里果林的处境,因为他本人就夹在年轻一代和老一代的女性之间,左右为难。连演员连斯基也放下前嫌,不再计较安东在《跳来跳去的女人》中嘲讽过自己,成为《海鸥》的拥趸。到 1899 年 1 月份时,莫斯科大饭店的男仆谢苗·贝奇科夫已经看了四次《海鸥》。他提醒安东,"柳德米拉·奥泽罗娃满腔热情地希望能扮演您的'海鸥'"。[1]女演员都用尽浑身解数争取扮演"海鸥"。奥尔迦·昆达索娃告诉安东,她的妹妹佐娅现在守寡,是自由身,弗拉基米尔·内米罗维奇-丹琴科必须把这个角色分给她。

奥尔迦·克尼碧尔病倒了,两场《海鸥》演出被迫推迟,这对安东来讲是一笔经济损失,因为他可以从演出的票房收入中提取百分之十的收益。现在在安东眼中,自己与莫斯科艺术剧院的关系等同于和剧院的一个女演员结了婚。然而,无论对叶连娜·沙夫罗娃还是对杜尼娅·科诺维采,他仍然坚持这样的说辞:"我在舞台上一直运气不好。就凭这

---

[1] 谢苗·贝奇科夫给安东·契诃夫的信,1898—1899:1899 年 1 月 3 日。

种运气，如果我真与一个演员结了婚，我们恐怕会生下一只红毛猩猩或豪猪什么的。"安东·契诃夫目前要支付的不仅有莫斯科的一套公寓的租金，梅里霍沃村的农庄和学校的开销，还有阿乌特卡在建的房子和库秋科伊村的农舍的花费。另外，他有很多穷亲戚需要帮衬，而他自己寿数将尽。安东·契诃夫并没有像伊萨克·列维坦所建议的那样寻求一个富有的荫护人的保护，而是自己采取了果断行动。

68. "我是马克思主义者"

（1899 年 1—4 月）

安东·契诃夫委托彼得·谢尔盖因科作为自己的全权代表，去彼得堡与阿道夫·马克斯谈判出售自己全集作品的相关事宜。这个人选看似令人不解。彼得·谢尔盖因科是安东的中学同学，现在是一名喜剧作家，笔名是"肚脐"。他并没有像安东·契诃夫那样成功地跻身严肃文学的创作领域。安东嘲笑谢尔盖因科创作的《托尔斯泰如何生活与工作》（*How Tolstoy Lives and Works*）以及他的小说《雏菊》（*Daisy*），是"长着腿的灵车"。作为一名托尔斯泰主义践行者，谢尔盖因科从来不对家人隐瞒任何事情。安东的油嘴滑舌经常让谢尔盖因科感到很难堪，谢尔盖因科那副一本正经板着脸的腔调也让安东很恼火。然而，正是彼得·谢尔盖因科这种迂腐谨慎的性格让他成了谈判中介人。

五年来，安东·契诃夫一直对阿道夫·马克斯印象深刻。马克斯用俄语搞出版，用德语做生意。马克斯的《小麦田》是俄罗斯本土出版品质最佳的家庭周刊，刊物既能给读者提供文学营养，也能给订阅人提供红利。马克斯的印刷品制作精良，他在给作者支付稿酬方面也颇为慷慨。托尔斯泰原来就曾建议过契诃夫去找阿道夫·马克斯洽谈合作，来确保作品全集的质量。全彼得堡的人都知道，俄罗斯（继列夫·托尔斯泰之后）最伟大的作家安东·契诃夫现在经济拮据，处境维艰。彼得·谢尔盖因科预计，尽管开盘价定为五万卢布，但马克斯很有可能会支付七万五千卢布购买安东·契诃夫所有作品的独家发行权——这足以确保契诃夫家的生活了。安东·契诃夫第一次拒绝了阿列克谢·苏沃林。老苏沃林与继承人商议购买契诃夫的作品版权，但遭到了小阿列克谢·苏沃林的强烈反对，苏沃林只好给安东拍电报："……产权增值，为何仓促决定，请三思，身体真的很糟吗？"彼得·谢尔盖因科对苏沃林的异议的反应是：

> "契诃夫会值更多钱。这就是他要抓紧时间的原因。"于是我趁热打铁，问道："那么，难道您会给更高价吗？我听到了一些风声，但是……"
>
> "我不是银行家。大家都觉得我很有钱，这完全是胡说八道。我对我的孩子们负有道义上的责任……我已经是一只脚踏进坟墓里的人了。"[1]

阿列克谢·苏沃林给契诃夫开出了两万卢布的定金："写信告诉 *482* 我，您为什么这么做？三思而后行，亲爱的安东。"安东并不想拍卖作品版权。其实，与其说是安东·契诃夫与阿列克谢·苏沃林分道扬镳，倒不如说安东再也无法忍受苏沃林的劣质印刷和讹误频出的财务管理。这是一个具有《圣经》色彩的时刻。安东对万尼亚说："我即将被卖往埃及。"他告诉亚历山大，他与苏沃林分手"就如同雅各与拉班分手"。1899年年底，他向胡杰科夫承认："……就像以扫一样，我为了收拾一个烂摊子而出卖了我的基本权利。"彼得·谢尔盖因科用尽浑身解数，与阿道夫·马克斯及其助手尤利乌斯·格伦伯格谈判了八小时，迫使他们同意了以七万五千卢布的价格购买安东·契诃夫过去和现在所有作品的著作版权。1月31日，合同起草完毕。众所周知，这份合同对阿道夫·马克斯是一个颠覆性的转机，但对安东·契诃夫来说却不啻一场灾

---

[1] 见彼得·谢尔盖因科的信与日记，引自《契诃夫全集》，9，282。

难。马克斯在第一年就赚了十万卢布，因为契诃夫的大部分作品都已经被苏沃林排过版了。由于谢尔盖因科在谈判中的疏忽，安东·契诃夫无法一次性得到七万五千卢布。2月12日，苏沃林给他拍来电报，但为时已晚：

> 您的交易即便是两年都对您不利，更别说十年，您的声望飙升令人瞩目，您却拱手让人……紧握您的手，苏沃林。[1]

签署合同时，契诃夫收到了两万五千卢布，余款将分为两笔，间隔八个月付清。基于这份合同，阿道夫·马克斯获得了安东·契诃夫创作的和即将创作的所有作品的著作版权。这一年，整日里忙于电报往来，忙着敲定合同，安东的命名日悄无声息地过去了。在谈判中，彼得·谢尔盖因科确定了马克斯为契诃夫未来作品所支付的稿酬标准：每印张（二十四页）稿酬二百五十卢布，每五年每印张稿酬增加二百卢布，即第二个五年，每印张稿酬为四百五十卢布。安东拍来电报，开玩笑地说自己保证不活过八十岁。一想到一个契诃夫的故事到了1949年的价码会涨到多高，马克斯和助手格伦伯格吓得一个激灵，用德语讨论起来：合同有效期只到1919年。谢尔盖因科还为安东争取到了一些小小的让步，比如，安东可以获得从期刊和慈善出版物得来的稿费。还有一点幸运的是，剧本演出的版税收入归安东·契诃夫本人所有。阿道夫·马克斯加入了一些很严厉的条款：他有权拒绝"不适合"的作品；如果契诃夫在别处出版作品，将被处以每印张五千卢布的罚款；最糟糕的是，安东必须在1899年7月之前提交所有出版作品的清样。马克斯对谢尔盖因科说："契诃夫先生必须加把劲儿了。"

这份合同糟蹋了安东的1899年。安东·契诃夫已经毁掉了大部分早期作品的手稿，手里保留的样本也很少。他把所有爱他的人都打发去了图书馆，去抄写他发表过的作品。利迪娅·阿维洛娃是《彼得堡新

---

[1] 见《文学遗产87》，261。

闻》主编的妻姐，她利用这个身份给安东找到了两名誊写员，抄写了安东在 19 世纪 80 年代末期发表的一系列故事。尼古拉·叶若夫替他抄写了在《闹钟》和《娱乐》杂志上发表的故事，只是在抄写过程中，他落掉了大段大段的文字。鉴于他一贯能力不足，这也不足为怪。在彼得堡，亚历山大只能亲自抄写安东在《新时代》上发表的故事，因为小阿列克谢·苏沃林不允许他带誊写员进办公室，也不让他把过去的出版物带出办公室。1899 年的冬季、春季和夏季，安东·契诃夫的时间就花在了修订过去的作品上。让阿道夫·马克斯十分恼火的是，安东为自己保留了一项特权：在找回的四百个故事中，他拒绝发表其中的一半；而他选择保留下来的那些故事，他的定稿几乎是彻底重写了。从 1899 年到 1901 年，安东·契诃夫花在重写故事上的精力要比新创故事多得多。读者也不无沮丧地注意到，契诃夫在故事的修订版中抛掉了许多早期的珍珠。阿列克谢·苏沃林手里还有一万六千卷契诃夫的作品，阿道夫·马克斯让苏沃林付了五千卢布买下了继续出售这些库存的权利。苏沃林很慷慨地将这些书销售所得的百分之七十的利润让给了安东。马克斯对契诃夫的版权垄断，使得安东·契诃夫的《剧本》——包括《海鸥》和《万尼亚舅舅》——三年之内不能被外人使用。[1]

玛莎从律师叶菲姆·科诺维采那里得知，阿道夫·马克斯给一个名声远不如安东的作家支付了十二万五千卢布购买版权，她担心安东被人蒙骗了。玛莎自我安慰，她能给安东当帮手，就像托尔斯泰的夫人索菲娅伯爵夫人帮助丈夫出版作品那样，她也可以给安东收集、抄写和编辑作品。作为妹妹，没有什么工作能比这个更让她感到满足了。但是奥博隆斯基医生为玛莎的构想蒙上了阴影：他暗示玛莎可能也患有肺结核。此时，安东的兄弟们都想要分得一杯羹。亚历山大为了购买一间乡间宅第向安东请求一千卢布的赞助；米沙曾经在梅里霍沃农庄工作过两年，他在 1899 年 1 月写给玛莎的信中流露出的失望语气与万尼亚舅舅如出一辙：

[1] 1900 年，德语诗人莱纳·马利亚·里尔克（Rainer Maria Rilke）写信给安东·契诃夫（331 57 24）：“我还打算翻译《万尼亚舅舅》……为了弄到剧本，我想了所有办法，但都徒劳无功。”由于无法得到安东·契诃夫的剧本，里尔克转向抒情诗。

你们有目共睹，我住在梅里霍沃时，吃的喝的都是最基本的，我都不知道我的四千四百卢布到哪儿去了。我去乌格里奇时带的所有的家当，我都不好意思说出口，只有一个枕头、一件长礼服、一件西装、三条内裤、四件印花布衬衫和半打袜子。[1]

安东答应给亚历山大一笔钱，却没有理会米沙的暗示。他潜心修改过去的作品，这情形令他想起普希金的伤感的诗句："满含嫌恶地，我回顾着我的过去。"摆脱债务的动力使得这份艰巨的任务看似轻松了许多，安东对弗拉基米尔·内米罗维奇－丹琴科开玩笑说，他已经"获得至圣主教公会的批准而离婚"。对托尔斯泰主义践行者伊万·戈尔布诺夫－波萨多夫（Ivan Gorbunov-Posadov）而言，安东出售作品版权意味着他不能再为大众印刷契诃夫的作品了，他说，"这无异于从窗台上掉

484 下来一个花盆，正砸在我的脑袋上"。安东·契诃夫开玩笑说："我随时都会变成一个马克思主义者。"[2]谈判中介人彼得·谢尔盖因科自觉在这笔交易中已经尽力，他扣下了自己的五百卢布劳务费，将剩下的一万九千五百卢布电汇给了安东。

安东·契诃夫拥有了生平第一本支票簿。他颇为后悔自己在规划雅尔塔的新房子时过于节俭，于是开始大手笔地设计房间装修和花园。他雇了一个叫穆斯塔法（Mustafa）的鞑靼花匠。穆斯塔法懂的俄语十分有限，但和安东·契诃夫一样喜欢树木园艺。安东还给了叶夫根尼娅十卢布（这个数目已经让她相当满足了）。安东的经济状况就像他的健康状况一样从来不是秘密，求助的信件蜂拥而至。早年给帕维尔的杂货店打工的伙计，哈尔琴科兄弟中唯一的幸存者加夫留沙，也从哈尔科夫给

---

[1] 见图书馆手稿部，331 82 61：米沙·契诃夫给玛莎·契诃娃的信，1899—1901部分，1899年1月24日。

[2] 这句玩笑话有其严肃性的一面。阿道夫·马克斯是一位典型的资产阶级出版商人，但卡尔·马克思主义者现在将安东·契诃夫标举为工人阶级反抗剥削者的一面旗帜。安东·契诃夫承诺，他的下一个主要故事将由坚定的左翼期刊《生活》（Life）发表。

安东寄来一封信，他现在是一个大有前途的商店助理。[1]他请求安东为他的女儿支付学费，安东让他如愿以偿了。罹患结核病的作家同侪们也纷纷联系安东。作家叶皮凡诺夫（Epifanov）在 19 世纪 80 年代早期与安东·契诃夫一样为《娱乐》杂志供稿，现在因肺结核而缠绵病榻。安东通过尼古拉·叶若夫每个月给他二十五卢布，并且筹划让他搬到雅尔塔来住。一位叫帕维尔·温多尔斯基（Pavel Undolsky）的神父从他手里借了钱，重修穆哈拉特卡（Mukhalatka）鞑靼村的教堂学校。[2]

《新时代》在安东·契诃夫名声正炽时失去了他，这对它的财务和士气都是一个打击，这家出版物的处境和前途更加凶险。1899 年 2 月，警察当局凶残地镇压了一个学生游行示威活动，其程度之恶劣连政府大员都纷纷表示抗议，但苏沃林的社论支持了警察的行为。公众舆论中泛起一片对阿列克谢·苏沃林的讨伐之声，学生和记者们在他的窗户底下组织抗议活动。俱乐部和社团也都取消了《新时代》的报刊订单。小阿列克谢·苏沃林试图掩盖流言，没想到却欲盖弥彰：他公布了发行数字后，人们发现《新时代》的订阅者只有三万四千人，与普遍认为的七万份发行量相去甚远。《新时代》麾下的记者纷纷离职，开办了一家对手报纸，赞助人也转头抵制《新时代》。最终，作家联盟将阿列克谢·苏沃林传唤到一个荣誉法庭，指控他不光彩的行为。[3]在"审判"前，苏沃林又陷入了失眠。

安东·契诃夫十分痛恨这类私设的公堂。1899 年 4 月，他告诉阿列克谢·苏沃林，现在屈服，就会面临"小野兽被关在笼子里时，彼此咬掉对方尾巴的可怜情形"。安东对亚历山大说，苏沃林写来的信"像是在行忏悔礼。显然，他很痛苦"。安东一度对苏沃林软下心来，他在3 月 9 日给利迪娅·阿维洛娃（她终生追随阿列克谢·苏沃林）的信中

---

[1] 见图书馆手稿部，331 61 52：加夫留沙·哈尔琴科给安东·契诃夫的信，1899—1901。

[2] 见 A. M. 梅尔科娃《新材料》……见《契诃夫在雅尔塔》，1987，110—122。

[3] 俄罗斯的"荣誉法庭"被认为是逼迫彼得·柴可夫斯基自杀的元凶。阿列克谢·苏沃林遭到法庭谴责，但"判决"仅仅是受到申斥。安东·契诃夫就此对一个塔甘罗格记者评论说："猎犬追不上野物的话，就只能欺负猫了。"

说："当然,我觉得苏沃林非常可怜,但我对他周围的人倒没有觉得遗**485** 憾。"在德雷福斯事件上,阿列克谢·苏沃林私下宣称自己放弃了原来的观点,然而公众的眼睛里揉不得沙子,事实最终证明苏沃林不过是在撒谎搪塞。安东对苏沃林深感失望,他甚至对谢尔盖因科说,苏沃林"罪行累累"。3月21日,走投无路的安娜·苏沃林娜给安东可怜兮兮地写来一封信:"如果您是他的朋友,或者您只是爱他,您都不会在这种时刻袖手旁观……我想象,您要是处在他的位置上的话,您也会像他这么做! ……请原谅我……我只是为他感到难过,他根本没有朋友。"[1] 安东知道安娜是在施展女性魅力,但他仍然答应春天回莫斯科时与苏沃林聊一聊。4月初,安娜·苏沃林娜再次来信祈求安东帮忙。4月,苏沃林的印刷工人康斯坦丁·特钦金也在给安东的信中发牢骚说:"这里的气氛非常压抑,让人觉得像在做噩梦一样。"[2]彼得堡的文学圈也是一片死气沉沉。谢格洛夫闷闷不乐,巴兰采维奇因幼子死于脑膜炎而整天哭丧着脸。

丽卡·米济诺娃在巴黎迈出了她作为歌唱家的蹒跚的第一步,但安东对此的反应比他给苏沃林的反响还少。他在新年时告诉丽卡,他不写信是因为她没有回信。丽卡勃然大怒:"我爱您,远远超过了您配得上的爱;我对您的好,也远远超过了您对我的好。如果我现在是一个有名的歌唱家,我就会从您手里买下梅里霍沃庄园。一想到我再也看不到它了,我就难过得受不了。"[3]安东和她开了一个玩笑:他宣布自己要与阿道夫·马克斯……结婚了。他对丽卡说,她的举动就像打算用开瓶器自杀的亚历山德拉·波赫列宾娜;他还说他可能春天时去巴黎看她。1899年2月21日,丽卡回信说:"我答应您,会对您的新娘态度很好,甚至会控制好自己,不把她的眼睛抠出来! 您最好把她留在俄罗斯! 不,永

[1] 见图书馆手稿部,331 59 46:安娜·苏沃林娜给安东·契诃夫的信,1889—1901;引自《契诃夫全集》,9,282。

[2] 见图书馆手稿部,331 60 64:康斯坦丁·特钦金给安东·契诃夫的四十六封信,1896—1902。

[3] 见图书馆手稿部,331 52 2e:丽卡·米济诺娃给安东·契诃夫的信,1899;有些存于《通信集》中,II,1984,16—59。

远不要结婚！这太糟了！您只要与您的波赫列宾娜同居就好，但不要结婚！”丽卡·米济诺娃一直与玛莎保持着联系，她猜到了是什么把安东羁绊在俄罗斯，玛莎对此亦相当确定。1899年2月，玛莎被邀请到后台与弗拉基米尔·内米罗维奇－丹琴科见面，过后她给安东描述当时的场景时说：“克尼碧尔就在我身边转来转去，我向她转达了你的问候。我建议你向克尼碧尔求爱。我觉得她这个人很有意思。”安东马上回信说：“克尼碧尔确实很可爱，当然，我不住在莫斯科真是做了件傻事。”很快，奥尔迦·克尼碧尔就与玛莎·契诃娃成为朋友。她们的友谊将克尼碧尔家与契诃夫家联系了起来，也把安东·契诃夫与莫斯科艺术剧院绑在了一起。

安东·契诃夫渴望从流放地雅尔塔回到家园。他计划在复活节时去莫斯科与艺术剧团、克尼碧尔、丽卡、玛莎和母亲见面。然而，此时的安东却在心中涌起一股对俄罗斯本土的强烈反感。他厌恶政府当局，厌恶激进的学生。他曾对一位同事说过，大学生一旦毕了业就将理想完全置之脑后，变成一味贪财索钱的剥削者。他只阅读法国报纸《时代报》，因为它的报道真实。他也不想念农民，因为梅里霍沃不断来信骚扰他，说的都是各种欺诈和敌对。玛莎学校的学期结束于4月12日，莫斯科公寓的租约一个星期后到期，她们不得不返回梅里霍沃庄园，而复活节看起来也没有什么令人兴奋的地方。3月10日，玛莎写信对安东说：

> 我现在只想着尽快将梅里霍沃卖掉。克里米亚和莫斯科！俄罗斯哪个省份的农村都有美景，都可以钓鱼和采蘑菇。梅里霍沃总是让我想起父亲，我厌倦了不停地维修，总是解决仆人和农民的纠纷。

在克里米亚，工人巴巴凯·卡尔法正在挥汗搅拌着水泥，穆斯塔法在种植树木。《俄罗斯思想》的编辑武科尔·拉夫罗夫曾赠送给安东一本书，它就是帕维尔·佐洛塔里奥夫（Pavel Zolotariov）所著的《花园植物群》（*Flora for Gardeners*）。有此宝典在手，安东在新房子周围又种植了一个伊甸园，来代替梅里霍沃庄园的花园。敖德萨的苗圃分类图册和附近的尼基塔植物园（Nikita Botanical Garden）也给他提供了灵感。他在尼斯见过的地中海植物移植到雅尔塔后也长势喜人。很快，安东的花园里就种植了十二棵樱桃树、两棵杏树和四棵白桑树，竹子也很快就能运到。安东又告诉丽卡·米济诺娃，他们要在这里——而不是在巴黎——见面。

当地大祭司的漂亮女儿娜佳·捷尔诺夫斯卡娅去了敖德萨看歌剧，她狂热地喜爱歌剧。安东为她张罗到了歌剧票，她回赠给他紫罗兰和情意款款的信。托尔斯泰的女儿塔季扬娜·托尔斯泰娅虽然不喜欢安东的《海鸥》，但折服于故事《宝贝儿》。她的父亲多次富有感情地朗读这个故事，听众是一群音乐家和外国人，朗读不时被哭泣声或笑声打断。塔季扬娜给安东写信说："父亲已经连续朗读四次了，还说这篇文章让他更加睿智。我也通过《宝贝儿》更加清楚地认识了自己，我从内心里感到很惭愧。"[1] 一心爱恋安东的少女奥尔迦·瓦西里耶娃正吃力地将契诃夫的故事翻译成英文，一碰到不常见的词就给安东写信询问。苏沃林的外孙女娜佳·科洛姆宁从彼得堡不断传来书信，羞答答地向安东表达爱意。她给安东送来华尔兹舞曲，让人在女房东伊洛瓦伊斯卡娅的钢琴上为他演奏。[2] 在雅尔塔，经常有一些爱慕安东·契诃夫的女人徘徊在通往阿乌特卡的路上，当地人戏称她们为"安东诺夫卡"。安东诺夫卡（Antonovkas）是俄罗斯出产的一种酸苹果，安东可没有心情去碰它。

---

[1] 见图书馆手稿部，331 60 43：塔季扬娜·苏霍京娜－托尔斯泰娅给安东·契诃夫的信，1896—1899。

[2] 玩笑话后有隐情：在妮娜·科尔什（莫斯科科尔什剧院老板的女儿）给安东·契诃夫的一封信中有一条附语。这条附语出自一个男性之手，所记内容也许并非玩笑："听着，契诃夫，我的话是认真的。如果您邀请我只是为了去听一个让人难堪的拒绝，去推诿一个一直对我要阴谋诡计的女孩，那就太卑劣了。"1899 年前后，妮娜·科尔什怀孕，孩子父亲不详。20 世纪 50 年代，妮娜·科尔什的女儿告诉学者尤·K.阿夫德耶夫（Iu. K. Avdeev），她认为自己的生身父亲是安东·契诃夫。然而我没有发现任何书面证据能对此给予佐证；安东·契诃夫曾偶尔提及，妮娜·科尔什母女在这个问题上撒了谎。

生活贞洁[1]、与人隔离，安东·契诃夫现在自称“梅里霍沃、阿乌特卡和库秋科伊村的神父安东尼”。时间到了4月，安东再也受不了这种与世隔绝、周围晃悠的都是患病医生的生活了，他对苏沃林发牢骚，说自己只是“一个没有教区的神父”。然而现在返回莫斯科还为时过早，4月的莫斯科仍然寒气逼人。朋友们发现安东动了心思要离开，都非常着急。歌唱家兼编辑米洛柳博夫通知了万尼亚，想要阻止安东逃离：“要回北方，疯了，病未愈，保护好，欲周一走。”[2] 487

这时，一身农民打扮的马克西姆·高尔基到了雅尔塔，这才让安东·契诃夫暂时留了下来。他们一起讨论政治和文学，安东还带高尔基去参观了库秋科伊村的房子。同年4月，另外两位作家也来到雅尔塔拜访安东，他们是注重仪表的伊万·蒲宁和兴致勃勃的记者亚历山大·库普林（Aleksandr Kuprin）。这可以看作俄罗斯文学界的新生代作家前来朝拜安东·契诃夫。伊万·蒲宁和马克西姆·高尔基掩藏起彼此间的不以为然，和平共处。后来，蒲宁成为俄罗斯海外流亡文学的前辈，而高尔基成为布尔什维克文学的先驱。而蒲宁的朋友库普林既不像高尔基那样无拘无束，也不像蒲宁那样讲究挑剔，他是活跃气氛的调和剂。在安东·契诃夫眼中，这三个朝拜者绝非豺狼虎豹，而是三个锻造中的天才。在这个契诃夫的“教会”中，马克西姆·高尔基后来被证明成了犹大，而伊万·蒲宁扮演了彼得的角色。目前，无论在心理距离还是在空间距离上，阿列克谢·苏沃林都远在千里之外，安东只好将自己的友情倾注在伊万·蒲宁身上。安东和玛莎兄妹俩称呼蒲宁为蒲基顺，这个名字是随了梅里霍沃庄园附近的达维多夫亲王庄园里的一个油头粉面的管家。

安东·契诃夫从莫斯科的十多场《海鸥》演出中只得到了一千四百卢布，因为埃尔米塔什剧院的座位很少，观众有限。莫斯科艺术剧院的赞助人，富商萨瓦·莫罗佐夫承诺修建一个容量更大的剧院，这样他们

---

[1] 伊萨克·列维坦祝愿安东（1899年2月8日，图书馆手稿部，331 49 25g）：“愿上帝赐给您一切，除了带淋病的荡妇。”

[2] 见《契诃夫全集》，8，472。

和安东都能增加收入。然而，莫斯科艺术剧院的剧目也需要扩展，于是他们盯上了契诃夫的《万尼亚舅舅》；康斯坦丁·斯坦尼斯拉夫斯基认为，这个剧本比《海鸥》还要精彩。他们劝说安东将《万尼亚舅舅》的剧本从小剧院收回。其实这并不难办到。当时，决定小剧院演出剧目的人是帝国戏剧审查委员会的教授们，而《万尼亚舅舅》中对教授的嘲讽惹得他们满心不受用，一直要求剧院修改剧目。4月10日，就在帝国剧院审查委员会开会的同一天，安东·契诃夫从雅尔塔登船前往塞瓦斯托波尔，然后从那里坐火车来到了莫斯科。一位医生在车站接到他，将他送到玛莎租住的暖和的公寓。

69. 告别梅里霍沃

（1899 年 4—8 月）

安东·契诃夫一到莫斯科就被传唤到帝国戏剧审查委员会，委员们
提出的要求让他颇觉被冒犯。于是他将《万尼亚舅舅》从国家剧院撤
出，把剧本在莫斯科的演出权转给了莫斯科艺术剧院。玛莎住的公寓还
是太冷，他们又换到了一个暖和一点的地方去住。安东刚一坐定，就开
始给阿道夫·马克斯审读校样。他情绪低落，对来访的客人说，因为自
己来日无多，他已经卖掉了作品，现在要把作品编定下来。[1] 安东·契
诃夫对自己早期作品的大刀阔斧的删减让朋友们都很震惊。1899 年 7
月，安东的前编辑米哈伊尔·缅希科夫告诉他，他的力度让希律王大肆
屠婴的举动[2] 相形之下都只是小菜一碟，等他死后，人们照样会发掘出
他的早期作品予以发表的。可是安东回答说，读者应该免受他青少年时
代作品的折磨。在重读自己作品的过程中，安东·契诃夫不但剔除了一
部分幽默性较弱的故事，而且无情地删掉了很多故事中辞藻华丽、精雕
细琢的段落。某些与个人不快经历相关的作品自然遭到翦除，而且他还

---

[1] 见阿纳托利·拉科夫列夫的回忆录，《文学遗产 68》，597—604。阿纳托利小时候由
  安东·契诃夫担任过家庭教师。

[2] 据《圣经》载，希律王得知伯利恒有一个君王诞生，就让三智者先行，假意跟随朝
  拜。等三智者离开后，他秘密下令罗马驻军杀死了伯利恒及其周围地区两岁以下的
  所有男孩。耶稣一家在希律王死后才回到拿撒勒。——译注

经常对很多优秀作品生出一种毫无缘由的反感。

四旬期于 4 月 18 日星期日结束。安东·契诃夫不请自来，前去拜望克尼碧尔一家人。奥尔迦与寡母安娜·克尼碧尔生活在一起，与她们同住的还有奥尔迦的两个舅舅，军官萨沙·萨尔扎（Sasha Salza）和医生卡尔·萨尔扎（Karl Salza）。克尼碧尔家与萨尔扎家都是第二代俄罗斯人，是德语路德教派的教徒。他们还不曾与斯拉夫人通婚，安东过去也从来没有接触过这样的人。克尼碧尔家人精力充沛，不知疲倦，正全力以赴要重振没落的克尼碧尔家族。他们还都富有音乐天赋。奥尔迦·克尼碧尔不但会表演，还会唱歌。她的母亲安娜年近五十，是一个独唱演员，也是音乐学院的声乐教授。萨沙舅舅是一名业余歌手，性喜酗酒，偶尔生活放荡，惹是生非。克尼碧尔家与契诃夫家属于两种截然不同的文化，让这二人彼此吸引。生活中的奥尔迦就如同她在舞台上演绎的伊琳娜一样，让安东·契诃夫迷恋得无法自拔。奥尔迦·克尼碧尔并不具有丽卡·米济诺娃那种古典之美，也不像维拉·科米萨尔热夫斯卡娅那般情感炽烈；相反，奥尔迦长得眼睛小小的，下颌垂肉，然而她性格淳朴，做事富有条理，工作努力，尽情玩乐。奥尔迦·克尼碧尔可以徒步穿越田野，可以躬身照顾病人，行动上更是时而优雅斯文，时而率真随性。

489

从 1899 年 4 月 18 日以后，安东·契诃夫就不再拈花惹草了。他只是敷衍一下玛莎新近结交的有钱朋友玛丽亚·马尔基尔（Maria Malkiel），也不再去搭讪别人，甚至冷落了雅尔塔的美人娜佳·捷尔诺夫斯卡娅。（娜佳担心地询问："您不想待在雅尔塔，是不是因为这里没有'安东诺夫卡'了？"[1]）安东带着奥尔迦去观赏伊萨克·列维坦的画展，观赏了他那幅著名的画作《月夜里的干草垛》（*Haystacks in Moonlight*）。进入 5 月后，荒芜了一个冬天的梅里霍沃庄园现在暖和得可以住人了。安东邀请奥尔迦和他一起去庄园待几天，她接受了邀请，当然，前提是内米罗维奇 - 丹琴科同意她逃掉排练。

复活节后第四天，列夫·托尔斯泰敲开了契诃夫在莫斯科住处的

---

[1]　见图书馆手稿部，331 60 24：娜佳·捷尔诺夫斯卡娅给安东·契诃夫的信，1899；
　　　　E. A. 波洛茨卡娅《雅尔塔版的"笑话"》，《契诃夫研究》，1993，101—116。

门，前来拜访他。第二天，托尔斯泰的女儿也来了，还邀请安东和玛莎去她家。托尔斯泰和安东深入探讨了很多事情：托尔斯泰一向尊重持不同政见者，他支持阿列克谢·苏沃林，为他辩护。苏沃林将自己为荣誉法庭的审判而准备的辩护词草稿用电报给安东发了过来。安东回复说，他应该拒绝作家联盟审判他的权利，苏沃林又电报发来一份新草稿。"写得很好，只是细节冗余。"安东本想劝勉苏沃林一番，但也放弃了，因为他意识到他的规劝只会"石沉大海"。利迪娅·阿维洛娃与兄弟住在莫斯科，安东通过她了解了彼得堡的"法官们"。苏沃林在等待"审判"的过程中，为了转移注意力，买下了一处新产业。安东建议苏沃林着手创作小说，远离新闻界。1899 年 5 月 1 日，安东·契诃夫邀请利迪娅·阿维洛娃带上她的孩子，在她返回乡下之前，在火车站与他见上一面，一起喝咖啡吃甜点。利迪娅·阿维洛娃是一个富有魅力和才华的女人，也是契诃夫创作的热心研究者，这是她应得的一种礼貌待遇。[1]

送利迪娅·阿维洛娃离开后，安东去剧院看了《海鸥》。这是安东·契诃夫第一次观看自己的剧本展现在舞台上。这场《海鸥》是专门为他演出的，舞台上没有布景，道具也很少。剧场里寒气逼人，安东建议斯坦尼斯拉夫斯基只要上演特里果林那部分以及最后一幕即可。尽管斯坦尼斯拉夫斯基富有表演经验——他曾在《日本天皇》（*The Mikado*）一剧中精彩地饰演了吟游诗人南凯波——但在《海鸥》里，他把自己的角色演绎成了一个神经质者，还将契诃夫的快板乐曲放慢成了柔板乐章，所以，安东对康斯坦丁·斯坦尼斯拉夫斯基的能力——无论是作为演员还是导演——都心存怀疑。

就如安东所说的那样，因为"没有居民身份"，他不能在莫斯科创作任何新作品，尽管他的脑子里汹涌着新想法，笔记本上也记得密密麻麻。警察和医生都禁止安东的新朋友马克西姆·高尔基来莫斯科，但他们二人交换了礼物：契诃夫送给高尔基一只雕刻精美的金表，而高尔基承诺送给他一把步枪。7 月中旬，在监狱中囚禁三个星期后获释的高

490

---

[1] 考虑到当时安东·契诃夫的全部注意力都在奥尔迦·克尼碧尔身上，他不太可能在这次短暂的会面中表现出阿维洛娃在回忆录里给这次会面渲染的满腹的性焦虑。

尔基送给安东一份非常有创意的礼物，当然，这对安东来讲已经为时过晚、无法消受了："一个堕落的女人，克拉芙迪娅·格罗斯（Klavdia Gross），她会带给您她的生活故事。她还算正派，会讲几种语言，适合做情人——一个很好的女人，甚至做妓女都不错。我想，她对您来说比对我更加有用。"[1]

契诃夫家人已经形成共识，要举家搬到雅尔塔去。5月2日，安东托付万尼亚照看一下正在雅尔塔进行中的建房工程，因为万尼亚正打算前往克里米亚度假；安东还让他带去了家里的宝贝，尤其是帕维尔的圣约翰像。贵重物品送到雅尔塔去会更安全，因为目前梅里霍沃庄园面临着几重风险：火灾，无人打理，没有保险。万尼亚到了雅尔塔后就住在阿乌特卡，后来建筑工人穆斯塔法也搬来住了，因为屋顶已经盖好，厨房也差不多已经完工。万尼亚一直很感激安东帮他争取到养老金，心甘情愿在假期来克里米亚充当建筑监工。

5月5日，安东·契诃夫赠送给奥尔迦·克尼碧尔一张签名照片，照片上的梅里霍沃小屋就是他创作了这部将他们联结在一起的剧本的地方。三天后，他与妹妹和母亲在梅里霍沃庄园团聚了。两条已经半野生的腊肠犬八个月没有见到他，见面时兴奋得发狂。第二天，奥尔迦就来到了梅里霍沃庄园。奥尔迦此行时间短暂，梅里霍沃庄园给她留下了前景一片美好的错误印象。玛莎邀请她再次前来："我们渴望见到您，亲爱的奥尔迦；星期六马车会在火车站等您。"[2]

奥尔迦·克尼碧尔离开后，梅里霍沃庄园显出一片混乱衰败的景象。他们花了一个月时间才找到修炉匠，而安东主持修建的第三所学校的最后工程还在扯皮中。现在的梅里霍沃庄园就像《海鸥》中阿尔卡基

---

[1] 引自《契诃夫全集》，8，517。安东·契诃夫从来没有见过克拉芙迪娅·格罗斯。马克西姆·高尔基曾将她的故事发表在彼得堡报纸《北方先驱报》上（1899年11月13—15日），后来这家报纸被禁五个月。克拉芙迪娅·格罗斯曾试图自杀（她因此被教会起诉），高尔基雇用她给自己的侄女做保姆。然而，她散布谣言说自己是高尔基的情妇，高尔基只好解雇了她。她后来的命运无人知晓。

[2] 见图书馆手稿部，331 105 1：玛莎·契诃娃给奥尔迦·克尼碧尔的信，1899。某些见《克尼碧尔-契诃娃》（1972年），Ⅱ。

69. 告别梅里霍沃

娜抱怨的那座破落庄园，安东也说："我经常声嘶力竭地大喊大叫，即便喊哑了嗓子，我和客人还是没有马车出门。"米沙感到梅里霍沃庄园并不欢迎自己，他在 5 月 16 日告诉玛莎说：

我在给安托沙的信中暗示了很多次，但他根本没有接茬儿。更 *491* 糟糕的是，他的信让我觉得，他非常担心我会带着家人来梅里霍沃……在这种状况下，我无法前来探望母亲，没办法让她看看我的小叶夫根尼娅，我很伤心。我没有告诉你们两个（我怕你会觉得不自在），我偷偷联系了谢缅科维奇家，请求从 6 月 20 日开始让我在他家住一个月……6 月底，安托沙就会派你去雅尔塔照看他的房子。这能是你做的工作吗？你难道是工人？是监工？你在莫斯科和梅里霍沃还没有干够吗？人们去克里米亚是为了度假休息的。

安东没有假装出欢迎米沙来的样子。1899 年 5 月 21 日，米沙带着妻子和女儿去了克里米亚。他们住在阿卢普卡（Alupka），距离古尔祖夫和万尼亚一家有六十多公里远。安东在阿乌特卡的房子还不能住人，至于库秋科伊村的房子，连安东都觉得距离万尼亚和米沙都太远了。万尼亚搬到阿卢普卡，和米沙会合。

6 月天气开始变暖。安东·契诃夫返回梅里霍沃，打算把农庄卖掉。现在整个梅里霍沃村都失去了秩序。河上的桥已经倒塌，地区的学校负责人被指控贪污。就像玛莎在 6 月中旬对玛丽亚·德罗兹多娃说的那样，她看不到一点留下来的前景。

> 我觉得我们就像一辆脱了轨的电车，再也不能回到正轨了，只能到处乱窜。我不知道我们会住在哪里……安东这会儿正从墙上把所有的东西摘下来，要送到克里米亚去，那把舒服的藤条扶手椅也已经不在露台上了。[1]

---

[1] 见俄罗斯档案馆，549 1 408：玛莎·契诃娃给玛丽亚·德罗兹多娃的信，1898—1905；见《契诃夫全集》，8，516。

梅里霍沃庄园做了出售广告，价格为两万五千卢布，附带五千卢布按揭贷款。腊肠犬勃罗姆口吐白沫，因疑有狂犬病而被击毙。安东买来绳子、衬垫和包装箱，把房子里的物件全部打包了起来。他托请雅尔塔的朋友西纳尼，将先行运到的东西储存在已近竣工的厢房里。运送东西的火车车皮源不断地从梅里霍沃经过莫斯科，然后抵达塔甘罗格。堂弟格奥尔基负责统计数量，并监督着将书籍、衣柜、书桌、长沙发以及各种"档案"从火车转运到开往雅尔塔的船上。他们也从莫斯科订购了铁制品、下水管道、门配件和壁纸，打算让建筑师沙波瓦洛夫安装在阿乌特卡的新房子里。

在莫斯科，弗拉基米尔·内米罗维奇-丹琴科开始排演《万尼亚舅舅》，志在一举轰动 1899—1900 年的演出季。安东让他的同事库尔金医生给剧团提供了一张谢尔普霍夫地区的绘图，供饰演阿斯特罗夫医生的斯坦尼斯拉夫斯基使用。在给玛莎的一封信的附言中，安东开始与奥尔迦·克尼碧尔通信，称呼她为"您好，我生命的最后页章"，称赞她是"俄罗斯大地上伟大的艺术家"。他也曾对克列奥帕特拉·卡拉特金娜和塔妮娅·谢普金娜-库别尔尼克说过这样的话。奥尔迦去了格鲁吉亚，与她的哥哥康斯坦丁住在主教座堂城市姆茨赫塔（Mtskheta）。她和安东约定在夏末见面。

安东抽出时间去了一趟彼得堡。6 月 11 日上午，他到达彼得堡，与阿道夫·马克斯见了面，请求他在印刷剧本时印上康斯坦丁·斯坦尼斯拉夫斯基的舞台布景图。[1] 他还在两个照相馆拍了照片。他没有去看望阿列克谢·苏沃林。天气又阴又冷，他当天就返回了莫斯科。

玛莎整个夏天都被困在梅里霍沃庄园，不停地消灭蟑螂，带着买家参观庄园。安东与女仆玛莎住在莫斯科，玛莎的情人在厨房里转来转去。安东闲来无事时就在大路上散步，在水族馆夜总会那里与"堕落"的女人们闲聊。他去祭扫了父亲帕维尔的墓地，墓地周围已经长满了黑莓灌木。他还找到了一个地产委托行。此时，他创办的最后一所学校已

[1] 阿道夫·马克斯并未遵守协定，他只印刷了安东·契诃夫的剧本文字，并没有附上斯坦尼斯拉夫斯基的舞台布景图——这些在最近才得以发表——这就如同印刷勃拉姆斯的交响曲时没有显示力度。

经落成，他对梅里霍沃庄园再没有任何感伤与留恋了。安东告诉苏沃林，它就像文学素材一样已经被"开采殆尽"。到 7 月时，两个可能的买家浮出了水面。第一个叫亚诺夫，是个软木塞制造商，他一个星期接一个星期地糊弄拖延契诃夫家。等到亚诺夫最终退出时，另一个买家，年轻的鲍里斯·扎伊采夫（Boris Zaitsev）——他后来成为一位优秀的流亡文学作家——已经买下了另外一处庄园。安东又回了一次梅里霍沃庄园，将可能移植到阿乌特卡的灌木都挖了出来。1899 年 7 月 5 日，安东·契诃夫永久地离开了梅里霍沃庄园，将腊肠犬希娜弃之身后，也将这处他倾注了无数时间与精力的庄园弃之身后。

安东此时的全副心思都在奥尔迦·克尼碧尔身上。他提议说，自己可以去高加索与她会面，"条件是您不能让我晕头转向"。他告诉玛莎，出售庄园的事就交给地产委托行去办吧。玛莎抗议说，家里派不出马车从火车站把买家接过来；她恳求安东回到梅里霍沃庄园"休息"，等待到秋季霜冻时再返回克里米亚。一想到要独自处理出卖庄园的事务，玛莎就惊恐万分："让那些买家见鬼去吧。我又伤心又孤独。"玛莎宁愿接受软木塞商人亚诺夫看似可能还价的两万一千卢布，也不愿意牺牲自己和安东的健康再寻更好的买主了。

安东·契诃夫有自己的安排。1899 年 7 月 8 日，他给奥尔迦·克尼碧尔拍了一封电报，约定在黑海港口新罗西斯克与她见面，他们计划从那里乘坐夜间海轮一同前往雅尔塔。四天后，安东坐上火车南下塔甘罗格。米沙已经从克里米亚返回，在离开莫斯科前，他直接去火车站与安东碰头。无奈前去火车站为安东送行的朋友太多，米沙甚至没能与安东说上一句话。（米沙趁着安东不在带着妻女回到梅里霍沃庄园，住了一个星期，回忆着这里苦乐参半的生活。）安东到了塔甘罗格后并没有与堂兄弟们住在一起，而是住进了塔甘罗格的那家欧洲旅馆。他又去了当地的妓院，这目前由一个犹太人经营。他在市场看到一具死尸，尸体上群蝇乱舞，他呼吁在当地修建一个停尸房。他在一个鞑靼小贩那里第一次（但绝对不是最后一次）尝了库米斯发酵马奶的味道。他还告诉镇上的议员应该种植什么树。安东在这里时感到身体不适，请了老同学伊

493

萨克·沙姆克维奇（Isaak Shamkovich）医生来旅馆为他检查。7月17日，他乘船前往新罗西斯克。

米沙一家人返回了荒凉的雅罗斯拉夫尔。一个逃犯潜逃到梅里霍沃，玛莎每晚都在床上吓得瑟瑟发抖。与此同时，安东带着奥尔迦·克尼碧尔在雅尔塔下船上岸。他们偕行到来的消息被《克里米亚快递报》报道，雅尔塔的"安东诺夫卡"们大为沮丧。安东住在马里诺旅馆，而奥尔迦在斯雷丁医生那里找到了住处。在接下来的十二天时间里，他们漫步在雅尔塔的大街小巷，乘坐马车前往奥列安达（Oreanda）的观景台，还去阿乌特卡察看了巴巴凯·卡尔法修建的房子和穆斯塔法的花园，春天种下的树苗现在长势正旺。虽说安东的身体有所恢复，但健康状况仍然很脆弱，旅行观光的劳累让他吃不消了，故而二人的旅行并非全程都兴高采烈。安东写信告诉玛莎："她和我一起吃饭，她只是坐在那里，一句话也不说。"第二天他写道："克尼碧尔就在旁边，很好，但是她心情不好。"其他任何事情都引不起他的兴趣了。他告诉玛莎半价卖掉梅里霍沃庄园。

早在1896年就记录过安东·契诃夫的健康状况的萨佐诺娃，此时也在雅尔塔，因为她的丈夫在附近继承了一座庄园。她在从1899年7月24日至31日的日记中记录道：

> 契诃夫带着那个莫斯科女演员去了马桑德拉，她在他的《海鸥》里扮演了角色。我们在镇上的公园吃饭……我们在那儿遇到了契诃夫，他走过来，坐在我们的桌子旁边。他穿着一条灰裤子和一件非常短的蓝色上衣。他发牢骚说，冬天在雅尔塔时访客不断，累得他精疲力尽，他是有意搬出城住的……契诃夫不是一个擅长攀谈聊天的人……他要么回答得很勉强，要么像苏沃林一样自以为是："叶尔莫洛娃是一个糟糕的女演员……高尔基是一个好作家……"
>
> 我在长廊那里看到了契诃夫。他一个人坐在一个小长凳上。[1]

---

[1] 见斯米莫娃－萨佐诺娃的日记，《文学遗产87》，310。

1899年8月2日，奥尔迦和安东乘坐一辆马车，穿过山区，前往古代克里米亚汗国的鞑靼首都巴赫奇萨赖（Bakhchisarai）。天气溽热，他们穿过美丽的蓝眼山谷时，一群人对他们疯狂地招手，原来那是一群契诃夫认识的医生。他们一起坐火车返回莫斯科，分手时的交情已经不止一般朋友了。在这两个星期里，安东·契诃夫什么都没有写。 494

地产委托行为梅里霍沃庄园找到了一个新买家，这个人就是木材商人米哈伊尔·康申（Mikhail Konshin）。他以他妻子的名义买下了庄园，但他的主要兴趣在于砍伐和销售契诃夫家的树林。米哈伊尔·康申同意支付的房款为两万三千卢布，另外为家具、设备等杂物支付五千卢布。他还没有卖掉他目前的庄园，所以经过协商，他先支付契诃夫家一千卢布现金，并出具一张四千卢布的借条，余款在接下来的几年中付清。由于急于出手，契诃夫家几乎将所有的东西拱手让人，而康申与阿道夫·马克斯一样，借机大敲安东的竹杠。安东许诺给玛莎作为分红的一万卢布已经没有指望了。安东将康申最终兑现的五千卢布存入银行，让玛莎收取每个月二十五卢布的利息——这还不如她每个月从学校领的薪水，也没有苏沃林通过米沙暗地里给她的津贴多。

米哈伊尔·康申于8月14日搬进梅里霍沃庄园，玛莎返回了莫斯科，与安东会合。叶夫根尼娅与康申一家住到了8月20日。玛莎不在家时，腊肠犬希娜与一只农场狗打斗起来，眼睛被撕扯出来，希娜跑进瓦连尼科夫的花园，痛苦地死去。玛莎不得不回到梅里霍沃庄园收拾餐具。希娜死去的消息让她很难过，她对安东说："我实在很伤心，亲爱的！上帝保佑我们赶快离开这里吧。回来之后这里一直在下雨，路面真是可怕。我们都湿透了……替我向你的克尼碧尔宝贝问好。"当庄园出售终于尘埃落定，玛莎对米沙坦言了自己的感受：

> 9月6日星期一，我带着母亲和老玛柳什卡坐上火车前往克里米亚……我们把梅里霍沃庄园卖了，但想想这个过程吧！……我厌倦透了梅里霍沃，所以无论人家提出什么要求我都接受……安东并不想接受这些条件。也许康申就是一个骗子，但我们又能怎么办

呢！……我觉得，很长一段时间内都别指望我能有钱了，这也是我向你求助的原因。谢谢，我收到了支票。安东不让我放弃老师的工作，暗示那样我就没有任何个人生活了，但我不在乎。我会在莫斯科过冬，然后看看情况如何……安东从克里米亚回来时病得很重——严重的支气管炎，发烧，甚至还吐血。[1]

495 　　8月25日，安东·契诃夫将作品全集中《剧本》的定稿交给了阿道夫·马克斯。他说自己目前的身体症状只是"流感"。奥尔迦·克尼碧尔目送他离开莫斯科返回雅尔塔，分别时奥尔迦泪流满面，玛莎不停地安抚她。安东要尽快收拾好雅尔塔的新居，好让家中女眷住进去。

---

[1] 见俄罗斯档案馆，2540 1 483：玛莎·契诃娃给米沙·契诃夫的信，1884—1904部分，1899年9月3日。

70.《万尼亚舅舅》的胜利

（1899 年 9—11 月）

1899 年 8 月 27 日，安东·契诃夫住进了阿乌特卡的新房子。此 时只有仆人的房间和厨房可以住人：他们用包装箱子垒成墙，在穆斯塔法的陪伴下，安东带着一个煤油炉子和两根烛台入住了。他用自己家的井水煮茶，在女子学校吃饭。穆斯塔法从遍布雅尔塔的各个地下室中费力地拖来先行运到的衣柜和箱子。安东考察亚麻布，选择壁纸，督促建筑工人给地面铺沙子，安装冲水厕所。安东在花园里栽上奥尔迦·克尼碧尔的礼物——一种名为"夜间女王"的仙人掌，他称之为"绿色爬行动物"。他注册成为一个日杂用品消费者协会的会员，还以作家联盟成员的身份在购买沐浴器材时要求百分之二十的折扣。他还为库秋科伊村的别墅订购了草籽和上百个花盆。阿道夫·马克斯付给他的钱很快花光了，12 月之前他不可能收到马克斯的付款了。已经住进梅里霍沃庄园的米哈伊尔·康申却没有如约付款。安东向他的律师叶菲姆·科诺维采借了五千卢布，另外还有《俄罗斯思想》支付的三千卢布预付稿酬。米沙对玛莎说："我们契诃夫家的人都不擅长攒钱。"雅尔塔最招人喜欢的"安东诺夫卡"娜佳并没有来拜访安东。原来，娜佳的父亲亚历山大·捷尔诺夫斯基——当地盛气凌人的大祭司——与中学校长瓦尔瓦拉·哈尔克维奇吵了架，而瓦尔瓦拉为安东提供餐饮。为了表示对校长的支持，安东不仅排斥父亲，而且疏远了女儿。安东·契诃夫付出了很大努力，来实现自己的社会良知。安东为一个生病的教师找到一张病床，《每日新闻》对此报道："《契诃夫的聚居地》（Chekhov's Colony）：他在自己的新家为谢尔普霍夫地区生病的乡下教师提供了一个住处，这是一个专门给贫穷的脑力劳动者提供住宿的廉价旅馆。"蜂拥而至的求助淹没了安东，尤其是在电话安装上之后，他知道自己再也没有安静的时刻了。电话铃经常在黎明前响起，那是莫斯科演员们刚刚结束演出的庆祝时刻。安东常常被电话铃叫醒，一边咳嗽，一边光着脚跑过还未安装完的地板去接听电话。

1899 年 9 月，安东来到雅尔塔的码头，接到了叶夫根尼娅、玛莎、库尔金医生和老厨娘玛柳什卡。他们是在塞瓦斯托波尔上的船，所有人都因为晕船而无精打采，叶夫根尼娅更是怕落水淹死而心惊胆战。穆斯塔法走上头等舱的甲板去帮他们拿行李。船上的一位长官看到头等舱乘客中竟然有一个鞑靼人，冲过去给了他一巴掌。穆斯塔法忍下了这一击，但指着安东说："您打的不是我，您打的是他。"安东的脸庞因愤怒而扭曲了。不久之后，穆斯塔法不再服侍安东——可能是因为这次受辱事件，也可能是因为叶夫根尼娅不希望家里生活着一个穆斯林。于是，契诃夫家雇用了阿尔谢尼·谢尔巴科夫（Arseni Shcherbakov）。阿尔谢尼原来在尼基塔植物园工作，他的爱好是阅读《圣徒传》。阿尔谢尼一来，这个房子里就有了最早的宠物——两只家养的鹤，它们就跟在花匠身后跳来跳去，老玛柳什卡尽心尽力地喂养它们。

这栋房子还根本不适合住人，房间的门都还没有安装上，在 10 月安好门之前，一直悬挂着报纸当门帘，但是来拜访的人仍然络绎不绝。契诃夫家在梅里霍沃的老邻居沙霍夫斯科伊公爵来了，他的婚姻破裂了，他黏着安东探讨为什么家庭会分崩离析。万尼亚宣布要来过圣诞节。叶连娜·沙夫罗娃还沉浸在丧子之痛中，给安东寄来了自己翻译的瑞典剧作家奥古斯特·斯特林堡（August Strindberg）创作的《父亲》

（*The Father*），然后她本人也到了雅尔塔。[1]在莫斯科，尼古拉·叶若夫坚称作家叶皮凡诺夫应该死在雅尔塔，他的医疗费用应该由契诃夫来出。

暂时没有上班的玛莎，在雅尔塔任劳任怨地操持家务。她在 9 月 12 日写信对奥尔迦·克尼碧尔说：

> 房子很漂亮，周围景色迷人，但是很可惜房子还远未完工。我的房间还没有修好，卫生间也没有。自然，到处都是灰尘、刨花、苍蝇，工人们不停地乒乒乓乓。但是电话打得通了。雅尔塔有很多女士邀请我哥哥吃饭，但是他一点儿也不动心，还是更喜欢在家里吃饭。到了晚上，人们都聚到我家来，马车在门外的街道上排起长队，就像在剧院外面一样。我们只给客人提供茶和果酱，仅此而已。我很擅长当女仆。早上 7 点，我和妈妈就去市场买食物。我一点都不觉得累，天气非常好，空气令人陶醉，我的追求者也讨人喜欢！昨天，沙霍夫斯科伊公爵送给我一大篮子水果和玫瑰。

沙霍夫斯科伊公爵返回莫斯科时，给奥尔迦·克尼碧尔捎来了一对袖口链扣，链扣上面刻着两只鸟，一只忧郁哀伤，一只妩媚卖俏。他还带来了安东的鹤驼毛毯，毛毯已经脱毛了，他把毛毯交给了在缪尔－米里利斯商店工作的彼得罗夫。

住在乡下的斯坦尼斯拉夫斯基设计了《万尼亚舅舅》的舞台布景。498 同时，内米罗维奇－丹琴科在莫斯科绞尽脑汁地琢磨剧本，他私下里对朋友表达过对这个剧本的疑问。其实，帝国戏剧委员会委员们也提过同样的问题。他花了几天时间与奥尔迦·克尼碧尔探讨：教授的妻子叶连娜究竟是水性杨花还是无所事事？奥尔迦也说不出所以然来。弗拉基米尔·内米罗维奇－丹琴科一向毫不畏惧阿列克谢·苏沃林的评论，他计

---

[1] 见图书馆手稿部，331 63 4z：叶连娜·沙夫罗娃－尤斯特给安东·契诃夫的信，1899 年。安东没有回复叶连娜·沙夫罗娃于 1899 年 12 月 13 日寄来的下一封信："在这个世界上，有一个人与您在某种程度上灵魂相连，她绝望地爱着您，远远地，什么也不奢求。"

划把《万尼亚舅舅》演到彼得堡去，这算得上是一种"明知山有虎，偏向虎山行"的举动。因此，安东·契诃夫撤回了其他剧团在彼得堡演出《万尼亚舅舅》的许可。

与弗拉基米尔·内米罗维奇-丹琴科想要垄断安东的剧本如出一辙，奥尔迦·克尼碧尔也在琢磨着如何垄断安东的爱情。她逐个结识了安东的女性朋友，就在她与安东分手的第二天，她与丽卡·米济诺娃见了面。奥尔迦·克尼碧尔觉得奥尔迦·昆达索娃已经没有任何威胁力，她在9月21日告诉安东：

> 她［昆达索娃］站在客厅里，说自己瘫痪了，她已经忘了自己这是在哪里。后来她恢复了理智，我们聊天、喝茶，吃了柠檬和黑麦粥。她非常优雅，极有魅力。但是，您知道，看着她真的让人心痛——生活沉重地打击了她，她非常需要平静和爱情。[1]

1899年9月29日，莫斯科艺术剧院的新演出季拉开序幕。今年该剧院推出的剧目有安东·契诃夫的《万尼亚舅舅》、阿列克谢·托尔斯泰的《伊凡雷帝之死》（*The Death of Ivan the Terrible*）和格哈特·霍普特曼的《孤独的人》（*Lonely People*）。安东·契诃夫给莫斯科艺术剧院发来一封电报："让我们认真、快乐、不知疲倦、行动一致地工作起来吧。"剧院戏称他为"女演员稽查员"。然而，剧院领导内米罗维奇-丹琴科和斯坦尼斯拉夫斯基头上乌云密布，他们的赞助人萨瓦·莫罗佐夫被指控欺诈，观众对《伊凡雷帝之死》反应冷淡。奥尔迦写信告诉安东："没有人喜欢伊凡雷帝的表演。您不相信斯坦尼斯拉夫斯基能扮演伊凡，这是对的……可怜的斯坦尼斯拉夫斯基今晚得多么难过啊。问题在于观众不喜欢他演戏……"[2]契诃夫的《万尼亚舅舅》和霍普特曼

---

[1] 见《通信集》（1934年），与图书馆手稿部，331 76 1：奥尔迦·克尼碧尔给安东·契诃夫的信，1899年6—9月。

[2] 从《通信集》（1934年）中删除。见图书馆手稿部，331 76 1：奥尔迦·克尼碧尔给安东·契诃夫的信，1899年6—9月。

的《孤独的人》，是莫斯科艺术剧院这个演出季的救命稻草。弗拉基米尔·内米罗维奇－丹琴科和奥尔迦·克尼碧尔都敦促安东再为他们创作一个剧本。

安东·契诃夫只送来了一个珠宝盒。他现在很难分神去构思戏剧，他的心思都扑在规划他的新花园上。此外，为阿道夫·马克斯整理早期作品也耗去了他的一部分创造力。安东从来没有这般不事创作过，或者说，如此专注于园艺过。在整个 10 月，他只抽身离开花园过一次，当时是带着叶夫根尼娅去库秋科伊村看他买下的房子。陡峭的山路让叶夫根尼娅瑟瑟发抖，安东决定将这处避暑庄园卖掉。阿乌特卡的房子越来越宜居了。安东的书房里摆上了一张桌子，也安上了房门。契诃夫家雇了一个女佣，她叫马尔法·莫茨娜娅（Marfa Motsnaia），每个月的工钱为八卢布。玛莎在信中对米沙说：

> 现在每个人都有自己的房间，我们还在整理，这里家具很少。安东的书房和卧室都已经相当好了，我们家里还有一架立式钢琴。还有很多清理工作要做，到处都是石灰，根本洗不掉，所有东西上面都蒙着灰……我必须退掉我在莫斯科的公寓，找一个小一点的，更便宜的，当然——那都是我决定的。安东认为，我在雅尔塔找到工作之前就搬过来并不合适。目前就是这样。

玛莎曾经任性地梦想"得到一笔钱，想怎么生活就怎么生活"。然而购买了梅里霍沃庄园的米哈伊尔·康申仍然迟迟不付款。

这个秋天异常潮湿，安东的健康状况急转直下。他再次谈到了痔疮手术，他辛苦一个月增加的体重禁不住一天的腹泻。他十分害怕孤独，告诉同事格利高里·罗索利莫（Grigori Rossolimo）医生说，"没有来信能逼得一个人想要上吊，去喝劣质的克里米亚葡萄酒，把生活和一个又丑又蠢的女人搅在一起"。安东·契诃夫即将结婚的传言已经在莫斯科和彼得堡流传了数年，现在，这个八卦又回温了。亚历山大在 1899 年 10 月 11 日的信中首先发问："彼得堡人有鼻子有眼地说你要娶两个女

499

演员为妻，我该怎么答复他们？"（第二个女演员是指奥尔迦·克尼碧尔的"影子"，漂亮得惊人的玛丽亚·安德烈耶娃。）谣言甚至传到了下诺夫哥罗德。马克西姆·高尔基此时是一个幸福的已婚男人，他对安东说："听说您要娶一个女演员，她有个外国名字……如果这是真的，我为您高兴。"

《万尼亚舅舅》经过了四次着装彩排后，于1899年10月26日首次在莫斯科与观众见面了，这场演出距离剧本发表已有两年时间。玛莎从雅尔塔到达莫斯科时已经错过了《万尼亚舅舅》首演的成功。弗拉基米尔·内米罗维奇－丹琴科和奥尔迦·克尼碧尔一开始就对这个剧本不满意：内米罗维奇－丹琴科删掉了契诃夫在剧本中标注出的五十个"暂停"中的四十个；奥尔迦的不满则是针对斯坦尼斯拉夫斯基，因为他分派她饰演叶连娜。内米罗维奇－丹琴科认为，斯坦尼斯拉夫斯基"演 500 起［自己的］角色来完全就像一个戏剧学校的小学生"。（见识过康斯坦丁·斯坦尼斯拉夫斯基饰演《海鸥》中的特里果林后，安东也不相信他能将好色的阿斯特罗夫医生演绎好。安东建议内米罗维奇－丹琴科"给他注射一些睾丸激素"。）《万尼亚舅舅》的第二场演出在10月29日，第二场甚至比第一场更加成功，玛莎代表安东接受了观众对作者的赞誉。至此，莫斯科艺术剧院和安东·契诃夫的名声都保住了。《万尼亚舅舅》将在本演出季上演二十五场，《海鸥》也将每两个星期上演一次。如果场场满员的话，安东可以从演出的票房收入中分得大约三千卢布。弗拉基米尔·内米罗维奇－丹琴科宣称，莫斯科艺术剧院如同俄罗斯民间神话描述的一样，站在三头巨鲸的背上，他们就是阿列克谢·托尔斯泰、格哈特·霍普特曼和安东·契诃夫。

克尼碧尔家和契诃夫家的关系越来越亲密了。玛莎在11月5日给安东的信中说道："克尼碧尔和我经常见面，我在她家吃过几次饭，现在已经认识了她的妈妈，也就是你的岳母，和一个爱喝酒的姨母。"奥尔迦·克尼碧尔与玛莎成为好朋友，这是接近安东的一个有效途径。玛莎对奥尔迦赞赏有加："我越来越确信，她真是一个好人。她工作起来非常勤奋，而且我认为她也非常有才华。"玛莎现在住在剧院附近，奥尔迦晚上经常去陪她，尽管公寓里一片混乱（也叫玛莎的女仆生了一个女儿）。在同一封信中，玛莎流露出她很享受自己的新生活，她告诉安东："我们这里有一个仆人，一个法国老师。德国老师经常过来，学校助理不停地来，还有女校长，玛莎和她那个不停尖叫的孩子，再加上奥尔迦·克尼碧尔的笑声——你就想象一下吧！"

安东和玛莎兄妹二人都清楚与克尼碧尔结合的障碍：演员奥尔迦·克尼碧尔与导演弗拉基米尔·内米罗维奇－丹琴科之间不仅仅是工作关系那么简单。内米罗维奇－丹琴科是一位魅力超凡的老师，他有力地影响和控制着奥尔迦·克尼碧尔，尽管奥尔迦的母亲安娜·克尼碧尔对此强烈反对。在俄罗斯的戏剧圈内，剧院的领衔女演员通常都是导演的情妇。即便是在奥尔迦与安东看似已经订婚之后（弗拉基米尔·内米罗维奇－丹琴科没有表现出丝毫嫉妒之情），奥尔迦与内米罗维奇－丹琴科之间的关系也未曾中断。[1]反过来讲，安东与内米罗维奇－丹琴科的妻子"卡佳"——奥尔迦·克尼碧尔非常厌恶她——也是老朋友。[2]11月5日，玛莎表示她会助安东一臂之力："内米罗维奇……来看我，待了很长时间，我们聊了很多，我话里话外劝他离开克尼碧尔。"

安东·契诃夫并不像奥尔迦那样脚踩两只船。尽管丽卡·米济诺娃 *501* 已经回到莫斯科，依然孑然一身，但安东并没有给她写信。玛莎也不喜欢丽卡想跻身莫斯科戏剧圈的企图。安东现在心目中只有奥尔迦·克尼碧尔，他在11月11日给玛莎的信中流露出沮丧的情绪："我羡慕内米罗维奇，我毫不怀疑，他很享受自己在某个人身上的成功。"安东说，他觉得自己与家里的那架钢琴同病相怜，他们都无人理睬。他在阿乌特卡的房子周围种植了柏树，还在自己家和鞑靼墓地之间竖起了铁丝网。已届中年的安东·契诃夫正处于人生的兴旺阶段，他自信心倍增，自我感觉良好。他决定将库秋科伊村的别墅卖掉，然后在克里米亚半岛南部

---

[1] 四十年后，有人偶尔听见，德高望重的奥尔迦·克尼碧尔意味深长地对弗拉基米尔·内米罗维奇－丹琴科耳语："瓦洛佳，您还记得吗，您原来叫我是您的跳马？"

[2] 玛莎在1899年10月31日给安东·契诃夫写信时说："我完全能理解你喜欢卡契卡·内米罗维奇。"编注：卡佳和卡契卡都是叶卡捷琳娜的昵称。

靠近海边的古尔祖夫附近购买一栋小屋和几英亩岩石海岸，供家人游泳之用。弗拉基米尔·内米罗维奇－丹琴科谈到将莫斯科艺术剧院带到雅尔塔来，这样安东就可以看到《万尼亚舅舅》的现场表演了。

安东·契诃夫已经给阿道夫·马克斯交付了所有的作品清样，现在只需要阅读校样了。就在那个秋天，灵感又来造访他。安东·契诃夫创作了雅尔塔时期的代表作品《带小狗的女人》（"The Lady with the Little Dog"），这个故事发表在《俄罗斯思想》上。在这个故事中，圆滑世故的男主人公古罗夫惯常于风流韵事，万花丛中过，片叶不沾衣。他在雅尔塔度假时引诱了婚姻不幸的安娜，然而这段外遇却演化成了一段棘手的恋爱。虽然读者很想知道这段恋情如何结局，作者契诃夫却用一句"离着结束还很远很远，那最复杂、最困难的道路现在才刚刚开始"，就此结束了故事。《带小狗的女人》看似为婚姻不忠辩解，带着试探托尔斯泰的《安娜·卡列尼娜》的嫌疑，故而这个故事是在契诃夫所有作品中最让托尔斯泰不安的。故事主人公古罗夫性格复杂，一言难尽。他是情场上的唐璜。在故事开头，他就对女人采取尼采式的蔑视态度，认为她们是猎物，是受害者，称她们为"卑贱的人种"；而在故事结尾，他是真正地坠入了爱河，还是被头发开始花白吓到了？故事中唯一含义纯粹的元素是群山和大海，与它们的恒久不变相比，任何"我们在忘记了更高的生活目标时所想和所做的"事情都是转瞬即逝的。《带小狗的女人》中对婚姻不忠者表达出的同情唤醒了契诃夫的读者，让他们相信即便传言汹汹地说安东·契诃夫濒临死亡，他仍然有新鲜的东西要表达。

1899 年 11 月 24 日，安东·契诃夫终于向弗拉基米尔·内米罗维奇－丹琴科证实，他正在构思一个新剧本，他在信中写道："我有一个《三姐妹》的构思。"但是，要等他完成了《带小狗的女人》和另外一个故事后，才能动手创作这个剧本。冬天来临之前，他种下一棵来自苏呼米的柠檬树以及夹竹桃和山茶花。一只走失的小狗在橄榄树下找到了睡觉的地方，契诃夫家收留了它。流浪猫也在找家，但都被毫不留情地消灭了——尽管亚历山大正在彼得堡担任《动物保护协会杂志》（*Journal of Society for the Protection of Animals*）的编辑。11 月的寒风剥掉了木兰

502

树上的叶子，也将安东的活动范围阻留在室内。他眼看着山火蔓延过山间的灌木丛，向他这座还未投保的别墅烧过来。天气很冷，他睡觉的时候只好戴着帽子，穿着便鞋，盖着两床羽绒被，把窗子紧紧关上。他在思考一个新故事，同时也记下一些有关《三姐妹》的笔记。《三姐妹》可以说是安东迄今为止构思的最为复杂和巧妙的剧本。他几乎不给人写信，即便是奥尔迦·克尼碧尔在11月也没有收到他的来信。安东的兄弟们都心怀不满，米沙向玛莎抱怨：

> 母亲远在天边，见个面要跋山涉水，我在大北方，而你不在这儿也不在那儿……安东已经自我膨胀了……他今年一共只和我说了一分钟话，还是在一节快车车厢里……从马克斯那里有两万五千卢布的收入，康申那里有五千卢布，《海鸥》和《万尼亚舅舅》演出还有三千卢布的收入，这些钱今年是怎么花掉的？如果房子和地产花了两万五千卢布的话，那么照我算来，还有八千卢布不知去向了。

安东·契诃夫在雅尔塔互信银行中存下了九千多卢布。

11月20日，安东走出家门，却遇到一件让他精神崩溃的事。在安东早年还是自由撰稿人时有过一个叫叶皮凡诺夫的作家朋友，他目前住在雅尔塔的一家临终安养院里，安东发现他脏兮兮地躺在一张稻草床垫上。叶皮凡诺夫想吃苹果软糖，安东给了他一块。这个垂死的人登时满脸放光，嘶哑地说："这是真的！"一两天后，叶皮凡诺夫便去世了。安东对高尔基说："我周围都是得了结核病的穷人……他们扰乱了我心满意足的平和心态。我们决定建立一个疗养院。"当时，很多罹患不治之症却身无分文的知识分子涌向雅尔塔，安东为改善这些人的处境大声疾呼。毫无疑问，安东·契诃夫是一股榜样的力量，这对那些急需治疗的病人的吸引力丝毫不亚于克里米亚海岸的气候。

71.《在峡谷里》

（1899 年 11 月—1900 年 2 月）

1899 年 11 月，安东·契诃夫创作了故事《在峡谷里》。在开篇介绍故事的发生地乌克列耶沃村时，安东使用了伊万·蒲宁告诉过他的一件趣事：一个教堂执事在一个丧宴上吃光了所有鲟鱼子。这个故事的素材来自梅里霍沃时期的灰暗记忆，尤其是心地冷酷的农民商人托洛孔尼科夫。作为一部微型小说，《在峡谷里》有力地证明了评论者所谓的"契诃夫小说缺乏情节"所言不实。故事描述了商人霍布金一家的没落：二儿媳阿克辛妮娜烫死了嫂子的孩子，并将自己的岳父赶出家门，任其乞讨为生。这里的"峡谷"既指物质方面的深渊，也寓意道德上的渊薮：群山俯瞰着峡谷，而峡谷里无助的人凄栖彷徨，追求信仰，超越阴暗。（创作这个故事时，安东·契诃夫本人就确确实实生活在一道沟壑中。道路工程师将阿乌特卡的路面垫高了四米半，所以"无论谁打这儿经过，都能将我们后院看得一清二楚"。）

洋溢在周围的死亡气息时时压抑着安东。12 月 27 日，他对沙霍夫斯科伊公爵说："我过着迫不得已的贞洁生活，非常无聊和孤独。我只能喝一点葡萄酒。"潮湿寒冷的冬天让他的健康状况恶化了。建筑师安装的荷兰式炉子并不好烧，他让玛莎寄来了煤油炉。叶夫根尼娅和玛柳什卡发现，她们根本不会给久病体弱的人做饭。同时，安东的"肠黏膜炎"也越来越顽固,他只好给自己开了强力灌肠剂。他得了胸膜炎,在左侧锁骨上固定着一个止血减痛的压布。房子里老鼠成灾(因为他不允许在他的地界上养猫),他锻炼身体的方法就是捉老鼠。他用书箱做了一个人道主义捕鼠器,捉到老鼠后,就提着它们的尾巴到鞑靼墓地中去放生。那只流浪狗在一个棚屋下的刨花堆里安住下来,也有了名字,叫卡希坦卡。

雅尔塔人纷纷猜测《带小狗的女人》的故事来源。天气晴朗时,妇女们——无论是实有其事,还是东施效颦——纷纷牵着博美犬在堤岸上散步。安东·契诃夫在莫斯科更是成为不二的谈资。不仅王室成员来观看了《万尼亚舅舅》,俄罗斯正教会之至圣主教公会大法官、沙皇顾问康斯坦丁·波别多诺斯采夫也来观看了演出。列夫·托尔斯泰看了这出剧后在日记中写道:"令人愤慨。"他对弗拉基米尔·内米罗维奇-丹琴科评论说,纵观整出剧,只有特里金弹奏吉他和最后一幕中的蟋蟀鸣叫(演员亚历山大·维什涅夫斯基为了学好蟋蟀的叫声,每天在杜桑诺夫公共浴室里练习,整整练习了一个月)值得称道。他告诉演员们,剧中的阿斯特罗夫和万尼亚都应该娶农家女子为妻,根本不该理睬教授的妻子。

玛莎再次沉浸在喜悦的漩涡中,她享受着《万尼亚舅舅》取得的巨大成功,一个星期中还去亚历山德拉·哈加因采娃开设的艺术学校学习三次绘画。崭新的生活让她精疲力尽,头痛不止,于是她就注射砷来治疗。她还在学校里教书,并将梅里霍沃庄园的买主米哈伊尔·康申告上了法庭。她与奥尔迦·克尼碧尔、沙霍夫斯科伊公爵以及他的新情人一起吃饭,她向安东描述说:"唉,他家那个公主真是可怜!我学会了聊天,与人交流时感觉很好……有时感觉这就像沙龙一样。"玛莎与玛丽亚·安德烈耶娃——奥尔迦·克尼碧尔在剧院的竞争对手——也是好朋友,安东也觉得安德烈耶娃这个女人很有魅力。亚历山德拉·哈加因采娃、丽卡·米济诺娃、杜尼娅·科诺维采和玛丽亚·德罗兹多娃都围着玛莎和奥尔迦转。她们表面上的借口是通过抽彩活动和集体捐助等方式,为安东规划中的疗养院筹集钱款,但实际上都暗自希望能被邀请去雅尔塔，当然，这些努力最终都徒劳无功。

冬季海上风暴强烈，电报和邮船都无法抵达雅尔塔，奥尔迦·克尼碧尔的来信越来越少了，安东感到孤寂难耐。一些"安东诺夫卡"又出现在安东的生活中，其中之一就是娜佳·捷尔诺夫斯卡娅。她虽然已经在安东面前失宠，但叶夫根尼娅仍然认为她可以做安东的新娘，即便她没有嫁妆。有关娜佳的消息传到了奥尔迦的耳朵中，1900年1月19日，她给安东写信说道："玛莎告诉我，您要娶一位大祭司的女儿。我可以前来祝福您婚姻幸福，虽然我的到来会在某种程度上打扰你们。我们之间有过一个约定——请记住蓝眼山谷。"一个月以后，奥尔迦仍旧开玩笑说："告诉您那位大祭司的女儿，她还可以拥抱您，因为'那个讨厌的女人'要到明年早春才会来。"

霍普特曼的《孤独的人》和契诃夫的《万尼亚舅舅》的演出耗尽了奥尔迦·克尼碧尔的精力，她倒没有觉得与安东分离两地有多么难以忍受；然而安东对克尼碧尔与内米罗维奇－丹琴科二人朝夕相处却无法泰然处之。在他四十岁生日的前一天，玛莎暗示他："我希望你赶快结婚，娶一个聪明、理智的姑娘，即便没有嫁妆……我见到了内米罗维奇－丹琴科……穿着一件波纹丝绸翻领大衣。"安东在给奥尔迦的下一封信中就问道："您难道被波纹丝绸翻领大衣带走了吗？这都是波纹丝绸翻领大衣的错。"奥尔迦·克尼碧尔敦促弗拉基米尔·内米罗维奇－丹琴科，赶快带领莫斯科艺术剧院前往雅尔塔。内米罗维奇－丹琴科对她说："对导演来说，您很有价值；但对作者而言，您却是无价的。"玛丽亚·德罗兹多娃当时是玛莎最亲密的朋友，她与奥尔迦见了面，两个星期后给安东写信："……您是真的爱上克尼碧尔了，想去国外。我认为您不必这么做。"安东在给玛莎的信中流露出自己的嫉妒之情："奥尔迦告诉德罗兹多娃，她爱内米罗维奇，一点儿也不爱我……这个漂亮的女演员，从照片上看发胖了。我很羡慕内米罗维奇。"

安东开玩笑说，照片上的奥尔迦看起来像"一个犹太人……在偷偷地学习牙医，在莫吉廖夫有一个未婚夫"。他还谈到，他打算夏天独自出国旅行，奥尔迦·克尼碧尔上了钩。她在2月5日给安东的信中写道：

71.《在峡谷里》

"您真是铁石心肠……我们会一起度过夏天的。对吧,对吧?"玛莎揭穿了安东的计策:"你是想用离开来吓唬我们……某些人听到你要走就会感到绝望了。"

"安东诺夫卡"们的美貌和陪伴并未让安东心猿意马。1900年2月,玛莎带着丽卡·米济诺娃去看了《海鸥》。玛莎向安东描述道:"她在剧院里哭个不停,我觉得,[用普希金的话说],'回忆在她眼前铺展开了长卷'。"丽卡频繁出入莫斯科艺术剧院,她爱上了亚历山大·萨宁-舍恩伯格(Aleksandr Sanin-Schoenberg)。亚历山大·萨宁-舍恩伯格原来是一名政府职员,现在担任莫斯科艺术剧院的舞台导演。丽卡仍然与玛莎、万尼亚和米沙交往甚密,但是丽卡与安东之间再也没有通过信,甚至没有说过话。

梅里霍沃的麻烦事还在不停地骚扰安东。三个发生争执的女教师来找安东当仲裁者,所以安东·契诃夫不得不请求谢尔普霍夫当局解除了他的所有公民义务。米沙曾经问玛莎是否怀念梅里霍沃庄园,因为叶夫根尼娅还念念不忘在那里养的小鸡和牛犊,玛莎回答说:

> 买家来了,我交给他很多东西,然后我们就去了莫斯科……现在我再也没有什么可担心的了,我很高兴,因为再也不去梅里霍沃了,上帝保佑,我也不该去了,也不用再有任何担忧了。我周围的人都很尊敬我——托我们的哥哥的福。我交了很多朋友。

12月20日,玛莎回到雅尔塔,安东孤独的生活结束了。她坐了一 *506* 辆计程车回家,因为安东病得无法去车站接她,她也不想让叶夫根尼娅在雨里等她。伊萨克·列维坦紧跟着玛莎也到了雅尔塔。闲谈时,安东说自己十分怀念俄罗斯的乡村景色,于是列维坦让玛莎找来一张硬纸板,他模仿自己那幅著名的《月夜里的干草垛》,为安东创作了一幅月夜里的干草垛,悬挂在安东的壁炉上。安东今年没有举行新年庆祝活动,因为老作家格里戈洛维奇圣诞节时去世了。虽然格里戈洛维奇与安东分隔两地,但对安东来讲,格里戈洛维奇仍然是最有影响力的老一辈作家，是他慧眼识珠，辨识出安东的才具。在《彼得堡新闻》工作的胡杰科夫对安东说："他经常谈起您，他对您'被迫流放'，不得不生活在无聊透顶的雅尔塔感到非常遗憾。"现在，安东·契诃夫也疏离了彼得堡文学圈，当初就是格里戈洛维奇对他的首肯才让他得以跻身这个圈子。自从安东与阿道夫·马克斯签过版权合同，从阿列克谢·苏沃林手里接过最后一笔稿酬之后，他几乎就不再与苏沃林家的人通信了。法国女教师埃米莉·比容因此而指责他[1]，即将订婚的娜斯佳·苏沃林娜也不停给他寄来语气幽怨、卖弄风情的书信[2]。阿列克谢·苏沃林失去了安东的友谊，却与米沙·契诃夫建立了联系。米沙已经厌倦了雅罗斯拉夫尔，与上级关系也搞得不好，他有意成为《新时代》的撰稿人。苏沃林是想要通过弟弟将哥哥争取回来。1900 年 1 月 22 日，米沙写信给安东说：

> 他们两个人，苏沃林夫妇，像欢迎亲戚一样欢迎我，花了整整两个晚上对我吐露他们的心声……这位老人的眼睛里含着泪水，安娜脸颊烧红，向我保证，他们对和你断绝了联系有多么不安。他们非常爱你。"米沙，亲爱的，我知道这一切是怎么发生的。安托沙不原谅我的报纸的政治立场，仅此而已……"你把作品卖给马克斯，而没有卖给苏沃林，他们心里感到非常委屈。安娜责怪说都是她丈夫的错儿……"阿廖沙，您了解安东。他有天赋、有决断，也是一个大胆的人。前一天他还在这里，第二天就动身去了萨哈林岛。"……苏沃林让我劝你，把作品从马克斯那里买回来……苏沃林还说："我非常非常爱安东，现在仍然爱着他。您知道，他让我感觉自己更加年轻。我一辈子里从来没有对任何人，像对安东那样坦诚过……我非常愿意把娜斯佳嫁给他。"[3]

[1] 见图书馆手稿部，331 36 72：埃米莉·比容给安东·契诃夫的信，1896—1900。

[2] 见图书馆手稿部，331 59 75：阿纳斯塔西娅·苏沃林娜－米亚索耶多娃给安东·契诃夫的信，1889—1900。

[3] 见《家族》（1970 年），179—182。

71.《在峡谷里》

安东给米沙写信，驳斥了苏沃林的说法。"我写这些只是给你看的，"他在信中写道，"因为你被他迷惑了。"然而，米沙还是投到了阿列克谢·苏沃林的麾下，并在一年以后成了苏沃林的雇员。

1900 年新年，安东由于"对教育的贡献"被授予圣斯坦尼斯劳斯三*507*等勋章。（塔甘罗格文理中学一半教员都被授予过这个勋章。）安东·契诃夫也当选为俄国科学院的名誉文学院士。名誉院士没有薪水，但是他们享有免于拘留、作品审查和海关检查等特权（同时也不能参评学院奖）。安东提名他并不喜欢的批评家米哈伊洛夫斯基以及他觉得处境可怜的卡兹米尔·巴兰采维奇成为院士。名誉院士的头衔让他遭到朋友的嘲讽，他也成了别人求情说项的对象。他家的女仆马尔法的叔叔称呼他为"阁下大人"。

伊萨克·列维坦虽然自己不久于人世，但安东的忧郁让他受不了。"您的高烧是一种自恋的高烧——您的慢性病……您的致命弱点。"他在12月看了《万尼亚舅舅》，说他最喜欢的一幕是"医生亲吻克尼碧尔"。在 2 月 16 日的信中，他重新扮演起老情敌的角色："我去看望玛莎，也看望了我亲爱的克尼碧尔。我开始越来越喜欢她了：我注意到了她对某位名誉院士无法挽回的冷淡。"

发表在《生活》上的《在峡谷里》，使安东·契诃夫与激进的马克思主义者——比如马克西姆·高尔基以及《生活》的编辑弗拉基米尔·波塞（Vladimir Posse）——结成了同盟。但在阿列克谢·苏沃林看来，这些人都是罪犯，随时可能被捕入狱，警察监控对他们来讲就是家常便饭。卡尔·马克思和阿道夫·马克斯一样，将安东·契诃夫与阿列克谢·苏沃林彻底切分开来。虽然他们之间的关爱之情从未彻底断绝，但安东警告米沙和其他人，要警惕作为《新时代》所有者的苏沃林。尽管波塞将《在峡谷里》排印得"错误连篇"，安东·契诃夫还是加入了激进分子的阵营。安东明确表示，这个故事的原始素材比他笔下的人物更加不堪，"他们的孩子从八岁起就开始喝伏特加，在童年时期就道德败坏：在整个地区蔓延的梅毒已经传染给了他们。我在故事中并没有提及这些，因为我认为这并不适合作为艺术作品的材料"。

1900 年 2 月，阿利特舒勒医生为安东·契诃夫检查了身体。报告显示，他的右肺通畅，但左肺状况恶化。雅尔塔的春天早早来临，安东也不是每天早上都咳嗽了。玛莎返回莫斯科后，家里的两个老妇人，叶夫根尼娅和玛柳什卡，因为肩负重任而终日战战兢兢，甚至忘记了自己的眩晕和身体疼痛。安东的新故事受到了广泛赞誉，安东安心休养。剧本《三姐妹》仍然只是一个构想。

2 月中旬，经历过零下十摄氏度霜冻的山茶花含苞欲放。安东自豪地宣布："我真应该当一个花匠。"他热切地期盼着弗拉基米尔·内米罗维奇－丹琴科、奥尔迦·克尼碧尔和剧院精英们来克里米亚巡演。早在圣诞节时，他就要求玛莎一定劝说奥尔迦来雅尔塔度夏。她们一起吃了忏悔节的煎饼后——先在玛莎那里，然后在万尼亚家里——她同意了这个安排。玛莎觉得，虽然奥尔迦·克尼碧尔老练世故，但她们二人是平等的好朋友，她可以作为哥哥的全权代表处理与奥尔迦相关的事务，就像她对待杜尼娅·叶夫罗斯、奥尔迦·昆达索娃和丽卡·米济诺娃那样。玛莎和奥尔迦说，她们两个须臾不可分离。这给安东吃了一颗定心丸：只要一个人回雅尔塔，另一个一定会跟来。

508

72. 奥尔迦在雅尔塔

（1900 年 3—7 月）

安东中学时期的朋友，演员亚历山大·维什涅夫斯基，是第一位到 达雅尔塔的春天的使者。他受莫斯科艺术剧院的派遣先行来到雅尔塔，检查老旧不堪的剧院和随时可能罢工的灯光系统。维什涅夫斯基总是念叨着中学时期的往事，缠着安东朗读多尔恩医生和万尼亚舅舅的舞台提示，搞得安东不胜其烦。安东·契诃夫的报复也很温和：他在《三姐妹》中设计了善良的傻瓜库尔金，这个角色完全是为维什涅夫斯基量身定做的。莫斯科艺术剧院这次来克里米亚巡演，计划在雅尔塔演出五场（霍普特曼的一个剧本以及契诃夫的剧本），票已售罄。克里米亚的卡拉伊姆人（一支土著犹太教派）也要前来观剧。在安东的要求下，演出不印制演职员名单，没有个人谢幕。安东很少如此热心地想要抛头露面，但实际上，他要做的只是与当地政府部门的电器技师见个面，还要说服雅尔塔的治安官相信，霍普特曼的《孤独的人》已经通过了审查。

契诃夫家现在也不缺钱，因为俄罗斯戏剧家与作曲家协会给安东送来了一千一百五十九卢布，这是他本季度的版税收入。莫斯科艺术剧院开始运作克里米亚巡演。堂弟格奥尔基要从塔甘罗格赶来帮忙。马克西姆·高尔基购买了三十张雅尔塔演出的剧票。玛莎在四旬期后的第六个星期赶了回来，奥尔迦·克尼碧尔和她一起到来，她提前带来了枕头、餐具和床架。叶夫根尼娅做好了客人蜂拥而至的准备。3月12日，格奥尔基前来陪伴安东；3月16日，高尔基（一个便衣警察跟着他）到达了雅尔塔；3月25日，一群莫斯科医生也来到雅尔塔，见证他们的同行造就的舞台神话。

　　安东·契诃夫也有自己的主张。他不允许奥尔迦来的时候带来维什涅夫斯基："他要是来的话，一定会一直围在我们旁边，不让我们说一句话，不给我们一分钟安静时间，他会不停地背诵《万尼亚舅舅》。"安东回绝谢尔盖因科，表示抱歉，说无法把他安排在家里住，还给他建议了一个很远的度假胜地。3月底，一辆特快列车抵达塞瓦斯托波尔，三节车厢里装满了莫斯科艺术剧院的演出道具。这笔运费花了一千三百卢布，内米罗维奇-丹琴科提醒安东，这笔钱将用《万尼亚舅舅》在彼得堡的演出收入来支付，安东没有提出异议。4月2日，玛莎和奥尔迦·克尼碧尔到达雅尔塔。[1] 在契诃夫的新家里，奥尔迦的卧室在玛莎的隔壁，她们都住在楼下，而安东的卧室在楼上。新房子的楼梯踩上去吱嘎作响，叶夫根尼娅的睡眠又很轻，所以，奥尔迦和安东在大家都睡下后很难互访。允许一个女演员住在家里已经是叶夫根尼娅的极限了，更不要说这个女演员还想方设法要去她儿子的卧室。

　　4月7日，莫斯科艺术剧院抵达塞瓦斯托波尔，开始了他们的克里米亚巡演。他们此行带来了一个新演员来扮演《海鸥》中的妮娜，她就是玛丽亚·安德烈耶娃。第二天，安东的痔疮流血严重，于是，他和奥尔迦直到4月9号，也就是复活节星期天，才去塞瓦斯托波尔与演员们会合。在塞瓦斯托波尔，安东·契诃夫第一次观看了《万尼亚舅舅》的现场表演。当观众发现剧作家也在剧院里时，他们发出了震耳欲聋的欢呼。第二天，安东去游览了塞瓦斯托波尔郊区的克森尼索（Chersonesus）古城遗址，回来后，他继续欣赏霍普特曼的《孤独的人》。奥尔迦·克尼碧尔在该剧中扮演了一个高尚的诱惑者，这个角色并不是奥尔迦演绎得最成功的舞台形象，年轻诗人鲍里斯·拉扎列夫

---

[1] 那一天，安东·契诃夫告诉瓦西里·索博列夫斯基，他想去蒙特卡洛赌"前四"游戏。

72. 奥尔迦在雅尔塔

斯基（Boris Lazarevsky）对此大发议论。这位年轻诗人平时就经常缠着安东，现在表现得更加缺心眼："我发现女演员克尼碧尔非常惹人讨厌，她在生活中也一定是这么一个让人讨厌的人。我与契诃夫都这么认为。"[1]

4月13日，奥尔迦和安东比剧团提前一天离开塞瓦斯托波尔，返回了雅尔塔。当斯坦尼斯拉夫斯基到达雅尔塔时，看到的是安东一边晒太阳，一边监督工人们将舞台布景卸下车。在接下来的十天时间里，契诃夫家里挤满了演员和作家。安东不但看到了自己剧本的演出，而且看了由自己创作的故事片段串联而成的故事串烧。欢呼声在他的周围此起彼伏。高尔基的《鹰之歌》（Song of the Hawk）也让观众群情激昂。名声大噪的安东·契诃夫并没有忘乎所以，他送给弗拉基米尔·内米罗维奇–丹琴科一枚金质纪念章。纪念章设计成了一本小书的形状，上面篆刻着"您使我的《海鸥》获得新生"。4月24日，大家吃过告别午宴后，奥尔迦·克尼碧尔和剧团一起搭乘轮船返回了塞瓦斯托波尔。此次巡演给安东·契诃夫留下两样东西：一是摆放在他书房里的三根棕榈枝，上面系着一条红绿带，绿带上写着"献给安东·巴甫洛维奇·契诃夫，俄罗斯现实的深刻剖析者"，这是观众献给他的；二是留在契诃夫家花园里的《万尼亚舅舅》布景中的秋千和一条长凳，奥尔迦曾像剧本第一幕中的叶连娜那样懒洋洋地坐在上面。玛莎虽然还在莫斯科的"乳品学校"教课，但她在雅尔塔又逗留了一个星期，然后因为学校考试返回了莫斯科，但她说好5月中旬再回来。

奥尔迦·克尼碧尔也答应再来雅尔塔，前提是安东不要跑去巴黎。 *511*
奥尔迦试图给叶夫根尼娅留下好印象，为未来铺好道路："我们这次来，给您家带来了这么多麻烦，一想到这个，我们就很过意不去。我们离开后，您或许可以好好休息一下，恢复正常的生活了。非常感谢您做的一切，每一件事。"奥尔迦与安东已经公开了二人的亲密关系。远在雅罗斯拉夫尔的米沙问玛莎："这里到处传言说安东要结婚了。我差不多

---

[1] 见鲍里斯·拉扎列夫斯基的日记，《文学遗产87》，319—356。

都要信以为真了，尤其还提到一个有德国姓的年轻女人。我记得你曾经提到过一个叫克尼碧尔的。"对玛莎来说，她可以和奥尔迦是知心密友，可以接受奥尔迦是安东的情人，然而一想到奥尔迦可能成为自己的嫂子，成为契诃夫家中的一员，她还是颇觉不安。打这以后，在玛莎给奥尔迦信中，"亲爱的奥尔迦"就变成了"卑鄙的德国人"，出现了"你怎么这么猪"一类的话。（半戏谑式的恶语相加是玛莎·契诃娃书信风格的一部分，这种语气也影响了丽卡·米济诺娃，但奥尔迦·克尼碧尔——无论是坦率的生气还是明显的亲昵——不曾感染上，她也一直无法适应这种语气。）

　　尽管叶夫根尼娅十分害怕被独自留在家里，但安东还是在玛莎离开四天后动身去了莫斯科。这次，他没有住在妹妹的公寓，而是住进了德累斯顿旅馆。这个旅馆里有电梯，房间里有单独的卫生间。他和奥尔迦·克尼碧尔在旅馆房间里幽会，避开了所有可能相关的人。安东一到莫斯科就给阿列克谢·苏沃林拍了电报，老苏沃林和小苏沃林乘坐夜班火车到了莫斯科。5月13日，玛莎从莫斯科回雅尔塔去陪伴母亲。安东向苏沃林发牢骚，说斯坦尼斯拉夫斯基让他多么厌倦。苏沃林记载道：

　　　　我谈到他把作品卖给马克斯那件事。他只剩下两万五千卢布了。"您卖掉了自己的作品，这说不上对您有利吧？""当然不利。我觉得我不想再写作了。""您应该把它们再买回来。"我对他说。"我还得再等两年左右，"他说，"我不太在乎钱财。"我们叫了一辆计程车去公墓。我们去拜望了他父亲的墓地。我们找了很长时间，最后是我看到了……他去火车站送我。他的身体好多了，只在冬天吐过一次血，量也不多……我对契诃夫印象很好。我比他大二十六岁。我们是1886年认识的。"我当时还很年轻呵。"我这么感叹。"但您终究还是比我大二十六岁。"

安东请求与伊萨克·列维坦见上一面。濒临死境的列维坦再次回到了前情妇安娜·图尔恰尼诺娃的庇护下，尽管列维坦与她的女儿有染。列维坦的体温已经攀升到了四十一摄氏度。图尔恰尼诺娃在信中说："我们心里越来越害怕。我不相信这次我不能让他闯过这一关。"[1] 安东这次在莫斯科逗留了九天。等他回到雅尔塔后，奥尔迦在下一封信中问他："我亲爱的作家，您昨天离开时显得心烦意乱，为什么？"安东告诉她，头疼和高烧折磨着他，他不得不离开莫斯科。

安东不在家时，叶夫根尼娅不停地发牢骚，诸如她的牙齿不中用了，安东走的时候没有留下足够的钱，她很害怕，等等。在米沙看来，母亲无人照看，他应该来一趟雅尔塔。于是，为了躲开米沙，安东虽然刚从莫斯科回家不到一个星期并且身体状况不佳，他还是再次出门了。5月29日，玛莎怀着看热闹的心态对奥尔迦说： *512*

> 带好行李，过来看看我们吧，不许说不！……昨天我们送走了安托沙，他去了高加索。和他一起去的有斯雷丁医生、高尔基、阿列克辛医生和瓦斯涅佐夫［一个艺术家］。他们一时兴起，设计了这次旅行，然后马上就出发了。他们的行程是：新罗西斯克—弗拉季高加索—格鲁吉亚军事高速公路—第比利斯—巴图姆，然后返回雅尔塔。安东出门旅行是因为家里来了亲戚：米沙带着妻子和女儿，还有一个保姆，没有提前告诉任何人就忽然进了家门。家里又吵闹又无聊，不知道哪一天万尼亚也会回来，也带着家人……他6月8日回来。您可能碰不到他了。

这批同行者是高尔基张罗到一起的：两个医生，三个肺结核患者和一位画家。不过，也许安东和奥尔迦本来打算过在这次高加索之行中相会。因为安东一行人刚刚出发，奥尔迦和母亲就已经身在弗拉季高加索了，她们打算沿着格鲁吉亚军事高速公路穿过高加索地区，在博尔若米山区的度假胜地休养。大雨冲毁了公路，会面看似不可能了。安东

---

[1] 见图书馆手稿部，331 60 62：安娜·尼古拉耶芙娜·图尔恰尼诺娃给安东·契诃夫的信，1895—1900部分，1900年5月20日。

一行人到达第比利斯时,一家报纸报道,契诃夫、高尔基和瓦斯涅佐夫将要在北方旅馆逗留一个星期。安东并不知道奥尔迦当时恰好也在第比利斯。可巧的是,奥尔迦的嫂子读到了这份报纸,于是给安东打了电话。安东最初很怠慢奥尔迦的这个嫂子,觉得她是一个令人讨厌的仰慕者。[1]安东与奥尔迦终于见了面,几小时后他们又各自启程了,奥尔迦与母亲坐上支线火车去了博尔若米。

远在雅尔塔的玛莎对这些并不知情,她在6月12日再次给克尼碧尔写信说:"如果您四天之内不来的话,我们之间就一刀两断,我们彼此再也不认识了。今天我们送走了米沙一家,这很让人伤心,但我已经习惯了。"安东返家的行程有意与米沙一家离开错开了一天。高尔基和家人几天后也走了。6月23日,奥尔迦来到雅尔塔。

513　　接下来的六个星期充满了快乐与甜蜜,尽管外人对其知之甚少。安东没有创作什么故事,《三姐妹》的进展也很缓慢。这次见面仍有一些阴影:玛丽亚·安德烈耶娃先于奥尔迦·克尼碧尔到了雅尔塔,住在当地的一个旅馆里。年轻诗人鲍里斯·拉扎列夫斯基仍然缠着安东,他看到安东、玛莎和奥尔迦在一起吃饭:

> 契诃夫坐在克尼碧尔身后,从那里向外瞧。与高尔基不同,他的穿着非常讲究。金袖扣,黄色的鞋子,夹克,外套,全身上下都很优雅。我倾向于安德烈耶娃,契诃夫对她的感觉超出普通的喜爱。

叶夫根尼娅和玛莎离开阿乌特卡,去了古尔祖夫的海边小屋,新家里只剩下了安东和奥尔迦。这让人想起安东这段时间在他笔记本上记下的一笔:他说,为了拒绝访客,他应该在家里留上一个法国女人,并且假装她是他的情妇。他们不用再担心吱嘎作响的楼梯惊扰了叶夫根尼娅或玛莎了。奥尔迦经常抱着枕头、拿着蜡烛来到安东的房间,或者,她

---

[1]　见图书馆手稿部,331 77 14:奥尔迦·克尼碧尔给玛莎·契诃娃的信,1900年6月7日。

72. 奥尔迦在雅尔塔

一大早在海里游完泳后就来敲安东的门（她自称"水獭"）。

他们谢绝了一切访客和前来寻求帮助的人，只对少女奥尔迦·瓦西里耶娃例外。奥尔迦·瓦西里耶娃是安东在尼斯休养时认识的一个仰慕者，安东对她心怀爱怜，而她想要将安东的作品翻译成英文。俄罗斯驻芒通的领事尼古拉·尤拉索夫写信请求安东设法让瓦西里耶娃开心一些："奥尔迦·瓦西里耶娃非常爱您，您的话对她来讲就是法律……她不知道怎么处置自己的财产——她没有人可以依靠。她真是一个不幸的人，值得人怜惜和同情。"[1]

奥尔迦·瓦西里耶娃送给安东一块东方地毯，还询问安东哪家英文杂志可能发表她的翻译。[2]安东回信说："我对英国没有什么兴趣，我一点也不在意。"

7月22日，伊萨克·列维坦去世。列维坦所有的熟人都收到他临终前的嘱托："当您听到我的死讯时，请烧掉我的所有信件。"[3]玛莎满怀爱意地遵循了列维坦的遗愿，但安东并没有。

在奥尔迦·克尼碧尔即将离开雅尔塔时，一个不谐和音奏响了。8月初，"海鸥"的第一个扮演者维拉·科米萨尔热夫斯卡娅给安东寄来一封信："我到达雅尔塔几天了，我住在马桑德拉（Massandra），如果见不到您，我会非常伤心的，哪怕只与您见上一分钟。"[4]奥尔迦·克尼碧尔觉得，科米萨尔热夫斯卡娅此行意在作家，而非他的新剧本。8月3日，安东·契诃夫把他最早的"海鸥"带到了古尔祖夫的海边小屋，然而，科米萨尔热夫斯卡娅既没有得到新剧本，也没有赢得作家的爱。安东只赠送给她一张照片，题词写道："狂风暴雨中海浪呼啸，平静的安东·契诃夫赠。"两天后，安东和奥尔迦一起坐船去了塞瓦斯托波尔，*514*

[1] 见图书馆手稿部，331 64 28：尼古拉·尤拉索夫给安东·契诃夫的信，1898—1904。

[2] 见图书馆手稿部，331 38 14：奥尔迦·瓦西里耶娃给安东·契诃夫的九十七封信，1898—1904。

[3] 见图书馆手稿部，331 92 56：阿道夫·列维坦给玛莎·契诃娃的信，内附这个请求。

[4] 见图书馆手稿部，331 48 7：维拉·科米萨尔热夫斯卡娅给安东·契诃夫的信，1896—1904部分，1900年8月1日。

入住了当地的一家旅馆。至于奥尔迦为什么会在火车上因为"我在您家经历的一切"而哭泣，我们亦不知就里，只能猜测：是因为叶夫根尼娅不赞成他们在一起，还是因为维拉·科米萨尔热夫斯卡娅的到来？安东返回雅尔塔后未见任何人。维拉·科米萨尔热夫斯卡娅从古尔祖夫拍来电报："我等了您两天。明天乘船去雅尔塔。您的木讷让人心烦。"他们见了面，科米萨尔热夫斯卡娅乘坐海船离开。一个星期后，她写信来说：

> 我以为，我见到您时会有很多问题，会与您交流很多……但是，多么奇怪，不知为什么有那么一瞬间，我为您感到难过，非常难过，难过到悲伤的地步。在您身上总有一种难以捉摸的东西，一种让我无法信任的东西。

尽管安东给奥尔迦·克尼碧尔写了一封柔情蜜意的信，但奥尔迦仍然觉得自己"被抛弃了"。她对玛莎说："我们温和地分手了。他很动感情，我也是，我哭个不停。"[1] 二人的情路前景并不明朗。万尼亚向奥尔迦明确表示，安东会在莫斯科过冬；然而，奥尔迦对玛莎说："您真奇怪，竟然问我和您的哥哥做了什么决定？这话说得好像别人可以和他一起决定什么似的。我不知道自己该怎么办，这让我很痛苦。"

莫斯科艺术剧院的斯坦尼斯拉夫斯基和内米罗维奇 – 丹琴科，都希望看到奥尔迦和安东关系更加亲密。他们想把安东·契诃夫绑在自己的剧院。8 月 8 日，斯坦尼斯拉夫斯基在给内米罗维奇 – 丹琴科的信中写道：

> 昨天，我好不容易才从契诃夫嘴里榨出来一些东西：他明天要去古尔祖夫写作，一个星期后回阿卢普卡，朗读他写的东西……这

---

[1] 见图书馆手稿部，331 77 14：奥尔迦·克尼碧尔给玛莎·契诃娃的信，1900 年 8 月 9 日。

672

72. 奥尔迦在雅尔塔

个剧本是一个军队驻地中四个年轻女性的故事。<u>绝密</u>。[1]

很显然，在奥尔迦·克尼碧尔——更不要说安东·契诃夫了——公开宣布之前，弗拉基米尔·内米罗维奇－丹琴科已经知道了一些更加绝密的信息。他告诉康斯坦丁·斯坦尼斯拉夫斯基："克尼碧尔与安东结婚一事已定。"[2] 安东·契诃夫在创作《三姐妹》时，也糊里糊涂地写下了自己的婚约，这个婚约的另一方不仅是一个剧院，而且是一个女演员。

---

[1] 见《契诃夫全集》，9，365。

[2] 见《契诃夫全集》，9，381：弗拉基米尔·内米罗维奇－丹琴科是继奥尔迦·克尼碧尔的母亲之后第一个被告知这个消息的人，时间是 1900 年 8 月的第二个星期。

73.《三姐妹》

（1900 年 8—11 月）

8 月的雅尔塔阳光灿烂，安东留在雅尔塔，而奥尔迦·克尼碧尔返回了莫斯科。《三姐妹》这个剧本在他脑海中已经构思成熟，他必须将其诉诸笔端了。"三姐妹"这一主题深刻地反映出安东·契诃夫的生活经历：继青年时代的戈登三姐妹之后，马尔科娃、亚诺娃、林特瓦列娃、沙夫罗娃家的几组"三姐妹"相继走入他的生活。在安东眼中，"三姐妹"一定是他生命中的一个童话故事的母题。

该剧本的另一个灵感源头来自英国。在安东·契诃夫于 1896 年赠送给塔甘罗格图书馆的图书中，有一本勃朗特姐妹的传记：三个富有才华却命运多舛的女孩，生活范围被局限在约克郡；她们的父亲像一个专制暴君，她们根本不记得母亲的样子，曾经是她们偶像的兄弟后来成了酒鬼。契诃夫笔下的普洛佐罗娃姐妹与勃朗特姐妹有很多共同之处。1899 年，西德尼·琼斯（Sidney Jones）的轻歌剧《艺伎》（The Geisha）在莫斯科广受欢迎，其中三个英国军官追求三个艺伎的情节也构成了《三姐妹》故事情节的基础。安东·契诃夫的回忆在这个剧本中亦占有一席之地：在 1884 年前往萨哈林岛的途中，安东在沃斯克列先斯克结交了几位军官，他还在乌拉尔的彼尔姆短期停留过，这些经历都在《三姐妹》中留下了痕迹。与《带小狗的女人》一样，《三姐妹》也反映了婚姻给家庭成员关系带来的影响：现实生活中奥尔迦·克尼碧尔与玛莎之间的紧张关系投影在剧本中，那就是三个性情温和的姐妹在家里的空间，被她们的嫂子一个房间一个房间地蚕食掉。在契诃夫这个行文笔触最为冷酷的剧本中，喜剧因素只是偶尔呈现。在《三姐妹》中，经常是两三个对话同时进行，作者还设计了许多非语言性的特殊效果——时钟、相机、火灾、花园中的树木、歌曲与音乐——这些元素如同文字一样，有效地推进着情节的发展。这种带有复杂复调音乐的剧本也只有莫斯科艺术剧院才能表现得出来。

这个剧本的创作过程并不容易。万尼亚的妻子和儿子住在家里，校长瓦尔瓦拉·哈尔克维奇带来了两个小姑娘，内米罗维奇-丹琴科的妻子卡佳因为丈夫不在而无聊透顶，打来电话胡扯一通。安东先是逃到卧室去写作，然后去了古尔祖夫的小屋，但仍然无法安心写作，他向奥尔迦抱怨："有些象鼻虫爬了进来。"他制造出了一个拉仇恨、引争议的名单："一个俏皮的犹太人，一个有学问的乌克兰人和一个醉酒的德国人"，以及一群谈论赫伯特·斯宾塞哲学的女士。斯坦尼斯拉夫斯基一家人来了，住下就不走了。安东带他们去瓦尔瓦拉·哈尔克维奇家里，欣赏一个匈牙利人弹奏竖琴。正是瓦尔瓦拉·哈尔克维奇的问话引导安东·契诃夫去思考萨哈林之行对他后期作品产生了怎样的影响：为何探访流放地的经历在他的故事中体现得如此之少？对于这个问题，他先是一笑置之，随后在屋子里沉思地踱来踱去，然后说道："难道您不觉得，我的每个故事都被萨哈林化了吗？"这番话并不是专门对任何一个人说的。

516

康斯坦丁·斯坦尼斯拉夫斯基承认，自己是在"蹂躏创造力"。安东必须在秋天之前完成《三姐妹》，而安东想要拖延：明年是不是可以？奥尔迦·克尼碧尔一心盼着送达莫斯科的不仅是剧本，更是作家。难道他不能在莫斯科的德累斯顿旅馆创作吗？奥尔迦悲叹道，明明知道"要分开一整个冬天"，却不能一起度过秋天，这真是太残酷了。与维拉·科米萨尔热夫斯卡娅一样，奥尔迦也希望能与安东亲密交流："我们聊得很少，话也说得含糊其词。"但安东讨厌"板起脸来聊天"。她挑

675

逗他说："您还记得吗，我走上楼梯，但楼梯吱吱嘎嘎震天响？我真喜欢那样。"她对他关爱备至，细致到关心谁给他打扫书房，谁为他熨烫衬衫。她在8月16日信中问道："您没有和您的母亲吵架吧？您对玛莎还好吧？"她又送给他一株"绿色爬行动物"。她和其他演员一起给作家施加压力：她们与内米罗维奇－丹琴科和斯坦尼斯拉夫斯基一样，称得上是《三姐妹》的助产士，只是助产士丝毫也无法减少剧本分娩的痛苦。

　　与此同时，内米罗维奇－丹琴科和斯坦尼斯拉夫斯基，正在排演奥斯特洛夫斯基的《雪姑娘》（Snow Maiden），演员们都累得精疲力尽。莫斯科的演出占据了奥尔迦·克尼碧尔的所有时间。《孤独的人》于9月25日开始上演。萨沙舅舅向侄女奥尔迦透露，酒精中毒、生活放荡和孤独已经把他逼到自杀的边缘，他希望奥尔迦能替他向安东咨询一下。1900年8月19日，玛莎前往莫斯科，打算把库秋科伊村的房子卖掉，筹集些现金。（康申一直拖欠着梅里霍沃庄园的房款，并试图秘密地将庄园卖掉。）奥尔迦帮助玛莎找到了新房子，她们的休闲时间都消磨在一起，经常住在对方的家里，而亚历山大·维什涅夫斯基任劳任怨地照顾着她们。现在，安东的朋友都聚集在玛莎和奥尔迦的周围，其中不仅有丽卡·米济诺娃、奥尔迦·昆达索娃（玛莎说她"几乎像影子一样"）、伊万·蒲宁和马克西姆·高尔基，而且还增加了一个新跟班，他就是托尔斯泰主义者列奥波德·苏列尔日茨基（Leopold Sulerzhitsky）。安东·契诃夫就是那块磁石，将这群三教九流的人聚集到了一起。

　　夏天结束了，雅尔塔家里的一只家鹤飞走了，另外一只鹤因为瞎了一只眼睛无法飞走，只能沮丧地跟在花匠身后跳来跳去。女仆马尔法·莫茨娜娅被她的叔叔叫回了利瓦季亚镇。即便如此，安东还是觉得不够清净。他让玛莎在秋天时带叶夫根尼娅去莫斯科。玛莎不同意这个决定：

517

　　　你要是知道我把她［从莫斯科］带回克里米亚有多难就好了！我现在在莫斯科住的房子是出租给学生的，没有床，餐具太少。我在春天时把那些东西都带回雅尔塔了。马上就到雨季了，她的腿又

676

73.《三姐妹》

要开始疼，这里太冷太潮。

玛莎询问安东要去哪里，要多长时间。她想要尽情享受莫斯科的戏剧演出季，只答应让叶夫根尼娅从 1901 年 1 月份到复活节待在她那里。安东否决了她，9 月 23 日，他把叶夫根尼娅送上了前往塞瓦斯托波尔的渡船。在塞瓦斯托波尔，契诃夫家的一个朋友请她吃饭（但是她因为自己的假牙而拒绝了），并把她送上前往莫斯科的快车。

"我非常感激，谢谢你给我的快乐。"叶夫根尼娅给安东写信时说[1]，玛莎则气得根本不给他写信。10 月 3 日，阿列克谢·托尔斯泰的宏大古装剧《沙皇费奥多尔》上演，奥尔迦·克尼碧尔带着叶夫根尼娅去了剧院。叶夫根尼娅甚至想去看奥斯特洛夫斯基的《雪姑娘》，但她从来不想看自己儿子写的剧本。（叶夫根尼娅似乎与帕维尔的观点一致，认为安东创作剧本和写故事都是为了赚钱养家，这是羞于启齿的事情。）10 月 11 日，奥尔迦对安东说："可怜的女人，她一直觉得我会把魔爪伸向她的安托沙，让他不快乐。"叶夫根尼娅既接受奥尔迦·克尼碧尔的热情接待，又对她保持着警惕。安东一厢享受着独自在家的孤独，一厢抵制着奥尔迦的挑逗："您真的不想见到您的女演员，亲吻她，爱抚她吗？她是您的。"[2]安东回信发牢骚，说虽然《三姐妹》已初具规模，但仍有一个姐妹"是跛脚的"。阿道夫·马克斯的编辑尤利乌斯·格伦伯格给契诃夫写信，还搞错了名字，说他们听闻他正在创作"《两姐妹》"，他们可以推延"作品全集"第七卷的出版，将这个剧本包含进来。（安东对此回复，马克斯要等到《三姐妹》在舞台上演出并在某个期刊上发表过之后，才能拥有这个剧本。）

除了怎么也甩不掉的谢尔盖因科[3]和少女奥尔迦·瓦西里耶娃，安

---

[1] 见图书馆手稿部，331 33 126：叶夫根尼娅·契诃娃给安东·契诃夫的信，1875—1904 部分，1900 年 9 月 26 日。

[2] 从《通信集》（1934 年）中删除；见图书馆手稿部，331 76 5：奥尔迦·克尼碧尔给安东·契诃夫的信，1900 年 9 月。

[3] 见《文学遗产 68》，621—628，谢尔盖因科儿子的回忆录。

东·契诃夫竭力避免人们来阿乌特卡拜访他。奥尔迦·瓦西里耶娃今年十八岁，已经成长为一个独立的女性。她从尼斯来到雅尔塔，随行带来一个保姆和一个三岁大的小姑娘。小姑娘叫玛鲁夏（Marusia），是奥尔迦在斯摩棱斯克孤儿院收养的一个孤儿。安东非常喜欢这个孩子。亚历山大·库普林曾看到玛鲁夏爬上安东的膝盖，嘴里咿咿呀呀说个不停，还伸手把他的头发弄乱，库普林露出满脸困惑之情。除了爱抚腊肠犬，安东从来不在外人面前对什么东西亲昵。如果好事之徒看过安东给奥尔迦·瓦西里耶娃的信，流言一定会像野火一样蔓延开去，因为他在信里戏称自己是玛鲁夏的"爸爸"。

9月9日，雅尔塔剧院被大火烧毁，安东对此毫不在意："顺便说一句，它本身就是多余的。"[1]叶夫根尼娅去莫斯科后，只有老厨娘玛柳什卡留在阿乌特卡给安东做饭，他的日子过得很清苦。安东·契诃夫就是吃着菜汤和鱼创作了《三姐妹》。他不辍笔地写，只有在"流感"恢复期间、抓老鼠和给卡希坦卡包扎断了的爪子时，才暂停写作。他也不理睬弟弟妹妹，万尼亚和玛莎对他生闷气，安东却对奥尔迦说："我想象不出是为什么。"奥尔迦恳求安东到莫斯科来，但他坚持认为，他们分开两地生活不是他们选择如此，而是"那个魔鬼，它在我身上注入了病菌，而在您身上注入了对艺术的爱"。安东要等到剧本写完并能够参加排练，才会来莫斯科。用安东的话说就是他不会将四个女主人公交给斯坦尼斯拉夫斯基，听任他宰割。然而，奥尔迦·克尼碧尔此时需要一副肩膀依靠着哭泣。她在表演事业上受到了打击：《雪姑娘》得到的剧评并不理想；她在《孤独的人》中的表演被斯坦尼斯拉夫斯基的妻子压过了风头；观众在观看契诃夫的《伊凡诺夫》时发泄的反犹情绪也伤害了她。

多通电报催促后，安东·契诃夫终于在10月23日带着《三姐妹》的手稿抵达莫斯科。第二天，安东将初稿朗读给集合到剧院的人群听。

---

[1] 两个月后，莫斯科的缪尔－米里利斯商店着火。（安东·契诃夫曾在1899年对塔妮娅·谢普金娜－库别尔尼克说过，为了摆脱女作家，就应该邀请她们去莫斯科的缪尔－米里利斯商店，然后放火烧掉它。）雅尔塔和莫斯科的这两场大火给《三姐妹》中的火灾提供了灵感。

读完后，大家错愕不已，谁都不吭一声——谁都没有想到这个故事如此五味杂陈，这般令人感伤。然后，安东去看了易卜生的剧作《斯多克芒医生》（*Dr Stockmann*，即《人民公敌》）。回到了德累斯顿旅馆房间时，他看到了奥尔迦留下的香艳纸条："待在德累斯顿旅馆别走，抄写［剧本］。我一会儿来，我会带来香水和糖果。您想我吗？回答是或否。"

10月29日，安东参加了一次《三姐妹》的剧本诵读。安东看起来对剧本表演漠不关心，这让斯坦尼斯拉夫斯基十分困惑。周围的人倒是越来越兴奋。米沙写信时提到，在火车上有一位女士问他安东什么时候结婚，一位女演员看到内米罗维奇-丹琴科举杯庆祝克尼碧尔和契诃夫的结合："……要是这些传言变成现实就好了。"[1]雅尔塔也在议论纷纷，年轻诗人拉扎列夫斯基在11月12日的日记中写道："我听说契诃夫结婚了。我不相信。"

玛莎和安东答应过雅尔塔的朋友伊萨克·西纳尼，帮助他照顾在莫斯科上学的儿子阿布拉姆。10月28日，阿布拉姆自杀身亡。安东将西纳尼叫到莫斯科来，带他去参加了葬礼，告诉他阿布拉姆死于"忧郁"。安东告诉玛莎，一定不要在雅尔塔说出"自杀"这个词。那天晚上，他看到《孤独的人》里的主人公自杀；接下来的一个星期里，阿道夫·马克斯的编辑尤利乌斯·格伦伯格也去世了。安东觉得异常忧伤，他就在这种情绪下修订了《三姐妹》的剧本。维拉·科米萨尔热夫斯卡娅仍然觊觎这个剧本，安东打消了她这个不切实际的想法，但向她诉苦："我每天重复着枯燥无味的生活，白天出去四处拜访，晚上回来睡得像个死人一样。我来这儿的时候身体好极了，但现在又开始咳嗽，脾气也不好。有人告诉我，我得了黄疸。"白天，安东和奥尔迦、玛莎消磨在一起，晚上住在旅馆。他确实该离开了，莫斯科11月的天气可能会要了他的命。《每日新闻》报道说，他要动身去非洲和美国了，还说《三姐妹》的上演推迟了。

519

事实上，确实是《三姐妹》将他耽搁住了，当然也有阿列克谢·苏

---

[1]　见《家族》（1970年），196—198。

沃林。安东得知苏沃林的女儿娜斯佳·苏沃林娜结婚却没有通知他时，大吃一惊。他责备老苏沃林："我几乎像爱自己的家人一样爱着您的家人。"他请苏沃林来莫斯科见面。虽然剧院事务缠身，但苏沃林还是在几天之内在布列宁的陪同下赶来了。阿列克谢·苏沃林对此次见面记录道：

> 契诃夫要回南方，要去阿尔及尔，他让我来看他。我本来想在 22 号返回，参加《以色列之子》（我们给这个剧本取的名字是《走私者》）的着装彩排。契诃夫说服了我，我留了下来。我本来要在星期三去拜见托尔斯泰，但是彼得堡给我拍来一封电报，说小剧院出事了。我坐上半夜 12 点钟的快车回去了。

《以色列之子》（Sons of Israel）或《走私者》（The Smugglers）是苏沃林在彼得堡推出的一部关于走私者的情节剧，剧本由闹剧作家维克托·克雷洛夫和"犹太叛徒"萨维利·利特温（Saveli Litvin）合作撰写。这个剧本大肆叫嚣反犹主义，甚至引起了彼得堡观众的反感。在利迪娅·亚沃尔斯卡娅的精心策划下，观众们向演员投掷望远镜、胶鞋和苹果。苏沃林心爱的女婿阿列克谢·科洛姆宁在后台死于心脏病发作。这次，安东没有去安抚再次痛失亲人的阿列克谢·苏沃林。

11 月下旬，安东·契诃夫观看了易卜生的戏剧《咱们死人醒来的时候》（When We Dead Awaken），他的表现惹得斯坦尼斯拉夫斯基和奥尔迦非常气恼，因为他"挂着不易察觉的笑容，取笑我们所敬仰的东西"。（安东·契诃夫常说，他看不出易卜生剧本的任何优点。）《三姐妹》的前两幕已经投入排练，安东打算在法国修改第三幕和第四幕。他从雅尔塔的账户中提取了两千卢布，而阿道夫·马克斯给莫斯科送来一万卢布（他只欠安东最后的一万五千卢布了）。安东现在有钱去旅行了，奥尔迦勉强同意他前往温暖的地方过冬。12 月 11 日，安东坐上了前往维也纳的火车。在尼斯，苏沃林的外孙女娜佳·科洛姆宁娜以及带着养女小玛鲁夏的奥尔伽·瓦西里耶娃，都期盼着他的到来。

520

680

74. 再访尼斯

（1900 年 12 月—1901 年 2 月）

前往维也纳的火车开走了，因为分离而痛苦不已的奥尔迦·克尼碧
尔离开了月台。安东的新朋友，托尔斯泰主义者列奥波德·苏列日斯
基，将奥尔迦护送回家，玛莎接着照顾她，直到她恢复愉快的心情。玛
莎最近也闷闷不乐，但是她没有告诉任何人是什么原因。奥尔迦写信告
诉安东："可怜的姑娘一个晚上没睡：她这段时间有点儿事情。"玛莎的
痛苦可能与一段新的友谊有关。安东不在的时候，伊万·蒲宁对玛莎关
怀备至，对奥尔迦也很帮忙。

欧洲公历比俄国的儒略历提前十三天，安东完全忘记了维也纳的商
店都关了门，剧院里挤满了庆祝圣诞节的观众。他只好待在旅馆的房间
里，"盯着两张床浮想联翩"。第二天，他乘坐一等车厢前往尼斯，于
1900 年 12 月 27 日（儒略历 12 月 14 日）到了上次在尼斯投宿过的俄
罗斯公寓。这次入住的房间里有一张宽大的软床。安东在房间里花了四
天时间将《三姐妹》的第三幕和第四幕整齐地誊写下来，还扩展了第四
幕的内容。他为切布狄金设计了一句蕴含不祥色彩的台词："巴尔扎克
在别尔季切夫结婚了"；他还删减了安德烈为妻子娜塔莎辩解的一通令
人反感的说辞，只说了一句"妻子无非妻子"。这个纠缠了安东·契诃
夫两年的剧本现在终于脱手了。到达尼斯后，安东没有接到奥尔迦·克

尼碧尔的来信，这让他心中忐忑不安，后来他才发现，他所有的邮件都被送到了另一个住在尼斯的俄罗斯人手里。

新年之夜，安东又去了一次美丽海岸旅馆。大约十年前，他第一次来尼斯时就与苏沃林住在这里，安东这才向苏沃林表达了对阿列克谢·科洛姆宁去世的哀悼之情。安东对苏沃林说，"这里的生活不像我们过的日子，它丰富、健康，充满活力、笑容洋溢"。尼斯再次激发了安东·契诃夫对法国的喜爱。他告诉奥尔迦·克尼碧尔，俄罗斯人都

522 "被挤压得变了形，好像被压得……无法容忍地懒散"。尽管他遭遇了非季节性的霜冻，但还是对雅尔塔的斯雷丁医生说，尼斯是天堂，雅尔塔是西伯利亚；这里的人都兴高采烈，没有地方自治法官，没有"浮肿着脸的马克思主义者"。一个星期后，安东在前往蒙特卡洛的路上绕道去芒通，探望了内米罗维奇－丹琴科的病重的妹妹瓦尔瓦拉。安东与朋友弗朗兹·谢赫特尔赌博了两个星期，赢了五百法郎，他对奥尔迦惊呼："这里吞掉了俄罗斯人多少钱啊。"也来度假的内米罗维奇－丹琴科一家人在蔚蓝海岸遇见了安东。也许是为了让奥尔迦开心，安东在信中大大贬低了内米罗维奇－丹琴科的妻子卡佳，而他原来是很喜欢这个女人的："内米罗维奇－丹琴科被软禁了：卡佳管得他一步不离左右，所以我也没有见到他……她完全就像一个商人的妻子……"一开始，弗拉基米尔·内米罗维奇－丹琴科并不情愿谈论《三姐妹》，但随着时间的推移，他开始渐渐喜欢并理解这个剧本。康斯坦丁·斯坦尼斯拉夫斯基直到1月中旬才写信来讨论剧本的细节。他对屠森巴赫男爵的死亡有些困惑：既然不可能抬着尸体在舞台上走一遭，那么安东能否加入一个场景，来解释三姐妹为何反应如此平静？这些要求倒没有怎么让安东为难，让他担心的是斯坦尼斯拉夫斯基对剧本结尾的错觉："作者鼓舞人心的思想将会弥补剧本里许多令人沮丧的时刻。"内米罗维奇－丹琴科很实际，他要求删减掉三个姐妹的大段独白。奥尔迦·克尼碧尔也提出了这样的要求，她发现剧本中的玛莎——三姐妹中最激情洋溢的一个——很难演绎，而这个人物是安东专门为她创造的一个具有挑战性的角色。

74. 再访尼斯

　　内米罗维奇－丹琴科不断给奥尔迦·克尼碧尔施加压力，让她去感受这个新角色的"语气"，搞得她疲惫不堪。12月19日，玛莎和叶夫根尼娅返回雅尔塔，奥尔迦因为重感冒而昏倒。她暂时失聪了，吃了吗啡后卧床休息，演出只好取消。然而奥尔迦的情绪看起来并不低落，她在信中问安东，他是否遇到"很多漂亮女人……如果您真的碰到非常有意思的女人，一定写信告诉我"。她嘱咐安东给他的母亲写信："为什么要惹老人家不高兴呢？她会觉得是我改变了您对她的态度。"于是，安东听话地给叶夫根尼娅寄了十卢布，每三天寄一张卡片。安东生了玛莎的气。她迟迟未将阿道夫·马克斯给安东的一万五千卢布存入银行："这不是疏忽造成的，根本就是猪一样蠢。"安东的坏脾气和不公平惹得玛莎哭了起来。安东给家里写信，指示如何修理雅尔塔的炉子，如何在果树周围挖土，玛莎根本不给他回信。他不得不从斯雷丁医生那里打听阿乌特卡的家人是否安好。安东对奥尔迦说："亲爱的，我的家人不再惯着我了。"

　　玛莎和叶夫根尼娅突然返回雅尔塔，搞得仆人阿尔谢尼和玛柳什卡 523 措手不及。房子没有取暖，床头地毯上飞蛾乱舞，长沙发也被旧报纸压塌了。玛莎视察了花园后，告诉安东它现在光秃秃的。他生硬地答复，一切都是按计划安排的，五年后她就能看到他是对的。那只飞走的鹤又回来了，但它与那只留下的独眼鹤跳舞时却受伤了，现在躺在厨房里奄奄一息。

　　雅尔塔的冬天寒气逼人，玛莎觉得很孤单。奥尔迦给安东写信时提到：

> 蒲宁今天一直和我在一起，他的神经都崩溃了，他不知道自己一个人该怎么办。我让他去雅尔塔。他对玛莎很生气，因为她让他很失望，自己悄悄就走了。但她是在这里被耽搁了，她不知道该怎么办，怕自己拖累了他。他谈到了尼斯。

　　圣诞节前夜，伊万·蒲宁到了雅尔塔。他来得正是时候。他住在楼

683

下玛莎房间的隔壁，白天就在安东那间阳光明媚的书房里工作。玛莎叫蒲宁为蒲基顺，蒲宁叫玛莎为阿玛莎。玛莎写给安东的信又充满活力了。在仆人阿尔谢尼在花园挖土时，蒲宁以玛莎的名义写了一首诗：

> 雪花飘，暴风吹，
> 我急急忙忙逃向南方。
> 这里的寒冷可不开玩笑，
> 蒲宁和我凭窗远眺。
> 我们整天围着炉火，
> 出去散步活像小绵羊。[1]

玛莎懒于回学校教学，也不想再为安东打理费力不讨好的财务问题。她在1901年1月3日告诉奥尔迦：

> 蒲宁到处跟着我……我根本没有时间去探望［病人］。我和蒲宁与叶尔帕季耶夫斯基一家人一起迎接了新年，昨天我在库尔萨尔参加了另一个化装舞会——相当不错。在雅尔塔，人们像苍蝇一样死去，假期后又有几个朋友去世了——这真是让人难过。[2]

然而，玛莎·契诃娃是一个富有责任感的人，最终她还是将假面舞会抛在身后，于1月12日返回了莫斯科。多亏蒲宁能继续待在雅尔塔，她才可以把叶夫根尼娅留在阿乌特卡。叶夫根尼娅很喜欢伊万·蒲宁的陪伴，因为他表现得比她自己的孩子还爱她。她告诉安东："我已经不害怕了，感到心里很平静，好像已经到了天堂。"蒲宁向安东解释说，他的乡下别墅冷得像北极一样，而契诃夫的书房阳光明媚；鞑靼人在行车道上铺石头，他就随便写写画画，读读书。整整一个月，蒲宁履行了安东和玛莎的角色。安东当然同意蒲宁住在这里，玛莎写给蒲宁的信也

524

---

[1] 见《关于契诃夫》，357（玛莎·契诃娃的回忆录）。
[2] 见图书馆手稿部，331 105 3；玛莎·契诃娃给奥尔迦·克尼碧尔的信，1901年1月3日。

流淌着深情。

米沙对阿乌特卡的生活有不同的看法，他写信给万尼亚说："母亲被独自一个人留在雅尔塔……这是一种罪过，一种恶罪。如果老人家生病了，连一个给她倒水的人都没有。可怜的妈妈！"其实是米沙家里新添了一个儿子，他希望叶夫根尼娅能来雅罗斯拉夫尔帮助他照顾孩子，但是叶夫根尼娅选择留在雅尔塔。1901 年 2 月 15 日，就在安东回来的那一天，她给米沙写信说：

> 米沙，你对我们的生活说了很多奇奇怪怪的事儿，尤其有关玛莎，说为什么她不留在雅尔塔，但是她在这儿能做什么呢？你应该想一想。你还提到我去莫斯科，再回雅尔塔，现在我很不好意思给安托沙增加了这些花销，但是你做了什么，我很不开心，我活不下去了，安托沙看见了，他想出了方法去解决……请把这封信撕掉吧。为什么你以为安托沙有成千上万的钱？他从来没有过，梅里霍沃卖了两万三千，五千给了银行，八千欠着，我们只得到了五千。雅尔塔买地花了五千，这个房子是外人在修，花了一大笔钱，古尔祖夫，他已经从马克斯那里拿了很多钱了，剩下的不多了，他攒不住钱。

玛莎在莫斯科找到住处安顿下来后，马上去彼得堡看望米沙了。米沙已经给她写了四封信，请求她来，因为他打算破釜沉舟，为阿列克谢·苏沃林工作，开始一种新生活。玛莎返回莫斯科后，语气坚决地给米沙写信，说安东和她都没有多余的钱。

奥尔迦·瓦西里耶娃在尼斯忙着翻找报纸，搜寻信息，看她怎么能为有需要的穷人出上一把力。现在，她想卖掉她在敖德萨的一所房子，用这些钱来修建一个诊所。安东在莫斯科的那个夏天，奇列诺夫医生不顾自己名字的双关含义（其意思为"阴茎"）与他取得联系，商讨为莫斯科的梅毒患者建立一家诊所。安东决定将奥尔迦·瓦西里耶娃介绍给这个建设项目，他在奥尔迦出售房产与奇列诺夫医生的诊所筹建之间穿针引线，只是这个项目最终没有完成。

525　　1 月中旬，安东已经将俄罗斯公寓的人脉资源开发殆尽。他告诉科瓦列夫斯基，他现在对雅尔塔也已经感到厌倦，离开梅里霍沃对他的文学创作来讲不啻一场灾难，他在那里熟悉四十个村庄的生活。他再次想到去阿尔及尔。科瓦列夫斯基闪烁其词，因为他看得出，安东的病情比三年前恶化了许多。科瓦列夫斯基先是推说海路太颠簸，然后直接拒绝了安东。安东与科瓦列夫斯基、动物学家阿列克谢·科罗特涅夫（Aleksei Korotnev）教授结伴，取陆路前往意大利。奥尔迦·瓦西里耶娃恳求他不要忘记她，然后动身去了日内瓦。安东与同伴先到达比萨，然后前往佛罗伦萨。1901 年 1 月 30 日，他们抵达罗马。安东心绪恶劣，并告诉科瓦列夫斯基，他现在写的东西都不长，因为他也在人间待不了多长时间了。安东在罗马逗留了四天，在圣彼得教堂观看了一场忏悔游行。人家问他对游行的观感如何，他说不过是 “一队又傻又笨的游行队伍拖拖沓沓地走过去”[1]。然后，他从罗马搭乘火车去了敖德萨。尽管安东·契诃夫是俄国科学院的名誉院士，但还是遭到了俄罗斯海关的非难。在敖德萨，安东联系了一个地产代理商来评估奥尔迦·瓦西里耶娃的房子。1901 年 2 月 15 日，他乘船横跨波涛汹涌的大海，回到了仍然寒气逼人的雅尔塔。

安东有三个星期奔波在旅途上，错过了《三姐妹》演出成功引起的轰动。奥尔迦·克尼碧尔给尼斯拍了电报，告知这个好消息，“巨大成功，吻我”，但是这个消息延迟了很长时间才传到安东的耳朵里。《三姐妹》在排练时一直受到干扰：剧院聘请了一个退伍上校来做军事专家，以确保舞台上所有饰演军人的演员在穿戴、举止方面都像真正的军人，但是这位上校经常越过斯坦尼斯拉夫斯基，以导演的身份直接指挥表演。斯坦尼斯拉夫斯基给剧中的玛莎配了一顶火红的假发，扮演者奥尔迦提出抗议。1901 年 1 月 31 日是《三姐妹》的首演之夜。这次表演不仅巩固了安东·契诃夫作为 “俄罗斯最伟大的剧作家” 的地位，而且证

[1] 科瓦列夫斯基对安东·契诃夫的回忆，见《关于契诃夫》，361—366。

实了莫斯科艺术剧院是表演契诃夫剧作的旗舰剧院。观众们在舞台上看到了切身的生活：这三个姐妹代表了受过教育的外省女性在社会上的尴尬地位。奥尔迦·克尼碧尔扮演的玛莎赚足了观众中不忠妻子的眼泪。观众们深受感动，幕布落下后，观众席中一片寂静。

尼古拉·叶若夫也坐在观众席上。他认为剧中戴了绿帽子的学校教员库尔金是在影射自己，他在 1901 年 2 月 1 日向苏沃林汇报：

> 所有的角色都哭哭啼啼，没有一个人如愿以偿。剧里有一个醉醺醺的老军医官，他连一本书都没有读过……有通奸（这是契诃夫最喜欢的主题）……从内容上来讲：三个姐妹是一位过世的上校的女儿，她们的兄弟想要成为一名教授，她们最热切的愿望是搬回莫斯科去生活……这出戏演得非常精彩……我不会在《新时代》上给这个剧写剧评。[1]

一年后，阿列克谢·苏沃林在莫斯科观看了这出剧，他彻头彻尾地 *526* 不喜欢这个剧本。

---

[1] 见俄罗斯档案馆，459 2 1233：尼古拉·叶若夫给阿列克谢·苏沃林的四封信，1897—1901。

75.秘密结婚

（1901 年 2—5 月）

　　安东返回雅尔塔家里后，蒲宁搬到了雅尔塔旅馆去住，但他的隔壁房间里有一具尸体。伊万·蒲宁这个人既幽默又机智，安东十分喜爱他，于是说服他留了下来。安东送给玛莎一大包礼物——一块格子呢毯子、蕾丝手帕、剪刀和吸墨纸，她这才消了气。

　　奥尔迦·克尼碧尔还在远方。四旬期来临，莫斯科的剧院全部停止营业。内米罗维奇－丹琴科和斯坦尼斯拉夫斯基决定带领莫斯科艺术剧院前往彼得堡，因为彼得堡的剧院只有四旬期的第一个星期、第四个星期和最后一个星期关闭。彼得堡的观众对他们的演出报以与莫斯科观众同样的热情。剧院并没有做广告，但所有戏票都售罄，排队买票的人直到午夜依然不散。然而彼得堡的媒体并不捧场。布列宁公开谴责"雇人来喝彩的自我膨胀的契诃夫"，《新时代》嘲笑奥尔迦·克尼碧尔在《孤独的人》中的表现。《彼得堡新闻》的编辑库格尔在 1901 年 2 月 19 日评论《万尼亚舅舅》时说，克尼碧尔是"一位性情冷淡的女士……我完全不理解为什么要对这位女演员赞赏有加"。阿姆菲捷阿特罗夫在彼得堡《快递报》（Courier）上宣称："克尼碧尔是一个糟糕透顶的演员。"然而彼得堡的评论家纷纷称赞玛丽亚·安德烈耶娃的表现，声称她扮演的角色凯钦——霍普特曼剧本中的一位寒酸的妻子——比奥尔迦演绎的妖冶的安娜·马尔哈更漂亮。奥尔迦·克尼碧尔与玛丽亚·安德烈耶娃从此成了冤家对头。但《三姐妹》的上演有些效果，阿姆菲捷阿特罗夫看后认为克尼碧尔是一个了不起的演员。

幕布落下后，剧院里观众们群情激奋，高喊着要给作者契诃夫发去贺电的贺词，但苏沃林麾下的评论家却指责莫斯科艺术剧院毁了安东·契诃夫。尼古拉·萨佐诺夫对妻子说，在他做剧目审查员的时候是绝对不会放行这个剧本的。教育部已经禁止它在"民众的剧院"上演了。最后，在 3 月 20 日，布列宁发表了一篇恶毒的讽刺小品——《九姐妹却没有一个新郎》(Nine Sisters and Not a Single Groom)。布列宁笔下的姐妹们分别叫歇斯底里娜、克烈季娜和伊季欧娜（谐音"笨蛋"），她们说着不知所云的契诃夫式的胡言乱语，他的演员中还包括训练有素的蟑螂。《九姐妹却没有一个新郎》的结尾是姐妹们舔舐着地毯，而剧院在雷鸣般的掌声中倒塌。布列宁的恶意模仿让契诃夫心绪烦闷，尤其因为它发表在苏沃林的报纸上。[1]

彼得堡报纸的恶劣评论让奥尔迦·克尼碧尔烦恼，她热爱彼得堡，也期待自己的爱能得到回报。康斯坦丁·斯坦尼斯拉夫斯基向演员们解释说，这是因为彼得堡的评论家都是某位女演员的丈夫或情人，他们的鼻子都因为契诃夫的剧本而被打脱臼了。彼得堡的演员排着队来向剧团表示歉意，利迪娅·亚沃尔斯卡娅也表达了自己的支持之意：她从双乳间拿出一枝红色的康乃馨，抛向斯坦尼斯拉夫斯基。然后利迪娅来到后台，邀请演员们在四旬期的第四个星期到她家做客，内米罗维奇-丹琴科和斯坦尼斯拉夫斯基接受了邀请，这让奥尔迦十分反感。奥尔迦很厌恶安东这位臭名昭著的旧日情人：

> 2 月 24 日……亚沃尔斯卡娅又一次蹑手蹑脚地摸进我的化妆间，她推开门走进来，说着奉承话，一个劲儿邀请我去看她。这个厚颜无耻的女人。

---

[1] 见斯米尔诺娃-苏沃林娜的日记，《文学遗产 87》，311—312。

3月3日……亚沃尔斯卡娅邀请我3月5日去，我才不会去呢。
我真受不了这个粗俗的女人的眼神。我已经让人看着，不许她在幕
间休息时进我的化妆间。[1]

安东的另一位旧爱也出现在奥尔迦·克尼碧尔的生活中。她在3月
2日的信中告诉安东："我刚刚收到 L.阿维洛娃寄来的一封信，您好像
认识她。她希望能够……弄到一张《三姐妹》的门票。我礼貌地回了
信。我一张门票也弄不到。"奥尔迦也不喜欢内米罗维奇－丹琴科的妻
子卡佳[2]；而塔季扬娜·谢普金娜－库别尔尼克尤其让她厌恶："库别
尔尼克爸爸吃了很多，把一大堆甜食吃得精光，一直自己在那儿嘟嘟囔
囔……塔季扬娜挨着他躺在地板上，脑袋枕在他的膝盖上，不停抚摸
他，看着真让人恶心。"[3]

安东对莫斯科艺术剧院在彼得堡的遭遇十分不安，但是责备奥尔迦
不应该与利迪娅·亚沃尔斯卡娅（她给他发来一封贺电）发生争吵。安
东·契诃夫甚至宣布，放弃在一个女演员得不到尊重的国度创作戏剧。
阿列克谢·苏沃林也得到了惩罚：学生们为了"庆祝"《新时代》成立
二十五周年，在他办公室的窗下举行抗议示威，他们不得不出动警察
驱散了示威者。另一场学生示威也遭到哥萨克人和警察的袭击。有消息
称，教会的至圣主教工会已将列夫·托尔斯泰逐出教会。一时间，彼得
堡剧院的气氛剑拔弩张，观众更加情绪激昂。1901年3月1日，萨佐
诺娃带着朋友叶夫根尼娅来观看了《三姐妹》："她离开剧院的时候泪
流满面。剧本里的玛莎和一个炮兵上校的恋情正是发生在她自己身上的
529 故事。"此时，还有一个人关注着安东的剧本和个人生活。复活节时，
安娜·苏沃林娜写信给安东说："我们都去看了《万尼亚舅舅》，连续六

---

[1] 从《通信集》(1934年)中部分删除；见图书馆手稿部，331 76 9；奥尔迦·克尼碧
尔给安东·契诃夫的信，1901年2月。

[2] 从《通信集》(1934年)中删除；见图书馆手稿部 331 76 10；奥尔迦·克尼碧尔给
安东·契诃夫的信，1901年3月。

[3] 见图书馆手稿部，3341 76 9。

次了……这个剧本让我笑个不停，因为我在其中认出了我的许多亲戚朋友……我很想向您的'妻子'[奥尔迦·克尼碧尔]问好，但是我又怎么能做得到呢？"[1]

混乱正炽时，米沙·契诃夫来到彼得堡，打算接受苏沃林提供的工作机会。然而苏沃林却推诿说"想不出来您能干什么"，也忘了确定米沙的工资。玛莎一直很爱护这个最小的弟弟，安慰他说："我们家的男孩都注定要当作家，而不是当小职员。"米沙说，他要做的事情就是安东十年前建议他做的。安东提醒米沙，阿列克谢·苏沃林才是《新时代》的主人，他是"一个可恶的骗子，尤其是在他所谓的坦率的时刻"，说安娜·苏沃林娜也是一个气量狭隘之人，苏沃林大概只有与排字工人特钦金之间才存在唯一诚实的工作关系。米沙兴冲冲而来，却遭到苏沃林信口开河的敷衍和安东的不赞成，他感到非常沮丧，于是返回雅罗斯拉夫尔，重归旧日生活。但苏沃林给米沙发了一封电报，米沙就又回到彼得堡，并在3月17日向苏沃林道歉："在我小的时候，总是害怕上帝会惩罚我，魔鬼会让我误入歧途……[我的父母]把我培养成了一个懦弱的人。"[2]这次，米沙成了苏沃林的雇员，先是做编辑，然后在广告部工作，每月工资为三百五十卢布。阿列克谢·苏沃林将另一个契诃夫网罗到麾下。

安东在与母亲叶夫根尼娅留在克里米亚期间，独自做出了一个决定。他对蒲宁开玩笑说，"娶一个德国女人会更好：她们比较整洁"。此时在彼得堡的高尔基经常与奥尔迦在一起，他写信问安东："为什么到处都有人说您要结婚了？"雅尔塔杏花绽放，安东开始在花园里种花了。他正在审读"作品全集"第四卷的定稿，没有创作新作。安东曾经答应过给《生活》杂志再写一个故事，但这个杂志现在被禁了。他的老编辑米哈伊尔·缅希科夫离开了《周报》去为苏沃林工作了，这样他又少了一个出版出路。他的病情亦越发严重了。尼古拉·萨佐诺夫对妻子

---

[1] 见图书馆手稿部，331 59 46：安娜·苏沃林娜给安东·契诃夫的信，1889—1901部分，1901年4月。

[2] 见《家族》(1970年)，212—213。

说，安东·契诃夫将与诗人纳德森遭遇同样的命运："结核病和布列宁的模仿讽刺小品会要了他的命。"伊万·蒲宁给玛莎的一封信中有一句话："安东目前相对还好。""相对"一词让玛莎产生了一种不祥的预感，她希望在她复活节回雅尔塔时蒲宁能帮她一把。[1] 此时的安东满心期待着奥尔迦·克尼碧尔能来雅尔塔待上整整四个月。然而在 3 月 5 日的信中，奥尔迦对安东亮出了自己的底线：

530

> 我是不会来雅尔塔的，您想想就会明白为什么。这是不可能的。您那么善解人意，却还邀请我去！您是真的不明白吗？

对奥尔迦的拒绝，安东开玩笑说她在彼得堡有了一个情人；他确实有妻子，但他会和她离婚；他给她带来了昂贵的香水，让她到雅尔塔来取。3 月 7 日，他屈服了："请允许我向您求婚。"奥尔迦仍然坚持：

> 我怎么能来呢？……我们还要偷偷摸摸多长时间？这有什么意义？因为怕人家的口舌？人们一旦看到既成事实，很有可能就闭嘴了，不再理睬我们了。

虽然安东极度讨厌坐火车和住旅馆，但他还是承诺很快会来莫斯科。他在给蒲宁（伊万·蒲宁此时正在寻求离婚，他不得不掩饰自己对这个问题的恐惧）的信中，第一次明确表达了他的计划："顺便说一句，我打算结婚了。"安东告诉奥尔迦·克尼碧尔，他要来莫斯科见她，但仍然强调她找到的"是一个老爷爷，而不是一个配偶"。他答应让她在舞台上再表演五年。奥尔迦收到这封信一个星期后，告诉剧院的朋友，她已经决定，"将我的生活与安东·契诃夫的生活结合为一体"。然而，奥尔迦还是迟迟没有从安东口中得到她一再坚持的明确的求婚：

---

[1] 见图书馆手稿部，429 3 12：玛莎·契诃娃给伊万·蒲宁的信，1901—1903 部分，1903 年 3 月 8 日。

75. 秘密结婚

我们不能只像好朋友一样生活在一起……成天看着您母亲满脸痛苦，看着玛莎一脸困惑——这太可怕了！在您家里，我如坐针毡。请您对此说点什么吧。您从来都不表态。现在，我必须得到内心的宁静了，我太累了。

奥尔迦不敢冒险把安东硬拖到寒冷的莫斯科来，而面对奥尔迦提出的来雅尔塔的条件，安东又犹豫了。他在 3 月 25 日给伊万·蒲宁写信说："有关结婚的问题，我改变主意了，我不想结婚，但反正都一样……如果必须结婚的话，我会的。"就在玛莎从莫斯科返回雅尔塔后不久，奥尔迦也软下心来。她给安东拍电报，说"明天启程去雅尔塔"，得到回复"期待到达"。1901 年 3 月 30 日复活节星期五，奥尔迦·克尼碧尔到了雅尔塔。

玛莎和奥尔迦在雅尔塔的两个星期里，伊万·蒲宁也在那里。他们结伴去古尔祖夫的海边小屋，在那里野餐。蒲宁询问自己该对这次款待付多少钱时，安东开玩笑地给他开了一个账单。假期结束后，玛莎返回莫斯科，蒲宁返回敖德萨，奥尔迦与他们一起离开了。奥尔迦痛哭了一路，玛莎认为是因为牙痛，而奥尔迦在给安东的信中说出了实情：

我们没有必要分开……这都是为了面子，对吗？……您一直保持沉默。我感觉到一旦玛莎走了，您就并不希望我继续留下来。大家会说什么？其实，我还有一件事没有说出口。我一直满心盼着春天到来，结果我只是来拜访了您一趟……莫斯科的人看到我这么快就回来了，该多么惊讶……我们结婚吧，摆脱这一切，您愿意吗？

第二天，奥尔迦又写道："您已经对我没有热情了，您不把我看成亲近的人……您不喜欢这种女人的喋喋不休。"

奥尔迦·克尼碧尔还在雅尔塔时，奥尔迦·瓦西里耶娃也通知安东，她已经带着养女玛鲁夏来到古尔祖夫，要逗留两个月："我希望再次见到您，您会因此而骂我吗？您的玛鲁夏是一个很棒的孩子，但有时候我很讨厌她。"4 月初，她给安东的母亲寄来自己的照片，在信中说，她会在遗嘱中将玛鲁夏留给安东：

> ［以感谢他］来尼斯探望我，带给我的幸福和快乐——自从妈妈去世后，我从来没有这么开心过，将来也不会。玛鲁夏是一个心地善良的好孩子——我不配拥有她。我羡慕她，因为我不能像她那样，从您口中得到一句亲昵疼爱的话。

一个星期后，奥尔迦·瓦西里耶娃发来电报说："想来古尔祖夫离您近些可否，请不要生气。"安东告诉她，在古尔祖夫有一家旅馆，并且问候"我们的女儿玛鲁夏"，告诉玛鲁夏要听话，"否则爸爸要生气，拿拐杖收拾她"。复活节后的一个星期，安东抽出时间去看望了她们。奥尔迦·瓦西里耶娃搬到了阿乌特卡来住，就在安东家的隔壁。她给安东送来硬币，表面上说是给女房东的房款押金。就在蒲宁、玛莎和奥尔迦·克尼碧尔离开雅尔塔那一天，安东给奥尔迦·瓦西里耶娃写了信。他告诉她，他完全不介意她住在隔壁，即便没有年长女伴的陪伴。[1]

安东给奥尔迦·克尼碧尔写来一封从未如此温馨亲密的信：

> 我没有挽留您，是因为我也讨厌待在雅尔塔。我还想到，反正我们很快就会自由地见面……您真的没有理由生气……我没有对您隐瞒任何想法。

他还想激发起奥尔迦的同情心和舞台抱负：

532　　　咳嗽消耗了我所有的精力，我懒得思考未来，不愿意提笔写

---

[1] 安东·契诃夫在给奥尔迦·克尼碧尔的信中提到过这个可怜的富家女子，但语气非常随意，听起来奥尔迦·瓦西里耶娃根本不是他们二人之间的阴影。至于玛鲁夏是不是安东的孩子——我认为不是——如果是的话，安东圈里的人不可能不知道这件事。

75. 秘密结婚

作……有时候，我有一种强烈的冲动，想为艺术剧院创作一个四幕闹剧或喜剧。如果我动笔了，并且没有任何打扰的话，我应该能在1903年底把稿子交给剧院。

他们打算结婚了，有可能去任何地方度蜜月，可以是黑海地区，也可以是北冰洋。安东·契诃夫答应把护照带到莫斯科，以备婚礼之需。此后，奥尔迦在写给安东的信中都自称"奥利娅"、他的"小路德派"、他的"小狗"。安东还对奥尔迦说，"如果您保证在我们结婚之前，不让莫斯科的任何人知道我们要结婚"，那么他到莫斯科的当天就和她去结婚，因为他痛恨人们来道喜，害怕香槟酒，害怕对谁都要摆出一副一成不变的笑容。安东在雅尔塔等待着身体好转，等待着天气转暖。他天天与亚历山大·库普林聊天，库普林自诩一个很有魅力的陪伴者，他已经完成了除怀孕之外的其他所有人生课题。安东在笔记本中流露出的情绪要低迷得多：

> 一种无爱的感觉，一种平淡的状态，悠长而平和的思想……所谓的爱，无非某种逐渐衰退的东西的遗留，或者某种未来可能变得非常强大的东西的前奏，但它目前难以如意，它能给予的远远低于你的期待。

奥尔迦在给安东的下一封信中说了一个不祥的玩笑："讨厌的维什涅夫斯基指天椎心发誓，过个一两年，我就会是他的妻子——这算什么！"奥尔迦说，一位大公夫人贸然上前与她的母亲搭讪，问道："她什么时候结婚？他的健康状况如何？"据说，安娜·克尼碧尔这才知道了他们的婚约。[1]安东说他要写一封遗嘱，禁止奥尔迦在他死后再婚。接下来的两个星期，他推说生病了，整日躲在书房里，思考，咳嗽。他操心很多事情。他担心弟弟万尼亚：从不抱怨的万尼亚实际上很少与安

---

[1] 奥尔迦·克尼碧尔的叙述，与早前弗拉基米尔·内米罗维奇-丹琴科告诉斯坦尼斯拉夫斯基的信息相矛盾。详见本书第673页注释［2］。

东沟通，万尼亚现在过度劳累，身体消瘦。除此之外，安东还操心着监狱里的高尔基和《生活》杂志的编辑波塞，操心自己生病的狗，操心奥尔迦·瓦西里耶娃要去法国。5月6日，他和瓦西里耶娃面谈过一次。为了阻止塔甘罗格的堂亲们来雅尔塔，他说叶夫根尼娅可能去彼得堡，玛莎在莫斯科工作，而他自己可能去北极地区或去伏尔加河。

533

一个星期后，安东·契诃夫到了莫斯科。和他一起吃第一顿早餐的人是奥尔迦·瓦西里耶娃，而不是奥尔迦·克尼碧尔。安东将瓦西里耶娃介绍给奇列诺夫医生，希望她能成为他的梅毒诊所的赞助人。5月16日，玛莎返回雅尔塔，前去照顾叶夫根尼娅。5月17日，安东并不情愿地去了弗拉基米尔·休罗夫斯基（Vladimir Shchurovsky）医生的诊所。休罗夫斯基医生对安东进行了一次彻底的身体检查和病史问询。当被问及他的亲属活了多大年纪时，安东胡乱说了个时间。安东陈述，自己从幼儿时期开始就一直咳嗽和腹泻，而内出血已经持续十七年了。根据休罗夫斯基医生的病历记录[1]，安东饮酒适度，已经戒烟，他没有梅毒，得过淋病但已经治愈。休罗夫斯基医生笔迹潦草地记载道："安东·巴甫洛维奇·契诃夫，41岁，单身，医生兼作家。农民出身，成长环境艰苦……父亲因钳闭疝气去世，76岁；外公死于动脉粥样化偏瘫；哥哥，艺术家，死于结核病。[患者]15岁前身体正常，每年夏天患疟疾，但最近十年没有。眉毛上有带状疱疹。得过麻疹、百日咳。自记事起一直咳嗽。23岁时出现视网膜暗点[症状为偏头痛和预兆性偏头痛]。曾试过节食，戒烟后放弃节食，17岁开始吸烟。1884年第一次吐血，中度……1890年前痰不黏稠。其间偶尔反复吐血。1897年出现一次大出血，在奥斯特罗乌莫夫诊所住院两个星期。1898年冬天前往尼斯，1899年起住在克里米亚，今年2月前往尼斯。克里米亚天气冷时开始咳嗽，伴有血丝。肺尖结核初期[与卡夫卡1917年的诊断相同]。从20岁至今一直腹泻。20岁前周期性自体中毒。感觉精神不健康，四肢酸痛。使用蓖麻油数周后好转。15—16岁时腹膜炎：阑尾？"（契诃夫向休罗

---

[1] 弗拉基米尔·休罗夫斯基医生书写的病历笔迹十分潦草，行文中有俄文、拉丁文和德文的缩写。这张病历密密麻麻地写在一页纸上，仍需要进一步辨认解读。

75. 秘密结婚

夫斯基医生保证，他的抑郁是由于治疗便秘而服用蓖麻油后的"自发性麻醉"。）

但是安东的肺部状况不佳，已经出现不可逆转的坏死，他的肠道受到严重影响。休罗夫斯基医生寄希望于库米斯发酵马奶，希望它能对严重的肺损伤和慢性结肠炎产生一定效果，但安东之前从来没有尝试过库米斯疗法。安东·契诃夫被介绍给安德烈耶夫疗养院的瓦拉夫卡医生。该疗养院位于莫斯科以东一千两百公里的巴什基尔亚（Bashkiria）荒野中。第二天，奥尔迦在给玛莎的信中说：

> 没有什么舒心的消息——检查还没有结束。他让他接受一个库米斯马奶酒的疗程，如果那个对他不起作用的话，下一步就是去瑞士。我在给安东熬制一种药，要放在研钵中，静置后煮沸，这是治疗肠道的。上帝保佑，希望库米斯对他起作用！等我把事情都安排妥当，我们就要出发了。我觉得特别伤心。玛莎，您为什么要走呢！我又伤心又害怕。[1]

奥尔迦把目前的情况都告诉了玛莎，只是没有说她即将与安东结婚的事。两天后，安东在给玛莎的信中也提到目前两肺都有病变，他有两个选择：可以去乌拉尔喝两个月库米斯马奶，或者前往瑞士。即便到了这一刻，安东还是没有告诉玛莎结婚的打算，也没有说他要与奥尔迦一同前往乌拉尔："一个人去实在是寂寞，靠库米斯活着也很无聊。带一个人去吧，又显得很自私……结婚吧，我又没有带证件，这些东西都在雅尔塔办公桌的抽屉里。"他要了几张空白支票。玛莎希望安东尽快返回雅尔塔。

1901 年 5 月 24 日星期四，安东带着万尼亚去办理结婚的前期手续，办手续的地方就在他们的父亲帕维尔去世的诊所旁边。安东把最后的审读稿寄给了阿道夫·马克斯，也给阿克谢诺沃村（Aksionovo）——

---

[1] 未收入《克尼碧尔－契诃娃》（1972 年），II；见图书馆手稿部，331 77 15：奥尔迦·克尼碧尔给玛莎·契诃娃的信，1901 年 5 月 18 日。

位于乌拉尔和伏尔加河之间的一个村庄——寄了一封信。很快，他收到谢尔盖·瓦拉夫卡（Sergei Varavka）医生发来的电报："欢迎，有空位。"然后，安东通知奥尔迦："我准备就绪。一点之前面谈。我们星期五一定出发。"尽管玛莎与奥尔迦素来关系密切，但她再也无法掩饰自己的嫉妒了。就在这一天，玛莎给安东写信说：

534

> 请允许我就你的婚姻说说我的看法。对于我来说，婚礼的程序实在可怕。对于你来说，这多余的紧张根本没有好处。如果人家爱你，那么就不会抛弃你，这其中也谈不到有丝毫的自私……你总是来得及结婚的。请你就这样转告你的［"甜心"被擦掉］克尼碧尔吧。首先要考虑的是能让你好起来。看在上帝的分上，不要认为我自私。你一直是我最亲密、最爱戴的人……是你自己教导我不要有偏见。上帝啊，如果你整整两个月不在家，我们的日子该有多难过……如果你不马上回信，我会很伤心。代我向"她"问好。[1]

结婚当天，安东让弟弟万尼亚按照他的指示去办事，还给万尼亚留下了五十卢布，来支付他代为购买的伏尔加河头等舱的船票，安东坚持这么做。安东给母亲拍了电报："亲爱的妈妈，祝福我吧，我结婚了。一切都会照旧。[2]我去喝库米斯。地址阿克谢诺沃。身体见好。"根据玛莎后来的描述，叶夫根尼娅接到电报后震惊得一言不发。但安东还是收到了母亲的回电："我祝福你，快乐，健康。"

5月25日早上，奥尔迦·克尼碧尔给玛莎写信说：

> 今天，我们要结婚了，然后出发去乌法省的阿克谢诺沃，去喝

---

[1] 见图书馆手稿部，331 79 25：玛莎·契诃娃给安东·契诃夫的信，1901；《书信集》（1954年），信件内容几乎完整。

[2] 据谢尔盖因科称，在婚礼前，安东·契诃夫与朋友一起喝酒，谴责那些娶了女演员的男人；然后他离开大家，说是他"有一些小事要处理"。（见《文学遗产87》，348。）当天，一位名为奥尔迦·L.的少女疯狂地请求与安东见面。（见图书馆手稿部，331 49 3。）

75. 秘密结婚

库米斯。安东感觉很好，很开心，很温柔。教堂里只会有瓦洛佳
[指奥尔迦的哥哥]和萨沙舅舅（是应安东的要求）以及两个大学
生做证人。昨天我和妈妈吵了一架，因此我整个晚上没睡，我的头
都要裂了……玛莎，这几天您不在这里陪我，我非常伤心；您要是
在的话，我会感觉不一样的。我完全一个人，没有人可以说说话。
不要忘了我，玛莎契卡，爱我吧，我们必须，您和我，必须永远在
一起……代我向您的母亲问好。告诉她，如果她因为安东结婚而流
泪或难过，我会很伤心。

三天后，奥尔迦利用等船的时间给玛莎详细描述了安东·契诃夫创
作出的最好的一出闹剧：

> 八点半，我去牙医那里修了牙齿……两点钟，我吃了午饭，穿
> 上一件白衣服，去了安东那里。我在我母亲跟前已经尽力了……我
> 也是直到结婚的当天才知道自己结婚的日子。婚礼也非常奇怪……   *535*
> 教堂里一个人也没有，门口还站着守卫。下午五点左右，我和安
> 东一起到了，新娘家的人坐在花园里的一条长凳上……头痛得几乎
> 让我受不了，我几乎忍不住想要大哭一场，或者大笑一场。您知
> 道，神父向我和安东走过来，领着我们离开，我有一种非常奇怪的
> 感觉……我们是在普柳奇卡街的教堂结婚的，安葬您父亲的那个神
> 父为我们主持了婚礼。他们要求我提供一个独身证明，我从我们的
> 教堂开出了证明……[1]万尼亚没有来参加婚礼，我心里非常不好
> 受……万尼亚知道我们要结婚了，安东和他一起去见的神父……当
> 我从教堂回来时，仆人们高兴得不得了，排着队向我表示祝贺，又

---

[1] 奥尔迦·克尼碧尔信仰路德教派，如果嫁给东正教徒，就冒着被自己教会驱逐的危
险。"在妈妈的音乐会上，我们的奥伯神父两次告诫我不要结婚，所以我非常害怕。
他说，教会不能对这种事置之不理……我威胁要改信东正教。"此段从《通信集》
（1934 年）中删除；见图书馆手稿部，331 76 15：奥尔迦·克尼碧尔给安东·契诃
夫的信，1901 年 11 月 30 日。

是欢呼又是流眼泪，但是我很体面地控制住了自己。他们帮我收拾好了行李，娜塔莎那只蠢猪太让我失望了……她竟然没有给我带上丝绸胸罩和巴蒂斯特刺绣上衣。晚上八点，我们去了车站，只有我们的家人悄悄地给我们送行。[1]

在莫斯科，亚历山大·维什涅夫斯基在安东的要求下安排了一个宴会。然而，安东·契诃夫和奥尔迦·克尼碧尔却迟迟不曾露面，一头雾水的来宾都不知道这对新婚夫妇发生了什么事情。

[1] 从《克尼碧尔－契诃娃》（1972年）Ⅱ，20—24 中删除，见图书馆手稿部，331 77 15：奥尔迦·克尼碧尔给玛莎·契诃娃的信，1901。

第十部分　婚姻与死亡

自保于龙的最好办法是自己拥有一条龙。

——叶夫根尼·施瓦兹《龙》

公寓的卧室里充斥着各种气息：发烧，输液药物，乙醚，焦油。这沉重得难以形容的气味只是因为一个肺结核患者在房间里呼吸吐纳。

——居伊·德·莫泊桑《漂亮朋友》

76. 蜜月疗养

（1901 年 6—9 月）

奥尔迦的母亲安娜·克尼碧尔邀请这对新婚夫妇吃了一顿便餐，然后他们就坐上火车去下诺夫哥罗德了。在下诺夫哥罗德，安东和奥尔迦夫妇与尼方特·多尔戈波洛夫（Nifont Dolgopolov）医生碰了头，从医生手里拿到了前往乌法的船票。等到达乌法之后，还要搭乘火车才能到达阿克谢诺沃村和预订的疗养院。这个多尔戈波洛夫医生刚刚证明马克西姆·高尔基肺结核太严重，无法入狱服刑。他带着安东和奥尔迦去看望高尔基。他们到的时候，一个警察给他们开了门，还有一个警察坐在厨房里。高尔基的妻子在医院里待产。高尔基说起话来滔滔不绝，安东和奥尔迦好不容易才有机会说出他们刚刚结婚了，高尔基忍不住一拳拍在奥尔迦的后背上。

多尔戈波洛夫医生将安东和奥尔迦送上船。这艘船沿着伏尔加河顺流而下，到达卡马河后取道乌拉尔方向，将他们卸到一个叫比安内·波尔（Piany Bor）的码头，这个地名的意思是"醉酒街"。为了等待换船，他们在这里逗留了很长时间，而他们本来是应该在喀山换船的。比安内·波尔没有旅馆可以投宿，他们只好露营，而这个肺结核患者在不停吐血。安东写道："我一辈子也不会原谅多尔戈波洛夫。身在'醉酒街'却头脑清醒，这个情节太可怕了。"奥尔迦找到了一间小屋，她在地板上铺了一张床。他们只能以咸鲟鱼充饥，勉强休息了一会儿。凌晨五点，他们登上了一艘开往乌法的小船，船上拥挤不堪，他们睡在不同的隔间里。有人借给安东一块毯子，崇拜者不停地叨扰他。小船沿着贝拉亚河溯流而上，河岸上就是树木繁茂的山丘。阳光晒黑了安东的脸，将玛莎为奥尔迦做的粉色短上衣也晒褪了色。在贝拉亚河上航行了两个晚上后，他们在 1901 年 5 月 31 日凌晨在乌法登岸。他们急急忙忙赶上了早上六点的火车，但没想到发生了火车脱轨事件，火车直到下午两点才出发。他们坐的这节车厢的车窗卡住了，车站的木匠也推不上去，他们只好忍受了五小时的闷热。到了阿克谢诺沃后，他们又转乘柳条马车，在一条崎岖不平的山路上颠簸了近十公里，最终到达了预订的安德烈耶夫疗养院。

540　　　到达疗养院时，天色已暗，这里已经有几十通电报和信件在等着他们了。同时，他们也得知疗养院里还有一个叫安娜·伊万诺芙娜·契诃娃的人。她是安东的堂亲米哈伊尔·契诃夫的妻子，米哈伊尔·契诃夫这个人粗鄙不堪，十五年来安东一直躲着，避免见到他。[1] 清晨来临，阿克谢诺沃村在晨光中显出迷人的风姿：它坐落在伏尔加河和乌拉尔之间绵延不绝的草原上，隐藏在一片山丘上的茂密森林里。这个地方要是位于下奥地利，很有可能成为一个度假胜地。奥尔迦给玛莎描述了她对安德烈耶夫疗养院的第一印象：

　　　　空气中含氧丰富，洋溢着一股迷人的香气，天气非常暖和。我们在这儿见到了瓦拉夫卡医生（似乎是个很了不起的名字［这个名字的发音像"女人贼"——作者注］）。安东出门旅行就像一个学生，我告诉过他，他应该把生活必需品都带齐。他却向我保证，我们在当地什么都可以买到。结果这里既买不到床单，也买不到枕头。医生把他自己的送给了我们……这个疗养院有四十间木屋……一栋房子里有十个房间、一间餐厅、一个客厅、一个台球室、一个图书馆

---

[1] 奥尔迦·克尼碧尔对安娜·契诃娃的记忆不深。安娜·契诃娃带着得了肺结核的儿子来此休养。

和一架钢琴。从远处看，这些木屋就像大厕所。两个房间之间只有一条狭窄的小走廊连接，房间中等大小，全白色。每个人有一张桌子、三把椅子、一张硬床和一个橱柜，洗脸盆连着一个水罐，而不是下水道。斯巴达式的简朴生活，您可以这么说。他们会给我们换一张软一点的床，还给了我一面镜子。我们的木屋是最靠边的一栋，所以可以看到开阔的乡村景色，旁边就是一片桦树林。他们早上把咖啡给我们送过来；中午一点时我们去吃午饭，有两道热菜；晚上六点吃晚饭，有三道餐；晚上九点钟还提供茶、牛奶、面包和黄油。他们给安东称了体重，他开始喝库米斯了，到目前为止，他还很适应，吃得很好，睡得也多。[1]

谢尔盖·瓦拉夫卡医生对他的新病人恭维有加，毕竟来者是位医生同行，而且还是位著名作家，并带着一个杰出的女演员。安东·契诃夫研究了安德烈耶夫疗养院的规章制度后，把这个地方称为"矫正劳改营"。疗养院里没有自来水，没有澡堂，所谓的花园也消失了，花坛里杂草丛生。巴什基尔人养马养羊，但是没有水果或蔬菜。要不是一个地主给他提供了桑拿浴室，要不是他可以和瓦拉夫卡医生与一个年轻病号在迪奥马河上钓鳟鱼，安东也许早就逃跑了。奥尔迦自己做了一个丝绸胸罩，躺在溪流中沐浴，懒洋洋地读书，或者到森林里去摘草莓和采野花。奥尔迦·克尼碧尔经历的唯一一次考验是去购买床单。她必须坐车前往乌法，她咒骂那里根本就是一个"矿井，真遭罪，喘不上气来，飞土扬尘"！

安东·契诃夫从少儿时期以来第一次长胖了。截至6月中旬，每天四瓶库米斯马奶让安东的体重增加了五公斤多。发酵的马奶不仅容易消化，而且当时人们认为它既可以增强人体对结核病的抵抗力，又能促进人体内良性菌群的生长，从而杀死肠道中的结核分枝杆菌。奥尔迦发现自己本已六十三公斤的体重也有所增加，但仍然尝试了库米斯。库米斯

541

---

[1] 见图书馆手稿部，331 77 15：奥尔迦·克尼碧尔给玛莎·契诃娃的信，1901年6月2日。

让他们昏昏欲睡，忘乎所以，性欲旺盛。

信是安东的生命线，但来信很快让他心绪恶劣起来。玛莎自从得知哥哥的婚事后，总是无法摆脱被欺骗的感觉，更加难抑心中的妒意，她将矛头转向了奥尔迦：

> 您想方设法迷住了我哥哥！我觉得您就是《三姐妹》中的娜塔莎！我要亲手掐死您。不是咬断您的喉咙，就是掐死您。您知道，我爱您，在过去的两年里很依赖您。现在您成了契诃夫家的一员，这太奇怪了。[1]

安东的婚事让契诃夫家乱了阵脚。万尼亚专门去了一趟彼得堡，亲口将安东结婚的事情告知米沙；米沙与玛莎结成了紧密同盟，一同反对入侵者奥尔迦。万尼亚也回了雅尔塔，试图让玛莎和叶夫根尼娅接受木已成舟的现实。6月6日，玛莎给伊万·蒲宁写了一封伤心的信：

> 亲爱的伊万，我真想自杀，我觉得我的存在已经毫无意义了。这都是因为我哥哥结婚了……为什么奥尔迦要让一个病人遭这些罪呢？……恐怕我与克尼碧尔的关系要变了……亲爱的蒲基顺，快给我找一个又有钱又大方的新郎吧。[2]

奥尔迦·克尼碧尔花了一个星期的时间与玛莎和解，她邀请玛莎也来疗养院，参加他们的蜜月之旅。一开始，玛莎拿不定主意，后来断然拒绝了。安东二人的计划是，奥尔迦卖掉自己在莫斯科的公寓，与家人生活在一起。但玛莎不知道自己返回莫斯科后是否能与奥尔迦生活在同一个屋檐下。"安东不停地写信说，一切都会保持原样不变。"玛莎在给

---

[1] 在《克尼碧尔-契诃娃》（1972年）中部分删除；见图书馆手稿部，331 105 3：玛莎·契诃娃给奥尔迦·克尼碧尔的信，1901。

[2] 见图书馆手稿部，429 3 12：玛莎·契诃娃给伊万·蒲宁的信，1901—1903部分，1901年6月6日。

76. 蜜月疗养

蒲宁的信中说，"想得倒是美，但我要的是真实情况，而不是装模作样。"与阿利特舒勒医生所担心的一样，玛莎也害怕奥尔迦会诱惑安东常住在莫斯科，这对他的健康非常不利。玛莎告诉米沙，母亲叶夫根尼娅也"不喜欢安托沙的配偶，奥尔迦自己也知道这一点"。6 月 20 日，奥尔迦在写给叶夫根尼娅的信里说："我想，等到我们见面的时候，我会给您解释所有的事情……我知道您是多么爱安东，所以我们在家［指莫斯科的公寓］时，会尽力让一切都好，大家和平相处，这样安东的感觉才能好。"[1] 安东·契诃夫的婚事也扰乱了其他人的心境。画家玛丽亚·德罗兹多娃从雅尔塔给安东寄来一封信，描述了自己对这个消息的感受：

542

> 我那会儿正在画画，画笔和调色板都稀里哗啦摔到了地上。直到最后一刻，我也没有放弃嫁给您的希望。我认为其他人只是开玩笑，而上帝会因为我的谦卑赐予我幸福。奥尔迦真是讨人厌，我嫉妒得要发狂，我再也无法面对您了，我恨奥尔迦，也恨您，恨你们一辈子。[2]

阿列克谢·苏沃林根本没有得到安东结婚的通知，他很伤心，给米沙写信说：

> 安东让我大吃一惊。他现在在哪里？我是说，他的通信地址是什么？自从去年 11 月我们见面后，他结婚是我认为最不可能发生的事。如果他知道自己想要什么那还好，但问题是，他不知道！结婚是靠运气的事。[3]

---

［1］ 奥尔迦·克尼碧尔给叶夫根尼娅·契诃娃的信，1900—1902。

［2］ 见图书馆手稿部，331 42 46b：玛丽亚·德罗兹多娃给安东·契诃夫的信，1900—1904。

［3］ 见图书馆手稿部，331 73：阿列克谢·苏沃林给米沙·契诃夫的信，1890—1902 部分，1901 年 6 月 10 日。

其他人的祝贺也是不冷不热：阿列克谢·科罗特涅夫教授谈到了破釜沉舟，瓦西里·索博列夫斯基说"对于我和您这样的人来说，彼岸几乎不可企及"，伊万·蒲宁表示了礼貌性的惊诧。

安东·契诃夫原计划在阿克谢诺沃村治疗两个月，但他等不及治完整个疗程了。一个月后，他决定离开。他不仅担心在雅尔塔的家人的情况，单调乏味的病友也让他恼火。瓦拉夫卡医生打包票说他的状况会越来越好，还承诺改善他的环境，但安东去意已决。谢尔盖·瓦拉夫卡医生有一条专门收集名人患者签名的毛巾，1901 年 7 月 1 日，安东·契诃夫也在毛巾上签下了自己的花式名字，然后他们离开了阿克谢诺沃村。安东走得匆忙，连护照都忘了拿。7 月 6 日，契诃夫夫妇回到了雅尔塔。"我现在要提出离婚。"安东在给蒲宁的信中这么说，邀请他到阿乌特卡来。

家里的新局面让玛莎备感沮丧。她向米沙发泄心中的痛苦：

> 我自己一无是处，既不是艺术家，也不是老师。我觉得我一直费力地为别人做嫁衣裳……我和嫂子的关系还很紧张……母亲已经好一些了，她对这件事处理得很好，已经平静下来了。我的心情还很糟糕，我根本无法适应这种新生活。我心里难过，不停地掉眼泪，但我又不得不瞒着别人，有些时候就被人看穿了……莫斯科已经有很多关于我的闲言碎语，大家都觉得我可怜；还有传言说我离家出走了……安东的状况还很差，库米斯对他没有多大作用。[1]

543　　疗养回来的安东仍然咳嗽个不停，吐血，焦躁不安。安德烈耶夫疗养院的谢尔盖·瓦拉夫卡医生请安东寄来一张自己的照片，打算挂在他住过的那个木屋里。疗养院的另一个实习医生保证明年这里会提供更好的饭菜，还有喷泉、自来水、阳光房和新鲜蔬菜。[2]但安东已经不想再

[1] 玛莎·契诃娃给米沙·契诃夫的信，1884—1904 部分，1901 年 8 月 11 日。
[2] 见图书馆手稿部，331 38 8：谢尔盖·瓦拉夫卡医生给安东·契诃夫的信，1901；331 36 54：亚历山大·伯恩斯坦的信，1901—1903。

76. 蜜月疗养

接受库米斯疗法了。1901 年 8 月 3 日，安东·契诃夫起草了一份遗嘱，并找人做了见证。这份遗嘱是写给玛莎·契诃娃的，托付给奥尔迦·克尼碧尔保管：

> 我在雅尔塔的房子、钱款和戏剧著作的收入归你终身所有，古尔祖夫的别墅和五千卢布归我的妻子所有。如果你愿意，可以把不动产卖掉。

安东还分给几个兄弟各自几千卢布，其余的一切馈赠给塔甘罗格的学校。遗嘱的结束语是："你要帮助穷人。要照顾好母亲。祝你们平安。"

安东·契诃夫的创作灵感已经枯竭，现在他唯一的收入来自剧院。他的经济窘境引起了马克西姆·高尔基和编辑康斯坦丁·皮亚特尼茨基（Konstantin Piatnitsky）的担忧，他们提出要看看安东与阿道夫·马克斯签署的版权合同。他们认为，可以通过起诉或羞辱马克斯迫使他废除合同，因为这份合同根本就是安东的卖身契，却让马克斯赚得钵满盆盈。安东被这个违背协议的想法吓坏了，表示反对，但仍然给高尔基的律师发去了合同的副本。高尔基说起话来还是夸夸其谈：

> 我真想收拾谢尔盖因科一顿，因为是他把您拖进这个烂摊子的。也要狠揍马克斯的秃头……我们即便是典妻当子，也要让契诃夫摆脱马克斯的控制。[1]

安东·契诃夫已经看完"作品全集"最后一卷的审读稿。他发现后期作品比早期作品修改起来容易得多，他在早年作品中发现了很多不足。现在，安东为别人的事情忙得团团转。他的表弟阿列克谢·多尔任科想要建一间小屋，开口向他借八百卢布。安东让奥尔迦在莫斯科把钱

---

[1] 引自《契诃夫全集》，10，322。

交给阿列克谢，一再嘱咐她，一定要对这个可怜的亲戚礼貌而温柔。在家乡塔甘罗格城，沉寂了二十年的契诃夫家的前房客加夫里尔·谢利瓦诺夫再次掀起事端：他让契诃夫家让出地方来，并威胁说，否则就要推倒米特罗凡叔叔家的棚屋。堂弟格奥尔基来找安东出主意。奥尔迦·瓦西里耶娃仍然要他出一把力，用自己的钱建一个诊所。一个犹太男孩让他写一封推荐信，这样才能在雅尔塔上学。

544　　　奥尔迦·克尼碧尔感到安东的家人并不欢迎她。1901 年 8 月 20 日，仅仅与契诃夫一家人相处了六个星期，她就独自返回莫斯科，又投入剧院演出之中。她坐上马车时，叶夫根尼娅也没有祝福她。安东和她一起坐上船，送她去换乘火车。奥尔迦在火车上哭个不停，还给玛莎写了一封信，她在哈尔科夫车站寄出了这封信：

> 我走了，现在你们感觉好点儿了吗？您知道，我想要在夏天解决掉我们之间所有的误解，它就像一个噩梦，糟糕透顶……我们真的彼此相爱。

奥尔迦·克尼碧尔回到莫斯科后也没有去找朋友，她在一个大庭院里租了一套公寓，公寓有五个房间，这是她给自己和——她希望是——玛莎准备的。奥尔迦仍然无法摆脱忧虑，她询问安东：

> 你家没有人提到过我，对吧？我永远是你和她之间的障碍。我想，她永远不会习惯我成为你的妻子，最终也会把你从我身边夺走。我像一块疮一样被人嫌弃。[1]

安东强烈地谴责了奥尔迦的嫉妒心："真是胡说！你只要安静上一年……安宁的生活就回来了。"在雅尔塔，玛莎只能接受木已成舟的状况，她在 8 月 30 日告诉米沙：

---

[1] 从《通信集》（1934 年）中删除；见图书馆手稿部，331 76 12：奥尔迦·克尼碧尔给玛莎·契诃娃的信，1901 年 8 月 30 日。

76. 蜜月疗养

> 最近，安托沙变得非常温柔，宽宏大量，我都不忍心再和他作对了，但是他的身体不见好转。嫂子在莫斯科租了一套公寓，我会住在那里，安托沙也会来住上一段时间……我虽然感觉不好，但我还是想和他在一起。

年轻诗人拉扎列夫斯基是契诃夫家不受欢迎的常客，他曾经这样描述过玛莎·契诃娃：她"是第一个也是最后一个老姑娘，比最漂亮的女士更加可爱……脸庞迷人却流露出饱受苦难的神情"。1901 年 8 月 31 日，玛莎前往莫斯科。她先是住在克尼碧尔家，然后住在科诺维采家，直到新宿舍安顿下来。玛莎可以忍受与奥尔迦共处一个屋檐下，因为玛莎白天在学校，而奥尔迦晚上去剧院；她们的家是由仆人们——尤其是每年都怀孕生孩子的女仆玛莎——来管理的。奥尔迦·克尼碧尔的护照上赫然写着她是一位雅尔塔医生的妻子。同事们开玩笑，说契诃夫的剧本应该叫《两姐妹》，因为作家把其中的一个（奥尔迦扮演了《三姐妹》中的玛莎）据为己有了。奥尔迦对这个笑话已经厌烦了。

等到雅尔塔的家里只剩下安东和母亲时，安东从行李箱里翻出一个 *545* 新故事的草稿，写了起来，这个故事就是《主教》（"The Bishop"）。他打算在 9 月中旬趁着莫斯科还暖和的时候去那里与奥尔迦团聚。现在安东·契诃夫已经结婚了，雅尔塔几乎没有"安东诺夫卡"打电话来骚扰他了。安东断绝了所有的旧情宿爱，让拉扎列夫斯基转达给利迪娅·阿维洛娃一个毫不礼貌的讯息。[1]雅尔塔的家里又雇用了一个叫玛莎的波兰女孩来做饭，园丁阿尔谢尼恢复了工作，花园里又传来家鹤的欢快鸣叫。

9 月 5 日，伊万·蒲宁终于来到雅尔塔。蒲宁发现安东"病重又孤独"，就每天都来拜访他，他的老练与机智让安东精神振奋了起来。在距离契诃夫家不远处的加斯普拉镇（Gaspra），列夫·托尔斯泰刚刚从一场几乎要了他性命的肺炎中恢复过来。此时，安东更加关注的是托尔

---

[1] 如果拉扎列夫斯基所言属实的话，那么它就能证明，利迪娅·阿维洛娃声称的安东在婚礼当天给她写了情书的说法并非实情。

斯泰的健康，而不是他自己的状况。（政府禁止发布公告，并在加斯普拉的托尔斯泰的房子外面派驻了一名神父，准备在托尔斯泰临终前宣布他放弃异端。）安东·契诃夫相信，如果列夫·托尔斯泰去世了，俄罗斯文学界就会丧失道德堡垒。安东登门拜访托尔斯泰。托尔斯泰的护理人员发现契诃夫"看起来很苍老，不停地咳嗽，很少说话"，但是他显然很高兴妻子和妹妹都不在身边。

弗拉基米尔·内米罗维奇－丹琴科仍然是安东的一个威胁，但毕竟安东与奥尔迦已经结婚，内米罗维奇－丹琴科在奥尔迦生活中的作用也基本可以忽略了。奥尔迦的母亲安娜·克尼碧尔也解除了禁令，允许莫斯科艺术剧院导演来家里拜访了。安东询问奥尔迦："你妈妈与内米罗维奇－丹琴科和好了吗？这么说，她不再担心她的女儿了？"而奥尔迦·克尼碧尔打发起安东的前女友来也是毫不留情，其绝情程度就如同她当初试图取悦她们一样。[1] 丽卡·米济诺娃就是首当其冲的受害者。1901 年 8 月 25 日，丽卡·米济诺娃参加了莫斯科艺术剧院的公开招聘考试。考官要求丽卡朗读一段《万尼亚舅舅》中的叶连娜的台词，这个角色恰好是奥尔迦饰演过的。奥尔迦毫不掩饰地告诉安东，她和内米罗维奇－丹琴科怎样羞辱了丽卡：

> 丽卡·米济诺娃尽力想要模仿我，真是丢人，但是她的朗读完全就是垃圾（这话只能咱们两个私下说）。坦率地说，我很可怜她。我们一致拒绝了她。斯坦尼建议她开一家帽子店。你可以把丽卡的事情告诉玛莎。也许她适合出演一个没有台词的角色。

丽卡遭到这次羞辱后，玛莎、万尼亚和米沙反而一致对丽卡友善起来；同时，莫斯科艺术剧院也把丽卡·米济诺娃当成了一个非正式编制的、不必付工资的社会秘书。

546 　奥尔迦想把自己的宠物猫马丁养在新公寓里，安东不同意，他说：

---

[1] 奥尔迦·瓦西里耶娃看来似乎没有构成什么威胁：奥尔迦·克尼碧尔的母亲安娜教她声乐。

76. 蜜月疗养

"我怕猫……养一只狗吧。"奥尔迦搬到了新公寓，却不愿意把她的新地址告诉别人——她更喜欢自己的信直接寄到剧院——这让安东大为光火，所以不再给她回信。只是安东·契诃夫这次遇到了一个意志力与他同样强大的女人，奥尔迦发来电报表示抗议。为了能够重新开始有效的夫妻生活，安东开始喝开菲尔（一种鞑靼发酵牛奶）；阿利特舒勒医生让他用桉树油和松节油自我按摩。

9月9日是奥尔迦的生日，但安东没有什么表示。9月17日，安东到了莫斯科，准备参加莫斯科艺术剧院的新演出季。

77. 治疗分歧

（1901 年 10 月—1902 年 2 月）

莫斯科艺术剧院连续三个演出季都为莫斯科观众推出了一台崭新的契诃夫戏剧，但 1901 年 10 月，安东·契诃夫没有交给他们新剧本。《三姐妹》仍然有一定的吸引力，因为它在上个演出季的半程才正式推出。马克西姆·高尔基的第一个剧本《小市民》(*Petty Bourgeois*) 也交到了莫斯科艺术剧院手里，这是一个旨在揭露当时社会矛盾的剧本。这个演出季以易卜生的《野鸭》开场，但观众和评论家都认为它"拖沓，无聊而牵强"——这与契诃夫的观点不谋而合。恰逢斯坦尼斯拉夫斯基家里的一个工厂发生火灾，这个事故让他深受打击，紧接着他得了扁桃体炎，他的表演让人非常失望。接下来，弗拉基米尔·内米罗维奇－丹琴科又犯了一个错误：他推出了自己的反省剧本《在梦中》(*In Dreams*)，这个剧本淹没在评论家的恶评中。奥尔迦·克尼碧尔也对自己扮演的角色没有感觉，而内米罗维奇－丹琴科的沮丧也让她担忧。[1] 经过三次排练后，斯坦尼斯拉夫斯基叫停了修订版的《伊凡诺夫》的演出。形势所迫，安东·契诃夫不得不尽快给莫斯科艺术剧院创作一个新剧本。在《三姐妹》的排练中，安东起到的作用与其说是帮助，不如说是妨碍。

---

[1] 玛丽亚·安德烈耶娃曾就弗拉基米尔·内米罗维奇－丹琴科与奥尔迦·克尼碧尔的"亲密关系"，向斯坦尼斯拉夫斯基表达过自己的不满。

然而，作者亲临《三姐妹》和《万尼亚舅舅》的表演现场还是让演出场场爆满。安东·契诃夫在这个演出季的收入达到大约八千卢布（另外还有俄罗斯各地演出得来的一千卢布）。

安东的肺部暂时还能够忍受莫斯科的气温。他计划去彼得堡，但终究未能成行。大哥亚历山大从彼得堡来到莫斯科，与玛莎和安东见面。亚历山大虽然在莫斯科过了夜，但他并未与奥尔迦见面。他告诉米沙，安东看起来"相当糟糕"。亚历山大此行是为《新时代》去高加索出差，他在与家人见面时一直保持清醒，直到走出很远才把藏起来的酒拿出来。阿列克谢·苏沃林派叶若夫来到莫斯科。叶若夫一直觉得安东在《三姐妹》剧本中诽谤了他，他与安东见了两次面。叶若夫回去后向苏沃林报告，说安东现在"与原来的契诃夫判若两人"。天气越来越冷了。安东只能待在房间里，奥尔迦把朋友发动起来，做安东的看护人。安东只有给奥尔迦·瓦西里耶娃帮忙时才能离开家门。十九岁的奥尔迦·瓦西里耶娃又收养了一个孤儿女孩，她请求安东来她的律师这里做她的遗嘱见证人。

玛莎很少待在莫斯科的公寓里。白天，她在学校教书，每月工资是四十卢布[1]；她还与亚历山德拉·哈加因采娃一起去一个画室，为伊萨克·西纳尼夫妇给他们死去的儿子阿布拉姆画像，她甚至卖掉了一幅画作。晚上，玛莎多是和女朋友们在一起，只是安东不再和这些女朋友厮混。在家里和安东做伴的是奥尔迦·克尼碧尔的亲戚们。奥尔迦的萨沙舅舅喜女色、好豪饮，不会掩饰情绪，在性格上很像亚历山大，安东很喜欢他的陪伴；奥尔迦的另一个舅舅卡尔医生和她的两个哥哥——律师瓦洛佳和工程师康斯坦丁——对陪伴安东则没有那么热情。玛莎对米沙说："安托沙婚事最坏的一个方面是，你不得不考虑到他妻子家的那些小市民亲戚。"[2]

548

---

［1］ 阿列克谢·苏沃林每个月都秘密支付给玛莎和叶夫根尼娅每人三十五卢布津贴，这些钱通过米沙·契诃夫付给她们。

［2］ 见俄罗斯档案馆，2540 1 483：玛莎·契诃娃给米沙·契诃夫的信，1884—1904 部分 1901 年 10 月 6 日。

被独自留在雅尔塔的叶夫根尼娅一个劲哀求也要来莫斯科。安东告诉她，她必须待在雅尔塔等他回来。玛莎则安抚母亲说，奥尔迦租的这个公寓卫生间很臭，木地板下面有腐烂的死老鼠，房间的墙壁太薄不隔音；如果叶夫根尼娅这会儿同意留在家里的话，玛莎会在新年后带她来莫斯科。安东也同意了这个安排，叶夫根尼娅这才安心在家里待下来。

到了 10 月中旬，莫斯科的天气已经很冷了，安东知道，他必须返回雅尔塔了。他对《人人杂志》（*Everybody's Magazine*）的编辑维克托·米洛柳博夫说："我的妻子哭个不停，我不同意她离开剧院。一个词，混乱。"万尼亚也曾对一位朋友说过，安东不让奥尔迦离开舞台，对她说过生活中"不可能没有工作"。最终，奥尔迦同意让安东独自一人回雅尔塔。奥尔迦还给叶夫根尼娅开列了一张单子，指示她如何为安东准备每日饮食。奥尔迦·克尼碧尔的本意是要保证安东的日常饮食有营养、好消化，但叶夫根尼娅觉得，这份指示不仅复杂难懂，而且透出一股高高在上的架势，她看不明白，又觉得受到了侮辱。奥尔迦写道：

> 他在这里一直吃松鸡、火鸡、鹧鸪和鸡仔；可以吃咸牛肉、猪排，但不经常吃。他喜欢吃动物口条，可以给他做动物腰子和肝脏吃，酸奶油炒蘑菇。可以做鱼汤，但少给他吃炸鱼丸。请每天给他一个糖果或果味含片，或者是从沃奈特买的巧克力。他的早餐要准备新鲜的鸡蛋。

10 月 28 日，开往雅尔塔方向的火车开到了铁路的尽头，安东·契诃夫换乘了一辆长途汽车，在山路上颠簸了六小时才到家，他冻得瑟瑟发抖。他随身带了一块牛舌，但火车上太热，已经坏掉了，还有一个时钟也在路上弄坏了。一路颠簸下来，行李中完好保存下来的只有晒干的盐渍蘑菇、给叶夫根尼娅的拖鞋和给老玛柳什卡的毛毡靴。奥尔迦的一封充满柔情蜜意的信也随之而来："安托沙，我多么希望'半个小德国人'来临啊，用你的话说，就是'能分散你的注意力、填满你生活的半个德国人'。我的内心还是充满困惑和挣扎。"奥尔迦还责备安东，既然他那么渴望孩子，为什么他们没有一结婚就要孩子。两个星期后，奥尔迦告诉安东，她的月经如期来临："我们这次又没有怀上半个小德国人……你为什么觉得这个小东西会填满我的生活呢？"玛莎和奥尔迦一起搬进了一个光线良好的新公寓，这次是与亚历山大·维什涅夫斯基住在同一栋公寓里。新公寓距离杜桑诺夫公共浴室比较近，配有中央暖气和电力照明。（女仆玛莎的女儿安娜被送到了政府育婴院，家里再也听不到她的哭闹了。）奥尔迦在给安东的信里描述自己吃了什么、喝了什么，玛莎则给他讲剧院里发生的荒唐事，来逗安东开心。

直到新年，安东一直住在阿乌特卡，一个人过着单调乏味的生活，兴之所至地写着故事《主教》。他的健康状况持续恶化。1901 年 12 月 8 日，伊萨克·阿利特舒勒医生给他做了检查。他又一次体内大出血，开始服用杂酚油，接着是腹泻和痔疮发作。阿利特舒勒医生坚决否定了他新年时去莫斯科的想法。圣诞节时，弗拉基米尔·休罗夫斯基医生来到克里米亚，为病床上的托尔斯泰诊病。阿利特舒勒医生与休罗夫斯基医生探讨了安东的病情，休罗夫斯基认为安东的身体状态"非常糟糕"。[1] 阿利特舒勒医生使用了更加极端的治疗手段：强力止血压布，其中有些带有西班牙苍蝇斑蝥素，用以刺激肌肉组织、缓解胸膜炎。这期间发生了几件事，聊以分散一下安东·契诃夫的注意力。钢琴家谢苗·萨穆尔森（Semion Samuelson）来到雅尔塔，为安东演奏了肖邦的 C 大调夜曲。马克西姆·高尔基先是在莫斯科非法停留，为莫斯科艺术剧院鼓掌助威，然后来到雅尔塔拜访安东。（高尔基来契诃夫家时，一个宪兵在外面站岗。）一只野鹤在南飞的途中落下来，与安东花园里剩下的那只家鹤做伴。安东的书房里经常坐满登门拜访的客人，房间里烟气弥漫，他也不能准时吃饭。玛莎直到 12 月 18 日才回到雅尔塔，伊万·蒲宁紧随其后也来了。安东恳求奥尔迦一定要在圣诞节时回来，否则他们怎么能怀上孩子呢？奥尔迦建议，他们或许可以在塞瓦斯托波尔待上几天，这样能够节省路上的时间；但最终她还是没能回来，她说剧院导演不让

---

[1] 见 A. 戈登韦采（A. Goldenveizer），《会见契诃夫》（Vstrecha s Chekhovym），选自《戏剧生活》，1960 年 2 月 18 日。

她离开莫斯科。奥尔迦还告诉安东，他的同事奇列诺夫医生和科罗博夫医生都说莫斯科的冬天对他不会有什么坏影响。1901 年圣诞节，奥尔迦给玛莎写信，说她感到"非常孤独，感觉自己被人抛弃了"，乞求关爱。第二天她就收到了玛莎的信，信中告诉她，安东的病情"比我们想象的更加严重"。奥尔迦一口答应，无论是不是离开剧院，她都会马上回一趟雅尔塔："我知道，我必须放弃我的个人生活……只是这很难马上做到。"但是，奥尔迦仍然没有回来。莫斯科已入深冬，生育孩子的问题又开始折磨奥尔迦。1902 年 1 月 17 日是安东的第四十二个命名日。她告诉安东："我忽然像个婴儿一样尖叫起来。大家都吓了一跳，然后就有传言说小契诃夫出生了，人们都来祝贺我，愿上帝保佑他们所言成真。"一个星期后，莫斯科艺术剧院举行了一次疯狂的聚会，从午夜一直延续到天亮。演员们在打蜡的木板上滑滑梯，演员瓦西里·卡恰洛夫（Vasili Kachalov）穿着女士绒线毛衣和高跟鞋表演拳击，夏里亚宾（Chaliapin）让人送来啤酒，唱了吉卜赛歌曲，玛莎笑得歇斯底里，大家还交换礼物开玩笑。奥尔迦告诉安东："我收到一个尿布娃娃，格林涅夫斯基医生把它的脑袋掰掉了。"没想到此话一语成谶。

雅尔塔的冬天非常寒冷。1902 年的整个 1 月，阿利特舒勒医生一直让安东待在房子里，但奥尔迦坚持要安东去莫斯科。她说，在 1902 年 1 月的皮罗戈夫医学大会上，一个叫博布罗夫（Bobrov）的医生说，像安东这样的肺结核患者，经历一下北方的寒冷空气是最好的治疗。阿利特舒勒医生则坚持认为，对肺结核患者来说，雅尔塔是俄罗斯境内冬季唯一的避风港湾。这次医学大会上也有安东·契诃夫医生的影子：1 月 11 日，莫斯科艺术剧院给他们日场表演了《万尼亚舅舅》。他们给作者拍来电报，并赠送给安东一个布拉兹肖像的大型复制品；安东非常讨厌这份礼物。

安东给奥尔迦写信时大多只谈谈天气，因为她告诉过他，她可以从报纸上看到天气预报；在给玛莎的信里则谈到了家里的财务问题，因为他们出售房产的尝试又一次失败了。买下库秋科伊村房子的买家后来不喜欢这处房产了，契诃夫家只好把钱退还给她。（梅里霍沃庄园虽

550

然卖了，但他们根本没有收到钱的指望。）所幸在 1902 年 1 月还有一些小事让安东聊以自慰。他的剧本《三姐妹》被授予格里博耶多夫奖（Griboedov prize）；托尔斯泰经过注射砷治疗后恢复了健康。

叶夫根尼娅和玛柳什卡依然按照自己的习惯给安东做饭，根本不遵守奥尔迦设计的食谱。她们按照老方法给安东做油腻的食物，但是安东根本无法消化脂肪，疗养时喝库米斯增加的体重又都减掉了。1 月 9 日，雅尔塔的气温降到了零下十摄氏度，到处都冷冰冰的，安东无法洗漱。安东觉得，他已经"在堪察加半岛待了二十四年了"。1 月 12 日，玛莎 *551* 返回莫斯科，她并没有像之前承诺的那样带叶夫根尼娅去莫斯科，因为不能将安东一个人留在家里。让安东·契诃夫无法忍受的不是呼吸困难和身体消瘦，而是无聊和孤独。他心情绝望地写着剧本，这个剧本是他"半答应"了莫斯科艺术剧院的。他写道，如果放弃写作专心搞园艺，他可能会再活上十年；然而在修剪完一丛玫瑰之后，他还是不得不坐下来继续写作。[1]

这种悲戚的情感渗透进故事《主教》中，成就了这篇在伊万·蒲宁眼中堪称最优秀的俄罗斯短篇故事。《主教》完成于 1902 年 2 月 20 日，在这个故事中，安东·契诃夫以一个神职人员的一生类比了一个艺术家的生命历程。在圣枝主日，彼得主教感到身体不适，但他还是坚持主持了晚祈，他不知道自己凭着什么力量引得会众热泪盈眶。到了复活节时，他已经病得奄奄一息了，但他身边只有不停抱怨的坏脾气的西索依神父。他的母亲前来探望他，但她对他的态度既敬畏又胆怯，尊奉他为主教，而不是自己的儿子，只有主教的外甥女卡佳不害怕他。同时，前来寻求帮助的人也像伤寒一样折磨着主教。饱受疾病折磨的彼得主教在临死前产生了幻觉：他看到自己变成了一个普通人，兴高采烈地在田野上走着，手里的拐杖敲打着地面，头顶是广阔的天空，阳光普照。经年之后，这位主教已经被人忘却，只有他那位在乡下的母亲给人怯生生地讲自己有一个主教儿子，但并不是所有人都相信她的话。无论是对早逝

---

[1] 疾病的讯息无处不在。安东·契诃夫是雅尔塔疗养院"雅乌兹拉尔"（Yavuzlar）的董事，这个疗养院专门收治贫穷的结核病患者。

的暗示，还是对自己声望的怀疑，彼得主教的生活都与安东·契诃夫的人生旅程惊人地相似；而那些熟悉安东与自己母亲的关系的人读了这个故事后，都会感到既心痛又似曾相识。《主教》是安东·契诃夫最后的作品之一，也是表达孤独和死亡的现代小说的先驱之作，它开启了德国小说家托马斯·曼（Thomas Mann）的《威尼斯之死》（*Death in Venice*）等优秀作品的先河。

安东已经放弃了将米沙从阿列克谢·苏沃林的魔掌中挽救出来的努力，同时，大哥亚历山大备感孤独冷寂，给安东写来信件，打破多年的隔阂。亚历山大在信中说，《新时代》对他来说就是"一个茅坑"，而彼得堡对契诃夫的敌意很有可能让他丢掉工作。现在，亚历山大一年到头都住在自己盖的那座冰冷的乡下别墅里，有的时候就是孤身一人。他自己设计了一个饲养场，饲养家禽打发时间，在偶尔清醒的时候写写小说赚钱糊口。随着自己的身体状况越来越差，安东对哥哥恢复了兄弟情谊。1902 年 1 月，伊萨克·阿利特舒勒医生警告奥尔迦·克尼碧尔：

> 他的病情进一步发展了……他的营养跟不上……几次不计后果地去北方极大地损害了他的健康，这是极度危险的……同时，孤独也对他有着不可否认的消极影响。[1]

奥尔迦·克尼碧尔也是满腹牢骚，说在莫斯科，多尔戈波洛夫医生"因为我没有放弃舞台演出，简直骂起了脏话"。契诃夫家的新朋友列奥波德·苏列日斯基的胸膜炎虽然已经痊愈，但他还住在雅尔塔，他责备奥尔迦：

552

> 安东的情绪太低落了。昨天，他又出现了一次小出血，他只能待在房子里，窒息得要死。您必须得来，他不只是您的丈夫，他更是一个伟大的作家，他的健康对每个人都至关重要，对俄罗斯文学

---

[1] 见《同时代人的回忆》，698。

77. 治疗分歧

至关重要。莫斯科艺术剧院必须……允许您离开。[1]

奥尔迦·克尼碧尔在那个冬天的所有来信中都流露出她与自我主义的斗争痕迹。她对安东说的奉承话听起来与《海鸥》中的阿尔卡基娜如出一辙："您是俄罗斯的莫泊桑！"她还感伤地去了德累斯顿旅馆，在35 号房间里喝茶，安东就是在这个房间里"引诱"了她。她的言辞洋溢着色情："我要重重地吻你，长长地深深地吻，让你的每一条肌腱都感觉得到"，"我要咬掉你的耳朵"，"拥抱你，直到勒断你的肋骨"。她还要求："对我粗暴一些，我喜欢，这样你才可以吻我，抚摸我。"[2] 奥尔迦经常在来信中一边诉说自己如何孤独，一边又津津乐道于各种短途旅行和通宵聚会。她信誓旦旦地说："我一定给你提供一种美好、愉快、和平的生活。"她还在附文中写道："这是我老年的梦想。"

1902 年 3 月，玛莎和奥尔迦这对姑嫂能在莫斯科和平相处了。她们住在一起，过各自的生活，也没有什么闲言碎语。奥尔迦有内米罗维奇 - 丹琴科的肩膀可以依靠，而玛莎有伊万·蒲宁。玛莎在给安东的信中说，奥尔迦在安东命名日那天与一群男人狂欢作乐到天明。斯坦尼斯拉夫斯基夫妇也给安东暗示过奥尔迦的"快乐生活"：玛丽亚告诉他，她与康斯坦丁调情；斯坦尼斯拉夫斯基则说，她的裙子领口之低让酒色之徒奥蒙特都震惊，当时他们在他的剧院里排练。[3]

现在，安东在雅尔塔门庭冷落，"安东诺夫卡"不再来拜访他，反倒对莫斯科的奥尔迦·克尼碧尔兴趣大增。塔妮娅·谢普金娜 - 库别尔尼克和妮娜·科尔什（Nina Korsh）难耐好奇心的驱使，冒着被拒之门外的风险去拜访了奥尔迦。玛丽亚·德罗兹多娃的来访让奥尔迦大为震惊，因为她与奥尔迦的哥哥调情，还大谈自己的性爱冒险。奥尔迦最忍受不了的两个人是丽卡·米济诺娃和玛丽亚·安德烈耶娃，然而玛莎

---

[1] 见《契诃夫全集》，1。

[2] 从《通信集》（1934 年）中删除；见图书馆手稿部，331 76 16—18：奥尔迦·克尼碧尔给安东·契诃夫的信，1901 年 12 月—1902 年 1 月。

[3] 见《契诃夫全集》，10，447，459。

继续与这二人维持着友谊。在圣诞节，奥尔迦告诉安东："丽卡喝醉了，总是缠着我和她一起喝酒，但我逃掉了，我不喜欢这样。"奥尔迦在玛莎面前将丽卡描述成一个让男人发狂的醉醺醺的泼妇（这一群人中有很多人是她的爱慕者）。奥尔迦要想把她的竞争对手，漂亮的玛丽亚·安德烈耶娃从剧院赶走，就更不是一件轻而易举的事了。在安东看来，奥尔迦非议安德烈耶娃演技差，就如同质疑弗拉基米尔·内米罗维奇－丹琴科作为一个导演的地位一样。[1]奥尔迦为安东分析了他在莫斯科艺术剧院的处境，他是一个作家面对三个商人——康斯坦丁·斯坦尼斯拉夫

553　斯基，萨瓦·莫罗佐夫和演员瓦西里·卢日斯基（Vasili Luzhsky）；弗拉基米尔·内米罗维奇－丹琴科则是与非利士人英勇作战的以色列的大卫，他在"各个方向上腾挪和吞噬"。奥尔迦明确表示，如果内米罗维奇－丹琴科离开莫斯科艺术剧院，她也会离开。安东意识到，奥尔迦·克尼碧尔忠于的不是剧院，而是剧院的导演。

　　玛莎回到莫斯科后，给米沙写信分析了奥尔迦的困境："我理解不了她——她对自己的丈夫心怀愧疚，她自己也很孤独；同时，她也忍受不了离开自己的角色，也许她是害怕别人比她演得更好吧。"[2]这时，奥尔迦·克尼碧尔与莫斯科艺术剧院签署了一个为期三年的合同。莫斯科艺术剧院的赞助人萨瓦·莫罗佐夫打算将剧院打造成一个股份公司。这三个"商人"邀请了十二位他们信赖的演员，每人在剧院中持股三千卢布。萨瓦·莫罗佐夫为剧院提供了三万卢布的补贴，并以租赁的名义提供了一个改造过的剧场。这个剧场是由安东的朋友，建筑师弗朗兹·谢赫特尔主持翻新的。剧院演员兼会计亚历山大·维什涅夫斯基预计，第一年股东们的利润将达到五万卢布。奥尔迦·克尼碧尔也是持股人之一。富有才华的演员兼导演弗谢沃洛德·梅耶荷德（Vsevolod Meyerhold）和剧作家萨宁－舍恩伯格都未能成为股东，这两个人均在

---

[1] 从《通信集》（1934年）中删除；见图书馆手稿部，331 76 17：奥尔迦·克尼碧尔给安东·契诃夫的信，1902年1月1—16日。

[2] 见俄罗斯档案馆，2540 1 483：玛莎·契诃娃给米沙·契诃夫的信，1884—1904部分，1902年1月21日。

一年之内离开了莫斯科艺术剧院。[1] 奥尔迦·克尼碧尔肩负着将莫斯科艺术剧院与安东·契诃夫连接在一起的纽带责任。1902 年 2 月初，阿列克谢·苏沃林来到莫斯科，安排他的剧本《问题》（*The Question*）的上演事宜。他来拜访了奥尔迦，当面对她称赞有加，还在给安东的信中提到这件事。此举可能是苏沃林想要赢回安东友谊而做的一次努力，但奥尔迦一辈子都不会原谅苏沃林麾下的评论家对她的毁谤。

事实上，安东·契诃夫非常珍视奥尔迦·克尼碧尔的独立性。她每年收入三千多卢布，只有一次请求安东替她支付一笔神秘的债务。他不可能要求她违背合同。安东宁愿让奥尔迦待在莫斯科的动荡是非中，也不愿意把她拖回无聊的"像患了疥癣一样的雅尔塔"。"你没有必要悲伤，"他对奥尔迦说，"你住在莫斯科，不是因为你想要这样，而是因为我们两个人都想。"不过，他还是发牢骚，认为她的老板无情地将她从他身边夺走。斯坦尼斯拉夫斯基很确定地对安东说，娶一个不经常在身边的女演员要比找一个片刻不离左右的普通女人有趣得多。终于，弗拉基米尔·内米罗维奇 - 丹琴科受不了玛莎的呼吁和安东的暗示而屈服了。1902 年 1 月底，他去尼斯探望过临死的妹妹后同意说："我一定让奥尔迦回来一段时间，看看您……她对您的那种渴望，让我（作为一个导演）都觉得害怕。"稍后他拍来电报："我保证奥尔迦从 2 月 21 日到 3 月 2 日可以自由活动。"[2] 安东称，这是"四十年饥馑后的一茶匙牛奶"。

---

[1] 萨瓦·莫罗佐夫恳求安东·契诃夫也持有一份股份。为了让安东接受，他允许安东将康申拖欠梅里霍沃庄园的五千卢布作为入股资金。

[2] 见《契诃夫全集》，10，454，462。

78. 夫妻问题
（1902 年 2—6 月）

　　1902 年 2 月 22 日星期五，分离了四个月的奥尔迦和安东团聚了。他们一起消磨了五天时间，未与外界接触。《主教》的原稿被寄往彼得堡，无人前来打扰，通信也停止了。玛莎当时在莫斯科。然而，他们这次团聚蒙上了阴影。星期二，奥尔迦忽然下体出血，但她断言自己没有怀孕。星期四他们悄悄地分别了，奥尔迦走得匆忙，安东都没有来得及与她吻别。她在信中对他说："你要出来，但是风太大了……司机发动车子时，我才意识到什么……"奥尔迦一路上用一只烤鸭和一瓶酒来给自己提精神，这才到了辛菲罗波尔。

　　在火车站，奥尔迦·克尼碧尔发现没有卧铺车，只好搭乘了一辆普通火车。在车上，她突然病倒了："我还没走到女士洗手间那里就忽然瘫倒了。我站不起来，胳膊和腿都不听使唤，出了一身冷汗。我以为我是食物中毒了。"在火车上，奥尔迦向一个很有同情心的同路人说了这件事，旅伴告诉她，她一定是怀孕了。她不相信。到了莫斯科后，她感觉稍好。她继续换乘火车，直奔彼得堡，因为莫斯科艺术剧院在那里进行四旬期巡演。她体重减轻，头痛欲裂。她服用了奎宁，另一个女演员给了她兴奋剂。她还服用止痛药，把头用绷带裹上。到 3 月 9 日，她差不多恢复了老样子，又吃起了松鸡肉，安东这才放下心来。他对她很生气，因为她不告诉他新地址。

在契诃夫夫妇团聚时，还发生了一件事。安东收到了一封电报，原来，刚刚出狱的马克西姆·高尔基被提名为俄罗斯科学院的院士，科学院的主席是沙皇的近亲。在最后一轮评选中，高尔基以九比三赢得了绝对多数，高尔基非常高兴。然而政府当局和沙皇却宣布此次选举结果无效。激进主义者科罗连科当即宣布要辞去院士职位，还敦促安东·契诃夫也辞职。安东对此有些举棋不定。与列夫·托尔斯泰一样，安东对做出表现政治姿态的举动也心怀戒备。[1]

短短的夫妻团聚期间，尽管安东日夜不停地咳嗽，但他还是留下了 *555* 愉快的回忆。奥尔迦·克尼碧尔离开的那天，雅尔塔的四个"安东诺夫卡"前来拜访他，她们是雅尔塔中学校长瓦尔瓦拉·哈尔克维奇及其嫂子玛涅法，苏菲·博尼耶，斯雷丁医生的妻子索菲娅·斯雷丁娜。安东对奥尔迦描述说："她们都挂着一模一样的不易察觉的微笑，好像在说：'我们不想打扰您！'那神情就好像我们这五天里只是赤身裸体地做爱了一样。"

在彼得堡，奥尔迦在3月的几乎每晚都有演出。现在《新时代》也开始赞扬她了，但评论者是她的小叔子米沙·契诃夫，这让奥尔迦觉得很尴尬。《彼得堡新闻》无情地抨击内米罗维奇-丹琴科的剧本是"浪费精力，要倒大霉"。内米罗维奇-丹琴科从奥尔迦那里寻求道义上的支持，而奥尔迦也需要人来安慰。阿列克谢·苏沃林以高收入来诱惑奥尔迦：他邀请奥尔迦加入他的剧院，每月工资为一千卢布。奥尔迦·克尼碧尔在彼得堡遇到的熟人也让她不开心。舞台导演萨宁-舍恩伯格离开莫斯科艺术剧院后，来到彼得堡的亚历山德林斯基剧院工作。丽卡·米济诺娃和他在一起，二人已经订婚。他们的幸福甜蜜让奥尔迦又羡慕又懊恼。安东劝她冷静下来：

---

[1] 安东·契诃夫并不信任激进主义者。在雅尔塔的雅乌兹拉尔疗养院里，如果"医学院学生"格里涅维奇（Grinevich）没有死于肠套叠，他也很可能被同住的人勒死，因为他们认为他是警察的奸细。

你怎么这么酸溜溜的？我认识丽卡很长时间了。无论怎么说，她还是一个善良、聪明而体面的姑娘。她很快就会厌倦萨宁－舍恩伯格的，她不会爱他，最重要的是，她不可能与他的妹妹相处融洽，也许一年后他们会有一个胖娃娃，但十八个月后丽卡就会出轨。

后来的事实证明，安东的这些预言都错了，他也没能让奥尔迦与丽卡言归于好。

奥尔迦·克尼碧尔也不喜欢米沙和他的妻子奥尔迦——奥尔迦·克尼碧尔的同名人："他是从哪里找来这么一个妻子的？"[1]她和他们一起吃饭，但还是没法让米沙停止写那些讨好的评论文章。安东决定对此事撒手不管："他很喜欢苏沃林，对布列宁也评价很高。他愿意写什么就写什么吧。"玛莎糊弄奥尔迦："您给他留下了很好的印象，他喜欢您。"[2]事实上，米沙将自己的真实感受告诉了姐姐：

> 我用办公室提供的戏票去看了《在梦中》，我们嫂子演的是《三姐妹》……每次我们见面，嫂子都问我看过这个没有或看过那个没有。我回答说没有。她知道得很清楚，我没有票，但我又不能让她给我弄张票来……有一个晚上，奥尔迦来了我家！她给孩子们带来了糖果……好像她有义务来看望我们，因为我们是该死的亲戚，如果她不这么做，我们就会生气一样……［一天深夜］我去看丽卡（这是第五次了），当然她还是不在家。我路过奥尔迦的住处，敲了门，听见里面说"请进！"我就进去了。我似乎来得不是时候。内米罗维奇－丹琴科和她在一起，他们在喝茶，吃甜点。显然，我打断了他们的谈话。我不知所措，显然奥尔迦也不知该怎么向我解释。[3]

556

---

[1] 从《通信集》（1934 年）中删除；见图书馆手稿部，331 76 20：奥尔迦·克尼碧尔给安东·契诃夫的信，1902 年 3 月 8 日。

[2] 见图书馆手稿部，331 105 4：玛莎·契诃娃给奥尔迦·克尼碧尔的信，1902。

[3] 见图书馆手稿部，331 82 62：米沙·契诃夫给玛莎·契诃娃的信，1902 年 3 月 30 日。

78. 夫妻问题

在此场合下，内米罗维奇－丹琴科和奥尔迦同声指责米沙是苏沃林雇来的杂务人员（虽然他们自己就要去拜望阿列克谢·苏沃林）。深感冒犯的米沙愤然离开。[1]

1902年3月31日，奥尔迦·克尼碧尔出演高尔基的剧本《小市民》。在演出中，她不得不楼上楼下地跑来跑去。等到奥尔迦回到副台上时，她痛苦地瘫倒在地，医生被紧急招来。威廉·雅各布森（Wilhelm Jakobson）教授和德米特里·奥特（Dmitri Ott）教授给病人施用了麻醉剂，连夜给她做了手术。第二天早上，奥尔迦苏醒过来，惊恐万分。她用铅笔给安东潦草地写了一张便条，但这封信直到四天后才寄出：

> 我离开雅尔塔时，满心希望能给你怀上一个小帕姆菲尔（Pamfil），但是我没有意识到，我以为我只是肠道的问题，我没有意识到我是怀孕了，虽然这是我最希望的……奥特和另一个医生决定刮宫，他们确认胚胎已经一个半月大。你能想象得出，我有多么难过。我之前从来没有看过妇科医生。[2]

没有人给安东拍电报告知奥尔迦·克尼碧尔的情况，因为担心他会不顾天气寒冷，在大冬天跑到彼得堡来。但是奥尔迦每日的来信停止了，这让安东十分担心。4月2日，奥尔迦从妇产科诊所写来信，说她能坐起来了，斯坦尼斯拉夫斯基正要送她回家。这个演出季结束了，她希望能在复活节星期六返回雅尔塔。

如果这只是一个早期流产，奥尔迦应该可以乘坐火车。安东·契诃夫是一个不错的妇产科医生，他一定对奥尔迦·克尼碧尔的病情心生疑窦：奥尔迦仅仅是五个星期前——那时她的月经周期刚刚结束——与他

---

[1] 相比之下，丽卡·米济诺娃来拜访米沙家时，他们度过了"一个极其有趣的美好夜晚"。米沙在这封信的结尾让玛莎从安东的账户中取出五千到六千卢布，修建一座小别墅，他说安东夏天可以去钓鱼，等到他退休后也可以去度假。

[2] 从《通信集》（1934年）中删除；见图书馆手稿部，331 76 21：奥尔迦·克尼碧尔给安东·契诃夫的信，1902年3月31日。

727

共度了几个晚上，她怎么可能已经怀孕六个星期了呢？为何彼得堡最著名的两个外科医生要在三更半夜进行一例早期流产手术？德米特里·奥特教授是俄罗斯最杰出的妇科医生，他是沙皇皇室的产科医生，也是进行异位妊娠手术的先驱。4月6日，内米罗维奇－丹琴科和妻子前往雅尔塔，让安东放宽心。斯坦尼斯拉夫斯基在电报里也发誓奥尔迦没

557 有危险。奥尔迦给安东描述了自己的症状："我的左腹很疼，一侧的卵巢发炎，疼得厉害，这也许就是为什么我会流产……我现在左侧卵巢还在发炎。我的肚子肿胀，浑身疼痛。"[1] 奥尔迦嘱咐玛莎："不要告诉安东！这痛苦太可怕了，我疼得厉害。"[2] 在复活节星期天，她能坐起来了。她开始每天灌肠，医生同意只有在助产士的陪护下她才能去雅尔塔，她不情愿每天要付三卢布。她告诉安东，回到家后她要单独睡在客厅里："我目前使用各种各样的女士用品，我需要自己的房间。让一个伟大的作家看到这些令人恶心的东西真是太丢脸了。"复活节过后一个星期，4月14日，奥尔迦·克尼碧尔躺在担架上被从船上抬下来，直接送到了阿乌特卡家里的床上。正在给安东画像的画家彼得·尼卢斯（Piotr Nilus）卷起画具逃走了，安东和玛莎成了奥尔迦的医生和护士。

安东·契诃夫从来没有对奥尔迦谈及他对她的诊断和手术的疑虑。安东对她关怀备至，但态度上颇为疏离。三个月后，安东给威廉·雅各布森教授写了一封信，并收到了雅各布森的回复："毫无怀疑，卵子残骸已取出，黏膜发炎。"纵观奥尔迦·克尼碧尔的病程：从2月开始流血，病情在整个3月期间发展，直至演出中间晕倒，卵巢剧烈疼痛，深夜手术，肚子肿胀，然后发展为腹膜炎。这些症状表明，奥尔迦的病因与其说是流产和刮宫，倒不如说更像是异位妊娠、剖腹手术与术后

[1] 从《通信集》（1934年）中删除；见图书馆手稿部，331 76 22：奥尔迦·克尼碧尔给安东·契诃夫的信，1902年4月4日。
[2] 见图书馆手稿部，331 77 16：奥尔迦·克尼碧尔给玛莎·契诃娃的信，1902年4月6日。

感染。[1] 彼得堡的外科医生最近才敢于将着床于输卵管中的胚胎摘除，1902 年时剖腹手术风险很大，异位妊娠更会危及孕妇生命。安东应该知道，宫外孕一般在受孕后的第八周到第十二周才会出现。 如果这是发生在奥尔迦身上的真实状况，那么她的受孕时间必然是在她与安东相隔一千两百里远的时候。

奥尔迦的健壮体质和安东的谨言慎行让他们相安无事地度过了奥尔迦的养病期。尽管奥特教授轻率地打包票，说奥尔迦能够立即怀上"三胞胎"，但让他们感到痛苦的是，由于奥尔迦输卵管破裂、卵巢受损，他们怀疑奥尔迦的受孕能力必然下降了，而安东·契诃夫已经没有多少时间去孕育后代。

奥尔迦的病情和自己的病体让安东十分郁闷，焦躁不安。他觉得雅尔塔距离莫斯科太远了，而阿乌特卡这里的路面太陡，步行起来很费力。附近的两处庄园都被大火烧光了，因为消防队没有水。他希望玛莎能在塞瓦斯托波尔帮他寻找一处房产。他和奥尔迦单独相处到 4 月 24 日。玛莎已经返回莫斯科，她在那里有很多事情要忙：要组织学生考 *558* 试，要到一个女医生那里治疗脓肿，要（公开地）与斯坦尼斯拉夫斯

---

[1] 能够提出这个商榷性的诊断，我需要感谢科孚岛的帕维尔·霍里斯（Pavel Houris）医生和简·康杜（Jane Kondou）修女。1960 年，致力于研究"医学在契诃夫文学创作中的地位"的 E. V. 米奥夫（E. V. Miove），基于某些证据得出一个结论：让奥尔迦·克尼碧尔受孕的人不是她的丈夫安东·契诃夫（他怀疑是演员亚历山大·维斯涅夫斯基）。应安东的侄子谢尔盖·契诃夫的要求，米奥夫发来一张证明，该证明显示出奥尔迦·克尼碧尔当时正处于孕期的第三个月。该文件目前已消失不见，但归档号码为俄罗斯档案馆 469 1 129。谢尔盖·契诃夫承认米奥夫的结论是正确的，并将克尼碧尔骇人听闻的出轨之事告诉了米奥夫，但是他担心公开这些信息会产生恶劣的影响。"哎，大概只有您能够以一个医生的身份、秉持着科学家的客观态度，来证明 A. P. 契诃夫的妻子对他不忠，她欺骗他，假装流产的帕姆菲尔是他的孩子。这个话题对我来讲是一个沉重的、令人不快的负担，它重重地压在我的心头。我考虑到，我有义务为后世人掀开作家妻子生活中这一角黑暗的帷幕［……］要这么做，您就必须拥有外科医生的冷静和坚韧，加上数学方面的严谨计算。"谢尔盖在信的结尾描述了一幅场景：安东·契诃夫在剧院门厅咳嗽得上气不接下气，而奥尔迦·克尼碧尔在更衣室里与情人幽会。（见俄罗斯档案馆 2540 2 460）。同时从档案中消失的文件是奥尔迦·克尼碧尔在 1902 年 4 月 9 日给安东·契诃夫的电报。

基、（秘密地）与蒲宁调情，还要参加丽卡·米济诺娃的婚礼。玛莎从莫斯科给奥尔迦写了一封看似调侃、实则语气严厉的信："您还浑身肉滚滚的，那还有什么脾气可发呢，您这个懒婆娘嫂子？赶快起床去赚钱，养活您的丈夫和他的残疾妹妹吧。"玛莎对米沙没有开玩笑，道出了实情："奥尔迦对待我的态度很奇怪，安托沙也是，我很痛苦。"到了 5 月中旬，奥尔迦的身体恢复得比安东的状态还要好了。他们在等着玛莎回来，想把家务交到她手里后离开。5 月 24 日，安东和奥尔迦启程去了莫斯科，这是他们二人第二次一起走这段旅程，但也是最后一次了。在莫斯科，产科医生列昂尼德·瓦尔涅克（Leonid Varnek）发现奥尔迦的卵巢仍在发炎。他让她卧床三个星期，让她夏天去弗朗齐歇克矿泉村（Franzensbad）进行水疗，她需要休息一年。奥尔迦痛苦地嚎叫起来。安东不打算陪同她去弗朗齐歇克矿泉村[1]。他给奥尔迦的诊断是腹膜炎：她需要两年康复时间，这期间只能吃奶油。

在莫斯科期间，奥尔迦的腹痛越发严重了。安东自身病体沉重，根本无法照顾她。于是，亚历山大·维什涅夫斯基这个无私的、任劳任怨的骑士赶来救援。1902 年 6 月 1 日的午夜，维什涅夫斯基跑遍整个莫斯科城，想找到一位还没有去乡下度周末的医生，奔波到凌晨才找到一位。奥尔迦现在骨瘦如柴，医生给她开了吗啡止痛。等到可以走路，她马上就去了妇科医生马克西姆·斯特劳齐（Maxim Strauch）的诊所。1902 年 6 月 6 日，奥尔迦在信中告诉玛莎：

> 在雅尔塔遭的所有罪都比不上在莫斯科一个晚上的疼。我疼得胡说八道、直揪头发，如果可能的话，我都想杀了我自己。我嚎了一个晚上，声音连自己都听不出来了。医生说，没有一个男人能体会这种疼痛……他们不断地把栓剂塞入我的身体。

维什涅夫斯基尽心尽力地照顾契诃夫夫妇二人，累得精疲力尽。内

---

[1]　弗朗齐歇克矿泉村是苏沃林一家最喜欢的水疗疗养地。

米罗维奇-丹琴科每天都来，从中午待到晚上六点。为了挽救剧院，斯坦尼斯拉夫斯基采取了实际行动：他与维拉·科米萨尔热夫斯卡娅——奥尔迦·克尼碧尔在爱情上与舞台上的双重对手——开始接触并谈判。斯坦尼斯拉夫斯基探望过奥尔迦后，给妻子写信说："科米萨尔热夫斯卡娅会考虑转到我们剧院来的建议。那也不错！特别是目前这种状况，克尼碧尔参加下一个演出季的希望不大……我为她和契诃夫感到非常遗憾。"[1]

奥尔迦·克尼碧尔不在的时候，丽卡·米济诺娃与她的新婚丈夫来雅尔塔拜访玛莎，住在安东曾经租住的一栋别墅里。叶夫根尼娅和仆人们不在家，她们去参加了一个为期三天的朝圣之旅。在莫斯科日夜看护病人的生活让安东十分厌倦，他希望能像大哥亚历山大一样沿着伏尔加河旅行。奥尔迦·克尼碧尔做出超人的努力，争取尽快恢复健康。马克西姆·斯特劳齐医生觉得她应该马上去弗朗齐歇克矿泉村，但她因为无法忍受的恶心而再次晕倒了。斯特劳齐医生介绍了陶贝（Taube）医生来为她诊治。陶贝医生与安东的诊断一样，认为她患的是腹膜炎，这是一种整个腹腔发炎的高致命性疾病。奥尔迦的病情再次反复。安东对陶贝医生印象很好，对弗拉基米尔·内米罗维奇-丹琴科说，他是一个"很招人喜欢的、非常聪明的德国人"。四天之后，安东认为奥尔迦或许可免遭第二次手术的罪，但他仍然没有与奥尔迦的母亲安娜·克尼碧尔联系，因为"不想让她泪流成河"。

随着奥尔迦病情的逐步好转，安东偶尔也出门走走。他与维拉·科米萨尔热夫斯卡娅见了面，一同见面的还有她的情人兼经理卡尔波夫。他出去看了一场拳击比赛，还离开城里去钓鱼。安东的旧友奥尔迦·昆达索娃十分勇敢，竟然陪护着安东的妻子（奥尔迦·克尼碧尔让她离开）坐了几小时。奥尔迦·昆达索娃对安东和苏沃林都感情深厚，她用尽浑身解数，以期维持他们二人之间的友谊。安东的身体越来越差，而昆达索娃的心理健康却在向好的方向发展。尽管奥尔迦·昆达索娃素来

559

[1] 见《契诃夫全集》，10，522。

观点偏激，但她对苏沃林心怀感激，因为苏沃林资助过她，也不害怕与她争论。昆达索娃及时向苏沃林通报安东的健康状况，她也敦促安东来修复他们友谊上的裂痕。阿列克谢·苏沃林十分渴望见到安东。他对康斯坦丁·纳博科夫（Konstantin Nabokov）——未来的小说家弗拉基米尔·纳博科夫（Vladimir Nabokov）的叔父——说过："整个俄罗斯只有两个有趣的年轻人，一个是契诃夫，一个是奥尔列涅夫（Orlenev）［演员］，但是，这两个人我都失去了。"[1] 1902 年 6 月 11 日，奥尔迦·昆达索娃从彼得堡给安东写来一封信：

> 在我看来，阿列克谢没有明显好转，他心理上非常暴躁。如您所愿，除了您的健康，我们没有谈论您其他的任何事情。我真心真意地祈求您，给他写几句话吧，也许他已经活不了多长时间了，显然，您的沉默像重石一样压在他的心头。请记住，爱一个人却得不到回应该有多么可怜。[2]

昆达索娃从奥尔迦·克尼碧尔那里盘问信息，然后告诉苏沃林，以目前的状态安东无法前往彼得堡，所以苏沃林将在 8 月去克里米亚。

6 月 14 日，安东决定逃脱束缚。自从复活节后，他就决定"做一个隐修者"，认真琢磨给莫斯科艺术剧院创作一个剧本了。奥尔迦可以坐起来了，能喝鸡汤，甚至可以走路了，虽然她的身体仍然肿胀得厉害，无法穿上紧身衣。亚历山大·维什涅夫斯基无私地看护她、照顾她。安东告诉弗拉基米尔·内米罗维奇 - 丹琴科："最主要的是我可以离开了，明天，17 号，我要和萨瓦·莫罗佐夫一起出发去彼尔姆［在乌拉尔］。我打算 7 月 5 日回家。"安东离开莫斯科的那天，奥尔迦的母亲安娜·克尼碧尔代替他的位置来到奥尔迦的病床前。

560

---

［1］ 见《契诃夫全集》，11，361。

［2］ 见图书馆手稿部，331 48 79a：奥尔迦·昆达索娃给安东·契诃夫的信，1892—1904。

79. 柳比莫夫卡庄园

（1902 年 6—9 月）

安东终于走出家门去旅行了，同行者有萨瓦·莫罗佐夫以及两个德
国人。尽管天气炎热，安东还是穿上了一件新大衣以及瑞典夹棉外套。
他们的行程就是一年前安东蜜月之旅的路线。只是这一次，他在半夜路
过了"醉酒街"而没有停留，他们取道东北方向的卡马河，前往彼尔
姆，那里是《三姐妹》的家乡。他们一路上乘船、坐火车，离乌拉尔越
来越近了。莫罗佐夫在当地拥有一处庄园和一个化工厂。萨瓦·莫罗佐
夫可能算得上是俄罗斯的"洛克菲勒"级别的富翁之一，他慷慨资助艺
术家和高尔基一类的革命者，然而他工厂里的工人生活条件恶劣，只有
一个醉醺醺的护理人员负责他们的健康，药房里空空荡荡。安东·契诃
夫对他的工厂的恶劣条件提出强烈抗议，莫罗佐夫对此给予热烈回应：
工人的工作时间从十二小时缩短到了八小时。然后，莫罗佐夫离开安
东，去巡视自己的领地了。本地天气闷热，安东无所事事，他对工厂里
的一个学生技师说："无事可做、与人隔绝和咳嗽折磨着我。"[1]安东对
弗拉基米尔·内米罗维奇－丹琴科说："这里气氛太压抑，让人心情郁
闷，无法创作出剧本。"后来成为作家的阿列克谢·谢列布罗夫－吉洪
诺夫（Aleksei Serebrov-Tikhonov）当时是这家化工厂的学生技师，他与

---

[1] 见《同时代人的回忆》，583—596。

安东·契诃夫共住一个宿舍。他回忆道："他的状态让我很担忧。透过薄薄的隔板，我可以清楚地听到他在咳嗽。咳嗽声在黑漆漆、空荡荡的房间里回响。他从来没有咳嗽得这么厉害过。咳嗽过后，我听到连续不断的呻吟声……契诃夫侧躺着，床单从床上扔到地下。痉挛让他不停地在床上滚来滚去，他的脑袋垂在床边，咳嗽引得他整个身体都在抽搐。每咳嗽一声，从他那大张着的嘴里就涌出一口鲜血，那鲜血就好像是从一个翻倒的酒瓶倒入一个蓝色的搪瓷痰盂中……他的眼睛瞪得大大的，流露出孩子一样无助的神情，眼白上出现了黄疸，含着眼泪。他非常困难但轻声地说：'我打扰您睡觉了……对不起，年轻人。'"

1902 年 6 月 28 日，工人们把安东送上返回莫斯科的火车，当地的工人学校决定以安东的名字来命名。安东从彼尔姆给母亲拍电报说："正常，我很好。"安东此次旅行的目的与其说是开阔视野，倒不如说是逃离磨人的病床琐事。然而，他和奥尔迦·克尼碧尔每天都互通电报和信件，他在离开的第一天给奥尔迦写道："我不太担心你，因为我知道我的小狗很好。"他现在叫她"拐棍儿"或"小狗"。她也配合着他的口气，说自己现在有很像样的医生来照顾。对其他人，奥尔迦则不必隐藏自己的真实状态：恶心、无聊和绝望。医生只允许奥尔迦看看书，磨炼耐心，不让她继续上吉他课。她对玛莎哀叹说："这里的一切都那么污秽、灰暗而无聊。"她的头发大把脱落，她需要用橄榄油灌肠，她"对任何事情都漠不关心，病态地易怒"。奥尔迦在给婆婆叶夫根尼娅的信中说："我整天呆呆地像一个伤心的寡妇，大多数时候都躺在床上……如果维什涅夫斯基来了，我们就坐起来，默默地读书……我完全就是一个残废的人了。我总是忍不住想，我再也好不起来了。我要是没有了健康，我还有什么用呢？"[1]

7 月 2 日，安东返回莫斯科，那一天阳光灿烂。斯坦尼斯拉夫斯基一家去了弗朗齐歇克矿泉村，他们邀请安东和奥尔迦在他们不在时，住到他们的乡下别墅柳比莫夫卡来。这栋房子位于莫斯科东北部的克利

---

[1] 见图书馆手稿部，331 77 10：奥尔迦·克尼碧尔给叶夫根尼娅·契诃娃的信，1900—1902 部分，1902 年 6 月 24 日。

79. 柳比莫夫卡庄园

亚济马河边，周围森林和草地环绕。安东和奥尔迦住在柳比莫夫卡庄园时，斯坦尼斯拉夫斯基家的仆人叶戈尔和杜尼亚莎来照顾他们的生活。一开始，奥尔迦只能躺着，后来她可以出门游泳和划船了。安东出去钓鱼，钓上来的鱼就交给叶戈尔去做菜。没有客人来打扰，教堂的钟声也安静下来。奥尔迦住在楼下，安东和维什涅夫斯基住在楼上，所有人都"过着主教一样的生活"。斯特劳齐医生到这里来检查病人。邻居斯米尔诺夫（Smirnov）对他们关心备至。他家的两个十几岁的女儿——玛丽亚和娜塔莉娅——向安东求爱；古怪的英国家庭女教师莉莉·格拉斯比（Lily Glassby）虽然俄语说得很不流利，但也对安东表现出极大兴趣。奥尔迦被莉莉的热情吓了一大跳，急忙制止，因为莉莉喂安东吃冰激凌，亲昵地称呼他，还给他写来深情的纸条："耶稣基督与您同在，兄弟安东尼，我爱你。"[1]

在此期间，安东·契诃夫几乎没有给外人写信，也没有坐下来创作剧本，虽然莫斯科艺术剧院正翘首期盼着这个剧本：他还在搜集素材。内米罗维奇－丹琴科和斯坦尼斯拉夫斯基只好将下个演出季的希望寄托在马克西姆·高尔基的剧本《底层》（Lower Depths）上。安东读过高尔基的剧本清样后，告诉高尔基，说自己"几乎高兴得跳起来"。他对高尔基的剧本填补莫斯科艺术剧院的秋季演出季充满了信心，于是静下心来酝酿自己的新剧本。柳比莫夫卡庄园里的人物和乡间火车为《樱桃园》提供了背景。安东鼓励柳比莫夫卡庄园的仆人叶戈尔成为一个识文断字的独立的人，推荐他到万尼亚手下成为一名教师。叶戈尔的笨手笨脚和矫揉造作的语言都生动地体现在《樱桃园》中的管家叶比霍多夫身上；同时，莉莉·格拉斯比的热情也注入剧本中的家庭女教师夏洛蒂的性格，剧中女仆的名字就叫杜尼亚莎。

柳比莫夫卡庄园的河鱼、蘑菇和鲜牛奶都让安东打心底里喜欢。他告诉玛莎，这里是排在雅尔塔之后的天堂：他渴望在莫斯科郊区拥有一

---

[1] 见哈维·佩切尔（Harvey Pitcher），《莉莉：一段英俄罗曼史》（*Lily: An Anglo-Russian Romance*），克罗默，1987；见图书馆手稿部，331 59 2：莉莉·格拉斯比给安东·契诃夫的信，1902。

座乡间别墅。到了 8 月，奥尔迦·克尼碧尔脱离了危险。斯特劳齐医生说，她再有两个星期就可以参加排练了。即便身在天堂，安东也不安生。他对奥尔迦隐瞒了两次大出血的事，筹划着逃避奥尔迦的监管，一个人回雅尔塔去。他知道得很清楚，无论是莫斯科艺术剧院还是斯特劳齐医生，都不会让奥尔迦冒险坐长途火车。安东刚一离开，斯坦尼斯拉夫斯基一家就度假回来了，并且安东走时也含糊其词地说他很快就回来，但奥尔迦还是感觉自己被抛弃了。安东离开柳比莫夫卡庄园时，奥尔迦脸上摆出一副坚强的表情，但她心里很生气。

　　玛莎一整个夏天都被迫留在雅尔塔，独自应付干旱的花园。她的夏天过得很不开心，她在给奥尔迦的信中也透露出她与伊万·蒲宁之间并不愉快的恋情。刚与第一任妻子离婚的蒲宁正在寻找第二任妻子，在俄罗斯和国外衍生出一系列恋情。玛莎在给蒲宁的信中写道："亲爱的蒲基顺，您走的时候我非常伤心……当然，能够成为您的十个女人中的一个确实很不错，但与其和那些雅库特女孩、特米尔女孩或僧伽罗女孩搅在一起，最好还是能成为唯一的那一个。"[1] 安东回家让玛莎高兴了起来，但是奥尔迦·克尼碧尔给玛莎写来的一封信极深地伤害了她，以至于她想把信毁掉——但是为时已晚，安东已经无意间读到了这封信。奥尔迦觉得，安东离开莫斯科是契诃夫家人策划的一个阴谋。她指责玛莎和叶夫根尼娅，说她们明明知道她卧床不起，却把安东骗回了家。玛莎痛苦地回信说：

　　　　平生第一次，母亲和我因为盼着安东回家而被人说成是残酷的
　　　人——就像您说的那样，尽管您在雅尔塔和莫斯科生病时，我们是
　　　那样无微不至地照顾了您！！我们还要怎么做呢？——我不能让自
　　　己从地球上消失。我坦白地告诉您，我只要知道我的哥哥心情愉

---

[1] 见图书馆手稿部，429 3 12：玛莎·契诃娃给伊万·蒲宁的信，1901—1903 部分，
　　1902 年 8 月 5 日。

快、身体健康，偶尔能够见他一面，我就心满意足了。[1]

奥尔迦忍受不了这兄妹俩站在同一条战线上。她质问玛莎：

> 您为什么把安东扯进我们的关系中？……您固执地在那里等着，就表示您不希望安东待在莫斯科，待在他生病的妻子身边，这让我很伤心。如果您还像原来一样信任我，尽力去理解我一点点，您就不会把那封信给安东看了……您将我拒于千里之外，要多狠有多狠……我求求您，至少这封信您不要给他看。[2]

1902 年 8 月 28 日，奥尔迦在给安东的信中说：

> 你为什么不直接告诉我，你走了就再也不回来了？……你对我就像对待一个陌生人，或者对待一个弱不禁风的玩具娃娃。你很快就会厌烦接到我的信了，但我不能不说话。你和我必然要面临一段长久的分离，如果你 9 月也待在柳比莫夫卡，那我还能理解你。我们的生活已经没有任何意义了。我多么希望你需要的是我，而不只是需要一个让人愉快的女人……安东，如果我这封信里的任何一句话让你露出的不是微笑，或者你把这封信给玛莎看，就像她把我给她的信给你看一样，那就太可怕了。[3]

奥尔迦还指责安东给她传递了错误的信息，让她以为他还会从雅尔塔返回柳比莫夫卡庄园。安东给奥尔迦的回信里既有埋怨，又不失公正，还夹杂一丝要挟的意味，读来令人难堪：

564

---

[1] 见图书馆手稿部，331 105 4：玛莎·契诃娃给奥尔迦·克尼碧尔的信，1902 年 8 月 17 日。

[2] 见图书馆手稿部，331 77 16：奥尔迦·克尼碧尔给玛莎·契诃娃的信，1902 年 8 月 24 日。

[3] 见《通信集》（1936 年），369—371。

　　我想不出你为什么会生我的气，要不是因为事务紧急并迫于大出血，我也不会离开……今年我不会写剧本了，我觉得我不想写……玛莎并没有把你的信给我看，我是自己在母亲的桌子上发现的，这才知道了玛莎为什么那么生气。那封信真是粗鲁得可怕，而最重要的是，它不公平……当然，我理解你的心情。但你不能，绝对不能这样做，亲爱的，你也一定害怕被别人不公正地对待……不要告诉玛莎，我读了你写给她的信，或者，你爱怎么办就怎么办吧。你的信让我心里害怕……在我们过上正常的生活之前，在你给我生下一男半女之前，我们先不要分手得太早，然后你就可以想干什么就干什么了。

直到 1902 年 9 月，奥尔迦、安东和玛莎才平息了此次争执。安东迫使自己夸张地向奥尔迦表达爱意：

　　我抓住我的小狗的尾巴，转上几圈，爱抚她……我在你的床上翻跟头，大头朝下，抓住你转几圈，把你抛向天花板，接住你，亲吻你。

斯坦尼斯拉夫斯基一家人回到柳比莫夫卡庄园，不停地咒骂着欧洲，庄园又恢复了生机。在正式排练高尔基的剧本《底层》之前，他们带着奥尔迦去买蜂蜜、钓鱼，去莫斯科的流浪者投宿的廉价客店体验生活。

　　莫斯科给奥尔迦·克尼碧尔注入了新的活力。弗朗兹·谢赫特尔主持的新艺术运动改建为莫斯科艺术剧院提供了一个永久的家：一个更衣室更先进、电力供应更稳定的大剧院。奥尔迦可以洗澡了。她与母亲和舅舅们共度了一个毫不拘束的夜晚："我喜欢我们家的气氛……我们彼此都真诚相爱。"弗拉基米尔·内米罗维奇－丹琴科在为妹妹临终守夜之后回到了莫斯科，奥尔迦·克尼碧尔与他长谈了一次。根据斯特劳齐医生的建议，奥尔迦换了一处新公寓。到 9 月时，她已经有了足够的

565

安全感，这才回了安东那封口气冰冷、许诺给予她自由的信："明年我会给你生一个好儿子。你写过，等我们有了孩子后，我就可以做我想做的事情。"奥尔迦还试图扭转自己在与玛莎的冲突中所面临的不利局面："我不是野兽，玛莎也不是弱者。她比我厉害。我只是看起来更强大，因为我的嗓门大，我容易发火。"安东与玛莎长谈过一次，希望她们姑嫂二人能够弥补这些"小裂痕"，但是安东与奥尔迦之间的关系冷淡了下去。9月9日，安东忘记了这是奥尔迦的三十四岁生日，尽管他几个月前就已经打听过这个日子。她不断用他的译者提出的问题来叨扰他。奥尔迦和安东的通信只是交换他们的治疗细节：她说她的灌肠剂，他说他的杂酚油。

在雅尔塔，安东的健康状况持续恶化，他已经不让伊萨克·阿利特舒勒医生来为他检查了。9月4日，玛莎离开雅尔塔，返回莫斯科继续教课，面对奥尔迦。安东每日里无法控制地咳嗽，吃不下新厨师波利娅做的饭。这期间，只有演员的经纪人帕维尔·奥尔列涅夫（Pavel Orlenev）——一个讨人喜欢的无赖——和苏沃林在精心安排下一起来看望他，这才让他的情绪高涨起来。玛莎返回莫斯科那天，苏沃林和奥尔列涅夫来家里拜访和吃饭，阿列克谢·苏沃林在日记上对这件事的记录很简洁："我在那里待了两天时间，几乎所有时间都和契诃夫在一起，在他家里。"安东记录这次见面时写的是苏沃林"不停地谈论各种各样的事情，都是新鲜事，非常有意思"。

安东·契诃夫又燃起了对外界事务的兴趣。他终于在高尔基被取消名誉院士一事上采取了行动，自己也辞去了科学院的院士称号。[1]他接受了自己在莫斯科艺术剧院的股份。他悼念因一氧化碳中毒而去世的左拉，他怀疑这神秘的死亡是一起谋杀。他又蠢蠢欲动，想要出门旅行。虽然阿利特舒勒医生一再警告，但在苏沃林的鼓动下，安东决定等到霜冻来临、空气稍微干燥一些后就去莫斯科，然后冬天前往意大利。安东告诉奥尔迦，阿利特舒勒只允许他在出国旅行的路上在莫斯科逗留

---

[1] 在高尔基院士提名事件上，只有安东·契诃夫、科罗连科和一位数学家马科夫为此事辞了职。

几天——这对他们的受孕计划来说并不是什么好消息。玛莎在给安东的信里提到，奥尔迦现在"相当健康，心情愉快，能爬到三楼"。斯特劳奇医生专程来到克里米亚，穿戴整齐地正式登门拜访安东，宣布奥尔迦·克尼碧尔病愈。安东询问奥尔迦：

> 斯特劳齐说过你可以要孩子了吗？是现在还是以后？哦，亲爱的，时间飞逝！我们的宝宝十八个月大的时候，我可能已经秃顶、头发灰白、牙齿掉光了。

566 　　安东给奥尔迦写信的语气更加亲昵了："我和你生活在一起的时间越长，我对你的爱就越发深厚与宽广。"安东询问奥尔迦，内米罗维奇 - 丹琴科的妻子卡佳在哪里？奥尔迦告诉他，是她，而不是卡佳，在照顾内米罗维奇 - 丹琴科的耳朵脓肿，这个消息让安东非常诧异。

　　安东将他的早期作品《烟草的危害》彻底重写，将其发给阿道夫·马克斯。安东告诉斯坦尼斯拉夫斯基，他目前的精力也只能干这些了。叶夫根尼娅带着家里的帮厨女佣波利娅在安东动身前先去了莫斯科。在塞瓦斯托波尔，叶夫根尼娅坐上了一辆货运两用的四等火车。她觉得坐快车非常压抑，宁愿坐这种在每个小站都停车的慢车。叶夫根尼娅在莫斯科待了四天，然后前往彼得堡。为了和波利娅做伴，她这次坐的是三等车厢（因为仆人被禁止坐一等车厢）。最后，她终于看到了在彼得堡的四个孙儿。

　　在雅尔塔的家里，狗和鹤都被饲养得很好，安东却饿着肚子。老玛柳什卡做的罗宋汤和咖啡里飘着死苍蝇，让他恶心。安东也为前往莫斯科做着准备。他指示奥尔迦去买鱼肝油、山毛榉杂酚油和出口啤酒。她答应说，会带着一件皮大衣来接他，保证家里会有"一张温暖的床，还有其他许多东西"等着他。10 月 14 日，安东到了奥尔迦的住处，现在这里住着奥尔迦、玛莎和一位当钢琴老师的房客。安东·契诃夫带来了他的告别故事《新娘》（*The Bride*）的第一稿。

80.《新娘》

（1902 年 10 月—1903 年 4 月）

安东·契诃夫一到莫斯科就给伊万·蒲宁写了一封短信，邀请他来见面。我们无法得知发生了什么，但几乎可以肯定的是，安东再次介入了玛莎的个人生活，但这次也许是应了玛莎的请求。玛莎·契诃娃比伊万·蒲宁大七岁，也非贵族出身，蒲宁不可能对她承诺以婚姻。这次交谈的结果对玛莎的打击非常大。第二天她就离开莫斯科，去彼得堡找母亲，待在亚历山大冰冷的宿舍里。玛莎回到莫斯科时病得不轻，见不了任何人。安东对这次介入开了一个笑话：他送给蒲宁一张照片，照片上面是一个男人，题词是一首著名的颓废单行诗"遮住你苍白的双腿"。伊万·蒲宁打点行装去了国外。1902 年 11 月，玛莎给蒲宁写了一封情绪低落的信："亲爱的蒲基顺，发生了什么事？您还好吗？您凭空消失了，上帝知道我在想什么！我病得很重……您又爱上了什么新人吗？您的阿玛莎。"然而，直到 12 月安东回了雅尔塔之后，玛莎和蒲宁才再次见面。伊万·蒲宁与玛莎·契诃娃的恋情断断续续持续了数年。

安东·契诃夫找来一个按摩师，因为结核病菌已经发展到了脊椎，他的四肢疼痛难忍。阿列克谢·苏沃林从彼得堡来到莫斯科，监督他的剧本《问题》的排练，这个剧本讨论的是婚前性行为。他邀请安东见面，但二人都对这次会面不满意。阿道夫·马克斯打破了安东重新协议合同的希望。作为给《小麦田》订阅者的红利，马克斯重印了一批价格便宜的契诃夫全集，市场因此饱和了。现在没有任何一个出版商会出面帮助安东摆脱马克斯的合同了，高尔基和皮亚特尼茨基的努力徒劳无功。但即便如此，安东在一年后还是对奥尔迦说，他从来不认为阿道夫·马克斯欺骗了自己：

> 那时候我手头一个戈比都没有，我欠苏沃林的，我的作品的发表质量也非常糟糕；而最重要的是，我马上就要死了，我希望能把自己的事情处理好。

568　　与此同时，安东·契诃夫最主要的经济来源受到了威胁，因为莫斯科艺术剧院陷入了严重的分裂之中。原莫斯科艺术剧院的演员，新锐戏剧艺术家弗谢沃洛德·梅耶荷德在离开莫斯科后，去了乌克兰黑海沿岸的港口城市赫尔松（Kherson）。对内米罗维奇-丹琴科和斯坦尼斯拉夫斯基来讲，他虽然是一个极富魅力的竞争对手，但对剧院而言这还不是什么致命的打击。[1] 然而萨宁-舍恩伯格的离开，让莫斯科艺术剧院元气大伤。萨宁-舍恩伯格将斯坦尼斯拉夫斯基的戏剧方法带到了彼得堡，《海鸥》在亚历山德林斯基剧院搬上舞台并取得了巨大成功。萨佐诺娃在11月15日的日记中承认："如果他们想展示的是乡村生活多么无聊，那么他们完全达到了这个目的。"安东·契诃夫向《人人杂志》的编辑维克托·米洛柳博夫透露，他的新故事的名字是《新娘》。安东重新回到了奥尔迦的监管之下，能做的只是小修小补一下作品，写几封信。他满腹牢骚地说："我哪里都不能去，我被关在家里，他们害怕我感冒。"安东与奥尔迦在六个星期的朝夕相处中修补了二人的关系，安东回忆说，"我们没有发生任何不愉快的事情"。11月27日，咳嗽不停的安东被迫离开莫斯科，返回雅尔塔，但他心里暗存渺茫的希望：奥尔迦能够怀孕。奥尔迦去车站为他送行，将他的大衣和靴子带回家。在奥

---

[1] 弗谢沃洛德·梅耶荷德曾指责奥尔迦·克尼碧尔离间他与安东·契诃夫的关系。

尔迦的公寓，还有一只腊肠犬在等着她。梅里霍沃庄园腊肠犬勃罗姆和希娜的后代生活在彼得堡，这只腊肠犬是从别处要来的，奥尔迦给它起名叫施纳普。

安东·契诃夫独自返回雅尔塔，面临着五个月的孤独。意大利正在降雪，并且地中海地区瘟疫暴发，敖德萨成了一个隔离港口，往返欧洲的海上旅行都受到限制。在新的演出季，仅仅来自彼得堡剧院的演出收入就能达到三千卢布，但安东对去国外过冬已经不存希望。现在，塔甘罗格的堂弟格奥尔基可以帮他一把，因为格奥尔基正在俄罗斯轮船公司的雅尔塔办公室工作。安东既喜欢格奥尔基的陪伴，又担心格奥尔基的亲戚从塔甘罗格蜂拥而至。在阿乌特卡的家里，安东与一本正经、空话连篇的仆人阿尔谢尼聊天，与玛柳什卡养在厨房里的两只鹤聊天，有时也对着两只杂种狗——独眼的图兹克和愚蠢的卡希坦卡——说话。12月初，他邀请阿列克谢·苏沃林来家里[1]。12月9日，奥尔迦在信中告诉他：

> 不受欢迎的客人［月经］又来了，我们对小水獭崽儿的希望破灭了。我亲爱的安东，我难道真的不能怀上孩子了吗？！这太可怕了。医生一定是为了安慰我而撒了谎。[2]

安东马上安慰她说：

> 我的小狗，你一定会有孩子的，这是医生们说的。你能做的就是让身体完全恢复。一切都完好无损，一切都会正常，保证休息。你缺的只是一个能常年生活在你身边的丈夫。

569

---

[1] 阿列克谢·苏沃林这次并没有来，但是他开始给安东·契诃夫邮寄革命报纸《解放》（*Liberation*）。这在当时是禁报，苏沃林称呼它的暗号是"叶若夫的作品"。

[2] 从《克尼碧尔－契诃娃》（1972年）中删除；见图书馆手稿部，331 76 27：奥尔迦·克尼碧尔给安东·契诃夫的信，1902年12月。

一个星期后，安东还对奥尔迦坚称，他没有对她隐瞒任何她健康方面的问题。同时，尽管斯坦尼斯拉夫斯基对《底层》里的龌龊的布景和粗糙的社会主义言论不屑一顾，但高尔基的这个剧本取得了胜利，奥尔迦·克尼碧尔复活了。性病学家奇列诺夫医生带着奥尔迦深入了解莫斯科妓女的生活，让她真实地体验角色的生活。奥尔迦的哥哥瓦洛佳结婚了，在婚礼上，奥尔迦大吃大喝，又跳又唱，新娘的妈妈也跳了康康舞。显然，她已经不再专注于"钻进你的衣柜、把墨水弄洒到我桌子上的半个小德国人"了。

莫斯科艺术剧院内，大家情绪高昂。他们先是在捷斯托夫餐馆聚餐，庆祝新的演出季开幕，并且给雅尔塔发了电报，维什涅夫斯基宣布他们需要一次热热闹闹的成功；然后马上庆祝《底层》的首演成功，在埃尔米塔什餐馆的庆功晚宴上大喝白兰地，高唱吉卜赛歌曲。马克西姆·高尔基曾给每个人大讲自己的情爱经历，逗大家开心，今天他就带了一个女人来，他们提前离开了。后来不知为何发生了酗酒闹事，剧院赞助人萨瓦·莫罗佐夫遭到殴打。

高尔基的新剧本在莫斯科掀起了风暴，它促使莫斯科艺术剧院的政治形象大幅度"左"倾，一些剧院的支持者遭到排斥。《底层》为剧院大大地赚了一笔：剧院会计亚历山大·维什涅夫斯基报告说，截至新年，剧院的银行存款达到七万五千卢布，演员们的工资都提高了。奥尔迦·克尼碧尔的年薪涨到了三千六百卢布；她唯一感到失望的是，对手玛丽亚·安德烈耶娃也和她领取同样的薪酬。与剧院的烦心事比起来，奥尔迦更开心的是她租的那间臭虫猖獗、老鼠出没的公寓到1903年3月就到期了。她觉得身体好多了，一心想要住得离维什涅夫斯基的公寓远些，她觉得维什涅夫斯基又无聊又聒噪。

1902年圣诞节前的一个星期，玛莎返回雅尔塔去照顾安东。安东变得多愁善感。他对他的追随者费奥多罗夫写的一首诗表达了喜爱之情，这首诗的结尾是："手摇风琴在窗外吟唱。我的窗户敞开着……我想到您，内心忧伤。而您，您是这么遥远。"玛莎在12月20日给奥尔迦的信中说：

80.《新娘》

> 阿利特舒勒医生说，他听了安东的胸部，发现情况恶化了，他
> 说这都是他长期逗留在莫斯科的后果。他一直发烧，体内出血，不
> 停地咳嗽。阿利特舒勒指出，我们中的一个人必须随时陪护在他身
> 边，因为他总是糊弄母亲……阿利特舒勒是认真的，他直言不讳。

马克西姆·高尔基从警察监视下获得自由后，也被妻子和医生送到
雅尔塔来休养，因为他也在咳血。第二天，他和三个医生一道来安东家
拜访。其中一个医生就是斯雷丁，他声称自己的结核病正在恢复，而他
原来比安东的病情还严重。安东取掉了阿利特舒勒医生放在他胸部的压
布。安东感觉好多了，他向奥尔迦保证他会去看牙医。安东去见的雅尔
塔牙医伊利亚·奥斯特洛夫斯基（Ilia Ostrovsky）举止像一个野蛮人，
"手脏兮兮的，器具也不消毒"。他在给安东治疗的过程中，将安东撂在
那里就离开了，因为他在犹太公墓有一件急务要处理。直到圣诞节，安
东一直发烧、四肢疼痛、失眠、咳嗽，胸膜炎频发。阿利特舒勒医生确
诊他患了流感。玛莎给安东做调养饮食，一天做上几顿饭，早餐为他准
备五个软煮鸡蛋、两杯鳕鱼肝油和两杯牛奶。玛莎于1月12日离开雅
尔塔，返回莫斯科上班。安东的状况再次恶化，《敖德萨新闻》（*Odessa
News*）却报道"契诃夫的胸疾已经完全恢复"。

奥尔迦·克尼碧尔发来电报，指责安东对她隐瞒了病情。奥尔迦厌
倦了两地生活，自己已为人妻，身边却总没有丈夫的身影的处境让她很
尴尬。然而，她并没有像医生要求的那样回雅尔塔来照顾安东。她在2
月11日的信中告诉安东："我不能只相信阿利特舒勒一个人说的，他在
这方面也不是什么专家。"奥尔迦勾勒出一幅二人共同生活的场景：他
们在莫斯科附近买下一栋供暖良好的别墅，这样，安东就可以经常见到
她了。从1月中旬开始，她就和同事一起出去考察，寻找适合肺结核患
者在莫斯科过冬的房子。

奥尔迦为安东的第四十三个命名日买了礼物：薄荷糖、一个大的皮
质钱夹子、一条领带、一罐啤酒和糖果。她托人将这些礼物带到了雅尔
塔。安东接到礼物后却非常生气：那罐啤酒在货车里结了冰，罐子裂

了；薄荷糖不是从他想要的商店里买来的，没有味道；钱夹用来装银行支票太大了，领带也太长了。他向玛莎发电报，说没有人来庆祝他的命名日，奥尔迦的礼物没有一件是称心的。（他非常喜欢奥尔迦的舅舅萨沙送的青铜小猪像和库普林送的象牙雕刻的大象。）奥尔迦像对待一个任性的孩子一样，又让建筑师沙波瓦洛夫带来了新的薄荷糖。2月1日，安东开列了一个单子，上面是他真正想要的东西：巧克力、鲱鱼、铋、牙签和英国杂酚油。阿列克谢·苏沃林也心情郁闷，希望与安东见面。然而，从安东的角度来讲，虽然他们二人的友谊在去年秋天再现复燃的希望，但他实在心力交瘁，没有精力去维持二人的关系。奥尔迦·昆达索娃给安东写来一封长达五页的信，每页都写得密密麻麻。她恳求安东原谅这位老人的政治罪过："您不要总是那么冷静，给他写一封信……很多事情最好就忘了吧。"安东给苏沃林写了一封信，但是措辞简短而生硬。老苏沃林正在被小阿列克谢·苏沃林"毁掉生活"，他不再是一个能够让人心潮澎湃的记者了。

安东·契诃夫的一些过往琐事在莫斯科沉渣泛起。娶了格拉菲拉·潘诺娃的演员阿贝宁告诉奥尔迦，十四年前，安东曾在敖德萨追求过格拉菲拉。安东断然否认自己勾引过格拉菲拉·潘诺娃。维拉·科米萨尔热夫斯卡娅在莫斯科与奥尔迦对峙，她想要拥有安东的新剧本的表演权，还语含警告："您似乎已经忘记了我的存在，我过得还可以。"奥尔迦在2月3日给安东的信中说："如果那个女演员还骚扰你的话，请相信，我一定痛打她一顿。我觉得她精神上有问题。"[1]一个叫娜杰日达·普什卡廖娃（Nadezhda Pushkariova）的相貌丑陋的女人来拜访奥尔迦，她的兄弟是安东中学时代的朋友，剧作家与发明家尼古拉·普什卡廖夫（Nikolai Pushkariov）。娜杰日达带来自己在保加利亚的喜剧布景，希望契诃夫夫妇能将其用在舞台上。从亚历山大和娜塔利娅·戈登那一方面算起来，娜杰日达算得上是一个远房亲戚，所以奥尔迦表面上礼貌地接待了她，但她在给安东的信中语气十分尖刻恶毒：

---

[1] 从《克尼碧尔－契诃娃》（1972年）中删除；见图书馆手稿部，331 76 31：奥尔迦·克尼碧尔给安东·契诃夫的信，1903。

80.《新娘》

> 她的眼睛像两颗橄榄，头发富有诗意地卷曲着，那柔软、猩红而性感的嘴唇上露出单单一颗牙齿。你的品位不错……你说过你来莫斯科的时候玩玩床上三人游戏，那我就邀请她来参加好了。

奥尔迦·克尼碧尔要面对的还有丽卡·米济诺娃和她的丈夫萨宁-舍恩伯格，以及她的老朋友维克托·戈尔采夫。奥尔迦要将安东可能存有的幻想都扼杀掉："丽卡现在胖得吓人——又肥又壮，穿得花里胡哨，声音沙哑。和她相比，我觉得自己都算得上是瘦巴巴了。"

伊萨克·阿利特舒勒医生的含有西班牙苍蝇斑蝥素的压布，让安东挨过了胸膜炎。1月16日，在他四十三岁生日那天，安东已经可以坐在书桌前了。阿利特舒勒医生在一个星期后警告奥尔迦："待在莫斯科对他的肺部的影响比之前的历次旅行的要坏。"[1] 叶夫根尼娅也很担心安东的身体，她给玛莎和万尼亚的妻子写信时说："你们可能发现他病得不轻，我已经为这个哭了好几天了。是我让格奥尔基写安东身体很好的，但是感谢上帝，他现在还好。"[2] 1月底时，阿利特舒勒医生准许安东去雅尔塔剪一次头发，除此之外，就不允许他走路或者洗澡了。奥尔迦明确提出，他可以在不露天的阳台上散步，或者用桶装上热水洗澡。安东对自己的身体不存任何幻想，他对奥尔迦说："你和我几乎没有什么时间了。"他不再抗拒奥尔迦送的礼物，把钱夹当成了存放故事草稿的夹子。这时，一件更好的礼物送上了门：奥尔迦已经养厌了人家送她的腊肠犬施纳普，于是托建筑师沙波瓦洛夫从莫斯科把狗带回了雅尔塔。

安东从来不让奥尔迦·克尼碧尔阅读他的手稿。她几乎是他亲近的人中最后一个读到《新娘》的，这让她心里很不好受。如果说《新娘》反映了作者安东在1883年的一天、1893年的一个星期和1903年一整年，那么这个故事不仅展示出安东的生命力逐渐衰弱的过程，而且表现出他在生命的最后阶段对于笔下的文字是怎样地字斟句酌！当这个故事

⁵⁷²

---

[1] 见《契诃夫全集》，11，442。

[2] 见图书馆手稿部，331 81 66：叶夫根尼娅·契诃娃给玛莎·契诃娃的信，1891—1914部分，1903年1月20日。

在 1903 年秋季发表时，所有认识安东·契诃夫的人都知道，这是他的告别之作。与所有他珍视的作品一样，他不希望书刊审查员对这个故事有丝毫修改。与《三姐妹》异曲同工的是，《新娘》也描述了被困在一个偏远的北方小城中的三个女性，只不过她们在这个故事中是三代人：祖母，母亲与女主人公娜佳。娜佳在婚礼举行前抛弃了未婚夫，离开家里微风吹拂的花园，前往彼得堡求学。娜佳最终逃离了外省枯燥无味的生活，寻得个人自由，这可算得上是一个胜利。然而，故事叙述者插入了诡异的一句："还是只不过她觉得如此。"《新娘》体现了创作灵感、完美主义和素材俭省的结合。它不仅重新利用了《三姐妹》的素材，而且娜佳的人生导师萨沙——他在接受库米斯疗程时，死于肺痨——的长篇大论，就是契诃夫概括的《樱桃园》中的大学生特罗费莫夫的言论。

《樱桃园》在安东超乎想象的努力之下也逐步显现雏形。樱桃花盛开的场景十五年前就出现在安东·契诃夫的诸多故事中。1901 年秋季，他第一次对斯坦尼斯拉夫斯基提到这个未来剧本的规划。1902 年，他首次对玛莎提到《樱桃园》这个剧名，那时他们刚刚听说梅里霍沃庄园的樱桃树被买主康申砍掉了。然而直到 1903 年，安东才对奥尔迦明确表示，他给剧院含糊承诺的这个剧本会是一个"综艺节目或喜剧"。[1] 为了给奥尔迦·克尼碧尔提供施展才华的机会，他调整了剧中四个女性角色的分量。奥尔迦·克尼碧尔将这个剧本看成她自己的，所以当安东让维拉·科米萨尔热夫斯卡娅在彼得堡饰演其中的角色时，她异常愤怒。奥尔迦明确告诉安东，内米罗维奇-丹琴科需要垄断这个剧本，而安东作为剧院的股东之一，不能让剧院失望。内米罗维奇-丹琴科在 2 月给安东写信，对奥尔迦表示支持："您的妻子对您思念不已。真的，您难道不能住在莫斯科附近吗？您到底相信哪个医生？我们极度需要您的剧本。"安东对第一个"海鸥"的扮演者维拉·科米萨尔热夫斯卡娅十分着迷，写给她的信也很坦率。安东努力撇清自己的责任，将其归咎于奥

573

---

[1] 有关《樱桃园》创始的更全面的叙述，请参阅本书作者唐纳德·雷菲尔德的《樱桃园：灾难与喜剧》（*The Cherry Orchard: Catastrophe and Comedy*），纽约，1994.

尔迦的不肯让步:"我的妻子要么在生病,要么出去旅行了,我们根本无法操作。"他从来没有对其他任何人如此毫不含糊地承认他对自己婚姻的不满。

安东在雅尔塔挣扎着写作,而奥尔迦在莫斯科滑雪。忏悔日来临,她组织了一个煎饼派对。4月,她和男演员们第一次坐上汽车,为将内米罗维奇-丹琴科的妻子抛在后面而雀跃不已。这时,莫斯科艺术剧院产生了严重分歧。萨瓦·莫罗佐夫与玛丽亚·安德烈耶娃主张剧院应该更多地排演革命戏剧;而奥尔迦·克尼碧尔、康斯坦丁·斯坦尼斯拉夫斯基和弗拉基米尔·内米罗维奇-丹琴科则坚持上演有文学价值的剧本。2月17日,莫斯科演出季以《三姐妹》的胜利而结束。

3月3日,莫斯科艺术剧院爆发了一场激烈争吵。赞助人萨瓦·莫罗佐夫支持左翼,虽然像他这样的资本家最终仍被消灭了。他将剧院运作的时好时坏归咎于弗拉基米尔·内米罗维奇-丹琴科的保守主义。内米罗维奇-丹琴科愤然离去,奥尔迦大喊大叫,而安德烈耶娃哭了起来。这个严重分歧弥补起来并不容易。后来奥尔迦向莫罗佐夫道歉,说服他相信,莫斯科艺术剧院离不开内米罗维奇-丹琴科和斯坦尼斯拉夫斯基。然后,内米罗维奇-丹琴科前往彼得堡,为剧院在那里的巡演做准备。

奥尔迦的哥哥,工程师康斯坦丁当时住在莫斯科,奥尔迦给她四岁的侄子列夫买了许多生日玩具。她在给安东的信中说:"我多么希望咱们也有这样一个儿子啊。"她敦促安东实行第二套方案,因为她的医生斯特劳齐就在莫斯科附近行医。她打算次年冬天采取行动来规划夫妻生活,但她并没有具体说明,"我还没有对玛莎说,以免让她不必要地担心"。安东在尼斯休养时结交的朋友亚历山大·孙巴托夫公爵,也反对阿利特舒勒医生主张的长居雅尔塔的治疗方案。他介绍说,他有一个朋友在"经过两年的瑞士山区的空气疗法后,已经彻底恢复了……我忍不住在想,您并没有全力以赴去对抗疾病"。[1]

---

[1] 见图书馆手稿部,331 59 80:亚历山大·孙巴托夫给安东·契诃夫的信,1889—1903部分,1903年2月12日。

574　　安东同意在复活节时与奥尔迦一起去瑞士，他们共用一本护照，"这样你就不能离我而去了"，但他不再谈论将来。到了3月，安东的生活状况有所改善。彼得堡的餐厅老板皮埃尔·古巴特（Pierre Cubat）将店开到了雅尔塔，安东终于可以买到他十分怀念的鱼子酱、熏肉和其他北方美食了。安东唯一希望来的客人是伊万·蒲宁，但是蒲宁却让他失望了。蒲宁去诺沃切尔卡斯克探望妹妹，路过克里米亚，却没有在安东这里停留。在莫斯科，奥尔迦和玛莎搬到了另一栋公寓里。尽管安东行使了否决权，但奥尔迦还是带着一只烟灰色的公猫搬了进去。她对新房子十分满意：她自己那间明亮的卧室紧靠着安东的书房，她也很喜欢高高的天花板和她母亲的钢琴室。奥尔迦在选择房子时也考虑到了安东呼吸困难，但她让他不要担心："不要害怕爬楼梯。上楼时不用着急，你可以坐在楼梯平台上休息，施纳普（安东要把这只腊肠犬带来）可以和你做伴，我也会说傻话逗你开心。"

　　在大斋期里，老厨娘玛柳什卡做的饭菜根本不适合一个肺结核病患者吃。安东又脾气烦躁起来。他预订了从塞瓦斯托波尔到莫斯科的卧铺车厢后就不再给奥尔迦写信了，而他原来几乎每天都写。新公寓的楼梯已然是一个坏消息，而奥尔迦再次拒绝告诉安东她在彼得堡和莫斯科的新地址。安东怒不可遏。1903年3月17日，安东向亚历山大·维什涅夫斯基询问，他的妻子和妹妹住在哪里。奥尔迦报复性地要求安东把她母亲的画像从雅尔塔家里的墙上摘下并带过来："反正雅尔塔没人需要它，我永远也不会去那里。"在安东提出离婚的威胁下，她终于电报发来了新地址。（在这场争吵之后，莫斯科就有笑话说奥尔迦要与安东·契诃夫离婚，与亚历山大·维什涅夫斯基结婚。）安东没有给奥尔迦发来复活节祝福。婚姻看似已经没有什么吸引力。[1]奥尔迦的态度缓和了下来。3月中旬，斯坦尼斯拉夫斯基带奥尔迦去圣谢尔盖修道院住了几天。修道院的僧侣们也读过契诃夫的作品，他们告诉奥尔迦，她应该"与丈

[1]　就在这个节骨眼上，安东·契诃夫收到许多婚姻不幸的朋友的求告。他的忠实崇拜者谢格洛夫绝望地给他写信，说妻子背叛自己多年。见图书馆手稿部，331 50 6i：伊万·列昂季耶夫－谢格洛夫给安东·契诃夫的信，1900—1904。

夫共进晚餐、喝茶，而不是两地分居"。虽然奥尔迦·克尼碧尔在本质上是新教徒，但他们的告诫还是震慑了她。

安东·契诃夫不喜欢莫斯科艺术剧院与阿列克谢·苏沃林打交道。原来，苏沃林提出将自己的剧院租赁给莫斯科艺术剧院，供他们来彼得堡巡演时使用，以此换取高尔基的《底层》在彼得堡的演出权。（苏沃林现在已经不再诋毁斯坦尼斯拉夫斯基。）高尔基对此非常生气："我和苏沃林之间不可能有任何协议。"[1] 苏沃林在两年前推出过叫嚣反犹主义的剧本《走私者》(或《以色列之子》)，这样的人不配表演《底层》。尽管有这些不和谐的声音，但这个演出季还是引起了轰动，安东通过剧本演出得到的收入达到了三千卢布，除此之外，其他城市与剧院的演出也为他赚得两千卢布。《万尼亚舅舅》照例赢得了观众的欢呼。《底层》在 *575* 彼得堡演出时，剧院里的引座员换成了秘密警察。

复活节前两个星期，玛莎返回雅尔塔照顾心怀不满的哥哥。安东检查了《新娘》的定稿，发现书刊审查员未做丝毫改动。安东只有一次走出房子，是前去参加他的同事彼得·波格丹诺维奇（Piotr Bogdovich）医生的葬礼。4月10日，奥尔迦召唤他去彼得堡会合。她说自己有一个大房间，天气暖和，"我们可以怡情小聚"。安东回电报说："不想去彼得堡。身体好。"然后，安东带着腊肠犬施纳普直接去了莫斯科。1903年4月24日，安东抵达莫斯科，比奥尔迦从彼得堡返回早了一天。他感到很不舒服，但仍然坚持着去洗了澡，将滞在皮肤上五个月的污垢彻底清洗干净。

---

[1] 见《契诃夫全集》，2，470。

81.《樱桃园》

（1903 年 5 月—1904 年 1 月）

莫斯科新公寓前的五段楼梯对安东而言是"殉难"一般的折磨。室外仍然很冷。整整一个星期，他只与奥尔迦、施纳普为伴，给马克斯和编辑维克托·米洛柳博夫阅读校样，给人写信。朋友和老同事纷纷前来拜访，对他表示慰问，或者给他诊病。他在 5 月的第二个星期走出家门，去给叶夫根尼娅购买眼镜。他召唤阿列克谢·苏沃林来莫斯科。苏沃林来了，陪安东聊了两天。安东敦促苏沃林给老朋友别洛乌索夫（Belousov）出书。别洛乌索夫是一个瘸腿的裁缝，他白天做裤子，晚上翻译罗伯特·彭斯（Robert Burns）的作品。

安东跟随苏沃林去了彼得堡，但他去拜访的人不是苏沃林，而是他的出版商阿道夫·马克斯。阿道夫·马克斯现在愿意与安东·契诃夫面对面重新谈判合同了。马克斯提出给安东提供五千卢布"医疗费用"，但安东草率地拒绝了；马克斯说给他一大箱子出版的《契诃夫全集》，这个安东接受了。契诃夫和马克斯将谈判推迟到了 8 月。虽然天气暖和，但他不能在彼得堡停留，所以他没有看到亚历山大，也回避了丽卡·米济诺娃。丽卡的丈夫萨宁－舍恩伯格在莫斯科参加军事培训，他很担心丽卡会与安东见面，他给她写信说："我几乎等不及你来莫斯科了——没有你我活不下去……契诃夫现在在彼得堡。你确定他不会来看望你吗？"[1]

　　玛莎已经返回雅尔塔，去照顾叶夫根尼娅和花园。要不是施纳普钻到了一辆计程车下面造成了一些麻烦，他们在莫斯科公寓里的日子应该算得上平静。施纳普活了下来，只是脖子歪了；但安东因为负有照管不周的责任而被传唤到警察局，十天后才获宣无罪。5月，安东与其他医生朋友交流意见，但无人赞同他前往瑞士的计划。5月24日，安东终于答应去见奥斯特罗乌莫夫教授，让他来给自己诊治。奥斯特罗乌莫夫教授在莫斯科大学教过安东和奥博隆斯基医生。安东不喜欢奥斯特罗乌莫夫教授，因为他用"你"来称呼安东，还说安东是一个"瘸子"。奥斯特罗乌莫夫教授发现，安东的双肺均因肺气肿而严重受损，他的肠子也被结核病菌毁掉了。奥斯特罗乌莫夫给安东开了五种药品，还否定了自己的学生提出的治疗建议。安东已经在雅尔塔度过了四个冬天，他现在需要干燥的空气。奥尔迦·克尼碧尔终于可以在莫斯科附近寻找房子了。让奥尔迦宽慰的是，奥斯特罗乌莫夫教授允许安东洗澡。

577

　　奥斯特罗乌莫夫的新治疗方案让玛莎心烦意乱。她正打算给安东在雅尔塔的书房重新贴壁纸，她现在担心雅尔塔的房子可能要被卖掉，因为安东已经将古尔祖夫的别墅和库秋科伊村的别墅放到了市场上出售。如果情况果真如此的话，她就不能接受雅尔塔女子学校校长的职位了。有传言说这个职位是专门留给她的。突然之间，她的家和她的职业生涯都面临着不可知的境遇。玛莎在信中告诉米沙，她苦恼得无法入睡。米沙鼓励玛莎反抗安东："如果我当初听从了那个反对我的婚姻、反对我搬到彼得堡的人的话，我就不会有我现在的一切了。"[2]然后，米沙不顾两千公里的遥遥路途回到雅尔塔看望玛莎。其实米沙心里打着自己的小算盘：他觊觎古尔祖夫的别墅。后来他发现这栋房子当初买下来的时候只花了两千卢布，但现在因为规划中的沿海铁路让这座房子大幅升值，

---

[1] 见莫斯科档案馆，5323/44—62：萨宁-舍恩伯格给丽卡·米济诺娃的信，1903年5月16日。

[2] 见图书馆手稿部，331 82 62：米沙·契诃夫给玛莎·契诃娃的信，1902—1904部分，1903年6月6日。

玛莎要价一万五千卢布。如此一来，米沙把矛头转向了玛莎："你这个灵魂纯洁、严格自律的人已经被雅尔塔流行的吝啬风气污染了。这是一种罪过。我很伤心，很伤心，很伤心。"[1]

安东向玛莎保证，他仍然会在雅尔塔度过春季和秋季，因为莫斯科的这两个季节对健康很不利；奥斯特罗乌莫夫教授也同意，认为克里米亚这两个季节的气候对肺结核患者更加有益。安东见过奥斯特罗乌莫夫教授的第二天就与奥尔迦一起去了乡下。原来，安东有一个叫玛丽亚·雅孔齐科娃（Maria Iakunchikova）的崇拜者，她将自己在莫斯科西南部的纳拉（Nara）河畔的乡间别墅借给他们住。安东在纳拉河上钓鱼，还邀请弟弟万尼亚一起来度假。他需要安静的陪伴者，于是告诉亚历山大·维什涅夫斯基，过度兴奋可能对他没有好处。这里没有说起话来滔滔不绝的客人，安东可以安心坐在大窗子旁边写作，或者与奥尔迦在乡村四处闲逛，寻找合意的房子。

安东还带着奥尔迦重游了兹韦尼哥罗德和沃斯克列先斯克等故地，在 19 世纪 80 年代早期，当他还是一个新手医生的时候，他在这些地方消磨掉许多时光。6 月 12 日，安东将重新誊写的《新娘》校样寄出后，去兹韦尼哥罗德拜望了谢尔盖·乌斯片斯基医生破败的坟墓，然后去拜访了萨瓦·莫罗佐夫。他的老朋友们，比如爱德华·特什科，都与安东一样健康状况严重受损。安东夫妇没有找到合意的房子。两个星期后，

578 他们返回了纳拉。这次，安东并没有重游巴布基诺庄园，他年轻时曾在那里与基谢廖夫一家人度过三个夏天，但是巴布基诺庄园的夏日景象呈现在剧本《樱桃园》中。基谢廖夫已经破产，巴布基诺庄园面临拍卖的命运。待家产散尽后，一无所能的基谢廖夫与《樱桃园》中的加耶夫一样成了一名银行职员。

玛莎盼着安东夫妇返回雅尔塔，于是用丰收的桃子、李子，还有郁郁葱葱、绿意盎然的花园诱惑他们。7 月 6 日，安东和奥尔迦回到雅尔塔，与玛莎和叶夫根尼娅会合。这次他们在雅尔塔住了两个月。奥尔迦

[1] 见图书馆手稿部，331 82 62：米沙·契诃夫给玛莎·契诃娃的信，1902—1904 部分，1903 年 6 月 8 日。

81.《樱桃园》

与小姑子、婆婆和谐共处，以确保安东可以不受干扰地创作《樱桃园》。如果莫斯科剧院连着三个演出季拿不出契诃夫的新戏剧，那么面临的命运可想而知。安东在纳拉时已经动手创作《樱桃园》了，但寻找房子打乱了他的创作思路，几页草稿也被吹到泥泞的草地上找不见了。1903年7月17日，在妻子的庄园里休养的内米罗维奇－丹琴科给奥尔迦写信说："我很高兴您在雅尔塔。"一个星期后，在给斯坦尼斯拉夫斯基的信中，内米罗维奇－丹琴科写道："奥尔迦说，他们一到克里米亚，他就马上坐下来写剧本了。"[1]安东在剧本上进展缓慢，他将其归咎于"懒散，美妙的天气和麻烦的情节"。1903年7月底，斯坦尼斯拉夫斯基写信给奥尔迦说：

> 最让我们担心的是，安东感觉身体不好，有时候垂头丧气。我们经常咒骂奥斯特罗乌莫夫，是他说了那些混账话，毁了安东的好情绪……我们在担心剧院前途的时候，总是想到他的这个剧本。[2]

奥尔迦赶走了所有来拜访安东的客人，只有她在莫斯科艺术剧院的同事约瑟法特·季霍尔米洛夫（Iosafat Tikhormirov）一次可以坐上六小时。契诃夫家的常客，年轻诗人拉扎列夫斯基的拜访时间也被大大缩短了。拉扎列夫斯基在日记中写道："只要克尼碧尔一露面，家里的每个人都很紧张……他很爱他的妻子。"[3]而玛莎告诉他，就连她现在见安东都受到了限制。莫斯科艺术剧院已经进入排练期，但是允许奥尔迦·克尼碧尔缺席到9月中旬，给她时间陪伴安东。用她自己的话说，就是给他做看守大门的"地狱犬"。她已经完全恢复了健康："我现在圆滚滚的，晒黑了。我早上6点起床，跑去沐浴和游泳，能游出去很远。我整天只是吃饭、睡觉、读书，别无他事可做。"她让斯坦尼斯拉夫斯基放下心来。只要安东身体状态允许，她就督促他每天写作。她为《樱桃

---

[1] 见《契诃夫全集》，11，542，与吉托维奇，《生平纪事》，758。

[2] 见吉托维奇，《生平纪事》，758—759。

[3] 见《文学遗产87》，319—356。

园》做了充足的准备，"她的新角色让她热泪盈眶"。亚历山大·维什涅夫斯基也在为自己的角色做准备，因为安东让他节食。

579 有些人则对安东·契诃夫还能支撑多久持怀疑态度。1903 年 8 月 14 日，萨宁－舍恩伯格给妻子丽卡写信说：

> 我几乎认不出原来的契诃夫了。看照片真是非常令人心痛……但是克尼碧尔摆出一副勇敢的神情……然后尴尬地问："您觉得有什么不对头吗？"她害怕对自己承认这个事实。

在雅尔塔，奥尔迦还有她的哥哥——工程师康斯坦丁做伴。奥尔迦运用自己的影响力将哥哥从炎热的波斯边境调转到雅尔塔，在这里协助工程师兼作家尼古拉·加林－米哈伊洛夫斯基（Nikolai Garin-Mikhailovsky）建设一条宏伟的沿海铁路。

没有客人来访虽然令人放松，但也让人恼怒。安东恢复了他与大哥亚历山大之间的玩笑。他用一种奥尔迦看不懂的语言给亚历山大写信："Quousque tandem taces？ Quousque tandem,frater,abutere patientia nostra？ ...Scribendum est.〔你还要沉默多久？ 哥哥，你还要忍耐多久？……你必须给我们写信。〕"1903 年 8 月 22 日，亚历山大给安东写来一封温暖而调皮的信（用拉丁文和希腊文），这种温情在他们之间看似已经消失十五年了。亚历山大在信中声援了妹妹玛莎和奥尔迦的女仆，怀孕的玛莎·沙金：

> 她可能会被奥尔迦撵走，因为她和一个结婚后我就认不出是谁的男人亏待了她的"仙人掌"……请向我亲爱的美人求个情：她难道真不能原谅这个罪孽深重的女孩吗？……别忘了，女人的直筒内衣就是一块挂在公众集会入口处的门帘，这个集会只有那些战斗力持久的人才有资格参加。[1]

---

[1] 从《书信集》（1939 年）中删除；见图书馆手稿部，331 32 27：亚历山大·契诃夫给安东·契诃夫的信，1903。

81.《樱桃园》

亚历山大现在对儿子们很满意了，虽然科利亚杀死了一只腊肠犬，安东不求上进只知道追求年轻女佣。让他引以为傲的米沙已经十二岁了，可以和人用法语和德语交流。米沙阅读过叔叔安东的作品，尽管母亲娜塔利娅极力反对，他还是热衷于在业余剧团参加演出，与女孩子调情。亚历山大还谈到自己的性功能：

> 我的生活算得上禁欲，
> 但我不诅咒我的运气。
> 我交欢，虽然不好，但是
> 反正都一样，我交欢。

到了9月，尽管进展缓慢，但安东·契诃夫已经确定了《樱桃园》 *580* 的写作方案。他对斯坦尼斯拉夫斯基的妻子说："剧本的某些部分看起来甚至像是一出闹剧，我担心内米罗维奇-丹琴科会骂人。"斯坦尼斯拉夫斯基实则担心剧本比安东自己说得还要糟糕，他在9月7日对妹妹季娜伊达（Zinaida）说："据我想象，这个剧本的内容可能会是某种让人难以接受的东西，又怪诞又粗俗的东西。说实话，如果它只是一出闹剧还好，我就怕我们要再次面临更大的悲剧。即便到现在，他还觉得《三姐妹》是一个让人心情愉快的小作品。"[1]

与剧本《海鸥》相同，《樱桃园》的副标题也是"喜剧"，虽然它在内容上揭示的是一个贵族家庭的没落及其幻想的破灭。这个剧本充满了安东·契诃夫对自己早期作品和个人生活创伤的回忆。第一幕中樱桃花盛开的景象让人想起他的童年时代塔甘罗格的樱桃树；第四幕中惨遭砍伐厄运的樱桃树，则反映出他十年前在梅里霍沃庄园种下，后来被买主康申砍倒的樱桃树。不成器的继承人被迫拍卖祖传庄园的情节在他之前的作品中屡有出现。在《樱桃园》中，商人罗巴辛开始时建议他们把地皮分租给别人去盖别墅，后来在拍卖樱桃园时背叛了原来的主家，这个

---

[1] 见《契诃夫全集》，11，562。

情节的弦外之音直指二十七年前买下塔甘罗格的契诃夫家老房子的租客加夫里尔·谢利瓦诺夫。在第二幕和第四幕中，两次提到了远处传来的类似琴弦崩断的声音，这不祥的声音最早在1887年的故事《草原》中出现。邋遢的学生特罗费莫夫让人想起故事《新娘》中娜佳的人生导师萨沙。不切实际的女主人公柳鲍芙·安德烈耶芙娜·郎涅夫斯卡雅意欲通过孩子联姻的方式来挽救产业，她的手腕和用词均可在故事《在朋友家里》找到痕迹。安东的老朋友的人生遭际让《樱桃园》的情节更加丰满起来：加耶夫和郎涅夫斯卡雅兄妹失去了产业，基谢廖夫夫妇失去了巴布基诺庄园；斯坦尼斯拉夫斯基的柳比莫夫卡庄园里的形形色色的侍从，让人看到剧本中家庭女教师夏洛蒂和仆人们的影子。

作为一首唱给一个失落的世界、庄园和阶级的挽歌，《樱桃园》也在最大程度上展示了安东·契诃夫的天马行空的创造性。然而，与契诃夫所有的剧本一样，这个剧本的结尾也是暗淡凄凉的，权力仍然掌控在老一代人手中，而年轻一代飘零在风中。《樱桃园》中还缺席了一个因素：激情。剧本中唯一具有性爱色彩的人物是庄园的原女主人郎涅夫斯卡雅，她先是离开法国的情人回到俄罗斯的祖传庄园，然后再次离开。除了家庭女教师夏洛蒂擦拭来复枪和叶比霍多夫的左轮手枪，剧本中再无他人有什么激烈的举动。纵观契诃夫的一系列剧本可以发现，医生越来越懒惰，到这个剧本里已经叫不动了。剧本结尾的死亡亦平淡乏味：一个年老昏聩的仆人被遗忘在上了锁的房子里——这个结局影响了荒诞派戏剧的代表人物萨缪尔·贝克特（Samuel Beckett）。黑色幽默、令人心悸的氛围、徒劳的伤感、舞会上的方阵舞、自然景观对其中人物的支配作用，所有这些特质都将《樱桃园》推上现代戏剧先驱之作的位置，它直接影响了安托南·阿尔托（Antonin Artaud）、哈罗德·品特（Harold Pinter）等人的创作。工程师兼作家尼古拉·加林－米哈伊洛夫斯基敏锐地看到了安东·契诃夫的创造力与他的厄运——就如我们在《樱桃园》中原庄园主人身上看到的那样——之间的不可调和的矛盾。他写道："契诃夫几乎无法走路了，胸部发出呼哧呼哧的噪声，但是他好像根本没有注意到这些。除了自己的病，他好像对其他的任何东

581

81.《樱桃园》

西都感兴趣……为什么这样珍贵的才华却被桎梏在如此脆弱的一具躯体里？"[1]

奥尔迦·克尼碧尔心情愉快。丈夫对她百依百顺，甚至允许她的猫进房间了。他们在雅尔塔住在不同的房间里，但是每天早上她游完泳之后就来安东的房间。1903 年 9 月 19 日，奥尔迦回了莫斯科，她带走腊肠犬施纳普，却将自己的猫留在了雅尔塔。她回去参加演出季的开幕式。她满心希望自己能够怀上身孕，并相信剧本很快也会跟随她而来。安东还享受着奥尔迦的热情的余晖，他给他的"小马"写道："让我摩挲你，给你梳毛，喂你最好的燕麦。"剧本《樱桃园》终于杀青，安东心情愉悦。这是安东·契诃夫唯一一部不以枪而是以斧头结尾的剧本。然而，咳嗽和肌肉酸痛仍然一刻不停地折磨着安东。伊萨克·阿利特舒勒医生禁止他洗澡，继续给他使用西班牙苍蝇斑蝥素压布，恳求他不要去莫斯科。安东根本不把这个建议当一回事。

玛莎在 10 月 8 日返回莫斯科，向奥尔迦报告了安东在她的照料下身体的改善情况。同一天，难掩嫉妒的奥尔迦向安东发泄说：

> 你终于决定身体好一些了？！我在家里的时候为什么就那么难呢？……也许阿利特舒勒以为是我耗尽了你的精力。我在场时，他从来不和你谈论健康问题。我一走，你的饭量就加倍了，玛莎真是什么都能办得到呵。

安东回嘴说，到莫斯科后他也会和她分开住，他的全部所求就是坐在剧院里，配上一个大卫生间。如果她愿意，她可以带上一个情人。腹泻、咳嗽和西班牙苍蝇斑蝥素压布让安东的日子苦不堪言。他向奥尔迦发牢骚："玛莎一走，晚餐自然又变得一团糟。比如，今天我吃的是羊肉，而实际上我是不能吃羊肉的。我真怀念那些主菜……我吃鸡蛋。亲爱的，写一个剧本真是太艰难了。"实际上，奥尔迦很难体会到

---

[1] 见《同时代人的回忆》，597—599。

安东的痛苦，她的便秘与安东的腹泻同样顽固。玛莎离开雅尔塔的时候给家里留下了一份安东的饮食表，安东给玛柳什卡和厨师写下了如何操作，她们中的一人还潦草地记下了一份病人菜单。然而她们还是给他做鸡肉米饭、樱桃蜜饯和法式奶冻，还漫不经心地准备牛肉、咸鱼和土豆。安东拒绝进食，直到 10 月 15 日，他才吃到自己规定的饭菜。

莫斯科艺术剧院正在排练莎士比亚的《凯撒大帝》，但大家情绪低落，因为莎士比亚戏剧不是他们的强项，而斯坦尼斯拉夫斯基扮演起马尔库斯·布鲁图斯也不尽如人意。演出季开幕了，《凯撒大帝》竟然取得了意想不到的成功，但是安东仍然感受到了斯坦尼斯拉夫斯基催促他交付《樱桃园》稿件的压力。10 月 14 日，安东整理好新剧本，将其寄往莫斯科。安东·契诃夫做了一件荒唐事：他寄走的是他唯一的一份手稿。在莫斯科，人们排着队来拜访奥尔迦，争取抄写新剧本的机会，或者只是为了一睹为快。马克西姆·高尔基出价四千五百卢布，想要将《樱桃园》发表在自己的年刊《知识》（*Knowledge*）上。安东犹豫不决：他与阿道夫·马克斯的合同允许他这样做吗？年刊算得上期刊吗？为了满足马克斯的合同对安东的要求，高尔基承诺将把百分之十的收益用于慈善事业。（尽管马克西姆·高尔基属于无产阶级，但他经常表现得像一个贵族赞助人，他既是俄罗斯收入最高的作家，也是出手最慷慨的策划编辑。）

安东希望剧院能够暂时对《樱桃园》的内容保密，但内米罗维奇－丹琴科向《快递报》的叶夫罗斯——他是这份报纸上最支持莫斯科艺术剧院的评论家——透露了情节。叶夫罗斯含混不清地叙述了剧本概要，而他的版本在外省报纸上被连续转载。安东气得拍来电报，痛斥内米罗维奇－丹琴科泄漏了机密——这份电报行文太过激烈，以致都没法儿给奥尔迦看。安东也与叶夫罗斯断了交。安东·契诃夫从来没有对自己的其他剧本以及舞台呈现表现得像对《樱桃园》这么上心：他强行规定演员名单、场景和氛围。安东还打算前往莫斯科，监督剧本排演的一切细节。他去意已决，阿利特舒勒医生无法阻止他的计划。

81.《樱桃园》

　　弗拉基米尔·内米罗维奇－丹琴科对《樱桃园》的认知经历了一个缓慢的过程。他认为，与安东的其他戏剧作品比起来它"更像是一个剧本"，它"和谐，有崭新的人物形象"，但剧本中的"眼泪"太多了。这个评论激怒了安东，他坚称整个剧本中只有瓦里雅一个人哭过。斯坦尼斯拉夫斯基读了第四幕后泪流不止，他说："这根本不是您的副标题所写的喜剧或闹剧，它是一部悲剧。"这个评论也让安东心情沮丧。剧团中，只有斯坦尼斯拉夫斯基的妻子的评论击中了要害："很多人哭了，连男人都哭；而我认为剧本中充满了生命的欢愉，我觉得赶去参加排练都很有意思……在某种程度上讲，《樱桃园》对我而言好像不是一个剧本，而是一部音乐剧，一部交响乐。"[1] 马克西姆·高尔基已经着手排印剧本，但是他对编辑康斯坦丁·皮亚特尼茨基说："坦白地说，它并没有给人留下杰出作品该有的印象。我也不理解为什么［剧中人］都闷闷不乐。"[2]

　　《樱桃园》剧本寄到莫斯科的那一天，奥尔迦·克尼碧尔的月经来了。她与安东共同生活了五个月之后，仍然没有怀孕。争吵爆发了。全家人都卷入其中，但我们对细节只能猜测。现在又经常来拜访玛莎和奥尔迦的伊万·蒲宁看似也卷入了战争。毫无疑问，奥尔迦与内米罗维奇－丹琴科的亲密关系令安东很不安。叶夫根尼娅给莫斯科的万尼亚写信求助，这封信表明安东对自己的妻子、妹妹和母亲的忍耐已经到了极限：

　　　　安托沙告诉我，玛莎必须搬出去自己找公寓住，而奥尔迦可以回家与她妈妈住在一起……可怜的玛莎不想离开他们，请不要告诉玛莎我给你写过这封信，我想让你请我来莫斯科，先住在你家，直到我们找到地方住……奥尔迦自然有她自己的方法，她已经说服安托沙摆脱我们了，她想做什么就做什么，他当然也为我们难过，只

583

---

［1］ 见《契诃夫全集》，13，497。
［2］ 见《契诃夫全集》，11，598。

是从来不能坚持到底。E. 契诃娃。[1]

奥尔迦·克尼碧尔心中忐忑不安，因为安东倾向于让她的竞争对手——时年三十一岁的玛丽亚·安德烈耶娃——出演十七岁的天真少女安尼雅。（安东接下来提议，让安德烈耶娃出演安尼雅的姐姐，也就是柳鲍芙·安德烈耶芙娜的养女，虔诚的少女瓦里雅，但奥尔迦仍然没有同意。）安东给内米罗维奇－丹琴科写了一封信，指责他多年来一直不把自己的建议当回事儿："我一直让您寻找一个能饰演郎涅夫斯卡雅的女演员。"11月5日，弗拉基米尔·内米罗维奇－丹琴科用电报发来一个演员表，只让安东决定其中的小角色。虽然腊肠犬施纳普又打呼噜又放屁，但奥尔迦推荐由它充当家庭教师夏洛蒂那只吃坚果的宠物狗，安东说不行，他明确要找一只"小小的、毛茸茸的、眼神阴郁的狗"。

家里养的一只鹤死了。奥尔迦·克尼碧尔现在的来信让安东读来很是痛苦，因为她或是一副《海鸥》中的阿尔卡基娜的口吻："你知道你是一个无所不能的人吗？"或是写得像一个护士兼高级妓女："你喷喉咙了吗？你早上没有做下流姿势吧？你想不想让你的匈牙利人［即她自己］晚上带着枕头和蜡烛来你的房间，然后幽怨地离开？"[2]但事实上，她既不听从他愤怒的恳求，继续把贵重物品放在家里，也不在意他对厕纸的要求。她还指示他在雅尔塔买一条布哈拉被子。

584　　　11月9日，《樱桃园》的剧本抄写完毕，演员们开始投入排练。在雅尔塔的安东迫不及待要来莫斯科，但奥尔迦说要等到空气变得干燥寒冷后才能过来。在此期间，她给安东订购了一件北极狐幼崽的毛皮大衣，它不仅能够抵御莫斯科的寒冬，而且对安东虚弱的身体来讲也不会太重。安东明确要求大衣必须是鸭绒填充的，要有毛皮领子和一顶配套的帽子。

［1］　见俄罗斯档案馆，2540 I 160：叶夫根尼娅·契诃娃给万尼亚·契诃夫的信，1888—1905：1903 年 10 月 27 日。

［2］　从《克尼碧尔－契诃娃》（1972 年）中删除；见图书馆手稿部，331 77 4：奥尔迦·克尼碧尔给安东·契诃夫的信，1903 年 11 月 1—16 日。

81.《樱桃园》

《樱桃园》的故事节外生枝。几年前买下梅里霍沃庄园的康申在卖光了庄园里的木材后，宣布自己资不抵债，将庄园再次拍卖。玛莎与她的莫斯科邻居尼古拉·斯图亚特（Nicolai Stuart）男爵商量购买事宜。梅里霍沃庄园一戈比钱也收不到。斯图亚特男爵申请到一份私人按揭贷款，为期五年，利息百分之五。玛莎手里终于有了钱。

11月18日，叶夫根尼娅将安东托付给玛柳什卡和阿尔谢尼照应，自己带着女仆娜斯佳去了莫斯科。她在奥尔迦的公寓落脚，奥尔迦安排她住在安东的书房。（叶夫根尼娅很快就去了彼得堡，与米沙一家和丽卡·米济诺娃一起过圣诞节。）安东独自一人在家生闷气。在排练时，斯坦尼斯拉夫斯基试图将春天的声响——蛙鸣和长脚秧鸡的叫声——插到夏天的场景中去，被及时制止了。安东发牢骚，说内米罗维奇－丹琴科提出的问题只能说明"〔他〕根本没有读我的剧本。它始于误解，最后也会终于误解"。同时，安东·契诃夫非常担心《樱桃园》的首演会成为纪念他从事文学活动二十五周年的一个借口。他痛恨周年庆典的设想，徒劳地抗议1905年才算是他从事文学活动二十五周年。奥尔迦在来信中暗示安东，她可能很快就能让他来莫斯科："你梦见你的匈牙利人了吗？你早上做下流姿势了吗？我们在这儿可以住在一起，我就不用早上直接从海里去你的卧室了。"11月29日，她发来电报："霜冻。与阿利特舒勒商量来。"

距离安东上次在莫斯科庆祝圣诞节、新年和他的命名日，数年已逝。这次来到莫斯科，他忽然精力大增，几乎每天都参加剧院的排练，这让斯坦尼斯拉夫斯基非常为难："作者来了，把我们大家都搞糊涂了。我们的花朵都被摧残殆尽，我们只有从花苞开始酝酿。"安东也心中懊恼。书刊审查官删掉了原剧本中特罗费莫夫的两段激烈的演讲，这里必须填补进新的台词；而斯坦尼斯拉夫斯基也从第二幕里删减掉两个令人回味的精彩情节。安东半开玩笑地开价三千卢布，说把剧本直接卖给内米罗维奇－丹琴科。待安东上气不接下气地爬上长长的楼梯，回到奥尔迦租来的公寓里，只要精力允许，他就会见朋友。他的状态让朋友们都感到不安。伊万·蒲宁经常陪伴安东到半夜，直到出去交际的奥尔 *585*

迦·克尼碧尔回来：

> 她通常去剧院，有时去参加慈善音乐会。内米罗维奇－丹琴科会来接她。他穿着一件礼服大衣，浑身散发着雪茄和昂贵古龙水的气味。她身穿晚礼服，喷着香水，看起来漂亮又年轻。她走到丈夫面前，说道："亲爱的，我出去的时候不要觉得无聊，不管怎么说，你和蒲基顺在一起总是很舒心……"有的时候，他要洗头发。我试着逗他开心……大约凌晨4点，有时天已经亮了，奥尔迦才能回来，浑身闻着一股酒味和香水味。她说："亲爱的，你怎么还不睡觉？这对你可不好。"[1]

圣诞节前，伊万·蒲宁去了国外，此后他再也没有见过安东·契诃夫。丽卡·米济诺娃没有冒险从彼得堡过来探望安东，但她的丈夫萨宁－舍恩伯格给她描述了安东的状况：

> 波塔片科说，无论作为一个作家还是一个人，他都已经灯枯油尽了。"现在看着他真的叫人心疼，无论是真人还是照片……不，我已经把契诃夫从我的名单上划掉了。这个人已经没有多少时间了，他的生命就要到头了。那个克尼碧尔为什么要嫁给他呢？我在莫斯科见到他们，也见到了玛莎，玛莎说：'这太可怕了！太不幸了！'"[2]

奥尔迦·克尼碧尔心里明白，自己对待安东的态度引起了许多非议。她在给叶夫根尼娅的信中说：

> 我无法告诉您，安东的病情一直以来让我多么心烦意乱。如果

---

[1] 塔妮娅·谢普金娜－库别尔尼克的回忆录中，也记录了几乎相同的场景。
[2] 见莫斯科档案馆，5323/44—62：萨宁－舍恩伯格给丽卡·米济诺娃的信，1903年12月14日。

81.《樱桃园》

您以自己的生活作为参照的话，您一定会把我想得很坏……但是，让我忽然放弃我的职业，这对我来讲确实非常困难……我知道您对此有不同的看法，如果您心里指责我，我也完全理解。[1]

领事尤拉索夫和科罗特涅夫教授邀请契诃夫这一年冬天再次前往尼斯，但是《樱桃园》拴住了他。另外，他几乎没有勇气走出家门到街上去，更不要说横穿欧洲了。新年之前，马克西姆·高尔基、列昂尼德·安德烈耶夫（Leonid Andreev）会同他们的律师给出版商阿道夫·马克斯起草了一封信，敦促他与安东·契诃夫重新签署一份合同，作为对即将举行的契诃夫从事文学活动二十五周年庆祝活动的贺礼。安东·契诃夫叫他们不要这么做。

叶夫根尼娅在彼得堡与米沙一家住在一起，暂时忘记了烦心事，但是1月7日时安东写信让她回来："您已经在那里待得让人讨厌了，现在是回莫斯科的时候了。首先，我们都很想念您；其次，我们也需要讨论一下雅尔塔的事情。"其实雅尔塔的事情并没什么好讨论的，只是一个关键的日子——1月17日——即将来临。这是安东·契诃夫的第四十四个命名日，也是戏剧《樱桃园》首演的日子。

586

---

[1] 见图书馆手稿部，331 77 11：奥尔迦·克尼碧尔给叶夫根尼娅·契诃娃的信，1903—1904部分，1903年12月29日。

82. 最后的告别

（1904 年 1—7 月）

　　"事情多得没完没了，空气中洋溢着一股不祥的气氛。1904 年 1 月 17 日那个晚上，让人根本没有时间去高兴。"奥尔迦·克尼碧尔在 1929 年回忆时这样说。很少有剧本像《樱桃园》这样精心排练过。莫斯科首演当天，剧院里挤满了观众，许多座位后面也站着人，他们看起来病恹恹的，这些"天使"据说是从雅尔塔赶来的结核病患者。在剧院正厅前排座位和包厢里就座的知名人士有：音乐家谢尔盖·拉赫玛尼诺夫（Sergei Rachmaninoff），诗人安德烈·别雷（Andrei Bely），作家马克西姆·高尔基，歌剧演唱家费奥多尔·夏里亚宾（Feodor Chaliapin），以及安东的几乎全部的莫斯科朋友。《樱桃园》的首演静悄悄地拉开了序幕。在演出的前三幕，安东·契诃夫都不在剧院。他前一天在歌剧院听了费奥多尔·夏里亚宾的演唱，现在正在家里休息。这时，弗拉基米尔·内米罗维奇－丹琴科派来一辆马车，让人拿来一张便条骗他去剧院："虽然现在还不是参加谢幕的时候，但难道您不想在第三次幕间休息时来剧院一趟吗？"

　　就在第三次幕间休息的时候，安东·契诃夫被邀请到了舞台上。他脸色苍白，弓着背，身材消瘦，面容憔悴，浑似一具行走的尸首。安东站在舞台中心，半面围满了俄罗斯著名的学者、记者和演员，周围响起震耳欲聋的欢呼声。安东的情形将斯坦尼斯拉夫斯基吓坏了，前排观众中有一个声音喊道"请您坐下！"，但是舞台上并没有椅子。各种讲话和祝词开始了。在阿列克谢·尼古拉耶维奇·韦谢洛夫斯基（Aleksei Nikolaevich Veselovsky）教授发言时，安东不由得想到了《樱桃园》第一幕中加耶夫为一个柜橱做百年纪念、对它大发议论的情节，于是，他喃喃自语道："柜橱！"大家都暗自窃笑。安东的双眼流露出惊恐的神情，他站着听人们朗读来自各种社会团体和报社的贺信和贺电，直到后来被引下舞台，躺在一间更衣室的长沙发上。高尔基把所有人赶出房间，只留下年轻演员卡恰洛夫——他在剧中扮演特罗费莫夫——来照料奄奄一息的安东。半小时后，演出结束。在第三个幕间休息雷动的掌声和欢呼声的衬托下，观众在结束时显得太过克制了。安东和演员们一起出去小饮庆祝。除了铺天盖地而来的各种演讲和祝词，他也收到了古董家具作为礼物，但他看它很不顺眼。他对斯坦尼斯拉夫斯基说，他真正需要的是一个新型捕鼠夹子。警察指控莫斯科艺术剧院召集了一场"未经批准的公众集会"。

《樱桃园》接下来的演出场次的戏票仍然有售。时值日俄战争一触即发之际，这样一部黑色喜剧与在民众中大行其道的极端爱国主义情绪有些格格不入。1904 年 1 月 24 日，日俄战争爆发。三天后，日本在亚瑟港击沉了俄罗斯帝国的太平洋舰队，一股悲哀甚至末世情绪弥漫于俄罗斯。在此时局之下，评论者都倾向于将《樱桃园》看作一个政治讽喻：贵族阶级最终被平民大众所推翻。在彼得堡进行四旬期巡演时，《樱桃园》的剧场空着一半座位。高尔基已经将剧本排印好，《知识》年刊报送给了报刊审查部门，去面对烦冗的审查程序。俄罗斯人需要时间来调整他们的伤世挽歌情绪，内米罗维奇－丹琴科也需要时间来寻找必要的"蕾丝般的"触感，让这个剧本在未来更加动荡不安的一年里取得成功。

安东·契诃夫想逃到里维耶拉或者克里米亚去。莫斯科公寓前的楼梯对他来讲堪称"真正的痛苦"。纪念契诃夫写作生涯的周年庆祝活动让许多老相识再次与他取得联系。他们从安东那里寻求同情和帮助，虽

588

然这本身就有些不近情理：奥尔迦的侄女里奥娃患有结核性脊椎炎，病情预后是瘫痪或死亡；戈登三姐妹中的长姐，嫁给戏剧家普什卡廖夫的阿纳斯塔西娅，此时人老色衰，财富和健康都离她而去，她向安东乞求一份养老金；利迪娅·阿维洛娃向他寻求为伤残士兵做慈善活动的建议；古尔祖夫学校的一名教员请求安东为他说句话，以便让教堂同意他与亡妻的妹妹结婚；克列奥帕特拉·卡拉特金娜想要安东提供资助，送她患了结核病的弟弟去疗养院。

此时，安东·契诃夫需要一份不用费神费力的工作。戈尔采夫给他提供了一个在《俄罗斯思想》做文学编辑的职位，委托他处理来稿。安东手头还有两个故事的精彩开头：《跛子》（"The Cripple"）和《打破平衡》（"Disturbing the Balance"），但他觉得自己不可能完成了，于是就放弃了。他宁愿给初学写作者修改文章，甚至给他们做注释。1904年2月14日，叶夫根尼娅返回克里米亚，奥尔迦带着安东前往莫斯科以南近二十五公里处的察里津（Tsaritsyno），他们去那里看一所乡间别墅。这个地区据说并不有利于健康，但这所房子适合冬天居住。在察里津发生了火车出轨事件，安东只好乘坐一辆冰冷的计程车返回莫斯科。雅尔塔的阿利特舒勒医生听说这件事后，震惊不已。

第二天，安东和腊肠犬施纳普坐上了前往克里米亚的快车。到达塞瓦斯托波尔时，他看到叶夫根尼娅的女仆娜斯佳在这里等他，叶夫根尼娅已经提前走了；他们一起乘船返回雅尔塔。腊肠犬施纳普回到雅尔塔的家里后，能与院子里的看家狗玩耍，能与叶夫根尼娅睡觉，它在雅尔塔的日子比它的主人过得舒坦。雅尔塔的房子里温度太低了，客人们来了都得穿着皮大衣。安东发现，脱衣服成了一项艰巨的工作，床又硬又冷，娜斯佳做的汤就"像刷锅水，煎饼冰冰冷"。他目前的状况不允许他出国旅行，而且战争让俄罗斯卢布大幅贬值，现在出国旅行的费用也过于昂贵。家里那只孤零零的鹤也向南迁徙了。最要命的是，雅尔塔找不到情投意合的陪伴者。用安东的话来说，那个"一股羊皮纸味儿和酸腐气"的伊万·蒲宁，现在在莫斯科，经常与玛莎和奥尔迦在一起。《樱桃园》已经流向外省，先在顿河畔的罗斯托夫演出，然后在塔甘罗格搬上舞台（在此得到疯狂的赞誉）。4月10日在雅尔塔演出，但是表演效果很糟糕，安东退场了。

在万尼亚的帮助下，奥尔伽·克尼碧尔继续在莫斯科近郊挑选房子，只是冬天将尽，她也知道这毫无意义了。当地的气候、卖家的要价或者安装卫生间的成本让每一个选择都不尽如人意。不过此时发生了一件让奥尔迦心花怒放的事：玛丽亚·安德烈耶娃从莫斯科艺术剧院辞职了。安德烈耶娃对斯坦尼斯拉夫斯基接受了她的辞职感到非常痛苦[1]，而奥尔迦高兴地对安东说：

> 她咒骂过包括我在内的所有人……管理层里没有人对她的离开表示遗憾，当然我不知道男演员们的感觉。接下来会怎么样呢！我希望剧院不要分裂才好。我还不知道该怎么办。高尔基也搅进了这件事中，这是毫无疑问的。[2]

现在，奥尔迦·克尼碧尔在莫斯科艺术剧院只有一个对头了，那就是内米罗维奇－丹琴科的妻子卡佳，然而世袭科尔夫男爵夫人的爵位让她的地位稳如泰山。当然，奥尔迦在剧院外还有竞争对手。在莫斯科，维拉·科米萨尔热夫斯卡娅在埃尔米塔什剧院出演了易卜生的《玩偶之家》中的娜拉，以其精彩表现而广受好评。奥尔迦宣称，科米萨尔热夫斯卡娅羞辱了她自己、她的剧目和她的剧团。更加糟糕的是，继科米萨尔热夫斯卡娅的表演之后，利迪娅·亚沃尔斯卡娅带着另一个剧团来了，奥尔迦说"大家心里都很害怕"。奥尔迦更大的恐慌是，她的两个舅舅——军官萨沙·萨尔扎和医生卡尔·萨尔扎——都被派往中国东北

---

[1] 接受玛丽亚·安德烈耶娃离开莫斯科艺术剧院自有原因：她一直在斯坦尼斯拉夫斯基面前指责奥尔迦·克尼碧尔和弗拉基米尔·内米罗维奇－丹琴科关系密切；她在舞台上晕厥过去；马克西姆·高尔基爱上了她（大家都很同情高尔基那位患有结核病的妻子）；安德烈耶娃的丈夫被指控贪污。（1905年，安德烈耶娃复职，身为布尔什维克和高尔基的配偶，她的职业生涯得到了保障。）

[2] 从《克尼碧尔－契诃娃》（1972年）中删除；见图书馆手稿部，331 77 6；奥尔迦·克尼碧尔给安东·契诃夫的信，1904年2月15—29日。

的前线，而她的哥哥康斯坦丁也被派去修筑通往战区的西伯利亚铁路。在莫斯科，斯特劳齐医生死于肝病，这样一来，再没有人支持奥尔迦将安东留在莫斯科了。

日俄战争对安东·契诃夫的生活影响不大。他的侄子尼古拉被征召入伍，他家里最执着的客人，诗人拉扎列夫斯基也应征入伍，被派驻到符拉迪沃斯托克。奥尔迦给安东寄来肥皂，尽管阿利特舒勒医生禁止他洗浴（因为害怕安东肺部着凉）。伊萨克·阿利特舒勒经常来探望安东，虽然更多的时候是为了陪伴而不是治疗，但安东仍然备感孤独。他总是想找一些事情做，但又虚弱得做不了什么。奥尔迦的嫂子露露（Lulu）因为儿子的结核病而心烦意乱，他给她提出一些建议。他还为当地的雅乌兹拉尔疗养院募集钱款，给戈尔采夫甚至作者们寄去文稿。大哥亚历山大感到安东来日无多，于是在 3 月来到雅尔塔见他最后一面。他还带来了娜塔利娅（安东已经七年没有见到她了），十二岁的米沙和家里的腊肠犬。安东对奥尔迦说："亚历山大现在很清醒，宽宏大量又很风趣。看起来大有前途。希望他不再喝酒了，尽管谁也不能保证。"玛莎在 3 月 19 日返回雅尔塔，万尼亚在复活节的时候也回来了。他们都觉得，这可能是他们最后一次家庭团聚了。只有小弟弟米沙没有回来，他正在高加索地区为阿列克谢·苏沃林经营火车站书报亭。

奥尔迦·克尼碧尔在莫斯科的房子租约到期后，又搬到了一个配备有电梯、电灯的公寓里。公寓里有两个卫生间，但只有一个可使用。她仍然对自己的新住址含糊其词，让安东干着急，安东也怀疑电梯是否能正常运行。安东·契诃夫对即将到来的夏天有着野心勃勃的计划：他要去"满洲"当医生和战地记者。虽然没有人把他的话当真，但他仍然一遍一遍地给人讲着自己的安排。他给前线的萨沙舅舅写信，给他提供烟斗丝。[1] 奥尔迦觉得安东的计划只是小孩子般的心血来潮，根本不予考虑："那你怎么安置我呢？我们还是去钓鱼吧。"奥尔迦仍然心存希望，

---

[1] 这个再次穿越西伯利亚的疯狂想法是安东的嫉妒心在作祟。奥尔迦·克尼碧尔在 3 月 16 日的信中随口提到，她遇见了自己的初恋情人德米特里·冈察洛夫（Dimitri Goncharov），而且尽管他身体有病，他仍然想和奥尔迦一起在莫斯科艺术剧院演出。

82. 最后的告别

想要怀上一个孩子，既然扮演笨手笨脚的叶比霍多夫的伊万·莫斯克温（Ivan Moskvin）都能当上爸爸，"那么你和我会是什么时候呢"？ 1904年3月27日，复活节星期六，她在信中问安东："你想要孩子吗？亲爱的，我确实想。我会尽我的最大努力。"

阿道夫·马克斯给安东寄来《樱桃园》的出版清样，让他检查以备出版。安东尽可能地拖延时间，想等到高尔基的《知识》年刊通过审查后再将清样交给马克斯。到了4月，他无法再拖延，只好把清样交给了马克斯。没想到马克斯快马加鞭地付印出版，这直接导致《知识》年刊没有销路，安东尴尬得无地自容。

《樱桃园》于4月2日在彼得堡开演。阿列克谢·苏沃林再次放出了自己的恶犬。布列宁在《新时代》上宣称："作为一名剧作家，契诃夫不仅蹩脚，而且古怪，非常平淡乏味，令人厌烦。"莫斯科艺术剧院对此局面如临大敌。奥尔迦说，内米罗维奇－丹琴科的妻子穿上白衣服、戴着绿帽子，去教堂点蜡烛祈求好运。尽管媒体评论充满敌意，但彼得堡的观众对《樱桃园》给予非常热烈的响应。奥尔迦·克尼碧尔在彼得堡过得并不开心。两年前给她做过手术的雅各布森医生来拜访她，她对此说："他真是一个极度让人讨厌的人。"奥尔迦几年前已经与利迪娅·亚沃尔斯卡娅发生过冲突，现在又遇到了与安东的旧爱有瓜葛的另一个女同性恋者： *591*

> 玛丽亚·克雷斯托夫斯卡娅（Maria Krestovskaia）向我承认了实情，给我讲了她对塔妮娅·谢普金娜－库别尔尼克全部的爱和幻灭。顺便说一句，谢普金娜－库别尔尼克已经和大律师波雷诺夫结婚了。当克雷斯托夫斯卡娅说到塔妮娅有多么危险时，她的声音都颤抖了。[1]

4月中旬，亚历山大、万尼亚和玛莎都离开了雅尔塔。那只飞走过

---

[1] 从《克尼碧尔－契诃娃》（1972年）中删除；见图书馆手稿部，331 77 8：奥尔迦·克尼碧尔给安东·契诃夫的信，1904年4月15日。安东在一封从布拉戈维申斯克的妓院写给苏沃林的信中，暗示过与克雷斯托夫斯卡娅的关系。

冬的家养鹤也飞回来了。安东服用铋来治疗肠道，食用鸦片来治疗胸口痛。（伊萨克·阿利特舒勒给他开了海洛因，以防疼痛加重。）肺气肿仍然没有缓解，他向奥尔迦呻吟说："我喘不上气来。"他的牙齿都松动了，但是雅尔塔的那位邋遢牙医奥斯特洛夫斯基却不在家。"满洲"前线的伤亡消息让安东日夜不宁，直到5月，他才得到萨沙舅舅的消息。春天一到，安东就逃往了莫斯科。奥尔迦的医生陶贝给他检查了身体，指示他去国外接受治疗。他是于5月3日抵达莫斯科的，旅途劳顿让他病情加重，他出了公寓电梯直接就上了床。从此，他再也没有从床上起来超出几小时过。陶贝医生和同事们来看望他，玛莎在信中对叶夫根尼娅说："德国人都来表示问候。"他们诊断安东得了胸膜炎并因病消瘦，他们给他开了灌肠剂，规定了一种特殊的饮食。适合他的饮食包括动物大脑、鱼汤、米饭、黄油和带奶油的可可，医生禁止他喝咖啡。陶贝医生停止了阿利特舒勒建议的吃煮鸡蛋和使用西班牙苍蝇斑蝥素压布。安东仍然虚弱得无法坐立，心情烦躁，没精打采，但他也承认他得到了妥善的照顾。他告诉雅尔塔的同事斯雷丁医生："我建议，您让德国人来给您治治……我已经被折磨了二十年！！！"

玛莎·契诃娃得知奥尔迦带安东前往德国的计划后，极其激烈地反对嫂子的计划。她担心安东会死在异国他乡。于是，奥尔迦一时一刻都不许安东的亲友靠近他的病床。玛莎对叶夫根尼娅说："我不能经常见到他——我非常害怕奥尔迦。"[1]奥尔迦与玛莎之间爆发了一次激烈的争吵。5月14日，玛莎离开哥哥，离开莫斯科，返回了雅尔塔。同在

592 莫斯科的万尼亚每天只是打电话来，从仆人口中了解安东的情况。唯一冲破了奥尔迦在安东周围竖起的这道警戒线的密友，是不屈不挠的奥尔迦·昆达索娃。她后来告诉苏沃林，这是她"［与安东］最让人不舒服的一次见面，几乎让人难以忍受"。这次会面令奥尔迦·昆达索娃十分痛苦，她不愿向任何人透露他们见面的细节。

安东给雅尔塔写信，安抚母亲和妹妹，但暗中与奥尔迦、陶贝医生

---

[1] 见图书馆手稿部，331 79 31：玛莎·契诃娃给叶夫根尼娅·契诃娃的信，1903—1914部分，1904年5月9日。

积极配合。在三个剂量的麻醉剂的作用下，安东放松下来了，吗啡抑制
了疼痛，鸦片的副作用止住了他的腹泻，如果情况再糟糕的话就用海洛
因。安东·契诃夫心里暗自希望能有一种更加幸运的死亡方式，比如像
伊萨克·列维坦那样死于心力衰竭，而不是死于体内大出血。对安东来
讲，远离让人操心的家庭，死在德国，终结于一个像奥尔迦这样熟练的
护士的臂弯之中，这未尝不是一种极有吸引力的选择。安东对一位客人
说："我要出去咽下这口气。"无所事事让他非常心烦，他尽力给戈尔采
夫审读稿件。他渴望喝咖啡。5月20日，他发作了一次严重的胸膜炎，
陶贝医生将他抢救过来。5月22日，奥尔迦·克尼碧尔购买了6月2
日前往柏林和巴登韦勒（Badenweiler）的火车票。巴登韦勒水疗中心位
于黑林山（Black Forest），陶贝医生的同事施沃勒（Schworer）医生在
那里工作。冰雹与大雪交加。玛莎在雅尔塔筋疲力尽地处理粪池。奥尔
迦恳求玛莎给安东写信：

> 他在饭厅里坐了好几次，在那儿吃了晚饭。陶贝来了。他说，
> 胸膜炎的状况肯定已经好转了；因为缺少新鲜空气和运动，他才这
> 么虚弱。明天早上，我们就让他喝咖啡。他现在的肠道很壮，所以
> 可以给他使用灌肠剂了。[1]

5月25日，安东向《知识》年刊索要剧本《樱桃园》的四千五百
卢布稿费。由于马克斯无视安东的请求抢先发表了《樱桃园》，抢占了
市场，高尔基和康斯坦丁·皮亚特尼茨基面临破产，但这四千五百卢布
还是如数付给了安东。奥尔迦和安东为出国做好了准备，但新的疼痛袭
来，这次连吗啡也不起作用了。5月30日的黎明，安东给亚历山大·维
什涅夫斯基写来一张便条："马上帮我找按摩师威尔森。我整晚没睡，
风湿痛很折磨人。不要告诉任何人，连陶贝都不要说。"威尔森马上就
来了。第二天，安东·契诃夫最后一次坐在马车上，走过莫斯科的大

---

[1] 见图书馆手稿部，331 77 18：奥尔迦·克尼碧尔给玛莎·契诃娃的信，1904年5月
22日。

街。他告诉玛莎，他担心自己的病发展成为结核性脊椎炎。[1]奥尔迦也写信给玛莎，因为她现在也开始怀疑安东是否能够出行。陶贝医生给安东开了阿司匹林和奎宁，奥尔迦给他注射砷剂，来缓解肌肉疼痛。奥尔迦每天只能抽出几分钟时间去剧院。在雅尔塔的玛莎感到非常绝望，她在给米沙的信中承认："我非常心痛。他会出事的。雅尔塔的医生都说他住在雅尔塔对他更好。奥尔迦对我非常苛刻，我几乎看不到安托沙，我不敢走进他的房间。"[2]米沙照例用一通陈词滥调来回复玛莎："只要还有希望，哪怕只是一线微光，就不会一无所有。"米沙希望能趁安东不在家，带着家人到雅尔塔度假。

奥尔迦·克尼碧尔迫不及待地想要离开莫斯科。她现在给安东注射吗啡止痛，她把他的风湿性疼痛归咎于新公寓，因为那里的暖气锅炉坏了。6月3日，就在高尔基准备起诉阿道夫·马克斯过早出版契诃夫的《樱桃园》的那一天（该诉讼未遂），契诃夫夫妇离开莫斯科，前往柏林。

奥尔迦的哥哥——歌手瓦洛佳在柏林接到了他们，等待他们的还有被高尔基抛弃的妻子叶卡捷琳娜和她的孩子们。安东·契诃夫给玛莎写了信，并且对伊萨克·阿利特舒勒医生表达了感谢之情，信的语气前所未有地温和。他在萨伏依（Savoy）享受了咖啡。6月19日（儒略历6月6日），安东坐着马车去了动物园，经介绍与格里戈里·伊奥拉斯（Grigori Iollos）认识。格里戈里·伊奥拉斯是索博列夫斯基的《俄罗斯报》的记者，安东向玛莎这样描述他："很风趣，讨人喜欢，无条件地乐于助人。"他后来成为契诃夫夫妇在德国的守护天使。6月20日（儒略历6月7日），柏林著名的医生埃瓦尔德（Ewald）教授来到契诃夫的旅馆为他诊病，陶贝医生事先已经警告过他安东的病情。埃瓦尔德

---

[1] 如果安东·契诃夫不是在开玩笑的话，那么他很可能担心自己的症状是梅毒，因为"绝大多数情况下，导致结核性脊椎炎（脊髓痨）的病因是梅毒"。（安德列夫斯基医生，《卫生学校》，莫斯科，1899年，991。）

[2] 见俄罗斯档案馆，2540 1 483：玛莎·契诃娃给米沙·契诃夫的信，1884—1904部分，1904年5月27日。

82. 最后的告别

教授给安东做了检查后，耸耸肩膀离开了房间，一句话也没有说。奥尔迦·克尼碧尔后来对此回忆说："我怎么也忘不了安东当时的笑容，那么温柔，积极配合，在某种程度上又流露着尴尬和沮丧。"带着一个垂死的病人穿越欧洲，这个想法让埃瓦尔德教授很震惊。

格里戈里·伊奥拉斯给索博列夫斯基写信说："契诃夫的日子屈指可数了，他憔悴得吓人……咳嗽，呼吸困难，高烧不退，爬不了楼梯。"契诃夫夫妇坐火车穿越德国，前往巴登韦勒水疗中心。到达目的地后，他们入住了当地最好的罗默巴登（Romerbaden）旅馆。安东看起来状况有所改善，然而，两天后旅馆要求契诃夫夫妇离开，因为安东的咳嗽让其他客人非常紧张。他们住进了一家廉价小旅店，名字叫弗雷德里克别墅（Villa Frederika）。安东写信给库尔金医生说，现在困扰他的只有肺气肿和消瘦，他不顾一切地想要逃离巴登韦勒的乏味生活，前往意大利。

在巴登韦勒接待他们的约瑟夫·施沃勒（Joseph Schwörer）医生娶了一个俄罗斯女人，奥尔迦·克尼碧尔在学生时代就已经认识她。约瑟 *594* 夫·施沃勒是一个细心而周到的医生，但让安东丧气的是，施沃勒医生与陶贝医生一样禁止他喝咖啡。安东躺在躺椅上晒太阳，享受按摩。安东在给母亲的信中说，他再有一个星期就能恢复了。玛莎给安东写信，信中流露出自己的忧虑："万尼亚一个人来了。我们都哭了，因为他说……他晚上睡不着觉，眼前总是浮现出你生病的样子。"奥尔迦定期给玛莎介绍安东的病情，6月26日（儒略历6月13日），她的信暗示出安东可能不久于人世了：

> 我乞求您，玛莎，不要失去控制，不要哭，他目前还没有什么危险，但他的情况非常严重。我们都清楚，我们很难指望他完全恢复。您要像一个男人一样承担起这件事，而不是像一个女人那样。只要安东感觉稍好一点，我就会想尽一切办法尽早回家。昨天他喘不上气来，我不知道该怎么办，跑去找医生。医生说，他双肺的状况极度糟糕，心脏承担着双倍的压力，而他的心脏也绝说不上强

大。医生给他吸了氧气，注射了樟脑针剂，我们给他打点滴，在他的胸部放上冰块。晚上，他只能坐着打瞌睡，我在他背后堆了很多枕头，给他注射了两次吗啡，他才能正常躺下睡觉……当然，不要让安东从您的信中感觉到我给您写过信，否则那真是折磨他……我认为，不应该告诉您妈妈他不太好，或者您慢慢告诉她，不要让她难过……安东一直梦想着回到海边的家里，但这是不可能的……我刚刚去了一趟弗赖堡（Freiburg），他让我给他定做了一件浅色的法兰绒西装……如果陶贝告诉过我们他的心脏可能出问题，或者病程不可逆转的话，我是怎么也不会决定出国的。

奥尔迦·克尼碧尔在给叶夫根尼娅的信中，大大称赞了当地的食物、床铺、房东、天气，信中洋溢着欢愉之情，以至于格奥尔基堂弟都来祝贺安东恢复健康了，虽然阿利特舒勒医生告诉过格奥尔基："他们会让安东少活上一年，他们会毁了契诃夫的。"[1]安东·契诃夫的状况再次有所好转。趁着奥尔迦去近五十公里外的巴塞尔（Basle）戴牙套，安东自豪地走出房门，来到餐厅。安东给年轻的同事罗索利莫医生的信中自我解嘲地说："我不过是患有呼吸急促和重度懒惰，后者可能无法治愈。"

595　　　奥尔迦·克尼碧尔将安东的真实情况告诉了弗拉基米尔·内米罗维奇-丹琴科：

> 安东晒黑了，但仍然感觉很不好。他一直高烧不退，今天甚至在早上就已经达到了三十八点一摄氏度。他一到晚上就非常痛苦。他喘不上气来，不能睡觉……您可以想象他的心情……但是他从来不抱怨。[2]

安东·契诃夫有时似乎忘记了死亡。他构思了一个剧本的主题：一

---

［1］　见《契诃夫全集》，12，353。

［2］　见《契诃夫全集》，367，374，377。编注：此处原书缺所属卷的编码。

艘冰封的船上的乘客们。奥尔迦带他坐马车在巴登韦勒各处游览。安东代表俄罗斯农民由衷地羡慕德国农民的富裕生活。到了晚上，奥尔迦为他翻译报纸。安东发现德国媒体对俄罗斯在日俄战争中的失败表现出幸灾乐祸的情绪，这让他很痛心。

弗雷德里克别墅旅馆的生活枯燥乏味，光线阴暗，食物也非常单调，契诃夫夫妇搬到了索默旅馆（Sommer Hotel）。在这里，安东可以从一个阳光充足的阳台上观察路人进进出出街边的邮局。两名也在巴登韦勒疗养的俄罗斯大学生——阿尔捷米·拉本内克（Artemi Rabeneck）和列夫·拉本内克（Lev Rabeneck）——主动给他们提供帮助。拉本内克兄弟是一个德国裔的工厂老板的儿子，凑巧的是，他们认识克尼碧尔家。两年前，这兄弟俩已经在斯坦尼斯拉夫斯基的柳比莫夫卡庄园遇到过安东与奥尔迦夫妇。列夫打算前往德国的德累斯顿（Dresden）求学，但要顺路带身体不好的阿尔捷米在巴登韦勒疗养。安东·契诃夫谈论着要找一个牙医，还给玛莎发去指示，告诉她如何填写支票、如何打理花园。等待的煎熬让玛莎难以忍受。6月28日，她和万尼亚用格奥尔基给他们弄到的半价船票坐上黑海方向的船，去了巴图姆。他们打算在格鲁吉亚的博尔若米（Borjomi）水疗中心待上十天。他们找了一个雅尔塔的女裁缝来和叶夫根尼娅做伴。

1904年7月10日（儒略历6月27日），奥尔迦在给内米罗维奇-丹琴科的信中说："他一天天地消瘦下去。他整天躺在床上，觉得非常痛苦。他正在经历着某种变化。"施沃勒医生允许他喝咖啡了，也给他施用了氧气和洋地黄。奥尔迦继续给他注射吗啡。安东告诉玛莎，"治疗呼吸困难的唯一方法就是静卧不动"，他仍然让奥尔迦去弗赖堡取回他的新西装。

伊格纳季·波塔片科从瑞士的度假胜地圣莫里茨（San Moritz）给安东寄来一封信："我伸出手，紧握您的手。"安东沉浸在自己天马行空的思绪中，即兴创作了一个故事：在一个旅馆里，客人们在等着晚餐，却没有人知道厨师不见了。7月15日（儒略历7月2日）凌晨2点，尽管安东已经服用了一剂催眠的水合氯醛，但他还是惊醒过来，神志不清。他高声叫喊说有一个水手处境危险，这个水手是他的侄子科利亚。奥尔迦派拉本内克兄弟中的一个去找医生，还从门房那里要了冰块。她把冰切碎，铺放在安东的心脏上。施沃勒医生来了，马上派拉本内克兄弟去取氧气袋。安东抗议，说他这颗虚弱的心脏不需要冰块了，他等不到氧气送来了。施沃勒给他注射了一剂樟脑针剂。

596　根据德国和俄罗斯医学界的规矩，医生在诊治病危的同事时，如果确实没有任何希望了，他们要给这位临终的同事提供香槟。[1] 约瑟夫·施沃勒医生摸了安东·契诃夫的脉搏后，要了一瓶香槟。安东坐起来，大声宣布"Ich sterbe"（我要死了）。安东喝下医生递给他的香槟酒，喃喃地说："我很长时间没有喝香槟了。"然后，他面朝左侧躺下——他与奥尔迦在一起时总是这样躺着——静静地咽下了最后一口气，奥尔迦甚至都没来得及赶到床的那一边去。[2]

---

[1] 在此感谢 M. A. 希基娜（M. A. Sheikina）向本书作者提供了这一信息。

[2] 2018 年，一份针对安东·契诃夫临终所穿睡衣上的血迹分析报告指出，导致安东死亡的直接原因是脑部缺血。1958 年，列夫·拉本内克在巴黎期刊《复兴》（*Vozrozhdenie*，84 期，28—35 页）上发表了回忆文章《契诃夫的最后时刻》（"Chekhov's Last Minutes"）。他笔下描述的安东之死与此略有不同：他回忆说，奥尔迦·克尼碧尔躺在紧挨着的另一张床上，安东·契诃夫躺在她的胳膊上。医生确定安东已经去世后，让拉本内克叫醒奥尔迦，宣布了死讯。

83. 后事

（1904 年 7 月）

安东·契诃夫在德国去世后，施沃勒医生和妻子、拉本内克兄弟二人都竭尽所能，协助奥尔迦·克尼碧尔处理后事。俄罗斯领事从温泉疗养胜地巴登－巴登（Baden-Baden）赶来。奥尔迦的嫂子叶连娜和《俄罗斯报》的记者格里戈里·伊奥拉斯从柏林坐火车过来。安东的尸体在旅馆里停放了一整天。讣电发出，除了安东的姑姑亚历山德拉之外，其他的近亲都通知了。奥尔迦给母亲安娜·克尼碧尔写信，描述了安东弥留之际的情景。第一封吊唁信来了，写来信的是契诃夫的第一位未婚妻杜尼娅·叶夫罗斯。她当时住在瑞士的卢塞恩湖，从一份法国报纸上读到了这个消息，她在信中表达了震惊哀悼之情："这太可怕了，太让人伤心了！"奥尔迦拍给万尼亚的电报，被转发到高加索的度假胜地博尔若米。电文是："安东心力衰竭安静离世。小心告诉妈妈和玛莎。"现在，玛莎和万尼亚距离雅尔塔有八百公里之遥，他们要马上赶回去。玛莎给巴图姆的航船拍了电报，请求等他们一下。船长延迟启航时间，直到契诃夫兄妹连夜从博尔若米坐火车赶来。1904 年 7 月 3 日，在阿列克谢·苏沃林的指示下，米沙和亚历山大各自乘车离开了彼得堡。在雅尔塔，讣电已经不是秘密。钟声敲响，海报张贴在全城各处，通告将在阿乌特卡的契诃夫家的旁边举行一次安魂弥撒。叶夫根尼娅还蒙在鼓里，她是待家人都聚齐后才得知这个消息的。在巴图姆的航船上，一个女人找到玛莎，送给她一个圣母像。

奥尔迦·克尼碧尔原本打算将安东·契诃夫埋葬在德国，然后自己独自返回俄罗斯。然而，电报从俄罗斯像雪片一样飞来——但极少有电报对她的丧夫之痛表示同情——迫使她改变了主意：

> 安东何时何地安葬，回电，资费已付，苏沃林。
>
> 联系《新时代》告知吾弟去世细节，亚历山大·契诃夫。
>
> 把安东葬在莫斯科新圣女公墓，万尼亚和玛莎在高加索，米沙与妈妈一起，米哈伊尔·契诃夫。[1]

598 安东·契诃夫的遗体终于被放入旅馆的一个大洗衣筐中，小心地从旅馆中移出，交由巴登韦勒的马具商人兼殡葬承办人卡尔·克罗姆巴赫尔（Karl Krombacher）处理。卡尔·克罗姆巴赫尔向奥尔迦要价四百一十二卢布，为安东制作了一个木质的、配有金属外皮的棺材，并负责将安东的遗体送往火车站。当时，运送遗体需要铁路系统提供特殊的尸体处理的专项服务。驻柏林的俄罗斯大使馆向德国的十四个铁路辖区发出了一份申请书，请求允许给一辆客运快车连挂上一辆携带密封棺材的冷藏车厢。奥尔迦·克尼碧尔能做的只有等待，并给母亲写信。然后，她先行去了柏林，在萨沃伊旅馆等待安东的灵柩的到来。在波茨坦广场（Potsdamer）火车站，大使馆的神父在火车停靠的侧线上举行了一个弥撒仪式，而俄罗斯外交官仍然持续与铁路沿线交涉。

俄罗斯各地展开了追思活动，雅尔塔举行了悼念活动。7月7日，米沙将消息告诉了叶夫根尼娅，他们与万尼亚和玛莎一道坐上火车赶往莫斯科。就在7月7日上午，一列火车停靠在彼得堡火车站，上面载着安东的灵柩（被放置在一个红色的行李车厢里），奥尔迦·克尼碧尔坐在头等车厢里。在站台等候的人群中，既有安东的前女友克列奥

---

[1]　见图书馆手稿部，331 66 78—124：致奥尔迦·克尼碧尔－契诃娃的电报，1904年7月。

帕特拉·卡拉特金娜，也有娜塔利娅·戈登。娜塔利娅告诉陪着她的一个学生，二十年前她和安东是多么亲密的朋友和伙伴。一位政府部长也来到了火车站，但他迎接的不是安东·契诃夫，而是奥布鲁乔夫（Obruchiov）将军，他的遗体也随车返回。阿列克谢·苏沃林算是唯一有官方背景的代表。哲学家瓦西里·罗扎诺夫描述了苏沃林向奥尔迦跑过去并坐下来与她交谈的情景：

> 他几乎是拿着拐棍在跑（他走得非常快），咒骂着铁路系统的低效率，他们正在笨手笨脚地给那个车厢转轨……看着他的脸，听着他半加掩饰的话语，我觉得这情形就像是一位父亲在等待自己孩子的遗体，或者一个大有前途却不幸早亡的青年人的骨骸。苏沃林什么东西也看不见，什么人也不想见，他也丝毫不在意其他人或事，他只是在等着、等着，盼着、盼着棺材的到来。[1]

苏沃林在离开奥尔迦的车厢时，膝盖一软，瘫倒在地上。人们给他拿来一把椅子，他独自坐下，一动不动。苏沃林安排了一个安魂仪式，给奥尔迦找了一个落脚的地方，还安排了将那个冷藏车厢继续运往莫斯科的相关事宜。一个神父和几个唱诗班成员在月台上举行了简短的仪式。

阿列克谢·苏沃林心里还考虑着其他事情：他派亚历山大立即前往雅尔塔，索回这些年他写给安东·契诃夫的那些直言不讳的信。亚历山大先是联系了米沙，却一直没有得到米沙的回复，于是他半路折回，去莫斯科给米沙拍了一封电报："务必从档案里拿回老头子的信。我的指示是拿不到不准离开，正在买墓地，在万尼亚家。"[2] 亚历山大已经到了 *599* 莫斯科，却被通知前往彼得堡迎接安东的灵柩，于是在 7 月 8 日，他返

［1］ 见《A. S. 苏沃林娜与 V. V. 罗扎诺夫书信集》，彼得堡，1913，10。有关那天早上的更全面的叙述，请参阅 A. 罗斯托夫采夫，《纪念契诃夫》，见《剧院评论》（*Obozrenie teatra*），1914 年 7 月 2—7 日。

［2］ 见俄罗斯档案馆，2540 l 478：亚历山大·契诃夫给米沙·契诃夫的信，1883—1904 部分，1904 年 7 月 4 日。

回了彼得堡。谁承想，他弟弟的灵柩已经从彼得堡启运，走上了返回莫斯科之旅，与他擦肩而过。就这样，亚历山大·契诃夫不仅错过了父亲帕维尔的葬礼，也错过了弟弟安东的葬礼。

1904 年 7 月 9 日，四千人聚集在莫斯科火车站，步行四公里前往新圣女公墓，为安东·契诃夫送葬。奥尔迦·克尼碧尔依靠着内米罗维奇－丹琴科的手臂。在送葬队伍行进的途中，契诃夫一家从雅尔塔赶到了。叶夫根尼娅、万尼亚、米沙和玛莎想要挤过人群，靠近灵柩，无奈叶夫根尼娅的腿脚不灵便，而且在送葬车队两旁组成防护人墙的学生也没有认出他们来，他们使出浑身力气，才挤到灵柩台那里。玛莎和奥尔迦拥抱在一起，二人之间持续数月的敌意烟消云散了。在墓地，尼古拉·叶若夫代表阿列克谢·苏沃林敬献了一个银色花圈。马克西姆·高尔基在给妻子的信中写道：

> 这个葬礼真是让我觉得郁闷和压抑……好像浑身上下被涂满了黏糊糊的、臭烘烘的脏东西……安东一向忍受不了任何卑鄙粗俗的东西，但是，他的灵柩却被装进一辆"运输新鲜牡蛎"的冷藏车，他的墓穴紧挨着一个叫奥尔迦·库卡雷特金娜（Olga Kukaretkina）的哥萨克寡妇的坟墓。送葬的人为了参加葬礼，有的爬到树上，大声说笑，折断了墓地的许多十字架，互相咒骂。他们大声地询问："哪个是他老婆？哪个是他妹妹？看呐，他们都在哭呢……您知道吧，他没给她们留下一戈比，那个马克斯倒是赚了不少……克尼碧尔真够可怜的……不用担心她，她每年从剧院能挣到一万卢布"，如此等等。夏里亚宾泪流满面，咒骂说："他就是为了这些混蛋而活着，为他们工作，教育他们，为他们而抗争。"[1]

丽卡·米济洛娃在莫斯科的公寓里见到了契诃夫一家人。她穿着一身黑衣，默默地盯着窗外，一动不动地站了两小时。

---

[1] 见《文学遗产 68》，618—619。

84. 尾声

（1904—1959 年）

葬礼过后，奥尔迦·克尼碧尔马上与叶夫根尼娅、玛莎、米沙和万
尼亚一家人返回了雅尔塔。独自留在彼得堡的亚历山大悲痛欲绝，苏
沃林紧跟着也把他派回了克里米亚。经历过葬礼的悲痛后，无论阿列
克谢·苏沃林内心的感受如何，他都公开地与安东·契诃夫决裂了。[1]
7 月 22 日，苏沃林对伊万·谢格洛夫说："契诃夫只是中产阶级的诗
人。他从来不是，也永远不会成为一个伟大的作家。"苏沃林把对后进
的保护欲望和情感都转向了一个新人，他就是时年五十岁的哲学家瓦西
里·罗扎诺夫。

8 月 10 日，莫斯科为安东·契诃夫举行了四十天安魂弥撒，教堂
里挤满了前来表达怀念之情的人，一个修女唱诗班在他的墓碑旁唱诗。
奥尔迦·昆达索娃和契诃夫家的老房东雅科夫·科尔涅夫医生也来了。
科尔涅夫为叶夫根尼娅奉献了一个圣餐面包，面包上写着这些年来离她
而去的亲人们的名字，从她的公公、弟弟、丈夫，到妹妹和两个儿子：
"愿格奥尔基、亚科夫、帕维尔、费奥多西亚、尼古拉和安东的灵魂得

---

[1] 1909 年，阿列克谢·苏沃林麾下的历史及文学类期刊《历史先驱》（*Istoricheskii vestnik*），发表了尼古拉·叶若夫的一篇可耻而恶毒的揭露文章，文中将安东·契诃夫描述成一个自命不凡的平庸之辈。

到安息。"8月18日，奥尔迦·克尼碧尔离开雅尔塔。她的哥哥康斯坦丁和奥尔迦·昆达索娃在莫斯科陪伴她。奥尔迦开始投入排练安东的剧本《伊凡诺夫》，她在其中扮演命运凄惨的妻子安娜，她的表演感人至深。[1]

是解决安东·契诃夫遗产的时候了。早在1901年，安东就曾立下一份"遗嘱"，将自己的一切财产都留给了玛莎·契诃娃，但是这份遗嘱起草得不正规，见证程序不完善，被宣布为无效遗嘱。不过，让契诃夫家人松了一口气甚至心怀感激的是，奥尔迦·克尼碧尔不但宣布放弃对契诃夫财产的继承，还将自己与安东联合账户中的一大笔钱全部给了玛莎。做演员的收入和莫斯科艺术剧院的股份足以支撑奥尔迦的生活。大家一致同意，安东·契诃夫的遗愿应该得到尊重，他所有的财产都应该留给玛莎，玛莎负责照顾母亲叶夫根尼娅和雅尔塔的房产。律师们考虑得更深一步。鉴于安东去世时未留下有效遗嘱，按照俄罗斯法律，其601遗产归他的全部兄弟姐妹所有。一年后，奥尔迦·克尼碧尔与安东的兄弟们签署了一份法律契约，约定"文学作品、戏剧剧本和房产的所有收入和利润"归玛莎所有。房子和银行里的现金价值八万卢布。这笔钱和契诃夫的剧本收入让玛莎·契诃娃成了一个富有的女人。[2]

叶夫根尼娅也松了一口气，她相信只有玛莎才能让她过得舒服。叶夫根尼娅的嫂子柳德米拉和伊丽努什卡（Irinushka）——她照看过婴儿安东——都从塔甘罗格来到雅尔塔，与叶夫根尼娅一起生活。亚历山大来看望她后，给万尼亚写信说：

> 老玛柳什卡还活着，牙齿都掉光了，但是还不打算死。母亲养了两只不值钱的杂种狗，取代了被毒死的图兹克。她总是担惊受怕，怕孩子们会偷了她的财产，然后收拾好行李把她送走。她不相

---

[1] 见谢格洛夫的日记。然而，他认为她的《樱桃园》"可以表现得更加有趣"。（《文学遗产68》，486）

[2] 见图书馆手稿部，331 79 13：关于安东·契诃夫财产继承的文件。

84. 尾声

信自己的孩子是正派人。[1]

亚历山大在给米沙的信中写道：

> 她固执地认定我是头号骗子，会误导你们误入歧途，陷入阴谋。她一听说我要给万尼亚写信，就几乎要在我面前跪下来……她不会把苏沃林的信交给我的，她说："玛莎告诉我不能给。"这几个老妇人也不能说不开心，她们成天都在哈哈大笑。[2]

叶夫根尼娅在雅尔塔享受着花园，过着富足的生活，还坐过往返于雅尔塔和铁路终点站之间的公共运营汽车。她于1919年去世，享年八十四岁。

玛莎·契诃娃从学校离职，不再教课，专门负责将雅尔塔的家建设成一个缅怀哥哥安东·契诃夫的纪念馆。等到各种安东回忆录和安东书信集开始出版后，她投身于整理庞杂的档案，这成为她终生的事业。虽然历经俄国革命、俄国内战、斯大林时代和德国占领等社会动荡，但是玛莎从来没有放松过对安东·契诃夫遗产的管理与保护，她的个人生活被搁置一旁。[3]玛莎曾为自己购置了一栋别墅，在俄国革命爆发前夕，她将别墅卖给了雅尔塔的一位牙医。大革命使得房产和现金都大大贬值。玛莎·契诃娃于1957年去世，享年九十四岁。

亚历山大·契诃夫再次陷入酒精中毒。1908年，尽管他一再哀求，娜塔利娅还是将他赶出了家门。[4]他带着一个仆人、一只狗和他饲养的

---

[1] 见俄罗斯档案馆，2540 1 150：亚历山大·契诃夫给万尼亚·契诃夫的信，1898—1905部分，1904年9月9日。

[2] 见俄罗斯档案馆，2540 1 478：亚历山大·契诃夫给米沙·契诃夫的信，1883—1904部分，1904年9月9日。

[3] 伊凡·蒲宁离开后，玛莎与梅里霍沃庄园的购买者斯图亚特男爵有过一段朦胧的感情，但于1912年结束；亚历山大·斯马金终其一生都深爱着玛莎·契诃娃。

[4] 见俄罗斯档案馆，5459 1 402：亚历山大·契诃夫给娜塔利娅·戈登的信，1908年11月5日。

小鸡住在城外。1906 年，他出版了有关他与安东童年生活的生动的回忆录。玛莎和米沙非常生气亚历山大在文中诋毁父亲帕维尔，都冷落排斥他。[1]亚历山大·契诃夫的讣文中写道：

602

    他饱受［喉癌］折磨整整一年，他知道罹患不治之症，心情压抑，忍受着身体与精神的双重折磨。1913 年 5 月 17 日上午 9 时，他告别了这个世界。

    玛莎告诉奥尔迦·克尼碧尔，家里没有人会去参加葬礼。[2]米沙·契诃夫一直为阿列克谢·苏沃林的公司工作，直到大革命将一切摧毁。米沙于 1936 年去世，去世前，他与玛莎一样，是哥哥安东的传记作家。米沙的儿子谢尔盖·契诃夫搜集整理了除玛莎与安东之外的所有亲属的档案。万尼亚·契诃夫一直是一名教师。1917 年 12 月，万尼亚的儿子瓦洛佳在得知自己罹患不治之症后，从抽屉里偷走了堂弟米哈伊尔的左轮手枪，开枪自杀。这场悲剧和大饥荒摧毁了万尼亚，他于 1922 年去世，享年六十一岁。

    亚历山大的儿子科利亚从海军退役后来到雅尔塔，"衣衫褴褛，可怜兮兮"。玛莎给他钱，打发他去西伯利亚。1911 年他再次返回雅尔塔。玛莎对奥尔迦说："我实在忍不住哭了，觉得他很可怜。"俄国革命时期，科利亚回到了克里米亚，娶了一个比他大二十四岁的女人，经营着一小块耕地，养鸡养牛。他一直保持着水手的习惯，坚持记录航程日记。[3]他欢迎布尔什维克革命，可能于 1921 年被白军射杀。科利亚的

---

［1］　1939 年，苏联政府以自由主义姿态，将亚历山大写给安东的信件结集出版，亚历山大的反复无常的本性在信中表露无遗。见其子 M. A. 契诃夫的回忆录，1986。

［2］　见图书馆手稿部，331 77 18+ 与 331 105 7+：玛莎·契诃娃与奥尔迦·克尼碧尔在安东·契诃夫去世后五十年间的书信来往目前仍是一个鲜为人知的传记与历史资料的宝库。

［3］　见图书馆手稿部，331 84 38：尼古拉·亚历山德罗维奇·契诃夫的日记。

弟弟安东是一名排字工人，1908 年应征入伍，于 1921 年死亡。[1]

亚历山大的小儿子米哈伊尔·契诃夫饱受神经衰弱和酒精中毒的折磨。他告诉朋友，他曾被自己的母亲娜塔利娅·戈登诱奸过。娜塔利娅·戈登于 1919 年去世，米哈伊尔记不起她的坟墓在哪里。米哈伊尔·契诃夫富有戏剧天赋，后来成为莫斯科艺术剧院的明星。1915 年，他与另一个奥尔迦·克尼碧尔私奔了，这个奥尔迦是安东·契诃夫的遗孀的侄女。然而，这段婚姻在他们唯一的孩子奥尔迦·契诃娃出生后即告破裂。20 世纪 20 年代，米哈伊尔与妻女前往德国，米哈伊尔·契诃夫最终在美国好莱坞教授斯坦尼斯拉夫斯基的表演艺术。他的前妻奥尔迦·克尼碧尔后来加入德国籍，成为一名演员。她曾与阿道夫·希特勒一起合过影，据说她为斯大林从事间谍活动。多亏她的斡旋，纳粹分子保存下了契诃夫在雅尔塔的房子。[2]

奥尔迦·克尼碧尔－契诃娃与玛莎·契诃娃一样，辞世时已经九十多岁。她一直是莫斯科艺术剧院的关键人物。1935 年，斯大林将莫斯科艺术剧院转变成自己的官方剧院，奥尔迦也顺应了时代潮流。

阿列克谢·苏沃林的权力被小苏沃林一步步褫夺，他暴躁易怒，几近疯狂。他罹患喉癌，经历过与亚历山大·契诃夫同样的折磨后，于 1912 年去世。苏沃林写给安东·契诃夫的诸多信件自 1919 年后就从公众视野中消失了。俄国革命后，苏沃林的儿子们纷纷逃离俄罗斯，住在南斯拉夫和法国。1937 年，小阿列克谢·苏沃林仿效他的母亲与弟弟，用煤气自杀身亡。

安东的第一个未婚妻杜尼娅·叶夫罗斯，离开俄罗斯后前往法国。1943 年，八十二岁高龄的杜尼娅被法国维希政权的警察逮捕，被德国人

603

[1] 在 20 世纪 30 年代中期，一个女人——显然是安东的妻子——从一所监狱给玛莎写来一封信。玛莎将信藏在一个炉子后面；20 世纪 40 年代，一个秘书发现了这封信，但玛莎将信销毁了。

[2] 奥尔迦·契诃娃的祖母是米哈伊尔·契诃夫的母亲——犹太人娜塔利娅·戈登。她们在德国生活时，为了"证明"自己是纯粹的雅利安血统而伪造了证件。娜塔利娅·戈登的出生证上的名字是戈登娜（Galdina），听起来更像一个纯粹的俄罗斯姓氏，她们以此来证明自己没有犹太血统。

用毒气毒死。奥尔迦·昆达索娃一直生活在俄罗斯，直到1947年去世；去世前，她烧毁了自己所有的档案材料。丽卡·米济诺娃一直忠实于自己的丈夫萨宁－舍恩伯格，在他精神失常时，她精心照顾他，直至他神志恢复正常。丽卡于1939年在巴黎死于结核病。叶连娜·沙夫罗娃－尤斯特在丈夫被处决后生活困顿，靠自己的契诃夫研究来勉强度日。利迪娅·亚沃尔斯卡娅于1915年与巴里亚京斯基亲王离婚，1919年，她从爆发革命的彼得格勒出逃，逃到英格兰，于1921年去世。[1] 塔妮娅·谢普金娜－库别尔尼克掩藏起自己过去的波希米亚形象，苏联时期成为一名儿童作家。利迪娅·阿维洛娃先是出了国，随后返回俄罗斯。她在心底一直坚信自己是安东·契诃夫一生中唯一的真爱。1942年，她在去世前夕，巧遇玛莎忠实的追求者亚历山大·斯马金，两个单相思的受害者同病相怜。许多人终其一生都怀念着安东·契诃夫，利迪娅·阿维洛娃只是其中之一。

[1] 她的讣文发表在1921年9月5日的《泰晤士报》上，称号是巴里亚京斯基亲王夫人。

参考书目

我将对该书写作特别有帮助的书目加上星标。书中所有的引用内容，均译自标准版本的作品全集与书信集。除非另有说明，否则出版地均为莫斯科。

安东·契诃夫的著作

俄文

*A. P. Chekhov, *Polnoe sobranie sochinenii i pisem (PSSP):* 1 - 18, works [referred to as *I-XVIII];* 1-12 (+ indices), letters [referred to as *1-12],* 1973-1983. Some items missing from *PSSP* can be found in:

A. B. Derman, ed., *A. P. Chekhov Sbornik dokumentov ... ,* 1947 [inc. student post-mortem report].

A. P. Chudakov, ' "Neprilichnye slova" i oblik klassika' in *Literaturnoe Obozrenie,* 1991, 11, 54.

Podtsenzurnyi Chekhov in *Kuranty,* 8 Sept., 1993, 9 [lists some cuts in *PSSP* 1-4].

L. Shcheglov [allegedly after Chekhov], *Sila gipnotizma* in *Zhizn' vverkh nogami,* SPb, 1911.

英文

Michael Frayn (tr.), *Chekhov: Plays,* London, 1993 [actable versions of the mature plays].

Constance Garnett (tr.), (revised D. Rayfield) *The Chekhov Omnibus,* London, 1994 [classic selection of prose fiction].

Ronald Ringley (tr.), *The Oxford Chekhov* (complete mature works) 9 vols, 1972.

Gordon McVay (tr.), *Chekhov: A Life in Letters, Folio Society,* London, 1974 [best selection].

Donald Rayfield 'Sanitising the Classics' in *Comparative Criticism* 16, Cambridge, 1994, 19-32.

Brian Reeves (tr.), *The Island of Sakhalin,* London, 1993.

书目与参考作品

*N. I. Gitovich, *Letopis' zhizni i tvorchestva A. P. Chekhova,* 1955 [fundamental; much is unique, some inaccurate: a new chronicle is imminent].

*E. E. Leitnekker, *Arkhiv A. P. Chekhov,* 1939 [a full catalogue of letters to Anton in the *Otdel rukopisei* archive as of 1939. Excludes family correspondence: now outdated].

*I. F. Masanov, *Chekhoviana: sistematicheski ukazatel',* 1930 [a list of 2 766 publications on Chekhov, nearly complete up to, 1929; supplements Gitovich].

I. Iu. Tverdokhliobov, *Novye daty* in *Chekhoviana,* 1990, 213-225.

*P. A. Nikolaev, *Russkie pisateli 1800-1917,* A-M 3 vols, 1992-1995 [standard reference to Chekhov's contemporaries].

A. P. Chekhov Dokumenty, fotografii, 1984 [best pictorial record].

A. P. Chekhov: Materialy ... pushkinskogo doma, Leningrad, 1982 [mostly pictorial].

A. P. Chekhov: rukopisi, pis'ma, biograficheskie dokumenty: opisanie materialov, TsGALI, 1960.

给安东·契诃夫的信

亚历山大·契诃夫（ALEKSANDR CHEKHOV）

*I. S. Ezhov, *Pis'ma A. P. Chekhovu ego brata Aleksandra Pavlovicha,* 1939 [nearly complete, but Rabelaisian passages and Tsarist sentiments cut].

玛莎·契诃娃（MASHA CHEKHOVA）

*M. P. Chekhova, *Pis'ma k bratu A. P. Chekhovu,* 1954 (*Pis'ma,* 1954) [fairly complete, well annotated].

奥尔迦·克尼碧尔－契诃娃（OLGA KNIPPER-CHEKHOVA）

*A. P. Derman, *Perepiska A. P. Chekhova i O. L. Knipper,* 1934, 1936 [2 vols, up to 10 Oct., 1902. 90 per cent complete, cut by Olga Knipper].

A. V. Khanilo, 'Iz pisem M. P. Chekhovoi k O. L. Knipper-Chekhovoi' in *Chekhovskie chteniia v Ialte,* 1993 [extracts 1904-1945].

V. Ia. Vilenkin, *Olga Leonardovna Knipper-Chekhova,* 1972 [2 vols. Vol. 1: correspondence 1896-1959; vol. 2: letters to Anton Nov., 1902-1904; very selective and heavily cut].

伊萨克·列维坦（ISAAK LEVITAN）

*A. Fiodorov-Davydov, A. Shapiro, *I. I. Levitan: Pis'ma, dokumenty, vospominaniia,* 1956 [full, but bowdlerized: 1966 edition has more information].

缅希科夫（MENSHIKOV）

Zapiski GBL VIII, 1941.

内米罗维奇－丹琴科（NEMIROVICH-DANCHENKO）

Ezhegodnik MKhaTa, 1944, vol. 1.

VI. I. Nemirovich-Danchenko, *Teatral'noe nasledie,* 1954, II, 144.

帕维尔·斯沃博金（PAVEL SVOBODIN）

Zapiski Otdela rukopisei Gosudarstvennoi Biblioteki Lenina, 16, 1954 [about 50 per cent complete].

安杜斯基神父（FATHER UNDOLSKY）

A. M. Melkova, 'Novye materialy ..', in *Chekhovskie chteniia v Ialte,* 1987, 108-125.

书信汇编（COMPILATIONS）

Chekhovskie chteniia v Ialte, 1973, 154-178 [Masha and Misha Chekhov, Sergeenko: in articles by A. M. Melkova, S. M. Chekhov].

Slovo: sbornik vtoroi, 1914, 199-289 [Grigorovich, Mikhailovsky, Tchaikovsky, Soloviov, Polansky, Pleshcheev, Urusov].

Zapiski OR GBL 8, 1941 [letters to Masha from Evgenia, Aleksandr].

*M. P. Gromova et al., *Perepiska Chekhova,* 1996, 3 vols. (expanded from *Perepiska* I, II, 1984) [Leikin, Grigorovich, Pleshcheev, Svobodin, Lavrov, Mizinova, Potapenko, Shchepkina-Kupernik, Komissarzhevskaia, V. Nemirovich-Danchenko, Stanislavsky, Gorky, Bunin, Knipper].

E. N. Konshina, *Iz arkhiva Chekhova, Otdel ruk.,* 1960 [inc. duller letters from various Ors (Valter, Diakonov), Diagilev etc.].

M. V. Teplinskii, '... o sakhalinskom puteshestvii .. .' in *A. P. Chekhov: sbornik statei Iuzhno-Sakhalinsk,* 1959 [includes letters from Bulgarevich and Feldman].

契诃夫的亲属与同时代作家的书信

伊万·蒲宁（IVAN BUNIN）

I. A. Bunin, *O Chekhove,* New York, 1955 [memoir, biography, and critique: trusts Avilova].

帕维尔·契诃夫（PAVEL CHEKHOV）

*A. P. Kuzicheva, E. M. Sakharova, *Melikhovskii letopisets: Dnevnik P. E. Chekhova,* 1995 [Pavel's Melikhovo diary, complete, well illustrated and indexed].

Vstrechi s proshlym 4, 1987, 43-80 [Pavel's letters to Vania, 4 Oct. 1890-1893 May 1891].

万尼亚（伊万）·契诃夫（VANIA [IVAN] CHEKHOV）

M. A. Sheikina, 'Teper' ... (Iz pisem I. P. Chekhova k S. V. Ch-oi)', in *Chekhoviana,* 1995, 315-327.

玛莎·契诃娃（MASHA CHEKHOVA）

Iz daliokogo proshlogo (recorded by N. A. Sysoev), 1960 [the fullest text of Masha's memoirs].

米沙·契诃夫（MISHA CHEKHOV）

Sergei Mikhailovich Chekhov, *O semie,* Iaroslavl, 1970 [a turgid but thorough documentation of Mikhail's years in Iaroslavl 1894-1901].

米哈伊尔·亚历山大·契诃夫（MIKHAIL ALEKSANDROVICH CHEKHOV）

Literaturnoe nasledie, 1986, 2 vols [vol. 1 includes memoirs and letters].

书信汇编（COMPILATIONS）

Solntse Rossii, SPb, 1914, 25 June [a selection of minor memoirs, some never reprinted].

Vokrug Chekhova (comp. E. M. Sakharova), 1990 [siblings', widow's, nephews' and niece's memoirs; well annotated].

Khoziaika chekhovskogo doma, Simferopol, 1969 [Masha's memories recorded by S. M. Chekhov; memoirs of Masha by Marinetta Shaginian, M. A. Sofiiskaia; Masha's letters to and from Bunin, A. V. Sredin].

*Chekhov v vospominaniiakh sovremennikov (comp. N. I. Gitovich), 1986 [non-family memoirs; authoritative and well annotated; previous editions, 1947, 1954 and 1960 are inferior, but have some different material].

Iz shkol'nykh let Anton Chekhova, 1962 [inc. many Taganrog memoirs: Dolzhenko, Volkenshtein, Tan, Drossi, Vishnevsky].

*Literaturnoe nasledstvo 68: Chekhov (ed. V. V. Vinogradov), 1960 [vast compendium of diaries, letters etc.]

*Literaturnoe nasledstvo 87: Iz istorii russkoi literatury ... (ed V. R. Shcherbina), 1977 [Sakhalin material, log of Peterburg, diaries of Smimova-Sazonova and Lazarevsky].

M. D. Beliaev ... *A. P. Chekhov: Novye vospominaiia,* Leningrad, 1925 [inc. Anna Suvorina's memoirs].

I. M. Sel'vaniuk, *Sbornik statei i materialov 3,* Rostov, 1963 [inc. Elena Shavrova's memoirs].

传记和传记材料

俄文书籍与长篇文章

E. Balabanovich Dom, *A. P. Chekhova v Moskve,* 1958 [a study of the Korneev house].

E. Balabanovich, *Chekhov i Chaikovskii,* 1973.

*S. Balukhatyi, 'Biblioteka Chekhova' in *Chekhov i ego sreda,* Leningrad, 1930, 210-418 [a primary but incomplete source on what Chekhov read].

G. Berdnikov, *Chekhov,* 1974 [the best of the Soviet biographies). Iu. A. Bychkov, *Techenie Meiikhovskoi zhizni,* 1989 [illustrations of Melikhovo better than text].

Maria i Mikhail Chekhovy, *Dom-muzei A. P. Chekhova,* 1937 [an inventory of the Yalta house].

A. P. Chudakov, *Anton Pavlovich Chekhov,* 1987 [for children; excellent on early years].

E. A. Dinershtein, *Chekhov i ego izdateli,* 1990 [good on Leikin and Marx, poor on Suvorin].

*P. P. Filevskii, *Ocherki iz proshlogo Taganrogskoi Gimnazii,* Taganrog, 1906.

I. Geizer, *Chekhov i meditsina,* 1960 [uninformative, except for frontispiece).

M. Gromov, *Chekhov,* 1993 [integrated critical and biographical study].

A. V. Kandidov, *A. P. Chekhov v Bogimove,* Kaluga, 1991.

A. V. Khanilo, *Pometki na knigakh Chekhova,* Berlin, 1994 [supplements Balukhaty, inc. forensic study of Chekhov's underlinings].

*Vladiinir Knipper, Pora galliutsinatsii, 1995 [a biography of the Knipper-Chekhov descendants].

V. F. Kmnissarzhevskaia [...] Materialy, Leningrad-Moscow, 1964.

*A. P. Kuzicheva, *Vash Chekhov,* 1994 [chronicle of last Melikhovo years, 1895-1898).

L. Maliugin, I. Gitovich, *Chekhov: povest'-khronika,* 1983 [told as fiction].

E. Meve, *Meditsina v tvorchestve A. P. Chekhova,* Kiev, 1989 [uninformative].

Grigori Moskvich, *Putevoditel' po Kavkazu,* SPb, 1911.

Vl. I. Nemirovich-Danchenko, *Rozhdenie teatra,* 1989 [unexpurgated version of memoirs].

A. Raskin, *Antosha Chekhonte,* 1940 [for children, but new archival material on young Chekhov).

*Vl. Rynkevich, *Puteshestvie k domu s mezoninom,* Rostov, 1990 [a study of Lika Mizinova).

P. A. Sapukhin, *A. P. Chekhov na Sumshchine,* Sumy, 1993 [despite errors, unique material].

Ilia Sats, *lz zapisnoi knizhki,* Moscow-Petrograd, 1923.

M. Semanova, *Chekhov v shkote.* Leningrad, 1954.

Iu. Sobolev, *Chekhov,* 1934.

T. L. Sukhotina-Tolstaia, *Dnevniki,* 1979.

A. S. Suvorin, *Pis'ma A. S. Suvorina k V. V. Rozanovu,* SPb, 1913, 10.

A. S. Suvorin, *Dnevnik,* 1992 [reprint of 192 3 edition, despite Roskina transcription in RGALI].

A. S. [Suvorin] *Pis'ma russkikh pisatetei k Suvorinu*, Leningrad, 1927 [inc. Grigorovich, Leskov, Pleshcheev].

M. Turovskaia, *O. L. Knipper-Chekhova*, 1959 [sparse on early years].

I. P. Viduetskaia, *A. P. Chekhov i ego izdatel' A. F. Marks*, 1977.

Boris Zaitsev, *Chekhov*, New York, 1954.

文章

L. Z. Abramenkova, 'Sosed Chekhovykh V. N. Semenkovich' in *Chekhoviana*, 1995, 255-264.

A. Ia. Al' tshuller, 'A. P. Chekhov i L. B. Iavorskaia' in *Chekhoviana*, 1990, 140-151.

[Semion Bychkov] Kavkazskij kraj, Krasnodar, 1913, No. 145.

K. A. Chaikovskaia, 'Melikhovskie pozhary' in *Chekhoviana*, 1995, 264-277.

G. V. Chermenskaia, 'Ia iskusil ... (Chekhov i N. M. Ezhov)' in *Chekhoviana*, 1995, 278-314.

D. M. Evseev, 'Progulki po chekhovskoi Moskve' in *Chekhoviana*, 1993, 244-255 [guide to Moscow buildings associated with Chekhov].

*N. M. Ezhov, 'A. P. Chekhov' in *Istoricheskii vestnik*, 1909, 11, 595-607.

N. M. Ezhov, 'Aleksei Sergeevich Suvorin, Moi vospominaniia o niom, dumy i soobrazhenia' in *Istoricheskii vestnik*, SPb, 1915, 1, 110-138.

A. Goldenveizer, 'Vstrecha s Chekhovym' in *Teatral'naia zhizn'*, 1960, 2, 18.

*V. Lakshin, 'Proval' in *Teatr*, 1987, 4, 83-91 [on suicide of Suvorin's son].

Z. G. Livitskaia, 'Iz ialtinskogo okruzheniia' in *Chekhovskie chteniia v Ialte*, 1993, 129-36 [Kharkeevich, Shapovalov].

A. S. Melkova, 'Vesna 1899' in *Chekhovskie chteniia v Ialte*, 1993, 121-128 [Temovskaia, Beaunier].

E. A. Polotskaia, 'Ialtinskaia redaktsia "Shutochki"' in *Chekhoviana*, 1993.

N. V. Reformatskaia, 'Rasskazhi pro diaiu Sashu .. .' in *Chekhoviana*, 1993, 90-98.

O. Ia. Remez, 'Vizitnaia kartochka Epikhodova' in *Chekhoviana*, 1990, 167-181 [Liubimovka setting].

*N. A. Roskina, 'Ob odnoi staroi publikatsii' in *Voprosy titeratury*, 1968, 6, 250-253; * 'Dnevnik Suvorina .. .' in *Novoe literaturnoe obozrenie*, 15 (1995),

130-173 [on cuts in Suvorin diary].

*L. M. Sadygi, 'Chernil' nitsa ... Avilova' in *Chekhoviana,* 1993, 190-237 [merciless to Avilova].

*E. M. Sakharova, 'A. I. Ivanenko' in *Chekhoviana,* 1995, 327-334.

E. M. Sakharova, 'Vash A. Chekhov .. .' in *Chekhoviana,* 1993, 76-90 [on 'Uncle' Sasha Salz].

*M. Semanova, 'Teatral' nye vpechatleniia' in *Sbornik statei i materialov,* Rostov, 1960, 157-84.

G. Shaliugin, 'Ia i moi voennye sputniki' in *Oktiabr',* 1987, 5, 195-201 [on Lt. I. Ia. Schmidt].

G. Shaliugin, 'Uchitel' slovesnosti' in *Chekhoviana,* 1990, 124-129 [on Suvorin link with story].

英文书籍

Ronald Ringley, *A New Life of Anton Chekhov,* London, 1976.

Virginia Llewellyn-Smith, *Chekhov and the Lady with the Little Dog,* Oxford, 1973.

*Carolina de Maegd-Soep, *Chekhov and Women,* Ohio, 1987 [archival research in 1960s].

Harvey Pitcher, *Chekhov's Leading Lady, Olga Knipper,* London, 1979. Harvey Pitcher, *Lily: An Anglo-Russian Romance,* Cromer, 1987.

*V. S. Pritchett, *Chekhov. A Spirit Set Free,* London, 1988 [a very perceptive biography].

其他资料

Krym: Putevoditef, Simferopol, 1914.

N. M. Kulagin, N. V. Petrov, *Moskovskii zoologicheskii sad,* 1895 [full catalogue of Moscow zoo].

R.-D. Kluge, ed., *Anton P. Cechov: Werk und Wirkung,* Wiesbaden, 1990 (2 vols) [some biography among critiques, in various languages].

Grigori Moskvich, *Putevoditel'po Kavkazu,* SPb, 1911.

F. S. Stulli, *Moia zhenit'ba* in *Vestnik Evropy,* 1885, 10, 571-620; II, 104- 144 [fiction on Taganrog material].

参考书目

档案资料（此处仅列出最有帮助的材料来源）

MKhaT	Moscow Arts Theatre Museum Archive
OR	Manuscript section of Russian State Library
RGALI	Russian State Archive for Literature and Art

安东·契诃夫未公开的文件

OR

331 70 49	Full text of Anton's letter to Nikolai March 1886.

RGALI

549 1 10	Chekhov's case notes on Bulychiov, with a commentary *(c.,* 1920) by Dr Rossolimo.
549 1 269	Full text of Anton's letter to Aleksandr 2 Jan. 1889.

有关安东·契诃夫的回忆录或记载

RGALI

189 1 2	Ezhov's draft *Iumoristy 1880ykh godov.*
540 1 382	Zelenenko, *Vospominaniia o Taganrogskoi gimnazii* typescript.
549 1 49	Dr Shchurovsky's notes after examining Chekhov 17 May, 1901.
549 1 329	A. Lazarev-Gruzinsky [full ms].
549 1 350	Dr P. G. Rozanov, *Chekhov v 80kh godakh.*
549 1 352	El. (Lily) K. Markova-Sakharova.
549 1 354	N. G. Serpovskii [Babkino].
549 3 1	Nina Markova.
860 1 576	M. I. Il'kov, typescript.
860 1 580	P. I. Messarosh [Taganrog 1870s].

家人写给安东·契诃夫的信（均保存在俄罗斯国家图书馆）

331 32 1-32	Aleksandr's letters to Anton 1874-1904.
331 33 50	Georgi Chekhov's letters to Anton 1888.
331 33 51	Georgi Chekhov's letters to Anton 1897.
331 33 14	Natalia Golden's letters to Anton 18 Nov. 1888-1904.
331 33 126	Evgenia's 20 letters to Anton 1876-1904.

331 46 33 Anna Ipatieva-Golden's letter to Anton 25 Sept. 1891.

331 52 29 Marfa Ivanovna Loboda-Morozova's letters to Anton 1881-1902.

331 62 27 Natalia to Anton 1885.

331 81 18 Pavel's letters to Anton 1876-1878.

331 81 20 Pavel's letters to Anton 1879.

331 81 21 Pavel's letters to Anton 1886-1895.

331 81 32 Pavel Chekhov's letter to Anna Ipatieva-Golden.

331 81 80 Mitrofan's letters to Anton 1879-1894.

331 82 2 Aleksandr's letters to Masha 1883-1887.

331 82 10 Anna Sokolnikova's letters to Aleksandr.

331 82 12 A. I. Khrushchiova-Sokolnikova, *née* Aleksandrova, documents.

331 82 20 Nikolai Chekhov's letters to Anton 1876-1879.

331 82 21 Nikolai's letters to Anton 1883-1889.

契诃夫家族其他成员之间的通信

OR

331 31 1 Aleksandr's letters to his parents from 1874-1896.

331 33 1v Pavel Chekhov, various documents.

331 33 12a Evgenia's letter to Aleksandr and Nikolai Chekhov.

331 33 125 Evgenia's letters to Pavel Chekhov 1876-1890.

331 34 1 Family letters to Mitrofan Egorovich Chekhov.

331 73 10 Pavel's letter to Misha 11 Aug. 1885.

33 1 77 10 Olga's letters to Evgenia Chekhova 1900-1902.

331 77 13+ Olga's letters to Masha 1899+.

331 81 8 Pavel's notebooks 1880-1897.

331 81 11 Pavel's letters to his wife and children 1876-1890.

331 81 12 Pavel's letters to Evgenia 1876, -84, -91.

331 81 13 Pavel's letters to Aleksandr Chekhov 1874-1894.

331 81 15-6 Pavel to Nikolai Chekhov 1880-1883.

331 81 24 Pavel's letters to Maria Chekhova 1885-1898.

331 81 25 Pavel's letters to Mitrofan and Liudmila, 1876-1893.

331 81 66	Evgenia's letters to Masha 1891-1914.
331 81 71	Mitrofan's letters to Pavel Chekhov 1876-1880.
331 81 83	Fenichka Dolzhenko's letter to Evgenia 9 July 1891.
33 I 82 2	Aleksandr's letters to Maria Chekhova 1883-1887.
331 82 4	Aleksandr's letters to Masha 1890-1898.
331 82 9	Anna Sokolnikova's letter to Evgenia Chekhova 20 Jan. 1888.
331 82 14	Nikolai Chekhov's letters to his parents 1875-1890.
331 82 15	Nikolai's letters to Pavel Chekhov 1879-1884.
331 82 16	Nikolai Chekhov's postcard to Evgenia.
331 82 17	Nikolai's letter to Masha 1887.
331 82 59-62	Mikhail Chekhov's letters to Masha 1890-1904.
331 83 2 5	Misha's Chekhov i mangusy.
331 84 38	Nikolai Aleksandrovich Chekhov's notebooks.
331 105 1+	Masha's letters to Olga.

RGALI

2316 2 35	Aleksandr's *The Rubbish Dump [Svalka nechistot].*
2540 1 43	Misha's letters to his parents 1888-1901.
2540 1 47	Aleksandr's letters to Evgenia 1892-1906.
2540 1 49	Mikhail's letters to Evgenia 1888-1904.
2540 1 150	Aleksandr's letters to Ivan Chekhov 1898-1905.
2540 1 158	Pavel's letters to Ivan Chekhov 1879-1898.
2540 1 160	Evgenia's letters to Ivan 1888-1905.
2540 1 161	Masha's letters to Ivan Chekhov 1890-1908.
2540 1 238-43	[Vania to Sonia].
2540 1 478	Aleksandr's letters to Mikhail Chekhov 1883-1904.
2540 1 483	Masha's letters to Mikhail Chekhov 1884-1904.
2540 53 1	Aleksandr's memoirs.
5459 1 402	Aleksandr's letters to Natalia 1908: 5 Nov.

朋友们写给安东·契诃夫的信（俄罗斯国家图书馆）

331 35 9	O. and P. Agali's letters to Anton 1880-1881.
331 36 20	Barantsevich's letters to Anton 1888-1900.
331 36 54	A. Bernshtein 1901-1903.

331 36 72	Emilie Bijon's letters to Anton 1896-1900.
331 36 75b	Viktor Bilibin's letters to Anton 1886.
331 37 64	Semion Bychkov's letters to Anton 1898-1899: 3 Jan. 1899.
331 38 8	Dr Varavka's letters to Anton 1901.
331 38 14	Olga Vasilieva's 97 letters to Anton 1898-1904.
331 42 54	M. M. Diukovsky's letters to Anton 1884-1893.
331 43 9	Lt Evgraf Egorov's letters to Anton Chekhov 1882-1892.
331 43 11	N. Ezhov's letters to Anton 1890-1904.
331 46 1a	Aleksandr Ivanenko's letters to Anton 1889-1891 28 May 1890.
331 47 13	KA. Karatygina's letters to Anton Chekhov 1889-1904.
331 47 45	AS. Kiseliov's letters to Anton 1884-1904.
331 47 48	Maria Kiseliova's letters to Anton 1886-1900.
331 48 4	Nadia Kolomnina's letters to Anton 1896-1900.
331 48 79a	o. P. Kundasova's letters to Anton 1892-1904.
331 48 83	Dr P. I. Kurkin's letters to Anton 1892-1904.
331 49 42a	A. Lazarev-Gruzinsky's letters to Anton 1887-1888.
331 48 7	Vera Komissarzhevskaia's letters to Anton Chekhov 1897-1903.
331 48 27	Korneev's letters to Anton 1886-1894.
331 48 47	Piotr Gavriilovich Kravtsov's letters to Anton 1879-1896.
331 48 49	Solomon Kramariov's letters to Anton 1881, 1904.
331 49 2 5	Levitan's letters to Anton 1885-1900.
331 49 42a	A. Lazarev-Gruzinsky's letters to Anton 1887-1888.
331 50 1a-m	Leikin's letters to Anton 1882-1900.
331 50 6g	Leontiev-Shcheglov's letters to Anton 1890.
331 50 11	Aleksandra Liosova's three letters to Anton 1894.
331 51 12	Klara Mamuna's letter to Anton.
331 51 18	N. Maksheev's letters to Anton 1897-1898.
331 52 2	Lika Mizinova's letters to Anton 1891-1900.
331 52 46	Daria Musina-Pushkina's letters to Anton 1891, 1896-1898.
331 54 50	Liudmila Groupillon-Ozerova's 8 letters to Anton Chekhov

1896-1897.

331 556   Ivan Pavlovsky's letters to Anton 1894-1904.

331 55 8   Palmin's letters to Anton 1883-1886.

331 55 21   Anisim [Onisim] Petrov's letters to Anton.

331 56 36   Potapenko's letters to Anton 1893-1903.

331 56 38   A. A. Pokhlebina's letters to Anton 1892-1898.

331 57 24   Rainer Maria Rilke's letter to Anton.

331 58 20   Elizaveta Lily: Markova-Sakharova's letters to Anton 1885-
               1890.

331 58 27   P. Svobodin's letters to Anton 1887-1892.

331 58 29   G. P. Selivanov's letters to Anton.

331 58 31   A. L. Selivanova-Krause's letters to Anton 1887-1895.

331 59 2   Lily Glassby's letters to Anton 1902.

331 59 25   Vasili Sobolevsky's letters to Anton 1892-1904.

331 59 46   Anna Suvorina's letters to Anton 1887-1901.

331 59 71   A. A. Suvorin's letter to Anton 1887-1892.

331 59 75   Anastasia Suvorina's letters to Anton 1889-1900.

331 59 77b   Evgenia Suvorina's letter to Anton.

331 60 24   Nadezhda Ternovskaia's letters to Anton 1899.

331 60 43   T. Sukhotina-Tolstaia's letters to Anton 1896-1899.

331 60 62   Anna Turchaninova's letters to Anton Chekhov 1895, 1900.

331 60 64   Konstantin Tychinkin's 46 letters to Anton 1896-1902.

331 61 52   Gavriil Kharchenko's letters to Anton 1899- 1901.

331 63 3   E. K. Shavrova's letters to Anton Chekhov 1889-1900.

331 63 25a   Franz Schechtel's letters to Anton 1885-1886.

331 63 25e   Franz Schechtel's two letters to Nikolai Chekhov.

331 64 2   T. L. Shchepkina-Kupernik's letters to Anton Chekhov 1893-
               1900.

331 64 20   Evdokia Efros's three letters to Anton 1886.

331 60 62   Anna Turchaninova's letters to Anton 1895, 1900: 20 May,
               1900.

331 64 34   Lidia Iavorskaia's letters to Anton Chekhov 1893-1896.

331 64 46a	Maria Ianova's letters to Anton of 1885-1886.
331 66 78-124	Telegrams to Olga Knipper July 1904.
331 92 56	Adolf Levitan's letter to Masha.

其他通信

MKhaT

(Sanin) 5323	L. S. Mizinova-Sanina's letters to Lidia Iurgeneva.
5323/19	S. M. Ioganson's diary, book 5, 1895-1897.
5323/44-62	Sanin's letters to Lika 16 May 1903.
5323/, 1933-1973	L. S. Mizinova's letters to Lidia Iurgeneva and Sofia Ioganson, 1877-1899.

OR

331 73 3	A. S. Suvorin's letters to Misha 1890-1902.
331 81 38	Pavel Chekhov to G. P. Selivanov.
331 82 25	Nikolai Chekhov's letter to an unidentified Aleksandr Viktorovich.
33 1 93 78-80	Lika Mizinova's letters to Masha Chekhova 1891-1898.
33 1 96 37-8	Aleksandr Smagin's 34 letters to Masha 1888-1929.
33 1 95 2	Potapenko's letters to Masha 1894-1895.
429 3 12	Masha's letters to Bunin 1901-1903.

RGALI

189 1 7, 19	Lazarev-Gruzinsky to Ezhov 1884-1891.
189 1 21	Leikin's letters to Ezhov 1884-1899.
191 1 2400	A. P. Kolomnin obituaries.
289 1 16	N. Ezhov's letters to Leikin 1894-1903.
289 2 5	N. Ezhov's letters to Leikin 1889-1895.
459 1 1343	N. Ezhov's letters to Suvorin 1888-1912.
459 1 2161	0. P. Kundasova's letters to A. S. Suvorin 1891-1908.
459 1 4156	B. A. Suvorin's letters to his father, Suvorin 1893-1911.
459 1 4172	Nastia Suvorina's letters to her father, Suvorin 1888-1912.
459 1 4850	T. Shchepkina-Kupernik's letters to Suvorin.
459 1 4617	Aleksandr Chekhov's letters to A. S. Suvorin 1888-1896.
459 2 14	A. S. Suvorin's letters to Anna Suvorina.

459 2 138	A. S. Suvorin, drafts of autobiography.
459 2 140 (1- 7)	A. S. Suvorin's diaries [part].
459 2 356	A. S. Suvorin's letters to Anna Ivanovna 1879-1911.
459 2 1233	N. Ezhov's letters to Suvorin 1897-1901.
459 3 12	Suvorin's drafts of letters.
549 1 408	Masha's letters to Maria Drozdova 1898-1905.
571 1 344-5	T. Shchepkina-Kupernik's letters to her father, L. Kupernik.
571 1 401	T. Shchepkina-Kupernik's letters to Lidia Iavorskaia 1915.
571 1 1137	Masha's letters to Shchepkina-Kupernik 1894-1951.
571 1 1204	Lidia Iavorskaia's letters to Shchepkina-Kupernik 1893.
640 1 189	Svobodin's letters to Lavrov.
675 2 328	Nina Korsh's application to join Drama Union 1924.
2540 1 143	A. S. Suvorin's letters to Ivan Chekhov 1891-1892.

索　引

（条目后页码为原书页码，即本书页边码）

　　该索引涵盖了本书正文及脚注中提及的，与安东·契诃夫的生活相关的所有人物、地方、期刊与文学作品的名称，并尽量给人物提供已确定无误的、最精简的传记信息。我还在此处列举了在本书中反复出现的一些话题主题或机构名称。人物排列以其使用频率最高的姓氏的首字母为序，并在方括号中罗列出笔名、使用频率较低的真名、娘家姓或婚后姓氏，许多可以交互参照。人物姓名的原文的表述格式为姓居前，名居后，中间以逗号相隔。部分难以确认生卒年的人物，此部分信息从缺。

　　为了让读者更容易感受俄文，该索引中的俄罗斯人名以西里尔字母形态呈现（如字母上标志软辅音符号、重音符号等），与正文中有所不同。文学作品均列在相关作者条目之下；如果期刊与文学作品的俄文名称与英文条目不完全一样或者不直接接近者，则交互参照。

644

索 引

645

811

索 引

647

813

648

814

649

650

817

651

(1859-1942), wife of Vsevolod Gárshin
娜杰日达·米哈伊洛芙娜·迦尔洵娜
［佐洛季洛娃］医生（1859—1942），弗
谢沃洛德·迦尔洵的妻子 166

Gaspra 加斯普拉 545

654 Gauzenbáum, Fiódor Nikoláevich, architect
费奥多尔·尼古拉耶维奇·高岑鲍姆，
建筑师 34

Gavrílov, Iván Egórovich (1838-1903) 伊
万·叶戈罗维奇·加夫里洛夫（1838—
1903） 34, 37, 42, 48, 56, 61-64, 67, 73,
118, 120, 173, 203, 236, 246, 279, 315, 331

Gavriúsha, shop boy 加夫留沙，塔甘罗格杂
货店伙计 19, 20, 22, 31

Gei, Bogdán Veniamínovich (1848-1916),
journalist 波格丹·韦尼阿米诺维奇·盖
伊（1848—1916），记者 366, 373, 617

Geneva 日内瓦 525

Genoa 热那亚 329

Georgia 格鲁吉亚 167, 175, 414, 492, 512

Gérshka, Aleksándr Chékhov's dog 格什卡，
亚历山大·契诃夫的狗 89, 97, 113, 116,
179

Giacosa, Giuseppe (1847-1906) 朱塞佩·贾
科萨（1847—1906） 342

La dame de Challant《查兰德夫人》 342

Gilbert and Sullivan 威廉·吉尔伯特与阿
瑟·萨利文

Mikado《日本天皇》 489

Giliaróvsky, Vladímir Alekséevich [uncle
Giliái] (1853-1935) 弗拉基米尔·阿列克
谢耶维奇·吉利亚罗夫斯基［吉利亚叔
叔］（1853—1935） 86, 91, 132, 301, 346

Gíppius, Zinaída Nikoláevna (1869-1945)
季娜伊达·尼古拉耶芙娜·吉皮乌斯

（1869—1945） 240, 243, 249, 396

Gírshman [Hirschmann] Leonárd-Leopold
Leonídovich (1839-1921) 列昂纳德－列奥
波德·列昂尼多维奇·吉尔什曼［希尔
什曼］（1839—1921），眼科医生 444

Gírshman, Pável Leonárdovich (1879-
1902) 帕维尔·列昂尼多维奇·吉尔什
曼（1879—1902），列昂纳德－列奥波
德·吉尔什曼的儿子 444

Gitóvich, Nína Il'ínichna (1903-1994) 妮
娜·伊利尼奇娜·吉托维奇（1903—
1994） xxi, xxii, 620, 625

Gláma-Meshchérskaia [Bárysheva],
Aleksándra Iákovlevna (1859-1942),
actress 亚历山德拉·亚科夫列芙娜·格
拉玛－梅谢尔斯卡娅［巴雷舍娃］
（1859—1942），演员 160

Glassby [Smirnóva], Lily (1876-1952) 莉
莉·格拉斯比［斯米尔诺娃］（1876—
1952） 562, 624

Glébova, *see* Musina-Pushkina 格列波娃，参
见穆辛娜－普希金娜

Glínka, Grigóri Nikoláevich (1879-1923),
midshipman 格里戈里·尼古拉耶维
奇·格林卡（1879—1923），海军学校
学员 234-236

Glukhovskói, Vladímir Stepánovich (1851-
1929), veterinarian 弗拉基米尔·斯捷
潘诺维奇·格卢霍夫斯科伊（1851—
1929），兽医 426, 616

Gobiáto, Antonína Stepánovna, typist 安东尼
娜·斯捷潘诺芙娜·戈比亚托，莫斯科
打字员 355, 357

Goethe, Johann Wolfgang (1749-1832) 约
翰·沃尔夫冈·歌德（1749—1832） 18,

索 引

827

索　引

660

索 引

663

664

666

847

索　引

855

索　引

857

索　引